民国元年日志

MINGUO YUANNIAN RIZHI

（1912年1月—12月）

俞樟华　俞扬　编撰

黑龙江人民出版社

图书在版编目（CIP）数据

民国元年日志：1912 年 1 月－12 月／俞樟华，俞扬编
撰. — 哈尔滨：黑龙江人民出版社，2017.11
ISBN 978－7－207－11218－7

Ⅰ. ①民… Ⅱ. ①俞… ②俞… Ⅲ. ①中国历史—史
料—1912 Ⅳ. ①K250.6

中国版本图书馆 CIP 数据核字（2017）第 302655 号

责任编辑：孙国志
封面设计：张　涛
责任校对：秋云平

民国元年日志（1912 年 1 月—12 月）

俞樟华　俞　扬　编撰

出版发行　黑龙江人民出版社
地　　址　哈尔滨市南岗区宣庆小区 1 号楼
邮　　编　150008
网　　址　www. longpress. com
电子邮箱　hljrmcbs@ yeah. net
印　　刷　北京万博诚印刷有限公司
开　　本　787×1092　1/16
印　　张　27.5
字　　数　550 千字
版　　次　2017 年 11 月第 1 版　2021 年 1 月第 2 次印刷
书　　号　ISBN 978－7－207－11218－7
定　　价　68.00 元

法律顾问：北京市大成律师事务所哈尔滨分所律师赵学利、赵景波

前　言

　　1912 年,是天翻地覆的一年。清朝灭亡,民国诞生,中国历史进入了一个新时代。本书的编撰,就是以日志体形式全面系统地逐日记录这一年发生的巨变,内容涉及政治、经济、军事、外交、学术、文化、教育、社团、党派、报刊等各个重要方面的活动和事件,以及人民生活的某些重要变化,具有文献性、工具性与学术性的功能。

　　历史编年的一个重要目的,就是还原历史,认识历史。回顾 1912 年的历史,我们发现巨变无处不在,巨变不时发生,令人眼花缭乱,目不暇接。试择其要点,罗列如下:

　　这一年 1 月 1 日,孙中山在南京宣誓就职临时政府大总统,宣告中华民国临时政府正式成立。张宪文说:南京临时政府,是近代中国人民和辛亥革命奋斗成果的集中体现,它存在时间虽然短暂,但却在中国近代史上有不可忽视的地位和历史贡献。它构建了中国现代国家的雏形,展示了中国未来的图景,开辟了中国历史的新纪元。它的最大的特点,是历史的首创性。第一,建立了中国历史上第一个民主共和国。这是破天荒的、前无古人的大事件。它标志着与两千多年历代王朝不同质的新政权的诞生。它使中国跨入了现代社会的新时代。第二,确立了建设现代中国的基本原则。这就是:A. 实行民主共和,反对封建专制。B. "国家之本,在于人民",一切事业均以人民利益为出发点。C. "民族的统一"。D. "领土之统一"。第三,制定了共和国的政治体制。第四,颁布了第一部具有宪法性质的《中华民国临时约法》。第五,制定并颁布了具有中国特色和改革性质的各种条例法规。这些条例法规,涉及社会习俗、道德风尚、工矿商业、财政金融、文化教育、婚姻家庭等许多方面。它使民主共和国的建设目标更加具体化,使南京临时政府作为现代国家的形象更加明确。第六,推行选举制度。选举制度是现代民主政治的重要体现,也是区别专制政治和民主政治的重要标志。它是现代国家决策政治大事时充分发扬民主、最大限度反映民意的重要方式。南京临时政府第一次用投票方式选举国家主要领导人,是政治上的重要变革,是走向政治现代化的一个重要标志。第七,大力提倡做人民公仆。①

　　这一年,破旧立新,法制建设紧锣密鼓,各种法律法规先后出台。南京临时参议院成立后,先后议决通过了《中华民国临时约法》《参议院法》《参议院议事细则》《追认大赦命令》《南京府官制》《各部官制通则》《外交部官制》《内务部官制》《交通部官制》《外交及领事官考试委员会官制》《法制局官制》《印铸局官制》《铨叙局官制》《临时稽勋局官制》《国务院官制》《教育部官制》《重订教育部官制》《陆军部官制》《海军部官制》《各部院司官制》《筹办军需印花税》《修正国务院官制》《修正农林部官制》《修正工商部官制》等一系列法律法规,并制定了各部官制官规,从法律上进一步完善国家制度。北京临时参议院存续期间,也先后制定和议决了《参议院常费支给章程》《参议院议事规则》《参议院办事规则》《参议院旁听规则》《法典编纂局官制》《印铸局官制》《国务院秘书厅官制》《法制局官制》《修正各部官制通则》《修正铨叙局官制》《临时稽勋局》《修正司法部官制》《蒙藏事务局官制》《修正教育部官制》《筹备国会事务局官制》《众议院议员各省复选区表》《礼制》《陆军官制表》《交通部官制》《蒙古待遇条例》《陆军部官制》《海军部官制》《省议会议员选举法》《更正众议院议员(直隶、江苏、湖南、甘肃、四川、广东、广西、吉林、福建)各省复选区表》《国庆纪念日》《更正众议院议员(河南、湖南)各省复选区表、省议会议员各省复选区表》《省议会议员各省复选区表施行法》《服制》《外交部官制》《更正众议院议员(甘肃、新疆)各省复选区表》《更正众议院议员(广西、贵族)各省复选区表》《印花税法》《中央行政官官等法》《中央行政官官俸》《陆军官佐士兵等级表》《海军官佐士兵等级表》《陆军官佐礼服制》《陆军官佐服制》《国史馆官制》《更正中央行政官官等表》《参谋本部官制》《更正众议院议员河南复选区表》《财政部官制》《更正中央行政官等表》《参议院议员选举法华侨选举会施行法》《中华民国国籍法》《中央学会法及中央学会法解释案》《陆军测量官官制官俸法》《技术官官俸法》《兴华汇业银行则例》《戒严法》《中国铁路公司条例》《行政执行法》《省议会暂行法》《西藏第一届国会议员选举法》《中国银行则例》《国旗统一法案》《东三省都督改为奉天都督毋庸兼辖吉江两省》《东三省都督改为奉天都督毋庸兼辖吉江两省修正案》《民国元年六厘公债条例》《中国铁路总公司条例》《浙江裁免漕南兵米改征抵补金办法大纲》《国会议员选举监督解释》《国会组织法选举法之解释权限》《众议院议员选举法第一、二、三款之解释》《众议院议员选举法第六条第五款之解释》《众议院议员选举法第七条第二、三款之解释》《众议院议员选举法关于蒙藏青海选举之解释》《参议

---

　　① 参见张宪文《辛亥革命若干问题的再认识》,《复旦学报》2002年第2期。

院第三十一条修正案》《参议院议事细则修正案》《参议院会议日时规则案》等,对政府机构设置进行了进一步的规范和完善,也为第一次国会的有序进行奠定了法律基础。

这一年,由临时大总统正式公布了一部具有资产阶级民主共和国性质的宪法文件《中华民国临时约法》。《临时约法》在总纲中明确宣布:"中华民国由中华人民组织之。""中华民国之主权属于全体国民。"说明中华民国是一个"主权在民"的资产阶级民主共和国家,与"主权在君""朕即国家"的封建君主专制制度完全不同,所以说,《临时约法》以根本法的形式废除了在中国延续两千多年的封建专制制度,动摇了以不可侵犯的神圣皇权为核心的封建纲常名教;肯定了资产阶级民主共和国的方案,确立了"共和"合法、帝制"非法"的政治是非观念。这在当时是符合中国人民的愿望和要求的,它促进了中国人民的民主主义的觉醒,具有伟大的历史意义。[①] 彭毓花认为:"《临时约法》尽管未能提出反帝的革命任务,也没有提出一个完整的从经济基础到上层建筑的反封建纲领。但在那个时期是一个比较好的东西,其精髓在于它通过立法程序,确立了资产阶级共和国的国家政治制度和政权的组织形式,以及人民的民主权利。其实践意义在于在中国第一次开创了以法治国的先河。其思想启蒙的意义在于促进了人民的觉醒,鼓舞人民起来为维护自己的权利而斗争。其推动中国社会发展的意义在于使民主共和观念深入人心,为以后民主革命进一步发展提供了条件。其宪法意义在于实现了宪政原则。"[②]

这一年,南北和谈结束,达成了以清帝退位、民国建立和举袁世凯为中华民国临时大总统为重要内容的协议。临时政府因缺乏财力、兵力,无法与袁世凯抗衡,最后只好循着"和议"一路,屈从袁世凯的要求,结束革命。因为南北和谈,这一年的北伐半途而废,偃旗息鼓;因为南北和谈,孙中山想定都南京,迫使袁世凯离开封建专制势力强大的老巢北京而置于南方革命势力的包围和监督之下的设想破产,南京参议院只好同意袁世凯在北京就职,它直接造成了辛亥革命"既胜利又失败"的不良结局。诚如杨军所说:"和谈既实现了革命推翻清朝封建专制,创建民国的目的;又使袁世凯窃国的阴谋得逞,国家政权落在了封建军阀手中,预示了革命的失败。"[③]

这一年2月11日,清帝下诏退位。12日清隆裕太后偕同宣统皇帝溥仪在乾清宫颁布退位诏书。皇太后命袁世凯以全权立临时共和政府,与民军商统一办法。同日还颁布《关于大清皇帝辞位之后优待之条件》《清皇族待遇之条件》《关于满、蒙、回、藏各族待遇之条件》等法令,以安清室与满蒙回藏等边疆少数民族之心。《逊位

① 参见曾宪义、张晋藩《中国宪法史略》,北京出版社1979年版。
② 彭毓花:《中华民国临时约法的宪法原则》,《云南民族学院学报》2002年第2期。
③ 杨军:《伍廷芳与辛亥南北议和》,《广州大学学报》2005年第10期。

民国元年日志

诏书》从法理上确定了民国政府的合法性,同时从根本上消除了边疆少数民族进行任何分裂活动的合法性。支振锋说:"《逊位诏书》,不仅消弭了迫在眉睫的战火,也从法理上宣告了'中华民族'的形成,补足了民国政府对满蒙回藏等边疆地区及全部前清领土的统治的合法性。《逊位诏书》是在民清鼎革之际,维持国家统一和领土完整的最重要的法律依据之一。"[①] 杨昂说:"清帝《逊位诏书》成为帝国主权转移至民国的重要合法性文献,对中华民国建政意义深远。作为原帝国所辖领土的辽阔的边疆民族地区因此被当然合法地纳入民国法统之下,中华民族成为一个统一的政治实体,一个完整继承清帝国的主权国家。"[②]

这一年,南京临时政府发布《告友邦书》,宣告承认清政府在革命前与各国所缔结的一切条约、所借外债、所认赔款及让与权利继续有效。

这一年,以孙中山为首的革命党人与以袁世凯为首的官僚政治集团及其他派系势力围绕定都问题展开了一场激烈的政治斗争。孙中山建都南京的主张,竟然遭到包括革命党人自身在内的大多数人的反对,章炳麟在上海《大共和报》发表《致南京参议会论建都书》,认为无论从地理位置、文化发展、反清斗争,还是从外交上看,北京最宜作为都城。若建都南京,则有"五害"。上海《民立报》发表空海《建都私议》一文,从政治、经济、外交、边防等角度陈述必于北京建都理由八点。由此建都南北之争逐形表面化,全国掀起建都问题大辩论。黄兴特发出《为主张建都南京驳庄蕴宽等电》,并驳斥章太炎之说,"章先生之函,与《民立报》略同,但所云谋政治之统一,经济之发展,军事之统一,多非纯粹建都问题";章太炎则撰文《驳黄兴主张南都电》,为袁世凯辩解。袁世凯对于定都南京,让他到南京就职表示难以接受,甚至以"退归田园"相威胁。孙中山派蔡元培等专使团到北京迎接袁世凯南下就职,结果北京发生了兵变。兵变以后,中外舆论皆倾向于定都北京,孙中山为代表的南京临时政府孤立无援,延续近一个月的定都之争最终归于失败。王明德说:"民国初年的建都之争是孙中山等革命党人与袁世凯官僚政治集团之间围绕南、北二京的都城地位问题而展开的一场政治斗争,这是一场革命成果的保卫与攘夺的斗争,也是共和与专制的较量。由于革命党人的软弱、袁世凯的狡诈和双方力量的悬殊以及历史传统的惯性作用等原因,这场首都资格的争夺终以临时政府的北迁而宣告结束,从而也就预示了辛亥革命既成功又失败的结局。"[③]

这一年,袁世凯颁布了《中华民国国会组织法》《参议院议员选举法》《众议院议

---

① 支振锋:《民族团结与国家统一的法律确认——辛亥革命中的清帝〈逊位诏书〉》,《理论视野》2011年第10期。

② 杨昂:《清帝逊位诏书在中华民族统一上的法律意义》,《环球法律评论》2011年第5期。

③ 王明德:《略论民国元年的南北建都之争》,《湖北行政学院学报》2003年第3期。

员选举法》《省议会议员选举法》，举行了第一届国会选举，尽管选举中乱象丛生，丑闻百出，但是无可否认，这是一次史无前例的民主大演习，它对于破除封建专制的官僚体系，推动中国政治的民主化是有作用的。

这一年，党派林立，分化重组，政见分歧，极大地削弱了革命力量。如黎元洪、孙武、张振武、孙发绪、刘成禺等24人在上海发起成立民社，发表《民社规约》；章炳麟、程德全等发起的中华民国联合会在上海正式成立；汤化龙、孙洪伊、林长民、张嘉森、黄可权、向瑞琨等在上海组织共和建设讨论会；中华民国女子同盟会在上海成立；良弼、铁良、载涛、毓朗、载洵、善耆、溥伟等在北京组织宗社党；中华民国工党在上海成立；杨度等14人在北京组织共和促进会；章炳麟、张謇、程德全、熊希龄、唐绍仪、汤化龙、庄蕴宽、林长民、温宗尧、蒋尊簋、汤寿潜、唐文治、王印川等在上海组织统一党；中华民国自由党在上海正式成立；上海工商勇进党宣布成立；女子参政同盟会在南京成立；五族共和会在北京成立；新直隶会在天津成立；中华进步党在上海召开选举会；政见商榷会正式成立；统一党、民社、国民协进会、民国公会、国民党、国民共进会六政团组成的共和党在上海成立；中华民国公民急进党在上海成立；陈其美等在上海组织中华国民共进会；国民协会、共和建设讨论会、共和促进会、共和统一会、民国新政社、共和俱进会等六个党团组成民主党；特别是孙中山在北京湖广会馆主持国内第一大党——国民党成立大会，并且被公推为国民党首领，中国国民党宣告成立。大会通过《国民党政见宣言》及政纲。这些党派，不仅党派之间政见不同，甚至互相攻击，互不相容，而且党派内部也矛盾重重，意见分歧，派系林立，缺乏真正的统一领导。其结果，不仅极大地削弱了全国革命的力量，而且直接或间接地为袁世凯窃取辛亥革命的果实提供了助力。

这一年，随着中华民国成立，两千多年的封建专制制度结束，康有为已无皇可保了，但他仍恋栈旧制，眷念君主，是年冬发表《共和政体论》，说："专制君主以君主为主体，而专制为从体；立宪君主以立宪为主体，而君主为从体；虚君共和，以共和为主体，而虚君为从体。故立宪犹可无君主，而共和不妨有君主。"他提出"虚君共和"的口号，就是想挂一个"共和"的招牌，恢复清朝的统治。此后，又陆续发表《救亡论》和《中华救国论》，妄言"共和政体不能行于中国"，"立宪国之立君主，实为奇妙之暗共和国"，而"满族亦祖黄帝"，还应由清朝复辟。

这一年，光复会领导人陶成章在上海广慈医院被沪督陈其美指使凶手王竹卿所暗杀，原因是陶成章威胁到了陈其美的政治权力。"陶成章遇刺案"成为光复会与同盟会彻底决裂的导火线。

这一年，教育改革轰轰烈烈，与旧教育不同的观念、政策陆续涌现。第一，蔡元培就任南京临时政府教育总长后，立即在《临时政府公报》第13号上发表《对于新教育之意见》，提出废止忠君、尊孔、尚公、尚实的封建教育宗旨，倡导以军国民教育、实利主义教育为急务，以道德教育为中心，以世界观教育为终极目的，以美育教育为桥梁的资产阶级民主主义的教育方针。在蔡元培的主持下，教育部颁布实行新的教育宗旨，即"注得道德教育，以实力主义教育、军民教育辅之，更以美感教育完成其道德"。这对当时的教育改革是有积极影响力的。

第二，教育部颁布《普通教育暂行办法》，这是民国元年第一个改造封建教育的法规，标志着中华民国教育的发端。条例明确规定"小学读经科一律废除"，"清学部颁行之教科书一律禁用"，说明南京临时政府否定了历行了两千年之久的以尊孔读经为主的教育体系，它标志着近代教育领域发生了一次巨大变革。教育部还同时颁布《普通教育暂行课程标准》，加大了课程改革的力度，规定了小学、中学和师范学校的课程设置及教学时数。这两件教育文件，以法规的形式巩固了资产阶级民主革命的教育成果，为随之而来的教育制度的全面改革奠定了基础。

第三，教育部以第七号部令正式颁布《学校系统令》，即《壬子学制》。该学制可分为三个系统：一为普通教育系统，由小学而中学，由中学而大学或专门学校；二为师范教育系统，分师范学校和高等师范学校；三为实业教育系统，分甲乙两种。《壬子学制》在很大程度上消除了教育权利上的两性差别，废除了封建特权和等级限制，缩短了学制年限，客观上增加了劳动人民接受教育的机会。

第四，教育部颁布了《小学校令》《中学校令》《师范学校令》《专门学校令》《大学令》《公立私立专门学校规程》，以及法政、工业、医学、药学、商船、外国语、商业、农业等 8 项《专门学校规程》，作为对专门学校令的具体化和完备化。陆军部也颁发了《陆军军官学校章程》。诸项学校令的颁布及实施，使民国元年各级各类学校数、学生数等指标均创下新高，民国教育事业迈上了新一级发展台阶。

第五，教育部发布《全国临时教育会议章程》和《议事规则》。该《章程》从宏观上确定了学校系统、学校规程、蒙回藏教育、学校由中央管辖与地方管辖划分法、小学教员优待及检定法、高等教育会议组织法等，作为首个教育会议章程，对当时和后来的教育会议具有重要的指导意义。

第六，清华学堂改为清华学校，唐国安任校长；京师大学堂改名为北京大学校，严复任校长；京师优级师范学堂更名为北京高等师范学校，陈宝泉任校长。这三所高校的改名，标志着旧式教育体系的结束，现代教育体系的开始，这些学校的教育理念、教育思想、教学管理、专业设置、教学方法等等，都对其他高校有举足轻重的影响。

第七，教育部通过《采用注音字母案》，确立国字注音的基本方针。次年由中国读音统一会制定，1918 年由北洋政府教育部发布，共计 39 个字母，目前仍使用的有

37个(声母21个,韵母16个)。

第八,陆费逵、范源濂、沈颐、顾树森、黎锦熙、周建人、黄炎培等为主要撰稿人的《中华教育界》杂志在上海正式创刊,以研究教育、促进文化为宗旨。该刊根据教育发展需要,先后出版发行39个专号或专辑,如"国语研究号""中国小学研究号""教育测验号""收回教育权运动号""国家主义的教育研究号""道尔顿制批评号""留学问题号""师范教育号""乡村教育专号""中国教育出路号""教科书专号""日本教育号""中国教育改造专号""普及教育专号""研究与实验专号""儿童年专号""各国教育特辑""中国教育学会第九届年会论文特辑"等,对当时教育的热点与难点进行了深入探讨,起到促进教育、指导教育的积极作用。

这一年,陆费逵、戴克敦、陈协恭、沈知方等在上海创办中华书局,以出版中小学教科书为主,并印行古籍、各类科学、文艺著作和工具书等。中华书局和商务印书馆作为当时上海规模最大、出书最多的出版社,对中国近代学术文化和教育事业的发展作出了杰出的贡献。

这一年,根据《中国近代报刊名录》统计,公开发行的报刊多达100余种,加上原来已经出版的报刊,总数超过500家,政党报、政论报、妇女报、学生报、农民报、工人报、儿童报、学术报、电影报、画报等,各种名目的报刊先后创办,风起云涌,蔚为大观,形成了中国新闻事业发展中的一次办报高潮。通过办报的实践,培养和造就了一大批专业的新闻从业人员,壮大了新闻工作者队伍,为近代中国新闻事业的发展奠定了良好的基础。

这一年,临时政府内务部制定并颁布《民国暂行报律》,但立即遭到了报界的反对和抵制,中国报界俱进会和上海《申报》《新闻报》《时报》《时事新报》《神州日报》《民立报》《天铎报》《大共和日报》《启民爱国报》《民报》等联名致电孙中山,并通电全国,抵制《民国暂行报律》。这个《民国暂行报律》不久就被废止。《民国暂行报律》的废除标志着报界争取"绝对新闻自由"的胜利,也在短时间内促进了民初报业的大繁荣。但是也应该看到,这种繁荣是一种短暂的、虚假的繁荣。《暂行报律》被取消后,由于对新闻业缺乏有效的管制,言论自由泛滥,报业无序发展,一些报纸任意发表言论,最终招致灾患。袁世凯篡夺革命果实之后,特别是在颁布《报纸条例》之后,实行比清朝更严密的言论控制制度,对报刊和报人加以迫害,直接造成了"癸丑报灾"。绝对新闻自由的理论和实践也在这一时刻化为泡影。[①]

这一年,章门弟子马裕藻、钱玄同、朱宗莱、沈兼士、龚宝铨、朱希祖、范古农、许寿裳等发起成立"国学会",请章太炎担任会长。章太炎分科亲自给弟子讲授文(小

---

① 参见杨晓萌《从民国暂行报律风波论新闻的绝对自由》,《今传媒》2012年第2期。

学、文章）、经（群经通义）、子（诸子异义）、史（典章制度、史评）、学术流别、释典等，讲课内容由学员记录，编成讲义，刊发印刷。保存和研究国学，是章太炎一生志业所在。即使在北京被袁世凯监视时，也不忘借助国学来捍卫革命政权，排击阴谋窃国者。

这一年，陈焕章、康有为、陈三立、林纾、梁鼎芬、沈曾植等在上海发起成立以"昌明孔教，救济社会"为宗旨的孔教会，陈焕章为主任干事。这是一个专事尊孔读经、复辟倒退的社团；赵戴文、景定成、张瑞等山西军政要人在太原成立"宗圣会"，以"宗孔子及群圣先哲，阐明人道，辅助政教，促进人群进化，民族大同"为宗旨，出版《宗圣杂志》，成为山西省孔教运动的组织和领导力量。与此同时，王锡蕃、刘宗国、薛正清等在山东济南成立"孔道会"，"以讲明圣学，鼓励行宜，陶淑人民道德，促进社会文明为宗旨"；此外还有贺寿熙、殷炳继的孔道维持总会，杨士琦、谭人凤的昌明孔教社，孔祥霖的尚实社，何翰如的镇江尊孔会，郑孝胥的读经会，郑吉武的孔教尊经会，严复等的孔教公会，以及北京的庚子读经会、上海的礼教宣讲团、青岛的尊孔文社、香港的孔道大会等。这一年之所以涌现出这么多以尊孔为宗旨的组织，有学者认为是受到了教育部废止读经规定的刺激，因为最早成立的几个孔教组织，都出现在教育部颁布废止读经的规定之后。还有的尊孔组织是受袁世凯此年9月颁布的《崇孔伦常文》的影响、鼓励而产生的。教育部废止尊孔读经的规定，在社会上引起了轩然大波，即便是教育界内部，也有不同的声音。蔡元培提出的"学校不应拜孔子案"在中华民国第一次全国临时教育会议上未被通过，就可见一斑。当北京教育部9月通电各省，规定公历10月7日为孔子诞辰，全国各校届时举行纪念时，立即得到广泛响应，各地教育界纷纷举行庆祝活动，极为踊跃。由此可见，要消除人们尊崇孔子的心理，一时半刻根本无法彻底做到。

这一年，南京、上海掀起了女子参政运动的热潮，她们通过建立社团、上书请愿、发表宣言、创办报刊、制造舆论等方式来表达自己强烈的参政愿望。特别是上海女子参政同志会主持人林宗素谒见孙中山、上海神州女界共和协济会致函孙中山，都力争女子参政权，要求在宪法上明文规定男女平权及议员的选举权和被选举权，她们的意愿得到了孙中山的理解和认可，但是仍然阻力重重，社会各界对女子参政大多持反对态度，加上女子参政运动本身也存在着种种不足与局限，轰轰烈烈的女子参政运动最终还是失败了。女子参政运动的兴起，是近代妇女解放思潮发展的必然结果，是提倡妇女解放、男女平等思想的一次具体实践，对于提高近代中国妇女的思想觉悟，推动近代中国妇女解放运动的进步，都是有积极意义的。

这一年，孙中山9月被袁世凯特授以筹划全国铁路全权督办之职，10月在上海成立了中国铁路总公司，制定了规模宏大的铁路建设计划，准备在全国修筑10万公里铁路,并设计了沟通全国的三条主要干线。为了解决经费不足的问题,孙中山还提出了以开放促发展、引进外资筑路的新思路。孙中山认为要振兴实业,当以交通为重要;计划交通,当先以铁道为重要。所以他把铁路建设看成是一个国家的立国之本,也是中华民国的立国之本。何一民说:"孙中山通过总结西方各国发展现代化的经验,认识到了交通和铁路在现代化中的重要地位,从而提出了'交通为实业之母,铁路又为交通之母。国家之贫富可以铁路之多寡定之,地方之苦乐,可以铁路远近计之'的著名论断。这一精辟的论述可以说是近代以来中国人第一次从宏观上科学地阐述铁路在国民经济中的重要地位,因而对于其后中国铁路建设影响重大,不仅对于 20 世纪 20—30 年代中国铁路建设高潮的兴起有着重要的促进作用,而且对于新中国建立后,大力建设铁路也起了一定的指导作用。"①

这一年,孙中山提出海南设省的建议。他在《琼州改设行省理由书》中,从海防、启发天然富源、实现民族平等发展和地方文化发达、国内移民于海南开发、行政便利等方面阐述了海南设省的五大理由。孙中山的建议,当时因为种种原因未能实现,直到 1984 年 10 月海南省正式宣告成立,孙中山的遗愿得到实现。杜昭说:"孙中山关于海南建省主张的提出,是当时中国社会政治经济形势发展及他自身思想发展的必然结果。为了维护国家主权,捍卫民族独立,使中国早日脱贫致富,成为世界强盛大国,他提出了以巩固边防和发展海南经济为中心的海南建省主张,对于今天海南甚至其它一些地区的开发与建设都具有很大的启发性。"②

这一年,孙中山主张实业兴国,中华民国实业协会在南京成立,宣布以"振兴实业、扩充国民生计、挽回利权"为宗旨,举李四光、万葆元为正副会长,马君武为名誉会长。同时涌现的实业团体尚有中华民国工业建设会、中华实业团、中华民国铁道协会、工商勇进党、民生团、经济协会、西北实业协会、中华女子实业进行会等。

这一年,取消年号,改用阳历;革除历代官厅"大人""老爷"等称呼,禁止和废除刑讯、跪拜、吸食鸦片、缠足、蓄辫等秕政陋习;还有上海开办电车,南京路灯改设电灯,沪宁铁路开始行驶夜车,使人民的生活悄然发生了变化。特别是《民国服制》的颁布,打破了封建社会服饰等差制度,确定了民众国服的基本样式,促进了服饰不分尊卑贵贱的平等意识,使资产阶级民主思想在人们的日常生活中也得到了一定程度的体现。

这一年,中华佛教总会于上海留云寺召开成立大会,订立章程 23 条,规定本会系中华民国全体僧界共同组织,其宗旨为"统一佛教,阐扬法化,以促进人群道德,完

---

① 何一民:《孙中山与中国早期铁路建设》,《四川大学学报》(哲社版)1998 年第 2 期。
② 杜昭:《孙中山与海南建省》,《暨南学报》1990 年第 4 期。

全国民幸福"，其基本任务是"明昌佛学""普及教育""组织报馆""整顿教规""提倡公益""增兴实业"等。

　　这一年发生的事情还有很多，这里不再一一赘述。民国初创，百废待举，革故鼎新，任重道远，在这新旧交替、万象更新的时代，新生的民国尽管仍然还是多灾多难、举步维艰，但是历史前进的脚步已经无可抵挡，封建统治已经一去不复返，新的社会，新的制度，终究会在先人们的不断努力奋斗中逐步建立起来，逐步完善起来。1912年，结束了一个旧时代，开辟了一个新时代，这在中国历史上是值得大书一笔的。笔者和梅新林曾编撰过《辛亥日志》，在谈到编撰目的时曾提出：通过走进"历史场景"而还原历史、通过剖析"历史缩影"而重述历史、通过重塑"历史群像"而缅怀历史、通过总结"历史经验"而反思历史、通过分享"历史遗产"而续写历史，这也是我们编写本书的指导思想和企图达到的编写目的。书中的不足之处，请读者批评指正。

　　本书在编撰过程中，我的研究生俞伯恩、潘德宝、周昉、郭玲玉、娄欣星、虞芳芳等曾协助搜集资料或核对资料，这里一并致以谢忱！

俞樟华

2017年10月1日于浙江师范大学江南文化研究中心

目　　录

1 月

1 日(宣统三年十一月十三日),中华民国诞生。孙中山由沪莅宁,各省代表至车站欢迎。午后,孙中山在南京总统府宣誓就任中华民国临时大总统,发布《临时大总统就职宣言》和《告全国同胞书》。誓词是:"倾覆满洲专制政府,巩固中华民国,图谋民生幸福,取民之公意,文实遵之,以忠于国,为众服务。至专制政府既倒,国内无乱,民国卓立于世界,为列邦公认,斯时文当解临时大总统之职。谨以此誓于国民。"①各省代表上印绶,大总统盖印,各省代表致辞,海陆军代表致颂词。

按:《临时大总统就职宣言》曰:中华民国缔造之始,而文以不德,膺临时大总统之任,夙夜戒惧,虑无以副国民之望。夫中国专制政治之毒,至二百余年来而滋甚,一旦以国民之力踣而去之,起事不过数旬,光复已十余行省,自有历史以来,成功未有如是之速也。国民以为于内无统一之机关,于外无对待之主体,建设之事,更不容缓,于是以组织临时政府之责相属。自推功让能之观念以言,文所不敢任也;自服务尽责之观念以言,则文所不敢辞也。是用黾勉从国民之后,能尽扫专制之流毒,确定共和,以达革命之宗旨,完国民之志愿,端在今日。敢披沥肝胆,为国民告:

国家之本,在于人民。合汉、满、蒙、回、藏诸地为一国,即合汉、满、蒙、回、藏诸族为一人。是曰民族之统一。

武汉首义,十数行省先后独立。所谓独立,对于清廷为脱离,对于各省为联合,蒙古、西藏意亦同此。行动既一,绝无歧趋,枢机成于中央,斯经纬周于四至。是曰领土之统一。

血钟一鸣,义旗四指,拥甲带戈之士遍于十余行省。虽编制或不一,号令或不齐,而目的所在则无不同。由共同之目的,以为共同之行动,整齐画一,夫岂其难?是曰军政之统一。

国家幅员辽阔,各省自其有风气所宜。前此清廷强以中央集权之法行之,遂其伪立宪之术。今者各省联合,互谋自治,此后行政期于中央政府与各省之关系,调剂得宜。大纲既挈,条目自举。是曰内治之统一。

---

① 《东方杂志》第八卷第十号《中国大事记》,1911 年。

民国元年日志
（1912年1月—12月）

满清时代藉立宪之名，行敛财之实，杂捐苛细，民不聊生。此后国家经费，取给于民，必期合于理财学理，而尤在改良社会经济组织，使人民知有生之乐。是曰财政之统一。

以上数者，为政务之方针，持此进行，庶无大过。若夫革命主义，为吾侪所昌言，万国所同喻。前此虽屡起屡踬，外人无不鉴其用心。八月以来，义旗飙发，诸友邦对之抱和平之望，持中立之态，而报纸及舆论尤每表其同情，邻谊之笃，良足深谢。临时政府成立以后，当尽文明国应尽之义务，以期享文明国应享之权利。满清时代辱国之举措与排外之心理，务一洗而去之；与我友邦益增睦谊，持和平主义，将使中国见重于国际社会，且将使世界渐趋于大同。循序以进，不为躐获。对外方针，实在于是。

夫民国新建，外交内政，百绪繁生。文自顾何人，而克胜此！然而临时之政府，革命时代之政府也。十余年来，从事于革命者，皆以诚挚纯洁之精神，战胜所遇之艰难。即使后此之艰难远逾于前日，而吾人惟保此革命之精神，一往而莫之能阻。必使中华民国之基础确定于大地，然后临时政府之职务始尽，而吾人始可告无罪于国民也。今以与我国民初相见之日，披布腹心，惟我四万万之同胞共鉴之。大中华民国元年元旦①

按：《民立报》1912年1月6日报道：孙大总统就任记。中华民国孙大总统前日由沪赴宁，……总统下车即入总统府，命员先缮写誓词及宣言书，十一时在旧大堂行就任式。首由山西代表景君耀月报告民国成立由来及孙君之功绩。次由总统读誓词，音节庄重。在场人均矗立静听，令人生严肃之感。代表继宣读欢迎文，读毕，上玺绶。胡君汉民代总统朗读宣言书，海陆军人代表徐司令官绍桢读祝词，总统致答词后，军乐声作，式典告终。

按：钱玄同《三十年来我对于满清的态度底变迁》说：一九一二年一月一日，中华民国政府成立于南京，临时大总统孙中山先生就职。我那时在故乡吴兴的浙江第三中学校做教员，天天希望义师北伐，直捣燕京，剿灭满廷，以复二百六十八年以来攘窃我政权、残杀我汉人之大仇。而事实上却是由袁世凯耍了一套从王莽到赵匡胤耍厌了的老把戏，请溥仪退位。溥仪退位，总是事实，所以当时大家都不再作进一步之解决。我对于满清的怨恨虽然消灭了些，不过优待条件我是很反对的。请问，干什么要优待他？若说，他自己觉悟犯了滔天大罪，因此退位，其情可嘉，所以应该优待。那么又要问，他可是自己觉悟不该做皇帝吗？要是对的，咱们干么还要把皇帝这个名儿送给他呢？再问，他可是自己觉悟不该搜刮钱财吗？要是对的，咱们干么还要一年送他四百万块钱？他有罪而自知有罪，咱们虽然可以因其知罪而恕其既往，加

---

① 《孙中山全集》第二卷，中华书局2006年版。

恩赦免;但对于大罪人而赦免他,不追究他既往之罪,这已是至高极厚之恩了,还要赏赐东西给他,这成什么办法!对于大罪之人而加赏,则对于大功之人一定要加罚了。赏罚倒置,无论专制之世,共和之世,乃至大同之世,恐怕总说不过去罢。若说他自己并不知道不该做皇帝,不该搜刮钱财,他实在还要保持皇帝的名儿,还要看相咱们的钱财,故遂如其意而与之。这真是"什么话"!!!了。照此办法,则强盗要抢钱,土匪要绑票,一定非送钱送"票"给他不可!噫!天下有这种道理吗!!!——我这个见解,从一九一二年二月十二日溥仪退位之日起,直到现在,并未变动。①

是日,孙中山犒赏军队。

是日,孙中山发布《告海陆军士文》。

按:文曰:中华民国临时大总统孙文敬告我全国海陆军将士:盖闻捍族卫民者,军人之天职,朝乾夕惕者,君子之用心。自逆胡猾夏,盗据神州,奴使吾民,驱天下俊杰勇健之士而入卒伍,以固其专制自恣之谋,我军人之俯首戢耳,以听其鞭策者,亦既二百六十有余年。岂诚甘心为异族效命哉,势劫于积威,则本心之良能无由发见也。乃者义师起于武汉,旬月之间,天下响应。虽北寇崛强,困兽有犹斗之念,遗孽负固,瘐犬存反啮之心,赖诸将士之灵,力征经营,卒复旧都,保据天堑,民国新基,于是始奠。此不独历风霜,冒弹雨,致命疆场之士,其毅魄为可矜;即凡以一成一旅脱离满清之羁绁,以趋光复之旗下者,其有造于汉族,皆吾国四万万人所不能忘也。

旷观世界历史,其能成改革大业者,皆必有甲胄之士反戈内向,若土、若葡,其前例矣。吾国军人伏处异族专制之下最久,慷慨激烈之气,蓄之也深,则其发之也速。同一军也,为汉战则奋,为满战则溃。同一舰也,为汉用则勇,为满用则怯。凡此攻城克敌之丰功,皆吾将士有勇知方之表证。内外觇国者,徒致叹于吾国成功之迅速为从来所未有,文独有以知吾海陆军将士皆深明乎民族民种之大义,故能一致进行,知死不避,以成此烈也。

文奔走海外垂二十年,心怀万端,百未偿一,赖国人之力得返故土,重睹汉仪。诸君子以北虏未灭,志切同仇,不以文为无似,责以临时大总统之任。文内顾菲材,惧无以当。顾观于吾陆海军将士之同心戮力功成不居,而有以知共和民国之必将有成也。用敢勉策驽钝,以从吾人之后。愿吾海陆将士上下军人共励初心,守之勿失。弗婴心小忿而酿阋墙之议,弗借口共和而昧服从之义,弗怠弛以遗远寇,弗骄矜以误事机,拥树民国,立于泰山磐石之安,则不独克尽军人之天职,而吾皇汉民族之精神,且发扬流衍于无极,文之望也。敢布腹心,惟共鉴之。大中华民国元年元旦中华民国临时大总统(印)②

---

① 姜德铭主编,钱玄同著:《随感录》,中国戏剧出版社2001年版。
② 中国社科院近代史所等编:《孙中山全集》第二卷,中华书局2011年版。

民国元年日志
（1912年1月—12月）

是日，孙中山发布《劝告北军将士宣言书》。

按：书曰：民国光复，十有七省，义旗虽举，政体未立，凡对内对外诸问题，举非有统一之机关，无以达革新之目的，此临时政府所以不得不亟为组织者也。文以薄德，谬承公选，效忠服务，义不容辞。用是不揣绵薄，暂就临时之任，借以维秩序而图进行。一俟国民会议举行之后，政体解决，大局略定，敬当逊位，以待贤明。区区此心，天日共鉴。凡我同胞，备闻此言。惟是和平虽有可望，战局尚未终结。凡我籍隶北军诸同胞，同为汉族，同是军人，举足重轻，动关大局，窃以为有不可不注意者数事，敢就鄙怀，为我诸同胞正告之：

此次战事迁延，亦既数月，涂炭之惨，延亘各地。以满人窃位之私心，开汉族仇杀之惨祸，操戈同室，贻笑外人。我诸同胞不可不注意者。此其一。

古语云："民之所欲，天必从之。"是知民心之所趋，即国体之所由定也。今禹域三分，光复逾二，虽有孙吴之智，贲育之勇，亦讵能为满廷挽此既倒之狂澜乎。我诸同胞不可不注意者。此其二。

民国新成，时方多事，执干戈以卫社稷，正有志者建功树业之时。我诸同胞如不明烛几先，即时反正，他日者大功即定，效用无门，岂不可惜。我诸同胞不可不注意者。此其三。

要之，义师之起，应天顺人，扫专制之余威，登国民于衽席，此功此责，乃文与诸同胞共之者也。如其洞观大势，消释嫌疑，同举义旗，言归于好，行见南北无冲突之忧，国民蒙共和之福。国基一定，选贤任能，一秉至公，南北军人，同为民国干城，决无歧视。我诸同胞当审斯义，早定方针，无再观望，以贻后日之悔。敢布腹心，唯图利之。[①]

是日，孙中山发布《祝参议院开院文》。

按：文曰：中华民国既建，越二十八日，参议机关乃得正式成立，文诚忻喜庆慰，谨掬中怀之希望，告诸参议诸君子之前，而为之辞曰：

人有恒言，革命之事，破坏难，建设尤难。夫破坏云者，仁人志士任侠勇夫，苦心焦虑于隐奥之中，而丧元断脰于危难之际，此其艰难困苦之状，诚有人所不及知者。及一旦事机成熟，倏然而发，若洪波之决危堤，一泻千里，虽欲御之而不可得，然后知其事似难而实易也！若夫建设之事则不然。建一议，赞助者居其前，则反对者居其后矣。立一法，今日见为利，则明日见为弊矣。又况所议者，国家无穷之基，所创者亘古未有之制，其得也五族之人受其福，其失也五族之人受其祸。呜呼！破坏之难，各省志士先之矣。建设之难，则自今日以往，诸君子与文所黾勉仔肩而弗敢推谢者

① 孙彩霞、李学通、卞修跃编：《辛亥革命资料选编》第四卷《南京临时政府与民初政局》下册，社会科学文献出版社 2012 年版。

也。矧为北虏未灭，战云方急。立法事业，在在与戎机相待为用。破坏、建设之二难，毕萃于兹。诸君子勉哉！各尽乃智，竭乃力，以固民国之始基，以扬我族之大烈，则不徒文一人之颂祷，其四万万人实嘉赖之。①

是日，黎元洪为通告阳夏清军违约进攻致南京临时政府并各省都督电。

按：电文曰："阳夏敌军，不第不遵约退出百里以外，且肆行射击，反图进攻。顷探得确情，彼军谓民军既举有总统，同人生计将绝，并谓此后之战，皆为项城，非为满洲云云。鄙意项城胸怀磊落，名满天下；此次以仕清廷，未克与选，识者惜之。方期和议早成，彼此共享共和之福，人望如项城，何至不能与选？若果如敌军所云，不第为项城盛德之累，且以违约见责于友邦，恐非项城所许。为此通告，并乞伍先生速与唐使严重交涉，请其急电项城，饬军队如约退出百里之外，以昭孚信。否则冠裳之会，变为干戈，涂炭生灵，端自彼开，我可告无罪于天下矣。②

是日，北洋军将领冯国璋、段祺瑞、姜桂题、张勋、张怀芝、曹锟、王占元、陈光远、李纯、王怀庆、张作霖等15人发布联名通电，欲誓死拥护君主立宪，反对共和政体，并敦请各亲贵大臣将在外国银行所存款项提回，接济军用，以利大局。

是日，唐绍仪电袁世凯，请允将国会改在上海开会，并再请辞职。

按：唐绍仪得清廷召集国会议决政体之旨后，复与民军伍代表会议，议决四条：（一）国民会议，由各处代表组织，每一省为一处，内外蒙古为一处，前后藏为一处；（二）每处各派代表三人，每人一票，若有某处到会代表不及三人者，仍有投三票之权；（三）开会之日，如各处到会之数，有四分之三，即可开议；（四）各处代表，江苏、安徽、湖北、湖南、江西、山西、陕西、浙江、福建、广东、四川、云南、贵州，由中华民国临时政府发电召集，直隶、山东、河南、东三省、甘肃、新疆，由清政府发电召集，并由民国政府电知该省咨议局。内外蒙古、西藏，由两政府分电召集。嗣得袁电，不允承认。唐即发电辞职，本日得袁电允准。③

是日，陆费逵、戴克敦、陈协恭、沈知方等在上海创办中华书局。

是日，江苏举庄蕴宽代理都督，程德全因病不能视事。

是日，山东全省红十字会改称中国红十字会山东分会。后又易名为中国红十字会济南分会。

是日，独立各省都督府代表会议所遣特派员王北方（伯芳）视察山西运城。

是日，湘西军政府成立，推周瑞龙为军政长兼管屯政。

是日，浙江省临时省议会成立，当即制定和颁布《浙江军政府临时约法》。

---

① 孙彩霞、李学通、卞修跃编：《辛亥革命资料选编》第四卷《南京临时政府与民初政局》下册，社会科学文献出版社2012年版。

② 湖北省政协文史委编：《湖北军政府文献资料汇编》，武汉大学出版社1986年版。

③ 《东方杂志》第八卷第十号《中国大事记》，1911年。

民国元年日志

按：第一章　总纲

第一条　中华民国浙江省人民，以固有之区域，组织军政府统治之。

第二条　本军政府，以都督及其任命之各部政务员，与议会、法院三部构成之。

第三条　本法自中华民国共和宪法施行日，失其效力。

第二章　人民

第四条　凡立于本军政府之统治权下之人民，一律平等。

第五条　人民得享有下列各项之自由：一、人民之身体，非依法律所定，不得逮捕、审问、处罚；二、人民之家宅，非依法律，不得侵入、搜索；三、人民有保有财产之自由；四、言论、著作、集会结社之自由；五、书信秘密之自由；六、迁徙住居之自由；七、信教之自由。

第六条　人民有呈请于议会之权。

第七条　人民有诉讼于行政审判院之权。

第八条　人民对于官吏违法损害权利之行为，有陈诉于行政审判院之权。

第九条　人民有应任官考试之权。

第十条　人民有选举及被选举之权。

第十一条　人民依法律，有纳税之义务。

第十二条　人民依法律，有服兵之义务。

第十三条　本章所载人民之权利，于有认为增进公益，维持治安，或非常紧急必要时，得依法律限制之。

第三章　都督

第十四条　都督由人民公举，任期三年，连举时得续任；但以一次为限。但都督有特别障故，或辞职，不能执政时，由议会选临时都督代理之。

第十五条　都督总揽政务，对外为全省之代表。

第十六条　都督公布议会议决之法案，执行之。对于议会议决之法案有异议时，得作成异议书，于七日内提出议会复议，以一次为限。

第十七条　都督于议会开会期中，提出法案及预算于议会，要其议决。

第十八条　遇紧急必要时，都督得发代法律之命令，为预算外之支出；但须于次期议会，求其追认。

第十九条　都督于法定议会开会闭会时期外，遇有必要时，得召集临时议会。

第二十条　都督于议会会期中，得出席发言，及命政务员出席发言。

第二十一条　都督统率全省水陆军队。

第二十二条　都督得依法律，任用全省各司政务员；但任用各司长时，须得议会之同意。

第二十三条　都督依法律制定文武官规。

第二十四条　都督依法律宣告戒严。

第四章　政务员

第二十五条　各司政务员,由都督依法律委任之。

第二十六条　政务员襄理都督,承都督之命,执行政务,发布命令。

第五章　议会

第二十七条议　会由人民选举议员组织之。

第二十八条议　会议决法律案,及预算税法,募集公债,与国库有负担之契约;但基于法律之支出,议会不得减除。

第二十九条　议会审理决算。

第三十条　议会得受理人民之陈请书,送于都督。

第三十一条　议会得提出条陈于都督。

第三十二条　议会得质问都督及政务员,求其答辩。

第三十三条　议会以出席议员三分之二以上,对于都督,得提出不信任书于中央参议院;但限于法律上之罪犯。

第三十四条　议会以出席三分之二以上之可决,得弹劾政务员之失职,及违法。

第三十五条　议会于每年中开会,每以八、九、十、十一四个月中为期。

第三十六条　议会于每年法定时期,自行集合开会、闭会。

第三十七条　议会得自制定内部诸规条,并执行之。

第三十八条　议会议员,在会内之发言、表决、提议,在会外不负责任。但用他方法发表于会外者,不在此限。

第三十九条　议会议员,除关于现行犯外,于会期内非得议会之承诺,不得逮捕。

第六[五]章　法　院

第四十条　法院以都督任用之法官组织之。

第四十一条　法院之编制,及法官之资格,以法律规定之。

第四十二条　法官独立审判,不受上级官厅之干涉。

第四十三条　法官非依法律受刑罚宣告,及应免职之惩戒宣告,不得免职,并不得任意更调之。

第四十四条　法院以浙江军政府之名,依法律审判民事诉讼及刑事诉讼,其他特别诉讼不在此限。

第四十五条　法院之审判,须公开之;但有认为应秘密者,得停止公开。

第七[六]章　附　则

第四十六条　本约法有议会议员三分之二以上之赞同,得提出修正案。

第四十七条　本约法所定外之遗留权,属于议会。

民国元年日志
（1912年1月—12月）

第四十八条　本约法之解释权，属于议会。①

是日，黄世仲等人在上海《申报》刊登倡议，提议为史坚如烈士造铜像、建纪念堂，并封墓树碑。

按：《申报》以"粤人议铸史烈士铜像"为题报道说："粤省现由沈孝则、李孟哲、黄世仲、苏慎之等，以番禺史坚如烈士距今十二年前，早倡革命，轰炸德寿不成而死，大义昭然。特倡议募金为史烈士造像，并请都督拨给旅粤中学堂旧址为史烈士纪念堂，并封墓树碑，以资凭吊，搜讨遗著，以阐幽光云。"

是日，外交总长颁行《中华民国对于租界应守之规则》。

按：中华民国外交总长以租界行政、警察等权，此时未经收回，特先妥拟《中华民国对于租界应守之规则》，一律遵守，免生枝节，俟大局底定，再行改订办法。其所定规则，照录如左：

一、上海公共租界、法国租界二处，行政、警察等权均操于外人之手，应俟大局底定，再行设法收回。现时华人在租界内，暂不可率行抵抗或卤莽从事。

二、如遇犯人逃入租界，或在租界私运禁物等事，应通知外交部与领事交涉，妥为办理。如事关捕拿，须由外交部照会领袖领事，在提票上签押后，方可拿人。各部及军、民人等，不可自行照会或遽行缉捕。

三、华人不论何项人员，不可携带军械入租界行走。如须持械过租界时，应由都督府知照外交部，将路程、人数、械数开明。向工部局领有准照，方可自由行动。

四、上海会审公堂，前此所派清廷官吏，大半冗阘，是以腐败不堪。上海光复后，该公堂竟成独进，不复受我节制，此种举动，理所必争，尤宜急图挽救。外交部自当向各领事交涉，使必争回，然后选派妥员接管，徐图改革。但交涉未妥之前，我军、民不可从旁抗辩，致生枝节。

五、在租界内，无论华洋住宅、铺户，均不得无故搜查。即或有必须搜查之处，须由外交部照会领事，取有正式签押票据，方可随同租界差捕，前往搜查。

六、现在存储上海之军火，不可滥行搜查，致生纷扰，应由外交部调查该军火原主，或军政府能悉其底蕴，即行知照外交部，向该原主索取不运出口之凭证，照会该管领事存案。嗣后如有私运出口情事，则可俟其装运之船离埠，在港口外检查，并应速行通知外交部，照会该管领事.派员随同前往扣留，再送捕获裁判所发落。

七、凡在通商口岸之中立国商船，业经进口，在港内时，均免检查。如确如其私运军火，应知照外交部，向领事交涉。

八、依万国公法，所有外国兵舰及他种国有船，并其所有之驳船，均不得搜查留难，自当按照办理。

---

① 夏新华、胡旭晟整理：《近代中国宪政历程：史料荟萃》，中国政法大学出版社2004年版。

九、各国轮船进口,凡使馆所用物件,按照通例,向不纳税,亦不得留难。如查明确有夹带违禁品物,亦不可扣留,只可将情形通知外交部,与该管领事交涉。

十、凡有外国租界各埠,应仿照上列各条办理。如各地风俗习惯及条约上有不同之处,仍可变通。但必须先将详细情形通告本部,另定特别办法。①

是日,《民国报》发表《北美合众国宣告檄文》。

是日,上海都督陈其美发布禁止强迫剪辫告示。

按:告示曰:沪军都督陈君昨出简示,照录如下:"通知民军人等,起义皆重文明。至于劝剪发辫,各界早表同情。以示全国一致,免被外人笑评。犹恐愚夫俗子,程度未能均平。故不强迫从事,但保社会安宁。近闻各军兵士,未免过分热心。硬剪行人发辫,以致议论纷纷。责成各军官长,火速查禁无徇。商人亦宜自爱,兵士勿再越分。本府令出法随,其各知悉凛遵。"②

是日,联军总司令徐绍桢解职,旋改任南京卫戍总督。

是日,江苏都督程德全病,代理都督庄蕴宽通电到任。

是日,蒙古库伦活佛行登极礼。

是日,日本借口保护租借侨民,派兵登陆汉口。

是日,天津《益世》(周刊)在意租界小马路(今民权路)创刊。创办人雷鸣远。

是日,叶圣陶是日日记曰:"今日为吾国改用阳历之第一日,而吾之日记,亦于今日始改用阳历矣。"③

2日(宣统三年十一月十四日),孙中山以临时大总统名义通电全国,改用阳历,以1912年1月1日为中华民国建元之始。

是日,孙中山任命胡汉民为总统府秘书长。

是日,黎元洪推崇孙中山致南京临时政府孙大总统电。

按:电文曰:"蒸日得代表团来电,知先生被举为大总统,当即电致金陵,奉尘左右,为四万万同胞忭贺。昨接陈都督来电,知先生改定正朔,与民更始,并于元旦到宁就任。前电谅邀钧鉴。同人正值开会庆祝,忽奉先生由沪真电。奖借逾恒,莫名惭悚。伏思元洪才识凡庸,素无表见。此次发难,皆赖群策群力,共赴事机。元洪何人,敢叨天之功以为己有?先生首创大义,奔走呼号,二十年如一日。薄海内外,莫不钦仰高风,濡沐仁化。西哲云:'言论者事实之母。'此次实行,岂惟元洪身受其赐,我黄帝在天之灵,实式凭之。乃至德冲虚,益自谦抑,捧读之下,感愧交集。武汉独

---

① 《申报》1912年1月1日第二张第三版。上海社会科学院历史研究所编:《辛亥革命在上海史料选辑》增订版,上海人民出版社2011年版。

② 《申报》1912年1月1日第二张第三版。上海社会科学院历史研究所编:《辛亥革命在上海史料选辑》增订版,上海人民出版社2011年版。

③ 《叶圣陶集》第19卷。

民国元年日志

（1912年1月—12月）

当敌冲.任大责重,深惧弗胜;惟有夙夜孳孳,万不敢稍恃和议,致懈枕戈。"附:孙文来电:"武昌举义,四海云从,列国舆论,歌诵民军,无微不至,而尤钦佩公之艰苦卓绝。文于中国革命,虽奔走有年,而此次实行,并无寸力,谬蒙各省代表举为总统,且感且愧。惟有勉为其难,以副公之盛意。武汉为全国之枢纽,公之责任维艰。伏维珍重。"①

是日,皖、苏、浙、闽、桂五省都督府代表提出临时政府组织大纲修正案,由原来五个部分增加为九个部分。增设临时副总统。规定《临时政府组织大纲》施行期限,以中华民国宪法成立之日为止。

按:经议决:原文第一条,修正为:"临时大总统、副总统,皆由各省代表选举之,以得票满投票总数三分之二以上为当选,代表投票权每省以一票为限。"原文第五条,修正为:"临时大总统得制定官制官规,兼任免文武职员,但制定官制及任命国务各员及外交专使,须得参议院之同意。"原文第六条后,增加一条为第七条(原第七条改为第八条,余递推),条文为:"临时副总统于大总统因故去职时,得升任之;如大总统有故障,不能视事时,得受大总统之委任,代行其职权。"又议决:一月三日开会,选举临时副总统。②

是日,各省都督府代表联合会议决:以代表会代行参议院职权。选举赵士北为临时议长,马君武为临时副议长。

是日,上海都督陈其美发布改历通告。

按:通告曰:"沪军陈都督通告:为出示晓谕事:本日(阴历十一月十二日)奉大总统孙谕令,以本月十三日为阳历元旦,我民国百度维新,亟应及时更用阳历,期于世界各强国同进文明,一新耳目等因。为此,布告军民各界人等知悉,以黄帝纪元四千六百九年十一月十三日,着改为中华民国元年正月第一日。从前行用阴历,一律变更。孙大总统即择于元年元旦就任,发号施令,与天下更始。合亟出示晓谕,咸仰知悉,自明日起,各界一律悬挂国旗,以昭庆贺而光大典,切切特示。"③

是日,袁世凯批准唐绍仪辞职,并电告伍廷芳,以后直接电商南北和谈事宜。

是日,袁世凯电伍廷芳继续停战15天,主山西、陕西、湖北、安徽、江苏两军各后退50里,或清军退出汉阳、汉口百里以外,杨逻司及蔡甸沌口民军退过江南,陕西两军退离潼关50里,江北民军及张勋军均不前进。

是日,河南咨议局致电袁世凯,人民切望共和,倘和议更动,河南人民誓与朝廷断绝关系,宁死不纳租税。

---

① 湖北省政协文史委编:《湖北军政府文献资料汇编》,武汉大学出版社1986年版。
② 刘星楠:《辛亥各省代表会日志》,《辛亥革命回忆录》第六集。
③ 《申报》1912年1月2日第一张第五版,原题作"中华民国新纪元"。上海社会科学院历史研究所编:《辛亥革命在上海史料选辑》增订版,上海人民出版社2011年版。

是日,直隶滦州驻军第二十镇统领官苏广川,管带王金铭、施从云、张建功、王名清、郑金声、冯御香、徐廷荣通电赞成共和。滦州宣布独立,成立北方革命军政府,推举王金铭为都督。

是日,姜桂题、张勋、张怀芝、冯国璋等 15 名北洋军首领发出联衔通电,声称北方将士均主君宪,均主死战。并请旨饬亲贵大臣将银行存款,提充军用。

是日,陕西都督张凤翔部与清军战于北原。

是日,河东晋军政分府正式成立。

是日,上海英文《字林西报》发表社论,攻击孙中山"独裁"实行"寡"头政治,即将建立的南京临时政府"远非一个民有、民治、民享的政府"。

3 日(宣统三年十一月十五日),中华民国南京临时政府正式成立,任命黄兴为陆军总长,蒋作宾为次长;黄钟英为海军总长,汤芗铭为次长;王宠惠为外交总长,魏宸组为次长;程德全为内务总长,居正为次长;伍廷芳为司法总长,吕志伊为次长;陈锦涛为财政总长,王鸿猷为次长;蔡元培为教育总长,景耀月为次长;张謇为实业总长,马君武为次长;汤寿潜为交通总长,于右任为次长。成立临时参议院,举林森、王正廷为正副议长。各省代表会议又选举黎元洪为中华民国临时副总统。临时议长赵士北主持会议。与会者有张蔚森、马步云、赵世钰、袁希洛、许冠尧、王竹怀、林森、王有兰、俞应麓、黄群、潘祖彝、邓宪甫、马君武、章勤士、邹代藩、廖名搢、刘揆一、马伯援、杨时杰、胡瑛、居正、周代本、吴景濂、谷钟秀、李鐅、谢鸿焘、景耀月、吕志伊、张一鹏、段宇清等。[①]

按:胡汉民《胡汉民自传》说:"先生以余为总统府秘书长,各部之组织,则采纳克强意见。……部长只陆军、外交、教育为同盟会党员;余则清末大官,新同情于革命者也。惟次长悉为党员。内务初提钝初,以其尝主内阁制,并欲自为总理,故参议院不予通过(初,由各省代表会行参议院职权,阁员须得其同意,著为约法,其后因之),而改用程德全。程以清江苏巡抚于南京未破时树义旗反正者。克强推荐张謇或熊希龄长财政,先生不可,曰:'财政不能授他人,我知澜生(陈锦涛)不敢有异同,且曾为清廷订币制,借款于国际,有信用。'于是用陈。亮畴(王宠惠)以资格不足,欲辞。先生曰:'吾人正当破除所谓官僚资格,外交问题,吾自决之,勿怯也。'然张、汤仅一度就职,与参列各都会议,即出住上海租界。程因于租界卧病。伍以议和代表不能管部务。陈日经营借款,亦当居租界。故五部悉由次长代理。部长之负责者,黄、王、蔡耳。时战事未已,中央行政不及于各省,各部亦备员而已;独克强兼参谋总长,军事全权集于一身,虽无内阁之名,实各部之领袖也。"[②]

---

① 刘星楠:《辛亥各省代表会日志》,《辛亥革命回忆录》第六集。
② 毛注青编著:《黄兴年谱长编》引,中华书局 1991 年版。

民国元年日志
（1912年1月—12月）

　　按：南京临时政府，是近代中国人民和辛亥革命奋斗成果的集中体现，它存在时间虽然短暂，但却在中国近代史上有不可忽视的地位和历史贡献。它构建了中国现代国家的雏形，展示了中国未来的图景，开辟了中国历史的新纪元。它的最大的特点，是历史的首创性。第一，建立了中国历史上第一个民主共和国。这是破天荒的、前无古人的大事件。它标志着与两千多年历代王朝不同质的新政权的诞生。它使中国跨入了现代社会的新时代。第二，确立了建设现代中国的基本原则。这就是A. 实行民主共和，反对封建专制。B. "国家之本，在于人民"，一切事业均以人民利益为出发点。C. "民族的统一"。D. "领土之统一"。第三，制定了共和国的政治体制。第四，颁布了第一部具有宪法性质的《中华民国临时约法》。第五，制定并颁布了具有中国特色和改革性质的各种条例法规。这些条例法规，涉及社会习俗、道德风尚、工矿商业、财政金融、文化教育、婚姻家庭等许多方面。它使民主共和国的建设目标更加具体化，使南京临时政府作为现代国家的形象更加明确。第六，推行选举制度。选举制度是现代民主政治的重要体现，也是区别专制政治和民主政治的重要标志。它是现代国家决策政治大事时充分发扬民主、最大限度反映民意的重要方式。南京临时政府第一次用投票方式选举国家主要领导人，是政治上的重要变革，是走向政治现代化的一个重要标志。第七，大力提倡做人民公仆。[①]

　　是日，孙中山任命徐绍桢为南京卫戍司令。11日改任南京卫戍总督。

　　是日，孙中山任命钮水建(兼)、温宗尧(兼)、汪精卫、王正廷、胡瑛为议和参赞。

　　是日，孙中山聘章宗祥及日人寺尾亨副岛义一为法制顾问，犬养毅为政治顾问。

　　是日，孙中山任命蓝天蔚为关外都督兼北伐军第二军总司令。

　　是日，章炳麟脱离同盟会，在上海另组中华民国联合会，章炳麟任会长，程德全为副会长。发刊《大共和日报》，章炳麟任社长，并作《发刊辞》。

　　按：《民立报》1912年1月5日报道："联合会成立大会记：十五日午后一时，中华民国联合会成立大会于江苏教育总会。到会者二百余人。首由主席唐文治报告开会。次由章炳麟君演说本会宗旨，次行选举，用投票法。章炳麟君是126票，被选为正会长。程德全君得81票，被选为副会长。次由各省会员互选参议员，其得票最多数者，江苏为唐文治、张謇二君，浙江蔡元培、庆德闳，湖南熊希龄、张通典，湖北黄侃，安徽王德渊、程承泽，四川黄云鹏、贺孝齐，江西刘树堂、邹凌元，广西陈郁常，云南陈荣昌，广东邓实，甘肃牛载坤，贵州符诗镕、王朴诸君当选。复次由唐文治君报告驻会干事由会长指任，但会长以本日仓卒，须详审方能指定宣布。唐君复提议增设特别干事，专取有学识者充之，无定员，由职员会公推。复次蔡元培提议，请愿临时政府组织民选参议院，因现在临时参议院诸员皆由各军政府所派，非公意也。复

---

　　① 参见张宪文《辛亥革命若干问题的再认识》，《复旦学报》2002年第2期。

次由黄云鹏君提议各省设立分会事,均满场一致表决,至六钟散会。"

按:3月2日中华民国联合会又更名为统一党,推举章炳麟、程德全、张謇、熊希龄、宋教仁为理事,唐文治、赵凤昌、汤化龙、汤寿潜等为参事。

是日,清廷劝亲贵王公等输财赡军。大理院正卿定成免,以刘若曾代之。

是日,清驻俄公使陆徵祥联合驻外各清使,电请清帝逊位。

是日,伍廷芳致电袁世凯,声明唐绍仪所签之约,不因其辞职失效,并要求履行退兵办法。

是日,清内阁通告各路军队,续议停战。

是日,直隶滦州新军起义,成立北方革命军政府,举王金铭为大都督,施从云为总司令。

是日,陕西民军攻占河南灵宝,赵倜所部清军退陕州据守渑池。

是日,北京外交团开会,谋置中国盐税于海关控制之,下议定由英、日、俄、奥等国公使组成委员会研究处理。12日,该委员会就此事以备忘录送清外务部。

是日,乌里雅苏台扎萨克汗宣布"独立",要求清廷驻乌里雅苏台将军奎苏于五日内离境。

是日,英、美、德、法、日、俄六国有同文通牒,致送清内阁,略谓两军交战以来,各国在清商务颇受影响,此次上海媾和必须双方让步。

是日,湖南国民协会通电斥杨度为汉奸,请拿办正法。

是日,上海都督陈其美发布《改历通告二》。

按:通告曰:"为出示晓谕事:照得前奉大总统谕令,改用阳历与世界各国一表大同等因。奉经示谕军民铺户人等一体遵行在案。惟查沪上社会习惯,商店账目、民间借项,往往年底为归宿之期,互相清理;此时改用阳历,仓卒更新,各界账款办理,难免习诈者流借词推诿,致多棘手。自应妥筹良法,庶商民不致稍受影响。所有黄帝纪元四千六百九年份沪上各商店往来账目债款,仍于阳历2月17号,即旧历十二月卅日,暂照旧章分别结算收还,以昭公允。嗣后如何酌定之处,候饬商务总长邀集各商业从新组织办法,颁布实行,合亟出示晓谕。为此示仰沪属军民人等,咸各知悉毋违,特示。"①

4日(宣统三年十一月十六日),孙中山电令广东都督陈炯明出师北伐。

是日,孙中山电伍廷芳盼将国民会议地点时期及退兵办法电告。

是日,黎元洪为当选为副总统致南京临时政府等电。

按:电文曰:"连接各省代表会与本省代表来电,知中央政府举元洪为临时副总统。闻命之余,惭悚交并。元洪才识平庸,素无表见。自起义以来,全赖群策群力,

---

① 上海社会科学院历史研究所编:《辛亥革命在上海史料选辑》增订版,上海人民出版社2011年版。

民国元年日志
（1912年1月—12月）

互相维持。以武汉一隅，而收十七省益地之图；以前后二月，而雪三百年虐大之愤。诸君子创其苦因，而元洪收其乐果。纵诸君子谬蒙推奖，能勿恧然？现在和议未定，战事方棘。尚望诸君子坚矢初心，共襄盛业，勿争权利而越范围，勿怀意见而分门户，勿轻敌而有骄心，勿畏难而萌退志。岂惟我中国父兄子弟群相托命，环球万国，将于是观听随之。元洪有厚望焉。"①

是日，袁世凯致电伍廷芳，提出临时国会选举办法，声称须在北京开会。

是日，伍廷芳致电袁世凯，请亲来上海，并再声明唐绍仪所签之约，不能更动。

是日，清督抚赵尔巽、陈夔龙、段祺瑞、锡良、齐耀琳、胡建枢、陈昭常、周树模电奏，请令亲贵大臣立将外国银行存款提出，以充军饷。

是日，杨士琦免署邮传大臣，清廷命梁士诒继任。

是日，汉阳、汉口清军退至孝感、广水一带。

是日，重庆军政府与援川滇军订立合同条款。

是日，上海南汇地区大团等处沿海"沙民"千余人抗租，沪军都督府派陆军及水师前往镇压。

是日，英、美、德、法、日等国驻华军队司令官开会，借口滦州新军起义决议向京奉铁路京榆段沿线派驻军队：北京—杨村驻英军366名；杨村—北塘驻法军44名；北塘—唐山驻德军94名；唐山—滦州驻美军200名；滦州—山海关驻日军599名。

是日，法外交部照会驻法俄使，表示法支持俄在中国北部之特权利益扩张至北满，并至蒙古、新疆。

5日（宣统三年十一月十七日），南京临时政府发布《告友邦书》，宣告承认清政府在革命前与各国所缔结的一切条约、所借外债、所认赔款及让与权利继续有效。

按：《临时大总统宣告各友邦书》（1912年1月5日）曰：溯自满洲入主，据无上之威权，施非理之抑勒，裁制民权，抗违公意。我中华民国之智识上道德上生计上种种之进步，坐是迟缓不前。识者谓非实行革命，不足以荡涤旧污，振作新机。今幸义旗举轩，大局垂定，吾中华国民全体，用敢以推倒满清专制政府建设共和民国，布告于我诸友邦。

易君主政体以共和，此非吾人徒逞一朝之愤也。天赋自由，萦想已凤，祈悠久之幸福，扫前途之障蔽，怀此微忱，久而莫达。今日之事，盖自然发生之结果，亦即吾民国公意所由正式发表者也。

盖吾中华民族和平守法，根于天性，非出于自卫之不得已，决不肯轻启战争。故自满清盗窃中国，于今二百六十有八年，其间虐政，罄竹难书。吾民族惟有隐忍受之，以倒悬之待解，求自由而企进步，亦尝为改革之要求；而终勉求所以和平解决之

---

① 湖北省政协文史委编：《湖北军政府文献资料汇编》，武汉大学出版社1986年版。

道,初不欲见流血之惨也。屡起屡蹶,卒难达吾人之目的,至于今日,实已忍无能忍。吾人鉴于天赋人权之万难放弃,神圣义务之不容不尽,是用诉之武力,冀脱吾人及世世子孙于万重羁轭。盖吾人之匍匐呻吟于此万重羁轭之下者,匪伊朝夕。今日何日,始于吾古国历史中,展光明灿烂之一日,自由幸福,照耀寰宇,不可谓非千载难得之盛会也。

满清政府之政策,质言之,一嫉视异种,自私自便,百折不变之虐政而已。吾人受之既久,迫而出于革命,亦固其所。所为摧陷旧制,建立新国,诚有所不得不然,谨为世界诸自由民族缕晰陈之。

当满清未窃神器之先,诸夏文明之邦,实许世界各国以交通往来,及宣布教旨之自由。马阁之著述,大秦景教碑之纪载,班班可考也。有明失政,满夷入主,本其狭隘之心胸,自私之僻见,设为种种政令,固闭白封,不令中土文明与世界各邦相接触。遂使神明之裔,日趋塞野,天赋知能,艰于发展,愚民自锢,此不独人道之魔障,抑亦文明各国之公敌,岂非罪大恶极万死莫赎者欤!

不特此也,满清政府,欲使多数汉人,永远屈伏于其专制之下,而彼得以拥有财富,封殖藩育于其间。遂不恤贼害吾民,以图自利,宗支近系,时拥特权,多数平民,听其支配。且即民风习尚,满汉之间,亦必严至峻之障,用示区别。逆施倒行,以迄于今。又复征苛细不法之赋税,任意取求,迹邻掳劫。商埠而外,不许邻国之通商,常税不足,更敛厘金以取益。阻国内商务之发展,妨殖产工业之繁兴。呜呼! 中土繁庶之邦,谁令天然富源,迟迟不发? 则满洲政府不知奖护实业之过也。

至于用人行政,更无大公不易之常规。严刑峻制,惨无人理。任法吏之妄为,丝毫不加限制,人命呼吸,悬于法官之意旨。问其有罪无罪也,不依法律正当之行为,侵犯吾人神圣之权利。卖官鬻爵,政以贿成。凡此种种,更仆难数。任官授职,不问其才能之何若,而问其权势之有无。以此当政事之大任,几何其不误围哉。

近年以还,人民不胜专制之苦,亦时有改革政治之要求。满政府坚执锢见,一再不许。即万不得已而暂允所请,亦仅为违心之举,初非有令出必行之意。朝颁诏旨,夕即背之,玩弄吾民,已非一次。其于本国光荣,视同秦越,未尝有丝毫为国尽力之意。是以历年种种之挠阻。不足激其羞耻之心,坐令吾国吾民,遭世界之轻视,而彼殆无动于中焉。

吾人今欲湔除上述种种之罪恶,俾吾中华民国得与世界各邦敦平等之睦谊,故不恤捐弃生命,以与是恶政府战,而别建一良好者以代之。犹恐世界各邦,或昧于吾民睦邻之真旨,故将下列各条,披沥陈于各邦之前,我各邦尚垂鉴之。

一 凡革命以前所有满政府与各国缔结之条约,民国均认为有效,至于条约期满而止。其缔结于革命起事以后则否。

二 革命以前,满政府所借之外债及所承认之赔款,民国亦承认偿还之责,不变

民国元年日志

更其条件。其在革命军兴以后者则否。其前经订借事后过付者亦否认。

三　凡革命以前满政府所让与各国国家，或各国个人种种之权利，民国政府亦照旧尊重之。其在革命军兴以后者则否。

四　凡各国人民之生命财产，在共和政府法权所及之域内，民国当一律尊重而保护之。

五　吾人当竭尽心力，定为一定不易之宗旨，期建吾国家于坚定永久基础之上，务求适合于国力之发展。

六　吾人必求所以增长国民之程度，保持其秩序，当立法之际，一以国民多数幸福为标准。

七　凡满人安居乐业于民国法权之内者，民国当一视同仁，予以保护。

八　吾人当更张法律，改订民刑商法及采矿规则，改良财政，蠲除工商各业种种之限制。并许国人以信教之自由。

抑吾人更有进者，民国与世界各国政府人民之交际，以后必益求辑睦。深望各国既表同意于先，更笃友谊于后，提携亲爱，视前有加。当民国改建一切未备之时，务守镇静之态，以俟其成。其协助吾人，俾种种大计，终得底定。盖此改建之大业，固诸友邦当日所劝告吾民而满政府未之能用者也。

吾中华民国全体，今布此和平善意之宣言书于世界，更深望吾国得列入公法所认国家团体之内。不徒享有种种之利益与特权，亦且与各国交相提挈，勉进世界文明于无穷。盖当世最高最大之任务，实无过于此也。中华民国临时大总统孙文。签名

是书由外交总长伍廷芳奉孙大总统命用洋文电报通告各友邦，书末有孙大总统之签名。[1]

是日，孙中山发表告国民书，列举民族统一、领土统一、军政统一、内治统一、财政统一为政务方针，洗去清代辱国举措、排外心里，与各友邦益增睦谊。

是日，孙中山颁布军士服制。

是日，孙中山举行临时政府各部委任礼，各部总次长黄兴等出席。

是日，孙中山分别致电南北军将士，呼吁拥护民国、南北统一。

是日，袁世凯电请伍廷芳亲来北京。

是日，段祺瑞自汉口退驻孝感。

是日，新疆伊犁宣布独立。

是日，清军按南北和议协定，自汉阳撤退。

是日，豫、晋、秦、陇四省协会要求惩办河南巡抚齐耀琳杀害民党首领张钟端等

---

[1]　熊志勇、苏浩、陈涛编：《中国近现代外交史资料选辑》，世界知识出版社 2012 年版。

11 人事。

是日,《民立报》发表《和议尚可信耶》社论。

按:社论指出:"若借此议和,敷衍时日,是堕彼术中矣。虽苟安一时,而来日之大患正未艾也。"认为和议将捆住革命党人的手脚,造成革命的消极被动。

是日,中国社会党南京分部成立。

是日,章炳麟、程德全等发起的中华民国联合会在上海正式成立。

按:《中华民国联合会章程》

第一章　总纲

第一条　本会为联合全国一致进行起见,定名为中华民国联合会。

第二条　本会以联合全国扶助完全共和政府之成立为宗旨。

第三条　本会会员,凡国民品行端正,具有普通学识者,经本会会员二人介绍,由会长认可后方为合格。但未开成立大会以前,可由创办员一人介绍即为合格。

第二章　机关及权限

第四条　本会设正会长一人,副会长一人,驻会干事每省一人,驻省干事每省四人,参议员每省二人。

第五条　正会长代表本会全体,总理一切会务,并指导各科干事。副会长襄理一切会务,若正会长缺席时,得代理其职权。

第六条　驻会干事常川驻会,由会长提调办理各事。

第七条　驻省干事调查该省独立状况及共和政务,随时报告,并得介绍该省会员入会。

第八条　参议员参议一切紧要事务及重大疑难问题,若关于讨论职员行为者,得独立开特别参议会。

第九条　驻会干事办事分科及其职掌如左:(一)总务科　掌管机要,整理会务,兼办一切不属于他科之事。(二)会计科　分理本会收入支出事务。(三)书记科　经理文牍及记录事务。(四)交际科　办理联络及招待事务。(五)调查科　经理一切调查并征集各驻省干事报告。

第三章　选任及期限

第十条　正副会长由全体大会投票公选。

第十一条　驻会干事由会长于会员中各省指任一人,更为酌量分科。

第十二条　驻省干事由各省会员于驻在该省会员中推选,但须经本会会长承认。

第十三条　参议员由会员中每省互选二人。

第十四条　以上各职员均以完全共和政府成立之日为任期,期内如有缺员得临时选补。

民国元年日志

（1912年1月—12月）

第四章　事务

第十五条　本会对于各独立团体,如有妨害共和之进行者,应联络各团体设法纠正之。

第十六条　本会对于中央政府及各都督府,凡关于充实兵力之事应尽力协助之。

第十七条　本会对于政治外交问题得开会研究,条陈意见于政府。

第十八条　本会设《大共和报》为发表言论机关,章程另订。

第五章　会期

第十九条　本会开会分为全体大会、参议会(职员参议员组成)、职员会、特别参议会(纯由参议员组成)四种,均无定期。全体大会、参议会、职员会均由会长临时招集。但全体大会得职员或参议员半数以上,会员十分之二以上之要求,会长应招集之,并于会期四十日前将会所、时日、事件预告。职员会,参议会各得职员五人以上之请求,会长亦应开会。

特别参议会由参议员内提议者五人以上之联名招集之。

第六章　经费

第二十条　本会经费由会员入会时每人纳入会捐一元,每年纳常年捐六元,分一六两月缴。特别捐无定额,由会员自由捐助。但会员一年以上未缴常年捐并不通告理由者,当即除名。名誉捐由本国热心赞助者捐助,本会公推为名誉赞成员。

第七章　附则

第二十一条　本会俟完全共和政府成立后,即改为政党,唯《大共和报》仍继续为言论机关。

第二十二条　本会章程由发布之日即生效,如有施行不便之处,由多数职员及参议员提议,经参议会议决,得修改之。

第二十三条　本会事务所暂设上海黄浦滩外国花园对过二十九号。所有一切函件及捐款均请径交此处。

创办员　章炳麟、程德全、赵凤昌、张謇、唐文治、陈三立、黄云鹏、应德闳、杜士珍、汪德渊、章驾时、张通典、钟正楙、林长民、邓实、贺孝齐、景耀月、杨若堃[1]

是日,章炳麟等对孙中山接见林宗素面谕"国会成立,女子有完全参政"借题发挥、反复辩难,孙中山为了革命内部的团结,被迫让步,表示与林宗素会见"不过是个人闲谈"。[2]

按:女子参政同志会成立于1911年11月,是民国初年出现的第一个女子参政

---

①　转引自上海市档案馆《辛亥革命期间上海公共租界工部局警务报告》二,《历史档案》1981年第4期。

②　《统一党本部·本会复临时大总统书》,《临时大总统再复本会书》,《统一党第一次报告》,京华印书局1913年版。

团体,该会以"普及女子之政治学识、养成女子之政治能力、期待国民完全参政权"为宗旨,并为改善和提高妇女的参政素质采取了许多措施,在当时产生了很大的影响。继林宗素后,唐群英等以中华民国女界代表的名义,上书南京临时参议院,正式提出将女子参政权写入宪法。2月23日,临时参议院将唐群英等请求女子参政权提请审查会审查,但遭到大多数议员的反对。所以,稍后公布的《中华民国临时约法》中没有明确女子参政的条文。

是日,汤化龙、孙洪伊、林长民、张嘉森、黄可权、向瑞琨等在上海组织共和建设讨论会。

是日,上海女子参政同志会主持人林宗素专程至南京谒见中华民国临时大总统孙中山,面交该会会章,要求承认女子完全参政权。蒙孙中山面谕:国会成立,女子有完全参政权。①

是日,英国借口保护开滦煤矿,自天津派驻英军50名。

6日(宣统三年十一月十八日),清廷赠恤署四川总督、督办粤汉川汉铁路大臣、候补侍郎端方及其弟知府端锦。罢盐政院。滦州兵变,抚定之。伊犁新军协统领官杨缵绪军变,将军志锐死之。

是日,孙中山咨复参议院征询和战问题,内称:现在用兵为略,当以鄂湘为第一军,由京汉铁路前进;宁皖为第二军,向河南前进;淮阳为第三军,烟台为第四军,向山东前进;秦皇岛合关外之军为第五军,山陕为第六军,向北京前进,表示:"和议一破,本总统当亲督江皖之师……饷源一事,业令由财政、陆军两部会同筹划。"

是日,临准总司令林述庆谒见孙中山面陈北伐计划。

是日,湖北军政府开会议决,拟成立湖北临时议会。由各部总稽查部为选举筹备和监督机关,并由该部拟定选举办法。

是日,伍廷芳致电袁世凯,谓南京组织政府与国民会议解决国体,绝不相妨,会议地点仍当在上海。袁世凯致电伍廷芳,谓唐绍仪无决定之权,国体由国会解决,并请切实答复国会选举办法。

是日,清甘肃省谘议局议长张林焱等以陕、甘新三省绅民名义电袁世凯,坚主立宪,否认共和。

是日,清军自汉口撤退。

是日,山东黄县独立。

是日,江西省南浔铁路公司成立,性质为官商合办。

7日(宣统三年十一月十九日),陆军部通电各省,着重训练现有军队,不得再招新兵。

---

① 《公电·南京电》,《民立报》1912年1月8日。

民国元年日志
（1912年1月—12月）

是日，黎元洪召开军事会议，组织北伐军，以战时总司令官吴兆麟为北伐军第一军总司令官，右翼军李烈钧为北伐军第二军总司令官，左翼军赵恒锡为北伐军第三军司令官。

是日，云南西防总司令李根源，西路巡按使赵藩到腾越，平滇西之乱，以张文光为腾越镇总兵。

是日，日人犬养毅、头山满到南京，翌日，晋见孙中山，告以日本外相内田康哉反对中国共和政体，劝联合岑春煊、康有为对抗袁世凯，为孙所拒。

是日，隆裕太后依东三省总督赵尔巽之请，将奉省各王本年应征地租尽数留充奉饷。

是日，清第一军总参官靳云鹏自汉口到北京，谋联合各军，要求共和。

8日（宣统三年十一月二十日），各省代表会议通过《政府交议军需公债章程案》。

是日，临时政府发行中华民国军需公债一万万元。

是日，孙中山通令各省：产盐运盐，统归盐政总理督率办理。

是日，新疆伊犁临时都督府成立，推原清伊犁将军广福为临时都督，杨缵绪为总司令，冯特民为外交部长兼民政部长，贺家栋为政治部长，郝可权为参议院院长，冯大树为参事院长，李辅黄为前敌总司令。杨缵绪等召集地方团体代表，新满营协领、佐领和锡伯、索伦、察哈尔、厄鲁特四营领队大臣与义军各首脑等于官钱局，宣布成立汉、满、蒙、维、藏"五族共进会"，共商革命大事。杨缵绪任会长。并创办维吾尔文、汉文《新报》。

是日，靳云鹏奉段祺瑞之命谒袁世凯，谓第一军一致赞成共和，推举袁世凯为大总统。

是日，唐绍仪致电袁世凯，民军拟自行召集国会，蒙古、西藏、东北各处均将参加，各国将予承认。

是日，伍廷芳电复袁世凯同意自12月31日早8时起，到1月15日早8时止，各战场继续停战15日，是为第五次停战。

是日，伍廷芳致电袁世凯，请亲自或另派代表前来上海，勿再电商。

是日，岑春煊致电袁世凯，请仍守唐绍仪所定条款，取决国会。

是日，袁世凯同意美国派兵保护京津铁路。

是日，山西民军攻占绛州。

是日，康有为撰《共和政体论》一文，鼓吹"虚君共和"。是日起在北京《正宗爱国报》连载。

按：1912年，中华民国成立，两千多年的封建专制制度结束，康有为已无皇可保了，但他仍恋栈旧制，眷念君主，是年冬发表《共和政体论》，说："专制君主以君主为主体,而专制为从体;立宪君主以立宪为主体,而君主为从体;虚君共和,以共和为主体,而虚君为从体。故立宪犹可无君主,而共和不妨有君主。"又说:"中国乎积四千年君主之俗,欲一旦全废之,甚非策也。况议长之共和,易启党争,而不宜于大国者如彼;总统之共和,以兵争总统,而死国民过半之害如此。今有虚君之共和政体,当突出于英、比与加拿大、澳洲之上,尽有共和之利,而无其争乱之弊,岂非最为法良意美者乎?"混淆民主制与君主制度的界限,以最彻底的民主制度为最坏,越不彻底、封建残余保存越多的就是最好;并提出"虚君共和"的口号,想挂一个"共和"的招牌,恢复清朝的统治。此后,发表《救亡论》和《中华救国论》,妄说:"共和政体不能行于中国","立宪国之立君主,实为奇妙之暗共和国",而"满族亦祖黄帝",还应由清朝复辟。①

9 日(宣统三年十一月二十一日),江西都督府派代表王有兰、汤漪为参议员。各省代表会议议决:和局已将破裂,公推马君武、陶凤集质问陆军部作战计划如何。②

是日,南京临时政府陆军部成立,孙中山委任黄兴为参谋总长,钮永建为副参谋,筹划北伐。

是日,临时政府教育部成立。

是日,孙中山派黄复生、熊克武到沪接收川路股款,筹办蜀军。

是日,袁世凯致电伍廷芳,劝勿再执唐绍仪所签条款,不允另派代表,并坚持以北京为国会开会地点。

是日,江苏都督移驻苏州。

是日,袁世凯电伍廷芳,勿再坚执唐绍仪所签条款;不必另派代表;北京为国会开会地点,万无更易。

是日,清廷任命朱益管署湖南巡抚。

是日,上海《民立报》发表《中华民国北伐铁血团简章》。

按:简章:一、定名　中华民国北伐铁血团。

二、宗旨　联合各省北伐军队,以扫灭满虏、完全汉室、协助共和政府为唯一宗旨。

三、组织　仿陆军通行制度,先编第一团,军官呈请大元帅委任,军佐则由本团选充。

四、资格　有军事上经验,素抱铁血主义者。

五、范围　受中央军政府调遣,并听北伐总司令指挥。

六、进行　本团编成,即行出发江北清江或浦口等处,实地教练野战法,以资速

---

① 白寿彝总主编;龚书铎主编:《中国通史》第 11 卷近代前编(1840—1919)下册第 2 版,上海人民出版社2013 年版。

② 刘星楠:《辛亥各省代表会日志》,《辛亥革命回忆录》第六集。

民国元年日志
（1912年1月—12月）

达北伐之目的。

　　七、经费　悉由发起人筹备。

　　八、事务所　暂设西门外斜桥公兴里。

　　九、附则　本章或有未尽事宜，可随时酌改。[①]

　　10日（宣统三年十一月二十二日），马君武报告，陆军部作战计划已定，拟分五路进兵，如和局破裂，即行宣战。

　　按：所谓五路进兵，即以鄂湘为第一军，由京汉路前进；宁皖为第二军，向河南前进，与第一军会合于开封、郑州之间；淮扬为第三军，烟台为第四军，向山东前进，会于济南；秦皇岛合关外之兵为第五军，山陕为第六军，向北京前进。第一、二、三、四军既达第一之目的，复与第五、六军会合，共破敌巢。[②]

　　是日，临时参议院议决以五色旗为国旗，取红、黄、蓝、白、黑五色，代表汉、满、蒙、回、藏五族共和之意。12日，孙中山以五色旗为国旗取义不确，咨请临时参议院暂勿颁定施行，俟民选国会成立后讨论。

　　是日，湖北临时议会成立，刘心源为议长。

　　是日，伍廷芳致电袁世凯，谓唐绍仪所签之约为不可移动之条件，上海为开会地点，亦万无可易。

　　是日，谭延闿电孙中山，请即与袁世凯严重交涉如停战期满而国体问题尚未解决，即令各路开战。

　　是日，张謇密电袁世凯，谓"现以纱厂事需亲赴鄂，拟藉与段芝泉密商"以南北军人名义提议召开国民会议决定政体，张抵鄂再密电袁，请其就商北洋将领通电拥护共和，迫清帝退位；并谓"非有可使宫廷逊位出居之声势，无以为公之助，去公之障"。25日，袁电复张，告以"连日协商，渐有头绪"。

　　是日，清军司令部由汉口迁往孝感。

　　是日，庄蕴宽在苏州就任，代程全德为江苏都督职。

　　是日，岑春煊发表《致袁世凯电》。

　　按：电文曰："今日国民多数，均以共和为目的。朝廷既有召国会决政体之谕，自系采取多数。我皇上之从民所欲，不私天下，以尧舜之心为心，为海内外所共见。民军威于朝廷礼让，为国罢战息兵，故亦众口一辞，必以尊崇皇室为报，上下相交，各尽其道，为世界历史开一未有之局，诚吾国之光荣也。"[③]

　　是日，中华民国女子同盟会在上海成立，以扶助民国，促进共和，发达女权，参与政事为唯一宗旨，并以普及教育为前提，以整军经武为后盾。吴木兰为会长、林复为

---

　　① 《民立报》1912年1月9日第六页。原题作"北伐声中之铁血团"。
　　② 刘星楠：《辛亥各省代表会日志》，《辛亥革命回忆录》第六集。
　　③ 《民立报》1912年1月10日。

副会长。设评议、内务、调查、执行和纠察五部。

是日,中华银行董事会在南京成立。

是日,上海军政府都督府训练课订立《目兵读法》8条。

按:沪军都督府训练课订定《目兵读法》八条如下:

一、发扬国威。我们汉族同胞,受了满清苛待二百六十几年。今我民国大举义军,恢复旧业,脱除羁束。凡军人都应协力同心,直捣黄龙。

二、服从命令。军人牺牲自己一切的自由,以保全全国的自由,所以为全国人民所敬重,这都是服从两个字的效果。况营中长官,如同自己家中父、兄一般,所发命令,自当服从。平时服从惯了,到了战场,万众齐心,自然就打胜仗。

三、保护同胞。中华百姓,都是我们的同胞。或为农、商,或为工、贾,所有我们吃的、着的、用的,都是他们担任,我们自当尽力保护他们的生命财产。

四、和睦同营。营中同胞,都是共患难的,比自家兄弟还要紧些,应当格外亲爱,互相关照,不可各有意见,致起冲突。

五、爱护军器。武器本是我们军人性命。平时若不爱护,战时不能适用,就同没有性命一般。其余公家发的物件,都是同胞捐钱买来的,价值也很贵,我们当比自家私物,还看得要紧些。

六、顾全名誉。当军人的名誉,比性命还要紧。所有一切卑污及不规则的事,决不可做。如果做了,犯了军法,不独对不起同胞,且对不起自己的祖宗。

七、考究学术。学术是我们军人杀敌的本领。倘不格外向学,操演技术,一到战场,毫无把握,反被敌杀。所以技熟则胆壮,胆壮则战胜,是一点不错的。

八、毋尚小勇。打了胜仗,是我们军人本分,切不可稍生骄傲,以至与人略有细故,就斗殴争闹,一经察觉,受上官责罚是小事,还要被大家看不起。[①]

11日(宣统三年十一月二十三日),各省代表会议议决:以五色旗为国旗,请大总统颁布各省。

是日,孙中山照会各国政府,声明已建立临时政府,选举临时总统,组织内阁,要求承认中华民国政府

是日,孙中山委任徐绍桢为南京卫戍总督,取消其联军总司令名义。任命李燮和为光复军北伐总司令。

是日,黎元洪以中华民国海陆军大元帅名义下令准备北伐。对第一、第二、第三军下达进军命令。

是日,南京临时政府外交部成立,伍廷芳、温宗尧交卸民军外交代表。

---

① 《民立报》1912年1月10日第六页。上海社会科学院历史研究所编:《辛亥革命在上海史料选辑》增订版,上海人民出版社2011年版。

民国元年日志
（1912年1月—12月）

是日，王宠惠致电英国外相葛雷，民国政府成立，继续尊重外人权利。

是日，陆军部在沪设立军械购运处。

是日，袁世凯致电伍廷芳，坚持国会地点必在北京。

是日，浙江各府代表及旅沪学会宋福铣，宁波同乡会虞和德分别推举蒋尊簋代理浙江都督。原浙江都督汤寿潜调任南京临时政府交通总长。

是日，章炳麟、蔡元培联名在上海《大共和日报》刊登启事。又联名电请临时大总统孙中山出面保释刘师培。

按：时任安徽都督府秘书长的陈独秀，与邓蕙荪、李光炯等人也联名致电孙中山："仪征刘光汉，累世传经。髫年岐嶷，热血喷溢，鼓吹文明。早从事于爱国学校、《警钟日报》、《民报》等处，青年学子读其所著书报，多为感动。今之共和事业得已不日观成者，光汉未始无尺寸功，特惜神经过敏，毅力不坚，被诱金任，坠节末路，今闻留系资州，行将议罚。论其终始，实乖大法，衡其功罪，或可相偿，可否恳请赐予矜全，曲为宽宥，当玄黄再造之日，延读书种子之传，俾光汉得以余生，著书赎罪。"[1]鉴于各方舆论，刘师培最后被释放。

按：《大共和日报》1912年1月11日发表蔡元培与章炳麟联名启事寻找刘师培（申叔）："刘申叔学问渊深，通知今古，前为宵人所误，陷入范笼。今者，民国维新，所望国学深湛之士，提倡素风，任持绝学。而申叔消息杳然，死生难测。如身在他方，尚望发一通信于国粹学报馆，以慰同人眷念。章炳麟、蔡元培同白。"

是日，清廷以广州汉军副都统恩泽为兴京副都统，兼充守护永陵大臣。

是日，乌里雅苏台组织临时政府，宣告独立。

是日，河南孟县光复。

是日，上海《民立报》发表《中华民国铁血团编制军队章程》。

按：章程曰：黄鼎君等禀准陆军部开办铁血团，纠集同志，招募军士，以备北伐，曾将该团办法情形志报。兹将该团编制军队章程录下：

一、资格　无论军、警、学界，有军事上经验，素抱铁血主义者。

二、分队　合十四人为一分队。内选正目一员、副目一员。

三、小队　合三分队为一小队，置排长一员。

四、中队　合三小队为一中队，置队长一员、书记一员、庶务员一员。

五、大队　合四中队为一大队，置大队长一员、秘书员一员、军需员一员。

六、总部　合各大队为总部，设团长一员、正指挥一员、副指挥一员，参谋员无定额，秘书长一员，书记无定额，军需长一员，司务长无定额。[2]

---

① 陈奇：《刘师培年谱长编》引，贵州人民出版社2007年版。

② 《民立报》1912年1月11日第六页。上海社会科学院历史研究所编《辛亥革命在上海史料选辑》增订版，上海人民出版社2011年版。

12 日(宣统三年十一月二十四日),孙中山委任温宗尧为驻沪通商交涉使,汤芗铭为北伐海军总司令。午后三时,孙中山巡视海军。又委任蓝天蔚节制北伐沪军及军舰。

是日,孙中山就国旗问题咨复各省代表会议。

按:孙中山曰:"一、清国旧例,海军以五色旗为一二品大官之旗。今黜满清之国旗,而用其官旗,未免失体。二、其用意为五大民旗,然其分配代色,取义不确,如以黄代满之类。三、既言五族平等,而上下排列,仍有阶级。夫国旗之颁用,所重有三:一旗之历史,二旗之取义,三旗之美观也。武汉之旗,以之为全国之首义尚矣;苏浙之旗,以之克复南京;而天日之旗,则为汉族共和党人用之南方起义者十余年。自乙未年陆皓东身殉此旗后,如黄冈、防城、镇南关、河口,最近如民国纪元前二年广东新军之反正,倪映典等流血,前一年广东城之起义,七十二人之流血,皆以此旗。南洋、美洲各埠华侨,同情于共和者亦已多年升用,外人总认为民国之旗。至于取义,则武汉多有极正大之主张;而青天白日取象宏美,中国为远东大国,日出东方,为恒星之最者。且青天白日,示光明正照自由平等之义,著于赤帜,亦为三色,其主张之理由尚多,但本总统以为非于此时决定,则可勿详论。因而知武汉所主张,亦有完满之解说。究之革命用兵之际,国旗统一,尚非所急。有如美国,亦几经更改而后定现所行用之旗章。故本总统以为暂勿颁定施行,而俟诸民选国会成立之后。"[1]

是日,孙中山咨请临时参议院议决法制局职制,参议院决定后,任宋教仁为法制局局长。

是日,湖南参议员刘彦、彭允彝、欧阳振声到院。

是日,梁士诒会见英公使朱尔典探询列强对袁世凯于清帝退位后组织临时政府之态度,英使表示"袁世凯拥有列强之信任"。

是日,乌里雅苏台组织临时政府,札萨克图汗宣布"独立",押解乌里雅苏台将军奎芳离境。

是日,清署察哈尔都统何宗莲电内阁,表示"察防臣民全体不承认共和"。

是日,清廷告谕哲布尊丹巴胡图克图,并赍先朝珍物(《清史稿·宣统皇帝本纪》)。

是日,清王公会议,反对退位,良弼、铁良、载涛、毓朗、载洵、善耆、溥伟等组织宗社党。

按:宗社党的正式名称是"君主立宪维持会",由清廷贵族组成。

是日,清廷资政院举行谈话会,决定致书内阁主战。

---

① 《大总统复参议会论国旗函》,《南京临时政府公报》第六号,1912 年 2 月 3 日,载存萃学社编集。周康燮主编:《中国近代史资料汇编·辛亥革命资料汇编》第五册,大东图书公司 1980 年版。

民国元年日志
（1912 年 1 月—12 月）

是日，上海西人商会致电载沣、奕劻、袁世凯，请清廷退位。

是日，四川合江光复。

是日，日本内阁决定与清廷合营汉冶萍公司。

是日，上海《民立报》发表《决死团章程》。

按：中华民国旅沪志愿决死团添招队员，简要章程如下：

一、宗旨　本团以牺牲性命，早复江汉，直捣幽燕，并破除共和政体之一切障碍为宗旨。

二、范围　本团现驻沪上，所有一切重要事宜，悉承沪都督命令办理。其平时教练及一切办法，纯具独立性质；至出赴战地，即听战地最高级之军事机关调遣。

三、编制　本团暂照陆军通行制度以为编制，额设五百零四名，全团分四部，部分三区，区分三队，每[队]计十四人。

四、职务　本团设总代表一员、正代表四员、副代表十二员、分代表七十二员、队员四百三十二人。

五、进行　决定元年正月中旬出赴江汉战地，以资援助。

六、军装　本团武器、服装，概系禀请沪军都督府代为采办。

七、饷项　本团全体义务为心，并无一定饷制，所有给养及一切经费，均系从俭开支。

八、军制　本团原体之性质，系与陆军相仿，所有一切命令、军纪，概照陆军规定奉行。

九、资格　本团添招队其，以下开各项为合格：（甲）前来投效，须有各团体之介绍证书，或有切实店铺及本团同志可以担保者；（乙）曾受文武学堂之普通教育者；（丙）品行端正、确有爱国思想而素抱铁血主义者；（丁）遇事坚忍不变者；（戊）体力强壮、能耐劳苦者（以手提四十斤为度）；（己）年龄在十六岁至二十五岁者；（庚）目力精明、躯干高大者。总代表陈血岑。[1]

按：何海鸣《第一次开会发起人之演说》曰："决死团之宗旨，系为与满奴决一死战也；此次决死团之进行，先向南京与汉奸某贼决一死战也。如南京克复，我辈战犹未死，再往北京，与汉奸某贼，决一死战，竟以决死之目的，推翻满奴政府、满贼政党而后已，始足尽了我辈决死之天职。盖决死团之魄力，全赖集合我国素抱铁血主义之同胞为之组织，方足以图进取，若再因循，以其决死之情况，难以牺牲，则转瞬亡国、亡家、亡身之苦楚，就不可思议了。鄙人甚盼望今日到会的同胞，人人皆有决死的志气，个个皆能尽决死的天职，使得早日组织成立，可以早日编练进行。要知我辈

---

[1] 《民立报》1912 年 1 月 12、13 日第六页。上海社会科学院历史研究所编：《辛亥革命在上海史料选辑》，上海人民出版社 1966 年版。

今日一死,将来我辈父老兄弟妻子邻里乡党,就可从此得生了。况我辈早决死一日,我辈的父老兄弟妻子及邻里乡党,即得早生存一日吗？造福同胞,生荣死归,伊古英雄,名垂千载。诸君勉之！民国幸甚。"①

13日(宣统三年十一月二十五日),湖北参议员时功玖、刘成禺、张伯烈,福建参议员林森到院。

是日,驻俄公使陆徵祥致电北京外务部,俄要求中国不在蒙古驻兵、殖民,允其自治。

是日,俄国外务大臣萨桑诺夫告英大使布恰南希望外蒙自治,声明俄无意兼并。

是日,清醇亲王载沣访袁世凯、奕劻,商南方所提清帝退位条件。

是日,张勋致电奕劻、载沣、世铎、溥伟、善耆、载洵、载涛、载泽、载振,请凑集银两数千万两,以应军需。

是日,袁树勋、唐文治、丁宝铨、杨文鼎、施肇基致电载沣、溥伟、奕劻、世铎、载洵、载涛、溥伦、载泽等,请早定共和。

是日,山东同盟会会员邱丕振攻占登州(今蓬莱市),俘清军统领王步清,组设军政府,公举连绍先为鲁军司令,邱丕振为北伐军司令。

是日,美国务卿诺克斯电示驻汉口美总领事顾临,可与当地民军领袖保持非正式关系,但此种关系不得认为美已承认民军政府。16日,复电示美公使通知各地美领事均照上述办法执行。

是日,中国同盟会总部设立于南京。

是日,刘师培获释后,无颜赴南京,被蜀中名士谢无量邀主四川国学院。是日,在谢无量处与廖平、吴虞等会晤。

按:是年元月,四川军政府都督尹昌衡改枢密院为四川国学院,聘名宿任院事,吴之英为院正,刘师培为院副,又聘楼黎然、曾学传、廖平、曾瀛、李尧勋、谢无量、杨赞襄、圆乘等8人为院员。"本院设立,以研究国学,发扬国粹,沟通今古,切于实用为宗旨。所办事件:一、编辑杂志;二、审定乡土志;三、搜访乡贤遗书;四、续修通志;五、编纂本省光复史;六、校定重要书籍;七、设立国学学校。"刘师培自谓:"民国元年,薄游蜀都,承乏国学院事,兼主国学学校讲习。"②

是日,上海都督陈其美发布禁止军人在妓院、戏馆混闹。

按:令日:访闻军界中,有身穿戎服,出入于花天酒地之中,结队成群,毫无顾忌,丧失军人资格,实贻民国之羞。此后除通饬各军队严加约束外,凡有见穿军服之人在妓院、戏馆混闹者,许即扭解来府,即以军法从事。扭解之人,立予重赏。本都督

① 上海社会科学院历史研究所编:《辛亥革命在上海史料选辑》,上海人民出版社1966年版。
② 陈奇:《刘师培年谱长编》,贵州人民出版社2007年版。

民国元年日志
（1912年1月—12月）

言出令行，决不靳惜。此布。沪军都督陈。①

14日（宣统三年十一月二十六日），孙中山电复直、豫两省咨议局，告以所开议和条件，早经临时政府宣布，不必置疑。并谓："须知民国以专制为敌，而权位非所争，南北既可调和，则生灵免于涂炭，不分畛域，自是平等之本怀；清廷以退让而释干戈，皇室报酬，应示优异。"

是日，孙中山通电各省都督禁止滥捕嫌疑犯，略谓："嗣后各地如有嫌疑告密之事，应先令查根凭实，再交审判厅确实查核，庶刑当其罪，法允于平。"

是日，袁世凯、伍廷芳经电商决定，自15日早8时起，至29日早8时止，各战场继续停战14日。是为第六次停战。

是日，伍廷芳电内外蒙古各王公，申明民国成立，汉、满、蒙、回、藏各族一律平等，确无疑义，毋惑浮言，自相疑贰。

是日，唐绍仪通知伍廷芳清廷正筹商退处之方，探询清帝退位后举袁世凯为总统事。次日，孙中山电告伍廷芳："如清帝实行退位，宣布共和，则临时政府绝不食言，文即可正式宣布解职；以功以能，首推袁氏。"

是日，光复会领导人陶成章在上海广慈医院被沪督陈其美所暗杀。

按：这个暗杀事件是由陈其美派遣他的部下蒋介石进行的，蒋介石则买通光复会叛徒王竹卿共同执行。据章太炎先生《自定年谱》说："焕卿之死，咸谓英士等为焕卿争夺都督故杀之，其实，并不在争督，而实忌其练兵，因浙江都督一席，起义将领各欲染指，各有拥戴，如汤蛰仙、蒋伯器之名尚不得安于其位，而况手无寸铁之焕卿？虽有推之者，并不为英士所顾忌，而所以必欲杀之者，实恐其有兵力，难以制之耳。"

按：陶先生死不瞑目（一）：会稽陶焕卿先生成章尽瘁革命事业，历有年所，此次浙省光复，功绩在人耳目。最近浙省汤督改任交通总长，浙人顾有举公者，而公推让不遑，其谦德尤可钦佩。讵料昨晚二时许，公在广慈医院静宿，忽有二人言有要事相访。侍暂引入室，公面向内卧，二人呼陶先生，公窹而外视，二人即出手枪击中公太阳部，复以手枪威胁侍者，禁勿声张，从容而去，而公自此千古矣。凶手未获，故案情颇不明了。惟今日盛传满洲暗杀党南下，谋刺民同要人，公或其一也。闻军政府已严密查究，法捕房亦严饬探捕缉获云。②

按：陶先生死不瞑目（二）——被刺情形：陶焕卿先生在法租界金神父路广慈医院医疾，被不知姓名之人用手枪击伤脑部身死。法捕房得信后，力饬各探捕严行查拿外，禀请会审副领事顾宝君，由顾君咨照谳员，会同至该医院，先察看该匪等入门行迹，复至二层楼头等病房检视陶君之尸，系用手枪轰击，枪珠从左颈喉管旁边深入

---

① 《民立报》1912年1月13日第一页。原题作"赏格"。上海社会科学院历史研究所编：《辛亥革命在上海史料选辑》增订版，上海人民出版社2011年版。

② 《民立报》1912年1月15日。

脑部。惟枪珠并未穿出头顶,故不能取出。检毕,由陶君亲友备棺成殓,须严缉凶手到案究办。并闻凶手留有手印在房门上,已由捕房摄影,以便侦缉云。①

按:武昌起义爆发,杭州光复,陶成章被浙江军政府委以总参议之职。其后,民国成立,孙中山在南京就任临时大总统,浙江都督汤寿潜拟调交通部长,浙人遂举陶成章继任都督,也就在这个关键时刻,"陶案"发生,陶成章遇害身亡。

陶成章英年(35岁)遇害的政治背景究竟是什么?近百年来,众说纷纭,莫衷一是。一位学者的分析是这样的:"说到陶成章之死,不是一件偶然的暗杀事件,而是孙、黄系同盟会有计划铲除异己同志的血腥事件。蒋介石奉陈英士之命刺杀陶成章,近人早已论及,已成定案,毋庸赘述,仍需要说明的是孙中山与此一血案的关系。最近李敖在《谁杀陶同志?》一文中,以及我在《三士杀一陶》一文中,都论证到孙中山参与此一血案的必然性。我曾说:'蒋不如陈,陈不如孙。'章太炎与陶过从甚密,他们是光复会的正副会长。刺陶后一日,章即向报刊透露,沪军都督陈其美曾向陶做生命的威胁,也透露孙当选临时大总统后,曾写信给陶,要算旧账。"此文作者是著名海外华裔历史学家,他的说法从一个侧面反映了辛亥革命以后革命党人内部曲折复杂的关系。但说孙中山参与刺陶血案,似乎证据不足。事实上,孙中山不嗜杀人,与他有过节的陈炯明,他也没有下令杀之。"陶案"发生以后,他以临时大总统身份,在1912年1月16日即致电沪督陈其美,令其缉拿凶手,并说:"陶君抱革命宗旨十有余年,奔走运动,不遗余力,光复之际,陶君实有巨功。猝遭惨祸,可为我民国前途痛悼。"又致电浙督:"令查陶成章生平行谊,及光复之劳勋,详细具报,备付将来民国史。"

1912年1月21日,绍兴旅沪同乡会为悼念陶成章,在永锡堂举行了追悼会。同时追悼的还有"皖案"中遇难的三位烈士徐锡麟、陈伯平、马宗汉。次日,陶成章的灵柩从停灵处上海绍兴会馆发引杭州,暂厝杭州绍兴会馆。是年7月,陶成章安葬于西湖之滨,西泠桥西凤林寺前,岳坟街南。两侧牵祔葬因制造炸弹身亡的杨哲商、沈由智先烈。墓为青石板构筑,整个墓体呈长方形,前置供桌,墓碑由杨学洛题,碑文刻在墓体前的石板上,显得端庄简洁。后来,在杭州西湖岳坟街和绍兴东湖都建立了"陶社",陶成章的栗主入祠。②

是日,张謇致函黄兴,主张同盟会销去党名,并以此为实现全国统一之前提。

是日,直隶河南咨议局电询孙中山总统:一、清廷退位后,能否举袁世凯为总统?二、对北方军队能否一律待遇?三、能否先定优待皇室及旗民生计?孙中山电复直隶河南咨议局,清廷退位后可举袁世凯为大总统。

---

① 《民立报》1912年1月17日。汪林茂主编:《浙江辛亥革命史料集》第7卷《辛亥浙江光复》,浙江古籍出版社2013年版。

② 沈建中编著:《西湖名人墓葬》,杭州出版社2005年版。

民国元年日志
（1912年1月—12月）

是日，湖南共和协进会熊希龄、张学济等致电袁世凯，速请明诏退位，勿误大局。

是日，张勋致电资政院，绝不承认民主，即日联合各军南下。

是日，伍廷芳致电蒙古王公，申明各民族一律平等。

是日，法国公使马士理访袁世凯，表示支持。

是日，叶圣陶是日日记载于苏州留园聆听江亢虎演说社会主义，谓其语详括简要，条理明晰，不愧为此主义之先觉者，而其演说才亦至可钦佩。

按：《叶圣陶集》第19卷所载日记曰："漱餐已，即至校中，同学殊少。校门前一带，同学有试马者，因即作旁观。既而伯祥来，谓'今日下午，中国社会党苏州支部假留园开成立大会，盍往赴会乎？'余曰：'知之已数日，本有此心也。'午膳毕，遂同伯祥、笙亚、颉刚径往。时尚早，既而人渐渐集，有六七百人之多，遂开会。江君亢虎者素抱社会主义，曾周游各国，专为考察此主义，归国后竭力鼓吹。沪上光复后，即创中国社会党本部于沪上，君为其首领焉，今日亦来此演说。述社会主义之起源，则云宗教家之所谓极乐世界，所谓天堂，皆以人生最完美之幸福属之于理想界，而不知实可得之于真实界；社会主义即欲得此最完美之幸福于人世；而且并非臆想，其实实事也。述社会主义之进行方法，则曰破除世袭、遗产之制度：世袭之制去，斯无贵贱之阶级；遗产之制去，斯无贫富之阶级；提倡社会教育，则同胞之程度齐；提倡工商实业，则同胞之经济裕。于是绝对的平等，绝对的自由方达。述各国社会党之状况，则云英国为最发达，其故以英国之国家道德最高，取缔集党等事最少，故各国之党人趋焉；美国亦甚发达，则以美国经济尽握极少数人之手，而极多数人皆贫困无聊，由其反动力而致此；瑞士本为永久局外中立国，其国只有警察而无兵士，有议会而无元首，其人民亦多持社会主义，各国社会主义家方将以其国为模范，欲由此而再加改良也；其余如俄，则以假立宪之下，自无不反动而趋入于社会主义；如法，则本系民主国，奉此主义者亦属多数；如日本，则以去年社会党员幸德秋水被刑后，政府方严于取缔，一般社会亦少信此主义之观念，故此主义尚难鼓吹于东瀛三岛间：大放光明此主义，尚有待于吾中华也。次更述吾国之适合于社会主义等云云。其语详括简要，条理明晰，不愧为此主义之先觉者，而其演说才亦至可钦佩。惜当时未一一记其语，今灯下所记止其大略，遗漏多矣。"

是日，上海南市开办电车。

按：《南市开办电车批示》曰：昨日民政总长发出内地电灯公司总理陆熙顺禀请在沪招股开办电车公司，推行南市电车营业等情禀词指令谓：来牍阅悉。试行电车，系市、乡制公共营业之事。英法租界已著成效，南市实应举办。详核拆开办法尚属周妥,自应照准。希即筹集股资,妥为规划,并将筹办情形随时具报候核。此令。①

15 日(宣统三年十一月二十七日),孙中山致电南方议和代表伍廷芳,宣告如清帝退位,宣布共和,则将正式辞去临时大总统职,推荐袁世凯为大总统。

是日,孙中山委任日本人犬养毅为法制顾问,阪谷、原田为财政顾问。

是日,大元帅府对武昌各部队进行重新编组:张廷辅为第一支队司令官,邓玉麟为第二支队司令官,熊秉坤为第三支队司令官,高尚志为总预备队司令官,何锡蕃为武昌守备司令官。

是日,陆军部颁发《陆军军官学校章程》,招选全国优秀军人,进一步加以训练,以期养成正规军官。

是日,上海洋商团致电醇亲王载沣、庆亲王奕劻,劝早日宣布共和。载沣、奕劻即访袁世凯相商。

是日,浙江参议员王正廷,福建参议员陈承泽,安徽代表常恒芳到院。福建代表潘祖彝,经闽都督派为参议员。

是日,廖宇春、靳云鹏访赵秉钧、杨度,请转劝奕劻等赞同共和。

是日,开缺两广总督袁树勋及唐文治等五人电请清廷明降谕旨,早定共和政体,特授袁世凯以全权,与民军代表组合相当政府,一面速开国会,选举总统,宁息战祸。

是日,岑春煊奏请迳降明谕,组织共和政府。

是日,清廷赠恤殉难署荆州左翼副都统恒龄。

是日,山东登州独立,刘艺舟为都督。

是日,黑龙江呼伦贝尔地区额鲁特、陈巴尔虎两蒙总管胜福车和扎等,受俄国唆使、暗助,占海拉尔,宣布"独立"。清呼伦道尹黄仕福率队避入东清铁路界内。

是日,南北军队停战期续展 14 日。

是日,北方革命协会通州革命党人密谋举事。事泄,蔡德辰、王丕承等七人被捕,17 日遇害。

是日,日外务大臣内田康哉于是日及 17 日两次电驻汉口总领事松村,令速派海军陆战队开赴大冶铁矿以阻民军进驻,并配备内河炮舰艘就近"警备"。

是日,上海民政局同意拆除城垣。

按:《拆除城垣复示》:昨日上海民政总长答复公民姚文枬等呈:来牍阅悉。案前奉苏都督行知省议会议决城改为市,为商业一方面论,固须拆除城垣,使交通便利,即以地方风气、人民卫生两项论,尤当及早拆除,以便整理划一。从前不肯赞成拆城者,大致保卫居民起见。但此次光复之前,城中居民纷纷迁徙,而城外东、西、南三区

---

① 《时报》1912 年 1 月 14 日。上海社会科学院历史研究所编:《辛亥革命在上海史料选辑》增订版,上海人民出版社 2011 年版。

民国元年日志
（1912年1月—12月）

反安堵如常，是众皆知城垣之不足保卫。且事变之起，恐坐困危城，争先移出，则有城更不如无城。此次诸君提议拆城，诚为当务之急。既奉沪军都督府批准，应即照行。希上海民政长、上海市长妥议办法，即日动工拆除，并将城濠改设大阴沟，填筑马路，以便交通。此复。①

16日(宣统三年十一月二十八日)，各省代表在南京开会，通过《临时政府组织大纲修正案》。改总统制为责任内阁制。

是日，13省参议员开会，与会者有吕志伊、段宇清、林森、汤漪、吴景濂、赵世钰、谷钟秀、周代本、李鎣、彭允彝、刘彦、潘祖彝、王有兰、常恒芳、陈承泽、王正廷、刘成禺。赵士北主持会议，宣布大总统交议：黎元洪副总统电商，拟向道胜银行借款案，议决办法：一、此项借款，为中央政府借款；二、借款数目，为一百万磅，以磅计不以两计；三、指定武昌四局栈，汉口韦尚文、刘人祥之地皮，为抵押品；四、签约事由中央财政部会同鄂军办理。②

是日，袁世凯与内阁诸大臣联衔密奏清廷，谓大局危迫已极民军坚持共和，别无可议，望宣布共和，请开皇族会议速定方案。同日，隆裕太后召见袁世凯，袁再次请辞内阁总理职。

是日，京津同盟会会员张先培、杨禹昌、黄之萌于北京东华门投弹谋炸袁世凯，不中，三人被捕死难。

是日，袁世凯就民军自武昌、上海北上，且占登州事电话伍廷芳，并要求立即撤回各军。

是日，蒋尊簋代汤寿潜任浙江都督。

是日，蓝天蔚率以上海学生为主力的北伐军2000余人，乘船到烟台，指挥山东、辽东民军向清军进攻。

是日，清军陷灵宝、函谷关，陕西民军退据潼关。20日，张钫率民军再弃潼关，退驻华州。

是日，黄兴等祭奠徐锡麟烈士，并送挽联："登百尺楼看大好河山，天若有情，应设四方思猛士；留一抔土以争光日月，人谁不死，独将千古让先生。"（《黄兴年谱长编》）

是日，陈婉衍在上海《时报》发表《女子北伐队宣言》。

按：宣言曰：逐胡氛于北庭，完全禹域；扫腥膻于塞外，誓灭楼兰。筚路蓝缕，惨淡经营，冀得一践斯志者，于今已十载矣。至以我心若斯，我力亦若斯，则我不敢言；而服务尽责，以副自问，则我不敢辞也。溯自满奴猾夏，神明之胄，尽被腥膻，懿典之

---

① 《时报》1912年1月15日。上海社会科学院历史研究所编：《辛亥革命在上海史料选辑》增订版，上海人民出版社2011年版。

② 刘星楠：《辛亥各省代表会日志》，《辛亥革命回忆录》第六集。

伦,皆沦草莽。青山无恙,独怜故国衣冠;赤帝有灵,忍见上阳丰草?慨道义之沦亡,悯诗书之湮没。抱《春秋》复仇之义,缘文字而遭屠戮;明华夏种族之分,因修史而被惨诛。先者既仆,从者踵起,二百六十余年,亦已不可胜数。天道好还,物极必反,人心思汉,有志竟成。专制达予极点,满清之气运告终;共和程度既齐,汉族之河山当复。于是崛起于楚,作四万万之先声;响应于申,鼓十八省之后劲。于斯时也,衍以久积之微忱,砥砺而提起,揭竿裂帛,襄李燮和总司令光复上海。后遂招集女同志,预备北伐。是后继踵颇多,女子军遂四方应起,创而有继,甚为自悦。衍等自淞至宁,倏将二月,仆仆征途,风霜跋涉,岂曰苦辛,诸同志且均引以为乐也。方今东南廓清,人心略定,总统履任,共和有成,衍又将与诸同志从李总司令长驱捣北,达平素所志之目的。愿我同志,戮力同心,和衷共济,扫前途之障蔽,求来日之自由。朔风戈壁,沙漠浩渺,助我尘马扬扬;积雪天山,碧草均银,增我旌旗皑皑。更析忽闻,夜许之一灯筹握;马嘶塞畔,千军之铁甲晨行。班超之深入虎穴,李广之誓扫匈奴,当躬历其境焉。兹将起程,谨宣其意,他日黄龙痛饮,凯歌南归,当与我同志共叙共和之幸福也。①

17日(宣统三年十一月二十九日),参议院继续开会,与会者有赵士北、马君武、刘成禺、汤漪、段宇清、王正廷、彭允彝、谷钟秀、李鬶、欧阳振声、周代本、吕志伊、刘彦、潘祖彝、王有兰、常恒芳、陈承泽、景耀月、马步云、时功玖、吴景濂、章勤士。汤漪、刘成禺提议,参议员不得兼任行政官吏案,全体可决。②

是日,南京外交总长王宠惠请英、美、法等国承认民国政府。

是日,南京临时政府财政部、内务部成立。

是日,内务部颁布《各府县暂行行政规则》《关于地方各属官制的通饬》《关于地方各属府厅州一律改称县的通饬》。

是日,黄兴致电沪督陈其美,陶成章被刺,请照会法领事根缉严究,以慰死友。并设法保护章炳麟。

是日,张謇致函黄兴,辞去江苏两淮盐政总理。

是日,清廷命张怀芝兼帮办山东防务大臣。

是日,清廷御前会议,袁世凯称疾不至,赵秉钧、梁士诒等主张设立临时政府于天津,与南京开议,恭亲王溥伟及良弼等力持不可。

按:李英铨、马翠兰《论辛亥革命中的梁士诒》(《广西梧州师范高等专科学校学报》2006年第2期)说:"梁士诒在辛亥革命时期社会转变过程中以一个幕僚的身份走上政治舞台,干预当时中国政治,其影响可谓举足轻重。袁世凯的东山再起,北方

① 《时报》1912年1月16日。中华全国妇女联合会妇女运动历史研究室编:《中国妇女运动历史资料1840—1918》,中国妇女出版社1991年第1版。
② 刘星楠:《辛亥各省代表会日志》,《辛亥革命回忆录》第六集。

民国元年日志
（1912年1月—12月）

政局的稳定，清帝退位，共和的最后建成，都与他息息相关。武昌首义后，梁士诒在北京为袁世凯部署一切，与各方面进行周旋。作为饱读经书又务实致用的士人，梁士诒能够顺应时代潮流，积极赞成共和，迫使清帝退位，敦促和劝说袁世凯赞成共和使共和最终得以实现，其积极意义是不言而喻的。当袁世凯登上临时大总统宝座后，他又积极谋求袁孙之间的合作，虽事与愿违，但我们不能因此否定他所做的主观努力。为了巩固北京政权和建设中国，梁士诒所提出和采取的政治、经济、思想、文化、外交的种种措施，不仅反映了其远见卓识与聪明才智，而且对于发展中国经济具有积极意义。当然，我们也不能否认其消极的一面，如以封建的道德育人、复辟封建文化、尊孔复古等等，是腐朽的；他极力帮助袁世凯一步步打击革命党人，使南方党人处于不利地位，表现了他政治的实用性和反动性。从另一侧面也反映了处于政治旋涡中的封建士人，其身不由己的一面。我们无须苛求一个封建士大夫一生中完全没有一点瑕疵。辛亥革命时期，梁士诒能以一种开放而变通的心态来顺势而为，影响了中国的政治取向，并取得了一般士人难以企及的成绩，这是值得我们肯定的。"

18日（宣统三年十一月三十日），参议院开会，与会者有赵士北、潘祖彝、吴景濂、刘彦、王有兰、王正廷、段宇清、陈承泽、赵世钰、刘成禺、谷钟秀、彭允彝、周代本、常恒芳、陈陶遗。主席提议：电催各省参议员迅速到院，俾参议院完全成立。讨论结果，公议电催限一月二十八日以前，各省参议员须一律到院，参议院即于是日正式成立。①

是日，孙中山电伍廷芳转告唐绍仪，清帝退位，共和既定，决推袁世凯为总统，惟须以五条件要约：一、清帝退位，不得以政权私授其臣；二、北京不得设临时政府；三、实行退位后，由民国政府电闻各国，要求承认中华民国，待其回音；四、本人即向参议院辞职；五、公举袁为总统。

按：谢俊美《上海南北和议与辛亥革命》（《学术月刊》2001年第9期）说：上海和议的后果是严重的，它直接造成了辛亥革命"既胜利又失败"这一结局。造成这一结局的原因大致有三：第一，与列强的态度有关。列强"不肯牺牲自国的利益以曲徇我（革命）为事"，为了维持他们在华的殖民权益并不希望中国成为一个民主共和国家。在和议期间，列强公开支持袁世凯而反对孙中山等革命党人。英国表示："任命像孙中山或黎元洪这样的领袖为民国的总统决不能指望会得到列强的承认"，认为袁世凯"在中国有信誉，在外国有好名声，是唯一可望从目前的动乱中恢复秩序的一个人"。英国甚至劝说四国银行团"赋予袁世凯同革命党人议和的全权"，对袁世凯予以全力支持。日本担心中国的辛亥革命对日本自由民权运动以鼓舞，对天皇制造成冲击，始终持敌视态度。第二，发动和领导各省独立的领导人物，多数是具有"为

---

① 刘星楠：《辛亥各省代表会日志》，《辛亥革命回忆录》第六集。

异族专制"而"进行革命复仇"的民族主义思想的共和知识分子,他们虽拥有近代科学知识、民主主义思想,但不是产业资产阶级分子,多数是学堂毕业的学生、留学生,对中国的复杂国情了解不够,对革命的艰巨性认识不足,他们富于理想、激情、书本知识,但严重缺乏实际政治斗争经验,经不起挫折、失败,他们向袁世凯进行政治妥协是毫不奇怪的。第三,缺乏一个足以同袁世凯官僚政治集团抗衡并决心将反清革命进行到底的强有力的领导核心。武昌起义后,湖北军政府虽具有中央政府的地位,但"黎元洪则在外省毫无地位"。南京临时政府成立后,虽然同盟会在政府中占据优势,但内部却意见分歧,不能形成革命阵营的领导中坚。加上临时政府缺乏财力、兵力,根本无法与袁世凯抗衡,最后只好循着"和议"一路,屈从袁世凯的要求,结束革命。

是日,孙中山两电伍廷芳,告以清帝退位及皇室优待条件请转告唐绍仪。

是日,孙中山电复上海商务总会等团体,陈其美督苏应由省议会正式选举。

是日,陆军部颁行《维持地方治安临时军律》。

按:临时军律十二条:"一、任意掳掠者枪毙;二、强奸妇女者枪毙;三、焚杀良民者枪毙;四、无长官命令,窃取名义,擅封民屋财产者枪毙;五、硬搬良民箱笼及银钱者枪毙;六、勒索强买者论情抵罪;七、私斗杀伤人者论情抵罪;八、私入良民家宅者罚;九、行窃者罚;十、赌博者罚;十一、纵酒行凶者罚;十二、有类似以上滋扰情形者,均酌量罚办。"[1]

是日,清廷命所司保护外人生命财产。命舒清阿帮办湖北防务。以乌珍为步军统领,京师戒严。

是日,周作人在《越铎日报》发表《望越篇》,署名独应。

按:文章抨击中国的封建政教"皆以愚民为事,以刑戮慑俊士,以利禄招黠民,益以酷儒莠书,助张其虐",提出辛亥革命不知能不能彻底改变这种状况的疑问:"公仆之政,何所别于诸侯;国土之行,何所异于臣妾?"表现了对辛亥革命前途的忧虑和担心。

是日,蔡元培出席徐锡麟、陈伯平烈士追悼会,并发表激烈演说。

按:《时事新报》1912年1月18日报道曰:"徐烈士锡麟及陈烈士伯平灵柩,于14号(即26日)运抵南京后,即停放下关商埠局,定今日发引赴沪,马烈士子畦灵柩,已先由该家属领归。当陈、徐二柩发引之先,于午后2时,在商埠局开追悼会。徐总督固卿代表孙大总统,其他则陆军长黄克强,学务长蔡鹤卿,林女士素皕及政界各重要人物,均莅会演说、尤以蔡鹤卿君演说为最激烈,即分别致奠,旋将灵柩送至沪宁车站。"

---

① 毛注青编著:《黄兴年谱长编》,中华书局1991年版。

民国元年日志
（1912年1月—12月）

19日（宣统三年十二月初一日），参议院开会，与会者者有赵士北、潘祖彝、陈承泽、段宇清、刘成禺、张伯烈、王正廷、李肇、吴景濂、谷钟秀、赵世钰、王有兰、刘彦。赵士北报告山陕危急情形，关系全局利害，请讨论设法维持。王正廷提议质问政府作战计划如何，请其答复。张伯烈提议，请亟筹统一军队办法，以利进行。议决办法：一、质问政府继续停战十四日事，不特未得参议院同意，且未通知参议院，实为违背临时政府组织大纲；二、继续停战，无论已否实行，仍当立即进兵，救援山陕。山陕属我民国范围，自由进兵，与和议条款并无违背；三、停战期内，江皖所有进行军队，当与武昌援山陕之军，同时并进。①

是日，南京临时参议院通过咨请大总统立即进兵救援山陕案。

是日，南京临时政府教育部成立。蔡元培任教育总长。

是日，教育部电各省颁发《普通教育暂行办法》，凡14条。

按：电文曰：湖北黎副总统，湖南、江苏、浙江、安徽、福建、广东、广西、江西、陕西、四川、云南、贵州、关外各都督鉴：民国既立，清政府之学制，最必须改革者。各省都督府或省议会，鉴于学校之急当恢复，发临时学校令，以便推行，具见维持学务之苦心，本部深表同情。惟是省自为令，不免互有异同，将使全国统一之教育界，俄焉分裂，至为可虑。本部特拟《普通教育暂行办法》若干条，为各地方所不难通行者，电告贵府，望即宣布施行。至于完全新学制，当征集各地方教育家意见，折衷厘定，正式宣布。印文及《普通教育暂行课程表》，随发。教育部。效（一月十九日）

《普通教育暂行办法》

一、从前各项学堂均改称为学校。监督、堂长应一律改称校长。

一、各州、县小学校，应于元年三月初四日（阴历壬子年正月十六日）一律开学。中学校、师范学校视地方财力，亦以能开学为主。

一、在新制未颁行以前，每年仍分二学期。阳历三月开学，至暑假为第一学期。暑假后开学，至来年二月底为第二学期。

一、初等小学校可以男女同校。

一、特设之女学校章程暂时照旧。

一、凡各种教科书，务合乎共和民国宗旨。清学部颁行之教科书，一律禁用。

一、凡民间通行之教科书，其中如有尊崇满清朝廷，及旧时官制、军制等课，并避讳、抬头字样，应由各该书局自行修改，呈送样本于本部，及本省民政司、教育总会存查。如学校教员遇有教科书中不合共和宗旨者，可随时删改；亦可指出，呈请民政司或教育会通知该书局改正。

一、小学读经科一律废止。

---

① 刘星楠：《辛亥各省代表会日志》，《辛亥革命回忆录》第六集。

一、小学手工科应加注重。

一、高等小学以上体操科,应注重兵式。

一、初等小学算术科,自第三学年起,应兼课珠算。

一、中学校为普通教育,文、实不必分科。

一、中学校、初级师范学校,在改为四年毕业。惟现在修业已逾一学期以上、骤难照改者,得照旧办理。

一、旧时奖励出身,一律废止。初、高等小学毕业者,称初、高等小学毕业生。中学校、师范学校毕业者,称中学校、师范学校毕业生。①

按:新政权建立后,迫切需要颁布新法以代替旧制,为此,蔡元培亲自赴上海,委托陆费逵、蒋维乔起草《普通教育暂行办法》。经陆费逵、蒋维乔拟定后,蔡元培亲自审定。《普通教育暂行办法》规定:"从前各学堂均改称为学校,监督、堂长一律改称校长;各府、州、县小学校应于3月5日一律开学,中学、初级师范学校视地方财力,亦以能开学为主;在新制未颁行前,每年仍分两学期,3月至暑假为第一学期,暑假后至来年2月底为第二学期;初等小学校可以男女同校;特色女学校章程暂时照旧;各种教科书务合共和民国宗旨,清学部颁行之教科书一律禁止;民间通行之教科书如有尊崇满清朝廷及旧时官制、军制和避讳抬头字样,应予修改;小学读经科一律废止;小学手工科应加注重;高等小学以上体操科应注重兵式;初等小学算术科自第三学年起,应兼课珠算;中学校为普通教育,文、实不必分科;中学校、初级师范学校为四年毕业;旧时奖励出身一律废止;初、高等小学毕业者称初、高等小学毕业生,中学校、师范学校毕业者称中学校、师范学校毕业生。"②《普通教育暂行办法》的颁布,标志着中华民国教育的发端。

19日,教育部呈报并咨行《普通教育暂行办法》及《课程标准》。

按:文曰:为呈咨送事:案照本部前拟普通教育暂行办法十四条,电陈钧案通电贵府,并声明印文课程表,随发在案。兹经规定普通教育暂行课程之标准十一条,将小学、中学、师范学校各种课程表,分别插入。至各地方风土、财力以及种种关系之不同,或有不能不酌量变通者,业将可以变通之处,一一明载条文,仍俟将来规定完全学制,颁布遵定。为此,连同前此电开办法十四条,印刷齐全,备文呈咨送,即乞饬发所属,转发各学校一体遵行,实为公便。须至咨者。

《普通教育暂行课程标准》

第一条 初等小学校之学科目,为修身、国文、算术、游戏体操。视地方情形,得加设图画、手工、唱歌之一科目或数科目。女子加课裁缝。

---

① 《临时政府公报》第4号。璩鑫圭、唐良炎编:《学制演变》,上海教育出版社2007年版。

② 贾兴权、唐伽编著:《科教文化卷 百年中国大事要览》,党建读物出版社2002年版。

民国元年日志

（1912年1月—12月）

第二条　初等小学校各学年每周各科教授时数如下：

	第一学年	第二学年	第三学年	第四学年
修身	2	2	2	2
国文	10	12	15	15
算术	5	6	6	6
游戏体操	4	4	4	4
图画				
手工				
裁缝				
唱歌				
合计	21	24	27	27

加设图画、手工、唱歌之一科目或数科目时，每周各科目课一时间，其时间可减他科目之时间以充之。女子加课裁缝时，宜在第三第四学年。每周得课二时间，其时间可减他科目之时间以充之，或在合计时间数外增课之。

第三条　高等小学校之学科目，为修身、国文、算术、中华历史、地理、博物、理化、图画、手工、体操（兼游戏）。女子加课裁缝。

视地方情形，得加设唱歌、外国语、农、工、商业之一科目或数科目。

第四条　高等小学校各学年，每周各科教授时数如下

	第一学年	第二学年	第三学年	第四学年
修身	2	2	2	2
国文	10	10	10	10
算术	4	4	4	4
中华历史地理	5	5	5	5
博物理化	2	2	2	2
画图	1	1	2	2
手工	1	1	男2	男2
			女1	女1
裁缝	2	2	3	3
体操	男3	男3	男3	男3
	女2	女2	女2	女2
唱歌				
外国语				
农,工、商业				

合计　　　　　男 28　　　　男 28　　　　男 30　　　　男 30
　　　　　　　女 29　　　　女 29　　　　女 31　　　　女 31

　　加设外国语及农、工、商业之一种,宜在第三第四学年。外国语每周得课四时间,农、工、商之一种,得课一时间,或二时间,其时间得减他科目之时间以充之。

　　加设唱歌时,每周得课二时间,其时间得减少他科目之时间以充之,或在合计时间数外增课之。

　　第五条　中学校之学科目,为修身、国文、外国语、历史、地理、数学、博物、理化、图画、手工、音乐、体操、法制、经济。女子加课裁缝、家政。

　　第六条　中学校各学年每周各科教授时数如下:

	第一学年	第二学年	第三学年	第四学年
修身	1	1	1	1
国文	8	8	6	4
外国语	6	6	7	7
历史	3	3	2	2
地理				
数学	4	4	4	4
博物	3	3		
理化			4	4
法制经济				2
家政			2	2
裁缝	2	2	2	2
图画	1	1	1	1
手工	男 2	男 2	男 2	男 2
	女 1	女 1	女 1	女 1
音乐	1	1	1	1
体操	男 3	男 3	男 3	男 3
	女 2	女 2	女 2	女 2
合计	32	32	男 33	男 33
	女 35	女 35		

　　第七条　师范学校(即旧制之初级师范学堂)之学科目,为修身、教育、国文、外国语、历史、地理、数学、博物、理化、法制、经济、习字、图画、手工、音乐、体操。

　　女子加课家政裁缝。

视地方情形，得加设农业或工业、商业。

第八条　师范学校各学年每周各科教授时数如下：

	第一学年	第二学年	第三学年	第四学年
修身	1	1	1	1
教育		4	4	12
国文	6	4	4	4
外国语	4	4	3	3
历史	3	2	2	
地理	3	3	3	
数学	3	3	3	2
博物	3	3	2	
理化			4	
法制经济				2
家政			2	2
裁缝	2	2		
习字	2	1	1	
图画	2	1	1	
手工	男2	男2	男2	男2
	女1	女1	女1	女1
音乐	1	1	1	1
体操	男4	男4	男4	男4
	女3	女3	女3	女3
农工商业				
合计	34	34	男34	男34
			女36	女36

加设农业或工业、商业时，宜在第二第三第四学年，每周课二时间，其时间得减他科目之时间以充之。

第九条　师范学校宜设预科，修业年限以一年为宜。其科目宜注意国文、英语、数学等。

第十条　第二、第四、第八各条所规定各科目教授时数，均得视地方情形，酌量增减。但除第二条第三项、第四条第三项外，以不出合计时间总数范围为限。

第十一条　上列各条所称外国语，以英、法、德、俄四国语为限，由各省教育行政官视地方情形指定之。①

是日，内务部颁行临时政府公文程式。

按：程式如下：第一条　凡自大总统以下各公署职员及人民一切行用公文，俱照以下程式办理。第二条　行用公文，分为左五种：甲　上级公署职员行用于下级公署职员曰令，公署职员行用于人民者曰令或谕；乙　同级公署职员互相行用者曰咨；丙　下级公署职员行用于上级公署职员及人民行用于公署职员者曰呈；丁　公署职员公告一般人民者曰示。但经参议院议决之法规，应由大总统宣布者曰公布；戊　任用职员及授赏徽章之证书曰状。第三条　凡公文皆须盖印签名并署年月日，但人民行用于公署职员之呈文，得免其盖印。第四条　各公署行用于外国之公文，仍照向例办理。第五条　凡大总统及各部所发之公文有通行性质者，皆须登于公报。各公文除特定有施行期限者外，京城以登载《临时政府公报》之第五日为施行期，其余各处以公报到达公署之第五日为施行期。②

是日，革命党人段右军在开原组织起义，因群众发动不够，众寡悬殊而失败。

是日，张知本主持举行第一次司法官考试，录取18名法官。

是日，清隆裕太后召近支王公开御前会议，国务大臣胡惟德、赵秉钧、梁士诒列席。赵提出袁世凯拟设临时政府于天津，并同时取消北京、南京两政府，遭王公亲贵反对，会议无结果。22日再议，仍无结果。

是日，清外务大臣胡维德、民政大臣赵秉钧、邮传大臣梁士诒奏请：人心已去，君王专制，恐难保全，恳赞同共和，以维大局。

是日，岑春煊发表《致清贵族公电》，向清廷施加压力。

按：其曰："现在人心已去，北方虽有军队，恐亦无把握。初九日谕旨既许人民开国会决政体，何忽迁延反复？是必有人以一己之私心，不顾大局之糜烂，皇室之危惨者。今为朝廷计，与其徒延时日，致上下不能径接以诚，何如廓然大公，径降明谕，宣示中外，令国民组织共和政治。"③

是日，宗社党以"君主立宪维持会"名义发布宣言，强烈要求隆裕太后坚持君主政权，反对共和，推冯国璋为会长，蒙古郡王贡桑诺尔布为副会长。密谋打倒内阁总理大臣袁世凯，以毓朗、载泽出面组阁，铁良出任清军总司令，然后与南方革命军决一死战。袁世凯通过汪精卫授意京津同盟会分会暗杀宗社党首脑。

是日，清廷赏张怀芝巡抚衔。

是日，清出使俄国大臣陆微祥再次电外务部代奏请清帝逊位，明降谕旨，慨允共和。嗣后，出使意、日、美、德、奥等国大臣亦就此事迭电奏请。

---

① 朱有瓛主编：《中国近代学制史料》第三辑（上册），华东师范大学出版社1990年版。
② 《东方杂志》第八卷第十号《中国大事记》，1911年。
③ 《岑春煊致清贵族公电》，《民立报》1912年1月19日。

民国元年日志
（1912年1月—12月）

是日，美兵600名自马尼拉抵秦皇岛，并分调200余名开赴京榆铁路唐山、滦州一带。

是日，周树人、周建人在《越铎日报》发表《维持小学之意见》。

按：这是一封致绍兴县议会议长张琴孙的信。由周作人代拟底稿，后经鲁迅修改。

是日，上海城墙拆除。

20日（宣统三年十二月初二日），张伯烈、孙发绪、谭延闿等政客与湖北革命党人孙武、刘成禺等在上海发起组织民社，拥黎元洪为首领。

按：至2月20日发刊《民声日报》。

是日，南京临时政府向袁世凯正式提出包括废清帝尊号、支付岁用等清帝退位优待条件。

按：甲、关于大清皇帝宣布赞成共和国体，中华民国于大清皇帝辞位之后，优待条件如左：一、大清皇帝辞位之后，尊号仍存不废，中华民国以待各外国君主之礼相待。二、大清皇帝辞位之后，岁用四百万两，俟改铸新币后，改为四百万元。此款由中华民国拨用。三、大清皇帝辞位之后，暂居宫禁，日后移居颐和园。侍卫人等，照常留用。四、大清皇帝辞位之后，其宗庙、陵寝，永远奉祀，由中华民国酌设卫兵，妥慎保护。五、德宗崇陵未完工程，如制妥修，其奉安典礼，仍如旧制，所有实用经费，均由中华民国支出。六、以前宫内所用各项执事人员，可照常留用，惟以后不得再招阉人。七、大清皇帝辞位之后，其原有之私产，由中华民国特别保护。八、原有之禁卫军，归中华民国陆军部编制，额数俸饷，仍如其旧。

乙、关于清族待遇之条件：一、清王公世爵，概仍其旧。二、清皇族对于中华民国国家之公权及私权，与国民同等。三、清皇族私产，一体保护。四、清皇族免当兵之义务。设在太和殿的隆裕太后灵堂。丙、关于满、蒙、回、藏各族待遇之条件：今因满、蒙、回、藏各民族赞同共和，中华民国所以待遇者如左：一、与汉人平等。二、保护其原有之私产。三、王公世爵，概仍其旧。四、王公中有生计过艰者，设法代筹生计。五、先筹八旗生计，于未筹定之前，八旗兵弁俸饷，仍旧支放。六、从前营业、居住等限制，一律蠲除，各州县听其自由入籍。七、满、蒙、回、藏原有之宗教，听其自由信仰。[1]

按：1924年，直系军阀将领冯玉祥在北京发动政变，把民国政府的贿选伪总统曹锟赶下台，同时下达命令，把清朝末代皇帝溥仪驱逐出紫禁城皇宫，取消对皇室的一切优厚待遇。

是日，参议院继续开会，与会者有赵士北、段宇清、王有兰、文群、张伯烈、时功

---

① 《东方杂志》第八卷第十号《中国大事记》，1911年。

玖、吴景濂、谷钟秀、赵世钰、陈承泽、潘祖彝、刘彦、常恒芳、周代本、陈陶遗。①

是日,孙中山将清帝退位后优待条件六项电黎元洪,并谓:"若清廷仍不肯就范,则再战有词,请仍照前电准备。"

是日,袁世凯召集内阁会议。

是日,清廷再予前山西巡抚陆锺琦二等轻车都尉世职,追赠同时遇害其子翰林院侍讲陆光熙三品京堂,优恤赐谥,并旌恤锺琦妻唐氏。

按:《清史稿·陆锺琦传》曰:"陆锺琦,字申甫,顺天宛平人,本籍浙江萧山。……宣统改元,晋布政使。三年,擢山西巡抚。到官未逾月,而武昌难作。锺琦语次子敬熙曰:'大事不可为矣!省垣倘不测,吾誓死职。汝曹读书明大义,届期毋效妇仁害我!'又曰:'生死之事,父子不相强,任汝曹自为之。但吾孙毋使同尽,以斩宗祀。'敬熙知父意决,入告母。母曰:'汝父殉国,吾惟从之而已。'敬熙以事亟,赴京语其兄光熙,偕还晋。锺琦驭新军严,至是调两营赴南路,时九月七日也。夜发饷,将以翼日行,而迟明变作,新军突入抚署。锺琦出堂皇,仆李庆云从,麾之弗去,且挺身出,先被戕。锺琦叱曰:'尔辈将反邪?'语未竟,遽中枪而殒。光熙奔救,亦被击死。叛军入内室,其妻唐氏抱雏孙起,并遇害。诏褒其忠孝节义萃于一门,予谥文烈。妻唐旌表。"

是日,云南都督蔡锷电请孙中山总统,令北伐军长驱直捣,勿受袁氏之愚,一再停战。

是日,同盟会在南京开会,议推汪兆铭为总理。

是日,黄兴电请陈其美严缉暗杀陶成章凶手。

按:电文曰:上海陈都督鉴:闻陶君焕卿被刺,据报云是满探。请照会法领事根缉严究,以慰死友,并没法保护章太炎君为幸。黄兴叩。霰。(南京电)②

是日,《民立报》刊登《民社缘起》。

按:《民社缘起》曰:"昔卢梭有言:国家者,人民同意所约成之社会也。既不能有脱离国家之社会,同时不能有违悖民意之国家。果国家而违悖民意者,其社会即得合全体之力监督而纠正之,或竟取消而改造之,以无伪民意为究竟。武汉起义,二三同志,以人民消极之份子,岂敢犯天下之不韪,而为此芟夷根株、摧廓习惯之举动乎?诚以某等奔走国事,数年于兹。默觇人心,或表同情。所幸民意所指,如矢在括[栝];义声一倡,响应者十余省,景从者逾同胞全额之半。满清之覆,当在不日,成绩固良好矣。虽然,此岂高唱凯歌,文驰祝电,铺张功业,侈意肆志之日乎?行百里者半九十,前途之艰臣,正未可一息自卸也。破坏易,建设难。破坏之事业,得少数热

① 刘星楠:《辛亥各省代表会日志》,《辛亥革命回忆录》第六集。
② 《民立报》1912年1月20日第三页。上海社会科学院历史研究所编:《辛亥革命在上海史料选辑》增订版,上海人民出版社2011年版。

民国元年日志

（1912 年 1 月—12 月）

心志士,鼓其百折不挠之气,牺身命,糜汗血,皆优为之。建设之事业,非团结我国民全体中之多数有能力者,护惜萌芽,防范流弊,审慎结构,不能达完全良好之目的。一有不慎,启破坏之端,而流不可收拾之祸,共负罪于天下后世、世界万国者为何如? 更毋宁不先发难,而贻此大任于来哲之为苟安旦夕也。以故破坏之事业得少数人民之同意,即可以无敌于天下者;建设之事业非合多数人民之同意,即不能收万弩齐发、趋于一鹄之效果。某等发难于机先,自不能不绸缪于事后。援卢棱人民社会之旨,发起民社。我父老兄弟,其能集思广益,铸造舆论,以国民联合之大多数,造成统一共和之新国家乎? 是岂独本社之赐邪? 公定规约如左。"①

《民社规约》:

第一章　总纲

第一条　本社对于统一共和政治持进步主义,以谋国利民福。

第二章　社员

第二条　本社社员,须中华国民年满二十岁以上、有公民权、具普通常识者,由社员一人以上之介绍,经评议部审查后,得为本社社员。

第三条　凡社员入社时,须缴入社金二元,常年社费六元,分正、六两月缴纳;有逾一年未缴者,销除社员资格。

第四条　社员有违背本社规约,或败坏本社名誉者,经评议部议决,由社长宣布除名。

第五条　本社本部及各支部社员,其权利义务一切均等,有相互维系之责任。

第三章　职员

第六条　本社设社长一员,总理本社一切事务;副让长一员,协助社长,率同各干事、评议员执行任务。社长不在本社及因事故不能任务时,由副社长代为执行。社长、副社长均二年一任,投票选举,得连任。

第七条　本社干事部设总干事一员、干事若干员,分任书记、会计、庶务、招待各事宜。其办事职任权限,另以细则定之。

第八条　本社评议部设评议员若干员,每社员二十人选举评议员一人,评议员有五人以上即得组织评议会。其议事职任权限,另以细则定之。

第九条　干事部各员由评议会选举任之,干事有缺额及因事故不能任务时,由评议会临时选补,须得社长之队可。

第十条　本社干事及评议员均一年一任,改选时亦得连任,但不得继续连至三任。

第四章　经费

---

① 湖北省政协文史委编:《湖北军政府文献资料汇编》,武汉大学出版社 1986 年版。

第十一条　本社经费以社员常捐及特别捐充之。

第十二条　本社经费每月收入支出,须于下月第一星期内由会计员选具报告册,交评议部审查决定,由社长公布之。

第五章　会期

第十三条　本社会期计分五种如下:

一、大会　每年秋季开大会一次,其日期须两月以前登报布告,支部社员得一体与会。

一、特别大会　凡重大问题发生,经社员三分之一以上之要求,由社长临时登报召集,开特别大会。

一、职员常会　每月第二星期六日午后二时,合职员全体开常会一次,如临时发生事件,得由总干事通知开职员谈话会。

一、干事会　每星期六午后二时,由干事员开干事会一次,如临时发生事件,得由总干事通知开临时干事会。

一、评议会　每月第一星期六日午后二时,由评议员开评议会一次,其特别事故发生,经评议员三分之一以上之要求,得由总干事通知开评议会。开评议会时,干事员得到会陈述意见,但不加入议决之数。

第六章　附则

第十四条　本社先在上海设立各部,各省地方以次设立支部。各职员未经正式选举时,由发起人先行推定分任职务。

第十五条　本社先就上海组织《民声日报》,为发表言论机关。

第十六条　本社规约有应行修改者,于开大会时经多数社员之同意,得提议修改。

第十七条　本社事务所暂设上海江西路A字五十号四明银行间壁。

发起人:黎元洪、蓝天蔚、谭延闿、王正延、王鸿猷、李登辉、孙武、朱瑞、张振武、吴敬恒、杨曾蔚、刘成禺、项骧、宁调元、孙发绪、周恢、张伯烈、汪彭年、高正中、朱立刚、徐伟、高彤墀、郭健霄、何雯。①

21日(宣统三年十二月初三日),南京临时政府召开第一次内阁会议。议决大事三项:一、议行政方针,主张中央集权;二、筹措军饷,拟将招商局抵押1000万;三、和议大定,清帝退位,袁世凯来南京,以就此间政府。

是日,黎元洪关于鄂军政府赞同议和条件复南京临时政府及上海外交部伍总长电。

按:电文曰:"电悉。当集全体职员会议,均以此次战争,原为改造国体,和议条

---

① 湖北省政协文史委编:《湖北军政府文献资料汇编》,武汉大学出版社1986年版。

民国元年日志

件，既合共和宗旨，一律甚表问情。"附《南京临时政府来电》，其曰："和议成否，决于数日之内。清帝有意退位，现正商待遇之条件：一、清皇帝之名号，终身不废，以外国君主之礼待之。二、暂居宫禁，日后退居颐和园。三、其年俸若干，由新政府提交国会议决。惟不得少于三百万之数。四、陵寝宗庙，永远奉祀。五、奉安等处工程，照实用数支出。六、满、蒙、回、藏之待遇，与汉人平等。又对于袁内阁之要约：一、清帝退位，一切政权，同时消灭。不得私授其臣民。二、在北京不改设临时政府。三、各国承认中华民国之后，文即辞职，请参议院公举项城为大总统。以上以南北统一、民国巩固为主旨。现虽未列入正式谈判，而进行颇确。若清廷仍不肯就范，则再战有词。请仍照前电准备。现北方已有重兵至宿迁，窥淮扬。闽、鄂、桂之兵，须到南阳。宜一面扰围铁路，一面选派洛阳、山阳之民军以牵制之。"[1]

是日，孙中山令陆军部整饬军纪。

是日，徐企文等在上海组织中华民国工党是日开成立会，推定朱志尧为正党长，徐企文、钟衡减为副党长。嗣后于南京、芜湖、苏州、杭州、唐山、长沙等地设支部，并发行《觉民报》。

是日，广西提督陆荣廷自南宁到桂林，任广西都督。

是日，同盟会筹创《中华民报》于南京。

是日，浙江省教育会在杭州法政学校召开成立大会，章炳麟任会长。

22 日（宣统三年十二月初四日），参议院继续开会，与会者有常恒芳、汤漪、文群、王有兰、刘显治、熊范舆、陈承泽、潘祖彝、谷钟秀、刘彦、张一鹏、段宇清、赵世钰、张伯烈、时功玖、赵士北、周代本、李鎣、吴景濂、凌文渊，大总统派秘书长胡汉民到院，紧急交议和议条件 5 条：一、清帝退位，由袁世凯同时知照驻京各国公使，电知民国政府；二、袁世凯须宣布政见，绝对赞成共和主义；三、大总统接到外交团通知清帝退位布告后，即行辞职；四、大总统辞职后，由参议院另举袁世凯为临时大总统；五、袁世凯被举为大总统后，须誓守参议院所定之约法，乃能接受事权。经议员全体可决。[2]

是日，清隆裕太后谕饬内阁诸大臣胡惟德等，仍按召集正式国会与革命军接议。

是日，袁世凯致电伍廷芳，重提召集临时国会公决国体。次日，伍廷芳复电袁世凯，谓：临时国会"应俟清帝退位后统一全国之共和政府议定选举法，再行召开"。

是日，张人骏罢，清廷命张勋护两江总督。胡建枢罢，清廷命张广建署山东巡抚，吴鼎元会办山东防务。

是日，君主立宪维持会向奕劻请愿。

① 湖北省政协文史委编：《湖北军政府文献资料汇编》，武汉大学出版社 1986 年版。
② 刘星楠：《辛亥各省代表会日志》，《辛亥革命回忆录》第六集。

是日,东三省陆防全体军人电袁世凯,反对共和,请内阁表示态度,并声言已组织勤王军队。

是日,出使意大利公使吴宗濂、出使日本公使汪大燮,分电清内阁,请代奏速宣布共和。

是日,招商局董事会议决向英、美、法进行借款。

是日,黄兴致电盛宣怀,"承允助力民国,由汉冶萍公司担借日金五百万元,归民国政府借用",特请三井洋行"商订条约,即日签押交银"。①

是日,山东都督府在烟台成立,胡瑛为都督,由杜潜代理。

是日,中华民国工党在上海成立。初以朱志尧、徐企文为正副领袖,后改选徐企文为正领袖。

是日,周作人在《越铎日报》上发表《望华国篇》,署名独应。

按:文中批评了由于千年来的封建统治,造成国民性的缺陷:"往者政教为虐,种性日离。千载以来,世为胜民,以利禄为性命,以残贼为功业,利之所在,不问恩仇,虽异族可君,同种可杀也。其次所畏莫若威,故所业二,不受制于人,则为暴于国。"并以五胡、金、元、清、太平天国等历史为证,说明这种"异族可亲""同种可杀"的现象,系"覆辙屡践",并指出不久前,光复会首领陶成章也是"不死于异族,而死于同种之手"。文末作者大声疾呼:要改变这种国民性,勿蹈历史覆辙,要"宁保灵明而死,毋徇物欲以生也"。

23日(宣统三年十二月初五日),参议院继续开会,与会者有赵士北、汤漪、王有兰、张一鹏、潘祖彝、林森、陈承泽、段宇清、刘彦、熊范舆、刘显治、谷钟秀、常恒芳、时功玖、赵世钰、周代本、吴景濂、李肇甄、凌文渊、王正廷。②

是日,孙中山电伍廷芳,嘱电清内阁请实践停战条约,派得力专员星夜驰赴山陕战地,宣令停战。

是日,蔡锷致电黎元洪,如大局早定,即举袁世凯为总统。

是日,奉天巡防营统领张作霖杀急进会会长张榕。

是日,清廷以会办江防事宜,江南提督张勋护理两江总督。

是日,清廷以署山东巡抚胡建枢因事解职,实授山东布政使张广建兼署山东巡抚;赏协统领吴鼎元陆军副都统衔,会办山东防务。

是日,宗社党上书清内阁,意谓:欲将我朝断送汉人,我辈决不容忍,愿与阁下同归澌灭。

是日,英、法、俄、日四使赞成清帝退位。

---

① 毛注青编著:《黄兴年谱长编》引,中华书局1991年版。
② 刘星楠:《辛亥各省代表会日志》,《辛亥革命回忆录》第六集。

民国元年日志

（1912年1月—12月）

是日，中、德、美、法、英、意、日、荷、波斯、葡、俄、暹罗12国，在海牙签订《鸦片公约》，凡六章25条。

24日（宣统三年十二月初六日），参议院继续开会，与会者有赵士北、林森、潘祖彝、王有兰、杨廷栋、赵世钰、张伯烈、时功玖、文群、汤漪、刘显治、熊范舆、谷钟秀、刘彦、段宇清、吴景濂、景耀月、常恒芳、凌文渊、彭允彝、周代本。主席报告贵州代表熊范舆、刘显治，前由云南都督蔡锷代给委任状，委派二人到院，刻贵州都督杨荩诚续委平刚、文崇高二人，本院应承认熊、刘二人出席，抑承认平、文二人出席，请公决。公决：承认平刚、文崇高二人出席。[1]

是日，孙中山同上海《大陆报》记者谈话指出："袁世凯如实行共和政体，则余亦退让之；若袁世凯仍为满人效力，则余未便轻让。"

是日，南京临时政府批准将大清银行改为中国银行，任命吴晶昌为监督。2月5日，该行在上海正式开业。

是日，黎元洪委任原总监察刘公为北伐左翼军总司令官，带部队两标，会合季雨霖部，向北进攻。

是日，江西都督马毓宝公布《江西省临时约法》。

按：第一章 总纲

第一条 中华江西省之人民，以江西固有之区域，组织军政府，统辖政务，建设中华民国为目的。

第二条 江西军政府以都督及都督所任命之政务委员、议会、法司组织之。

第三条 本约法于中华民国共和宪法施行之日，应即取消。

第二章 都督

第四条 都督由江西人民公选，任期为三年，连选得连任；但以一次为限。

第五条 都督代表江西军政府，有总揽政务之大权。

第六条 都督有统率海陆军之权。

第七条 都督有裁决及公布法律之权。但都督对于议会议决之法律，如否认时，得声明理由，交令议会复议，惟以一次为限。

第八条 都督为保持公共之安全，避免危害，遇有紧急之必要时，得召集政务委员会议，发布代替法律之命令；但须提交届期之议会，请求追认。

第九条 都督有于法定议会开会时间以外，召集临时议会之权。

第十条 都督于议会开会时，对议会得提出法律案及预算案。

第十一条 都督于议会开议时得到会发言，或命委员到会发言。

第十二条 都督有依法律任免文武职员之权。

---

① 刘星楠：《辛亥各省代表会日志》，《辛亥革命回忆录》第六集。

第十三条　都督有依法律颁给勋章及其他荣典之权。

第十四条　都督有依法律宣告戒严之权。第十五条　都督有宣告大赦、特赦、减刑、复权之权。

第三章　人民

第十六条　具有江西军政府法定之资格者,皆为江西之人民。

第十七条　人民依法律有纳税之义务。

第十八条　人民依法律有当兵之义务。

第十九条　人民一律平等。

第二十条　人民有言论、著作、出版及集会结社之自由。

第二十一条　人民有通信之自由,其秘密不得侵犯。

第二十二条　人民有信教之自由。

第二十三条　人民有居住迁徙之自由。

第二十四条　人民有保有财产之自由。

第二十五条　人民有营业之自由。

第二十六条　人民有保有身体之自由,非依法律,不得逮捕、审问、处罚。

第二十七条　人民有保有家宅之自由,非依法律,不得侵入或搜索。

第二十八条　人民得诉讼干法司,请求审判。其由于行政官署之违法致权利受有损害时,得提起诉讼于行政审判院。

第二十九条　人民得请愿于议会。

第三十条　人民得诉愿于行政官署。

第三十一条　人民有应任官考试之权。

第三十二条　人民依法律有选举及被选举权。

第三十三条　本章所载人民之权利,有认为增进公益,维持治安之必要,或非常紧急时,依法律限制之。

第四章　政务委员

第三十四条　政务委员由都督任命,执行法律,处理政务,发布命令,并负其责任。

第三十五条　政务委员得向议会提出法律案,并得到会发言。

第三十六条　政务委员编制会计预算、募集公债及缔结有国库负担之契约时,须提交议会经议会认可。

第三十七条　政务委员遇有紧急之必要时,得为财政上之非常处分及支付预算以外之支出;但事后须提交议会,请求追认。

第三十八条　政务委员就都督公布之命令及其他政务命令中,有关主管之事项,得单独署名。

民国元年日志

（1912年1月—12月）

第五章 议会

第三十九条 议会由民选议员组织之。

第四十条 议会议决法律案并会计预算、募集公债及国库有负担之契约；但基于法律之支出,议会不得减免。

第四十一条 议会审议决算。

第四十二条 议会得对政务委员提出条陈。

第四十三条 议会得对都督及政务委员提出质问并要求答辩。

第四十四条 议会得接受人民之请愿书送交都督。

第四十五条 议会对于政务委员认为失职及法律上犯罪时,得以总员四分三以上之出席,出席议员三分二以上之可决弹劾之。

第四十六条 议会得自行制定内部之法规并执行之。

第四十七条 议会由议员中自选议长。

第四十八条 议会每年开会,会期为四十日。

第四十九条 议会每年按法定日期,自行集合开会、闭会。

第五十条 议会于第四十八条所定时间以外,须有总议员三分之二以上到会始得开会；须有到会过半数以上之可决方得决议。可否之票数相同时,由议长决定之。

第五十一条 议会之议事须公开为之；但经政务委员之要求及到会议员过半数之决议,得召开秘密会议。

第五十二条 议会以议员二十人以上之连署得提出议案。

第五十三条 议员于议会内之言论及表决对于议会外不负责任；但以其他方法在议会外发表者,不在此限。

第五十四条 议会议员除现行犯及关于内乱外患之犯罪外,会期中非得议会许可,不得逮捕。

第六章 法司

第五十五条 法司以都督任命之法官组织之。

第五十六条 法司之编制及法官之资格以法律定之。

第五十七条 法官若非受法律上之刑罚或惩戒之免职宣告时,不得免职。

第五十八条 法司以江西军政府之名义依法律审判民刑诉讼案件；但行政诉讼及其他特别诉讼不在此限。

第五十九条 法司之审判须公开行之；但有认为妨害安宁秩序及风俗者,得秘密审判之。

第七章 附则

第六十条 本约法由议会议员三分之二以上或都督之建议,经议员过半数之出席,议员过半数之可决,得增修之。①

是日,清廷以张勋署两江总督。

24日,清廷赠恤殉难伊犁将军志锐。

是日,清廷谕内阁告诫军民勿得轻信浮言,转相煽惑,以维秩序。

是日,日本黑龙会干事长内田良平受陈其美委托,以"沪军都督代表"名义与日商三井洋行签订借款30万日元合同,旋以此款在日购置军械。

25日(宣统三年十二月初七日),参议院机动性开会。与会者有赵士北、段宇清、林森、陈承泽、彭允彝、刘彦、欧阳振声、汤漪、王有兰、文群、赵世钰、谷钟秀、常恒芳、刘成禺、张伯烈、时功玖、平刚、文崇高、吴景濂、陈陶遗、凌文渊。公议:优待满清皇室条件未经公认,应请补交追认。②

是日,黄兴、陈锦涛、蔡元培、马君武、王宠惠、魏宸组等出席内阁会议,议决推行公债票、发行军用钞票、征收地方租税问题。

是日,蔡元培发布《中华民国教育部普通教育暂行办法通令》。

按:这个通令反映中华民国新政府对教育的新要求,宣布废除清学部颁行的一切教科书和读经、尊崇清廷的一切旧时的惯用行文,便宣告旧教育制度的结束和中国近代新教育的诞生。③

按:《中华民国教育部普通教育暂行办法通令》曰:民国既立,清政府之学制有必须改革者。各省都督府或省议会鉴于学校之急当恢复,发《临时学校令》,以便推行,具见维持学务之苦心,本部深表同情。惟是省自为令,不免互有异同,将使全国统一之教育界,俄焉分裂,至为可虑。本部特拟《普通教育暂行办法》若干条,为各地方不难通行者,电告贵府,望即宣布施行。至于完全新学制,当征集各地方教育家意见,折衷至当,正式宣布。兹将办法及暂行课程表列下。

一、从前各项学堂,均改称为学校。监督、堂长,应一律通称校长。

一、各州县小学校,应于元年三月初五日(即阴历壬子年正月十六日)一律开学。中学校、初级师范学校,视地方财力,亦以能开学为主。

一、在新制未颁行以前,每年仍分二学期。阳历三月开学,至暑假为第一学期。暑假后开学,至来年二月底为第二学期。

一、初等小学,可以男女同校。

一、特设之女学校章程暂时照旧。

一、凡各种教科书,务合乎共和民国宗旨。清学部颁行之教科书,一律禁用。

一、凡民间通行之教科书,其中如有尊崇满清朝廷及旧时宫制军制等课,并避讳

---

① 夏新华、胡旭晟整理:《近代中国宪政历程:史料荟萃》,中国政法大学出版社2004年版。

② 刘星楠:《辛亥各省代表会日志》,《辛亥革命回忆录》第六集。

③ 参见林家有《辛亥革命与中国教育的近代化》,《中山大学学报》2001年第6期。

民国元年日志
（1912年1月—12月）

抬头字样，应由各该书局自行修改，呈送样本于本部及本省民政司、教育总会存查。如学校教员遇有教科书中不合共和宗旨者，可随时删改，亦可指出，呈请民政司或教育会通知该书局改正。

一、小学读经科，一律废止。

一、小学手工科，应加注重。

一、高等小学以上体操科应注重兵式。

一、初等小学算术科自第三学年起兼课珠算。

一、中学校为普通教育，文实不必分科。

一、中学校、初级师范学校，均改为四年毕业。惟现在修业已逾一年以上骤难照改者，得照旧办理。

一、废止旧时奖励出身。初、高等小学毕业者，称初、高等小学毕业生。中学校、师范学校毕业者，称中学校及师范学校毕业生。

原载《教育杂志》，1912年（第3年）第10期。〔本办法及下篇《普通教育暂行课程之标准》以下的课程标准，由陆费逵、蒋维乔共同起草。陆费逵在《我青年时代的自修》中说：蔡元培先生就任教育总长，我提出一些建议，"蔡先生以为然，并嘱起草。我与蒋竹庄（维乔）先生商定一稿，即元年一月所颁之暂行办法及四条通电，其内容大体根据我三年中所研究的结果，如缩短在学年限，减少授课时间，小学男女共校，废止读经等，均藉蔡先生采纳而得实行。"〕①

是日，袁世凯奏请修改国会选举法，开会地点及国会会员人数酌予变通办理，并谓优待皇室条件似亦应由国会议定。

是日，袁世凯及各北洋将领通电支持共和。

是日，孙中山、黄兴联电斥责张勋、倪嗣冲等攻击民军。

是日，段祺瑞致电内阁，各将领力主共和，闻溥伟、载泽阻挠，愤愤不平，拟即联衔陈请。

是日，日本驻奉天总领事落合谦太郎访晤东三省总督赵尔巽，赵表示："为维护清国国家之尊严与安全，除保存君主外别无他策；共和制度不但不能维持国家安宁，反而会迅速造成瓦解之局。"

是日，清以国体问题，有待国会公决，命该管衙门诰诫军民，勿信浮言。

是日，陆费逵、范源濂、沈颐、顾树森、黎锦熙、周建人、黄炎培等为主要撰稿人的《中华教育界》杂志在上海正式创刊，以研究教育、促进文化为宗旨。

按：《中华教育界》根据教育发展需要，先后出版发行了39个专号或专辑，如"国语研究号""中国小学研究号""教育测验号""收回教育权运动号""国家主义的教

---

① 陆费逵：《陆费逵文选》，中华书局2011年版。

育研究号""道尔顿制批评号""留学问题号""师范教育号""乡村教育专号""中国教育出路号""教科书专号""日本教育号""中国教育改造专号""普及教育专号""研究与实验专号""儿童年专号""各国教育特辑""中国教育学会第九届年会论文特辑"等等,这些专号大多对当时教育的热点与难点进行了深入探讨,对当时的教育改革与发展具有一定指导作用。①

26日(宣统三年十二月初八日),同盟会员彭家珍在北京炸伤宗社党头目良弼,越二日死。彭家珍当场身殉。清王公贵族闻风丧胆,纷纷出京,潜赴青岛、天津、大连等地。

按:《清史稿·良弼传》曰:"良弼,字赉臣,红带子,隶镶黄旗,大学士伊里布孙。……武昌乱起,各省响应,朝论纷哎,王公贵人皆气馁,莫知所为。良弼独与三数才杰朝夕规画,外联群帅,内安当国,思以立宪弭革命,图救大局,上下皆恃以为重。时袁世凯来京,方议国体,人心不安甚矣。一日,良弼议事归,及门,有人遮掷炸弹,三日而卒。事闻,震悼,优恤如例。其后官绅请立祠于北京祀之。"

按:彭家珍后来被孙中山先生授予"大将军"称号,并将彭家珍和张先培等四烈士合葬在今北京动物园熊猫馆之东北角,立有一座五面碑,每面各镌刻一位烈士的姓名和业绩。

是日,参议院继续开会。与会者有赵士北、王有兰、文群、汤漪、段宇清、文崇高、平刚、殷汝骊、马步云、陈承泽、林森、周代本、李素、刘彦、彭允彝、欧阳振声、谷钟秀、张伯烈、时功玖、刘成禺、陈陶遗、凌文渊、李罄。会议公决:参议院正式成立时间仍以一月二十八日为期。主席宣布议员提议预防奸细、严密检查案,全体可决。②

是日,南京临时政府内务部发布《颁发公文程式咨各部文》。

按:文曰:"内务总长程德全为咨行事。案奉大总统令开:'现今临时政府业已成立,所有行用公文程式,亟应规定,以期划一,而利推行。兹据法制院呈拟公文程式四条,详加察阅,尚属可行,合就令行贵总长,即希分别咨行,令京外一体遵照办理,并发公文程式。'"内务部便"相应备文,咨行京中各部,通令所属,以后行用公文,其程式应一律遵照办理。"并在所附"公文程式"第二条中规定"行用公文分为五种",实为七式:甲、上级公署、职员,行用于下级公署、职员,曰令;公署、职员行用于人民者,曰令或谕。乙、同级公署、职员,互相行用者曰咨。丙、下级公署、职员行用于上级公署、职员,及人民行用于公署、职员者曰呈。丁、公署、职员公告一般人民者曰示,但经参议员议决之法规应由大总统宣布者曰公布。戊、委任职员及授赏徽章之状书曰状。③

---

① 喻永庆:《中华教育界与民国时期教育改革》,华中师范大学2011年博士学位论文。
② 刘星楠:《辛亥各省代表会日志》,《辛亥革命回忆录》第六集。
③ 蒋卫荣:《档案法的理论与实践》,上海世界图书出版公司2013年版。

民国元年日志
（1912年1月—12月）

是日，黎元洪关于停战期满议和不成不再展期致孙大总统等电。

按：电文曰："南京孙大总统、上海伍外交总长鉴：停战期限将满，和议尚未告成。闻满清已简放张勋为南京总督。揆此情形，显系满清不愿意共和，徒废时期，以疲我军士。此停战期满，彼方若不决定退位，共同组织共和民国，再议展期决不承认。曲实在彼，即前次所提待遇从优之条件，一律取消。鄂中全体军士均已预备作战，誓不愿与满清共和。再不可听其狡展，致遏我军义勇之气。请大总统、外交总长将种种情形，通告各国是幸。元洪。廿六号。"①

是日，孙中山电陈炯明并广东省会及铁路公司，告以"和议难恃，战端将开，胜负之机，操于借款"。目前政府急需用款，拟以广东铁路为抵押，订立合同，务望赞同借款。

是日，云南都督蔡锷电孙中山及各省都督，表示"此时直无和议可言，惟有诉诸兵力"，愿亲率精兵，结合湘鄂，会师中原。

是日，北洋军将领段祺瑞、姜桂题、张勋、段芝贵、倪嗣冲、曹锟、王占元、李纯、陈光远、孟恩远、靳云鹏、吴光新、曾毓隽、徐树铮、鲍贵卿、卢永祥、李厚基、何丰林、王汝贤、赵倜等人联衔电奏，吁请清帝即日退位，立定共和政体，以现内阁暂时代表政府。袁世凯、徐世昌、冯国璋、王士珍电段祺瑞转劝各将领，切勿轻举妄动。

是日，清皇太后懿旨，以袁世凯公忠体国，封一等侯爵。命额勒浑署伊犁将军，文琦办塔尔巴哈台参赞大臣事。李家驹免，以许鼎霖为资政院总裁。

是日，李家驹辞资政院议长，许鼎霖继任议长。

是日，黄兴与钮永建联名致电陈其美、黄郛，请黄郛出任大本营兵站局长。

是日，外交团决定保护北京至山海关铁路。

是日，女子尚武会在上海召开成立大会，选举沈佩贞为首任会长，詹寿恒为副会长，张汉英为监学，叶慧哲为书记，钱秀荣为庶务，刘既嘉、李元庆、杨露瀛3人为干事，张振武为名誉总理。

是日，教育部电告四川都督转资州分府，护送刘师培到南京。

是日，俄国政府就新疆政策的确定召开内阁特别会议，会议决定由俄国驻北京公使向中国政府提出，要求该政府承认原中俄改订条约的全部权利。特别会议还决定，若有必要进行武力示威，则应选择伊犁作为示威地点。

是日，上海都督陈其美颁布禁例五条。

按：中华民国军政府沪军都督陈为出示谕禁事：照得自上海光复以来，凡百政务，组织伊始，每有奸诈无耻之徒，乘此时机，谋为不法，或冒名而行诡计，或假公以便私图。愚民无知，往往受其欺诈，贻害匪浅。本都督与民更始，方将为民谋幸福，岂容奸徒逞私肆臆，流毒社会。若不亟悬厉禁，其何以儆习风而安民社？今为防范

---

① 湖北省政协文史委编：《湖北军政府文献资料汇编》，武汉大学出版社1986年版。

种种不法行为起见,特设禁例五条列后,倘有违犯各条之一者,一经觉察,本都督当按军法从事,决不宽贷。自示之后,凡军民人等当一体知悉,切勿苟图幸免,致蹈杀机,重贻后悔,其各凛遵毋违,切切特示。计开禁例五条列左:

一、冒称官长者。

一、僭用官府服饰、徽章者。

一、伪造民国通用之金银货及纸币者。

一、伪造官府印章及各种记号徽章者。

一、伪造官府文书者。①

27 日(宣统三年十二月初九日),参议院继续开会,与会者有赵士北、王有兰、文群、汤漪、段宇清、文崇高、平刚、殷汝骊、马步云、陈承泽、林森、周代本、李素、刘彦、彭允彝、欧阳振声、谷钟秀、吴景濂、赵世钰、刘成禺、陈陶遗、凌文渊。林森报告参议院筹备正式大会秩序并一切设置。主席宣告大总统因停战期满,咨商解决主战抑主展期事,并派秘书长胡汉民到院陈述意见。讨论结果:全体可决主战。②

是日,孙中山致电伍廷芳,不允和局展期,决意开展。另致电各国公使,对袁世凯让步,以早日实现共和。

是日,孙中山致电各国公使揭露袁世凯在议和中之种种反复失信。谓:袁"既知民国必欲其实行赞助共和而决不肯贸然相让,坠其诡计,则袁氏又复变态矣!盖袁氏之意,实欲使北京政府、民国政府并行解散,俾得以一人而独揽大权也"。

是日,伍廷芳电清内阁,谓"若停战期满(按:指29日)尚未得清廷退位确报,则前此所订优待条件,即全行作废"。

是日,北方革命协会推举胡鄂公为总司令,白逾桓为津军都督。

是日,革命党人薛成华在天津铁路总站向北洋防务大臣张怀芝投掷炸弹行刺未遂,被捕牺牲。

是日,袁世凯辞侯爵,固让再三乃受。

是日,南京临时政府由江苏铁路公司出面,以上海至枫泾间铁路为担保,与日本大仓组签订借款300万日元合同。

28 日(宣统三年十二月初十日),南京临时参议院正式成立。出席议员计17省38人。孙中山率同各行政官员莅会,亲致祝词。次日举林森为议长。

按:本日开成立大会,孙总统祝词曰:"人有恒言,革命之事,破坏难,建设尤难。夫破坏云者,仁人志士,任侠勇夫,苦心焦虑于隐奥之中,而衰元断脰于危难之际,此其艰难困苦之状,诚有人所不及知者,及一旦时机成熟,倏然而发,若洪波之决危堤,

---

① 《时报》1912 年 1 月 26 日。上海社会科学院历史研究所编:《辛亥革命在上海史料选辑》第 2 版,上海人民出版社 1981 年版。

② 刘星楠:《辛亥各省代表会日志》,《辛亥革命回忆录》第六集。

民国元年日志
（1912年1月—12月）

一泻千里，虽欲御之而不可得，然后知其事似难而实易也。若夫建设之事则不然。建一议，赞助者居其前，则反对者居其后矣。立一法，今日见为利，则明日见为弊矣。又况所议者国家无穷之基，所创者亘古未有之制，其得也五族之人受其福，其失也五族之人受其祸。呜呼，破坏之难，各省志士先之矣，建设之难，则自今日以往，诸君子与文所黾勉仔肩，而弗敢推谢者也。矧为北虏未灭，战云方急，立法事业，在在与戎机相待为用。破坏建设之二难，毕萃于兹，诸君子勉哉！各尽乃智，竭乃力，以固民国之始基，以扬我族之大烈，则不徒文一人之颂祷，其四万万人实嘉赖之。"①

是日，孙中山令广西都督陆荣廷出师北伐。

是日，孙中山电陈炯明并各省都督嘱勿仇杀康、梁保皇党人。略谓："法令所加，只问其现在有无违犯，不得执既往之名称以为罪罚。至于挟私复怨，借是为名，擅行仇杀者，本法之所不恕。"

是日，孙中山致电陈炯明及中国同盟会，调和岭东之同盟会、光复会两会会员歧见。略谓："今兹民国新立，建房未平，正宜协力同心，以达共同目的，岂有猜贰而生阋墙。为此驰电传知，应随时由贵都督解释调处。"

是日，孙中山电蒙古王公贡桑诺尔布、那彦图等人，解释推翻清朝之目的是："欲合全国人民，无分汉满蒙回藏，相与共享人类之自由。……俄人野心勃勃，乘机待发，蒙古情形，尤为艰险。……祈将区区之意，遍告蒙古同胞，戮力一心，共图大计"。

是日，南京临时政府内务部颁布《保护财产令》，凡五条，规定"所有私产均应由人民享有"；清廷官吏财产除坚决敌视民国者须予查抄外，余均保护。

是日，袁世凯密调嫡系部队曹锟第三镇抵京，驻扎天坛等处。在此前后，袁曾由二、四、六等镇调兵入京。

是日，云南都督蔡锷应贵州立宪党人之请，借名北伐，派兵入黔。是日先遣队离昆明出发，次日唐继尧率大队启程。

是日，清山西巡抚张锡銮率军政大员奏陈解决时局办法10条，主张隆裕太后退居颐和园或"北狩"热河；速在天津组织临时政府。

是日，段祺瑞前以"巡警"名义留驻汉阳、未依停战协议撤退之千余清军全部反正。

是日，清廷以复潼关，赏银一万两犒军。

是日，山西巡抚张锡銮电请承认共和。

29日（宣统三年十二月十一日），清御前会议，王公均不反对共和，载沣主张将所有重要问题，委任袁世凯办理。以叙汉阳功，复张彪提督。

是日，孙中山电北军将领王占元、姜桂题等10人请效法段祺瑞，转敌为友，宣布赞同共和。

---

① 《东方杂志》第八卷第十号《中国大事记》，1911年。

是日,孙中山委任吴鼎昌、薛颂瀛为中央银行正副监督。

是日,孙中山致电段祺瑞,盼能一致赞助共和。

是日,南京《临时政府公报》创刊。4月5日停刊。

是日,南京临时政府所辖各军在清江浦开军事会议,举孙岳为浦、镇、扬联军总司令,即日部署各军北伐。

是日,林森、陈陶遗当选为临时参议院正副议长。

是日,黎元洪关于派员与段祺瑞代表洽商共和情况致孙大总统电。

按:电文曰:"急。宁孙大总统鉴:接伍总长感电、宥电,即于二十七日派员至孝感,与北军接洽联络,一致进行。段祺瑞派员接待,据称:段对于共和政体,允有同意。此次军队退却,实不愿与民军冲突,损伤元气。至进行方法,现已规定,请民军不必前进,致生误会云云。敝处已通饬各军,驻扎原地,暂不前进,所有一切准备,亦不得稍懈,致受老师费财之害,庶共和政体,得早日告成。下游各军请黄总长通知,相机动作足盼。元洪。"是日,黎元洪又有关于与段军接洽及两军退兵情形复上海伍外交总长电,其曰:"日昨派员前往段军接洽,联络一致进行,段派员至孝感车站接待,据称:目的相同,方法不便一致。段军退至孝感以北。我军驻扎祁家湾一带,相离五十里。此时准备虽不得稍懈,亦不便急进,致起误会。北军仍攻秦省甚急,请速切实阻止,顾全大局是幸。"[1]

是日,盛宣怀复电黄兴,谓已派李维格与彼日本三井洋行直接妥议,即赴东京签押。请即转陈孙总统。

按:《黄兴年谱长编》曰:"南京临时政府虽成立,而府库空虚,财政面临竭源局面,军队日有哗变之虞。整军北伐,在在需款,罗掘俱穷。日本垄断财团乘机以借款为钓饵,诱使民国政府同意汉冶萍公司改为中日合办。盛宣怀时任汉冶萍公司总理,逃亡日本后,即与日方就中日合办事密谋策划,妄想在日本帝国主义的庇护下摆脱自己的困境。目睹民国政府需款孔亟,更想乘机由合办取得借款,向民国政府'输诚投效',保住自己的产业。经过一番紧张的幕后活动,南京临时政府和盛宣怀分别在南京和神户同三井和正金财团,签订了两个性质相同的汉冶萍中日合办草约。草约规定以汉冶萍归中日合办,集股三千万元,中日各半,由公司转借五百万元与民国政府。消息传出,举国哗然。汉冶萍股东亦群起反对,鄂籍参议员反对尤烈。孙中山、黄兴立刻意识到事态的严重性,咨文参议院,毅然废除草约,并正告盛宣怀不得以任何借口继续搞'合办。'"

是日,教育部通电各省筹办社会教育,实为我国社会教育之发轫。

是日,革命党人在天津暴动,与清军在金刚桥畔激战,一度攻入督署,后失败。史称"天津起义"。

---

[1] 湖北省政协文史委编:《湖北军政府文献资料汇编》,武汉大学出版社1986年版。

民国元年日志

（1912年1月—12月）

是日，袁世凯四辞封爵。

是日，杨度等14人在北京组织共和促进会，并发表"宣言书"，谓目前主君主立宪为时已晚，国家危亡在即，为"保全皇室""保全国家"计，应速实行共和。

是日，江北都督府委任总参谋长孙岳为浦扬镇北伐联军总司令。

是日，日本浪人川岛浪速与内蒙古喀喇沁王贡桑诺尔布在北京签订协定10条，规定内蒙古联合组成一强固团体，以保障蒙古利益及援护大清皇位的存在为目的；喀喇沁王以川岛为总顾问，参划商量一切文武事宜；内蒙古团体成立后，倘受他国侵略难以自卫时，须首先请求日本援护。

30日（宣统三年十二月十二日），清御前会议，隆裕太后召见奕劻、载沣，拟退位全终，亲贵全体唯唯其词，皇太后决定自行颁布共和。以张怀芝为安徽巡抚。赠恤死事福州将军朴寿。

是日，孙中山咨请临时参议院审议《中华民国临时组织法草案》，凡七章55条。次日，临时参议院议决改为《中华民国临时约法》，推定马君武等四人另行起草。

是日，外交部通电各省保护外人。

是日，孙中山将法制局所拟《中华民国临时政府组织法》咨送参议院。

是日，黄兴致电段祺瑞，请传告各军"撤回抵抗民军之兵力"，"同逼满酋退位"；又致电沪督陈其美，转北面招讨使谭人凤，"烟台为北伐军水师根据地，关系重大"，请速统兵前往，以维大局。（《黄兴年谱长编》）

是日，教育部发出通电，要求各省注重社会教育。

按：电文曰："各都督公鉴：前拟普通教育暂行办法，业经通电贵府在案，惟社会教育，亦为今日急务，入手之方，宜先注重宣讲，即请贵府就本省情形暂定临时宣讲标准，选辑资料，通令各州县实行宣讲，或兼备有益之活动画、影画，以为辅佐。并由各地热心宣讲员，集会研究宣讲办法，以期易收成效。所需宣讲经费，宜令各地方于行政费或公款中酌量开支补助。至宣讲标准，大致应专注此次革新之事实，共和国民之权利义务及尚武、实业诸端，而尤注重于公民之道德。当此改革之初，人心奋发，感受觉易，即希贵府，迅速查照施行。教育部。"①

是日，临时政府公布《修正中华民国临时政府组织大纲》。

按：第一章　临时大总统、副总统

第一条　临时大总统、副总统由各省代表选举之，以得票满投票总数三分之二以上者为当选，代表投票权每省以一票为限。

第二条　临时大总统有统治全国之权。

第三条　临时大总统有统率海陆军之权。

第四条　临时大总统得参议院之同意，有宣战、媾和及缔结条约之权。

---

① 《时事新报》1912年2月2日。

第五条　临时大总统得制定官制、官规兼任免文武职员,但制定官制暨任免国务各员及外交专使,须参议院之同意。

第六条　临时大总统得参议院之同意,有设立临时中央审判所之权。

第七条　临时副总统于大总统因故去职时,得升任之;但于大总统有故障不能视事时,得受大总统之委任,代行其职权。

第二章　参议院

第八条　参议院以各省都督府所派之参议员组织之。

第九条　参议员每省以三人为限,其派遣方法,由各省都督府自定之。

第十条　参议开会议时,各参议员有一表决权。

第十一条　参议院之职权如左:一、议第四条及第六条事件。二、承诺第五条事件。三、议决临时政府之预算。四、检查临时政府之出纳。五、议决全国统一之税法、币制及发行公债事件。六、议决暂行法律。七、议决临时大总统交议事件。八、答复临时大总统咨询事件。

第十二条　参议院会议时,以到会参议员过半数之所决为准;但关于第四条事件,非有到会参议员三分之二之同意,不得决议。

第十三条　参议院议决事件,由议长具报经临时大总统盖印发交行政各部执行之。

第十四条　临时大总统对于参议院决议事件,如不以为然,得于具报后十日内声明理由,交令复议。参议院对于复议事件,如有到会参议员三分之二以上之同意,仍执前议时,应仍照前条办理

第十八条　行政各部,设部长一人为国务员,辅佐临时大总统办理各部事务,〔本条原文为行政各部如次:(一)外交部(二)内务部(三)财政部(四)军务部(五)交通部。〕

第十九条　各部所属职员之编制,及其权限.由部长规定,经临时大总统批准施行。

第二十条　临时政府成立后六个月以内.由临时大总统召集国民会议。其召集方法,由参议院议决之。

第二十一条　临时政府组织大纲施行期限,以中华民国宪法成立之日为止。[①]

是日,中华民国实业协会在南京成立,宣布以"振兴实业、扩充国民生计、挽回利权"为宗旨,举李四光、万葆元为正副会长,马君武为名誉会长。

按:南京临时政府成立以后,曾力图保护工商,发展实业,制定颁布了一系列旨在保护和促进实业发展的章程、则例,促进了各种实业团体的涌现,主要有:中华民

---

① 孙彩霞、李学通、卞修跃编:《辛亥革命资料选编》第四卷《南京临时政府与民初政局》下册,社会科学文献出版社 2012 年版。

民国元年日志

国实业协会、中华民国工业建设会、中华实业团、中华民国铁道协会、工商勇进党、民生团、经济协会、西北实业协会、中华女子实业进行会等。

是日，北京外交团为攫取中国海关税款所拟之《管理税收联合委员会办法》八条，经清外务部同意，是日开始执行。其中规定：各海关净存税款每周汇解上海，由总税务司分存汇丰、德华、华俄道胜三银行，并依委员会所列次序按期偿还外债。至此，关税实权遂全部为外人所操纵。

是日，以张昭汉为团长的女子军事团开赴南京，准备北伐。

是日，清外务部与外交团订立国际银行委员会关税管理准据规则。

是日，冯国璋请辞禁卫军总统。

是日，章炳麟、张謇、程德全、熊希龄、唐绍仪、汤化龙、庄蕴宽、林长民、温宗尧、蒋尊簋、汤寿潜、唐文治、王印川等在上海组织统一党。

按：统一党由从同盟会中分化出来的中华民国联合会和预备立宪公会联合而成。推举章太炎、程德全、张謇、熊希龄为理事，以唐文治、赵凤昌、汤化龙、温宗尧、唐绍仪、汤寿潜等13人为参事。黄云鹏、林长民、孟森、章驾时等17人为干事。总部迁至北京后，又吸收赵秉钧、陆建章等人为参事。其宗旨是"巩固全国之统一，建设中央政府，促进共和政治"。在政治上拥护袁世凯的统治，同当时控制临时国会的中国同盟会对抗。1912年5月，同民社、国民协进会、民国公会、国民共进会、国民党（由潘鸿鼎等组织的）合并组成共和党。

31日（宣统三年十二月十三日），参议院改临时政府组织法为《中华民国临时约法》，另行起草。

是日，孙中山电嘱黎元洪派人与段祺瑞接洽。

是日，南京临时政府外交部电请各省保护外侨。

是日，袁世凯奏，俟时局稍定，再行受封。

是日，蔡元培视察南京江南图书馆。

按："元培到南京后，即时有以江南图书馆事相告者。适马相伯先生代理江宁都督，询之则言此图书馆当属于地方政府权限内，故一切事仍请马先生主持之。驻扎馆中之军队，曾属徐固卿总督下令迁地，亦复无效。马先生因请丹徒茅子贞君入馆任事，因茅君之子在宪兵司令部，有约束军人之权也。元月三十一日，元培曾到馆中一观，王君懋熔并出最精之本相示，一饱眼福。先生之赐也。陈君善余及李君仁圃，均曾来此一谈，陈君并递一节略，详述图书馆情形。将来画定中央与地方政府权限时，如以此馆直隶教育部，则元培等必当加意保护，不负先生当年搜罗之苦心。即目前虽无直接管理之权，然从旁助之，亦不敢不尽心也。"[1]

是日，德、美两国政府秘密商定，以交换函件方式互通两国对华政策。

---

[1] 蔡元培1912年2月6日《复缪小山函》，高平叔、王世儒编注《蔡元培书信集》上，浙江教育出版社2000年版。

2 月

1日（宣统三年十二月十四日），清隆裕太后召集各近支王公及国务大臣开御前会议，拟定采用虚君共和政体，并筹商宣布召开国会、颁发君主不干预国政语旨等事宜。

是日，黎元洪电孙中山报告段祺瑞派全权代表吴光新、徐树铮等与湖北军政府代表孙武等接洽情形。双方商定：清军北上，促进共和，如阴历年内（即公历2月17日以前）不能解决国体问题，民军"即当前进，以资援助"。

是日，孙中山以段祺瑞军赞成共和，经与湖北军政府协商，是日电嘱黎元洪：彼军退时，可勿相逼。

是日，孙中山以旅宁粤人推荐冯自由督粤，电广东临时省议会转同盟会、商会及各社团征询意见；又电告汪精卫为广东都督府高等顾问。

是日，南京临时政府教育总长蔡元培在《临时政府公报》第13号上发表《对于新教育之意见》。

按：蔡元培曰：近日在教育部与诸同人新草学校法令，以为征集高等教育会议之预备，颇承同志饷以谠论。顾关于教育方针者殊寡，辄先述鄙见以为嚆引，幸海内教育家是正之。

教育有二大别：曰隶属于政治者，曰超轶乎政治者。专制时代（兼立宪而含专制性质者言之），教育家循政府之方针以标准教育，常为纯粹之隶属政治者。共和时代，教育家得立于人民之地位以定标准，乃得有超轶政治之教育。清之季世，隶属政治之教育，腾于教育家之口者，曰军国民教育。夫军国民教育者，与社会主义僢驰，在他国已有道消之兆。然在我国，则强令交逼，亟图自卫，而历年丧失之国权，非凭借武力，势难恢复。且军人革命以后，难保无军人执政之一时期，非行举国皆兵之制，将使军人社会，永为全国中特别之阶级，而无以平均其势力。则如所谓军人国民教育者，诚今日所不能不采者也。虽然，今之世界，所恃以竞争者，不仅在武力，而尤在财力。且武力之半，亦由财力而孳乳。于是有第二之隶属政治者，曰实利主义之教育，以人民生计为普通教育之中坚。其主张最力者，至以普通学术，悉寓于树艺、烹饪、裁缝及金、木、土工之中。此其说创于美洲，而近亦盛行于欧陆。我国地宝不

民国元年日志

（1912年1月—12月）

发，实业界之组织尚幼稚，人民失业者至多，而国甚贫。实利主义之教育，固亦当务之急者也。

是二者，所谓强兵富国之主义也。顾兵可强也，然或溢而为私斗，为侵略，则奈何？国可富也，然或不免知欺愚，强欺弱，而演贫富悬绝，资本家与劳动家血战之惨剧，则奈何？曰教之以公民道德。何谓公民道德？曰法兰西之革命也，所标揭者，曰自由、平等、亲爱。道德之要旨，尽于是矣。孔子曰：匹夫不可夺志。孟子曰：大丈夫者，富贵不能淫，贫贱不能移，威武不能屈。自由之谓也。古者盖谓之义。孔子曰：己所不欲，勿施于人。子贡曰：我不欲人之加诸我也，吾亦欲毋加诸人。《礼·大学记》曰：所恶于前，毋以先后；所恶于后，毋以从前；所恶于右，毋以交于左；所恶于左，毋以交于右，平等之谓也。古者盖谓之恕。自由者，就主观而言之也。然我欲自由，则亦当尊人之自由，故通于客观。平等者，就客观而言之也。然我不以不平等遇人，则亦不容人之以不平等遇我，故通于主观。二者相对而实相成，要皆由消极一方面言之。苟不进之以积极之道德，则夫吾同胞中，固有因生禀之不齐，境遇之所迫，企自由而不遂，求与人平等而不能者。将一切恝置之，而所谓自由若平等之量，仍不能无缺陷。孟子曰：鳏寡孤独，天下之穷民而无告者也。张子曰：凡天下疲癃残疾茕独鳏寡，皆吾兄弟之颠连而无告者也。禹思天下有溺者，由己溺之。稷思天下有饥者，由己饥之。伊尹思天下之人，匹夫匹妇有不与被尧舜之泽者，若己推而纳之沟中，孔子曰：己欲立而立人，己欲达而达人。亲爱之谓也。古者盖谓之仁。三者诚一切道德之根源，而公民道德教育之所有事者也。

教育而至于公民道德，宜若可为最终之鹄的矣。曰未民。公民道德之教育，犹未能超轶乎政治者也。世所谓最良政治者，不外乎以最大多数之最大幸福为鹄的。最大多数者，积最少数之一人而成者也。一人之幸福，丰衣足食也。无灾无害也，不外乎现世之幸福。积一人幸福而为最大多数，其鹄的犹是。立法部之所评议，行政部之所执行，司法部之所保护，如是而已矣。即进而达礼运之所谓大道为公，社会主义家所谓未来之黄金时代，人各尽所能，而各得其所需要，要亦不外乎现世之幸福。盖政治之鹄的，如是而已矣。一切隶属政治之教育，充其量亦如是而已矣。虽然，人不能有生而无死。现世之幸福，临死而消灭。人而仅仅以临死消灭之幸福为鹄的，则所谓人生者有何等价值乎？国不能有存而无亡，世界不能有成而无毁，全国之民，全世界之人类，世世相传，以此不能不消灭之幸福为鹄的，则所谓国民若人类者，有何等价值乎？且如是，则就一人而言之，杀身成仁也，舍生取义也，舍己而为群也，有何等意义乎？就一社会而言之，与我以自由乎，否则与我以死，争一民族之自由，不至沥全民族最后之一滴血不已，不至全国为一大冢不已，有何等意义乎？且人既无一死生破利害之观念，则必无冒险之精神，无远大之计划，见小利，急近功，则又能保其不为失节堕行身败名裂之人乎？谚曰当局者迷，旁观者清。非有出世间之思想者,不能善处世间事,吾人即仅仅以现世幸福为鹄的,犹不可无超轶现世之观念,况鹄的不止于此者乎?以现世幸福为鹄的者,政治家也;教育家则否。盖世界有二方面,如一纸之有表里:一为现象,一为实体。现象世界之事为政治,故以造成现世幸福为鹄的;实体世界之事为宗教,故以摆脱现世幸福为作用。而教育者,则立于现象世界,而有事于实体世界者也。故以实体世界之观念为其究竟之大目的,而以现象世界之幸福为其达于实体观念之作用。

然则现象世界与实体世界之区别何在耶?曰:前者相对,而后者绝对;前者范围于因果律,而后者超轶乎因果律;前者与空间时间有不可离之关系,而后者无空间时间之可言;前者可以经验,而后者全恃直观。故实体世界者,不可名言者也。然而既以是为观念之一种矣,则不得不强为之名,是以或谓之道,可谓之太极,或谓之神,或谓之黑暗之意识,或谓之无识之意志。其名可以万殊,而观念则一。虽哲学之流派不同,宗教家之仪式不同,而其所到达之最高观念皆如是。(最浅薄之唯物论哲学,及最幼稚之宗教祈长生求福利者,不在此例。)

然则,教育家何以不结合于宗教,而必以现象世界之幸福为作用?曰:世固有厌世派之宗教若哲学,以提撕实体世界观念之故,而排斥现象世界。因以现象世界之文明为罪恶之源,而一切排斥之者。吾以为不然。现象实体,仅一世界之两方面,非截然为互相冲突之两世界。吾人之感觉,既托于现象世界,则所谓实体者,即在现象之中,而非必灭乙而后生甲。其现象世界间所以为实体世界之障碍者,不外二种意识:一、人我之差别,二、幸福之营求是也。人以自卫力不平等而生强弱,人以自存力不平等而生贫富。有强弱贫富,而彼我差别之意识起。弱者贫者,苦于幸福之不足,而营求之意识起。有人我,则于现象中有种种之界画,而与实体违。有营求则当其未遂,为无已之苦痛。及其既遂,为过量之要索。循环于现象之中,而与实体隔。能剂其平,则肉体之享受,纯任自然,而意识界之营求泯,人我之见亦化。合现象世界各别之意识为浑同,而得与实体吻合焉。故现世幸福,为不幸福之人类到达于实体世界之一种作用,盖无可疑者。军国民、实利两主义,所以补自卫自存之力之不足。道德教育,则所以使之互相卫互相存,皆所以泯营求而忘人我者也。由是而进以提撕实体观念之教育。提撕实体观念之方法如何?曰:消极方面,使对于现象世界,无厌弃而亦无执著;积极方面,使对于实体世界,非常渴慕而渐进于领悟。循思想自由言论自由之公例,不以一流派之哲学一宗门之教义梏其心,而惟时时悬一无方体无始终之世界观以为鹄。如是之教育,吾无以名之,名之曰世界观教育。

虽然,世界观教育,非可以旦旦而聒之也。且其与现象世界之关系,又非可以枯槁单简之言说袭而取之也。然则何道之由?曰美感之教育。美感者,合美丽与尊严而言之,介乎现象世界与实体世界之间,而为津梁。此为康德所创造,而嗣后哲学家未有反对之者也。在现象世界,凡人皆有爱恶惊惧喜怒悲乐之情,随离合生死祸福利害之现象而流转。至美术则即以此等现象为资料，而能使对之者，自美感以外，一无杂念。例如采莲煮豆，饮食之事也，而一入诗歌，则别成兴趣。火山赤舌，大风破舟，可骇可怖之景也，而一入图画，则转堪展玩。是则对于现象世界，无厌弃而亦无执著也。人既脱离一切现象世界相对之感情，而为浑然之美感，则即所谓与造物为友，而已接触于实体世界之观念矣。故教育家欲由现象世界而引以到达于实体世界之观念，不可不用美感之教育。五者，皆今日之教育所不可偏废者也。军国民主义，实利主义，德育主义三者，为隶属于政治之教育。（吾国古代之道德教育，则间有兼涉世界观者，当分别论之。）世界观、美育主义二者，为超轶政治之教育。

以中国古代之教育证之，虞之时，夔典乐而教胄子以九德，德育与美育之教育也。周官以卿三物教万民，六德六行，德育也。六艺之射御，军国民主义也。书数，实利主义也。礼为德育；而乐为美育。以西洋之教育证之，希腊人之教育为体操与美术，即军国民主义与美育也。欧洲近世教育家，如海尔巴脱氏纯持美育主义。今日美洲之杜威派，则纯持实利主义者也。

以心理学各方面衡之，军国民主义毗于意志；实利主义毗于知识；德育兼意志情感二方面；美育毗于情感；而世界观则统三者而一之。

以教育界之分言三育者衡之。军国民主义为体育；实利主义为智育；公民道德及美育皆毗于德育；而世界观则统三者而一之。以教育家之方法衡之，军国民主义，世界观，美育，皆为形式主义；实利主义为实质主义；德育则二者兼之。譬之人身：军国民主义者，筋骨也，用以自卫；实利主义者，胃肠也，用以营养；公民道德者，呼吸机循环机也，周贯全体；美育者，神经系也，所以传导；世界观者，心理作用也。附丽于神经系，而无迹象之可求。此即五者不可偏废之理也。

本此五主义而分配于各教科，则视各教科性质之不同，而各主义所占之分数，亦随之而异。国语国文之形式，其依准文法者属于实利，而依准美词学者，属于美感。其内容则军国民主义当占百分之十，实利主义当占其四十，德育当占其二十，美育当占其二十五，而世界观则占其五。

修身，德育也，而以美育及世界观参之。历史、地理，实利主义也。其所叙述，得并存各主义。历史之英雄，地理之险要及战绩，军国民主义也；记美术家及美术沿革，写各地风景及所出美术品，美育也；记圣贤，述风俗，德育也；因历史之有时期，而推之于终始，因地理之有涯涘，而推之于无方体，及夫烈士、哲人、宗教家之故事及遗迹，皆可以为世界观之导线也。算学，实利主义也，而数为纯然抽象者。希腊哲人毕达哥拉士以数为万物之原，是亦世界观之一方面；而几何学各种线体，可以资美育。物理化学，实利主义也。原子电子，小莫能破，爱耐而几（Energy），范围万有，而莫知其所由来，莫穷其所究竟，皆世界观之导线也；视官听官之所触，可以资美感者尤多。博物学，在应用一方面，为实利主义；而在观感一方面，多为美感。研究进化之阶段，可以养道德,体验造物之万能,可以导世界观。图画,美育也。而其内容得包含各种主义:如实物画之于实利主义,历史画之于德育是也。其至美丽至尊严之对象,则可以得世界观。唱歌,美育也,而其内容,亦可以包含种种主义。手工,实利主义也,亦可以兴美感。游戏,美育也;兵式体操,军国民主义也;普通体操,则兼美育与军国民主义二者。上之所著,仅具荦较,神而明之,在心知其意者。

满清时代,有所谓钦定教育宗旨者,曰忠君,曰尊孔,曰尚公,曰尚武,曰尚实。忠君与共和政体不合,尊孔与信教自由相违(孔子之学术,与后世所谓儒教、孔教当分别论之。嗣后教育界何以处孔子,及何以处孔教,当特别讨论之,兹不赘),可以不论。尚武,即军国民主义也。尚实,即实利主义也。尚公,与吾所谓公民道德,其范围或不免有广狭之异,而要为同意。惟世界观及美育,则为彼所不道,而鄙人尤所注意,故特疏通而证明之,以质于当代教育家,幸教育家平心而讨论焉。

按:蔡元培任民国教育总长后,发表此篇。先后刊载于《民立报》1912年2月8、9、10日,《教育杂志》第3卷第11号(1912年2月10日出版),《东方杂志》第8卷第10号(1912年4月出版)。1912年9月,北京教育部公布《教育宗旨令》如下:"兹定教育宗旨,特公布之,此令。注重道德教育,以实利教育、军国民教育辅之,更以美感教育完成其德。中华民国元年九月初二日部令第二号。"[1]

是日,黎元洪关于与段军接洽情况致孙中山大总统等电。

按:电文曰:"孙大总统、伍代表、各省都督钧鉴:顷据段军统祺瑞派来全权代表,与敝处接洽一切,并要求敝处给与照会,以便回复。其照会文如下:'为照会事:据贵军统派来全权代表吴光新、徐树铮等,本军政府代表孙武、余大鸿、张大昕等接洽。贵代表称:贵军统主张共和,拔师北上,恐敌军前道距离太近,致生冲突,妨碍进行等因。本军政府代表陈述前来,本都督甚表同情。当派本军政府代表等与贵代表共同商酌,旬日之内,必可解决。现约定阴历本年之内,敝军保持现状,其有鄂境以外者,本都督亦设法维持。如阴历年内不能解决,敝军即当前进,以资援助。为此照会贵军统查照可也。须至照会者'云云。特此电闻。再据该代表面述段军统言,凡北军退出地点,即归鄂军管理。合并声叙。元洪。先。印。"[2]

是日,孙中山因粤督人选事,电广东省各社团征询意见。

按:当时,陈炯明将率师北伐,汪精卫则固辞粤督之任,在南京的广东人遂集议推荐冯自由继任广东都督,并改举汪精卫为广东都督府高等顾问。孙中山为此致电广东各社团征询意见。同时,致电汪精卫,同意其任广东都督府高等顾问。又再电广东各社团,举荐何克夫、胡毅生与邓泽如三人可堪任都督之任,供广东各社团选

---

① 见《教育杂志》第4卷7号"法令"栏,1912年10月10日出版。
② 湖北省政协文史委编:《湖北军政府文献资料汇编》,武汉大学出版社1986年版。

民国元年日志
（1912年1月—12月）

择。后来冯自由亦辞粤督未就。①

是日，四川成渝军政府合并。

按：四川成都、重庆，各设军政府，各立正副都督，以政事权不一，窒碍殊多，特各派员会商，于本日订就合同十一款，双方认可，以成渝两正都督为全省正副都督，改名为中华民国蜀军政府。②

是日，章炳麟致电黎元洪，主张以袁世凯为临时总统，仍都北京。

是日，黄兴以陆军部名义复电谭延闿、程潜，促程潜率部来南京。

按：电文曰："现段祺瑞已联合各军将统，要求虏政府速行退位。惟张勋极力反对，意欲抗拒。若能乘此机会，擒斩张贼，则大局可定。宁军力尚单薄，难资战守。盼颂公急来，相机策应，以速成功。"③

是日，清廷命张锡銮往奉天会办防务，李盛铎署山西巡抚，卢永祥会办山西军务。赠恤遇害军谘府军谘使良弼。

是日，阿穆尔灵圭亲王偕同那彦图，以蒙古王公联合会内外蒙古"干事人员"的名义电复孙中山、伍廷芳，称尊处如有应商事件，尽可直接通电，无须另举代表南行。

是日，张勋违反南北暂时停战协定，派兵暗袭固镇。

按：由于民军无备，死伤各200余人，固镇失陷。次日，广东北伐军来援，击败张勋军，收复固镇，并进军徐州。4日，光复徐州。是役，清军伤亡千余，投诚200多人。不久，徐州复为张勋夺占。④

是日，周作人在《越铎日报》上发表《尔越人勿忘先民之训》，署名独应。

按：文中说："先民有言：会稽乃报仇雪耻之乡，非藏垢纳污之地。盖越自勾践以来，遗风未泯，十尚气节。"但辛亥革命以后，"东南半壁，方脱虏系，而内讧频闻，形同割据。近传台绍诸郡，亦谋分立……"因而文章大声疾呼："越人勿忘先民之训"，不要作"毒于国"、使民怨的事。⑤

是日，京剧演员鹿义海、高云峰等六人，访问提倡戏曲改良的吉林通俗教育，接受该社赠予的改良剧本，表示竭力实行戏曲改良。

2日（宣统三年十二月十五日），孙中山电黎元洪，请饬鄂省财政部取消没收汉冶萍公司所属湖北江夏马鞍山煤矿令，俾以此矿抵押借款，以济军需。4日，黎电南京临时参议院，表示万难认可。

是日，南京临时政府实业部通电各省都督速立实业司，以切实经营实业。

① 罗元铮：《中华民国实录》，吉林人民出版社1997年版。
② 《东方杂志》第八卷第十号《中国大事记》，1911年。
③ 毛注青编著：《黄兴年谱长编》，中华书局1991年版。
④ 罗元铮：《中华民国实录》，吉林人民出版社1997年版。
⑤ 张菊香、张铁荣：《周作人年谱》，南开大学出版社1985年版。

是日,南京临时政府陆军部通电各省,重申一概不准招募民军。

是日,教育部通电临时宣讲办法文。

按:通电曰:湖北黎副总统,湖南、安徽、江苏、浙江、福建、广东、广西、江西、陕西、四川、云南、贵州、关外各都督公鉴:前拟普通教育暂行办法,业经通电贵府在案。惟社会教育亦为今日急务,入手之方宜先注重宣讲。即请贵府就本省情形暂定临时宣讲标准,选辑资料,通令各州县实行宣讲;或兼备有益之活动画影画,以为辅佐。并由各地热心宣讲员集会研究宣讲方法,以期易收成效。所需宣讲经费,宜令各地方于行政费或公款中酌量开支补助。至宣讲标准,大致应专注此次革新之事实、共和国民之权利、义务及尚武、实业诸端,而尤注重于公民之道德。当此改革之初,人心奋发,感受较易。即希贵府迅予查照施行。教育部。陷。①

是日,姜桂题、段祺瑞、冯国璋电各路统兵官,盼北方军界联合团体,以厚武力。黄兴等旋以南北军人联合会名义致电姜桂题等,否认南北之分。

是日,段祺瑞之代表吴光新、徐树铮与武昌军政府代表孙武等会商退兵办法。

是日,贵阳宪政党和地方保守势力耆老会收买巡防营管带刘显世发动兵变,杀死五路巡防营总统黄泽霖,大汉军政府枢密院院长张百麟逃出贵阳,贵州政权被宪政党人夺取。

是日,成都大汉四川军政府与重庆蜀军政府正式合并为中华民国蜀军政府。双方议定由成、渝两都督尹昌衡、张培爵分任正、副都督。

是日,袁世凯拟定汉阳、汉口退兵详细办法六条,电令段祺瑞与黎元洪就近磋商。

是日,清廷以王赓为军谘府军谘使。

是日,清肃亲王善耆逃离北京。

按:其在日本人策动下,携眷潜离北京赴秦皇岛。4 日,善耆一行复乘船离秦皇岛,5 日抵大连。日本关东都督予以“妥善安置”。②

是日,烟台民军在辽东登陆。

按:是日,烟台北伐民军大队在辽东半岛貔子窝附近登陆,与当地民军汇合。3 日在花园口一带大败清军,6 日占领瓦房店,10 日攻克庄河厅。清方旋增兵该地,两军成对峙之局。③

是日,吴玉章应邀至孙中山临时大总统府秘书处任职,负责总务。

是日,周作人在《越铎日报》发表《民国之征何在》,署名独。

---

① 孙彩霞、李学通、卞修跃编:《辛亥革命资料选编》第四卷《南京临时政府与民初政局》下册,社会科学文献出版社 2012 年版。

② 罗元铮:《中华民国实录》,吉林人民出版社 1997 年版。

③ 罗元铮:《中华民国实录》,吉林人民出版社 1997 年版。

民国元年日志
（1912年1月—12月）

按：文章略述了辛亥革命以来的情状："昔秋女士被逮,无定谳,遽遭残贼,天下共愤,今得昭复。而章介眉以种种嫌疑,久经拘讯,亦狱无定谳,而议籍其家。自一面言之,可谓天道还好；又一面言之,亦何解于以暴易暴乎？此矛盾之一例也。更统观全局,则官威如故,民瘼未苏。翠舆朝出,荷戈警跸；高楼夜宴,倚戟卫门；两曹登堂,桎梏加足；雄师捉人,提耳流血。保费计以百金,酒资少亦十角。此皆彰彰在人耳目者,其他更何论耶！"周作人沉痛地指山："昔为异族,今为同气；昔为专制,今为共和；以今较昔,其异安在？"作者担心辛亥革命不过是"以暴易暴",换汤不换药。①

3日(宣统三年十二月十六日),清皇太后懿旨,授袁世凯全权,与民军商酌退位条件奏闻。

按：时岑春煊、袁树勋、陆徵祥、段祺瑞等请速定共和国体,以免生灵涂炭,故不俟国会召集,决定自让政权,遂有是命。

是日,袁世凯电伍廷芳提出清帝退位条件：(甲)关于大清皇帝优礼之条件九款；(乙)关于皇族待遇之条件四；(丙)关于满蒙回族各族待遇之条件七。

是日,孙中山在南京同日本三井物产社员森恪会谈关于租借满洲问题。森恪转达桂太郎所提租借满洲之方案,孙中山同意,提出以200万日元将满洲租让给日本,如日本同意,则派黄兴赴日与桂太郎缔结租借满洲之秘密协定。旋因英国及袁世凯施加压力,未能实现。

是日,孙中山接见社会党江亢虎,谈宣传社会主义,"使一般人可解宗旨为入手第一义"。

是日,孙中山与王宠惠联名致电烟台都督杜潜,命迅饬所部民军按光绪二十四年"中德条约"暂行退出即墨,等待与德国交涉。

是日,陆军部总长黄兴布告,声明大元帅名义已取消,各方函电请称现职,以尊民国体制。

是日,内务部通咨保护人民财产。

按：内务部拟定保护人民财产五条,咨行各省,一律照办。(一)凡在民国势力范围之人民,所有一切私产,均应归人民享有。(二)前为清政府官产,现入民国势力范围者,应归民国政府享有。(三)前为清政府官吏所得之私产,现无确实反对民国证据,已在民国保护之下者,应归该私人享有。(四)现虽为清政府官吏,其本人确无反对民国之实据,而其财产在民国势力范围下者,应归民国政府保护,俟该本人投归民国时,将其财产交该本人享有。(五)现为清政府官吏,而又为清政府出力,反对民国政府,虐杀民国人民,其财产在民国势力范围内者,应一律查抄归民国政府享有。②

---

① 张菊香、张铁荣：《周作人年谱》,南开大学出版社1985年版。
② 《东方杂志》第八卷第十号《中国大事记》,1911年。

按:内务部通饬保护人民财产令:内务部总长程德全咨行事。顷奉大总统令开:江宁克复之际,各军封存房屋,作为办公驻军之用,原为取便于一时,并非攘以为利。临时政府成立以来,即以保护人民财产为急务。贵部职司民政,尤属责无旁贷。仰即通饬所属,共体此意,凡人民财产房屋,除经正式裁判宣告充公者外,勿得擅行查封,以安闾阎,并将此意出示通告等因。奉此,查各处审判厅多未完全成立,正式裁判宣告,一时尚难举行;而于保护人民财产一事,苟非设有专条,恐显系民国之公敌、违犯民国之禁令者,借为口实,得以拥护[获]其逆产;而并无过犯之人民,及终未反抗民国之官吏,反被侵害其私业,殊非民国吊民伐罪之宗旨。本部对于人民财产,负完全保护之责,何敢瞻徇玩忽,至使吾国民于干戈之后,再有削剥之虞。因特规定保护人民财产令五条,除饬京内各地方官切实遵行外,应即咨请贵都督通饬所属,一律照办,以安民心而维大局。须至咨者。附保护人民财产令五条:

(一)凡在民国势力范围之人民,所有一切私产,均应归人民享有。

(二)前为清政府官产,现入民国势力范围者,应归民国政府享有。

(三)前为清政府官吏所得之私产,现无确实反对民国证据,已在民国保护之下者,应归该私人享有。

(四)现虽为清政府官吏,其本人确无反对民国之实据,而其财产在民国势力范围下者,应归民国政府保护,俟该本人投归民国时,将其财产交该本人享有。

(五)现为清政府官吏,而又为清政府出力反对民国政府,虐杀民国人民,其财产在民国势力范围内者,应一律查抄,归民国政府享有。[①]

是日,大总统复参议会论国旗函。

按:函曰:贵会咨来议决用五色旗为国旗等因。本总统对于此问题,以为未可遽付颁行。盖现时民国各省已用之旗,大别有三:武汉首义则用内外十八省之徽志,苏浙则用五色之徽志,今用其一,必废其二。所用者必比较为最良,非有绝大充分之理由,不能为折衷定论。故本总统不欲遽定之于此时,而欲俟满虏既亡,民选国会成立之后,付之国民公决。若决定于此时,则五色旗遂足为比较最良之徽志否,殊未易言。

一、清国旧例,海军以五色旗为一二品大官之旗。今黜满清之国旗,而用其官旗,未免失体;二、其用意为五大民旗[族],然其分配代色,取义不确,如以黄代满之类;三、既言五族平等,而上下排列,仍有阶级。

夫国旗之颁用,所重有三:一旗之历史,二旗之取义,三旗之美观也。武汉之旗,以之为全国之首义尚矣;苏浙之旗,以之克复南京;而天日之旗,则为汉族共和党人

_____

① 孙彩霞、李学通、卞修跃编:《辛亥革命资料选编》第四卷《南京临时政府与民初政局》下册,社会科学文献出版社2012年版。

民国元年日志
（1912 年 1 月—12 月）

用之南方起义者十余年。自乙未年陆皓东身殉此旗后，如黄冈、防城、镇南关、河口，最近如民国纪元前二年广东新军之反正，倪映典等流血；前一年广东城之起义，七十二人之流血，皆以此旗。南洋、美洲各埠华侨同情于共和者，亦已多年升用，外人总认为民国之旗。至于取义，则武汉多有极正大之主张；而青天白日取象宏美，中国为远东大国，日出东方，为恒星之最者。且青天白日，示光明正照自由平等之义，著于赤帜，亦为三色。其主张之理由尚多，但本总统以为非于此时决定，则可勿详论。因而知武汉所主张，亦有完满之解说。究之革命用兵之际，国旗统一，尚非所急。有如美国，亦几经更改而后定现所行用之旗章。故本总统以为暂勿颁定施行，而俟诸民选国会成立之后。谨复。并请公安。

附粘天日旗样式两纸

今日适得武昌来电，则主张用首义之旗，亦有理由，非经将来大讨论，总难决定也。（十二日）①

是日，清军将领傅良佐等 16 人发起组织"南北军界统一联合会"，提出"组织大纲"三项，通电沪军都督陈其美，请转达各军，征求赞成者。同日，陈其美通电予以转达。次日，黎元洪率在鄂将校复电赞成。

是日，上海都督陈其美向全国转达北京"南北军界统一联合会"发起人傅良佐等征求赞成之通电。

按：当时，各方军人发起组织联合会者，有黄兴等发起组织的"南北军人联合会"，姜桂题等发起组织的"北方军界联合团体"。是日陈其美又转达傅良佐、唐在礼等 16 人组织该会通电。黎元洪首先复电响应，并举在鄂将校一致参加。10 日清方将领姜佳题、段祺瑞、冯国璋等复致电黄兴等，建议组织中华全国军界统一会。此即南北军界统一联合会之变名。后该会于 3 月 25 日正式成立。②

是日，京奉线山海关北 141 号铁路桥被炸，此系日本人为觅得出兵借口而蓄意策划的。

是日，黄兴被孙中山任命兼大本营兵站总监。

是日，陈夔龙乞休，清廷以张镇芳署直隶总督、北洋大臣。

是日，中华民国自由党在上海正式成立，到千余人。宣布以"维持社会之自由，扫除共和障碍"为宗旨，上海《天铎报》社长李怀霜为主裁。

4 日（宣统三年十二月十七日），冯国璋、段祺瑞、张勋等 60 余名将领致电议和代表伍廷芳，请承认优待清室条件原文，和平解决南北纷争。

按：电文曰："上海伍代表鉴：北方军界不忍生灵涂炭，现多主张共和国体，朝廷

---

① 孙彩霞、李学通、卞修跃编：《辛亥革命资料选编》第四卷《南京临时政府与民初政局》下册，社会科学文献出版社 2012 年版。
② 罗元铮：《中华民国实录》，吉林人民出版社 1997 年版。

70

亦无成见,无非尊重人道,以国利民福为宗旨。朝廷若以政权公诸国民,为数千年未有之盛德,凡我臣民,自应欢迎感戴,以尽报答之微诚。我军界同人,协同北方各界人士,商议之优待条件,务请贵代表照此承认,庶望从此战祸息兵,得以和平解决,免致兵连祸结,横生分裂之惨,想贵代表应亦同此心理。"①

是日,黎元洪关于北军各路军统联衔奏请共和复西安张都督电。

按:电文曰:"个、祸两电均悉。刻下已与北军联络。由北军第一军统段祺瑞,会同各路军统,联名赞成共和,敦促清帝逊位。兹将诸将姓名,开列于左:署湖广总督、第一军军统段祺瑞,古北口提督、毅军统领姜桂题,护理两江总督、长江提督张勋,察哈台都统、陆军统制官何宗莲,副都统段芝贵,河南布政使、帮办军务倪嗣冲,陆军统制官王占元、陈光远、李纯、曹锟、吴鼎元、潘矩楹、孟恩远,总兵马全叙、谢宝胜、王怀庆,参议官靳云鹏、吴光新、曾毓隽、陶云鹤,参谋徐树铮,炮队协领官蒋廷梓,陆军统领官朱泮藻、王鼎镜、鲍贵卿、卢永祥、陈文运、李厚基、何丰林、张模元、马继增、周符麟、肖广亭、聂求萃、张锡元、施从滨、肖安国,营务处张士钰、袁乃宽,巡防统领王汝贤、洪自成、高文贵、刘全标、赵倜、仇圆、谌启、刘洪顺、柴得贵,帮办天津防务张怀芝,正定镇徐邦杰。四十二人联名出奏,并约以该军退却,我军不得追击,以免自相冲突而坏大局云云。似此各路格帅赞成共和,率兵北向,旧历年内,可望和平解决。贵军只可联络,不可攻击,致开战端,而失诸将帅赞成之心为祷。"②

是日,孙中山、黄兴联名致电议和代表伍廷芳,痛斥张勋、倪嗣冲等在徐皖一带攻击民军,严正表明临时政府决不妥协迁就的强硬态度。

是日,孙中山、黄兴联名复电伍廷芳,袁世凯"再请停战一星期","应无庸议"。时局至此,已非停战问题,乃在南北合力,一致联师北上,以实力定大局,并允与袁就所开条件商优待清室问题。

按:电文曰:"现在南北各军同赞共和,原无再起战争之理。惟清帝尚未退位,袁内阁主张共和,为二三顽迷者所箝制,是以民军亟图北上,速定大局。清廷意欲停战,惟有早日退位。否则迁延不决,徒滋祸害,恐惹起种种难题,民军岂能终止进行?项已通电张勋、倪嗣冲、朱家宝、升允征求意见,如果赞成共和,彼此均系友军,自应联兵北上,共逼清帝退位,早图底定。若迁延顾虑,作无谓之抵抗,无论是否误会民军宗旨,而在民军方面,不能不视为反对共和之蟊贼,将与天下共同诛之。质而言之,时局至此,已非停战问题,乃在南北合力一致,联师北上,以实力定大局。……停战一节,应无庸议。"③

是日,孙中山接见《字林西报》记者,告以一俟袁世凯宣布赞成共和,即辞临时总

---

① 公孙訇:《冯国璋年谱》,河北人民出版社1987年版。
② 辛亥革命纪念馆编:《湖北军政府文献资料汇编》,武汉大学出版社1986年版。
③ 《民立报》1912年2月7日。

民国元年日志
（1912年1月—12月）

统职,并建议临时参议院举袁继任。

是日,清军将领冯国璋、段祺瑞等64人电伍廷芳,提出与袁世凯相同之清帝退位条件。

是日,实业部通电各省设立实业司。

是日,陆军部严禁私募军饷。

是日,陆军部颁行维持地方治安临时军律文。

按:文曰:照得民军之起,原以光复汉室、拥护人权为第一要义。宁省自光复以来,军队云集,其能恪守军律风纪者固系多数,而在外滋扰者亦复不少。近日本部所收商民诉状,如假托长官名义,擅自查封房屋,搜抄家产等,已有数起。一处如此,他处可知;都会如此,外省外州县更可知。似此不法行为,殊属妨害治安,有悖吊民伐罪之本旨。若不严行振整,祸将胡底。兹特由本部暂定维持治安临时军律十二条,颁行各军队明白宣示,使知所警惕。倘仍不自爱,贻害地方,在统御各军队长官既负维持军纪风纪之责,即应将该军士详慎审讯,取具切实供证,按照本部所订军律惩办可也。

计开维持治安临时军律十二条:

一、任意掳掠者枪毙。

一、强奸妇女者枪毙。

一、焚杀良民者枪毙。

一、无长官命令,窃取名义,擅封民屋财产者枪毙。

一、硬搬良民箱笼及银钱者枪毙。

一、勒索强买者,论情抵罪。

一、私斗杀伤人者,论情抵罪。

一、私入良民家宅者罚。

一、行窃者罚。

一、赌博者罚。

一、纵酒行凶者罚。

一、有类以上滋扰情形者,酌量罚办。[1]

是日,唐绍仪访伍廷芳,汪精卫自上海至南京谒孙中山,分商清室优待条件。

是日,南京临时政府财政部长陈锦涛电各省都督及财政长,吁请统一借款,以免外人高抬利息,使借款丛生窒碍。

是日,南京临时政府陆军部通电各省都督,重申严禁私筹军饷,并借端招摇

---

[1] 孙彩霞、李学通、卞修跃编:《辛亥革命资料选编》第四卷《南京临时政府与民初政局》下册,社会科学文献出版社2012年版。

撞骗。

是日,伍廷芳电袁世凯请共谋和平解决山西省清、民两军冲突。旋双方商定停战12信条。至是月下旬,山西战事平息。

是日,阎锡山所部民军攻占托克托城(今内蒙古自治区托克托县)。旋以清方援军进逼,乃于7日南移河曲(今山西省河曲县)一带。

是日,民军光复徐州。旋为张勋所部清军夺占。

是日,清廷命昆源会办热河防务。

是日,清山西巡抚张锡銮等奏请宣布共和。

是日,俄军占领黑龙江胪滨府(呼伦贝尔)。

是日,上海都督陈其美致孙中山等电,转发南北军界统一联合会拥护共和电。

按:电文曰:火急。南京大总统、陆军总长、各部总长、卫戍总督、黎副总统、各司令官、各省都督、各军政分府暨列衔诸君公鉴:顷接北京南北军界统一联合会来电文如下:

陈其美、冯耿光、华振基、舒厚德、陈炯明、黄郛、杨曾蔚、管云臣、张绍曾、高尔登、蓝天蔚、蒋方震并请代转黎宋卿、黄克强、徐固卿、章亮元、何澄、臭绍璘、曲同丰、陈其采、石星川、许葆英、刘之洁、庄思缄、马毓宝、黎宗岳、蒋宗(尊)篦、吴荣生、孙少侯、柏文蔚、胡万泰、蒋雁行、耿觐光、孙道仁、朱庆澜、蔡锷、陆荣廷、王芝祥、谭延闿、周道南、程潜、胡汉民、汪兆铭诸君公鉴:此次人民要求共和,处处依赖军队之力。以南军种其因,以北军结其果。所谓武装解决,由专制时代一变而为共和时代,诚数千年未有之伟举,亿万同胞之幸福。且共和不日颁布,南北公举临时大总统组织临时新政府,内政、外交,万端待举。吾军界同人,自应振刷精神,首先提倡化除私见,辅助统一之大总统,组织一劲强完全之新政府,巩立于环球之上,为最有权利、最有势力之中华民国。所虑者,南北军界倘各树党羽,互相残杀,不仅足贻君主党人之口实,其糜烂大局,牵动外交,势必因之而起为祸,较君主尤力,岂我军队希望共和之本心哉?忒焉思惧,夙夜难安,以为值此推翻与建设过渡时代,吾南北军人,必须协力同心,组织团[体],先以三大纲为范围,胪列如左:(一)俟清廷宣布共和后,中央统一新政府成立时,务须服从统一政府之命令;(二)恢复各地方之安宁秩序;(三)保护外人之生命财产。以上三纲为吾南北军人应尽之义务、完全之天职,均应一律遵守。所有一切手续,拟俟军队统一联合会成立后,再行由两方将校讨论详细条件及军法草案,呈由统一政府核定后,有不遵行者,当认为文明军队之公敌,实于中国共和前途大有裨益。倘表同情,希即通告各军队同胞赞成诸君衔名示知。除通电北方各军队外,盼速复。南北军界统一联合会。发起人傅良佐、唐在礼、王廑、刘洵、靳云鹏、廖宇春、陆锦、张士钰、王丕焕、李士锐、段启勋、方咸五、王汝勤、王继成、蔡成勋、陈文运合启等因。理合转达，希即查核，无任盼荷。沪军都督陈其美。江。叩。①

5日（宣统三年十二月十八日），教育部在《临时政府公报》发布征集国歌词谱的公告。

按：公告曰："国歌所以代表国家之性质，发扬人民之精神，其关系至大。今者民国成立，尚未有美善之国歌，以供国民讽咏良用恧焉。本部现拟征集歌谱，俟取材较多，再敦请精于斯学者，共同审订颁行全国。倘蒙海内音乐名家制作曲谱并附歌词邮寄本部，不胜企盼之至。"②

是日，孙中山召开内阁会议，讨论南北联合及清帝退位问题，议决五项，其要旨为：一、清帝年俸，须经参议院通过，方能定夺；二、清帝逊位居北戴河或热河，均听便；三、清帝逊位书发表后，参议院始举袁世凯为大总统，但须到南京莅任。

是日，南京临时参议院召开特别会议讨论孙中山咨转袁世凯交来清帝退位条件，通过对该项条件之修正案。次日，伍廷芳将修正案电达袁世凯。

是日，财政部取缔各省私借外债。

按：财政部致各省电云，近闻各省以借款事，派人到沪，分头与洋商交涉，以内情而论，似有各自为谋之讥；以外观而论，易启外人纷歧之虑。且同一人而向借者十余宗，同一款而揽借者十余起，势必高抬利息，疑窦滋生。转于各省借款效用，丛生窒碍。现在本部成立，在沪暂设办事处，以便与洋商交涉，如各省有与洋商借款之举，请饬其先到本处报告，晤商办法，庶几一致进行，而事乃获济。③

是日，实业部通电各省都督设立实业司文。

按：文曰：各省都督鉴：本部司理本国农工、商矿、山林、渔猎及度量衡，窃念实业为民国将来生存命脉，今虽兵战未息，不能不切实经营，已成者当竭力保存、未成者宜先事筹画。今外省官制，虽未画一，而各省之实业司，当速行成立，隶属本部。其已经成立者，乞将办事重要人姓名报告本部，以后并乞饬该司将所办事件，每月择要报部，以备存查。中华民国实业部。④

是日，参议院修正清室优待条件。

是日，黎元洪为转达段军代表徐树铮关于鄂境停战议和情形致孙大总统等电。

按：电文曰："孙大总统、伍外交总长、各总司令、季招讨使、各省都督鉴：据汉口商会转段军代表徐树铮篠【篠】电称：'京电政体已决，现袁内阁、伍代表正在会商条件，不日想发明谕。段军帅今夜已北行，诸事可望圆满。北方军队筹画回京，已有开

---

① 上海社会科学院历史研究所编：《辛亥革命在上海史料选辑》第2版，上海人民出版社1981年版。
② 《教育部征集国歌广告》，《临时政府公报》第8号，1912年2月5日。
③ 《东方杂志》第八卷第十号《中国大事记》
④ 《临时政府公报》第八号（二月五日）令示。中国人民大学法律系法制史教研室编：《中国近代法制史资料选编》第1分册，中国人民大学出版社1980年第1版。

赴马厂者。既已推诚相信,决不再作战备。贵处命令如能行及各处,固无他虑。即有一二未能体会吾辈意向,至起冲突者,弟等从心束手待毙,决无怨言,请以此意代白诸同人为感。昨晚广水镇有土匪勾结不肖兵士,放火图掠,驯酿鼓噪。洪以此间兵力无多,又军帅启行,故未能力禁,仅于天明时追获数匪,询系熊联七党羽,日前由刘鸿皋君约定布置者,当以体[布]置在情意未密以前,不为无礼,尽数纵去。自以据刘君言,先来解散,故未力防,以致地方受羁。军队之祸贻及无辜,吾辈军人,宁不愧死。刻下吴君北行,弟留此间会同绅耆商社议商,以重民产,断不令有无告之苦物事。兵士退后,即严重查办,不稍姑息。又黄关道处已电饬照礼办事。但全局之外交未定以前,一切仍宜照旧章办理,以免外人借口'等语。特此转达。元洪。"①

是日,段祺瑞、王占元、何丰林、李纯、鲍贵卿等9将领自信阳电奏,斥责王公,阻挠共和,败坏大局,即率全军将士入京,与之剖陈利害。

按:电文曰:"共和国体,原以致君于尧舜,拯民于水火。乃因二三王公迭次阻挠,以致恩旨不顾,万民受困。现在全局危迫,四面楚歌;颍州则沦陷于革军,徐州则小胜而大败。革舰由奉天中立地登岸,日人则许之。登州、黄县独立之影响,浸遍于全鲁;而且京津暗杀之党林立,稍疏防范,祸变即生。是陷九庙两宫于危险之地,系皆二三王公之咎也。三年以来,皇族之败坏大局,罪实难数。事至今日,乃并皇太后、皇上欲求一安富尊荣之典,四万万人欲求一生活之路而不见许。祖宗有知,能不恫乎!盖国体一日不决,则百姓之因兵燹冻馁死于非命者日何啻数万。瑞等不忍宇内有此败类也,岂敢坐视乘舆之危而不救!谨率全体将士入京,与王公剖陈利害,祖宗神明实式鉴之。挥泪登车,昧死上达。请代奏。"②

是日,袁世凯为保有号令北方之权势,采亲信幕僚王锡彤"请愿共和而不独立"之献策,授意河南巡抚齐耀琳以省谘议局名义奏请清廷即时宣布共和。

是日,河南巡抚齐耀琳奏,河南咨议局及军界均盼宣布共和。

是日,出使德国、英国大臣梁诚、刘玉麟奏请速颁布诏旨,决定共和。

是日,清廷命宋小濂署黑龙江巡抚。

是日,改上海大清银行为中国银行,吴鼎昌任监督。

6日(宣统三年十二月十九日),南京临时参议院讨论孙中山交议统一军政、民政、财政办法案,议决请即饬陆军、内务、财政三部会电各省都督即日撤销军政分府。21日,孙中山转令三部照办。

是日,南京临时政府陆军部通电各省都督、各军总司令及驻沪购办处,重申非经由该部认可给予凭照者,不得私行采办军械。

---

① 湖北省政协文史委编:《湖北军政府文献资料汇编》,武汉大学出版社1986年版。

② 中国史学会编:《辛亥革命》第8册,上海人民出版社1957年版。

民国元年日志

（1912年1月—12月）

是日，《南京临时政府公报》公布《南京卫戍条例》。

第一条　南京卫戍总督直隶于大总统，统辖南京之卫戍勤务。

第二条　卫戍勤务，当任卫戍上之警备，并监视卫戍地内陆军之秩序、风纪、军纪及保护陆军诸建筑物。

第三条　南京卫戍总督，关于卫戍勤务，得指挥其地之驻屯军队而定卫兵之员额及其部署方法。

第四条　驻屯南京卫戍地之宪兵直接归南京卫戍总督管辖。

第五条　在南京卫戍地内之各要塞均归南京卫戍总督管辖。

第六条　南京卫戍总督认为警备上之必要时，虽不属其卫戍上所辖之军队，亦得请求援助。如遇紧急之际，得径行命令之。

第七条　驻在南京卫戍地内之军队对于南京卫戍总督所定之卫戍规则，皆有遵守之义务。

第八条　南京卫戍总督当有事之日，关于住民公安保安之处置，随时与各部长官协议。

第九条　南京卫戍总督，当卫戍线内若有骚乱，不及通告陆军部、参谋部时，得以兵力便宜从事。

第十条　关于国防计划，应由参谋总长决定，但南京卫戍总督有时得以意见要求之。

第十一条　本条例以中华民国元年元月十五日为实行之期。①

是日，清出使德国大臣梁诚、出使英国大臣刘玉麟电外务部，请代奏清廷俯顺舆情，速颁诏旨，决定共和，以保中国，而维危局。

是日，袁世凯召集王公大臣会议，传阅昨日段祺瑞等电报，决定赞同共和。

是日，黄兴与钮永建联名通电各省都督，中华民国参谋部现已成立，由大总统颁发印信。

是日，蔡锷致电孙中山、黄兴，举荐蒋方震任军职。

是日，孙中山函复上海基督教美以美会，同意自立中国耶教会，表示人民信教自由，一切平等。

是日，孙中山之子孙科自美国抵达南京。

是日，袁世凯密电张謇，拟于清帝退位后委以实业总长。

是日，章炳麟到南京，任枢密顾问。次日谒见孙中山，商谈组织政党事。

是日，徐世昌免军谘大臣。

---

① 孙彩霞、李学通、卞修跃编：《辛亥革命资料选编》第四卷《南京临时政府与民初政局》下册，社会科学文献出版社2012年版。

76

是日,巡警总局呈都督将路灯改设电灯。

按:文曰:为呈请示遵事。窃维省垣地方辽阔,匪徒最易潜踪。值此光复之初,查缉尤应严密,路灯一项,亟须切实整顿。查向来各区路灯,率因前次张兵在城,被其捣毁。现拟乘此将各区岗位原设油灯之所,一律改设电灯,其有背街狭巷不通电杆之处,则仍旧燃点油灯,以补电灯之不足。盖必如此,乃可易黑暗为光明,便巡警之守望,一举数善,尽人知之。但向来各路灯油之资,每月仅领银四百两,如其悉令改置电灯,按照各商民装设之价,则为数不敷太巨。然电灯实为交通巡缉必要之件,未便任其阙乏。查广东、天津凡遇地方安设公益电灯,无论装置费及灯费,电灯官厂均一律照收半价。是他省既办有例,宁省似不妨援而效之。况值此经济异常困难,治安亟应保持之时,故不得不请饬该灯厂变通办理,顾全公益,将巡警各区装置电灯,统收半价。在该厂则减收无几,在地方则获益良多。是否可行,理合具文呈请都督鉴核。为此备文具呈,伏乞批示祗遵。须至呈者。①

是日,出使奥国大臣沈瑞麟奏请速定大计,明诏天下。

是日,清外务部照会英国大使,同意开滦矿物总局联合办理合同。

是日,美国向有关列强提议,为维护在华共同利益,应采取一致行动。

是日,日军一万三千人在奉天大连湾附近的柳树屯登陆。

7日(宣统三年十二月二十日),袁世凯电唐绍仪,清室优待条件今日已请旨验商,须满大众所望,并告北京及东北危机。

是日,参议院开始修订临时约法,推选李肇甫为审议长。

按:以宋教仁为首的宪法起草班子,经过一个月的紧张工作,三易其稿,终于在3月11日正式公布中国历史上第一部宪法——《中华民国临时约法》。《中华民国临时约法》于1912年3月8日由临时参议院(南京)通过,3月11日公布实施,取代《中华民国临时政府组织大纲》。

是日,参议院议决统一军政、民政、财政办法案。

是日,南洋华侨联合会在南京成立,明确规定以联合国外华侨,共同一致协助祖国政治、经济、外交之活动为宗旨。汪精卫为会长,吴世荣为副会长。

按:此为我国中国第一个侨界群众组织,获得孙中山的赞许和支持。翌年,侨联会迁址上海,由吴世荣主持会务。

是日,广东临时省议会公举陈炯明为广东都督。

是日,赵尔巽等旧官僚向袁世凯提出维持东三省大局的七条办法。

按:其七条办法包括:1.东三省臣民对于大清皇帝致其尊敬亲密,永无限制;2.

---

① 孙彩霞、李学通、卞修跃编:《辛亥革命资料选编》第四卷《南京临时政府与民初政局》下册,社会科学文献出版社2012年版。

东三省人民得专备大清皇帝选充禁卫官兵；3. 大清皇帝于东三省三年巡幸一次；4. 南北政府未统一、各国未正式承认以前，不令东三省承认；5. 凡有兴革章制，三年内不强东三省以必行；6. 三年内在东三省官吏，自总督以下，中央不得任意易人；7. 三年内东三省赋税、军队，不调拨他处之用。[1]

是日，徐州张勋部兵变。

是日，浙江军政府都督公布《浙江实行禁绝鸦片议决案》。

按：《浙江实行禁绝鸦片议决案》

第一条　全省烟毒，以民国元年二月十七号（黄帝纪元四千六百九年十二月末日）为禁绝期限，届期土膏店营业执照、吸户牌照、行旅小票一律废止。

第二条　各属禁烟局、禁烟分局，有未附设戒烟局者，自本法公布后，限十五日内设立；禁烟局、禁烟分局、戒烟局，应于禁绝期限届满时，参酌戒烟状况，定期裁撤，至迟不得过元年六月末号。

第三条　各属禁烟局、禁烟分局，应派员分往各乡，迅速调查，查有私种，应报明县知事，将烟苗犁拔，田亩充公；如有聚众违抗，得由县知事请派军队查办。

第四条　已届禁绝期限，凡属吸户，无论已戒绝未戒绝，应于禁限后十日内，将烟具及吸余土膏呈局，其私藏土膏及烟具者，处以三等至五等徒刑，私藏烟具者，处百元以下之罚金。

第五条　前条未经戒绝之人，在男子应入局戒烟，在妇女老少或病弱，应将每日吸食戒烟药分量，报明禁烟局，列册给照，指定制造戒烟药品店铺购报，按旬递减搀土成分，迟至元年五月末号，必应戒绝；前项购买戒烟药执照，由民政司定式制发各属仿行，按旬换给，免戒烟人缴费；违本条第一项所规定，熬膏吸食者，处五等有期徒刑拘役或一千元以下之罚金。

第六条　已届禁绝期限，各属膏店应即闭歇，违者除将店屋发封外，处本主以三等至五等有期徒刑。

第七条　本法以都督公布之日为施行期。[2]

是日，华侨联合会在上海开成立大会宣布以"联合国外华侨，共同一致协助祖国政治、经济、外交之活动及研究侨民之利弊"为宗旨，举汪精卫、吴世荣为正、副会长。

是日，河南巡抚齐耀琳召集官绅商议国体。

8日（宣统三年十二月二十一日），袁世凯派梁士诒携其所拟之清帝退位条件入觐隆裕太后，请旨验准。隆裕坚持保留"大清皇帝尊号相承不替"等三项条件。梁随将此意转达袁世凯，并密电唐绍仪请其"务必劝伍（廷芳）迁就"。同日，梁又电唐请

---

[1]　中国第一历史档案馆编：《清代档案史料丛编》第八辑，中华书局1982年版。

[2]　《浙江公报》第十册民国元年二月七日。浙江省社会科学院历史研究所编《辛亥革命浙江史料选辑》，浙江人民出版社1981年第1版。

与南京临时政府切商统一办法,提出:"政府人员似可多用南方人",惟政府地点必设北京,"决不可移易"。

是日,袁世凯电唐绍仪转伍廷芳,对优待清室条件有所修正,表示"大清皇帝尊号,相承不替","万难更改";"逊位"二字改为"致政"或"辞政"。

是日,冯国璋、段祺瑞等北洋军将领64人电伍廷芳,称优待清室条件中"大清皇帝尊号相承不替","应请仍照原文,万勿更易。逊位一语,军界同人极为骇异,应请修正"。"其余各节,均听袁内阁与贵代表协商"。

是日,清隆裕太后召见袁世凯,商优待条件,有所修正,袁世凯即致电伍廷芳、唐绍仪。

是日,梁士诒密电唐绍仪,请切商统一办法,政府可多用南人,惟地点决不可移易。优待条件措词须浑括,将来徐图整理。

是日,黎元洪为转达皖北南北两军战和近况致孙大总统等电。

按:电文曰:"急。孙大总统、陆军部长、上海伍外交长、泸州转送张司令、各省都督、各军政分府、各军总司令官、襄阳季招讨使鉴;顷据广水吴光新等电称:'商会转武昌孙、余、张三君鉴:冬电敬悉。张、倪两军前已通告明白,一律保持现状。冲突一节,得其夏电,确系亩军猛攻,不得不且退且御,以期维持安全云云。观其由颍况【上】而退至颍州,由颍州而更迟,可知冲突之起,决非张、倪两军与敝军办法有二致也。兹以一面切电张、倪,极力维持,各派员与南军接洽;一面电唐大臣转伍代表,阻止南军勿再进攻,并各派员与张、倪两军接洽商办,以一通疏意见,两无猜疑。执事如以为然,请亦设法维持。又得京电:事机颇顺,并闻昨承段帅属,深谢黎都督。归途汤君误伤小指,弟等极抱不安,乞代致意。刘鹤皋君已资遣北去矣。吴光新、徐树铮。铣等。特此转达。元洪。"[1]

是日,孙中山会见美国国务院代表邓尼及美国特派记者麦考密克,要求美国承认南京临时政府,邓尼表示美国坚守中立,在中国和平与秩序恢复以前不可能承认;麦考密克面交国务卿诺克斯致孙中山函,并声称,如中国划分为二,各自建立一个政府,就会得到承认。

是日,孙中山令内务部分电各省都督,将各省都督府所属之行政各部统一改称为司,庶使中央各部与地方各部有所区别。

是日,孙中山命伍廷芳与袁世凯交涉严行约束张勋、倪嗣冲两部,并催促早定清帝退位事。

是日,北面招讨使谭人凤电孙中山,反对优待清帝条件,主张停战期满,"惟有激励各军,同时北上"。

---

① 湖北省政协文史委编:《湖北军政府文献资料汇编》,武汉大学出版社1986年版。

民国元年日志
（1912年1月—12月）

是日，张勋遣代表至宿州（今宿县），与民军代表协商议和地点及停战办法。

是日，清新任陕甘总督升允电奏清廷，力陈和议之五不可，请即罢议。同日复分兵两路，进犯陕西乾县、凤翔，与民军激战至15日，终未得逞。

是日，广东都督陈炯明、北面招讨使谭人凤电孙中山总统等，反对优待清室条件。

是日，谭人凤致电孙中山、黄兴，反对保留清帝尊号。

是日，徐州张勋赞成共和，派员与宿州粤军司令姚雨平、浙军司令朱瑞商量联络办法。

是日，江西都督马毓宝为旅长刘世钧所迫而辞职，临时省议会推举李烈钧为都督。

是日，美国以日本有出兵保护关外铁路之议，声明严守中立。

是日，"管理税收联合委员会"于是日及10日连续开会，议定中国急需偿还之债款七项，共387.1093万英镑，并规定付款日期及逾期偿还加息办法。旋于12日将此项决定通知上海关税务司照办。

是日，美国务卿诺克斯应德国政府之请致函德驻美大使柏恩斯多夫，表示美国政府对中国时局之态度，主张列强"保持共同行动之政策"反对"单独行动以及干涉中国内政之举"。

是日，蔡元培在《民立报》8日、9日、10日发表《对于新教育之意见》一文，提出以"军国民教育、实利主义、公民道德、世界观、美育五项"为民国教育方针。

按：蔡元培《自写年谱》曰："我那时候，发表《对于教育方针之意见》一文，据清季学部忠君、尊孔、尚公、尚武、尚实的五项宗旨而加以修正，改为军国民教育、实利主义、公民道德、世界观、美育五项。前三项与尚武、尚实、尚公相等；而第四、第五两项却完全不同。以忠君与共和政体不合，尊孔与信仰自由相违，所以删去。至提出世界观教育，就是哲学的课程，意在采周秦诸子、印度哲学，以打破二千年来墨守孔学的旧习。提出美育，因为美感是普遍性，可以破人我彼此的偏见；美感是超越性，可以破生死利害的顾忌，在教育上应特别注重。对于公民道德的纲领，揭法国革命时代所标举的自由、平等、友爱三项，以古义证明说：自由者，富贵不能淫，贫贱不能移，威武不能屈是也，古者盖谓之义。平等者，己所不欲，勿施于人，是也，古者盖谓之恕。友爱者，己欲立而立人，己欲达而达人是也，古者盖谓之仁。"[1]

是日，蔡元培出席第五次内阁会议，讨论教育部内部组织。

按：《民立报》1912年2月14日报道："2月8日午后1时开第五次阁议，到会者较前为多，除交通、实业、司法等部总长来至外，余部总次长俱至。海军部则派代表

---

[1] 王世儒：《蔡元培先生年谱》上册，北京大学出版社1998年版。

到会。秘书长胡汉民、法制院宋教仁亦列席。所议各事如下：（一）议地方官制，（二）议教育与内务部之权限，（三）议决增拓殖部。……法制院所拟官制，大抵全仿日本教育部。现自拟草案，除总长次长下设承政厅外，特分为三司：（一）学校教育司，所属有二科，曰普通教育科，曰专门教育科。实业教育不另分科，而分隶于普通与专门，以示教育需重实质之意。（二）社会教育司，所属有三科，曰宗教科，美术科，编辑科。（三）历象司，所属二科，曰天文科，曰测候科。已呈请总统，转致法制院修改。"

是日，管理税收联合委员会议定中国急偿债款。

按：该委员会于是日及10日连续开会，议定中国急需偿还之债款7项，共3871093镑，并规定付款日期及逾期偿还加息办法。旋于12日将此决定通知上海海关税务司照办。

9日（宣统三年十二月二十二日），孙中山召开内阁会议，讨论地方官制，各省军政，财政等统一办法教育与内务两部权限之分划，法制院官制草案，拓殖部之添设，以及侨民等问题。

是日，孙中山致函聘赵凤昌为枢密顾问。赵辞不就。

是日，伍廷芳代表南京临时政府将清帝退位条件最后修正案电达袁世凯，将"逊位"改为"辞位"，"关于皇族之待遇条件及关于满、蒙、回、藏各族待遇条件均无异议"。并声明"决难再让"。

是日，段祺瑞电孙中山总统，主张南北政府同时取消，并预行推定临时总统。次日又以同一内容电告黎元洪。

是日，陆军部取缔购办军火，并拟定办法，通电各省知照。

按：办法列下：一、凡未领有本部凭照者，不得迳至驻沪购办处接洽，及自行购办各项军械情事。二、凡已领有本部凭照者，仍须至沪先行会同购办处接洽一切，以免纷歧。三、凡各处派员赴沪购办军械者，必持有该省都督咨文，本部方能给与护照，及分咨沪军都督温交涉使查照办理。四、凡须赴外国购办军械者，必先禀由本省都督，咨准本部，核转沪军都督温交涉使，分别发给护照签字，始可前往。五、凡无本部凭照，暨未会同驻沪购办处，而径自购办，或无沪军都督护照，暨交涉使签字，而迳赴外国购运者，一经查出，除将原件充公外，仍照私运军火惩办。六、凡地方乡镇民团，一概不准购办枪械，以维治安。①

是日，黄兴以陆军部名义通饬各部队，严禁军人冶游聚赌，破坏纪律。

是日，伍廷芳将修正之清室优待条件电告袁世凯，改逊位为辞位。

是日，孙中山聘任赵凤昌为枢密顾问。

---

① 《东方杂志》第八卷第十号《中国大事记》。

民国元年日志

（1912年1月—12月）

是日，孙中山致电陈炯明，劝其留任广东都督。

是日，署直隶总督张镇芳、署两江总督张勋、署湖广总督段祺瑞、山东巡抚张广建、河南巡抚齐耀琳、安徽巡抚张怀芝、山西巡抚张锡銮、吉林巡抚陈昭常等奏请速降明谕，宣布共和。

是日，河南布政使倪嗣冲遣代表至正阳关，与民军代表协商旧历年底前停战办法。11日，双方议定停战办法七条。至此，皖北地区遂罢兵休战。

是日，清廷以热河都统锡良因病解职，任命崑源署热河都统。

10日（宣统三年十二月二十三日），湖北临时议会开幕，到会议员60人。发表成立宣言，黎元洪致辞，选举刘心源为正议长，郑万瞻、汪恺为副议长。

是日，参议院通过优待清室条件八款，清帝辞位后，尊号仍存，以待外国君王之礼相待，每年与岁用四百万元，暂居宫禁，日后移居颐和园，侍卫等照常留用。又待遇皇族条件四款，待遇满蒙回藏条件七款。以上条款，由南北代表照会各国公使。

是日，孙中山再次会见美国政府代表邓尼，重提请求美国承认事，仍遭拒绝。

是日，黎元洪为转达段祺瑞关于政体解决前应预备善后纲领的主张致孙大总统等电。

按：电文曰："火急。南京孙大总统、各部长、参议院及上海伍代表鉴：项接祺瑞由保走发汉口商会转束祸电开：'弟今日方到保定，昨在信续发一奏，催决政体，当已入览。优待条件所争者，只虚名，希执事主持速决，以定大局。但政体解决，善后纲领，亦须预筹，方免紊乱秩序，启外人干涉之阶。项巳电询孙、黄、伍三君，略谓政体解决已有端绪，善后子续自应预筹。鄙见宣布共和之日，两方政府同时取消，临时大总统并须预行推定其临时政府必要人员及临时政府暂设地点，应由两方公司商定，即以退位之时，为共和临时政府成立之日，庶统治机关不致中断，两方不致陷于无政府之危险。诸君如以为然，即请将应推之大总统及临时政府必要之人员与地点迅速电示，俾与北方军界公议，免相猜疑。现在南北军民均联络解决，望将善后纲领迅示，以便催促宣布。瑞才疏身弱，决无希图，俟国利民福之目的达到后，当即解甲归农，籍藏鸠拙。区区微忱，统希鉴原'云云。因事关全局，希速议决复示，以便电转。元洪。"[①]

是日，伍廷芳致电袁世凯，如2月11日尚未得清帝退位确报，优待条件即作废。

是日，袁世凯召集内阁各部大臣及近支王公开会，讨论并通过南京临时政府9日提出之清帝退位条件最后修正案。

是日，唐绍仪急电袁世凯告以"14省军民以生命财产力争，专在位字。……务恳力持办到辞位二字，即时发表"；并谓"若少不忍，转生大乱。言尽意竭，乞勿再赐

---

① 湖北省政协文史委编：《湖北军政府文献资料汇编》，武汉大学出版社1986年版。

电商"。

是日,清隆裕太后谕内阁电段祺瑞静候勿躁。又命恭亲王溥伟、肃亲王善耆等自奉天回京,不可妄生异想,致累和局。

是日,君主立宪维持会宣布取消。

按:1912 年 1 月 12 日,为对抗辛亥革命,清皇室贵族分子良弼、毓朗、溥伟、载涛、载泽、铁良等秘密召开会议,1 月 19 日以"君主立宪维持会"名义发布宣言,强烈要求隆裕太后坚持君主政权,反对共和。他们密谋打倒内阁总理大臣袁世凯,以毓朗、载泽出面组阁,铁良出任清军总司令,然后与南方革命军决一死战。袁世凯通过汪精卫授意京津同盟会分会暗杀宗社党首脑。1 月 26 日,同盟会杀手彭家珍炸死良弼,在京满族权贵惶恐不安,君主立宪维持会遂告解散。

是日,蒙古王公通电推举袁世凯为临时大总统。

是日,段祺瑞自信阳抵达保定,次日进京。

是日,北伐粤军司令姚雨平与张勋议和不成,即进克徐州。

是日,张謇急电袁世凯,告以"种种优待专为辞位二字之代价",嘱袁"万勿迁延两误,败破大局,追悔无及"。

是日,陈其美呈请孙中山撤销沪军都督。

是日,北京蒙古王公联合会电孙中山,推荐袁世凯为统一新政府临时大总统。14 日,孙中山电复蒙古王公,已向参议院提出辞表并荐袁。

是日,汉冶萍公司与日本正金银行订立借款三百万日元合同。

是日,钟衡臧公布《工业建设会发起趣旨》和《中华民国工业建设会草章》。

按:《工业建设会发起趣旨》曰:政治革命,丕焕新猷,自必首重民生,为更始之要义,尤必首重工业,为经国之宏图。夫社会经济坠落久矣,金融也交滞,机关事业也悉成荆棘。孰为为之,迁流至于此极。彼农非不生之也,而粗粝之生货,不投俗尚。商非不通之也,而舶来之精品又深欧化。是则农为前驱,而工不为之后盾。商为白战,而工不与以寸铁。工以成之之谓何,何昧昧焉而不提倡之也。不提倡工业,而适当工业的民族帝国之潮流,宜其社会经济,悉漏卮于千寻之海壑而无极矣。往者忧世之士,亦尝鼓吹工业主义,以挽救时艰,而无效也,则以专制之政毒未除,障害我工业之发达,为绝对的关系,明达者当自知之。今兹共和政体成立,喁喁望治之民,可共此运会。设我新社会以竞胜争存,而所谓产业革命者,今也其时矣。虽然,欲事建设,须荜人材,抑不有团体,亦无以厚其势力。窃观此次之自海外归效于祖国者,不乏专门之学术家,而相与讲学于国内者,自十年来遍各行省,亦颇有游艺长材。若合群策群力,企图物质的进步,于工业之前途,孰谓我国民力永靡而不振也耶?为是发起本会,嗟我同志,盍归乎来! 钟衡臧宣言。

按:《中华民国工业建设会草章》:

民国元年日志

(1912年1月—12月)

定名　本会定名曰中华民国工业建设会。

宗旨　本会以群策群力,建设工业社会,企图工业之发达为宗旨。

手续　本会进行之手续如左:(甲)征集工业学专家,以有工业的经验及知识者相与讨论之。(乙)启迪旧社会之工业上以种种改良之法。(丙)合筹资金,建设适要之工业,为营业模范。(丁)联合新旧工业为统一机关。(戊)开宣讲会,报告东西洋曾经调查之工业状况及制法办法等,又讲述本会所讨论之学理。(己)创本会月刊为本会之交通机关。(庚)介绍专门人才于各工场,以随时发展本会之势力。(辛)规画国货维持法,以保护工业于不败。

资格　本会征友之资格如左:(甲)有普通工业学识,素为人所景仰者。(乙)有专技术之经验者。(丙)卒业于东西洋学校之专科者。(丁)有理化学识可应用于工业者。(戊)有资本家能热心提倡工业者。(己)于工业社会有能联络之势力者。(庚)于工业社会有调查之能力者。(辛)能义务宣力于本会者。

集会　本会除开始之成立会,及他日之纪念会外,不常开会。凡属会友或常莅机关部,或通讯于本会月刊部,以资联络,以便讨论。如有特别建设事宜,则开临时大会提议。

职员　本会设正副会长各一人,书记、会计各一人,其他除临时推举为月刊记者外,不皆住会所,散处各地,皆有通信讨论及联络调查等责任。

证费　本会友纳入会证费一圆。

经费　本会事务所开支,除由发起人分任外.如有特别捐助者,本会推为赞成员。

事务所　上海英租界二马路抛球场第七号门牌,德律风一千七百十二号。

附则　本会章程除宗旨外,可于每次大会时改正,期臻完善。①

是日,梁启超在日本横滨山下町发表演说,对南京临时政府大肆诋毁,竟谓"其腐败百倍清廷,吾恐亡中华者非清廷,实今新政府"。

11日(宣统三年十二月二十四日),隆裕太后认可优待条件决定清帝下诏退位。

是日,袁世凯将清廷待颁之清帝退位诏旨电达唐绍仪、伍廷芳并转孙中山、黎元洪及南京临时政府。同日致电南京临时政府,承认"共和为最良国体"。并谓;"大清皇帝既明诏逊位,业经世凯署名,则宣布之日,为帝政之终局,即民国之始基,从此努力进行,务令达到圆满地位,永不使君主政体再行于中国。"

是日,袁世凯致电伍廷芳,清室优待条件以奉旨允准。

是日,袁世凯致电南京临时政府,宣布赞成共和,说明不克南行苦衷,并请协商

---

① 孙彩霞、李学通、卞修跃编:《辛亥革命资料选编》第四卷《南京临时政府与民初政局》下册,社会科学文献出版社2012年版。

组织统一办法。

是日,孙中山令南京临时政府陆军部饬所有北伐军悉改名为讨虏军。

是日,湖北临时议会再次开会,选定各股审查委员。又选刘成禺、张伯烈、时功玖、汤化龙、郑万瞻等5人为南京临时参议院参议员。

按:计法律股吴兆廷等11人,财政股董昆瀛等11人,军政股彭竹石等7人,教育股田飞凤等7人,实业股王永藩等7人,民政股朱孔扬等7人,陈请股邱国瀚等7人,惩罚股方汝确等4人,资格审查股叶廷瑛等5人。

是日,孙中山委任交通总长汤寿潜充南洋劝募公债总理。

是日,黎元洪致电伍廷芳,主张依段祺瑞之意,请各省代表来鄂,商议政府组织。

按:电文曰:"蒸电敬悉。优待清室条件,于共和主义,毫无妨碍,敝处极表同情。即令各省反对,亦不过外交之后劲,非与公为难也。此次议和,我公然费苦心,不待智者而知,元洪深为感佩。惟望早日解决,大局幸甚。"附录:伍廷芳外长来电一:"初四日,得袁内阁正式交来关于清帝退位后之优待条件。查阅大意,与廷前所提交者,无甚出入,惟文句诸多增饰。廷因此事关系重大,特入南京与孙总统面商,并征求参议院之意见。初五日,已得参议院议决,于袁内阁提交条件,有所修正。兹将参议院议决之条件录呈尊览:(甲)关于清帝逊位优待之条件。今因清帝赞成共和国体,中华民国于清帝逊位之后,优待条件如左:第一款、清帝逊位之后,尊号仍存不废,以待外国君主之礼相待。第二款、清帝逊位之后,其岁用四百万元,由中华民国政府付与。第三款、清帝逊位之后,暂居宫禁,日后移居颐和园,侍卫照常留用。第四款、清帝逊位之后,其宗庙、陵寝,永远奉祀,由中华民国酌设卫兵,妥慎保护。第五款、清德宗崇陵未完工程,如制妥修,其奉安典礼,仍如旧制,所有实用经费,仍由中华民国支出。第六款、以前宫内所用各项视事人员,可照常留用,惟以后不得再招阉人。第七款、清帝逊位之后,其原有之私产,由中华民国特别保护。第八款、原有之禁卫军,归中华民国陆军部编制,其额数、俸饷,仍如其数。(乙)关于清皇族待遇之条件:一、清王公世爵,概仍其旧。二、清皇族对于中华民国国家之公权及其私权.与国民同等。三、清皇族私产,一体保护。四、清皇族免兵役之义务。(丙)关于满、蒙、回、藏各族待遇之条件。因满、蒙、回.藏各民族,赞成共和,中华民国待遇条件如左:一、与汉人平等。二、保护其原有私产。三、王公世爵,概仍共旧。四、王公有生计过艰者,设法代筹生计。五、先筹八旗生计,于未筹定之前,八旗兵弁俸饷,仍旧支放。六、从前营业别住等限制,一律蠲除,各州县听其自由入籍。七、满、蒙、回、藏原有之宗教.听其自由信仰。以上条件,列于正式公文,由两方代表,照会各国驻北京公使。以上各条件,已于今晨电达袁内阁。而今晨复得北洋诸将段祺瑞等,及蒙古王公阿王郡王等来电,其所开条件,与袁内阁所提交者,无一字之异。廷已分别复电。要之此次优待条件,已极宽容。而所必须坚持者,在清帝实行逊位。盖必如是,而后中华民国之基础始立,不致有类于虚君位之嫌也。特此布闻,以慰廑系。"①

是日,黄兴与蒋作宾、钮永建、柏文蔚、姚雨平等联名致电冯国璋、段祺瑞、姜桂题,呼吁联合一致,巩固共和。

按:在停战议和期间,北洋军将领段祺瑞等向北军务路统兵官发出通电,谓南北军界由分而合,感情未必尽洽;武力之最健全者在北方军队。是日,由黄兴领衔发出通电,严词驳斥之。电云:"同是中国人,有何南北之分?即以南北军论,目今南军中北人极多,南人悉推诚相待,毫无疑忌。矧南北军入现正联合一致,赞同共和,函电交驰,欢言无间,同袍握手,遐迩咸钦。何谓南北军界由分而合,感情未必尽洽耶?……至谓武力之最健全者在北方军队一节,目下南北携手,不忍以同种相残,诚不知谁健谁弱?然兴等愚见,以为能驱除异族,占胜敌国,乃可谓武力之健。若为虎作伥,自残同种,如昔日湘淮诸军之所为,则虽战必胜,攻必取,仍不可称武力之健。欧美伟人评论具在,非兴等一二人之私言也。"②

是日,黄兴致电伍廷芳,重申和议应注意事项。

按:电文曰:"一、今南北协议之唯一目的,实欲早定共和大局。然欲定大局,必速下逊位明文。欲迫促清廷逊位,必南北军队连续北上,以武力胁制之。欲南北军队连续北上,则张(勋)、倪(嗣冲)二君应率所部军队离开徐、颍,以为南方军队之先导,业经屡次声明。今二君不但未能出此,且于徐、颍以南地区逐次抗拒,或行攻击,或行进占,实与协议之目的相背。……二、今南北军队既已全体赞成共和,则(双)方已毫无间隙,仍复兄弟之旧。除对于清廷共谋胁迫外,绝不致再有冲突之事,今后即应全体一律休战。若犹有一处仍然继续战斗者,即是与此旨相背。"③

是日,上海《申报》载"驻京外交团由英使朱尔典领衔照会袁内阁,催请速向民国政府商定一切条件,务于年内和平解决,颁诏施行,以免中外商民皆受损失"。袁世凯随即照复英使。

按:《申报》所载曰:"袁世凯接此照会,复与庆醇等会商一次,随即照复英使,声言一切条件,两方逐日磋商,大致均将就绪,但有一二日,南京政府尚有未允承认之处,贵公使既有希望和平之意,即致电劝勉南军迅即应允,以维大局。"

是日,《南京临时政府公报》公布《大总统敦聘章太炎先生为枢密顾问书》。

按:书曰:太炎先生执事:自金轮失驭,诸夏沉沦,炎黄子姓,归于僮隶。天右厥衷,人神奋发,禹域所封,指顾奠安,实赖二二三先达启牖之功。文亦得密勿以从于诸君子之后,惟日孜孜,犹多陨越,光复闳业,惧有蹉失。唯冀耆硕之士,为之匡襄,砥砺民德,纲维庶政,岂惟文一人有所矩矱,冠裳所及,实共赖之。执事目空五蕴,心

---

① 湖北省政协文史委编:《湖北军政府文献资料汇编》,武汉大学出版社1986年版。
② 毛注青编:《黄兴年谱长编》,中华书局1991年版。
③ 《民立报》1912年2月14日。

殚九流,撷百家之精微,为并世之仪表,敢奉国民景仰之诚,屈为枢密顾问。庶几顽懦闻风,英彦景附,昭大业于无穷,垂型范于九有。伫盼高风,无任向往,急惠轩车,以慰饥渴。①

是日,同盟会所属之东部同盟会发布启事,宣告在南京设东部同盟会事务所,另在上海、杭州、苏州、安庆、福州五处设分事务所。

是日,伊犁民军与新疆清军协统王佩兰部在乌苏厅西百里之四棵树迤西古尔图地方遭遇。民军因寡不敌众失败,阵亡数百名,被俘130余名。

12日(宣统三年十二月二十五日),清隆裕太后偕同宣统皇帝溥仪在乾清宫颁布退位诏书,胡惟德代表袁世凯率领民政大臣赵秉钧、度支大臣绍英、陆军大臣王士珍、海军大臣谭学衡、学部大臣唐景崇、司法大臣沈家本、邮传大臣梁士诒、工农商大臣熙彦、理藩大臣达寿,以及侍卫官唐在礼、姚宝来、刘恩源、蔡成勋等14人出席。是日,隆裕太后下诏三道:一为退位诏,二为公布优待条件之诏,三为"劝谕臣民"诏。其退位诏谓:"今全国人民心理,多倾向共和,……人心所向,天命可知。予亦何忍因一姓之尊荣,拂兆民之好恶?是用外观大势,内审舆情,特率皇帝将统治权公诸全国,定为共和立宪国体……由袁世凯以全权组织临时共和政府,与民军协商统一办法"。至此,统治中国268年之清王朝宣告结束。

按:中国最后一个封建王朝被推翻。1912年2月16日《伦敦泰晤士报》评论说:"天子已退位,清朝统治不复存在,世界上最古老的君主国已经正式成为一个共和国。历史上很少见到如此惊人的革命,或许可以说,从来没有过一次规模相等的、在各个阶段中流血这样少的革命,革命的最后阶段是否已经达到目的,这是未来的秘密。……我们衷心希望,这会给中国带来一个它所切望的进步的稳定的政府。"②

是日,袁世凯奏与南方代表伍廷芳议,赞成共和,并进皇室优待条件八,皇族待遇条件四,满、蒙、回、藏待遇条件七,凡十九条。皇太后命袁世凯以全权立临时共和政府,与民军商统一办法。

按:袁世凯遂承皇太后懿旨,宣示中外曰:"前因民军起义,各省响应,九夏沸腾,生灵涂炭。特命袁世凯遣员与民军代表讨论大局,议开国会、公决政体。两月以来,尚无确当办法。南北暌隔,彼此相持。商辍于涂,士露于野。国体一日不决,民生一日不安。今全国人民心理,多倾向共和。南中各省,既倡义于前,北方将领,亦主张于后。人心所向,天命可知。予亦何忍因一姓之尊荣,拂兆民之好恶?是用外观大势,内审舆情,特率皇帝将统治权公诸全国,定为立宪共和国体。近慰海内厌乱望治之心,远协古圣天下为公之义。袁世凯前经资政院选为总理大臣,当兹新旧代谢之

---

① 孙彩霞、李学通、卞修跃编:《辛亥革命资料选编》第四卷《南京临时政府与民初政局》下册,社会科学文献出版社2012年版。

② 张耀杰:《民国红粉》,新星出版社2014年版。

际，宜为南北统一之方。即由袁世凯以全权组织临时共和政府，与民军协商统一办法。总期人民安堵，海宇乂安，仍合满、蒙、汉、回、藏五族完全领土为一大中华民国。予与皇帝得以退处安闲，优游岁月，受国民之优礼，亲见郅治之告成，岂不懿欤！"又曰："古之君天下者，重在保全民命，不忍以养人者害人。现将新定国体，无非欲先弭大乱，期保乂安。若拂逆多数之民心，重启无穷之战祸，则大局决裂，残杀相寻，必演成种族之惨痛。将至九庙震惊，兆民荼毒，后祸何忍复言。两害相形，取其轻者。此正朝廷审时观变，恫瘝吾民之苦衷。凡尔京、外臣民，务当善体此意，为全局熟权利害，勿得挟虚矫之意气，逞偏激之空言，致国与民两受其害。著民政部、步军统领、姜桂题、冯国璋等严密防范，剀切开导。俾皆晓然于朝廷应天顺人，大公无私之意。至国家设官分职，以为民极。内列阁、府、部、院，外建督、抚、司、道，所以康保群黎，非为一人一家而设。尔京、外大小各官，均宜慨念时艰，慎供职守。应即责成各长官敦切诚劝，勿旷厥官，用副予夙昔爱抚庶民之至意。"又曰："前以大局阽危，兆民困苦，特饬内阁与民军商酌优待皇室各条件，以期和平解决。兹据覆奏，民军所开优礼条件，于宗庙陵寝永远奉祀，先皇陵制如旧妥修各节，均已一律担承。皇帝但卸政权，不废尊号。并议定优待皇室八条，待遇皇族四条，待遇满、蒙、回、藏七条。览奏尚为周至。特行宣示皇族暨满、蒙、回、藏人等，此后务当化除畛域，共保治安，重睹世界之升平，胥享共和之幸福，予有厚望焉。"遂逊位。①

按：《清史稿·张勋传》曰："逊位诏下，（袁）世凯遣使劳问，勋答曰：'袁公之知不可负，君臣之义不能忘。袁公不负朝廷，勋安敢负袁公？'世凯历假勋定武上将军、江北镇抚使、长江巡阅使、江苏都督、安徽督军。及建号，勋首起抗阻，并请优待皇室，保卫宫廷。"

是日，袁世凯令将原清内阁各部大臣改称各部首领，各驻外公使改称临时外交代表。

是日，袁世凯以"全权组织临时共和政府"名义，将清帝退位条件及退位诏旨副本，照会各国驻北京公使，并请转告各国政府。

是日，陆军部通电改北伐军为讨虏军。

按：陆军部奉总统令，以北军既已赞同共和，断无自相攻击之理，如有执迷反抗者，是为南北之公敌。当同心戮力，大张挞伐，所有北伐军悉改名为讨虏军，以符名实等因，当即通电各省知照。②

是日，黎元洪关于议和与备战意义复襄阳季招讨使电。

按：电文曰："佳电悉。远虑深谋，援古证今，统筹全局，曷胜钦佩！但南宋人心

---

① 《清史稿·宣统皇帝本纪》
② 《东方杂志》第八卷第十号《中国大事记》，1911年。

已去,因不能战而请和。民国轸念同胞,并非恃和而忘战。且清廷之势力,迥异金元;民国之共和,贵持人道。倘自相残杀,恐蹈鹬蚌相持之覆辙。广水、保定各处,早已往复电商中央政府地点及各部以下重要人员。一面清帝退位,即一面宣布民国政府成立.意见一致,本无南北分立之虞。段军北退,我军由汉口进驻孝感;上则奋勇军与刘公所率军队开向南阳,下则麻城迄北俱屯重兵,以及川、滇、黔、湘之兵,多驰秦、晋;宁、芜之兵,厚集徐、淮;南洋舰队,开赴登莱,本非偷安。惟人民程度不齐,将士意见分歧,则和亦占便宜,本非自蹈危机。共和问题解决,清帝逊退,中华民国政府成立,土地财产,皆属民国,从前王公世爵,徒拥虚名,何能有所抵押借款、暗增兵力? 我军向南阳进发,不过和不忘战,以备不虞,也援秦、晋,可图鄂疆。倘使秦、晋各方,对于北军能妥为接洽,与楚、豫、徐、淮无异,即我军开向南阳,亦当静镇以待,不必轻启衅端,贻误大局。此次清帝逊位发表,北直旗军,尚近二镇,其于项城.恐滋误会。彼时我各路军队,当为后劲。倘能和平解决,即民国之福,同胞之幸。可进可退,可战可守,细心筹画,实资群力。务望相机策应,顾全大局。盼切祷切。"①

13 日(宣统三年十二月二十六日),孙中山向临时参议院提出辞职咨文,并附条件三项:"(一)临时政府地点设于南京,为各省代表所议定,不能更改;(二)辞职后,俟参议院举定新总统亲到南京受任之时,大总统及国务员乃行辞职;(三)临时政府约法为参议院所制定,新总统必须遵守颁布之一切法制章程。"同日并以咨文向参议院推荐袁世凯继任临时总统。

按:孙中山本日向参议院提出辞职书,略谓当被选之初,曾宣言以倾覆专制,巩固民国,图谋民生幸福为任誓。至专制政府既倒,国内无变乱,民国卓立于世界,为列邦公认,本总统即行解职。现在清帝退位,专制已除,南北一心,更无变乱,民国为各国承认,旦夕可期,本总统当践前言辞职引退。②

是日,孙中山复袁世凯两电。其一告以即行引躬自退,践约辞职。其二告以"现即报告参议院提出辞表,推荐执事",并就袁于清帝退位诏中所加"即由袁世凯以全权组织临时共和政府"一语予以批驳,指出"共和政府不能由清帝委任组织"。电中并促袁"即速来宁"。

是日,孙中山通电全国,宣布清帝业已退位,民国统一,定本月 15 日举行民国统一大庆典。

是日,孙中山令南京临时政府陆军、内务二部速派妥员会同教育部调查员"前往各处学堂及前查封充公之家屋内,妥慎照料保护,毋任毁坏散失,以重文教而保公产"。

① 湖北省政协文史委编:《湖北军政府文献资料汇编》,武汉大学出版社 1986 年版。
② 《东方杂志》第八卷第十号《中国大事记》,1911 年。

民国元年日志
（1912年1月—12月）

是日，袁世凯以"全权组织临时共和政府"名义布告原清廷内外大小文武官员，"所有旧日政府，目下仍当继续进行"，"均应照旧供职，毋旷厥官"。

是日，袁世凯以"全权组织临时共和政府"名义布告军警，"所有旧定之军纪、警章，仍当继续施行"。

是日，袁世凯迫于情势，以"全权组织临时共和政府"名义电令北方各督抚及所辖各军队，嗣后勿得再捕拿革命党人，"其已拿者，均须一律释放"；"至实系土匪，扰害地方，即不得借党人为名，自应从严惩治，以维秩序"。

是日，袁世凯以清帝退位，令原度支部大臣周自齐速电饬天津造币厂停止使用清国祖模鼓铸银铜各币。

是日，袁世凯以"全权组织临时共和政府"名义，将清帝"退位诏书"分别照会各国公使。同日，外务部亦依袁世凯令以同样内容向各国公使分致照会、

是日，袁世凯令将原清政府之《政治官报》更名《临时公报》，继续发行。

是日，南京临时政府陆军、参谋二部通电各报馆，称共和成立，清帝退位，袁世凯"实有莫大之功能，为万世所钦仰，希即宣扬盛德，俾众咸知"。

是日，黄兴致电各省都督、各军政分府及各军司令，勉以保持统一政权，服从命令，维持秩序。

按：电文曰："各都督、各军政分府、各军司令鉴：自武昌起义，各省从风，属在同胞，枕戈秣马，誓扫胡虏，恢复中原。数月以来，艰苦备至，时至今日，将见成功，黄帝之灵、吾民之幸也。今后共和建设，南北一家，无诈无虞，共成大业。我军人等念前功之不易，思来日之大难，保统一之政权，服统一之命令，维秩序而保名誉，实为无尚之天职。愿与同人共守斯旨。前途辽远，幸各努力。陆军部兼参谋部总长黄兴叩。元。[1]

是日，外交团会议，决定在中国统一政府未成立前，仅以私函与临时政府交涉，不轻予承认。

是日，宗社党宣告解散。

按：宗社党是指辛亥革命爆发后，清朝皇族中的顽固分子良弼、溥伟、铁良等结成集团，反对清帝退位及与革命政府议和，企图保存清皇朝的统治的组织。其主要成员是满洲贵族，不久后旋即覆灭。日本后来为了分裂中国，在日本东京又重建了宗社党，以肃亲王善耆和浪人川岛浪速为首，其主要活动就是策划分割中国满蒙地区的满蒙独立运动。

是日，同盟会员李怀霜、戴天仇（季陶）等联合部分立宪派组成中华民国自由党。

---

[1] 据上海《民立报》一九一二年二月十五日。黄兴著，文明国编：《黄兴自述》上，深圳报业集团出版社2011年版。

发行机关刊物《民权报》。本部先设在上海。

按:本部后移北京。江苏、广东、浙江、福建、云南等地设有支部。1913 年 8 月,因袁世凯镇压,被迫停止活动。

是日,章炳麟在上海《大共和报》发表《致南京参议会论建都书》,力言建都南京"五害"。同日,上海《民立报》发表空海《建都私议》一文,陈述必于北京建都理由八点。由此建都南北之争逐形表面化,全国掀起建都问题大辩论。

按:章炳麟认为无论从地理位置、文化发展、反清斗争,还是从外交上看,北京最宜作为都城。若建都南京,则有五害:"中国幅员既广,以本部计,燕京虽偏在北方,以全邦计,燕京则适居中点,东控辽、沈,北制蒙、回,其力足以相及。若徙处金陵,威力必不能及于长城以外,其害一也。北方文化已衰,幸有首都,为衣冠所辐凑,足令癏癏丕变。若徙处金陵,安于燠地,苦寒之域,必无南土足音,是将北民化为蒙古,其害二也。逊位以后,组织新政府者,当为袁氏。若迫令南来,则北方失所观望。日、露已侵及东三省,而中原又失重镇,必有土崩瓦解之忧,其害三也。清帝尚处颐和园,不逞之徒,思拥旧君以倡乱者,非止一宗社党也。政府在彼,则威灵不远,足以镇制;若徙处南方,是纵虎兕于无人之地,则独乱人利用其名,蒙古诸王,抑或阴相拥戴,是使南北分离,神州幅裂,其害四也。东交民巷诸使馆,物力精研,所费巨万,若迫令迁徙,必以重资备偿,民穷财尽之时,而复靡此巨帑,其害五也。"[1]

是日,日本关东都督借口辽东半岛为中立地区,迫民军在日前与北军停战,并在七日内撤离该地。25 日,北伐民军及部分关外民军共 3000 余人一并撤至烟台。

14 日(宣统三年十二月二十七日),临时参议院接受孙中山辞职,以新总统接事为解职期。通过临时政府改设北京的提案,孙中山等极力反对,要求复议。次日复议,决定临时政府仍设南京。

按:先日,孙中山向临时参议院辞临时大总统职,荐袁世凯为临时大总统。辞职咨文所附三条件之一为"临时政府地点设于南京,为各省代表所议定,不能更改"。因章炳麟、宋教仁等均反对建都南京,参议员多受其影响。是日,参议院讨论临时政府设置地点问题,同盟会员中如李肇甫亦强调迁都北京之必要。经过激烈辩论,竟以多数票通过临时政府设于北京。孙中山、黄兴闻讯震怒,急召参议员中同盟会员李肇甫、黄复生等严责不应为袁氏张目。黄兴尤怒不可遏,两手插入军服口袋中,踱来踱去。李、黄等以交回复议为请,黄兴遽曰:"政府决不为此委屈之手续,议院自动翻案,尽于今日,否则吾将派宪兵入院,缚所有同盟会员去!"(邓家彦《由同盟会说到南京政府》)次日复议时,卒以十九票对八票之多数,决定临时政府仍设南京。章炳麟自述:"袁世凯被选为临时大总统,南京政府将解,以袁氏难制,欲令迁都江宁以

---

[1] 《时报》1912 年 2 月 13 日。

困之。余谓江宁僻不足以控制外藩，清命虽黜，其遗孽尚在，北军未必无恩旧主者；重以蒙古东三省之援，死灰将复燃，赖袁氏镇制使不起耳！一旦南迁，复辟之祸作矣。克强闻之愤甚，与予辩难。"（《自定年谱》）吴玉章在《辛亥革命》中回忆说："本来在参议院中，革命党人占据多数，是完全可以根据孙中山先生的意见通过建都南京，反对迁都北京的。但十四日开会的时候，革命党人李肇甫，却到台上去大放厥词，说了一通迁都北京的必要，参议员中原来就有不少人对袁的不愿南下表示同情，而李又善辞令，他这么一说，赞成迁都北京的人便成了多数。孙中山先生和黄兴知道这件事情以后，非常生气，当天晚上把李肇甫叫来大骂了一顿，并限次日中午十二时以前必须复议改正过来。十五日晨，秘书处把总统提请复议的咨文作好后，需要总统盖印，而总统已动身祭明孝陵去了。我急着去找黄兴，他也正在穿军装，准备起身到明孝陵去。我请他延缓时间，他说：'过了十二点如果还没有把决议改正过来，我就派兵来！'说完就走了。这怎么办呢？只好找胡汉民去。好容易才把他找到，拿来了钥匙，开了总统的抽屉，取出他的图章盖了印，把咨文发了出去。同时，并通知所有的革命党人，必须按照孙中山先生的意见投票。经过我们一天紧张的努力，当日召开的参议院会议终于把十四日的决议纠正过来了。"①

是日，孙中山致电唐绍仪，不以清廷退位诏内由袁世凯全权组织临时政府一语为然。

是日，南京临时政府内务部通电各省，令各地方官各守本业，负起保卫地方之责。

是日，黎元洪电请袁世凯派定北方各处代表前来汉口，会同推定总统，并确定政府所在地。又致电南京临时政府，反对以招商局向外抵押借款一千万元。

按：电文曰："真电敬悉。民国成立，万众欢呼。去帝制而进共和，化干戈而讲揖让，大功所在，国人皆称道我公不置。电示不能南来情形，仰见老谋硕画，无日不为民国前途计安全，钦佩曷已。惟人心所属，众望所归，亦须别筹办法，以顺舆情。现在组织中央政府为刻不容缓之秋，而汇集之区，似以汉口为适中之地。前电段军统祈转达此意，倘以为然，敬请速派北方各处代表，会同推定大总统，及中央政府各重要人员，与确定政府所在地点。俟得复电后，即由敝处电告南京临时政府，派定南方各省代表，以便会商。国利民福，关系匪轻，区区愚忱，诸惟鉴察。元洪。"附1：袁世凯来电："共和为最良国体，世界所公认。今由帝政一跃而跻及之，实诸公累年之心血，亦民国无穷之幸福。大清皇帝，即明诏辞位，业经世凯署名，则宣布之日，为帝政之终局，即民国之始基。从此努力进行，务令达到圆满地位，永不使君主政体，再行于中国。现在统一组织，至重且繁。世凯极愿南行，畅聆大教，共谋进行之法。只因

---

① 毛注青编：《黄兴年谱长编》，中华书局1991年版。

北方秩序，不易维持。军旅如林，须加部署。而东北人心，未尽一致。稍有动摇，牵涉各国。诸君洞审时局，必能谅此苦衷。至共和建设重要问题，诸君研究有素，成算在胸。应如何协商统一组织之法，尚希迅即见教。"附2：袁世凯来电："寒电悉。伟论深佩。现在国体已定，我辈既幸得为共和国民，自当服从舆论。然凯所注目者，急在外交。旧政府业经消灭，新政府尚未得承认，交际大局，日益危险。尊论在汉口会议办法，窃虑缓不济急。昨孙、黄二公及同盟会员电约鄙人赴宁，惟北方情形复杂，递引互牵，若因凯一去，变端立见，殊非爱国救民之素志。反复思维，与其孙大总统辞职，不如世凯释权。盖就已成之局面谋统一，其事较便。总之，共和既定之后，当以爱国为前提，万不愿以个人地位致坏全局。已请唐君绍怡代表此意，赴宁协商。兹先将鄙意电达，尊见如何，仍祈随时电示。袁世凯。咸。印。"①

是日，黎元洪关于防止内讧致孙大总统电。

按：电文曰："孙大总统鉴：项城真电，谅已入览。此后组织中央、统一向北及一切建设方法，在在皆重要问题，稍一失著，即足以启内讧而招外侮。阁下学识最精，内政外交，早深研究，当必胸有成算，解决进行。但刻下各省人心，尤必须协同一致，共襄大业，始易弥隐患而促成功。元洪于鄂属各军及各部处，业经本此意通饬，期相勉励。其他省各机关处，应请由尊处通知，以便拔除意见，各秉大公，群趋于至当不易致办法。毋使民国前途稍有阻滞，实所欣祷。区区微忱，即希亮察施行。元洪。"②

是日，黎元洪关于举袁世凯任临时大总统复蒙古王公联合会电。

按：电文曰："养电敬悉。推举袁项城任新政府大总统，为救时之要着。鸿才卓识，钦佩曷胜！敝处同人，亦早筹商及此。曾电段军统、袁项城及南京临时政府，意欲请南北各派代表会商于汉上，其事件即以推定大总统为最先之务，而以项城为最合资格之人。惟必出于投票公决，一以符共和之政体，一以保项城之声价。用人行政，至公无私，彼一切争意见、便私图诸陋习，必扫除净尽。洪虽不敏，窃愿竭我驽钝，陈说于南北代表之前，以冀大局早日安全，国势渐臻上理，洪得归耕田里，享一分和平之福，于愿足矣。敢布区区，诸惟鉴察。"附：蒙古王公联合会来电："天佑吾国，确定共和。惟时局之艰，已臻极点。补救建设，势须同时并进。南北合一政府，非得外交、军事声威著之人，难资统理。项城于大局时事，始终苦心孤诣，竭力维持，名实兼施，恩威并洽，卒收转旋之效，厥功至伟；且政治经验至富，军队尤极推崇。同人金谓统一政府，临时大总统一席，必须项城力任其难，方能维系众心，保全大局，本会亦藉手筹助绥驭蒙疆事务。现已公同议决，由本会代表全体，推项城任统一新政府临

① 湖北省政协文史委编：《湖北军政府文献资料汇编》，武汉大学出版社1986年版。

② 湖北省政协文史委编：《湖北军政府文献资料汇编》，武汉大学出版社1986年版。

民国元年日志
（1912年1月—12月）

时大总统，以冀收建设之功，兼保和平之局。公等热心国事，谅必荷予赞成。除向项城陈请外，为此通电诸公，即希察照备案，见复为盼。"[1]

是日，广东都督陈炯明通电反对政府设于北京。

是日，内务部致电各省整顿警察。

是日，大本营总兵站在南京成立，黄兴任总监，专司军队所有运输筹备事宜，并在上海、镇江、下关、蚌埠分设支站。后于3月底撤销。

是日，《南京临时政府公报》公布《陆军部陆军暂行给与令》。

按：《陆军部陆军暂行给与令》

第一章 总则

第一条 凡陆军军人及军属人员一律按章发给俸饷等项。

第二条 凡本章所定名称区分于左：

一军队 指宪、步、骑、炮、工、辎重各队而言。

二部局 指陆军部、参谋部及他项陆军各种机关、陆军学校并各局而言。

三军人 指各官佐士兵及各陆军学生而言。

四军属 指陆军官衙学校、各种机关内所属文官夫役而言。

五寄宿者 指在军队、部局、学校内寄宿者。

第二章 俸饷

第三条 凡俸饷分为三种：

一俸银 发给司务长以上各官佐。

二饷银 发给上士以下各士兵夫役。

三津贴 发给陆军各学生。

第四条 凡平时司务长以上各官佐俸银均按第一表分别发给。

第五条 凡平时上士以下各士兵、夫役饷银，均按第二表分别发给；各陆军学生津贴，均按第三表发给。

第六条 凡官佐、士兵、学生及军属人员，如有因公旅行者，除公给车费、船费外，每员按第四五表发给旅费（但已发给半票或免票者，其车费、船费宜临时核实扣除）。

第七条 凡官佐、士兵及军属人员有兼差者，不准兼俸，惟择其俸饷之优者发给。

第八条 凡官佐、士兵、学生及军属人员之俸饷津贴，均按日数计算，每月分三期，十日、二十日、末日发给；若届日适逢星期日，则提前一日发给；如有免官、免役与死亡及他事故，即于其事故发生之日停止。

---

[1] 湖北省政协文史委编：《湖北军政府文献资料汇编》，武汉大学出版社1986年版。

第九条　凡官佐、士兵、学生及军属人员，如因违犯刑罚已治罪者，或休职者，当即停止俸饷津贴。

第十条　凡官佐、士兵、学生及军属人员，如因特别勤务有应加俸饷者，另行规定，但不得过原俸饷三分之一。

第十一条　凡新兵未满六个月教育者，均发给二等兵饷银。

第十二条　凡出征官佐、士兵之俸饷，均按第一、第二两表增给。

第十三条　凡将行休职、停职与将退为预备役、后备役之人员，而事务在交代中者，仍按原有俸饷发给。

第十四条　凡预备役、后备役之军人及补充兵当召集中，仍按现役俸饷发给。

第十五条　凡新任与增俸减俸者之俸饷，悉由发令之翌日起计算，而预备役、后备役、退役、免官、免役者之俸饷，则至发令之当日止计算。

第十六条　凡召集者之俸饷，由编入部队之日至解散之日计算。

第十七条　凡死亡者之俸饷，以其当日止计算。

第十八条　凡官佐、士兵、学生或请假逾期不归，或因病旷职，或擅离职守，或擅赴他方，或生死不明，均当酌量分别减其俸饷，或全行停止。

第十九条　凡在拘禁留置中官佐俸银，则减半额，士兵饷银则减三分之一。

附则

一、凡各工匠长饷银，均按军士等级发给。

二、凡各工匠饷银，均按兵饷发给。

三、凡各护兵、马弁、夫役饷银，均按第二表备考二、三条发给。

第三章　粮食

第二十条　凡粮食官佐均归自备，士兵概由公给（照第六表定额）。

第二十一条　凡军队及医院之粮食，在营内居住之军士以下，当按现有人员给以定额。

第二十二条　凡在拘禁留置惩罚中人员，仍给与粮食，其定额则按第六表减五分之一。

第二十三条　凡在监狱者之粮食，当按现有人数给与，一切经理悉委任该监狱长办理，其定额按第六表减五分之一。

第二十四条　凡属委任经理之米粮、炊爨经费，以概算之数给与，各部队每月末日，按照实效决算，呈由直接长官报部核销。

第二十五条　凡左列之未食数，仍以实食数算入之。

一、休假中归省外宿及受许可外出者。

二、随从兵寄宿于官佐家宅者。

三、炊爨业已准备而未食者。

民国元年日志

（1912年1月—12月）

第四章　被服

第二十六条　凡在外居住之司务长以上之被服,均由自备(但由司务长或学习官初升右军校者,由公发给服装费八十元)。

第二十七条　凡营内居住之上士以下及召集中之预备役、后备役上士以下士兵等,均按第八表所列之被服发给,或暂时借用。

第二十八条　凡军队与病院应预备第九表所列之被服。

第二十九条　凡上士以下之普通被服,宜按现在人数多寡发交该部队分配,预备被服则按定额多寡发交该部队保存。

第三十条　凡军人、军属可按地方气候,发给(或借用)特别被服。

第三十一条　凡第八表所列被服,或制成发给,或将原料发给,应由临时酌量办理。

第五章　马匹

第三十二条　凡初等官佐以上之应乘马者,其乘马均由公备,但由初等官升中等官时,由公发给马具费五十元,其余一切补充经费,概归各官佐自备。

第三十三条　凡军队、学校所有马匹,皆按定数发给,购买、饲养、装蹄、剔毛、保存等项经费,其定额参照第七表与第十表。

第三十四条　凡军队、学校马匹,其装蹄、剔毛等器械,初次发给现品,以后器械之保存款项,应由装蹄、剔毛款项内开支。

第三十五条　凡装蹄每月一次,剔毛每年二次,皆按期发给现金(参照第一表)。

第六章　杂则

第三十六条　凡各部各队之官佐及军士兵死亡时,当给埋葬费,其定额按第十一表发给。若有该亲族情愿将尸体领去者,则此费即交该亲族具凭支领。

第三十七条　凡医药费在上士以下,因公伤病者,悉由陆军医院疗养,概不发给。在官佐军属因公伤病,有不入陆军医院者,可按第十二表发给。

第三十八条　凡属委任经理部队,各给与上之余款,与废物卖出款、赔偿款,以及各款之利息,皆积为储蓄金,悉遵照储蓄金保管法报销时,实报实销。

第三十九条　凡转职、休职、停职人员,其俸饷及一切应发款项由甲处发给时,应将其职官姓名及发给月日及数目等通报于乙处。

第四十条　凡一切银钱给与当于原任地发给本人;如本人派往他处时,可依本人之请愿于其旅行前发给本人,或交于本人所指定之受领人亦可。

第四十一条　凡俸饷与一切给与款项,均以银圆计算;若发给数目上生出厘以下之零数,皆扣除归入储蓄款项内。

第四十二条　凡计算日数,每月均以三十日计算。

第四十三条　凡簿表计算上若生出零分、零厘未满一位之数,则依五舍六入法计算。

第四十四条　凡军师旅司令部暨团营本部所有一切器具、图书、纸笔、墨砚、茶、油、煤炭等项,均按第十三表分别发给公费。

陆军部陆军暂行给与令表(略)①

是日,同盟会本部以清帝退位,民国统一,通电勉励同志以后对于政治统一之方针,国利民福之政策,尚希同心协力,一致进行,期达民权、民生之伟大目的,巩固民国根基。

是日,袁世凯密遣曹汝霖、胡惟德分访日、美两公使,就其南下与否征询意见。曹、胡告两公使谓,如袁南下,北方必起动乱,各国利益定受影响。意在求列强出面干预。

是日,湖北省临时议会开成立大会,黎元洪莅会并致祝词,议决电南京临时参议院力争建都武昌。

是日,俄国向日本提议,承认中国共和政府,应采取一致行动。

15 日(宣统三年十二月二十八日),孙中山出席南京庆祝中华民国统一大庆典,并发表演说。同日,全国各地举行中华民国统一大庆典。

是日,孙中山亲率民国政府各部部长及右都尉以上将校参谒明孝陵,隆重祭祀明太祖朱元璋。

按:祭文有曰:"从此中华民国完全统一,邦人诸友,享自由之幸福,永永无已,实维我高皇帝光复大义,有以牖启后人,成兹鸿业。文与全国同胞,至于今日,始敢告无罪于我高皇帝。"②

是日,临时政府参议院议决,临时政府仍设南京。选举袁世凯为第二任临时大总统,并致电袁世凯前来受职,在未受任前,政务仍由孙中山继续执行。同日,孙中山亦电告袁当选及临时政府地点确定南京事,并言已派专使北上迎接

按:黄兴在 2 月中旬复电江苏都督庄蕴宽及李书城,认为临时政府地点宜设在南京。电云:"此次民国成立,合南北军民一致而成,袁公之功,自不可没。惟清帝退位尚在北京,南方各军多数反对优待条件。袁公虽与清廷脱离关系,尚与清帝共处一城。民国政府移就北京,有民军受降之嫌,军队必大鼓噪。且临时政府既立,万不能瞬息取消。清帝既退其统治权,统一政府未成立以前,当仍在南京,临时政府自应受之于政府所在地,更无移政府而送其接受之理。自和局既定,袁公心迹已大著,万众倾心,移节南来,感情易惬,于袁与清帝关系断绝,尤足见白于军民各界,而杜悠悠之口……种种研究,临时政府地点,必以南京为适宜。""鄙意所以决北京必须迁徙

①　孙彩霞、李学通、卞修跃编:《辛亥革命资料选编》第四卷《南京临时政府与民初政局》下册,社会科学文献出版社 2012 年版。

②　《孙中山全集》第二卷,中华书局 1982 年版。

民国元年日志
（1912年1月—12月）

者,实逆计民国前途外交、军事两大问题而生。外交上之收国权,可由迁都而发生,前已言之。若以军事论,则北京今日万非建都之地。盖今日之所谓军事,为与世界各国争衡之军事。则军事之布置,当为御外之计。首都在北京,根本动摇,一有他虞,迁移亦难为计。此非可一一明言,谋国者不可不为全国计久远也。"黄兴于复电中并谓:"章太炎先生之函,与《民立报》上所论略同,所云谋政治之统一,谋经济之发展,谋兵权之统一等条,多非纯粹之建都问题",而章氏却发出《驳黄兴主张南都电》,说:"袁公已被选为大总统,大总统之所在,而百僚连袂归之,此自事理宜然,何投降之可能。""袁公既被举为临时大总统,则名实自归之矣,何必移统一政府于金陵,然后为接收耶?""袁公已被举为民国大总统,徒以与清帝同城,谓之关系未断,是断绝不断绝之分,不在名位权实,而在地点.然则临时政府所遣使人往迎袁公者,一入蓟门,亦即与清帝复生关系耶?"章炳麟在建都问题上,支持了袁世凯建都北京的主张(《黄兴年谱长编》)。2月20日,孙中山复函章炳麟,为黄兴辩诬。函云:"临时政府地点,鄙见亦与克兄同。谓军人本无执见,而克诳入以言,殊非事实,近者已为共见。而粤东争电,至今未已,其强横之辞,文已一概裁抑之。……文与克兄交处固久,先生亦素知其为人。此次执持过坚,然迥非出于私意。以先生之明,犹谓克欲谋总理,冤枉如此,谁与为辩?则不知清帝未宣布退位之前,季新、少川以曾私约,克仍掌陆军或参谋,而克拒之日,奈何仍以是污我。文屡与言,亦期期不可。展堂等自爱其乡,欲求克归粤,一镇民军,亦不允,其厌事如此,乌有为总理之心事,更安有为求总理而变乱大计,强无为有如来书所云者。文于国事,只知有役务,不知有权位,故于进退之际,行其当然,不假勉强。以此自信,亦信克兄,盖是非不久自见。愿先生毋过操刻酷之论,尔时当题文为不谬,与非强为克辩护也。"①

是日,孙中山电北方将领冯国璋、张勋等,贺南北统一,盼同力巩固共和。

是日,孙中山致电袁世凯,严禁私卖奉天行宫器物。

是日,袁世凯就孙中山促其"即日来宁"事通电全国,以北方危机隐伏,若"舍北而南,则实有无穷窒碍"为词拒绝南下,并诡谓"今日之计,惟有由南京政府将北方各省及各军队妥筹接收以后,世凯立即退归田里,为共和之国民"。

是日,袁世凯通电,北方军队及全蒙代表均推为临时总统,清帝委任,无足再论,北方危机隐伏,舍北就南,变端立见,已请唐绍仪赴南京协商。

是日,黎元洪为辞去副总统及大元帅职等事致孙大总统电。

按:电文日:"孙大总统鉴:咸电备悉。现在政体解决。元洪副总统及大元帅之职,已向参议院电辞,候重新举定后,即行解职。尊处推荐袁公一节,此间同人均颇

---

① 中国人民政治协商会议上海市委员会文史资料工作委员会编:《辛亥革命七十周年——文史资料纪念专辑》,上海人民出版社1981年版。

赞成。赴京代表,项已委任,不日即附轮往沪,以便偕唐君少川等同行。特复。元洪。"①

是日,南京临时参议院决议建都南京后,上海部分社团及多数重要报纸是日联名急电指责参议院"为政府所牵制,舍北取南";并通电各省"望公电抗议,以全大局"。自是日始,报刊所载争议建都南北之通电几无日无之,袁在北京宣誓就职后,辩论始息。

是日,江苏都督庄蕴宽通电主张建都北京,浙江蒋尊簋、湖南谭延闿、云南蔡锷、山西阎锡山等和之。

是日,革命党人铁岭县前任知县徐麟瑞与族弟徐剑秋、开原赵希孟、同江口戴秀山等组织500人于是夜起义,自称"革命招讨军"。

是日,文学社的机关报《民心报》发刊,蒋翊武自任社长,杨王鹏任经理,赵光弼、毕勤武、蔡寄鸥、方觉慧、吴月波、高仲和等任编撰。

是日,荷属爪哇巴达维亚(今雅加达)华侨升旗庆祝祖国共和统一大典。殖民当局派马队强迫下旗,并撕烂国旗;复刺伤数人,捕数个人

16日(宣统三年十二月二十九日),袁世凯致电孙中山及参议院,表示愿意接受临时总统职,说明南下为难,俟南京专使到后再行商议。

按:《民立报》1912年2月21日报道2月16日参议院选举袁世凯为临时政府大总统。"南京参议院选举临时大总统,两省合投一票选举,被选举人袁世凯得五票,黎元洪得两票。票箱由马相伯、陈懋修监视。开票后行正式选举,每省三议员共投一票,共十七省,袁世凯得十七票,满场一致。当即由参议院致电袁世凯君云,袁慰庭先生鉴:孙大总统辞职,参议院行正式选举,公得全场一致。"2月21日,蔡元培被推为迎接袁世凯到南京就任大总统专使,当日启行北上。《民立报》1912年2月22日报道:"南京专使北上记。南京临时政府欢迎新总统专使蔡子民、魏注东、钮惕生、汪精卫、宋渔父、刘冠雄、黄中凯、曾绍文,武昌黎副总统代表王正廷诸先生偕同民国外交全权代表唐少川君,于昨天乘招商局新铭轮船北上。黄克强、武穑庸、陈英士诸君均至轮欢送,下午三时启碇。"蔡元培《自写年谱》曰:"孙先生将被举为总统的时候,诸名流的观察,袁世凯实有推翻满洲政府的力量,然即使赞同共和政体,亦非自任总统不可。若南京举孙先生为总统,袁成失望,以武力压迫革军,革军或不免失败,故要求孙先生表示'与人为善'之乐,于被举后声明,若袁氏果推翻清廷,我即让位,而推袁氏为总统之唯一候补者。孙先生赞同而施行之,故清廷退位后,孙先生辞临时总统,而推袁世凯,袁世凯遂被举为总统。但孙先生及同盟会同志认为,袁世凯既被举为总统,应来南京就职,表示接受革命政府之系统,而避免清帝禅位之嫌,叠

---

① 湖北省政协文史委编:《湖北军政府文献资料汇编》,武汉大学出版社1986年版。

电催促，殊无来意，于是有派员之举，而所派者是我。我的朋友说："这是一种'倒霉的差使，以辞去为是。'我以为我不去，总须有人去，畏难推诿，殊不成话，乃决意北行。此行同去者，有汪精卫、宋渔父、钮惕生、唐少川及其余诸君，凡三十余人，包定招商局'新裕'轮船。船中尽是同志，而且对时局都是乐观派，指天画地，无所不谈。我还能记得的是迁都问题，这是在南京各报已辩得甚嚣尘上的了。大约同盟会同志主张南迁的多，但在船中谈到这个问题，宋君渔父独主张不迁，最大的理由是南迁以后，恐不能控制蒙古。他的不苟同的精神，我也觉得可佩服的。船驶至天津左近，忽遇雾，停泊数日，在船中更多余暇，组织了两个会：一是六不会，一是社会改良会。"①

是日，袁世凯与各国公使就建都问题达成默契。各使咸表示，必在北京建设共和政府，否则断不承认。

是日，袁世凯加紧对北方的控制。

按：是日，袁电示东三省总督赵尔巽："如省内有藉名革命紊乱秩序者，均认为马贼，即行弹压无贷。"又电示山东巡警道吴炳湘，对"东省所来南人，……讯即用力抵御，严拿监禁勿退让"。②

是日，黎元洪电贺袁世凯当选临时大总统。

按：电文曰："顷接南京来电，昨日参议院开临时大总统选举会，我公当选，不胜欣贺！我公望重中外，才贯天人，去专制而进共和，化干戈而为揖让，此不独五族颂胞与之功，即万国亦莫不乐和平之福。专此电贺，伏维亮察。"附1：南京参议院通电："民国统一，共和目的完全达到。孙大总统坚请辞职，经本院承认. 昨已电达贵处。本日开临时大总统选举会，满场一致. 选定袁世凯为临时大总统。已电请袁君来宁就职，袁君未就职前，孙大总统暂不解职。谨此布闻。"附2：袁世凯来电："昨承电商汉口会议办法，当复一电，拟请南京政府勿遽改选，即就已成之局，早谋统一。顷接南京来电，知参议院业于昨日投票举定。凯自顾衰庸，恐难胜任，而公义所迫，未敢固辞，只得暂时承乏。惟俟基础稍固，仍即归田。现孙大总统派专使来京，俟晤商后，再定行止。"③

是日，参议院议决接收北方各省统治权办法。

是日，议和全权代表伍廷芳，参赞温宗尧、汪兆铭等，以清帝退位，南北统一，电请辞退，总统准之。

按：孙中山在批准伍廷芳辞去议和总代表时，对其作了高度的评价。他说："公等为民国议和事，鞠躬尽瘁，不避嫌怨，卒能于樽俎之间，使清帝退位，南北统一，不流血而贯彻共和之目的，厥功甚懋！所请辞退议和代表事，应即照准。谨代表国民

---

① 王世儒：《蔡元培先生年谱》上册，北京大学出版社1998年版。
② 罗元铮：《中华民国实录》，吉林人民出版社1997年版。
③ 湖北省政协文史委编：《湖北军政府文献资料汇编》，武汉大学出版社1986年版。

申谢。"①

是日，同盟会会员梁廷栋、梁廷樾率领革命军攻打黑龙江的滨江城，占领电报局、邮政所，并设立临时机构——机关部。滨江道李家熬、统带么佩珍投降"革命军"，誓师攻打吉林。

是日，上海工商勇进党宣布成立。发表宣言简章，以"振兴工业、扩张商务、扶持工商业之建设"为宗旨。

是日，袁世凯让助手剪去了自己的辫子。

17日（宣统三年十二月三十日），袁世凯以"新举临时大总统"名义发布通告，申明"自阴历壬子年正月初一日起，所有内外文武官行用公文一律改用阳历，署大中华民国元年二月十八日即壬子年正月初一日字样"。

是日，孙中山致电袁世凯，已托唐绍仪等北上面陈，仍盼其南来任职。

是日，总统府连日接反对举袁世凯为总统之函电百数十通，孙中山于是日及21日分电劝解，迁延多日之风潮始息。

是日，南京临时参议院以清帝退位，特议决接收北方各省统治权办法五条，提请孙中山查照施行。

是日，孙中山令造币权应属于中央。

按：中华民国临时政府成立，财政部厘定造币厂简章，呈大总统批准。是日令曰："造币权理应操自中央。分隶各省，是前清秕政，未可相仍。"当时，江南造币厂原属江苏省管辖，江苏代理都督庄蕴宽呈请仍归该省照旧办理。孙中山在坚持前议同时，对于江苏财政困难，批示财政部"妥筹抵补之方，俾资行政之费"。②

是日，广西都督陆荣廷通电主张建都南京。

是日，袁世凯改以段祺瑞署陆军总长，王士珍辞职。

是日，黎元洪致电南京，反对以汉冶萍矿向日本抵押借款。

是日，俄兵攻占黑龙江胪滨府。

18日，孙中山电告袁世凯，派教育总长蔡元培为欢迎专使，魏宸组、刘冠雄、钮永建、宋教仁、曾昭文、黄恺元、王正廷、汪精卫为欢迎员，同往北京迎袁南下。

是日，孙中山布告宣布中华民国完全统一，今后务当消融意见，蠲除畛域，丕振实业，促进教育，维持世界和平。

是日，陕西民军东路都督张钫与清毅军司令赵倜、第六镇协统周符麟于潼关签署和议条件，并商善后事宜。次日，毅军退出关城，民军拔营入关。至此陕西东路战事遂息。28日，张钫率华阴各处民军西援。

---

① 《临时政府公报》第19号，1912年2月22日。
② 罗元铮：《中华民国实录》，吉林人民出版社1997年版。

民国元年日志
（1912年1月—12月）

是日,陆军部通电各省,撤销军政分府,并裁撤军队。

按:各省光复之初,多设置军政分府,大量募集军队,致使机关重复,军队众多,军民财政,无法统一。清帝退位,共和告成后,陆军总长黄兴特通电各省都督,恳请裁撤军政分府,缩减军队,以期行政归于统一。此电颁发后,各省均表赞成。①

是日,河南南阳宣布独立,举吕霞逥为豫南军政府临时都督,韩邦孚为民政长。

是日,中国同盟会江西支部在南昌成立,举吴铁城、易次乾为正、副会长。

19日,袁世凯设立临时筹备处。该处为袁未就职前"备咨询筹划之机关",下设法制、外交、内政、财政、军事、边事六股。各股办事员由袁选其得力幕僚44人充任。

是日,南京临时政府陆军部以清帝退位,南北统一战事已将告终,通电各省请裁撤军政分府,缩减军队。

是日,康有为通知各埠会员将"帝国宪政会"改名为"国民党"。

按:1907年3月23日,"帝国宪政会"在美国纽约召开正式成立大会,对外又称"中华帝国宪政会"。其政治纲领和规章制度,仍保存着浓厚的保皇会色彩。帝国宪政会的《决议》明确规定了"以君主立宪""尊皇室""扩民权"的宗旨,"以监督政府为主""以讲求宪政为事";"仍坚守戊戌旧说,当以君民共治、满汉不分为本义","力图扩张","以成国会而参国政""以强中国"为己任。《决议》中对会员也有明确要求,凡入会之会员,必须缴纳会费、常捐、月捐;帝国宪政会的组织机构,分为总局、总会、支会三级组织。总局设于纽约,设总长、副总长各1人,分别由康有为、梁启超担任;又于香港、上海设代办总局。帝国宪政会成立后,身为总长的康有为到处游历照相,副总长梁启超则长期旅居日本,徐勤、伍庄等康门弟子遂成为实际上的负责人。②

是日,广东香、惠两军不满袁当选临时总统,决意北伐,南京临时政府陆军部急电请柏文蔚、姚雨平、蒋雁行、徐宝山等劝阻。电文中有"项城处两难地位,苦心孤诣,致有今日,其功实不可没"等语。

是日,胡瑛应山东巡抚张广建之请,是日派代表三人赴济南协商。张佯举胡瑛为都督,并承认宣布共和,阴则图谋自立,次日即将胡之代表押解出境,调兵围谘议局,占济南电报局。21日复围商会,并据袁电令饬吴炳湘捕杀革命党人数十名。胡瑛闻讯,即电张提出抗议,并限日内答复所提三项要求。

是日,陕西略阳革命党人康炳熙、张俊彦、刘明川等率民军3000余围困县城。县令桂超佯允25日开城迎降,至期背信,偷袭民军。民军无备失败,康等死难。3月11日,四川党人熊会昌率川军来援,克略阳,众举熊为知事。

是日,孙中山电唐绍仪,以北军陷娘子关后四处抢掠,山西民众极为不满,嘱电

---

① 罗元铮:《中华民国实录》,吉林人民出版社1997年版。
② 中华文化通志编委会编:《中华文化通志》38第四典制度文化·社团志,上海人民出版社2010年版。

袁令北军悉数撤出。

是日,张勋所部北军依双方所议停战条件,撤离徐州并皂河、窑湾一带,改由民军进驻。

是日,山东军政府代表3人应张广建之邀,由烟台抵济南协商政事。张伴推胡瑛为都督,暗地图谋自立。次日,将3名军政府代表押解出境,并派兵包围咨议局,占领济南电报局。

是日,荷属爪哇岛泗水埠华侨,为庆祝祖国共和统一,升旗燃炮,遭殖民当局无理禁止。当场被荷警打死3人,重伤10余人,华侨书报社被封,电报被扣。全体华侨罢市抵制。当局复以武力胁迫开市。旋华侨电请南京政府保护。

20日,南京临时参议院续选黎元洪任临时政府副总统。

是日,孙中山发布《临时大总统咨参议院辞职文》和《临时大总统咨参议院推荐袁世凯文》。

按:文曰:前后和议情形,并昨日伍代表得北京一电,本处又接北京一电,又接唐绍仪电,均经咨明贵院在案。本总统以为,我国民之志,在建设共和,倾覆专制。义师大起,全国景从。清帝鉴于大势,知保全君位必然无效,遂有退位之议。今既宣布退位,赞成共和,承认中华民国,从此帝制永不留存于中国之内,民国目的亦已达到。当缔造民国之始,本总统被选为公仆,宣言、誓书,实以倾覆专制,巩固民国,图谋民生幸福为任。誓至专制政府既倒,国内无变乱,民国卓立于世界,为列邦公认,本总统即行解职。现在清帝退位,专制已除,南北一心,更无变乱,民国为各国承认旦夕可期。本总统当践誓言,辞职引退。为此咨告贵院,应代表国民之公意,速举贤能,来南京接事,以便解职。附办法条件如左:

一、临时政府地点设于南京,为各省代表所议定,不能更改。

一、辞职后,俟参议院举定新总统亲到南京受任之时,大总统及国务各员乃行辞职。

一、临时政府约法为参议院所制定,新总统必须遵守颁布之一切法制章程。此咨。

按:《临时大总统咨参议院推荐袁世凯文》曰:今日本总统提出辞职,要求改选贤能。选举之事,原国民公权,本总统实无容喙之地。惟前使伍代表电,北京有约以清帝实行退位,袁世凯君宣布政见赞成共和,即当推让,提议于贵院,亦表同情。此次清帝逊位,南北统一,袁君之力实多;发表政见,更为绝对赞同;举为公仆,必能尽忠民国。且袁君富于经验,民国统一,赖有建设之才,故敢以私见贡荐于贵院。请为民

民国元年日志

（1912年1月—12月）

国前途熟计，无失当选之人。大局幸甚！此咨。[1]

是日，交通部令南京邮务司通饬所属将匾额邮袋纸张改换民国字样文。

按：案准本月十号接贵邮务司呈，内开芜湖邮政支局禀称：向来凡由芜湖寄至庐州府邮袋，均由该埠小轮往来寄送。兹因该处军政府需用小轮运载兵士，不允搭寄邮袋等情，禀请核示前来。查该局邮袋，向由各小轮寄递，今该轮忽不允带邮件，非特于邮政前途大有窒碍，抑且于交通各要政诸多不便等情前来。查江苏、安徽两省邮政，已收回自办，目前已通电各省军政府。今该轮忽不允带邮件，想系芜湖支局未将邮袋面上写明"中华民国邮袋"字样。仰该邮务司即饬芜湖邮政支局，凡属邮政上所用之纸张及邮袋等，即改写"中华民国邮政"字样，该轮定必妥为寄递。本部已电芜湖军政府转饬该轮照常搭寄矣。并希贵邮务司通饬所属地方，将邮局匾额及所用邮袋、纸张等，一体改换"中华民国"字样，以免阻滞为要。此令。[2]

是日，女界参政同盟会在南京成立，议决向临时参议院及临时总统递交请愿书，要求参政权。

是日，日本对英声明，如不妨碍日在满洲特殊权益，对中国内政决采不干涉政策。

21日，南京临时政府财政总长陈锦涛与俄国华俄道胜银行签署借款150万镑草约。27日，南京临时参议院表决通过，旋因各方纷电反对，3月8日，袁世凯电复上海各团体，告以此项借款"已归无效"。

是日，孙中山就粤中有人议举胞兄孙眉为都督事电孙眉，谓"弟以为政治非兄所熟习"，"兄宜专就所长，专任一事，不必当此大任。"同日复电广东各界团体并各报馆劝阻。

是日，湖北省临时议会通电各省临时议会，倡议每省选举10到12人，齐集汉口另组临时中央议会。旋苏、湘、皖、赣、浙、粤、直、豫、鲁、晋、陕、奉、吉、黑14省临时议会或谘议局复电赞同。3月16日，湖北省临时议会又电各省临时议会，请迅即选举议员，齐集北京组织临时中央议会。

是日，山东巡抚张广建捕杀革命党人。

按：当时，革命党人胡瑛等人已在烟台成立山东军政府。对此，袁世凯及张广建等恨之入骨，必欲除之而后快。清帝退位后，袁世凯于20日令山东北军退驻莱州，改悬五色旗，平息战事。暗中张广建则策划阴谋，请胡瑛派代表到济南协商。19日，胡瑛派代表3人如约赴会。会议期间，张广建佯举胡瑛为都督，并承认宣布共

---

① 孙彩霞、李学通、卞修跃编：《辛亥革命资料选编》第四卷《南京临时政府与民初政局》下册，社会科学文献出版社2012年版。

② 孙彩霞、李学通、卞修跃编：《辛亥革命资料选编》第四卷《南京临时政府与民初政局》下册，社会科学文献出版社2012年版。

和,暗中则图谋自立。第二天即将胡瑛所派代表押解出境,同时调兵围咨议局,占领电报局。21 日,复围商会。并据袁世凯 16 日电令,捕杀革命党人数十名。胡瑛闻讯,立即电张提出抗议。此后,双方争战与摩擦不断。①

是日,黄兴与李宝成等发表《陆军将校联合会缘起》。

按:《联合会缘起》曰:军兴时代,非多数瑰才莘识之士,同德协力,以供国家之牺牲,未有能歼大敌建伟业者也。徵之历史,自古皆然。比者武昌起义,不匝月而光复十余省,诚吾国革命史之特色。然北虏未灭,正吾辈枕戈待旦,为国家效死之秋。种族存亡,国家兴灭,在此一举。肩兹巨任,非有高尚之学术、卓越之精神、优美之道德,不足竟全功而巩新国,用拟邀集同志,结成一大团体,互相研究,互相箴勉,铸成中华伟大军人之资格,以共济时艰,此则某等组织斯会之本旨也。

发起人:黄兴,李宝成、何鸣皋、张灯,黄湘元、蒋作宾、张华辅,何国桢、张全吉、许文瀚、林调元、陈乾、李馨、黄国华、徐文澄、陈蔚、官其彬、汪略、金同寿、黄燧元、沈郁文,高兆奎、张鹤翎、陈虹燧、骆咏曾、仇亮、沈靖、黄中、奚政、潘荫春,杨廷溥、杨言昌、陆凤韶、邓镕渠、卢润培、翁之麟、何浩然、程疆、何应钦、陆维达、耿觐文、余晋和、范滋泽、黄岐春、高冲天、张承礼、沙涌潮、赵鳌、彭光湘、常士彝、许葆英、张绪文、阮鸿、汪有容、凌敏刚、舒厚德、支士端、龚继疆、汪时璟、熊宝慈、何澄、杨葆毅、缪庆禧、蒋珩、劳远基、黄郭、文锡祉、王裕光、李勋、黄家濂、戴任、张元謇、淳于玉龙、许国馨,尹兆尘、何成濬、陈长虹、胡培新、陈丙炎、田辅基、陈懋修、胡宗铨、魏超中、朱崙、张群、官成琨、陈华,高宗远、曹纪泰、胡万泰、李书城、冷秉炎、黄均恩、汤盘、曾栎超、汪韬、程云飞、徐同,舒学成,陈晋、郑廷钧、俞钟彦、刘燮成、陈其蔚、汪迈、滕璧、沈尚仆、庄谠、张志豪、张人武。

赞成员:刘器成、张志澄、陈汉钦、陈最。②

附:陆军将校联合会致民立报馆电(一九一二年四月十五日)

民立报馆鉴:本会成立以来,迭经数月,粗具规模,应照章程分科办事,当即分别给予选任状,以资信守,而策进行。兹将各职员姓名电布,乞登贵报为荷。陆军将校联合会叩。

陆军将校联合会职员一览表:

正会长:黄兴。

副会长:陈蔚。

名誉会长:黎元洪,段祺瑞、姜桂题、冯国璋、蒋作宾、徐绍桢。

协理:陈懋修、洪承点、林调元。

---

① 罗元铮:《中华民国实录》,吉林人民出版社 1997 年版。
② 据上海《时报》一九一二年二月二十一日。

民国元年日志

（1912年1月—12月）

评议部长：史久光。

调查科长：周诗；科副：汪有容、朱毅章，宁元庆。

审定科长：钱桐；科副：胡培新。

纠察部长：瞿钧。

纠正科长：蓝任大；科副：易芝臣、舒学成。

劝励科长：吴浩；科副：徐一清、张灶。

署理干事部长：刘泽沛。

署理交通科长：卢润培；科副：张民宝，韩尚忠，程疆。

文牍科长：刘泽沛；科副：李玉铎。

编译科长：黄家濂；科副：王有丙、谢良翰。

署理庶务科长：汪科；科副：张志丰、张兆第、陈�、胡家钰。

会计科长：曾枥超；科副：顾怡、刘迺封。

署理秘书：鲍秉中。

司事员：刘延、许恒寿。

书记生：文学、游寿宇。①

按：黄兴与蒋作宾等发起陆军将校联合会传单（一九一二年二月二十一日）：径启者：国家多难，武事为先，欲谋辅助进行之方，必藉集思广益之力。是以纠合同志，创设陆军将校联合会，结成一大团体，互相研究箴勉，铸成中华伟大之军人，以共济时艰。兹定于二月二十五号午后一时，假座三牌楼第一舞台开成立大会，议决详细章程及选举职员，以期本会日渐发达，凡我将校，届时务祈驾临是幸。

发起人：黄兴、蒋作宾、林调元、陈蔚、汪迈，章亮元、茅迺封，黄朝元、刘燮元、张成礼、沈尚东、高兆奎、陆维达、柯森、马嘉全、徐同、何成濬、何国桢、李馨、李实茂、卢润培、潘荫椿、俞钟彦、徐家镕、张鹗翎、黄中、仇亮、官成鲲、李勋，陈懋修、黄燵元、耿觐文、杨廷溥、官其彬、陈汉钦、陈雄修、张承礼、许葆英，舒厚德、陈晋、李书城、沈郁文、张华辅、何澄、黄郭、戴鸿渠、薛同、陈乾、翁之麟、何鸣皋、汪略、刘燮成、余晋和、张绪文、陈华、汪韬、冷秉炎、胡宗铨、戴任、陈凤韶、程疆、胡培新、高宗远、李华英、舒学成，奚政、汪时璟、黄均恩、何应钦、黄国华、金同寿、蒋珩、张志豪、张灯、张全吉、邓镕渠、汪有容、黄岐春、陈裕时、范滋泽、赵鳌、阮鸿、高冲天、彭光湘、劳远基、常士舞、凌敏刚、张俊、胡万泰、陈budget、徐之鉴、熊宝慈，张群、尹兆尘、田辅基、邓翊华、熊烈、孟晋、孟宏、杨兆淞、宋长胜、徐涛、徐衡、高毓隆、刘毅、周应时、皮广生、叶文英、黄桂华、周凝修、黄尔宇、邓质仪、彭明俊、尹同金、朱先志、王观镐、徐之鉴、夏观天、刘汉、何芝诚、李焜甫、方荣、徐绍桢、郑廷钧、杜淮川、郑弘谟、李茂盛、徐振中、路孝愉、王

---

① 据上海《民立报》一九一二年四月十六日。

有才、汪达，王有丙、许衍祥、黄诗选、黄胜奎、张宏斌、孙先岐、陈玉书、陈丙炎、蒋家骥、张栋、黄尔乾、吴德霖、陈立生、刘浏、金如鉴、朱畚、许文瀚、黄湘元、许国馨、李得胜、陈正东、邹煜、张智恩、方清、杜持、徐文澄、骆咏曾、张毅、马玉衡、高维邦、俞腾、熊一弼、熊湘杰、杨得清，宋琪、张福胜、朱俊业、沈汉卿、徐春年、洪恪、金让、季亮。

赞成人：陈长虹、张元骞、黄家濂、文锡祉、曹纪泰、李思广、刘长誉、赵光、杨葆毅、支士端、张诸文、沙涌潮、沈光怡、许春荣、李雅章、成大材、余晋和、何浩然、杨志澄、张侯、黄世豪、汪瑞钧、王吉元、沈靖、杨言昌、刘器成、龚维疆、陈晋、陈其蔚，庄鳌、程云飞、缪庆禧、王裕光、淳于玉龙、曾柄超、陈虹煋、项泽蟠、陈棍、江恢阅、魏超中、陈虹奎、严康侯、蒋瑜、张兆第、林之夏、卢东瀛、夏文龙、留芝芳、左炳焘、王志阮、陈其璋、张锡祖、张人武、陶熙、宁元庆、滕壁。①

是日，迎袁专使蔡元培乘招商局新铭轮自沪北上。

是日，中华民国工党总部公布改正草章。

按：《中华民国工党总部第一次改正草章》（1912年2月21日）：

定名　本党为中华民国工界所组织之团体，故名中华民国工党。

宗旨　甲、促进工业发达；乙、开通工人知识；丙、消改工人困难；丁、提倡工人尚武；戊、主持工界参政。

事业　甲、对于工业发达问题：如组织品物陈列所、劝工场、模范工场、工业赛会、工业学校以及调查各国实业等。乙、对于开通知谦[识]问题：如组织补习所、星期学校、发行杂志新闻，并定期或临时开通俗演讲会等是。丙、对于消改困难问题：如开办劝业银行、工人储蓄银行、提议工金之损益、议定作工时间及优待职工等是。丁、对于提倡尚武问题：如组织工团等是。戊、对于工界参政问题：如主持国会关于工业上之议案等是。

组织　本党分庶务部、经济部、文牍部、调查部、交通部、宣讲部、研究部、编译部。

党员　凡工界同志年在十六岁以上而能自营生计者，不分贫富、男女、宗教均得入党，而外界同志之赞成本党者作为赞成员。

职员　设正领袖一人、副领袖二人、每部主任各一个、研究部主任若干人，均于开会时推举，三年一任；各部助任若干人，由主任委任。

经费　党员每半年纳经常费小洋五角，如一次无力缴足者，得按月分缴。

地址　暂设办事所于上海小西门内。

集会　大会每年一次，以阳历一月十号合各支部行之，报告前年度之成绩，并议

---

① 据《临时政府公报》第22号附录，1912年2月25日。湖南省社会科学院编：《黄兴集》，中华书局2011年版。

民国元年日志

（1912年1月—12月）

决本年度应行事宜。若有紧要事件，则开特别大会或职员会。

支部　随地组织，除宗旨及党员资格应照总部外，其余办法得参酌各地情形，自行妥订。其对于总部之义务权利如下：甲、将党员及选定职员名册报告总部；乙、支部对于总部有调查及报告该地一切情形之义务；丙、支部党员与总部党员有同等之权利；丁、如总部经费充余，得酌量津贴支部。

附刚　甲、除宗旨外，其他各则得于大会时提议修改；乙、党员若有特别意见，得通信或来党报告；丙、非党员而有特别意见报告本党者，尤所欢迎。①

是日，湖北临时议会发起筹组临时民国议会。

是日，日外务大臣内田康哉电令驻英、美、俄三国公使，向三国政府征询日本政府所拟承认中国新政府先决条件之意见。条件内容有：一、继续尊重外人之一切权益；二、承认偿还以往之外债；三、各国对承认取一致行动。

22日，袁世凯以"新举临时大总统"名义颁发布告，令各地方军政长官保护外人生命财产。

是日，孙中山出席四川旅宁人士举办的四川死难烈士大会。

是日，临时政府陆军部令各省将湘楚淮军昭忠祠改为大汉忠烈祠。

是日，孙中山任命胡汉民为广东都督，胡力辞。

是日，女子同盟会发表宣言书，宣布"以助民国促进共和、发达女权、参预政事为宗旨"。会长吴木兰。会所设于上海西门内曹家桥。

按：《女子同盟会宣言书》曰：东西各国，男女平等，凡女子亦有参预政事之权。我中国数千年来，女子深处闺中，几成废物，是四万万同胞半归废弃。虽为女子自行放弃，亦由专制国体不容稍有越俎使然。本会之设，以助民国促进共和、发达女权、参预政事为宗旨。复经设立经武练习队，以为本会调查、执行两部之预备。业经本会会长吴木兰面呈孙大总统，颇蒙赞许，并承陆军部长黄克强先生、教育部长蔡元培先生及卫戍总督徐固卿先生、各部长、各都督一致赞成，勖以应尽之职，本会幸甚，吾女子幸甚。惟以孙大总统面许到沪莅会，提倡进行方针在即，而本会会章未臻妥善，必当改良。窃思现在共和成立，以尽力提倡民生主义为要务。女子既有参预政事之权，须具参预政事之学识，故本会于教育一部业经添设，亟待扩充。其他女子应尽之职所当注重者，均宜美备。为特布告男女同志，尚望勿吝玉趾，惠临本会，共同研究，俾臻完美，方不负大总统及同志诸君期望之殷，庶大总统莅会时，本会得以完全成立，达进行目的。曷胜翘企之至。会所在西门内曹家桥。②

---

① 《民立报》1912年2月21日。方庆秋：《民国党派社团档案史料丛稿·北洋军阀统治时期的党派》，档案出版社1994年版。

② 《申报》1912年2月22日第七版。上海社会科学院历史研究所编：《辛亥革命在上海史料选辑》增订版，上海人民出版社2011年版。

是日,《时报》发表《新陈代谢》说:"共和政体成,专制灭;中华民国成,清朝灭;总统成,皇帝灭;新内阁成,旧内阁灭;新官制成,旧官制灭。"

是日,上海都督陈其美发布《禁吸鸦片告示》。

按:告示曰:沪军都督陈示云:照得鸦片之害,流毒于我中国已数十年矣。凡我同胞沉溺于鸦片之中,废时失业,败产荡家者以数百千万计。前清时代,曾以特设禁烟大臣,与外人缔约,严行禁止,各省虽不能一律净除,吸者已属无多。现自民军建义以来,军务倥偬,不暇顾及,而吸烟者乘此时会,有死灰复燃之势,人格丧尽,实堪痛恨。上海五方杂处,匿居私吸,实繁有徒,倘非严密调查,重申禁令,恐我新造之共和民国,其人民程度反不如从前垂亡之满清帝国。伤心之事,莫过于斯。为此特布禁令,如有私卖灯吸者,一经察出,财产立即发封,本犯严行惩办。本都督非欲以强迫手段施之同胞,赏(实)欲除恶务尽,不欲留污点以贻民国前途之隐患。仰诸界人等,其各凛遵毋违。①

23日,南京临时政府颁行新编历书。该历书为内务部奉孙中山先生令编辑而成,为我国第一部阴阳合历历书。

是日,南京临时政府外交部向荷兰政府展开严置交涉。

按:前因南洋荷兰属地爪哇岛泗水埠华侨于本月19日在该埠庆祝中华民国成立,惨遭当地警察枪杀、拘禁,乃急电南京临时政府和上海华侨联合会,请求保护。联合会当即转电南、北两政府,同时南京临时政府亦转电北京。旋荷兰军队又日肆掳掠,加调马步兵团,掳男女老少400余人。27日,荷属粤侨全体致电南京临时政府外交总长王宠惠,告以"荷兵逐日围捕.专捉粤侨工商,已达二千余","请速设法解悬"。一时,国内群情激侦,报刊、民间团体纷纷抗议荷兰政府的无理暴行,要求政府维护国家尊严,切实保护华侨正当权益。南京临时政府内阁于26日会议专门议定对荷兰交涉条件:一、限3日内释放捕获者。二、赔偿损失财产。三、被害者之赔偿。四、恢复人权,与欧侨、日侨一律看待。并限一星期答复,否则将禁阻通商,不准民国有荷兰国旗。北京袁世凯得电后,即于本日一面电致驻荷兰公使刘镜人,一面由外务部向驻京荷使交涉。后经这次交涉,至4月18日荷兰政府始认可释放被掳华侨。双方议定条件主要为;一、枪毙华侨之荷人,由荷政府惩办。二、已死之华侨,荷政府除优礼埋葬外,并优给其家属抚恤费。三、被伤之华侨,除由荷兰政府医治外,并给调养费。四、华侨财产损失,须照数赔偿。五、旅居荷属华侨,荷政府须与荷人一律看待。六、条约定后,均须逐条实行。此为民国成立后,第一次与外人交涉保侨事件。②

---

① 《民立报》1912年2月22日。上海社会科学院历史研究所编:《辛亥革命在上海史料选辑》增订版,上海人民出版社2011年版。

② 罗元铮:《中华民国实录》,吉林人民出版社1997年版。

民国元年日志

（1912年1月—12月）

是日，袁世凯电饬奉、吉、黑、直、鲁、晋、豫、热、察等省地方官绅维持现状，共保和平。

是日，孙中山任命汪精卫为广东都督，未到任以前，由陈炯明代理。

是日，孙中山以奉天、哈尔滨、黑龙江等处官吏反对共和，惨杀民党，是日电袁世凯"祈速电阻妄杀，并将段军就近弹压，保护大局"。

是日，孙中山令准中华民国红十字会立案。

是日，孙中山咨请参议院设立稽勋局。

是日，沪军都督陈其美批准潘月樵、夏月珊建立上海伶界联合会的申请。

是日，梁启超自日本致函袁世凯为其出谋献策。除请袁"立一有系统的财政计划"，以取重于外人，广借外债外，力劝袁以"服从舆论之名"而行"开明专制之实"，并进而建议袁合旧立宪派及旧革命派中愿听命于袁者，组织一"健全之大党"，以与始终不与袁妥协之革命派争，使"彼自归于劣败"。

是日，日本政友会开会讨论在华设立经济机关问题，决定今后不仅须注重于金融机关之设立，举凡企业、贩卖及其他足供日本经济界发展之事业均须经营。

24日，孙中山令革除部清官厅称呼。

按：孙中山以官厅职员非特殊之阶级，不应有"大人""老爷"等称呼，乃颁布命令如下："官厅为治事之机关，职员乃人民之公仆，本非特殊之阶级，何取非分之名称？查前清官厅，视官等之高下，有大人、老爷等名称，受之者增惭，施之者失体，义无取焉。光复以后，闻中央地方各官厅，漫不加察，仍沿旧称，殊为共和政体之玷。嗣后各官厅人员，相称咸以官职；民间普通称呼则曰先生、曰君，不得再沿前清官厅恶称。"[1]

是日，孙中山下令陆军、内务、财政三部将各省军政分府酌改为司令部，不得干涉地方民政、财政。

是日，陆军总长黄兴致电袁世凯请辞，26日袁复电慰勉。

是日，黄兴通电批驳庄蕴宽等人定都北京之论。

是日，沪宁铁路开始行驶夜车。

按：当时，火车只在白天行驶，入夜即停驶。自南京临时政府成立后，南京与上海间来往人员骤增，行车自应增加。孙中山、陈其美等人均曾提议，后由交通部次长于右任着手办理。决定每晚于12时沪、宁两方各开特别快车1次，于24日开始行驶。此为沪宁路创行夜间行车之始。[2]

是日，日本神户、大阪华侨千余人在神户中华会馆召开中华民国共和祝贺会。

---

① 罗元铮：《中华民国实录》，吉林人民出版社1997年版。

② 罗元铮：《中华民国实录》，吉林人民出版社1997年版。

入夜举行提灯游行。进行中遭日警强力阻止,迫令解散,并拘捕发起人。

25 日,黄兴、蒋作宾等 174 人发起组织的南京陆军将校联合会正式成立。

按:南京各军将领姚雨平、王芝祥等 174 人,为团结军界同志起见,特发起组织陆军将校联合会。是日,举行成立大会,到会将领数百人,选举黄兴为会长,陈蔚为副会长,徐绍曾、陈懋修、洪承点、林调元等为协理。后以"民国奠定,南北军界统一",于 4 月 25 日宣告解散。①

是日,蔡元培、汪兆铭、宋教仁、唐绍仪等自上海到天津,即赴北京。

是日,武昌文华学校童子军成立。

是日,荷属泗水殖民当局连日搜捕华侨已达千数,是日复将进口船中百余华侨全部拘禁,并胁迫华侨书报社承认前被捶毙之华侨乃因"谋为不轨"使然。华侨急电国内求援。

是日,孙中山就荷属爪哇殖民当局迫害华侨事件召集南京临时政府各部开会,议决照会荷政府提出释放被捕者、赔偿损失及恢复人权等四项要求,并限一星期答复否则将禁阻通商,不准民国悬有荷旗。

是日,荷兰政府外交部复照北京驻荷临时外交代表刘镜人,就爪哇殖民当局侮辱国旗、虐华侨事强行诡辩,竟谓"不应将改建国体事通告华侨"。

26 日,孙中山电袁世凯,谓升允反对共和,已破醴泉,攻咸阳,省城危急万分,请速为援救。同日又电嘱陕督张凤翙就近商袁部合击升允。

是日,《大公报》发表章太炎致袁世凯电,主"内官拟设总理","各部总长、次长以下,设参事厅,主讨论;设金事厅,主执行";"外官废省存道,废府存县,县隶于道,道隶于部。其各省督抚、都督等改为军官,不与民事,隶陆军部"。"参议院应由国会推举,不得由内外行政长官指派"。

是日午后 4 时许,唐绍仪、汪精卫由天津到北京。

按:汪抵达后,即下榻东城煤渣胡同迎袁代表招待所;随即晋谒袁世凯密谈甚久。晚,袁亲自设宴款待。②

是日,孙中山咨请临时参议院审议道胜银行借款合同。

是日,俄国向日本建议,以确保两国特殊利益为承认中国新政府之条件,日本未同意。

27 日,迎袁专使蔡元培一行抵北京,旋即下榻迎袁代表招待所;下午谒袁世凯递交参议院举袁为总统之选举状及孙中山请袁南下就职之手书。次日,袁邀蔡等茶会。

---

① 罗元铮:《中华民国实录》,吉林人民出版社 1997 年版。
② 罗元铮:《中华民国实录》,吉林人民出版社 1997 年版。

民国元年日志
（1912年1月—12月）

是日，武昌文学、群治二社社员所组织之改良政治群英会，为反对孙武与黎元洪勾结排斥异己，联合军界及其他团体约数千人，在近卫军协统黄申芗、向海潜领导下，是日晚举行暴动，包围孙武住宅，宣布罪状，执攘终宵，次日始渐告平息。此即所谓"群英会事件"，亦称"湖北二次革命"。

是日，陆军部规定《入伍生队条例》。

按：第一章　总则

第一条　本队命名为陆军入伍生队，卒业后升入军官学校。

第二条　本队学生年龄十八岁以上二十五岁以下，体格强壮，曾在普通中学堂毕业（及有中学毕业相当之程度者）试验及第者，方为合格。

第三条　入伍生在队期满，由总队长督同各科队长、营长、连长严加试验，将其成绩品行汇送军官学校，以备查核。

第四条　入伍生在队一年分为三期，第一期充一等兵阶级六月，第二期进充上等兵阶级三月，第三期进充下士阶级三个月期满，进充中士阶级，升送军官学堂。

第五条　入伍生服装以兵士阶级为准，惟于领章左右缀十八星旗章一颗，以为特别徽记。

第六条　入伍生如犯有左列之事项即行开除：

一　紊乱军纪，违犯规则及品行不正者。

一　学力缺乏，不堪为入伍生者。

一　将来无军官之希望者。

一　有疾病伤痪不堪服役者。

第二章　编制

第七条　本队编制除本部外，所有各兵科入伍生编制按照学生人数多寡，由陆军部部长酌定饬遵。

第八条　队本部编制总队长（右将军）一员，步、骑、炮、工、辎重各兵科队长（大左）（都尉）各一员，副官一员，二等军医长一员，二等军医一员，司药一员，二等军需长一员，二等军需一员，书记四员，司书四名。

第三章　教育

第九条　入伍生入队后，分编各兵科。按所充阶级，服习各种勤务，并授以军事学术，尤以鼓铸其坚确之志操，陶冶其高洁之品性，以养成他日干城之选。

第十条　入伍生之教育既分三期，其各期教育应按照其阶级分别教授，以资历练。

第十一条　军事学术课之余暇，应使其补习普通学，由各军官担任教授。

第十二条　为催促入伍生学术之进步计，并施行将校团及下级干部之教育。

第四章　职务

第十三条　总队长统辖及命令全队教育、内务、军纪、风纪,并卫生经理事宜。

第十四条　总队长直隶陆军部,得以开除学生,但事后须报部存案。

第十五条　各兵科队长禀承总队长,掌管各营连之教育、内务以及学生之军纪、风纪。

第十六条　各营长及独立连长均承各科队长之命令,掌理各营连教育、内务。

第十七条　二等军需[医]长承总队长命令,指挥各军医掌理全队卫生事宜。

第十八条　二等军需长承总队长命令,指挥各军需掌理全队卫生事宜。①

是日,上海都督陈其美发布禁止赌博告示。

按:告示曰:沪军都督陈英仁君以沪地为通商巨埠,各国荟萃地点。每逢旧历新年,各界均有以赌博为及时行乐之事,昨特发出六言韵示,以为同胞之规劝,文云:照得民国新立,亲爱莫如同胞。各宜劝善规过,不可专事无聊。上海五方杂处,良莠本属混淆。时有开场聚赌,常常达旦通宵。中华正朔虽改,阴历旧习未消。每届新年开幕,大家欢喜罗唣。不顾街坊邻舍,大声喝六呼么。甚至男女混杂,其中丑态难描。即使富有家产,何必以赌为豪?况且贫民小户,一家待哺嗷嗷。弄得倾家荡产,可怜老小号啕。赢家每思再赌,输家常想翻梢。赌者执迷不悟,看者技痒难熬。试问天下赌客,何人得满荷包?况在上海租界,外人容易见嘲。笑我中华民国,人民程度不高。倘因斗殴争攘,每至持斧弄刀。一被巡捕看见,扭去送押西牢。即被民军查获,岂能法外逍遥?奉劝诸色人等,竭力规劝同僚。有益身心诸术,何事不可游遨?例如文明游戏,抛球竞渡体操。既可余存钱物,又能练习勤劳。所有骨牌赌具,从速一把火烧。大家洗心革面,切莫再做一遭。一片婆心苦口,切勿厌我唠叨。倘敢故违禁令,自有军法专条。特出简明韵示,以期一体明了。②

是日,唐绍仪电告王宠惠,荷公使贝拉斯允以"私意"就商荷属爪哇殖民当局,请其"不禁升旗,并允将所捕之人酌量释放"。29 日,王电复唐,指出"现下所亟应力争者,不在升旗问题,而以释人、索偿、废除虐例为最要","仍希据理力争,毋任狡赖"。4 月 18 日,荷殖民当局始认可释放被捕华侨,按律惩治枪杀华侨之荷官,厚葬、抚恤、医伤、赔偿等项要求皆允照办,并允此后不再虐待华侨。

是日,荷属泗水粤侨全体致电南京临时政府外交总长王宠惠,告以"荷兵逐日围捕,专捉粤侨工商,已达 2000 余","请速设法解悬"。

28 日,孙中山就武昌群英会事件电鄂省同志,务望以和平为主,毋伤同胞同志之意,毋启外人干涉之端。

---

① 孙彩霞、李学通、卞修跃编:《辛亥革命资料选编》第四卷《南京临时政府与民初政局》下册,社会科学文献出版社 2012 年版。

② 《民立报》1912 年 2 月 27 日。上海社会科学院历史研究所编:《辛亥革命在上海史料选辑》增订版,上海人民出版社 2011 年版。

民国元年日志
（1912年1月—12月）

是日，孙中山以中央业已发行公债票，批示沪军都督陈其美将上海公债票即日停止发行。

是日，孙中山咨请参议院审议文官考试及外交官领事官考试法令。

是日，临时参议院通过弹劾司法部次长吕志伊违法案。

是日，蔡元培等再晤袁世凯，袁谓一时尚难南下。

是日，英、法、德、美四国银行团自上海拨银200万两，交南京临时政府财政部。此款系袁世凯令唐绍仪与该银行团商借者。后四国银行团又于3月9日借予北京政府银110万两；5月17日借银300万两；6月12日借银300万两；6月18日借银300万两。合前后五次共借银1210万两。后此款在1913年5月31日由与六国银行团签订之"善后大借款"中扣还。

是日，改良政治群英会在武昌举事。

按：该会为武昌文学、群治二社社员所组织。因不满湖北军政府上层人物日趋反动腐化，遂联合武昌军界进步组织数千人，于是日凌晨举事。此即武昌地区酝酿已久之"二次革命"。起事群众原拟将鄂军政府各部一体推翻，并免黎元洪职，后因少数团体意图妥协，乃改为将矛头专指孙武及少数平日作恶多端者。湖北新任军务司长曾广大遂发出悬赏千元通缉孙武令，起事则于当日平息。事后，黎元洪借口"奉令改部为司"及群众不满孙武，将所属各司悉委亲信，并借端大肆捕杀文学社等革命团体成员。[①]

是日，《民立报》刊登《国学会缘起》。该会以章太炎为会长。

按：是月，章门弟子马裕藻、钱玄同、朱宗莱、沈兼士、龚宝铨、朱希祖、范古农、许寿裳等发起"国学会"，请章太炎担任会长。《国学会缘起》曰："先民不作，国学日微，诸言治兴学，以逮艺术之微者，罔不圭臬异国，引为上第。古制沦于草莽；故籍鬻为败纸，十数稔于兹矣。……语曰：'国将亡，本必先颠。'典章制度名物训诂，玄理道德之源，粲然莫备于经子，国本在是矣。今言者他不悉知，唯欲废绝经籍，自诩上制，何其乐率中国而化附于人也。方当匡复区夏，谓宜兴废继绝，昭明固有，安所得此亡国之言，以为不祥之征耶？刘子政有言，历山之田者善侵畔而舜耕焉，雷泽之渔者善争陂而舜渔焉，东夷之陶器窳而舜陶焉，故耕渔与陶，非舜之事，而舜为之以救败也。学术之败，于今为烈，补偏救弊，化民成俗，非先知先觉莫能为，为亦莫能举其效。余杭章先生以命世之材，为学者宗，魏晋以来大儒，罔有逮者。昔遭忧患，旅居日本，睹国学之沦胥以亡，赫然振董，思进二三学子，与之适道。裕藻等材知驽下，未能昭彻所谕教，然海内学校之稍稍知重国故，实自先生始之。流风所被，不其远乎？虏廷克减[灭]，先生亦返国，昌言至论，既彰彰在人耳目，同人复以学会请，庶尽其广博，以

_____

① 罗元铮：《中华民国实录》，吉林人民出版社1997年版。

114

贻后昆。先生许诺。且言今之所亟,亦使人知凡要,凡要微矣,诚得其故,如日星河岳然,虽月三数会,不病寡也。既获命,敢告海内贤士大夫,莫莫葛藟,施于条枝,岂第君子,求福不回。文武之道,未坠于地,十室之邑,必存忠信。宣扬而光大之,是在笃志自信者,可以固国,可以立,可以诏后生,可以仪型万世。凡百君子,其亦乐乎此也。学会规约别录如左:一,定名曰国学会。二,请章太炎先生为国学会会长,并随时延请耆儒硕彦,分科讲授。三,讲授科目大别有六:甲,文,小学(音韵训诂,字原属焉)、文章(文章流别,文学史属焉);乙,经(群经通义);丙,子(诸子异义);丁,史(典章制度、史评);戊,学术流别;己,释典。四,讲授期以壬午阳历四月七日、阴历二月二十日房日始,自后凡房虚昴星日即为会期。五,愿入会者,以得会员三人以上介绍而学长允许为准。六,凡会员暂定月纳会费银二元。七,凡所讲授,由会员分任,随为国学讲义,随时印行,以饷学者。刊行讲义,别有详章。发起人:马裕藻、钱夏、朱宗莱、沈坚、龚宝铨、范古农、朱希祖、沈钧业、张传梓、张传瓛。"[1]

是日,上海军政府批准成立伶界联合会。

按:潘月樵、夏月珊等创立伶界联合会,呈奉沪军都督批云:来呈阅悉。潘、夏诸君于伶界夙负声誉,数年以来专事排演新剧,感化社会,其影响所及,能使国民心理趋向共和。此次流血少而收效速,与有力焉。比来大局粗定,百凡待理,立国之本,端在道德。教育要矣,而普及匪易。且感化之捷,尤莫如戏剧,虽以素不识字之乡愚,闻见所到,歌哭无端,实足以辅教育之不及,而促其发达。来呈所述,多属切实可行,所订简章,亦复妥洽,准予立案。此后尚望竭力进行,注意道德一端,多排新剧,感动国民,以巩固我民国前途之基址。至简章内所有调查一科,尤宜逐渐推广办理。如伶界中或有演唱淫剧者,务须设法阻止,使之改编有益社会诸戏。此皆贵会诸君应负之责任也。本都督鉴于世风日下,有戾立国之原理,而戏剧之效力,实足以移易风俗,意有感触,不惮缕尔(右加见),言之如此。尚其真切举办,弗辜厚望,是所至盼。[2]

是日,南京临时政府禁华人往荷兰属地。

29 日,袁世凯密令曹锟部在北京发动兵变。晚 8 时,北京城内枪声四起,曹锟第三镇第九标炮营要求免裁津贴,自朝阳门外相率入城,同禄米仓辎重营相约同时举事,挨户搜索,旋至东四、崇文门、正阳门大肆抢劫,东华门外集成钱号被变兵打死者六七人,东城及前门一带火光烛天,东安市场火势彻夜不灭。变兵又因袁世凯克日南行、北军将被解散之谣传,遂窜至煤渣胡同迎袁专使驻所持枪抢掠,蔡元培等仓促逃出,仅以身免。

---

① 姚奠中、董国炎:《章太炎学术年谱》,山西古籍出版社 1996 年版。

② 《申报》1912 年 2 月 28 日。上海社会科学院历史研究所编:《辛亥革命在上海史料选辑》增订版,上海人民出版社 2011 年版。

民国元年日志
（1912年1月—12月）

按：正当蔡元培等在议事时，突然间枪声大作，火光冲天，北洋第三镇士兵变乱，将沿商店铺抢掠一空，毁为废墟，并闯入迎袁专使住所，将"行李文件等物掳掠一空"。蔡元培等仓皇避入东交民巷六国饭店。接着，天津、保定的北洋驻军也齐声哗变，大肆焚掠，洗劫一空。"四街各处繁盛皆成焦土""啼饥号寒之声比户皆是"。兵变以后，帝国主义和北洋军阀集团立即"双簧"登台。段祺瑞、冯国璋、姜桂题等北洋将领联名通电，要求临时政府必须设在北京，袁世凯必须立即在北京组织统一政府。帝国主义也以保护使馆和侨民为幌子，组织京、津一带的外国驻军整装巡逻示威，并将外地驻军纷纷调来北京，做出干涉的架势，进行威胁。于是，袁世凯装出一副无可奈何的样子，故作姿态地表示"凯极愿南行"，"不期变生仓猝，京师骚扰，波及京津"，"北方商民愈不欲凯南行，函电吁留，日数千起"。①

是日，大总统命内务部准中华民国红十字会立案令。

按：1912年2月29日《临时政府公报》刊登《大总统令内务部准予中华民国红十字会立案文》，兹准黎副总统电开：鄂省自起义以来，血战数十日，尸骸枕藉无算。幸赖中国红十字会在武汉设立临时医院，救治被伤兵士，并施掩埋。兹查该会已由日本赤十字社长松元侯爵特派法学博士有贺长雄来沪，商榷修改会章。复承介绍，得邀万国红十字联合会公认该会为中华民国正式红十字会。此次民军起义，东西南北各省均设立分会，共五十余处，所费不赀，其功甚巨。如此热心慈善事业，似不可不特别表彰。

孙大总统批示：查该会热诚毅力，殊堪嘉尚，应予立案，以昭奖励。令行内务部查照办理。②

是日，袁世凯致电孙中山、黄兴告以段祺瑞与蓝天蔚代表戴季陶、范熙绩磋商奉省善后办法业有头绪，并已于28日电饬赵尔巽"对于民军派员和平接洽"。

是日，南京临时政府外交总长王宠惠就华人赴美护照由税务司代发事电北京外交首领胡惟德，请迅向美使交涉收回发照特权，"毋任国权操诸外人"。后几经交涉未成，此事遂暂行搁置。

是日，上海总商会正式成立，原商务总会宣布取消。

是日，沪军都督府民政总长李平书发布通告，在上海南市市政厅及闸北各设华洋混合裁判法庭一处，此后遇有租界以外华洋混合公诉私诉，即依中国法律在各该法庭进行审理。

是日，共和统一会、国民共进会、政治谈话会三团体在上海联合组成统一共和党。

---

① 张宪文主编：《中华民国史纲》，河南人民出版社1985年出版。
② 邱远猷、张希坡：《中华民国开国法制史：辛亥革命法律制度研究》，首都师范大学出版社1997年第1版。

是日,美国参议员威廉苏沙在参议院提出"电贺中国人民案"。参议员达尔沙起而赞成,并发表演说谓:"中国宣布共和,为世界上极大之事。吾人深知中国人有自治之资格,此案应通过,并望不日且正式承认中华民国。"

是日,袁世凯茶会招待蔡元培等,蔡致辞谓袁必须南行,以联络南北感情,至定都事俟后再议。

是日,隆裕太后派世续访袁世凯,劝勿南下。

是日,临时政府内务部、教育部电各省指示祭祀仪式。

是月,汪精卫在津解散北方革命组织。

按:汪精卫在天津召集北方各革命组织开会,借口清帝退位,革命目的已达到,宣布各团体一律解散。其成员除参加同盟会者外,均资遣回籍。①

是月,中华民国临时大总统孙中山,于南京召见响应武昌起义攻打上海江南制造局立功的京剧老生潘月樵(甘泉人),授予勋章,并亲笔题赠"现身说法,高台教化"八字横幅。

---

① 罗元铮:《中华民国实录》,吉林人民出版社1997年版。

民国元年日志
（1912年1月—12月）

3月

3月1日，临时大总统孙中山颁给张蔼蕴的旌义状。

是日，袁世凯为兵变事向外交团道歉。

是日，晚七时，北京西城及丰台兵变。

按：北京西城及丰台兵变，民国元年（1912年）2月25日，南京临时参议院正式选举袁世凯为临时大总统。

孙中山先生在辞去临时大总统时就考虑到地处长江流域的南京，在政治、经济、文化诸方面均比北京地区要发达。在意识形态上，民主自由的观念开始深入人心。邻近南京的江苏、上海、江西、安徽等省区，均处于革命武装力量的直接控制下。迫使袁世凯离开北洋军和旧的官僚体系，到南京就任临时大总统，有利于《临时约法》的实施，国家也就不易偏离民主共和之轨道。

1912年1月1日，孙中山在南京宣誓就任中华民国临时大总统。当时革命党人主张建都南京，一方面作为革命胜利纪念，另一方面防止国家受制于北洋军阀。孙中山当时也承诺在袁世凯劝服清帝退位后将大总统的位置让给他，定都南京也能使袁世凯离开自己的根据地，受革命党人的监督。但袁世凯不愿意离开北京，他表面上答应孙中山南下，又以整顿军务为理由暂时留在北京。2月16日，袁世凯致电孙中山，正式表态拒绝南下，理由为"北方军民，尚多分歧，隐患实繁，皇族受外人愚弄，根株潜长，北京外交团向以凯离此为虑，屡经言及。奉、江两省，时有动摇，外蒙各盟，迭来警告，内讧外患，递引互牵，若因凯一走，一切变端立见，殊非爱国救世之素志；若举人自代，实无措置各方面合宜之人，然长此不能统一，外人无可承认，险象环集，大局益危。"

1912年2月15日，孙中山辞去临时大总统职务。当年2月25日，南京临时参议院正式选举袁世凯为临时大总统。27日，临时参议会、临时政府派蔡元培为专使，宋教仁、汪精卫为专员，到北京迎接袁世凯南下就职。蔡元培一行于2月27日抵达北京，当天下午会见袁世凯表明来意，袁世凯表示愿意南下。2月29日袁世凯与专使团举行茶话会。

专使到达北京之日，全城遍悬五色国旗。主要路口均搭起了彩牌楼，并大开中华门,请专使由中门而入。中华门是清代的"大清门",平时关闭着中门,只有皇帝出入时才大开中门。袁世凯"开中门迎客",可谓给专使以极高的礼遇。在欢迎专使的宴会上,袁世凯"诚恳"地表示:"一俟北京局势稳定,立即南下就职。"可是,2月29日晚6时,北京就发生了"兵变"。兵变的结果是商民遭抢劫者四千余家,京奉、京汉铁路局,大清、交通、直隶三银行以及制币厂亦遭劫掠,损失白银九百多万两。专使住所被洗劫一空,蔡元培等人避入东交民巷内的六国饭店,仅以身免。帝国主义国家驻华公使根据《辛丑条约》,纷纷调集军队进入北京保护使馆的"安全",北京的政局大有内忧外患双临并至之势。于是商界人士吁请袁世凯"万勿南下",北洋将领通电全国主张"大总统在北京就职"。在这种情况下,南京方面被迫让步,同意袁世凯于三月十日在北京就任临时大总统。

29日晚8时,北洋陆军第三镇以索饷为名发动了兵变。叛乱部队打到专使团的住所,蔡元培等人在表明身份无效后逃出,避入东交民巷内的六国饭店。下半夜西城、北城也发生骚乱,土匪和部分巡警加入抢劫。当晚袁世凯亲信并未阻止兵变,陆建章的执法处并无干预,掌管警政的赵秉钧当晚传令全城巡警一律撤岗。

各国驻华公使根据《辛丑条约》,纷纷调集军队进入北京保护使馆的安全,并威胁袁世凯如不尽快稳定局势就调集更多的兵力进入北京。兵变也蔓延到了保定和天津地区。

据唐绍仪回忆,蔡元培专使团当时在没有办法的情况下找他与袁世凯商讨。他到了袁世凯家,正好北洋军第三镇师长曹锟前来报告称:"报告大总统,昨夜奉大总统密令,兵变之事,已办到矣。"袁世凯说:"胡说,滚出去!"唐绍仪的个人回忆是唯一的孤证,从而遭到质疑,南京国民政府军令部长的徐永昌在回忆录中称:"正月十二第三镇在北京兵变,初非袁世凯所主使,有些人委称系袁世凯指使,以抗议南方代表要求迁都南京者,实乃诬传。"

事后统计,京奉、京汉铁路局,大清、交通、直隶三银行以及制币厂遭劫掠,商民遭抢劫者四千余家。

"北京兵变"是在袁世凯精心策划和具体部署下进行的,"哗变"的部队是袁世凯的嫡系亲军北洋第三镇(师)。兵变的总体计划是"兵变"开始后,如果南京方面做出让步,"兵变"就戛然而止。南京方面如果仍然坚持袁世凯必须南下就职,就把"兵变"扩大化。"变兵"进入紫禁城杀掉宣统和隆裕,然后宣称"兵变"系专使所指使。于是,清帝退位的诏书自然失效。袁世凯则拥立庆亲王奕劻之子载振为帝,联合北方的一切反动势力和南京临时政府相抗争。如果把革命镇压下去,袁世凯也就以大清再造者的身份"登台受禅",变"大清国"为"大袁国"。袁世凯在登上总统宝

民国元年日志

（1912年1月—12月）

座之前，就已经窥视皇帝的宝座了。①

是日，袁世凯派陆建章、曹锟、姜桂题开导弹压北京驻军。

是日，迎袁专使蔡元培电孙中山、参议院，报告北京兵变情形，称变兵"专为抢掠起见，与政治无关"。

是日，受北京兵变影响，是日通州兵变。次日，高碑店、长辛店、黄村、三家店等地亦发生兵变。

是日，受北京兵变影响，是日夜保定兵变。变兵抢劫藩库，焚毁各司道衙署，城内各铺户民宅多遭抢掠。乱事延续两昼夜，京保路沿线市镇亦受其害。

是日，内蒙古喀喇沁王贡桑诺尔布与日本大仓组天津支行正式签订借款九万日元合同，以卓索图盟所有矿山作抵押。

按：此款实系日本陆军参谋本部所提供，由黑龙会重要分子川岛浪速居间撮合，作为支持内蒙古王公阴谋独立之用。同日，该行另借予巴林王二万日元，用途相同。

是日，临时政府陆军部举行追悼革命先烈大会，孙中山主祭革命死义烈士。

是日，中华民国女子教育研究会本部在苏州正式成立。

是日，北伐滇军司令唐继尧入贵阳。

2日，蔡元培等电南京，主速建统一政府，余尽可迁就，以定大局。

是日，唐绍仪函外交团领袖公使朱尔典，谓情势危险，请设法保护北京（时唐避使馆区），英、法、日、美、德决自天津调兵前来，但暂不采取其他积极行动。翌日，英军一千，美、法、德、日军各二百到北京。

是日，孙中山令南京临时政府内务部通饬所属，严禁买卖人口，并责成该部制定有关暂行条例，违者严惩不贷。

按：《令内务部禁止买卖人口文》曰：自法兰西人权宣言书出后，自由博爱平等之义，昭若日星。各国法律，凡属人类一律平等，无有阶级。其有他国逃奴入国者，待以平民，不问其属于何国。中国政治，代主开放，贵族、自由民之阶级铲除最早。此历史之已事，足以夸示万国者。前清入主，政治不纲，民生憔悴，逃死无所，妻女鬻为妾媵，子姓沦于皂隶，不肖奸人从而市利，流毒播孽，由来久矣。尤可痛者，失教同胞，艰于生计，乃有奸徒诱以甘言，转贩外人，牛马同视，终年劳动，不得一饱。如斯惨毒，言之痛心！今查民国开国之始，凡属国人咸属平等。背此大义，与众共弃。为此令仰该部遵照，迅即编定暂行条例，通饬所属，嗣后不得再有买卖人口情事，违者罚如令。其从前所结买卖契约，悉与解除，视为雇主雇人之关系，并不得再有主奴名分。此令。②

---

① 尚小明：《论袁世凯策划民元"北京兵变说"之不能成立》，《史学集刊》2013年第1期。

② 据《临时政府公报》第二十七号。中国社科院近代史所等编：《孙中山全集》第2卷，中华书局2011年版。

是日,孙中山令内务、司法两部不准刑讯。

按:《令内务司法两部通饬所属禁止刑讯文》曰:进世文化日进,刑法之目的亦因而递嬗。昔之揭威吓报复为帜志者,今也则异。刑罚之目的在维持国权、保护公安。人民之触犯法纪,由个人之利益与社会之利益不得其平,互相抵触而起,国家之所以惩创罪人者,非快私人报复之私,亦非以示惩创,使后来相戒,盖非此不足以保持国家之生存,而成人道之均平也。故其罚之之程度,以足调剂个人之利益与社会之利益之平为准,苛暴残酷,义无取焉。

前清起自草昧之族,政以贿成,视吾民族生命,曾草菅之不若。教育不兴,实业衰息,生民失业,及其雁刑网也,则又从而锻炼周纳,以成其狱,三木之下,何求不得。彼庑不察,奖杀勖残,杀人愈多者,立膺上考,超迁以去,转相师法,日糜吾民之血肉以快其淫威。试一检满清史馆之所纪载,其所谓名臣能吏者,何莫非吾民之血迹泪痕所染成者也。

本总统提倡人道,注重民生,奔走国难二十余载。对于亡清虐政,曾声其罪状,布告中外人士。而于刑讯一端,尤深恶痛绝,中夜以思,情逾剥肤。今者光复大业幸告成功,五族一家,声威远暨。当肃清吏治,休养民生,荡涤烦苛,咸与更始。为此令仰该部转饬所属,不论行政、司法官署,及何种案件,一概不准刑讯。鞫狱当视证据之充实与否,不当偏重口供。其从前不法刑具,悉令焚毁。仍不时派员巡视,如有不肖官司,日久故智复萌,重煽亡清遗毒者,除褫夺官职外,付所司治以应得之罪。吁!人权神圣,岂容弁髦;刑期无刑,古有明训。布告所司,咸喻此意。[1]

是日,孙中山令禁绝鸦片。

按:《严禁鸦片通令》曰:鸦片流毒中国,垂及百年,沉溺通于贵贱,流衍遍于全国。失业废时,耗财殒身,浸淫不止,种姓沦亡,其祸盖非敌国外患所可同语。而嗜者不察,本总统实甚惑之。自满清末年,渐知其病,种植有禁,公膏有征,亦欲铲除旧污,自盖前盅。在下各善社复为宣扬倡导,匡引不逮,故能成效渐彰,黑籍衰减。方今民国成立,炫耀宇内,发愤为雄,斯正其时。若于旧染锢疾,不克拔涤净尽,虽有良法美制,岂能恃以图存?为此申告天下,须知保国存家,匹夫有责;束修自好,百姓与能。其有饮鸩自安、沉湎忘返者,不可为共和之民。当咨行参议院,于立法时剥夺其选举、被选一切公权,示不与齐民齿。并由内务部转行各省都督,通饬所属官署,重申种吸各禁,勿任废弛。其有未尽事宜,仍随时筹划举办。尤望各团体讲演诸会,随分劝导,不惮勤劳,务使利害大明,趋就知向,屏绝恶习,共作新民,永雪亚东病夫之

① 据《临时政时公报》第二十七号《大总统令内务司法两部通饬所属禁止刑讯文》。中国社会科学院近代史研究所中华民国史研究室中山大学历史系孙中山研究室等:《孙中山全集》第二卷,中华书局1982年第1版。

耻,长保中夏清明之风。本总统有后[厚]望焉。①

是日,湖北军务部长孙武以受人攻击去职。

是日,为废除旧式公文中的主奴称呼,代之以体现平等精神的称谓,临时政府在政府公报上公布《临时大总统令内务部通知各官署革除前清官厅称呼文》,认为"官厅为治事之机关,职员乃人民之公仆,本非特殊之阶级,何取非分之名称?"而"光复以后,闻中央地方各官厅,漫不加察,仍沿旧称,殊为共和政治之玷。"要求"嗣后各官厅人员相称,咸以官职。民间普通称呼则曰先生、曰君,不得再沿用前清官厅恶称"。为此,令内务部"速即通知各官署并转饬所属咸谕此意"。

是日,大总统批财政部拟具造币厂章程请批准呈。

按:批文曰:据呈已悉。所拟造币厂章程十二条,尚称妥洽,应即照准。此批。

附财政部原呈并章程

为呈请事。窃维民国圜法,关系重要,币厂简章,应先厘订。前经派员至江南造币厂详加考察,兹据复称,该厂赓续旧章,积习难除。又查该厂册表,用人用款,均涉浮滥。本部职司财政,考核所关,兹特酌拟造币厂章程十二条,缮单呈请批准,俾有遵循。至所有从前办事人员,即行分别撤留,以示惩劝而资整顿。理合呈明,即希钧鉴。谨呈。

《造币厂章程》

第一条　造币厂归财政部管辖,掌铸造国币一切事宜。

第二条　造币厂暂设总厂于南京,设分厂于武昌、广州、成都、云南四处;如再添设分厂,须呈明大总统批准,其分厂统归总厂直辖。

第三条　总厂设正副长各一员,由财政部荐任,管理总分各厂一切事宜。总厂及各分厂各设厂长一员,帮长一员,均由正副长遴选妥员,呈部核准委任,秉承正副长分理各该厂一切事宜。

第四条　总分各厂应设工务长一员,总务长一员,由正副长遴选妥员,呈部核准令委。其余艺师、艺士及各员司,由各厂酌定员数,呈部核定。

第五条　财政部筹备铸币专款,发给总厂,分派各厂应用。所有各省旧设银铜圆厂机器厂房材料,准总厂选择提用。

第六条　总分各厂应铸辅币数目,由中国银行斟酌市面情形,随时拟定数目,呈由财政部核准,饬厂照铸。

第七条　总分各厂铸成国币数目,每十日一次,呈报财政部查核。

第八条　总分各厂铸成新币,重量、成色、公差之类,必须遵照定章,并遴派精通

---

①　据《临时政府公报》第二十七号(南京一九一二年三月二日版)《大总统令禁烟文》,中国社科院近代史所等编:《孙中山全集》第2卷,中华书局2011年版。

化学人员,随时化验。如有不符,即回炉重铸,以免参差。

第九条 总分各厂所铸各币,由总厂呈送财政部化验。财政部亦得随时任抽各厂所铸各币化验查核。

第十条 造币厂出入款项,由总厂按季详造表册呈报,财政部按年总结。除表册外,并应呈报预算、决算清册。各分厂应将该厂收支数目与银铜等币出入情形,每月一次呈报总厂,仍每日将账簿结算清楚,以备总厂随时查核。

第十一条 各厂有缉访私铸、防卫厂料等事,应请各省都督协助者,随时照行。

第十二条 总分各厂办事细则,由总厂拟订,呈由财政部核准施行。①

是日,袁世凯加发禁卫军及毅军饷银。

是日,保定淮军及第二镇兵变。

是日,天津督署卫队及张怀芝防营兵变。

是日,受北京兵变影响,是日天津兵变。变兵四出烧杀掳掠,京奉、津浦铁路局及正金、大清、交通、直隶各银行、造币厂等均遭抢劫,民房铺店被焚毁甚多。

是日,唐继尧所部南北伐军占领贵阳各机关,宪政预备会推唐继尧为贵州都督。

是日,中华民国联合会在上海开会,议决与预备立宪公会合并,更名为统一党,举章太炎、程德全、张謇、熊希龄、宋教仁为理事。

是日,北京公使团开会,借口北京兵变,决定从天津迅调军队“对现存统治当局给予道义上的支持”。次日,英、美、法各从天津调人200名,德国从青岛调人100名,共700名军队在市区列队示威。

是日,临时政府交通部电各省整理电报局。蔡元培等电南京,主速建统一政府,余尽可迁就,以定大局。

3日,中国同盟会在南京召开本部全体大会。宣布其宗旨为“巩固中华民国,实行民生主义”,并举孙中山为总理,黄兴、黎元洪为协理。

是日,孙中山发布《大总统追悼革命死义诸烈士文》。

按:文曰:中华民国元年三月朔,临时大总统孙文,率国务卿士文武将吏,以清酌致奠于近二十载以迄今兹革命死义诸烈士之灵:

呜呼!古有死重泰山,宝逾尺璧。或号百夫之防,或作万人之敌,竞雄角秀,同归共迹。企阅水于千龄,奋冲飙于一息。有明庇天下之大赐,而不尸其功;有阴定社稷之大绪,而不露其迹。先改弦易辙之会,而涤其苛网,去其螟螣,还国家几顿未顿之元气,开中外欲泄未泄之胸臆。吁嗟群灵,宁或疴之。维灵从容,尚鉴在兹。日月烨烨,不谓无时。前仆后继,不谓无基。孰阖厥积,而诎之施。孰丰厥遇,而促之期。

---

① 孙彩霞、李学通、卞修跃编:《辛亥革命资料选编》第四卷《南京临时政府与民初政局》下册,社会科学文献出版社2012年版。

民国元年日志

（1912 年 1 月—12 月）

孰为成而孰为毁，羌维灵其知之。

粤以畴囊，甲乙岁纪，外侮内讧，丝纷丛委，尤有蟊贼，怵心为究。猗欤群灵，南服崛起，灼烁其眸，龙麟其趾，辟彼太阿，一出剬乩。朱、陆、邱、程，竭蹶支掎。万古晨昏，山岳蝼蚁，白日青天，寸衷可指。奈一缁而妒阱，冢万载之交毁，拮据匍匐，顿成痏疢。当道豺狼，毒蛇封豕。呜呼群灵，何为雁此。失意伤心，魂魄遂禠。怀抱冤阻，天崩地圮。此岂犹曰天道不远而伊迩邪？又孰知乎精神洞契而成合乎千古之知己邪？

嗣乎筚路蓝缕，草莱以修。人亦有言，声应气求。去秕与蓥，不尽不休。嘘枯植弱，俾之出幽。联袂翩跹，异地同舟。轰轰杨、禹，煌煌史、邹。滟滟沪江，隆隆惠州。梁、洪影影于岭海，吴禅煸煸于燕幽。奚皆天阍未应，天听无颣。呜呼彼苍！念兹悠悠。云何群烈，为国宣猷。而乃美弗终逮，果靡与收。殁不牖下，殓不安辀。岂真不牖我衰，而卒值其尤。乃有徐、熊竞兴，联缥袭紫，冠佩珊锵，烽燧烽弥，厥楄如机，轧轧寸累，锋颖芒寒，敛以越砥，荃竟不须，瞑不视只。繇是四海遹听，颈延踵企。萍乡标蠹，钦廉焱起，雄飞镇南之关，鹘突珠江之涘。赫矣温侯，雍揄悠扬，而何先驱乎黄花岗之七十有二也。

虽然，燴（赤色）武汉，影绷丰渲，漫弥大江，潆潆来还。南部陆离，旬月之间，而我老彭，收功弹丸。翳夫战云瑷濛，起于江关，我师我旅，（马及）遻骈阗，熊黑虎貔，以逮裨偏，其血茔（土改为月）雪赤，心烁金坚者又何可胜视缕也。今也，言合南朔，相与噢咻，殷念群灵，进予一言。

呜呼！此日何日，此恩何恩，殷念群灵，生死骨肉。岂惟凉温，抚我芸芸。微灵其何以朝饔而夕飧。何灵之去，而无与解簪赠珮，以佐其鞿绋之辕。大年何靳，大化何旋。呜呼！剞劂固艰，孤特尚焉。彼论者或犹求全，曾不知匪劳岂爱，有缺斯圆。兹也，既生既育，苟合苟完。夫孰非我灵之所延。呜呼！可谓贤矣。第化莫巧于推迁，物不逃乎机缘。值其泰，虽凡卉其昭苏，比其屯，虽芳华而颠连。夫安谂宙合，轧阴阳荡，孰使之然而自然。余愿灵之衎衎，偕物化其连蜷。余弗获拥灵而执鞭，而拂鞭，乃徒修芜词而祝豆笾。呜呼！愍矣惟然，灵有知乎？岂其无鉴乎余之拳拳。尚飨。①

是日，黎元洪通电请早定国都，组织政府，以杜外人干涉，并论舍北而南之不可（即所谓兵亡、民亡、国亡、种亡四亡电）。

是日，段祺瑞、冯国璋、姜桂题通电，主政府设北京，总统不能离京受任。

是日，美军五百到北京，日军一队续到天津。

---

① 孙彩霞、李学通、卞修跃编：《辛亥革命资料选编》第四卷《南京临时政府与民初政局》下册，社会科学文献出版社 2012 年版。

是日,天津临时保安会成立,由绅商各界倡议组成,以维持社会秩序。

是日,受天津兵变影响,是日小站兵变,次日,津北蔡村、津西杨柳青、沧州、津东大直沽等地均遭变兵抢劫。

是日,驻天津各国领事集议,决定由各国军队协助天津地方当局维持治安。

4日,北京外兵进行示威。

是日,天津官绅请领事团派兵协助维持治安。

是日,蔡元培等电孙中山,主临时政府设于北京,袁世凯即在北京就职。

是日,临时政府内务部制定并颁布《民国暂行报律》。

按:电文曰:上海中国报界俱进会转全国新闻杂志各社知照:民国完全统一,前清政府颁布一切法令,非经民国政府声明继续有效者,应失其效力。查满清行用之报律,军兴以来,未经民国政府明白宣示,自无继续之效力,而民国报律又未遽行编定颁布。兹特规定暂行报律三章,即希报界各社一体遵守。其文如下:

(一)新闻杂志已出版及今后出版者,其发行及编辑人姓名须向本部呈明注册,或就近地方高级官厅呈明咨部注册,兹定自暂行报律颁到之日起,截至阳历四月一号止,在此期限内其已出版之新闻杂志,各社须将本社发行及编辑人姓名呈明注册,其以后出版者须于发行前呈明注册,否则不准其发行。

(二)流言煽惑关于共和团体,有破坏弊害者,除停止其出版外,其发行人、编辑人并坐以应得之罪。

(三)调查失实,污毁个人名誉者,被污毁人得要求其更正,要求更正而不履行时,经被污毁人提起诉讼,讯明得酌量科罚。内务部。冬电。①

是日,同盟会大会,举孙中山为总理,黄兴、黎元洪为协理,汪兆铭、胡汉民、宋教仁、刘揆一、张继、平刚、田桐、居正、马和(君武)、李肇甫为干事,汪兼总务部主任,宋兼政事部主任。大会通过政纲:一、完成行政统一;二、促进地方自治;三、实行种族同化;四、采取国家社会政策;五、普及义务教育;六、主张男女平权;七、厉行征兵制度;八、整理财政,厘定税制;九、力谋国际平等;十、注重移民垦殖事业。

是日,日本外相内田康哉电命驻俄大使本野一郎与俄国磋商,如列强承认日俄在满蒙之特殊权利,即共同参加对华借款。

是日,日本政府借口"保护日侨",决定再由南满调兵千名至京津地区。是日,日公使伊集院就此事致电外务大臣内田康哉,告知已由南满调日兵二大队至京津地区,继调一大队即可,多则易启各国疑虑。

是日,贵州省议会推举云南北伐军总司令唐继尧为临时都督。同日,唐继尧电

---

① 孙彩霞、李学通、卞修跃编:《辛亥革命资料选编》第四卷《南京临时政府与民初政局》下册,社会科学文献出版社2012年版。

民国元年日志
（1912年1月—12月）

告云南都督蔡锷被黔人推为贵州临时都督，声称情词恳切，"只得允许暂行担任"。

是日，上海都督发布《不得沿用旧称呼告示》。

按：告示曰：上海民政总长近奉沪军都督陈内开：案准内务部通电，奉大总统令开：官厅为自治之机关，职员及（乃）人民之公仆，本非特殊之阶级，何取非分之名称。查前清视官等之高下，有大人、老爷等名称，受之者增惭，施之者失体，义无取焉。光复以后，闻中央、地方各官厅漫不加察，仍习旧称，殊为共和政体之玷。嗣后各官厅人员相称，咸以官职；民间普通称呼，则曰先生、曰君，不得再沿前清官厅恶习。为此令仰该部知照，速即通知各官署等因。奉此，应即电知贵都督转饬所属，一律照令改换名称，并希出示通告人民，咸喻此意，以涤旧染之污，而示更新之象，祷切盼切等因。合亟令行贵总长查照，迅烦出示晓谕，俾众咸知，是为至盼。此令等因。奉此，除呈请江苏都督饬属遵行外，昨已出示，仰各县一体遵照矣。①

是日，上海神州女界共和协济会致函孙中山，要求女子参政权。

5日，王宠惠电北京各国公使，对兵变表示遗憾，民国政府愿负责任，即派兵北上，助袁世凯恢复秩序。

是日，孙中山通令剪辫。

按：孙中山十五岁时候，在夏威夷念书。有人问他为什么不剪掉小辫？孙中山答道："此种陋俗，系满清强迫造成，须俟全体国民联合一致，一举而革除之。否则实无益也！"在说这话以后三十二年，中华民国成立了。孙中山立刻发出《饬内务部晓示人民一律剪辫令》："满虏窃国，易于冠裳，强行编发之制，悉从腥膻之俗。当其初，高士仁人，或不屈被执，从容就义，或遁入缁流，以终余年，痛矣先民，惨罹茶毒，读史至此，辄用伤怀。嗣是而后，习焉安之，腾笑五洲，恬不为怪。……今者满廷已覆，民国成功，凡我同胞，允宜涤旧染之污，做新国之民。……凡未去辫者，于令到之日限二十日一律剪除净尽，有不遵者以违法论！"这种开明，一举洗掉近三百年中国辫发的耻辱。这种开明，又岂是终生留辫的"中国人"（如辜鸿铭、张勋之流）干得出来的？②

是日，孙中山同《字林西报》记者谈话，谓北方兵变不足以阻碍对袁世凯之信任，并表示南京决予袁协助。

是日，孙中山与胡汉民等发起追悼粤中倡义死事诸烈士。

是日，临时政府教育部通令各省高等专门学校开学。

是日，上海发布《丁祭废除跪拜告示》。

按：告示曰：上海民政总长李君出示晓谕云：奉沪军都督陈令内开：准内务部、教

---

① 《时报》1912年3月4日第五版。原题作"不必称大人老爷"。上海社会科学院历史研究所编：《辛亥革命在上海史料选辑》，上海人民出版社1966年版。

② 中国社科院近代史所：《孙中山全集》，中华书局1981年版。

育部艳电内开,黎副总统、各省都督、各督抚公鉴:本部近接浙江民政司长电称,文庙丁祭,应否举行? 礼式祭服如何? 其余前清各祀典应否照办? 选据各属请电照遵等因。据此,查民国通礼,现在尚未颁行。在未颁以前,文庙应暂时照旧;致祭惟除去拜跪之礼,改行三鞠躬;祭服则用便服。其余前清祭典所载,凡涉于迷信者,应行废止。惟各地所祀者不同,请由本省议会议决存废。事关全国,为此通知贵省,即祈转饬所属查照办理等因。准此,合亟令行,请烦查照,饬属一体遵行,并希出示晓谕,俾众周知。盼切,等因。奉此,除呈请江苏都督饬属一体遵行外,合行出示晓谕。为此示仰各县一体知悉。[①]

是日,上海都督陈其美发布禁止私立"邪会"告示。

按:告示曰:沪军都督陈为出示严禁事:照得党非可禁,可禁者非党;会非可私,可私者非会。顾世间不法之徒往往有借结党立会之名义,以薪实行其自私自利之诡谋者。愚民无知,或受其笼络,及至入其彀中,纵非流荡为非,亦将图脱不得。养痈贻患,贤者所忧;杜渐防微,有司之职。本都督承乏沪渎,日以维持地方治安及促助文明进化为己任。有敢图害治化、妨碍进化者,与人民共弃之。诚以共和国度不应再容此等不肖种子混迹其间。近查得高昌庙附近一带地方,竟有号召劣徒私立邪会者,放票命名,勾结兵士,蓄意叵测。虽恶迹尚未至昭彰,而隐患要伏于所忽,若不预为防禁,将来蔓延不已,既无以谋治安,更何以论进化。爰自今日始,特申严禁,尔军民人等慎毋为劣徒所惑。即该劣徒倘能翻然悔悟,能(解)散党羽,人孰无过,莫非同胞。自可予以自新,宽其既往。倘仍执迷不悟,益肆其鬼蜮之行、虺蝎之技,一经觉察,凡名列该会者,本都督唯有按律惩治,决不宽贷,勿谓诰诚之不预也。尔军民人等,其各凛遵毋违。切切。[②]

是日,蜀军政府以滇军抵渝,索饷 40 万,并欲驻扎城内,恐滋惊扰,电孙中山请示方略。8 日,孙中山电驻川滇军司令长,令该军确遵参谋部电令,由郧阳或襄阳接陕,不可任意索要军饷,致伤邻谊。

是日,日驻俄公使本野向俄外交大臣萨沙诺夫提议,日、俄两国参加四国银行团目前对华政治借款,但须以此项借款不涉及两国在满蒙特殊利益为条件。16 日,俄照复同意。

按:四国银行团,1910 年由英、美、德、法四国在华开设的汇丰、花旗、德华、东方汇理四银行组成,企图垄断对华贷款。1912 年,俄国道胜银行和日本横滨正金银行加入,成为六国银行团,次年美国退出后,成为五国银行团。1920 年,英、美、法、日

---

① 《申报》1912 年 3 月 5 日第七版。上海社会科学院历史研究所编:《辛亥革命在上海史料选辑》,上海人民出版社 1966 年版。

② 《时报》1912 年 3 月 5 日。上海社会科学院历史研究所编:《辛亥革命在上海史料选辑》增订版,上海人民出版社 2011 年版。

民国元年日志

（1912年1月—12月）

又组成新四国银行团。

是日，天津各国驻军司令会议，决定不准华军进入天津附近二十里内。

是日，日俄兵各千人，德兵百人，分自旅顺、哈尔滨、青岛开往天津。

6日，南京临时参议院议决统一政府组织办法六条：一、由参议院电知袁世凯允其在北京受职；二、袁接电后即电参议院宣誓；三、参议院接宣誓电后即电复承认受职，并通告全国；四、袁就职后即将拟派之国务总理及各国务员姓名电达参议院征请同意；五、国务总理及各国务员任定后，即在南京接收临时政府；六、临时总统孙中山于交卸后始行解职。

是日，参议院准袁世凯在北京受职，即电参议院宣誓，并提出国务总理及国务员人选，经同意任定后，在南京接收临时政府事宜。

是日，袁世凯电孙中山，请黎元洪代赴南京受职。

是日，前清甘肃布政使赵惟熙、谘议局长张林焱致电袁世凯承认共和国体。

是日，袁世凯发告军人书。

是日，外交团要求袁世凯停止增兵天津，袁世凯允之。

是日，袁克定、梁士诒、吴廷燮等之汉蒙联合会在北京成立。

是日，中国报界俱进会和上海《申报》《新闻报》《时报》《时事新报》《神州日报》《民立报》《天铎报》《大共和日报》《启民爱国报》《民报》等联名致电孙中山，并通电全国，抵制《民国暂行报律》。

按：通电曰：今统一政府未立，民国国会未开，内务部拟定报律，侵夺立法之权，且云煽惑，关于共和国体有破坏弊害者，坐以应得之罪；政府丧权失利，报纸监督，并非破坏共和。今杀人行劫之律尚未定，而先定报律，是欲袭满清专制之故智，钳制舆论，报界全体万难承认。①

是日，大总统令内务部通饬禁烟。

按：令曰：鸦片流毒中国，垂及百年，推其为祸之烈，小足以破业殒身，大足以亡国灭种。前清末年，禁种征膏，成效渐著，吸者渐减。民国始建，军务倥偬，未暇顾及他务，诚恐狡商猾吏，因缘为奸，弁髦旧章，复萌故态。夫明德新民，首涤污俗，刬酌毒厚疾，可怀苟安。除申告天下，明示禁止外，为此令仰该部，迅查前清禁烟各令，其可施行者，即转咨各都督通饬所属，仍旧厉行，勿任弛废。其有应加改良及未尽事宜，并著该部悉心筹画，拟一暂行条例，颁饬遵行。务使百年病根，一旦拔除，强国保种，有厚望焉。切切。此令。②

7日，孙中山电袁世凯准在北京就职，誓词由专使等接受，请即提阁员名单。

---

① 叶再生：《中国近代现代出版通史》第二卷，华文出版社2002年版。

② 据《临时政府公报》第三十号《大总统令内务部通饬禁烟文》。中国社科院近代史所等编：《孙中山全集》第2卷，中华书局2011年版。

是日,孙中山电黎元洪,请保全孙武。

是日,孙中山明令抚恤吴禄贞(清第六镇统制)、张世膺(第六镇参谋长)、周维桢(革命党人,与吴、张同时遇难)遗族。

是日,德、美、法等国续向北京增兵。

是日,袁世凯免理藩部正首领达寿职。

是日,保定陆军军官学校建立。

按:该校隶属陆军部军学司管辖,设有步兵、炮兵、骑兵、工兵、辎重兵5个专科,学制两年。学生大都由四所陆军中学堂(清河第一陆中、西安第二陆中、武昌第三陆中、南京第四陆中)保送,毕业后由陆军部统一分配到各军任见习上士排长,半年期满后任少尉或中尉排长。教员多为留日士官学校毕业生。1920年停办。

是日,上海都督通令防查宗社党人。

按:通令曰:沪军陈都督命令陆军第十师吴师长严查宗社党人一案,已志昨报。兹悉陈都督复又通令本埠军营令曰:北京、津、保军队,因误会变乱,当由南京政府筹划防剿,大局不致有碍。本都督访闻,有宗社党党员到处煽惑,希图破坏民国。上海乃五方[杂]处,良莠不齐,难保无该党党员,混迹造谣,惑我人心。除分令民政总长转饬上海、闸北市政厅,通饬各商团、各区巡警严密防查,谨慎防守外,合亟令行各军队一体遵照。此令。①

是日,上海各报破例同时刊登章太炎起草的《却还内务部所定报律议》,抨击临时政府"欲导恶政府之覆辙"。

8日,参议院通过《中华民国临时约法》。

按:辛亥革命胜利后,以孙中山为首,建都于南京的中华民国临时政府(南京),制定的具有"宪法"性质的根本大法。1912年3月11日取代《中华民国临时政府组织大纲》开始施行,于1914年5月1日因《中华民国约法》(袁世凯的法律)的公布而被取代,1916年6月29日为大总统黎元洪所恢复。1917年9月10日以广东为基地建立的中华民国军政府展开护法运动,所护者即为《中华民国临时约法》。②

是日,袁世凯电参议院宣誓,并提任唐绍仪为国务总理。

是日,北京外务部首领胡惟德函告各国公使,袁世凯定期就任临时总统职(昨日与朱尔典商谈,朱劝勿正式邀请公使参加典礼)。

是日,俄驻美大使照会美国务卿,对于承认中国新政府事,赞同列强一致行动,以维护共同利益,惟俄保留其于必要时为维护在满蒙新疆权益所采之措置(翌日又通知英国)。

---

① 《民立报》1912年3月7日第十页。原题作"严防匪党"。上海社会科学院历史研究所编:《辛亥革命在上海史料选辑》增订版,上海人民出版社2011年版。

② 罗元铮:《中华民国实录》,吉林人民出版社1998年版。

民国元年日志

（1912 年 1 月—12 月）

是日，教育部发布禁用前清各书通告各省电文。

按：电文曰：湖北黎副总统、各省都督及督抚钧鉴：本部高等以上各学校规程尚未颁布，各地方高等以上学校应令暂照旧章办理。惟《大清会典》《大清律例》《皇朝掌故》《国朝事实》及其他有碍民国精神暨非各学校应授之科目，宜一律废止。此外关于前清御批等书，一律禁止滥用。希即宣布施行。教育部。冬。①

是日，江西改举李烈钧为都督，原都督马毓宝辞职。

是日，惠潮梅镇守使林激真因广东代理都督陈炯明电令撤销其职，是日统兵两千由碣石镇进军潮阳。后数日攻占汕头。

9 日，参议院接到袁世凯誓词。

是日，北京外交团会议，决定不参加袁世凯就职典礼。

是日，袁世凯令北方各省竭力保护教堂及外人。

是日，四国银行团致函袁世凯，就北京政府借款事提出四项条件：一、自 3 月至 6 月或延至 8 月分期给予紧急借款；二、北京政府以盐税担保；三、具体条件待日后签订大借款合同时另行规定；四、此后北京政府所需之垫款及善后大借款应由四国银行团尽先供给。同日，袁世凯就借款事函复四国银行代表，言明"中国政府向银行团等保证，如条件与其他同样有利，银行团等有决定承担大规模改革借款与否之权"。

是日，广州兵变（因解散新募各军）。

是日，大总统令内务部取消暂行报律。

按：令曰：昨据上海报界俱进会及各报馆电称；接内务部电，详定暂行报律三章，报界全体万难承认，请转饬部知照等语。案言论自由，各国宪法所重，善从恶改，古人以为常师，自非专制淫威，从无过事摧抑者。该部所布暂行报律，虽出补偏救弊之苦心，实昧先后缓急之要序，使议者疑满清钳制舆论之恶政，复见于今，甚无谓也。又，民国一切法律，皆当由参议院议决宣布乃为有效。该部所布暂行报律，既未经参议院议决，自无法律之效力，不得以"暂行"二字，谓可从权办理。寻三章条文，或为出版法所必载，或为国宪所应稽，无取特立报律，反形裂缺。民国此后应否设置报律，及如何订立之处，当俟国民议会决议，勿遽亟亟可也。除电复上海各报外，合行令仰该部知照。此令。②

是日，陈炯明解散驻省各部民军，惠州民军统领王和顺起兵反对。因陈事先密为布置，王部被包围缴械。陈随即电南京临时政府，指控王和顺纵兵抢掠，擅自招募兵士，私购军械等五大罪状。是日，孙中山电复令即严行搜捕该部溃兵。

---

① 孙彩霞、李学通、卜修跃编：《辛亥革命资料选编》第四卷《南京临时政府与民初政局》下册，社会科学文献出版社 2012 年版。

② 《临时政府公报》第三十三号（三月九日）令示，《辛亥革命资料》第 256～257 页。中国人民大学法律系法制史教研室编《中国近代法制史资料选编》第 1 分册，1980 年 11 月第 1 版。

是日,内务部因赵恩溥等私自设立娼妓检查医院,并声称已由江宁巡警总局批准,因发布《令南京巡警总监取消批准私立花柳检查医院及以私人假用公产文》。

按:文曰:(1)检查娼妓,事属国家卫生行政范围,断无许其以私人资格执行检查之理。业由本部批斥外,仰南京巡警总监迅即将前批取消,以免扰乱治安而重行政法权。(2)据所呈简章称,暂假准清桥东前清布理问署为检查治疗办公处。查前清官衙公署,均为国家公产。以私人资格擅行假用,万难照准。所谓暂假,究由何人允许,抑欲私自侵占,仰即查明呈复。如该团体业经移入,着即饬令迁出,以昭慎重公产之至意。①

10日,袁世凯在北京就任临时大总统;声称:"世凯深愿竭其能力,发扬共和之精神,涤荡专制之服秽,谨守宪法,依国民之愿望,新达国家于安全强固之域,俾五大民族同臻乐利。"并表示:"俟召集国会,选定第一期大总统,世凯即行解职。"13日,任唐绍仪为国务总理;15日,张广建奉袁世凯令改称山东都督,前朝文武各官照旧供职。

是日,袁世凯在北京就第二任临时大总统,蔡元培代表孙中山致祝词。

是日,袁世凯下令大赦,又免除民国元年以前人民所欠地丁钱粮漕粮。

是日,袁世凯发布通告,以民国法律尚未议定颁布前,清诸法律除与民国国体抵触之条应失效外,其余一律延用。

是日,袁世凯聘香港高等裁判所所长、英人裴科达为新政府法律顾问。

是日,袁世凯任命梁士诒为总统府秘书长。

是日,大总统宣布南京府官制公布。

按:兹准参议院咨送:已经同意议决之南京府官制二十一条前来,合行公布。孙文印。

《南京府官制》

第一条 民国临时政府所在地方,设南京府,以原有之上元、江宁二县为区域,直隶于内务部。

第二条 南京府置府知事一人,荐任、受内务总长之指挥监督,于各部事务,受各部总长之指挥监督,执行法律命令,管理所属行政事务,统辖所属各员,并分别任免之。

第三条 府知事干所属行政事务,得依其职权,或特别委任于其管辖内,发布命令。

第四条 府知事有认为必要时,得停止下级地方官之命令或取消之。

---

① 邱远猷、张希坡:《中华民国开国法制史·辛亥革命法律制度研究》,首都师范大学出版社1997年第1版。

第五条　府知事得以其职权内事务,委任一部于下级地方官。

第六条　府知事得制定府署内办事细则。

第七条　南京府得置秘书厅,掌管机要,典守印信,编制统计,记录所属职员进退之册籍,收发并纂辑公文函件。

第八条　南京府置下列各科。

民治科　劝业科　主计科　庶务科

第九条　民治科掌事务如下:一、关于监督下级地方官及地方团体、公共团体之行政事项;二、关于选举事项;三、关于教育学艺事项;四、关于公益善举事项;五、关于宗教寺庙行政事项;六、关于户籍事项。

第十条　劝业科掌事务如下:一、关于农工商业事项;二、关于渔猎及水产事项;三、关于度量衡事项;四、关于山林土地事项。

第十一条　主计科掌事务如下:一、关于监督下级地方官及地方团体、公共团体之财政事项;二、关于本府库储会计事项;三、关于本府财政会计事项;四、关于本府赋税征收事项。

第十二条　庶务科掌事务如下:一、关于土木行政事项,二、关于公用征收事项,三、关于地理事项;四、关于兵事事项;五、关于卫生事项;六、关于保存古迹事项;七、其他不属于各科事项。

第十三条　南京府知事下置职员如下:秘书长一人　秘书一人　科长四人　科员八人

视学二人　工师　工手　录事

前项秘书长,由府知事推荐,呈请内务总长委任。其余各职员,均由府知事自行委任。

第十四条　秘书长承府知事之命,掌管机要文书,并总理秘书厅事务。府知事有事故时,得代理其职。

第十五条　秘书承上官之命,分掌秘书厅事务。

第十六条　科长承府知事之命,主掌一科之事务,监督科员以下各职员。

第十七条　科员承上官之命,分掌事务。

第十八条　视学承上官之命,掌视察学校事务。

第十九条　工师、工手皆承上官之命,掌技术事务。

第二十条　录事承上官之命,缮写文件,料理庶务。

第二十一条　本制自公布日施行。①

---

①　《临时政府公报》第三十四号(三月十日)法制。中国人民大学法律系法制史教研室编:《中国近代法制史资料选编》第1分册,1980年第1版。

是日,参议院咨复议决统一政府办法文。

按:文曰:本日准大总统咨开蔡专使电拟统一政府组织办法四条,又政府所开办法四条,当经本院开会详细讨论。兹将议决各条列下。

一、由参议院电知袁大总统,允其在北京受职;

二、袁大总统接电后,即电参议院宣誓;

三、参议院接到宣誓之电后,即复电认为受职,并通告全国;

四、袁大总统受职后,即将拟派国务总理及各国务员姓名,电知参议院,求其同意;

五、国务总理及国务员认定后,即在南京接收交代事宜;

六、孙大总统于交代之日始行辞职。

以上各条,除电达袁君请其照办,并电知蔡专使等外,特此通告。又北京近状,本院报欲详悉,请即电召汪君兆铭来宁报告一切。此咨。①

是日,禁卫军军统冯国璋命北京南城居民撤去国旗。

是日,黄兴电袁世凯及南方各省,调兵北上,维持秩序(袁电阻)。

是日,大总统令交通部整顿电话。

按:令曰:查电话为交通要品,现当百政待举之际,传达消息,所关尤重。乃本城所用电话,每于呼应不灵、阻滞叠生之弊,贻误要公,莫此为甚。为此令仰该部,赶即设法改良,抑或加线传达,以资灵敏。切切。此令。②

是日,颁布《陆军人员补官任职令草案》。

按:《陆军人员补官任职令草案》

第一节　总纲

第一条　陆军官佐,均应终身服役,与文官解职后即退为平民者不同。故任职而外,必应补官,始能各专责成,慎厥职守。

第二条　凡已补官者,如非受免官之处分,虽停职、休职或退归续后备役,仍可保有其官位。

第三条　凡各军职,均有一定之阶级,应以相当之官,任相当之职,不得越级充任,亦不得降级充任。但规定军职有两阶级者,该二级均可充当该军职。

第四条　既受免官处分人员,不得任一切军职。

第二节　补官

第五条　陆军官佐补官办法分为四项:

---

① 《临时政府公报》第三十四号(三月十日)咨。中国人民大学法律系法制史教研室编:《中国近代法制史资料选编》第1分册,1980年11月第1版。

② 据《临时政府公报》第三十四号。中国社会科学院近代史研究所中华民国史研究室、中山大学历史系孙中山研究室等编:《孙中山全集》第二卷,中华书局1982年第1版。

民国元年日志
（1912年1月—12月）

（一）由陆军军官学校，及他项同等之陆军学堂毕业，充学习官期满，经所管团、营长出具考语堪以授官者，一律补以右军校，是为例补。

（二）由军士升额外官佐后，立有战功，具有相当之学术才具，经该管长官呈请特升（若临时官佐补充令，曾有此规定），亦得补授右军校，是为特补。

（三）自右军校以上各级军官佐于停年期满后，凡应序升或拔升人员，遇有上一级军官佐缺出，于每岁五月及各月初一日，将应升人员补以升级，宣登公报，是为升补。其停年考绩轮升、拔升办法，见本令第四、五、六节。

（四）自大都尉以下各级官佐，应按本科授职。倘有改充他科军职时，应改补他科官佐（如骑兵军校改辎重兵军校，步兵都尉改宪兵都尉等），是为改补。

第六条　上等第三级以上军官佐，由大总统补授，中初等军官佐由陆军部申请大总统补授。

第七条　额外军官佐，由各该军队、学堂、局、司之高级官长考察部下应补人员，呈由陆军部补授。

第八条　各级军士，由各团长（步、骑、炮兵）、营长（工、辎重兵）考察部下应补人员，呈请各该管高级官长补授，申报陆军部存案。

第九条　各级军官佐补官之后，应授与补官证书。该证书由陆军部制备，申请大总统盖印署名，然后由部分别发给。

第三节　任职

第十条　凡在陆军部所定陆军官制及暂行编制内之官佐军职，从前已经委任者，均仍其旧。此令颁行之日起，如有军职缺出，须按本令手续委任。

第十一条　无论部、局、军队、学堂上等第一、二级军职（除陆军总、次长及参谋部总、次长外），均由陆军部开列胜任人员，申请大总统简任。

第十二条　无论部、局、军队、学堂上等第三级中等第一级官佐军职，均由陆军部查明合格人员，申请大总统委任。

第十三条　凡中等第二级以下官佐军职，属本部及本部直辖之军队、学堂、局、司者，由军衡局呈请总、次长委任。（本部直辖军队初等第一级以下各官佐，暂由该军长、师长委任，以归直捷。）各省都督所辖之学堂、局、司，由各省都督委任。但所委任须按本令第三条而行，如有待升级始可委任者，只可暂给予代理名目，并呈请本部，俟本部按停年考绩轮升、拔升定章升补相当之级后，再行委充该军职，但中等第二级以上两阶级皆可充当之军职，虽以其第二级军官委充，仍当照第一级军官委充办法，由陆军部申请大总统简任或委任。

第十四条　凡属于各省都督、各军长，师长委任人员委任后，统由各都督、各军长、师长呈报陆军部宣布，并须由各都督、各军长、师长负完全责任。倘有中等第二级以下军职缺出，于本省或本军内无相当人员堪以胜任者，可呈请陆军部指调他省及他军人员，或直请陆军部派委亦可。

以上第十三、四两条系暂行办法，俟将来军政统一后，尚须酌量更改。

第十五条　凡任职者，均发委任书（附书式一纸）。上等第一级至中等第一级官佐军职之委任书，由陆军部办妥后呈请大总统盖印署名。中等第二级至初等第三级官佐军职军衡局请委任者，由本部发委任书。各省都督委任者，由各省都督发委任书。各军长、师长委任者，由各军长、师长发委任书。但其委任书式，须与本部委任书式同。

第十六条　凡以停职、休职人员委充军职者，须与起用例相符，经陆军部认可后，方可委任。

第四节　停年办法

第十七条　凡补官或升级人员，予补官升级之后，须充现役军职满左列所定年限者，为停年已满，始可照轮升拔升例升迁：

右军校　两年。

左军校　三年。

大军校　四年。

右都尉　三年。

左都尉　三年。

大都尉　三年。

右将军　四年。

左将军　无定年。

第十八条　停年未满人员，虽有异常劳绩，只可作为记名拔升人员，俟停年满后，归入拔升项下，尽先提升，惟于停年未满期内不得援例（战时可以酌量变通办理）。

第十九条　凡补官或升级人员，均由本部设立停年名簿，按补官或升级日期先后编号登记。嗣后停年期限，即据以起算。如有同日补官者，则以学校毕业成绩，及拔升、轮升、例补、特补考绩优劣，战功有无，以及升级前之资深资浅，为其先后次序。

第二十条　如遇有停职、休职者，须按照其解职期限，扣去停年期限。

第五节　考绩办法

第二十一条　凡全国一切现役军官佐，每年年终均由长官考绩一次，汇呈报该管长官，该管长官复出具考语判决等次汇报本部，由本部作成全国现役官佐考绩总表，以考核全国现役军官佐学识才具及其他一切。

第二十二条　考绩表记载法及有考绩权长官，如附表所列。

第二十三条　有考绩权各官，填所属官佐考绩表，应负完全责任，不得草率从事及存私徇情。

第二十四条　历年考绩均列上等者,于停年满后,如确系成绩卓著,得归入拔升项目下。倘历年考绩均列次等者,如确系成绩不良,虽停年已满,仍不得依轮升次序升级,而归入轮升次序之末,或令休职退归后备。

第六节　轮升拔升办法

第二十五条　各级军官升级,依轮升及拔升办法如左:

（一）由各（右）军校升左军校,轮升者三分之二,拔升者三分之一。遇有缺出,第一缺归拔升,第二、三两缺归轮升,余类推。

（二）由左军校升大军校,拔升、轮升各半。遇有缺出,第一缺归拔升,第二缺归轮升。

（三）由大军校升右都尉,拔升者六分之五,轮升者六分之一。遇有缺出,第一,二、三,四、五缺归拔升,第六缺归轮升。

（四）由右都尉升左都尉,及左都尉以上之升级,一律均系拔升。

第二十六条　停年已满人员,未经该管团、营长以上有特保,及历年考绩表未列上等或次等者,一律依停年名簿先后次序,轮流升级,是为轮升。

第二十七条　停年已满人员,当停年未满之先,如有特别战功者,归入拔升第一项。劳绩卓著,学术才具均优长,经该管长官特保者,归入拔升第二项。在陆军大学毕业者,归入拔升第三项。历年考绩均列上等者,归入拔升第四项。均不依轮升次序,提前升级时为拔升。

第二十八条　所有拔升人员于停年既满之日,一律由轮升停年名簿内摘出,列入拔升名簿内,依第一、二、三、四项次序编列,但由右、左军校升左、大军校,如拔升人员过多,拔升名次反在轮升名次之后者,可依轮升次宁升级。

第二十九条　凡特保所属官佐有拔升资格者,须负完全责任,必须有确实证据,显著成绩,不得徇私滥保。[1]

按:《陆军官佐免官免职令草案》

第一节　总纲

第一条　陆军官佐服役,应分为现役、后备役两种。

第二条　陆军各级官佐,服现役年龄须有限制,满限则应退为后备役。其服现役年龄之限制如左:

左右军校　至四十五岁。

大军校　至四十八岁。

右都尉　至五十岁。

左都尉　至五十二岁。

---

①　中国社科院近代史所等编:《孙中山全集》第 2 卷,中华书局 2011 年版。

大都尉　至五十五岁。

右将军　至五十八岁。

左将军　至六十二岁。

大将军　至六十五岁。

第三条　陆军官佐,凡有溺职违法行为,由军法会议判决免官职等罪名,即由陆军部宣布执行。

第二节　免官

第四条　陆军官佐,遇有左列各项事故者,即行免官,削除兵籍。

(一)失去本国国籍者。

(一)有溺职违法行为,受军法会议判决免官者。

(一)受附加刑剥官之宣告者。

(一)犯重罪各刑,经军法会议判决宣告治罪者。

第五条　凡受免官处分者,一律追还补官证书,及军职委任书。

第三节　免职

(甲)停职

第六条　凡陆军官佐,遇有左列各项事故之一者,即行停职:

(一)有溺职违法行为,受军法会议判决,应得永远停职或有期停职者。

(一)考绩不良,或难胜现役军职之任,应免职退归后备役者。

(一)受免官处分者。

第七条　凡陆军官佐受有期停职处分者,于期满后,由陆军部察看,如已悔悟前非尚堪任事者,仍得派充军职。

第八条　凡陆军官佐受停职处分者,由陆军部宣布后,照补官任职令第十三、四条办法,派人接充军职,其以前之委任状取消。

(乙)休职

第九条　凡陆军官佐,遇有左列各项事故之一者,概行休职,仍作为现役官佐:

(一)因军队遣散开去军职者。

(一)因编制变更裁去军职者。

(一)因特别职任已毕,或修学期限已满,尚未派充军职者。

(一)伤病至六个月尚无痊愈之望者。但自行辞职,或遇战事,或因任务重要,不能久派人代理者,则不以六个月为限。

(一)呈请修学或自费往旅行调查者。

第十条　凡陆军官佐,遇有左列各项事故之一者,概行休职,归入后备役:

(一)呈准辞职者。

(一)因伤痍疾病,难充现役军职者。

民国元年日志

（1912年1月—12月）

（一）被举为各议会议员者。

（一）改充陆军所属以外之文职者。

（一）已满现役年限，不能服现役者。

第十一条　凡陆军官佐休职者，由陆军部宣布后，照补官任职令第十三、四条办法派人接充该军职，其以前之委任状取消。[①]

11日，孙中山颁布《中华民国临时约法》，共7章56条。

按：第一章　总纲

第一条　中华民国由中华人民组织之。

第二条　中华民国之主权属于国民全体。

第三条　中华民国领土为二十二行省、内外蒙古、西藏、青海。

第四条　中华民国以参议院、临时大总统、国务员、法院行使其统治权。

第二章　人民

第五条　中华民国人民一律平等，无种族、阶级、宗教之区别。

第六条　人民得享有左列各项之自由权。

一　人民之身体非依法律，不得逮捕、拘禁、审问、处罚。

二　人民之家宅非依法律不得侵入或搜索。

三　人民有保有财产及营业之自由。

四　人民有言论、著作、刊行及集会结社之自由。

五　人民有书信秘密之自由。

六　人民有居住迁徙之自由。

七　人民有信教之自由。

第七条　人民有请愿于议会之权。

第八条　人民有陈诉于行政官署之权。

第九条　人民有诉讼于法院受其审判之权。

第十条　人民对于官吏违法损害权利之行为，有陈诉于平政院之权。

第十一条　人民有应任官考试之权。

第十二条　人民有选举及被选举之权。

第十三条　人民依法律有纳税之义务。

第十四条　人民依法律有服兵之义务。

第十五条　本章所载民之权利，有认为增进公益、维持治安或非常紧急必要时，得依法律限制之。

第三章　参议院

---

① 中国社科院近代史所等编：《孙中山全集》第2卷，中华书局2011年版。

第十六条　中华民国之立法权以参议院行之。

第十七条　参议院以第十八条所定各地方选派之参议员组织之。

第十八条　参议员每行省、内蒙古、外蒙古、西藏各选派五人；青海选派一人。其选派方法由各地方自定之。

参议院会议时每参议员有一表决权。

第十九条　参议院之职权如左：

一　议决一切法律案。

二　议决临时政府之豫算决算。

三　议决全国之税法币制及度量衡之准则。

四　议决公债之募集及国库有负担之契约。

五　承诺第三十四条　三十五条、四十条事件。

六　答复临时政府咨询事件。

七　受理人民之请愿。

八　得以关于法律及其他事件之意见建议于政府。

九　得提出质问书于国务员，并要求其出席答复。

十　得咨请临时政府查办官吏纳贿违法事件。

十一　参议院对于临时大总统认为有谋叛行为时，得以总员五分四以上之出席，出席员四分三以上之可决弹劾之。

十二　参议院对于国务员认为失职或违法时，得以总员四分三以上之出席，出席员三分二以上之可决弹劾之。

第二十条　参议院得自行集会开会闭会。

第二十一条　参议院之会议须公开之。但有国务员之要求或出席参议员过半数之可决者，得秘密之。

第二十二条　参议院议决事件咨由临时大总统公布施行。

第二十三条　临时大总统对于参议院议决事件，如否认时，得于咨达后十日内声明理由，咨院覆议。

但参议院对于覆议事件，如有到会参议员三分二以上仍执前议时，仍照第二十二条办理。

第二十四条　参议院议长由参议员用记名投票法互选之，以得票满投票总数之半者为当选。

第二十五条　参议院参议员于院内之言论及表决，对于院外不负责任。

第二十六条　参议院参议员除现行犯及关于内乱外患之犯罪外，会期中非得本院许可，不得逮捕。

第二十七条　参议院法由参议院自定之。

第二十八条　参议院以国会成立之日解散。其职权由国会行之。

第四章　总统

第二十九条　临时大总统、副总统由参议院选举之。以总员四分三以上出席得票满投票总数三分二以上者为当选。

第三十条　临时大总统代表临时政府，总揽政务，公布法律。

第三十一条　临时大总统为执行法律或基于法律之委任，得发布命令并得使发布之。

第三十二条　临时大总统统帅全国海陆军队。

第三十三条　临时大总统得制定官制官规，但须提交参议院议决。

第三十四条　临时大总统任免文武职员，但任命国务员及外交大使公使须得参议院之同意。

第三十五条　临时大总统经参议院之同意，得宣战媾和及缔结条约。

第三十六条　临时大总统得依法律宣告戒严。

第三十七条　临时大总统代表全国接受外国之大使、公使。

第三十八条　临时大总统得提出法律案于参议院。

第三十九条　临时大总统得颁给勋章并其他荣典。

第四十条　临时大总统得宣告大赦、特赦、减刑、复权。但大赦须经参议院之同意。

第四十一条　临时大总统受参议院弹劾后，由最高法院全院审判官互选九人组织特别法庭审判之。

第四十二条　临时副总统于临时大总统因故去职，或不能视事时得代行其职权。

第五章　国务员

第四十三条　国务总理及各部总长均称为国务员。

第四十四条　国务员辅佐临时大总统负其责任。

第四十五条　国务员于临时大总统提出法律案公布法律及发布命令时须副署之。

第四十六条　国务员及其委员得于参议院出席及发言。

第四十七条　国务员受参议院弹劾后，临时大总统应免其职。但得交参议院覆议一次。

第六章　法院

第四十八条　法院以临时大总统及司法总长分别任命之法官组织之。

法院之编制及法官之资格以法律定之。

第四十九条　法院依法律审判民事诉讼及刑事诉讼。

但关于行政诉讼及其他特别诉讼,别以法律定之。

第五十条　法院之审判须公开之。但有认为妨害安宁秩序者得秘密之。

第五十一条　法官独立审判不受上级官厅之干涉。

第五十二条　法官在任中不得减俸或转职。非依法律受刑罚宣告或应免职之惩戒处分,不得解职。惩戒条规以法律定之。

第七章　附则

第五十三条　本约法施行后限十个月内,由临时大总统召集国会。其国会之组织及选举法由参议院定之。

第五十四条　中华民国之宪法由国会制定。宪法未施行以前,本约法之效力与宪法等。

第五十五条　本约法由参议院参议员三分二以上,或临时大总统之提议,经参议员五分四以上之出席,出席员四分三之可决得增修之。

第五十六条　本约法自公布之日施行。[①]

是日孙中山下令劝禁缠足。

按:1912 年 3 月 11 日,孙中山令内务部通饬各省劝禁缠足。令文说:夫将欲图国力之坚强,必先图国民体力之发达。至缠足一事,残毁肢体,阻阏血脉,害虽加于一人,病实施于子孙,生理所证,岂得云诬? 至因缠足之故,动作竭蹶,深居简出,教育莫施,世事罔问,遑能独立谋生,共服世务? 以上二者,特其大端,若他弊害,更仆难数。曩者仁人志士尝有天足会之设,开通者已见解除,固陋者犹执成见。当此除旧布新之际,此等恶俗,尤其先事革除,以培国本。为此令仰该部速行通饬各省,一体劝禁,其有故违禁令者,予其家属以相当之罚。[②]

是日,孙中山禁止体罚。

按:孙中山做临时大总统,有一天到参议院开会。因为穿的是粗布便服,又走路前往,以致被门警误会成工人,用步枪挡住他,说:"今日只有议员和大总统可以入内,你不过一区区小工,何以如此大胆? 倘被大总统见了,必被打死。速去! 速去!"孙中山笑道:"大总统不可打人,也未听见他打过一人!"说罢掏出名片,吓得那门警跪地求饶,孙中山把他扶起来,说:"你不要害怕,我绝不打你呢!"知道历史的人,都知道孙中山在这时候颁布了《饬内务司法两部通饬禁止体罚令》,宣告:"近世各国刑罚,对于罪人,或夺其自由、或绝其生命,从未有滥加刑威,虐及身体,如体罚之甚者。盖民事案件,有赔偿损害,回复原状之条;刑事案件,有罚金拘留,禁锢大辟之律,称情以施,方得其平。"因此他要求"审理及判决民刑案件,不准再用笞杖枷号及

---

① 罗元铮:《中华民国实录》,吉林人民出版社 1998 年版。

② 中国社科院近代史所编:《孙中山全集》第 2 卷,中华书局 1981 年版。

他项不法刑具；其罪当笞杖枷号者，悉改科罚金拘留"。这种决定，又岂是动不动就打人屁股的"中国人"想得出来的？①

按：《大总统令内务司法部通饬所属禁止体罚文》曰：近世各国刑罚，对于罪人或夺其自由，或绝其生命，从来有滥加刑威，虐及身体，如体罚之甚者。盖民事案件，有赔偿损害，回复原状之条，刑事案件，有罚金、拘留、禁锢、大辟之律，称情以施，方得其平。乃有图宣告之轻便，执行之迅速，逾越法律，擅用职权，漫施笞杖之刑，致多枉纵之狱者，甚为有司不取也。夫体罚制度为万国所屏弃，中外所讥评。前清末叶虽悬为禁令，而督率无方，奉行不力。项闻上海南市裁判所审讯案件，犹用戒责，且施之妇女。以沪上开通最早、四方观听所系之地，而员司犹踵故习，则其他各省官吏，保无有乘民国初成、法令未具之际，复萌故态者。亟宜申明禁令，迅予革除。为此令仰该部速行通饬所属，不论司法、行政各官署，审理及判决民刑案件，不准再用笞杖、枷号及他项不法刑具，其罪当笞杖、枷号者，悉改科罚金、拘留。详细规定，俟之他日法典。此令。②

是日，孙中山令内务部咨行各省都督慎重农事，保护与救济农民。

是日，参议院同意唐绍仪为国务总理。

是日，北京政府外务部电驻外各临时外交代表照会各驻在国政府，中华民国统一临时政府业已成立，袁世凯已就临时总统职；所有前清与各国缔结之条约，中华民国政府均承认继续有效。同日，外务部并将上述各情电达荷兰万国保和会，请予立案。

是日，袁世凯再向四国银行团要求垫借款五百万两（银行册准二百万，且附有条件）。

是日，四国银行团邀日俄参加对华借款。

是日，黄兴致电袁世凯，劝止增招新兵，请速发命令移南军填扎北省。

是日，甘肃秦州新军起事，黄钺为都督。

是日，成都、重庆两军政府合并为四川都督府，尹昌衡、张培爵分任正副都督，罗纶任参议院长，夏之时任重庆镇抚府总长。

是日，上海民生国计会等10余团体致电袁世凯，请取消现行米谷杂粮等项捐税。

是日，蔡元培在《民立报》发表《告全国文》。

按：告文曰：培等为欢迎袁大总统而来，而备承津、京诸同胞之欢迎，感谢无已。南行在即，不及一一与诸君话别，谨撮记培等近日经过之历史以告诸君，托于临别赠

---

① 中国社科院近代史所编：《孙中山全集》第2卷，中华书局1981年版。
② 《临时政府公报》第三十五号（三月十一日）令示。中国人民大学法律系法制史教研室编：《中国近代法制史资料选编》第1分册，1980年11月第1版。

言之义。

（一）欢迎新选大总统袁公之理由　自清帝退位，大总统孙公辞职于参议院，且推荐袁公为候选大总统。参议院行正式选举，袁公当选，于是孙公代表参议院及临时政府，命培等十人欢迎袁公莅南京就职。袁公当莅南京就临时大总统职，为法理上不可破之条件；盖以立法、行政之机关，与被选大总统之个人较，机关为主体，而个人为客体，故以个人就机关则可，而以机关就个人则大不可。且当专制、共和之过渡时代，当事者苟轻违法理，有以个人凌躐机关之行动，则涉专制时代朕即国家之嫌疑，而足以激起热心共和者之反对。故袁公之就职于南京，准之理论，按之时局，实为神圣不可侵犯之条件，而培等欢迎之目的，专属于是，与其他建都问题及临时政府地点问题，均了无关系者也。

（二）袁公之决心　培等二十五日到北京即见袁公，二十六日又为谈话会，袁公始终无不能南行之语。且于此两日间，与各统制及民政首领商留守之人，会诸君尚皆谦让未遑，故行期不能骤定也。

（三）京津之舆论　培等自天津而北京，各全（团）体之代表，各军队之长官，及多数政治界之人物，或面谈，或投以函电，大抵于袁公南行就职之举，甚为轻视。或谓之仪文，或谓之少数人之意见。其间有极离奇者，至以小人之腹度君子之心，只可一笑置之。而所谓袁公不可离京之理由，则大率牵合临时政府地点，或且并迁都问题而混入之，如所谓藩属、外交、财政等种种关系是也。其与本问题有直接关系者，惟北方人心未定一义；然以袁公之威望与其旧部将士之忠义，方清摄政王解职及清帝退位至危逼之时期，尚能镇慑全京，不丧匕鬯，至于今日，复何疑虑？且袁公万能，为北方商民所公认，苟袁公内断于心，定期南下，则其所为布置者，必有足以安京、津之人心，而无庸过虑。故培等一方面以京、津舆论电达南京备参考之资料，而一方面仍静俟袁公之布置。

（四）二月二十九日兵变以后之情形　无何而有二月二十九日夜中之兵变，三月一日之夜又继之，且蔓延于保定、天津一带。夫此数日间，袁公未尝离京也，袁公最亲信之将士，在北京自若也；而忽有此意外之变乱，足以证明袁公离京与否，与保持北方秩序，非有密切不可离之关系。然自有此变，而军队之调度，外交之应付，种种困难，急待整理，袁公一日万几。势难暂置，于是不得不与南京政府协商一变通之办法。

（五）变通之办法　总统就职于政府，神圣不可侵犯之条件也；临时统一政府之组织，不可以旦夕缓也；而袁公际此时会，又不能即日南行，则又事实之不可破者也。于是袁公提议，请副总统黎公代赴南京受职。然黎公之不能离武昌，犹袁公之不能离北京也。于是孙公提议于参议院，经参议院议决者，为袁公以电宣誓，而即在北京就职，其办法六条如麻电。由是袁公不必南行，而受职之式不违法理，临时统一政府，又可以速立，对于今日之时局，诚可谓一举而备三善者矣。

（六）培等现实之目的及未来之希望　培等此行，为欢迎袁公赴南京就职也。袁公未就职，不能组织统一政府；袁公不按法理就职，而苟焉组织政府，是谓形式之统一，而非精神之统一。是故欢迎袁公，我等直接之目的也；谋全国精神上之统一，我等间接之目的也。今袁公虽不能于就职以前躬赴南京，而以最后之变通办法观之，则袁公之尊重法理，孙公之大公无我，参议院诸公之持大局而破成见，足代表大多数国民，既皆昭揭于天下；其至少数抱猜忌之见，腾离间之口者，皆将为太和所同化，而无复纤蘖之留。于是培等直接目的之不达，虽不敢轻告无罪，而间接目的所谓全国精神上之统一者，既以全国同道（胞）心理之孚感而毕达，而培等亦得躬途（逢）其盛，与有幸焉。惟是民国初建，百废具举，尤望全国同胞永以统一之精神对待之，则培等敢掬我全国同胞之齐心同愿者以为祝曰：中华民国万岁！①

是日，上海伶界联合会成立，以改良旧曲、排演新戏、发扬革命真铨、发阐共和原理，使萎靡之社会日就进化，旁及教育慈善事业为宗旨。夏月珊任会长。

12日，南京临时参议院制订临时政府各部暂行官制通则，规定临时政开设外交、内务、财政、陆军、海军、司法、教育、农林、工商、交通10部。各部设总长，下设承政厅及各司，司下设科，分掌事务。

是日，蔡元培等发告别京津同胞书，说明北上迎袁之经过及对于未来之希望。13日，蔡元培一行离京返宁。

是日，袁世凯令禁绝贿赂。

是日，四国银行团代表在伦敦开会，议决给予北京政府6000万英镑借款，并同意日、俄两国银行团参加此项借款之要求。

是日，孙中山因广州兵变，致电惠州民军首领王和顺，令遵守约束，共维大局。

13日，袁世凯任唐绍仪为国务总理。

是日，袁世凯派马龙标为第五镇总制官，并会办山东军务。

是日，袁世凯发布整肃官常通令。

是日，孙中山令内务部通饬各省革除缠足恶俗。

是日，孙中山电令广东都督陈炯明搜捕解散抗命扰民之惠军王和顺部。

是日，南京临时参议院通电敦促各省参议员迅即到院。

是日，蔡元培、汪兆铭等离北京赴汉口晤黎元洪（3月15日离汉口赴南京。宋教仁、钮永建等已于3月4日南返）。

14日，夏廷桢等发起、改组中国共和研究会而为国民公党，推岑春煊、伍廷芳、程德全为名誉总理，王人文为总理，温宗尧为协理。以"组成健全政党，制造正确舆

---

① 载1912年3月11日《民立报》。欧阳哲生编《蔡元培卷》，中国人民大学出版社2014年版。

论,巩固民国基础,增进国利民福"为宗旨。发表纲领:主张实行平民政治,整理地金,减除苛税,尊重法律,保护人权,调剂国用,休养民力;提倡国民外交等。旋与同盟会、统一共和党、国民共进会、共和实进会等合组为国民党。

是日,唐绍仪向华比银行借款一百万镑,以京(北京)张(张家口)铁路收入及财产担保。

是日,袁世凯令开缺凌福彭直隶布政使职。

是日,袁世凯令重申从前禁鸦片办法。

15日,袁世凯令各省督抚改称都督。

是日,袁世凯令改直隶、东三省、陕甘总督及河南、山东、吉林、黑龙江巡抚为都督(以上各省均未独立者)。

是日,袁世凯派张锡銮署直隶都督,赵惟熙署甘肃都督,阎锡山为山西都督,李盛铎为山西民政长(3月24日以周渤代李)。

是日,南京临时参议院以孙中山于是日咨送袁世凯拟派12部国务员一案,与"各部官制通则"原案所定国务员数不符,电袁仍请按原定10部开明姓名电交本院同意。

是日,南京临时政府陆军总长黄兴通令全军申明军纪,要求军人各革其心,各爱其身,各守区域,各尽责任,勿以无安插而自惊,勿以有助劳而自足,勿攘夺私利而操同室干戈,勿把持财产而整中央之命,勿遗同志之耻,勿动全国之愤。

是日,蓝天蔚自奉天燕台电请取消其关外都督。

是日,升允、马安良与陕西都督张凤翙停战。

是日,张勋部在天津为英德兵所阻,退回德州。

是日,上海中国共和研究会更名国民公党,举岑春煊、伍廷芳、程德全为名誉总理,王人文为总理,温宗尧为协理。

16日,袁世凯令绍英开去度支部首领,委周自齐暂行管理该部首领事务。

是日,教育部发行《文教》简章及体例。

一、定名　本杂志定名曰《文教》。

二、宗旨　本杂志以崇闳学术,周洽文化,振起国民高尚之思想、向上之精神为宗旨。

三、内容　分为十类:(一)征题,(二)主题,(三)学术,(四)文艺,(五)杂纂,(六)实录,(七)法令,(八)文牍,(九)琐缀,(十)附录。

四、刊行　每月刊行二册,以初一、十五日为期。

五、价目　分售每册大洋一角五分,合售半年十二册,大洋一元陆角,全年二十四册,大洋三元。

《文教》体例

民国元年日志
（1912年1月—12月）

一、征题　名画在前，丽尔悦目，所以崇优美，导兴趣也。

二、主张　张皇真理，刊落誓言，所以白吾心，绳世说也。

三、学术　凡有形无形之学及其方术隶之，所以邃知识，进技能也。

四、文艺　凡文章、音乐及有形美术隶之，所以兴美感，发玄念也。

五、杂纂　其目凡四：甲、思潮　分国内、国外二部，所以揽群言之精蕴，审世界之归趋，博采兼存，以供省览。乙、通讯　所以往来简毕，交易思维，释读者疑，庶几冰释。丙、群书考核　所以雠校群书，阐扬秘籍，先民神旨，永斯流传。丁、新著评骘　所以审核图籍，明辨是非，学者读书，冀无回惑。

六、实录　其目凡二：甲、内事　所以记国内文教之现况。乙、外事　所以记域外文教之现况。

七、法令　所以载公布之法令。

八、文牍　所以载公布之文牍。

九、琐缀　间取零星事实，载录后幅。

十、附录　所有建言草案，附丽终篇。①

是日，孙中山面告日本三井物产会社职员森恪，不承认1月29日盛宣怀与日方私订之汉冶萍公司借款临时合同。

是日，上海都督批准中华铁路路工同人共济会成立。

按：《批准中华铁路路工同人共济会立案》：中华铁路路工同人共济会会长徐文洞等呈批云：呈已悉。该会研求学术，注重路工，开实业之先声，促交通之进步。宗旨既属纯正，章程尤臻妥协。爱国热诚，深堪嘉佩。诸会员勉兹毅力，本都督当予维持。所请立案，自应照准，并候交通部注册可也。②

是日，上海神州女界共和协济会正式成立，宣布以"普及教育，研究法政，提倡实业，养成共和国高尚纯全之女国民"为宗旨。

是日，美参议院通过祝贺中华民国成立案。

17日，孙中山通令停止各省所发债票，由财政部统筹办理。

是日，孙中山令所有疍户、惰民、丐户一体享有公权私权，以重人权，又令统一财政。

是日，孙中山总统将设立国史院案提交参议院（胡汉民、黄兴、王宠惠、宋教仁、于右任等呈请）。

按：《黄兴与胡汉民等致孙中山呈》（一九一二年三月十七日稍前）曰："溯自有

---

① 孙彩霞、李学通、卞修跃编：《辛亥革命资料选编》第四卷《南京临时政府与民初政局》下册，社会科学文献出版社2012年版。

② 《时报》1912年3月16日。上海社会科学院历史研究所编：《辛亥革命在上海史料选辑》增订版，上海人民出版社2011年版。

文字,遂有记载,古称史官肇于沮苍,历代相沿,是职咸备。盖以纪一时之事,昭万禩之鉴,甚盛典也。顾概观中国前史,《春秋》《史记》而外,多一人一家之传记,无一足称社会史,可以传当时而垂后世者。抑典午东渡而还,中原涂炭,自时厥后,国统淆杂,殊方入主,尤间代相闻,以云正史,不足十六。而所称正史者,亦复狃于君主政体,其典章、制度、人物、文词,见于纪、传、表、志者,多未能发挥民族之精神,方诸麟经迁史,去之复远。若藉为民国之借鉴,犹南辕北辙,凿枘不能相容。诚以立国之政体不良,而记载遂不衷于至当耳。今我中华聿新,民国前自甲午而后,明识远见之士,怵于国之不可以见辱,而政体之不可以不改变也,于是奔走号呼,潜移默运,垂二十年。兹者民国确立,以前之艰巨挫折,起蹶兴踬,循环倚伏,不可纪极。若非详加调查,笔之于书,著为信史,何以彰前烈而诏方来,正史裁而坚国本。为此连同众意,合词呈请大总统,速设国史院遴员董理,刻日将我民国成立始末,调查详彻,撰辑中华民国建国史,颁示海内,以垂法戒而巩邦基。如蒙俯允,即请作为议案,提交参议院议决,并祈从速特委专员筹办一切,民国幸甚。胡汉民、黄兴、王宠惠、宋教仁、马君武、王鸿猷、于右任、钮永建、蒋作宾、居正、黄钟瑛、汤芗铭、吕志伊、徐绍桢、秦毓鎏、任鸿隽、萧友梅、冯自由、吴永珊、谭熙鸿、耿觐文、陈晋、张通典、郑宪武、但涛、刘元梓、程明超、金溥崇、胡肇安、汪廷襄、伍崇珏、王夏、唐支厦、彭素民、易廷喜、廖炎、林启一、卢仲博、余森、李尧生、邵逸周、刘式庵、林朝汉、梅乔林、刘鞠可、胡秉柯、张炽章、贺子才、朱和中、覃师范、仇亮、杜纯、黄中恺、金华祝、汤化龙、张铭彝、巴泽惠、林大任、付仰虞、梁能坚、侯毅、翁继芬、蔡人奇、田桐、林长民、张大义、萧翼鲲、孙润宇、于德坤、史青、高鲁、王庆华、程光鑫、马伯瑗、林文庆、方潜、熊传第、刘健、瞿方书、刘馥、仇鳌、杨勉之、姜廷荣、曹昌麟、刘伯昌、张周、周泽苞、黄复生、彭丕昕、饶如焚、史久光、王孝缜、何浚、唐豸、陈宽沅、喻毓西、黄大伟等呈。[1]

附:孙中山批示(一九一二年三月十七日稍前):呈悉。查中国历代编纂国史之机关均系独立,不受他机关之干涉,所以示好恶之公,昭是非之正,使秉笔者据事直书,无拘牵顾忌之嫌。法至善也。民国开创,为神州空前之伟业,不有信史,何以煜耀宇内,昭示方来?该员等所请设立国史院之举,本总统深表赞同,应候提交参议院议决。至请先行派员筹办一节,俟遴选得人,即行委任可也。此批。[2]

是日,上海都督发布查禁谣言告示(一)(二)。

按:告示(一)曰:照得南北统一以来,新总统业经举定,内阁将次发表,民国基础日形巩固。虽粤、皖等省前数日稍有冲突,而此届改变政体,一切动作,悉本人道主义而进行。苟有因争攘权利,为同类相残之举者,当为国民同意所不许.即为军、政

① 据《临时政府公报》第四十一号,一九一二年三月十七日。
② 据《临时政府公报》第四十一号,一九一二年三月十七日。湖南省社会科学院编:《黄兴集》,中华书局2011年版。

各界之公敌。谁肯以汗血换得之民国，听少数人之自私自利，而贻大局以非常之危险乎？是意外之事，决不至发见于今日，可断言也。乃日来沪地谣言蜂起，语多不根，是必有挟私之人妄思尝试，而人民无识，未明事理，多致附和。本都督醉心共和，必欲我国日臻强盛，我民胥登康乐，于愿始慰。今国体幸改，元气未复，何堪再遇挫折，复蹈前清国种危亡之险象？用是谆切告诫我军民人等一体知悉，其各互相策勉，勿信谣言，在在存国利民福之希望，相期共底于成。一面由本都督访拿造谣生事之人，审讯属实，照军法严加惩办，以为蠹国殃民者戒。自示之后，其各凛遵毋违，慎勿以身试法。特示。①

　　按：告示（二）曰：照得偶语腹诽，虽所不赦；造谣惑众，古有明条。即使言出无心，诳言是为有过；何况听者加厉，误听益以传讹。夫乱常起于不疑，而祸每伏于所忽。防微杜渐，责在有司；远虑近忧，诲无不教。近查沪滨一带，时有不法之徒散布谣言，希图煽惑，言无可据，听不足凭。深恐无知愚民，受其欺蒙，致一入其牢笼而不能解脱，实逼处此，无路自新。本都督心焉悯之。为此示仰尔军民人等一体知悉，勿再误信谣言，致干咎戾。即为首倡议者，苟能知其非是，勉为善良，无不宽其既往，免予追究；倘仍执迷不悟，歧路徘徊，一经觉察，无论首从，本都督惟有执法以惩，决不宽贷。勿谓法网之幸逃，谆诚之不预也。尔军民人等，其各凛遵毋违。②

　　是日，孙中山在南京参加追悼武汉死难诸烈士大会，并致悼词。

　　是日，上海印染业致电江苏都督，反对包税。

　　是日，梅兰芳首演京剧《木兰从军》。

　　18日，袁世凯通令各地迅速选派参议员赴会，俾参议院组织完备。

　　是日，袁世凯通电各省将省谘议局改组为临时省议会，在各省议会组织法及选举法未经公布以前，暂由各省议事机关协商自定简易办法。

　　是日，夏继泉、潘复等人在济南富贵园开会，宣布建立中国统一党山东支部，夏继泉任正部长，潘复、庄陔兰任副部长。因该党党员多是各级在职官僚，被世人称之为"官僚党"。

　　是日，日本向英、美、法、德申明愿加入四国银行团，惟须以保留日本在南满权利为条件。

　　是日，上海《时报》公布袁世凯就任大总统誓词。

　　按：文曰：上海民政总长李为出示晓谕事：奉沪军都督函发临时大总统袁来电内开，初7日接南京参议院电称，支电悉，京乱已平，群情欣慰。惟经此次动摇，君势难

　　① 《民立报》1912年3月17日第十页。上海社会科学院历史研究所编：《辛亥革命在上海史料选辑》增订版，上海人民出版社2011年版。

　　② 《民立报》1912年3月17日第十页。上海社会科学院历史研究所编：《辛亥革命在上海史料选辑》增订版，上海人民出版社2011年版。

即时南来;而对内对外,又非君早日受职不可。本院连日得蔡专使来电,正在筹划良策,冀巩国基。昨复得钧电,知事机更不容缓,遂于今日开会议决,允君在北京参(受)职。决定办法六条如下:一、由参议院电知袁大总统,允其在北京受职;二、袁大总统接电后即电参议院宣誓;三、参议院接到宣誓之电后,即复电认为受职并通告全国;四、袁大总统受职后,即将拟派国务总理及各国务员姓名电知参议院求其同意;五、国务总理及各国务员任定后,在南京接收临时政府交代事宜;六、孙大总统于交代之日始行解职。以上各条经电达孙大总统并电知蔡专使等,请君接电之日即照办,以慰国民厚望,不胜盼祷之至。参议院。麻。等语。当此初 8 日电复文如下:南京参议院公鉴,麻电悉。所议六条,一切认可。凯以薄德,忝承推举,勉任公仆义务。谨照 3 月初 6 日参议院议决,照第二条办法电达宣誓,下开誓词,请代公布。其文曰:"民国建设造端,百凡待治。世凯深愿竭其能力,发扬共和之精神,涤荡专制之瑕秽。谨守宪法,依国民之愿望,祈达国家于安全强固之域,俾五大民族同臻乐利。凡兹志愿,率履勿渝。俟召集国会选定第一期大总统,世凯即行解职。谨掬诚悃,誓告同胞。大中华民国元年 3 月初 8 日袁世凯"等语。希查照,并转饬所属知照等语。希即出示晓谕等因。奉此,合行示谕地方,一体知照。特示。①

是日,黄兴等拓殖会成立于南京(后改名垦殖会,另设拓殖学校)。举黄兴为会长。该会拟自东北人手从事垦殖,继及于新疆各处,以实践民生主义,开发国家资源。

是日,国民协进会在天津正式成立,举范源濂、籍忠寅、黄远庸等 18 人为常务干事,宣布政纲三项:一、巩固共和政治;二、确定统一主义;三、发达社会实力。

是日,唐继尧通电驱逐代理贵州都督赵德全。

是日,上海军政府批复说书业继续开业。

按:《批复说书业呈文》:本城各茶肆所招说书,或演讲,或弹唱,藉招引听客,而说部中每有淫词亵语插科其间,致前清官场警局时有查禁。现在又有死灰复燃,实足以伤风化者,如《倭袍》《双珠凤》《杨乃武》等书,皆在禁例。讵该业本分海道、苏道两帮,现有海道帮程鸿飞等具呈都督府,欲思推广贸易之界址。昨奉都督批云:

呈悉。该商等热心爱国,一再捐资助饷,殊堪嘉许。说书一业,与创造工艺不同,果无害于风俗人心及不背共和之宗旨,无论何处,皆可自由贸易,断无因创设在前,遂可专利垄断之理。该商等今愿于沪地说书贸易,自可照准,但须择有益于社会文明者说之,不得演唱淫词小说,致干查禁。至欲于苏属各地说书一一节,仰即前赴

---

① 《时报》1912 年 3 月 18 日。上海社会科学院历史研究所编:《辛亥革命在上海史料选辑》增订版,上海人民出版社 2011 年版。

苏州民政长处呈请可也。①

19日，参议院通电反对召集临时国会(3月22日袁世凯接纳)。

是日，孙中山令外交部禁绝贩卖"猪仔"，保护华侨。

是日，南京临时参议院就湖北省议会召集临时中央议会一事，分电袁世凯及各省都督、议会、谘议局，宣布此举为不正当行动，断然无效。

是日，南京临时政府实业部以安徽都督孙毓筠与日商三井洋行私签《中日合办铜官山铁矿草约》，群起反对，是日电孙即刻取消此约。

是日，女子参政同盟会会员唐群英等十余人至南京临时参议院，要求女子参政权。23日唐群英等上书孙中山，要求将女子与男子平等款，明文规定于《临时约法》。

是日，袁世凯令各省维持现状，勿再各自为政，另举都督。

是日，大总统令教育部通告各省将已设之优级初级师范一并开学文。

按：文曰：自民国起义以来，教育机关一时停歇，黉舍变为兵营，学子编入卒伍，此诚迫于时势，不得不然。然青年之士，问学无途、请业失据者，何可胜道。学者国之本也，若不从速设法修旧起废，鼓舞而振兴之，何以育人才而培国脉。查阅临时政府公报第三十二号，载有该部通告各省电饬令高等专门学校从速开学，免致高等学生半途废学，中学毕业学生亦无升学之所云云，自是正当办法。惟教育主义，首贵普及，作人之道，尤重童蒙，中小学校之急应开办，当视高等专门为尤要。顾欲兴办中小学校，非养成多数教员不可，欲养成多数中小学教员，非多设初级优级师范学校不可。虽一时权宜与永久经制自殊，而统筹全局亦不可顾此失彼。此时注重师范，既能消纳中学以上之学生，复可隐植将来教育之根本，是其当务之急者。为此令仰该部迅即妥筹办法，通告各省，将已设之优级初级学校一并开学，其中小学校仍不可听其停闭，速筹开办，是为至要，此令。②

是日，内务部令江宁府知事示禁各乡演戏赛会文。

按：文曰：案据北乡保卫会会长顾良遇呈称：北乡一带，每届春季，各有节期，为买卖农具聚集之日，恒有演剧赛会等事。虽日习俗相沿，不失雅颂承平之盛，而办公益者，每剧一本，即一天收费四元五元不等；又有开场聚赌，每桌收费若干，一日竟有数十桌百桌之多者，以致赌博棍徒明目张胆，恃为护符，莫可禁止。无论是否正当公益费用，似有不合。况赌博恶习，巧取人财，有乖人道，呈请示禁等情到部。据此，除

---

① 《民立报》1912年3月18日。上海社会科学院历史研究所编：《辛亥革命在上海史料选辑》增订版，上海人民出版社2011年版。

② 孙彩霞、李学通、卞修跃编：《辛亥革命资料选编》第四卷《南京临时政府与民初政局》下册，社会科学文献出版社2012年版。

批示外,合行令知该知事即便通示各乡,一体严禁,以杜流弊而保治安。切切!此令。①

是日,山东都督胡瑛以张广建之压迫,通电辞职。

是日,萧县推赵惟熙为都督。

是日,李烈钧接任江西都督,马毓宝去职。

是日,黎元洪电袁世凯请任前湖北军务司长张振武为东三省边防使,率鄂军一镇前往。

是日,谭延闿与黄兴等发起中华民族大同会。

按:公告曰:今既合五大民族为一国矣,微特藩属之称,自是铲除,即种类之界,亦将渐归融化,洵吾华秩代之鸿轨,而环球各国所同钦也。顾五族语文互异,忧悯或有难孚;居处殊方,接洽未免多阻。如无集合之机关,安望感情之联络。况乎强邻逼处,虎视眈眈,唇齿互有相依之势,肥瘠敢存秦越之心。仆等不揣绵薄,组织斯会,藉岁时之团聚,谋意识之感通。智德以交换而愈完,志气以鼓舞而益奋。相挈相提,手足庶无偏枯之患;同袍同泽,痛痒更有相关之情。其始以言论造事实,其究以通力赴成功。共荷民国之仔肩,众擎易举;永奠共和于磐石,转弱为强。此仆等立会微意也。尚希爱国英贤,识时巨子,共矢宏愿,大扩初基。俾我四亿同胞,携手而偕登乐利;与彼五洲强冈,联袂而永享和平。本会有厚望焉。此启。

发起人:黄兴、刘揆一、吴景濂、冯邻翼、李瑞清、景耀月、沈秉堃、王芝祥、谭延闿、马君武、孙毓筠、张继、恩华、胡瑛、张通典、吕志伊、尹昌衡、李鳌、赵士北、蒋彬、范源廉、谷钟秀、德启、杨道霖、李素、马浚年、秦毓鎏、程子楷、刘懋尝、洪翼升、王有兰、王正廷、时功玖、余焕东、李肇甫、沙炳南、姚雨平、盛先觉、赵士钰、金鼎、王宽、刘星楠、章勤士、陶昌善、温世珍、殷汝骊、朱德裳、黄树忠、文群、赵恒惕、马良基、邓文辉、熊成章、何维模、仇鳌、彭占元、平刚、任福黎、何陶、胡国梁、蒋宗藩、尹骞、廖名缙、常恒芳、唐乾一、廖炎、钱树芬、李伟、萧翼鲲、吉勇、金章、彭邦栋、汤漪、马际泰、曾彦、叶毓仑、黄格鸥、刘崛、钟勋、张智、廖秉衡、旷若谷、杨伯文、郭琮瀚、潘晋、刘其成、叶允吉、王树滋、瞿宗铎、李猛、罗仲素、张汉英、刘翼、刘芝芬、罗芬、钟元郑、彭定钊、杨时霖、彭桢。②

是日,胡敦复在上海创立大同学院。1922年更名大同大学。

20日,孙中山令内务部总、次长慎重用人,务当悉心考察,慎重铨选,勿使非才滥竽,贤能远引,各部荐任各员不得兼职,以肃官方而饬吏治。24日,孙中山又将此令发至各部总次长知照。

---

① 孙彩霞、李学通、卞修跃编:《辛亥革命资料选编》第四卷《南京临时政府与民初政局》下册,社会科学文献出版社2012年版。

② 《民立报》1912年3月19—20日。周秋光主编:《谭延闿集》,湖南人民出版社2013年版。

民国元年日志
（1912年1月—12月）

是日，孙中山复函海外华侨及电国内各法团，解释推荐袁世凯为临时大总统之理由，略称："前日之袁君为世界之一人，今日之袁君为民国之分子，量才而选，彼独贤劳"，望国民"责之以尽瘁，爱之以热忱"。

是日，孙中山电袁世凯，主张各省都督由各省人民公举；直隶谘议局已公举王芝祥为都督，请照案加以委任。

是日，孙中山主持江、皖倡义烈士追悼会。

是日，直隶谘议局举驻南京之第三军长王芝祥为都督，本日孙中山据以电告袁世凯。

是日，黎元洪通电调停山东都督张广建、胡瑛之争，请准胡去职，调张离任（一作3月27日）。

是日，交通部呈大总统已遵谕定制光复纪念邮票文。

按：窃前奉大总统面谕，速将中华民国光复纪念邮票，印就发行，以新耳目而崇体制。兹本部已派邮政司司长陈廷骥与上海商务印书馆订立合同，定印中华民国光复纪念邮票一千二百万枚，计实价银一万二千圆，另制版费伍百圆。一俟该印书馆将邮票印就交部，再行备文呈送钧案，并发交邮局应用。此呈。[1]

是日，日本向四国银行团要求不以满洲利益作为对华借款之担保。

是日，汉冶萍煤铁公司股东大会（在上海举行）反对1月29日该公司督办盛宣怀与日本财团（小田切）所订之中日合办草约（草约规定资金三千万元，中日各半，期限三十年，各省及临时参议院均反对）。

是日，北方咨议局联合会在津成立，由直（河北）、奉（辽宁）、吉、黑、鲁、豫、晋7省组成，旨在实行自举都督。

是日，阎锡山发表《通电筹建吴禄贞铜像》。

按：通电说：《民立报》鉴：已故吴公禄贞，民党英杰，军界伟人，督师石庄，遣使来晋，据常山，断铁道，绝南下师，共图北伐；乃雄谋甫定，遽遭暗杀，于戏惨矣。前经孙大总统颁布恤典，全国人心，藉以稍慰；惟晋省军民受赐尤深，感慕弥切，拟铸铜像，永祀千古。至吴公一生事迹，俟编印成册，即行呈览，以公诸世。张公世膺，周公维桢，同时死难，功绩成伟，拟附列传，阐发幽隐。晋都督阎锡山率民军全体叩号自忻州发。[2]

21日，袁世凯颁令：民国刑法未布以前，治罪之法除与国体牴牾各条外，暂行适用新刑律。嗣后地方遇有此等犯罪行为，犯罪照新律各本条分则审断。

是日，孙中山派胡汉民将袁世凯就职宣誓书送交临时参议院。

---

① 孙彩霞、李学通、卞修跃编：《辛亥革命资料选编》第四卷《南京临时政府与民初政局》下册，社会科学文献出版社2012年版。

② 山西省地方志办公室编：《山西民初散记》，山西人民出版社2014年版。

是日，开平滦州两煤矿合办。

22 日，袁世凯电复南京临时参议院，接受参议院否定湖北省临时议会筹组中央临时议会之决定，又电各省依照"临时约法第 18 条之规定"办理。

是日，黎元洪通电论外交、军政、财政、民政、教育之敝（所谓五可痛哭电）。

是日，内务部咨各省都督禁止缠足文。

按：文曰：本年三月十一日，奉大总统令开：（略，即第三十七号《大总统令内务部通饬各省劝禁缠足文》）等因。奉此，查缠足之风，前清亦有禁令，惟奉行不力，徒具虚文，或立法太严，难收实效。今民国成立，此等恶俗，断难容其再存。然积习已深，革除非易，操之太促，既恐难于推行，持之不严，又恐流于玩忽。劝谕之方法，惩罚之重轻，必使闾阎无骚动之忧，草野有风行之象。或加入演说团，剀切开导，或另设天足会，实力引放。已缠者，令其必放，未缠者，毋许再缠。倘乡僻愚民，仍执迷不悟，则或编为另户，以激其羞恶之心，或削其公权，以生其向隅之感。惟目今自治会多未成立，户籍法亦未颁行，调查不易周详，科罚难期一致。且各省风气既异，办法尤宜折衷，似难悬拟一定罚则，转生阻碍。除分咨外，合先咨贵都督，遵照大总统令文，迅即按照地方情形，妥拟劝禁方法，克日施行，毋稍延缓，以收速效而挽恶风。此咨。①

是日，袁世凯委朱启钤督办津浦铁路事宜、冯元鼎帮办津浦铁路事宜。

是日，夏之时就任重庆镇抚府总长，任命熊克武为镇抚府师长。

是日，临时政府教育部总、次长会议，宣布履责结束，预备交接，并推荐蒋维乔、许寿裳等人赴新教育部任职。

是日，黄兴遇刺未中。

23 日，日本外务省训令驻外使节，以承认中国新政府之详细条件就商于各国。

是日，袁世凯通知各国公使，民间借债，须以总统签字盖印为凭。

是日，袁世凯电孙中山、黄兴、胡瑛，请约束山东民军，勿令进兵济南，并告以将派员前往查办。

是日，袁世凯任张镇芳署河南都督，代替齐耀琳。

是日，孙中山咨请参议院追认 3 月 10 日袁世凯之大赦令。

是日，孙中山咨请参议院设立稽勋局。

是日，孙中山通令各省都督劝办赈捐，以济灾黎。

是日，甘肃、新疆服从民国政府。

是日，黄兴与蔡元培、宋教仁、刘揆一等在南京正式组织中华民族大同会，黄兴被举为总理。黄兴、谭延闿等人发布《中华民族大同会募款公告》。

---

① 孙彩霞、李学通、卞修跃编：《辛亥革命资料选编》第四卷《南京临时政府与民初政局》下册，社会科学文献出版社 2012 年版。

民国元年日志
（1912年1月—12月）

按：公告曰：都督、议会、各报馆、政团鉴：民国初建，五族涣散，联络感情，化除畛域，共谋统一，同护国权，当务为急，无逾于此日。互相提挈，人道亦然，凡我同胞，何忍歧视？用特发起中华民族大同会，现已成立。拟从调查入手，以教育促进步之齐一，以实业浚文化之源泉。更以日报为缔合之媒介，以杂志为常识之灌输。章程即付邮呈：敬希协力提倡，随时赐教，酌拨公款，助成斯举，实纫公谊。

发起人：黄兴、刘揆一、黎元洪、吴景濂、蔡元培、冯邻翼、景耀月、谭延闿、王芝祥、沈秉堃、徐绍桢、马君武、陈其美、吕志伊、孙毓筠、姚锡光、蒋作宾、尹昌衡、范源廉、恩华、王鸿猷、蒋彬、龚偡、张通典、胡瑛、李罄、赵士北、谷钟秀、张继、李瑞清、德启、杨道霖、李素、宋教仁、程子楷、刘懋尝、洪翼昂、王有兰、勃勒德克、王正廷、时功玖、马浚年、余焕东、李肇甫、沙炳南、姚雨平、盛先觉、秦毓鎏、赵世钰、金鼎、刘星楠、章勤士、陶吕善、温世珍、殷汝骊、朱德裳、黄树忠、文群、赵恒惕、马良基、邓文辉、熊成章、何维模、仇鳌、彭占元、吉勇、任福黎、平刚、胡同梁、何陶、蒋宗藩、尹骞、廖名缙、常恒芳、唐乾一、廖炎、钱树芬、李伟、萧翼鲲、金章、彭邦栋、汤漪、王宽、张昭汉、曾彦、叶毓仑、黄格鸥、刘崛、唐群英、钟勤、张智、廖秉衡、旷若谷、杨伯文、郭宗瀚、潘晋、刘其成、王树兹、叶允吉、瞿宗铎、李猛、罗仲素、张汉英、刘昇、陈鸿璧、骆通、马际泰、罗芬、钟元郑、覃政、杨时霖、彭桢、李膏润。[1]

是日，交通部批徐文洞等组织中华铁路路工同人共济会请立案呈。

按：呈及会章均悉。我国工艺，周秦以上已渐发达，沿袭至今，迄无进步，良由工党无集合之力，一切学术智识难资历练而策进行。该发起人等组织中华铁路路工同人共济会，以资研究考查，诚为知所当务。所拟会章条理秩然，尤堪嘉许，准如所请立案。尤望发起人等实力提倡，进行勿懈，本部有厚望焉。此批。[2]

是日，云南都督蔡锷以和局已成，毋庸北伐，是日电告黎元洪，入川滇军开始离渝撤返云南。

是日，袁世凯任张镇芳署河南都督。

是日，台湾南投厅新寮民众领袖刘乾，与庆兴人林启祯联合，以庆祝辛亥革命成功为名，召集南投、林圯埔一带民众，饮酒欢呼，群情激动，追袭林圯埔附近的日警派出所，杀死多名日警，缴获各种枪械和物资。

是日，日本政府继2月21日向俄、英、美等国提出承认中国新政府先决条件后，是日又拟具详细四项条件，包括新政府承担并履行从前所缔结之一切条约，偿还外债，确认治外法权及其他种种特权等内容，令驻外使节照会英、美、俄、法、德、意等国政府，并提议俟承认中国新政府时，各国皆以同文照会分别递交中国政府。

---

① 《民立报》1912年3月26日。周秋光主编：《谭延闿集》，湖南人民出版社2013年版。

② 孙彩霞、李学通、卞修跃编：《辛亥革命资料选编》第四卷《南京临时政府与民初政局》下册，社会科学文献出版社2012年版。

24 日,孙中山令各部局整饬官方,慎重铨选。

是日,孙中山据司法部呈:前清民刑各律及诉讼法除第一次刑律草案关于帝室之罪及关于内乱之罪死刑不能适用外,余皆继续有效,俟民国法律颁布即行废止。是日孙中山将此案咨请参议院审议施行。

是日,孙中山令教育部准佛教会立案。

是日,袁世凯任命周渤署山西民政长,原任李盛锋请假照准。

是日,袁世凯派在京蒙古王公,劝令库伦取消独立。

按:库伦,位于内蒙古通辽市西南部。

是日,中华共和宪政会在上海改名为中华民国宪政党,举伍廷芳、李平书为正、副领袖。

25 日,北京政府新任国务院总理唐绍仪为组织内阁抵南京晋见孙中山,商议向参议院提国务员名单事。孙中山以民国政治体制应以法制为据,即令法制局迅拟国务院官制,咨请参议院审议决定后,再行依法提名。

是日,袁世凯以驻京扎萨克喇嘛等组织"蒙藏统一政治改良会","核其宗旨,系为宣布五族平等,伸我蒙藏人权起见,应准其先行立会",俾使蒙、藏人民一切公权、私权与内地平等。

是日,黄兴电各省都督,谓风闻宗社党人现从北方潜来,往来于南方各处,煽惑军队,颇思扰乱,图谋不轨,凡我军界指挥与军事当局应速设法严加防范。

是日,中华全国军界统一会在北京正式成立,议决会纲,并派员前往南京促成统一政府。

是日,上海华侨联合会致函临时参议院,请"予以华侨选派代表驻院,与议员有同等之权"。

是日,南京临时政府交通部任命萨镇冰为商船学校校长。

26 日,湖南都督谭延闿发表《关于时局之主张通电》,主张用人行政,不可以统一而行专制。

按:通电曰:北京袁大总统、各部院、南京孙大总统、各部院、武昌黎副总统、各省都督、各议会、各埠报馆钧鉴:民国初立,治理万端,稍涉疏虞,便成凿枘。延闿自维学识浅陋,无补时艰。故自大总统就职及提出国务卿以来,未尝以一言发表政见者,深恐以无当之言,有渎闻听耳。顷奉黎副总统祃电,词意痛切,精诚曝著,所言与其断送于今日,宁补救于将来,精理名言,深为钦佩。诸公明达,谅予赞成。抑延闿更有陈者:各省后先起义,怀抱之目的虽同,而进行之手续或异。以言军事,则骄惰成习,不识服从为何物;以言民事,则司法行政时有冲突,财政困难,尤其小焉者。至于法令条科,虽不能规定于戎马仓皇之日,亦当举纲领于政府成立之时。愚以为,国务员同应即时确定,其以后之积极进行,当悉听命于中央政府,而以国会为监督机关,

民国元年日志
（1912年1月—12月）

以符合民国政体。不然南北虽一家，仍不统一，此中危险，更何以治内而对外乎？观前清政治，各省自为风气，议者讥为十八国。此次革命收功，允宜统筹至计，幸毋因陋就简，再种恶因。若夫用人行政，虽在大总统权限之中，特从前名誉已坏，为民国所不认可者，自不宜再留于政界。倘或因统一而实行专制，因共和而未能协同，凡皆足以致前途之危，酿第二次革命之惨。诸公高明，当亦深慨于衷而急图补救者。延闿不才，谨贡区区，伏维鉴谅。湘都督谭延闿叩。印。①

是日，袁世凯任命彭英甲补授甘肃布政使。

是日，孙中山以民国统一，战事终结，令参谋部裁撤大本营名目。

是日，孙中山咨请参议院议决财政部拟订之《金库则例》，法制局拟订之《法官考试委员官职令》及《法官考试令草案》，内务部呈《暂行传统病预防法草案》

27日，孙中山电袁世凯，请起用岑春煊（黎元洪亦有电请）。

是日，孙中山函复佛教会，阐释约法中信教自由之精神，并对各国政教分离之美风表示赞赏。

是日，参议院通过《参议院组织法》。

是日，袁世凯任命张镇芳署理河南都督。

是日，苏州兵变。

是日，唐景崇、唐文治、严复在上海创办之神州大学开学。

28日，袁世凯以周自齐代张广建为山东都督（4月3日张离职）。

是日，隆裕太后传谕解散宗社党。

按：宗社党是指辛亥革命爆发后，清朝皇族中的顽固分子良弼、溥伟、铁良等结成集团，反对清帝退位及与革命政府议和，企图保存清皇朝的统治的组织。其主要成员是满洲贵族，不久后旋即覆灭。日本后来为了分裂中国，在日本东京又重建了宗社党，以肃亲王善耆和浪人川岛浪速为首，其主要活动就是策划分割中国满蒙地区的满蒙独立运动。

是日，孙中山通令各省都督保护人民生命财产，务须严饬所属，勿许越法肆行，一面晓喻人民，许其按照《临时约法》，对越法行为进行控告。一经调查确实，立即尽法惩治，并将罪行宣示天下。

是日，大总统颁行《陆军官佐暂行补官简章》。

按：第一条　民国初立，军务方殷，亟应任官受职，以资整理，而专责成。此项陆军补官办法，凡授有军职在陆军部所定陆军官制及暂行编制内，均按其职级一律补授实官。

第二条　上等第三级以上军官（大将军至右将军），由大总统简补。初等军官

① 《申报》1912年3月26日。周秋光主编：《谭延闿集》，湖南人民出版社2013年版。

(大军校至右军校),均由陆军部考察应补人员,申请补授(疑初等军官以下至补授一段是与第三条下段错排)。

第三条　中等军官(大都尉至右都尉)及初等军官(大军校至右军校),均由陆军部考察应补人员,申请大总统补授。

第四条　额外军官佐,由各该军队、学堂、局、部之高级官长考察部下应补人员,呈由陆军部补授。

第五条　各级军士,由各旅长(步兵)、团长(骑兵、炮兵)、营长(工兵、辎重兵)考察部下应补人员,呈请各该管高级官长补授,申报陆军部存案。

第六条　各级军官或因他项原因不能任军职者,由陆军部考察该员能力能否改充文职,随时斟酌办理(章程另订)。

第七条　此次所补军职,系专就陆军部所定陆军官制及暂行编制内之军官佐而言。若各省歧出之军职(如各省都督府、军政分府之军职等),俟地方行政制度制定后再行分别补授。

第八条　参谋部人员,应由该部将应补人员通告本部,分别核补。

第九条　各军队官衔以外之军职,须有相当之学识始准补授。①

是日,参谋部为保定陆军大学堂开学事致袁大总统电文。

按:电文曰:北京袁大总统钧鉴:近闻上海《民立报》登载保定陆军预备大学堂告白一通,云该堂准阳历四月五号开学。又今日本部职员刘光等接该堂景教官来函,亦云开学在即。夫续办陆军大学,以养成参谋人材,诚为国防要图。惟该堂应归中央参谋部管辖,今南北政府既已消灭,统一机关组织未成,该堂尚无所统属,若竟贸然开学,于法理似乎不合。且该堂学员因效力民军供职边远者甚多,纵使即能开学,亦须宽假时日,方能召集齐全。愚见拟请就近饬令该堂暂缓开学,俟统一机关成立,再由中央参谋部计划续办,最为周妥。其已到堂之教员、学员尽可留堂静候。尊意如何,敬希电复。黄兴。筒。叩。②

按:北京陆军正首领段祺瑞为保定陆军大学堂开学事复参谋部电文:南京参谋部黄总长鉴:大总统交阅筒电,敬闻一是。查陆军预备大学向由中央参谋机关管辖,前以军事仓卒,堂中各生多半四出奔走国事,中道辍业,其在堂中未出者亦各准假回籍。现在兵战既息,北籍各生纷纷回堂,故订期开学,温习旧课,免其无所事事。报章转载,不明原委,教员寄函,亦未了了,实非正式开学。其正式陆军大学,自应俟统一机关组织就绪后,完全正办,绝非今日所能计及。除陈明大总统外,敬以奉闻。祺

民国元年日志

（1912年1月—12月）

瑞。漾。叩。①

是日，西藏番兵围拉萨。

29日，唐绍仪在参议院发表政见，参议院通过内阁国务员：外交总长陆徵祥（由胡惟德署），内务总长赵秉钧，财政总长熊希龄，陆军总长段祺瑞，海军总长刘冠雄，司法总长王宠惠，教育总长蔡元培，农林总长宋教仁，工商总长陈其美（翌日正式任命，原提交通总长梁如浩，未获同意，由唐暂兼代）。

是日，孙中山咨请临时参议院审议国务院官制。

是日，孙中山下令抚恤邹容等死难烈士。

是日，临时参议院追认袁世凯大赦案。

30日，袁世凯任命各部总长：外交陆徵祥（未到任前，由胡惟德署理），内务赵秉钧，财政熊希龄，陆军段祺瑞，海军刘冠雄，教育蔡元培，司法王宠惠，农林宋教仁，工商陈其美，交通唐绍仪（兼）。

是日，袁世凯任黄兴为参谋总长，并统辖两江一带军队。黄辞不就。4月1日，袁改任徐绍桢为参谋总长

是日，陆军部派柏文蔚（镇军）、徐宝山（扬军）、王芝祥（桂军）、姚雨平（粤军）、朱瑞（浙军）为第一、二、三、四、五军军长。

是日，唐绍仪由蔡元培、黄兴介绍加入同盟会。孙中山主盟。

是日，袁世凯以北京谣传宗社党谋变，人心不靖，特出示晓谕，并禁止造谣。

是日，临时政府财政总长陈锦涛正式办理部务移交。

31日，袁世凯颁布训勉军人令。

按：辛亥革命后，革命党人掌握着陆军80个师团，约45万人，这是袁世凯的一大心病。3月31日，袁世凯颁发了《训勉军人令》，三令五申要军人服从统一命令，保持地方秩序。

是日，袁世凯任命黄兴为南京留守，统辖南方各军。

是日，四川都督尹昌衡、张培爵电袁世凯、孙中山，护送赞成共和之前清官吏出川，请沿途保护。

是日，内务部批陈兆葵等创办中华学报请立案呈。

按：呈悉。溯自欧化滂沛东渐，黄裔沦智导灵，思潮不变，集众矢于一的，遂屏爱亲，纪明效于共和，竞务时学，大辂既就，椎轮行弃，国粹沦丧，识者虑焉。诸君子发掘弘愿，纂述报章，将欲瘐（右加斗字）古综今，陶铸一冶，汰粕撷粹，折衷群言，撷煣

---

① 孙彩霞、李学通、卞修跃编：《辛亥革命资料选编》第四卷《南京临时政府与民初政局》下册，社会科学文献出版社2012年版。

余于秦灰，衍坠绪于国学，至堪嘉尚，自应赞同，拭目观成，准予立案。此批。①

是日，参谋部计画全国测量办法致各都督电文三则。

按：电文曰：各省都督鉴：陆地测量，关系切要。满清时代，中央政府不负责任，划归各省，致涉纷歧。本部现正计画全国测量办法，以谋统一而促进行。所有贵省陆军测绘学生已未毕业人数、履历、成绩及测绘图书仪器名称数目，乞迅速汇齐报部，以备查考。参谋本部黄兴叩。

各省都督鉴：全国测量事业，现经本部设立专局，统筹办理，以归画一。所有各省业经举办之测量事业，暂仍其旧。其未办各省，应即由本部统理，无庸另行举办，以免纷歧。参谋部黄兴叩。

各省都督鉴：本部对于全国测量事业，拟统由中央办理，已于有、覃两次通电贵都督在案。现已计划全国三角测量，先从沿边沿海著手，地形测图及制图两项先分险要重要地点，次第进行。概南中央派员办理。所需人才，查各省已毕业人数将近二千，所有器械亦复不少，均可敷用。俟将经费议案交参议院议决后，即可宣布。合先电闻。贵省测量情形如何？请即电复。参谋部黄兴叩。②

是日，同盟会公饯孙中山，到千人。孙中山于公饯席上演说，阐述民生主义，勉励同志实行。指出："今日满清退位，中华民国成立，民族、民权两主义已达到，唯有民生主义尚未着手。今后吾人所当致力的，即在此事。"

是日，孙中山发表英文论著《中国之第二步》，揭示民国成立，应推行社会革命，防止资本主义流弊，改革地税制度。

是日，黎元洪电令四川都督尹昌衡撤回援陕川军。

---

① 孙彩霞、李学通、卞修跃编：《辛亥革命资料选编》第四卷《南京临时政府与民初政局》下册，社会科学文献出版社 2012 年版。
② 孙彩霞、李学通、卞修跃编：《辛亥革命资料选编》第四卷《南京临时政府与民初政局》下册，社会科学文献出版社 2012 年版。

4月

1日,孙中山正式解除临时大总统一职。

按:是日,孙中山宣布解除临时大总统职务,在参议院行辞职礼。同日,他在南京同盟会员饯别会上,发表解职后第一篇演说:"今日满清退位,中华民国成立,民族、民权两主义俱达到。唯有民生主义尚未着手,今后吾人所当致力的即在此事。"2日,参议院议决临时政府迁往北京。4日,参议院议决该院自即日起迁往北京。21日,中华民国国务院在北京成立。29日,临时参议院在北京举行开院礼。孙中山解职和临时政府的北迁,标志着辛亥革命的成果已被袁世凯窃取。

按:《临时大总统解职令》曰:前由参议院议决统一政府办法第六条,孙大总统于交代之日始行解职。今国务总理唐君南来,国务员已各任定,统一政府业已完全成立,于四月初一〈日〉在南京交代,本总统即于是日解职,是用宣布周知。此后国中一切政务,悉取决于统一政府。本处[府]各部办事人员,仍各照旧供职,以待新国务员接理,勿得懈怠推诿,致多旷废。本总统受任以来,粟粟危惧,深恐弗克负荷,有负付托。赖国人之力,南北一家,共和确定,本总统藉此卸责,得以退逸之身,享自由之福,私心自庆,无以逾此。所愿吾百僚执事,公忠体国,勿以私见害大局;吾海陆军士,谨守秩序,勿以共和昧服从;吾五大族人民,亲爱团结,日益巩固,奋发有为,宣扬国光,俾吾艰难缔造之民国,与天壤共立于不敝[朽]。本总统虽无似[德],得以公民资格勉从国人之后,为幸多矣。此令。

中华民国元年四月初一日(印)①

是日,孙中山公布《参议院法》,凡18章105条。

按:《中华民国参议院法》的主要内容:《中华民国参议院法》共18章(总纲、参议员、议长副议长、委员、会议、委员会、选举、弹劾、质问、建议、请愿、国务员及政府委员、参议院与人民官厅及地方议会之关系,警察与纪律、惩罚、秘书厅、经费、附则),105条。其主要内容如下:(一)规定参议院设置地、参议院的开会与休会。参议院,设于临时政府所在地。孙中山本意临时政府设在南京,参议院自然设在南京,

---

① 中国社科院近代史所等编:《孙中山全集》第2卷,中华书局2011年版。

如当时的南京参议院然。而袁世凯力主临时政府设在北京。南京临时政府和参议院议员中间也出现是否迁都之争。1912年2月14日,参议院以20票对8票的多数,议决临时地点设在北京。15日,孙中山临时大总统咨请参议院复议临时政府地点,仍主张临时政府设于南京。参议院复议时争论异常激烈,最后以19票对7票之多数,议决临时政府仍设于南京。4月1日,孙中山解除临时大总统职务公布《参议院法》之时,仍寄希望此。可是4月5日,参议院议决临时政府迁北京。参议院,以《临时约法》所定,各地方有3/5以上派参议员到院,即行开会。参议院经议长提议,参议员过半数可决,得休止开会;但休会期间,不得过15日。休会期中,有紧急应议事件,议长得通告开会。(二)规定了参议会的组织。参议院以《临时约法》所定各地方选派之参议员组成。设议长、副议长各1人,任期与参议院同。议长维持参议院秩序、整理议事,对于院外,代表参议院。议长得任免秘书厅之秘书长及其下各职员,并指挥监督之。议长、副议长因故请假或辞职,须提出理由书,付院议决定;但请假期间在5日以内者,不在此限。参议院设3种委员会:全院委员会、常任委员会和特别委员会。参议院遇有重要问题,由议长或参议员10人以上之提议,经多数议决者,得开全院委员会审议之。全院委员以全院参议员充之。常任委员分设法制、财政、廉政、请愿、惩罚5部,各担任审查本部事件,由参议员用无记名连记投票法选之,其文部员数由院议决定。特别委员,担任审查特别事件,由议长指定或本院选出之。常任委员,得兼任特别委员。全院委员会,非有委员1/3以上出席,常任委员会及特别委员会,非有该委员半数以上出席,不得开会。各委员长,须将委员会议决之结果报告于参议院。全院委员长由本院选定,但议长、副议长不在被选之列。常任委员长及特别委员长,由各委员会选之。(三)规定了参议员的资格条件、委任和自律罚则。中华民国之男子,年龄满25岁以上者,得为参议员;但有下列条件之一者,即失其资格:(1)剥夺公权者及停止公权者;(2)吸食鸦片者;(3)现役海陆军人;(4)现任行政职员及现任司法职员。显然,这个规定剥夺了中国广大妇女参政议政的权利。参议员到院后,须提出委任状于议长。参议员委国民付托,不得任意缺席;非有正当理由,不得请假;辞职亦受限制。参议员为民众服务,除公费及旅费(议长、副议长有津贴费)外,不受岁费。参议员要遵守会议纪律,不得违背《参议院法》及《参议院议事细则》。参议院对参议员有惩罚之权,此权由议长或议员5人以上提议,经由惩罚委员会审查,由院议决定宣告施行。惩罚种类有:(1)于公开议场谢罪;(2)一定之期间内停止发言;(3)一定之期间内停止出席;(4)除名。《中华民国临时约法》"参议院"规定了"参议员于院内之言论及表决,对于院外不负责任","除现行犯及关于内乱外患之犯罪外,会期中非得本院许可,不得逮捕"等诸多保障,但对参议员的纪律与惩罚则未作规定。《参议院法》则作了上述重要规定,体现了参议员民主自律之精神,对于议会尊严之维持与民主政治之实践关系甚大,这仿效了英、美、日各

民国元年日志

国宪法及议事法中的有关规定，更表明了以孙中山为代表的资产阶级革命派刷新政治、建设民主共和制度的积极努力。（四）规定了参议院会议规则、议事秩序。参议院除休会外，每星期一至星期五上午为寻常会议时间；但有紧急事件，特别开会不在此限。议事日程，由议长编定，先两日通知各参议员，并登载公报。参议院非有到院参议员过半数之出席，不得开会。会议时，以出席参议员过半数之可决为准。参议院议决可否同数时，应依议长之所决。参议员于议案有关系本身及其亲属者，不得参预表决。凡未出席参议员，不得反对未出席时所议决之议案。关于法律、财政及重大议案，须经三读会始得议决（但依政府之要求，或议长、议员之提请，经多数可决，得省略三读会之顺序）。政府提出之议案，非经委员审查不得议决（但紧急之际，由政府要求经多数可决者，不在此限）。议员提出法律案，须有 10 人以上之赞成者；其他提议，除别有规定者外，须有 3 人以上之赞成者，会同署名，先期交议长通告各参议员。参议员于议场上临时动议，附议在 1 人以上，方成议题，得请议长付讨论。委员于议场得自由发表意见，不受该委员会报告之拘束。参议院会议须公开之，但有下列事由，经多数可决者，不在此限：（1）依政府之要求；（2）依议长或参议员之提请。参议院会议之结果，按期编成速记录、议事录、决议录，惟秘密会议事件，不得宣布。（五）规定了参议院的选举、弹劾、质问、建议、请愿等职权的行使。参议院选举临时大总统或副总统时，应于 5 日前，将开选举会日期布告全国。施行选举之前 1 日，参议员以 10 人以上之连署，得推举临时大总统或副总统候补（选）人。选举用无记名投票法，对于候补人以外之投票，作为无效。弹劾大总统案，非参议员 20 人以上之连署，弹劾国务员案，非参议院 18 人以上之连署，不得提出。决定弹劾，须用无记名投票法表决。弹劾大总统案通过后，即日将全案通告最高法院，限 5 日内，互选 9 人组织特别法庭，定期审判。参议员对于政治上有疑义时，得以 10 人以上之连署，提出质问书，由参议院转咨政府，酌量缓急，限期答复。政府答复后，如提出质问者，认为不得要领时，由参议院咨请国务员，限期到院答辩或委员代理。建议案非有参议员 5 人以上之连署，不得提出。建议案通过后，即日将全案咨告政府。国民请愿书，非有参议员 3 人以上之介绍，不得受理。请愿书，当付请愿委员会审查。请愿事件，如有委员会或参议员 10 人以上之要求，得提付院议。参议院对以下四种情况不得受理：除法律上认为法人者外，以总代之名义请愿者；请愿书对于政府或参议院有侮辱之语者；变更《临时约法》之请愿；干预司法和行政裁判之请愿。（六）规定了参议院会议与国务员、政府委员，参议院与人民官厅及地方议会之关系。国务员及政府委员，无论何时，得到院发言，但不得因此中止议员之演说。委员会，得经议长，要求国务员或政府委员之说明。国务员及政府委员，于各会议均不得参与表决。参议院不得向人民发布告示，因审查事件召唤人民。参议院为审查事件，得向政府要求报告，或调集文书。政府除事涉秘密者外，不得拒绝。参议院审查关系地方之政务，得咨询该地方议会,令其答复。①

是日,任命徐绍桢为参谋总长,徐辞不就。

是日,唐绍仪离南京。

是日,袁世凯加班禅"致忠阐化"称号。

是日,中华民国铁道工会在南京成立,史青任会长,虞愚、苏建勋任副会长。

2 日,南京临时参议院议决,将临时政府迁往北京。

按:临时政府定都问题一直存在,孙中山起初一直主张定都要在南方。但在 3 月初,孙中山在各种压力下被迫改变初衷,放弃了袁世凯来南京就职、临时政府设于南京的要求,于 3 月 6 日午前向临时参议院提出政府咨文,主要内容为:"一、电请黎副总统来南京代表袁世凯受事;三、如黎副总统不能来南,则拟交待于武昌;四、袁世凯君可否就北京行正式就职礼与临时政府地点暂设北京一节,请由参议院决定。"② 临时参议院接到此咨文后,即当日下午开会议决:"一、由参议院电知袁大总统,允其在北京受职;二、袁大总统接电后,即电参议院宣誓;三、参议院接到宣誓之电后,即复电认为受职,并通告全国……"③ 与孙中山之咨文两相对照,其对孙中山与临时政府的不满与蔑视,也是不言自明的。据说孙中山的咨文送到后,"参议院某君等对于政府所拟办法痛驳其非,谓不但无济于现在之问题,且徒多生事耳"④。4 月 2 日,临时参议院正式议决临时政府地点,其结果是:主北京者 20 票,反对者 6 票。⑤ 由此给临时政府与参议院之间的建都地点之争画上了句号。同时也为袁世凯窃取革命劳动成果埋下伏笔。

是日,孙中山令陆军部调查开国立功尽瘁及死事者,速行分别议恤。

是日,南京浙粤军发生冲突。

是日,俄驻华代办谢金会见袁世凯,要求两国政府尽快达成外蒙协议。袁世凯表同意。

3 日,孙中山离开南京赴上海,胡汉民、汪兆铭随行。抵沪后,在南京路同盟会机关部发表演说。指出:"本会之民族主义,为对于外人维持吾国家民族之独立;民权主义,为排斥少数人垄断政治之弊害;民生主义,则排斥少数资本家,使人民共享生产上之自由。故民生主义者即国家社会主义也。"

是日,袁世凯下令维持两淮盐务。

是日,袁世凯通令各省,催选参议员。

---

① 夏新华、胡旭晟整理:《近代中国宪政历程:史料荟萃》,中国政法大学出版社 2004 年版。

② 《南京政府之大决议》,《申报》1912 年 3 月 9 日。

③ 《临时政府公报》第 34 号,1912 年 3 月 10 日。

④ 《南京政府之大决议》,《申报》1912 年 3 月 9 日。

⑤ 《专电》,《申报》1912 年 4 月 4 日。

民国元年日志
（1912年1月—12月）

是日，西藏地方政府受英方唆使自3月起派兵连续进攻江孜驻军。是日，驻江孜英商务专员麦克唐纳与廓尔喀（即尼泊尔）代表拉巴哈达出面斡旋，驻军被迫将武器售予藏军，撤离江孜。

4日，袁世凯委派胡惟德办理借款案。

是日，改任徐绍桢为仓场总督，未就。

是日，袁世凯任命蒋作宾为陆军次长，徐谦为司法次长。

是日，山西都督阎锡山自包头回太原。

是日，上海自由党公宴孙中山。自由党副主裁李怀霜致颂辞，请孙中山莅主裁任。孙中山致答词，指出，"共和时代，党派多少，足觇人民程度高低"。并谓政党"有互相监督、互相扶持之责。政府善则扶持之，不善则推翻之"。

是日，孙中山答上海《文汇报》记者，今后当尽力致力于社会革命。

按：4日，上海《文汇报》记者来访，向他提出了今后中国社会革命等诸多问题，他就"民生主义"发表言论。强调国有经济、社会主义。他说：余乃极端之社会党，甚欲采择显理佐治氏之主义施行于中国。中国无资本界、劳动界之竞争，又无托拉司之遗毒。国家无资财，国家所有之资财，乃百姓之资财。民国政府拟将国内所有铁路、航业、运河及他重要事业，一律改为国有。[1]

是日，上海都督发布《通告匿名信一律作为无效》。

按：通告曰：沪军都督府军法司长蔡昨发通告云：照得匿名书函，事不足凭；诬告挟嫌，罪当反坐。惟前次多事之秋，势不能不借我沪同胞之耳目为辅助之机关，收指臂之功效。乃近来匿名控告不一而足，甚且有隐名假托者。姑无论其是否挟嫌，然于正式之诉状实有未合。为此通告，仰沪地各界人等一体知悉，此后如有告密、控诉等事，须将原告人姓名、住址详确开明，以便传案质讯。否则无从根究，作为无效，其各遵照毋违。特此通告。[2]

5日，参议院议决定自4月8日起休会，4月21日在北京集会。

是日，四川都督尹昌衡电陈筹办藏务情形，请拨驻藏陆军饷粮，委钟颖为西藏行政使（四川设有筹边处并派吴嘉谟为筹边宣慰使）。袁允照办。

是日，南京《临时政府公报》发刊至本日止，共发行五十八号。

按：《临时政府公报》，1912年1月创刊，由南京大总统府印铸局编纂，宗旨为宣布法令，发表中华民国临时政府中央和地方政事，辟有法制、咨文、令示、纪事、抄译外报等栏目。如关于劝禁缠足、一律剪辫、禁贩华工、保护华侨等原定限定，给予应得权利等方面的命令、文告，《临时政府公报》均有收录。这是研究中华民国南京临

---

① 《孙中山全集》第2卷。

② 《时报》1912年4月4日。上海社会科学院历史研究所编：《辛亥革命在上海史料选辑》增订版，上海人民出版社2011年版。

时政府有关政治、经济和社会变革措施的不可多得的宝贵资料。现仅见的 58 册已发行影印本。

是日,孙中山会见大陆报记者,谈中外合资事宜。

是日,民国法律学校在上海举行开学典礼。

是日,袁世凯令准徐绍桢辞参谋总长职。

是日,上海都督陈其美发布通令,禁止兵士随意出营嬉游。

按:陈都督通令云:窃维服从乃军人之天职,约束实官长之责成。本都督对于沪上各军队颁行手牒,申明军纪,饬令各该营长严明约束,告诫各兵士恪守服从,谆谆训勉,不啻三令五申,想各官长、兵士亦已闻之熟矣。查兵士在营或习操练,或服勤务,皆有一定应守之规则。除星期放假及平日采办准其出营外,其余皆不得任意外出,致坏军纪。乃现查各营驻屯附近处所.并非星期,常有兵士三五成群游行街市,或驼肩搭背,或沿街食物,甚有调笑土娼之事;其服装不整,礼貌不齐,更无论矣。败坏名誉,贻诮邻邦,其事犹小;因此惰其操防,养成骄鸷,设遇匪人煽惑勾结,酿出变乱事故,贻患实非浅鲜。此固兵士未能服从之过,毋亦官长放弃职守,约束不严之所致也。际此谣言纷起,人心浮动,亟应整饬军队,思患预防。为此令饬该营长等立即通饬所属各营队,嗣后除星期放假准兵士出营外,平日均不准兵士任意分出。其因采办勤务及特别事故请假外出者,尤须发给外出证,据限定时刻令其归营,并饬其恪守军纪,整齐服装礼貌,不得再有败坏名誉、违背军纪之事。平时亦须勉以大义,加意抚循,使兵心上下固结,不为流言所动,此则全在官长善为教导,庶可约束于无形也。本都督不时派员各处密查,如以后仍有兵士任意外出嬉游街市者,除将该兵从严责办外,并将该管官长撤差示惩,以为抗违命令约束不严者戒,勿谓言之不预也。切切,此令。①

是日,四川都督尹昌衡、张培爵电袁世凯,条陈筹办藏务情形,请委钟颖为西藏行政使。9 日,袁世凯复电任命钟颖为西藏办事长官,处理藏务。

6 日,黎元洪通告解除大元帅职务,改归袁世凯兼任。

是日,黄兴就任南京留守,委李书城为总参谋长,陈凤光为秘书长,耿觐文、张孝准、何成濬、马良、徐少秋、曾昭文、徐桂亭分任参谋、军务、总务、政务、副官、军械、军需处处长。

是日,参议院将全体参议员名单咨文交国务总理唐绍仪。唐即将参议院咨文、各省到院参议员 49 人名单清册一本电告袁。

是日,袁世凯任命汤芗铭为海军次长,黄钟瑛为海军总司令,蓝建枢、吴应科为

① 《民立报》1912 年 4 月 5 日。上海社会科学院历史研究所编《辛亥革命在上海史料选辑》增订版,上海人民出版社 2011 年版。

民国元年日志

（1912年1月—12月）

海军左右司令。

是日，袁世凯任命姜桂题为热河都统（未到任前，由崑源署理），马金叙为直隶提督（未到任前，由姜桂题署理），马安良为甘肃提督。

是日，占据安徽大通之黎宗岳因柏文蔚（自南京来）、胡万泰（自安庆来）两军之压迫，出走建德。

是日，孙中山在上海参观海军操演。

是日，孙中山出席统一共和党欢迎会，演讲民生主义要义。

按：孙中山在《三民主义·民生主义》一文中明确指出："民生就是人民的生活——社会的生存、国民的生计、群众的生命便是"，他还进一步论述民生问题的紧迫性和重要性："民生就是社会一切活动中的原动力。因为民生不遂，所以社会的文明不能发达，经济组织不能改良，和道德退步，以及发生种种不平的事情。像阶级战争和工人痛苦，那些种种压迫，都是由于民生不遂的问题没有解决。"民生问题关乎生存大计，是人类奋斗的根本宗旨。"古今一切人类之所以要努力，就是因为要求生存；人类因为要不间断的生存，所以社会才有不停止的进化。所以社会进化的定律，是人类求生存。人类求生存，才是社会进化的原因。"在孙中山看来，只有"人类求解决生存问题，才是社会进化的定律，才是历史的重心。"而人类谋求解决生存的问题，也就是民生问题。[①]

是日，孙中山在上海创办《民国西报》英文晚报，主编李登辉、马素。

是日，驻西藏拉萨军队与藏军发生冲突。

是日，黄兴与陈蔚等致民立报馆等电。

按：电文曰：民立报暨各省都督、各军司令鉴：溯自武昌起义，豪杰奋兴，各省响风，清帝退位。破坏既终，建设方始，结集团体，巩固国基，使五族各享共和，列强不敢干涉，既赖我军人提倡于前，尤赖我军人维持于后。然使情意不孚，精神涣散，将校各怀意见，兵士易启纷争，势必至各省军队自为风气。如火不戢，易兆焚如。前途危险，实堪深虑，同人忧之。特纠集同志组织陆军将校联合会，于二月二十五号开成立大会，公举正副会长，强属兴、蔚，举黎君元洪、段君祺瑞、姜君桂题、冯君国璋为名誉会长，使作宾、绍桢勉附其后。更属懋修、承点、调元为协理。拟谋军事研究，所以求增进学术；办军事报，以求交换知识；谋俱乐部，以期联络感情。兴等才力绵薄，曷克胜任。第以事关大局，义不容辞，只得勉效驰驱，聊尽军国民义务。所希海内群公，共襄盛事，各抒伟见，时锡箴言，俾此后进行方法有所率循，庶足合全国军人共底和平，共谋福利，则幸甚矣。谨此电布，详章后布。黄兴、陈蔚、蒋作宾、徐绍桢、陈懋修、洪承点、林调元、刘丽母、汪达、李玉铎、卢润培、汪迈、张兆第、蒋珩、汪时琛、王有

[①] 《孙中山选集》，人民出版社1981年版。

内、舒学城、戴鸿藻、楹尚忠、汪有容叩。(自南京发)①

是日,上海都督陈其美发布《剪辫告示二》。

按:告示曰:上海民政总长李奉到沪军都督陈令开:案据内务部咨开,奉大总统令开:略谓今者满廷已覆,民国成功,凡我同胞允宜涤旧染之污,作新国之民。兹查通都大邑,剪辫者多,在偏乡僻壤,留辫者尚复不少。通行各省,转逾所属,凡未去辫者,于令到之日,限二十日一律剪除净尽。有不遵者,以违法论。该地方毋稍容隐,致干国纪。又查各地人民,有已去辫尚剃其四周者,殊属不合,仰部一并论禁,以除虏俗而壮观瞻等因。合亟令行贵总长烦为查照,通饬所属一体遵照办理。为此出示,仰各属地方人民一律知悉,凡有未剪辫发者,务各遵照限期,一律剪除,勿得容留,致违国法。切切特示。②

7日,袁世凯召开整顿军务会议。

是日,袁世凯任命曹锐为直隶布政使。

是日,孙中山乘军舰赴武昌会见黎元洪。

8日,袁世凯任命施肇基为交通总长,范源濂为教育次长。

是日,女子参政同盟会在南京成立,系由上海女子参政同志会、女子后援会、金陵女子同盟会、湖南女国民会四团体联合组成。

按:《女子参政同盟会宣言书》曰:窃维人类进化之障碍,亘数千百年而未有已者,至于女子而极。奴也、婢也、娼优也、妾妇也,尽人世卑污下贱之名辞,惟女子之身是加。责实徇名,身世之污,诚非人类所能堪,而女子乃安之若素者,何为也哉?且夫静听不闻雷霆之声,熟视不睹泰山之形,岂非障碍于其间者,有以蔽塞其聪明之甚欤?今者,吾女子之聪明蔽塞极矣。欲启而辟之,俾各就于光明之域,则非爬罗剔抉,尽求吾障碍之物摧陷而廓清之,其目的终不可得,而达渊沉之痛,宁有止乎?男尊女卑,男重女轻,邪说诬民,昏暴之徒怒目狂呼,视同异类;其或内情谆笃,优异有加,亦不过遂其流连狗马之私,无当于伦常匹偶之正。舀滔皆是,正义萧然。此习惯上之障碍也。

男女之别,社会秩序关焉,胡可妄庸置喙?然春秋礼乐,冬夏诗书,庠序之教,应无歧异,何以女子则专习为井臼之操、箕帚之奉?幼不闻师傅之言,长亦惟酒食是议,智愚贤否,固随其性与习之美恶而成。其悍者则陵驾须眉,而懦者复务为承顺,妾妇之道,贤者羞称之矣。此教育上之障碍也。

夫妇团成,基于生活,凡可资以为生者,无不经营与共,消费与同,支配之权,原无轩轾。乃自三从邪说中于人心,女子遂失其为家族主人翁之资格,于其应有财产

① 据上海《民立报》一九一二年四月六日。湖南省社会科学院编:《黄兴集》,中华书局2011年版。

② 《时报》1912年4月6日。上海社会科学院历史研究所编:《辛亥革命在上海史料选辑》增订版,上海人民出版社2011年版。

因是以不得自由处分，同是含生负气之伦，至此只得婉转哀号栖息于男子肘腋之下。逆天背理，言之悸心。此财产上之障碍也。

人之生也，资性有高下之殊，人格无有无之别，同为组织社会之分子，即同在维持社会之法律上有人格焉。奴隶之制，今已削除，独至女子尚不能与男子立于平等地位，限制极于语言行动之微，乃至受荣名，蒙耻辱，身世之事，一以男子为依归，无丝毫自择之余地。往往主张权利，屈抑凶横，无从求法律之保护，含酸茹痛，莫可谁何。此法律上之障碍也。

障碍愈多，则痛苦愈甚。近代以来，人群演进，学术革命与政治革命叠起环生，专制之魔，驱除殆尽，耶稣博爱平等之说日大昌明。吾侪女子渐得于水深火热之中仰首伸眉，出而求苏息之地，呻吟痛楚之余，卒然获此，宁非至幸？然此犹属理想上之幸福也。必欲进而求事实上之幸福，则非集合同志，冲决网罗，就吾女子之障碍，一扫而空之，则吾侪幸福之目的，终不可得而达矣。虽然，理有可讲明于斯须之顷，事无可期成于旦晚之间者，吾侪对于上言诸障碍，其必扫而去之也，固当挟决心、持毅力以赴之，不去不止。然习惯也，教育也，财产与法律也，其为障碍于女子也，匪伊朝夕权利之丧失，既数千百年于兹，吾侪女子初已明示，认为让步，不与男子为同室之争也。不谓陵夷衰微.至于后世，积非胜是，成为学理，男子倡之，女子亦附而和之，于其已失之权利，非谓让步，且以为当然若固然矣。其稍识之无、略闻通人之绪论者，尚能辨其是非；非然者，或将深闭固拒起而寻同类之仇。此其实例，即可于革命未成之前，为虏廷效力，残杀同胞者，借观而得也。呜呼！真理久忘，贱父之分，淆然莫辨，非知理者，难与言矣。故吾侪回复权利，当以今日为其始期；至其终期，则尚难预为推测也。

今兹革命，吾国异族专制之毒，已铲削销磨，建立民国，将以公民团体组织议会，以为政府监督机关。吾女子即居全国公民之半，则吾党今日冲决网罗，扫除障碍，其第一步之事业，即在争此公民之地位耳。盖公民者，组织议会之分子，议会者，发生政治之源泉也。社会上应兴应革之端，凡为议员者，均有提案请求之权利。吾党欲破除诸障碍，如就其所发见者，枝枝节节而为之，则百孔千疮，随得随失，宁有济乎？韩愈有言，人之死也，其脏腑必有先受其病者。引绳而绝之，其绝必有处。政治上之不平等，即吾女子最先受病之处也。吾等今日之进行，惟先求得此政治上之地位，庶几登高一呼，众山响应，数千年层叠之魔障，不难次第推翻于语言文字之余。今请宣言于吾女界同胞曰：吾党今日所争者在此，而所最难达目的者亦在此。道高一尺，魔高一丈。吾党当挟雷霆万钧之力以趋之，苟有障碍吾党之进行者，即吾党之公敌，吾党当共图之！

乃者，民国宪法将付表决，吾侪欲争得此公民之地位，即当于此宪法上求之。宪法者万法之原,人民自由权利所恃以为长城之障也。吾诸姑姊妹,其投袂以兴！①

是日,黄兴、程德全等在上海《民立报》发表《发起拓殖学校招生广告》。

按:广告曰:芸芸中原,厥忧过庶,莽莽疆土,视等不毛。此迩来中国民生所以日蹙,而强邻眈逐动食指于我边陲也。天牖吾华,共和告成,登五族于一堂,合四远以为国,泯种族之界,无主属之分,泱泱大国,肇基于此。今后吾汉族之于蒙藏,与蒙藏之于汉族,宜如何关系亲密,宁复得如从前之视同瓯脱,自贻日削百里之忧？我同人等,外察世界趋势,内度中国潜力,以为巩固疆圉,非联络蒙藏不可;联络蒙藏,非沟通文言不可。于是创议有拓殖学校之设,预备人才,藉为导线,所以审要荒之情况,泯尔我之诈虞,辟天然之利源,舒民间之财力,疏东南之生齿,固西北之边防,杜绝列强抵隙蹈瑕之机,实行吾侨移民殖边之策。循是为之,锲而不舍,庶几收树人之后效,固金瓯于万里。同志诸士,可以兴焉。简章列后:

(一)分科:分蒙文科、藏文科,愿入何科,须于报名时注定。

(二)课目:入蒙文科者,授蒙文、蒙语、蒙历史、地理;入藏文科者,授藏文、藏语、藏历史、地理。其他政治、经济各学及国文、算学、兵操、马术等,为两科公共课。

(三)入学资格:中学校毕业,或有与中学相等之程度,年在十八岁以上者。

(四)学额:蒙文、藏文两科,暂各设额一百名。

(五)期限:两科均扣足三学年毕业。本校为特别专门学校,毕业后除给各科毕业证书外,呈请中央政府发给学位证书。

(六)效用:毕业后分别派遣蒙、藏两处任事。

(七)学费:本校创办伊始,巨款难筹,每学期暂收学费十八元,膳宿等费二十六元,俟后经费稍裕,再当酌量减免,以示优异。(考取入学者,预缴学费十元,膳宿费十五元)

(八)报名期:自阳历四月四号(即旧历二月十七日)起至考期日止。

(九)报名处:一在南京碑亭巷本校事务所,一在上海西门外江苏教育总会。报名时随缴证金二元,取则扣算,不取则发还。

(十)考期:上海报名者,于阳历四月念五号上午八时,在上海西门外江苏教育总会考试;南京报考者,于阳历四月念七号上午八时,在南京碑亭巷本校事务所考试。俟考试后,示期开学。

(十一)试验:国文、算学、普通学科。

(十二)校址:在南京城内四条巷前李公祠。本校事务所设在南京碑亭巷前洋务局内。欲知详章,到各报名处取阅,远处函索亦可。

发起人:黄兴、程德全、陈其美、朱佩珍、沈懋昭、顾履桂、王震、伍廷芳、于右任,

---

① 上海社会科学院历史研究所编:《辛亥革命在上海史料选辑》增订版,上海人民出版社2011年版。

民国元年日志
（1912年1月—12月）

李钟珏、李厚祐、温宗尧、胡汉民、景耀月、蒋作宾、居正、郭恩泽、黄家声、余壮鸣、夏尊武、朱英、胡文田、魏渤、黄家本同启。①

9日，袁世凯委任章炳麟、伍廷芳为总统府顾问。

是日，孙中山抵达武昌，胡汉民、汪兆铭、景耀月、廖仲恺、章士钊、黄大伟、孙科、宋子文、宋蔼龄等同行。

是日，黎元洪电唐绍仪与各部总长敦促组织政府。

是日，各国公使会商要求中国政府赔偿革命期间外人损失问题。

10日，黎元洪通电，痛陈时政，请将军务、民政划分二途（即所谓十害电）。

是日，袁世凯任命王人文为川滇宣慰使（时滇军留川不去，两省互有冲突）。

是日，袁世凯任命张元奇、荣勋为内务次长（内务次长设二人，一专管蒙回藏事宜）。

是日，黄兴自南京到上海，晤唐绍仪（4月12日回南京）。

是日，孙中山在武昌讲演《自由之真谛》。

按：十日晨十时，黎元洪亲自前往中山先生行辕回拜，并请中山先生一同坐马车至都督府。都督府所属各司、镇、军事学校、水师统领等文武官员一百三十余人，分立二堂两侧迎候。中山先生向大家致意，掠谓："民国成立，同享幸福，推究其源，皆诸君子惨淡经营，首义武汉。今鄙人躬逢其盛，荣幸莫可言喻。惟破坏终、建设始，愿诸君子维持公益，敦促进行，奠定邦本，恢复主权，民国前途庶几有豸。"接着发表演说云："此次革命，乃国民的革命，乃为国民多数造造幸福。凡事以人民为重，军人与官吏，不过为国家一种机关，为全国人民办事。自光复以来，共和与自由之声，甚嚣尘上，实则其中误解甚多。盖共和与自由，专为人民说法，万非为少数军人与官吏说法。倘军人与官吏，借口于共和与自由，破坏纪律，则国家机关万不能统一。机关不统一，则执事者无专责，势如一盘散沙，又何能为国民办事。是故所贵夫机关者，全在服从纪律。……在职为军人或官吏时，则非牺牲自由、绝对服从纪律万万不可。在尽力革命诸君，必且发问曰：'吾辈以血泪购得之自由，军人胡乃不得享受之？'须知军人之数少，人民之数多，吾辈服务之时短，为普通人民之时长。朝作总统，夕可解职，朝为军人，夕可归田。完全自由，吾辈自可随时享之。故人民之自由，即不啻军人之自由。"演说毕，顿时掌声雷动，欢呼四起。

黎元洪亦即席致辞，要求大家深切体会中山先生的训示。还说："湖北首义，如果各省不及时响应，武汉孤城，很难坚守，革命大局不堪设想！二全国各省之所以闻风响应，是由于深受中山先生多年奔走呼号秘密运动的影响，目前社会流言'革命军兴，革命党消'，我和在座的同志，都要提高警惕，互相勉励，谨防违背革命宗旨，加强

---

① 据上海《民立报》一九一二年四月八日。湖南省社会科学院编：《黄兴集》，中华书局2011年版。

团结,遵守纪律,不谋私利。不要辜负中山先生的告诫。"随后,有摄影师为全体摄影,中山先生与黎副总统并肩合摄一影。会后黎元洪举行盛大宴会,招待中山先生及其随员一行。席间有人作歌,歌唱革命,歌唱中山先生,交通司司长石龙川即席奏乐,气氛欢乐、隆重。①

是日,五族共和会在北京成立,赵秉钧任总理,陆建章任协理。

按:五族共和会,亦称五大民族共和联合会,推举赵秉钧为总理,陆建章为协理。只是由于各方舆论攻击,袁世凯恐对其不利,因而五族共和会未开展活动,主要改以利诱、分化手段组建依附其的新党,削弱、打击其他政党,达到控制、操纵之目的。②

是日,陆伯鸿、叶惠钧、王一亭等人在上海发起成立内地电车公司,是日发布《上海内地电车有限公司招股章程》,文中阐明公司以"扩张营业,利便交通"为宗旨。

4月上旬,新直隶会在天津成立。宗旨是"公举都督,组织省会,以实力监督直隶行政、司法各机关"。事务所设在直隶自治研究总所内。

11日,孙中山在汉口二十六团体欢迎会上,演讲《社会革命》。

是日,袁世凯派范源濂、张大昕至武汉欢迎孙中山北上。次日,孙复电称将缓行。

是日,南京赣、湘、浙军哗变(一说十二日,主要是赣军二十七、二十八团)。

是日,滦州淮军马队哗变(与商家发生冲突)。

是日,蔡锷电复黎元洪,滇军已分道自川还滇。

是日,广东省议会电劾都督陈炯明违法,擅杀广州《独立报》发行人、记者陈听香。

是日,共和统一会、国民共进会、政治谈话会等联合而成立共和统一党,举蔡锷、张凤翙、王芝祥、孙毓筠、沈秉堃为总务干事。其宗旨为"巩固全国统一,建设完美共和政治,循世界之趋势,发展国力,力图进步"。本部初设南京,后迁至北京,在一些省份设有支部。同年8月,与中国同盟会等合并组成国民党。

是日,中华佛教总会于上海留云寺召开成立大会,订立章程23条,规定本会系中华民国全体僧界共同组织,其宗旨为"统一佛教,阐扬法化,以促进人群道德,完全国民幸福",其基本任务是"明昌佛学""普及教育""组织报馆""整顿教规""提倡公益""增兴实业"等。

12日,孙中山在湖北同盟会支部演讲国都问题,认为北京在外人影响之下,应定都武昌。

按:孙中山《在武昌同盟会支部欢迎会上的演说》曰:我个人以为国之有首都,就

---

① 《民立报》《时报》1912 年 4 月 15 日。

② 李金河:《中国政党政治研究 1905—1949》,中央编译出版社 2007 年版。

民国元年日志

（1912年1月—12月）

象树有根本，人有头目。根本不固，枝叶无所依，头目不安，手足无所措。所以说，首都问题，至为重要。目前研究这个问题的，议论纷纷，莫衷一是。有的主设在北京，有的主设在南京，有的又想迁到武昌，还有的主设在上海。

先就北京说，主张建都北京的，以为不在此建都，不足以控制满洲，驾驭蒙古。殊不知日俄逼处满蒙，早在其势力范围以内。华北燕云诸州，很不安定。沿海塘沽炮台久已撤除，尚难添置，外兵云屯，虎视眈眈。我以初立的民国，新创立的政府，竟孤处外无国防，内多危机之地，一旦为人所乘，覆巢之下，安有完卵。因此，欲求巩固安全之策，非迁都南方不可。

就南方而论，又有南京、武昌之争，两地相交，乍看起来，好像没有什么区别。然而枢轴总揽水陆交通，西连巴蜀、滇、黔，北控秦晋伊洛，武昌真是天下的根本重地。此中关系非同小可，希大家认真研究。还有人说，国家文明发达，要看海岸线长短，武昌僻居腹地，南京尤感偏枯。欲求消息灵通，跟上世界脉搏，就该建都于辐辏繁华的上海。殊不知上海孤峙海隅，租界环立，四面受敌，很不可靠。一旦强邻压境，必趋危殆。但溯吴淞，沿长江而上，镇江、南京、芜湖、安庆，叠锁重关，居中驭外的还要推武昌为天府。至于士气民心，素称振奋，武昌首义之功，就是最好的表现。目前建都北京，局势所迫，不得不权行迁就罢了。[①]

是日，孙中山离开武汉返上海。临行前布告答谢武汉各团体，并致函武汉报界联合会，留临别赠言。

是日，孙中山在上海与《民立报》记者谈话，认为此后中国将采社会主义，以建筑铁路为先。

按：孙中山说：我国一般之舆论，能作务本之谈者，皆以为振兴中国惟一之方法，止赖实业。果其此说而信，胡为吾人皆骑马寻马，并不十分注意于实业，仍一意乞灵于不得已之政府？故吾既居国民之地位，应追逐国民之后，力任不计近效之本务。所谓振兴实业者是其旨，暗助我政府渐自拔出于应急之漩涡，还而力助吾国民实业之进行，本末并举，循环相救，此官民协力之道也。且与吾人注重于民生一方面，亦为循序而进，当然必至之手续。

实业之范围甚广，农工商矿，繁然待举而不能偏废者，指不胜屈。然负之而可举者，其作始为资本，助之而必行者，其归结为交通。今因从事于资本之企画、银行财团之组织，随在有人，而谈论交通者稍寡，热狂留意于交通事业中之重要所谓铁道者尤鲜。盖承前清扰乱于铁道事业之后，而厌倦中之，亦当然之趋势也。

虽然，铁路顾可冷淡视之，以为置之于实业中，仅占区区部分乎？请问苟无铁道，转运无术，而工商皆废，复何实业之可图？故交通为实业之母，铁道又为交通之

---

① 陈旭麓、郝盛潮主编：《孙中山集外集》，上海人民出版社1990年版。

母。国家之贫富,可以铁道之多寡定之,地方之苦乐,可以铁道之远近计之。仆之不敏,见识浅薄,然二十年来每有所至,即收其舆图,虽用意颇杂,适用于舆图之计划甚多。但留心比较世界之铁道,实偏有所嗜。故在戊戌以前,内国虽知铁道之利者已多,然能大气包举,谋及于内部重要之干路者卒少。仆曾首绘学堂应用之中国地图,精神所最注射者,为内部之干路,幸而亦有助于变易时人耳目之小效,于是京汉、津浦、粤汉、川汉等之干路问题,人人视为重要矣。……惟吾有求于一般国民之注意者,先当知振兴实业,当先以交通为重要。计划交通,当先以铁道为重要。建筑铁道,应先以干路为重要。谋议干路,尤当先以沟通极不交通之干路为重要。盖交通尚便之地,人见僻远之干路正在兴筑,而投资相应起营稳便之内部干路者必多。故吾人能放大目光,用全力注意于其所难,是不啻四面包围,适促全国人群起而竟规画之内线,是难之适以易之也。[1]

是日,黄兴电湘桂当局,调在鄂之赵恒惕部赴南京。

是日,黎元洪发出救时通电,痛陈时政十害,主张将军事、民政划分两途。

是日,湖南省特别议会被群众强迫解散。

13 日,袁世凯任命黎元洪兼领参谋总长职。

是日,袁世凯任命程德全为江苏都督,原任庄蕴宽辞职。

是日,黄兴电袁世凯,回报赣军哗变原因及处置办法。

是日,袁世凯颁发劝谕汉满蒙回藏联婚令。

按:是日,袁世凯公布《劝谕汉、满、蒙、回、藏各族联婚令》(或者《发告豁除五大民族婚姻禁令》)。孙中山也曾主张满、蒙、回、藏向汉族融合、同化。

是日,安徽拿获宗社党张鹏(张达),即予枪毙。

是日,江西都督李烈钧枪毙洪江会首彭志仁(木香)。

是日,山西临时省议会成立,杜上化任议长,王用宾、陈受中任副议长。

是日,汤化龙、林长民、刘崇佑等组织共和建设讨论会,汤化龙任主任。

按:《共和建设讨论会成立记》曰:共和建设讨论会久经发创,签名入会者已三百人,4 月 13 日午后一时在靶子路会所开成立大会。先由汤化龙君致开会词,大略谓国体改革以后,旧制业经破坏,新制尚待设立,所谓国利民福者至今一无所睹。外人往往谓吾国人无建设能力,此语吾人实不愿任受。既不愿任受,则今后立国之方针如何? 政法之规划如何? 新旧递嬗之际,千端万绪,皆吾人所当研究;研究所得,吾人尤当竭力担荷,此本会之所以立也云云。继推刘崇佑君为会场主席,假定各干事胡君瑞霖、陆君乃翔等以次报告过去事实,并经费出纳情形。胡君谓本会缘起,实基于前数年谘议局联合会,故会员亦多含有此分子,在今日结社中为较有历史。自武

---

[1] 中国社科院近代史所等编:《孙中山全集》第 2 卷,中华书局 2011 年版。

民国元年日志
（1912年1月—12月）

汉起义后即有奔走谋相结合者。前后团结之精神实为一贯云云。报告既毕，乃由刘崇佑君提出会章草案及交通处规则、经营出纳规则诸草案，一一通过，咸全体赞成。次乃公推干事、编辑一人、文书四人、会计四人、庶务三人、交际四十余人。公推既毕，渐移入讨论政纲。林长民君乃先报告近日各政党彼此相谋合并情形，谓本会既较有历史。由此数年沿革推之，知本会所取主义，当以稳健进步为归；既取稳健进步主义，则宜有急进主义为对待。就理想之政党言之，一国之中不可无两大政党一急一缓，互相颉颃，以剂于平。民国成立，人心为之一振，一时奋发之气，急进党易于成立，亦易于发生，即在今日亦颇有此现象。缓进之党发达或当稍后，然近日政团中取稳健主义者已有多数。主义既同，断无分立门户、以争意见之理。故近日民国公会、国民协进会、民社、统一共和党、国民协会等，咸欲联为一气，成一大党。本会虽未成为政党，而宗旨即在于集合同主义之人，为将来政党之备。故从种种方面推测，此种结合，当亦本会同人之所赞同云云。因请公决应否举人与各团体接洽，乃公议于干事中推人与议。旋复讨论政纲，刘崇佑君语及社会主义与女子参政权之利害，吴敬恒君、饶孟任君互有辩论。至五时半散会。[1]

是日，汉冶萍公司召开股东大会，赵凤昌、盛宣怀、王子展等九人当选为董事。

14日，袁世凯电令陆徵祥向俄国声明，外蒙之事非经中国承认者，一概无效。

是日，袁世凯公布南京留守条例，凡七条。

按：按照《南京留守条例》，南京留守"直隶大总统，有维持整理南方各军及南京地面之责"，表面上似乎权力很大，但由于财政大权控制在袁的手里，实际难有作为。同时，条例又规定，"俟南方军队整理就绪，即行裁撤"，可见，留守府只是一个暂时的军事善后机关，袁世凯无非是想借黄兴之手，来裁遣南方军队。

是日，黄兴电请取消南京留守府，由江苏都督程德全移驻南京。

是日，黄兴查禁军人组织之大公党。不久又相继取消青帮首领章武组织的"青帮改进会"和无赖流民组织的"渔业统一党"。

是日，黄兴将南京赣军变兵二百余名正法。

是日，孙中山自武昌返回上海。

15日，袁世凯复四国公使抗议，俟唐绍仪、熊希龄到京，当予满意措置。

是日，袁世凯任命王正廷为工商次长。

是日，袁世凯命河南都督张镇芳剿办鲁山土匪（白狼）。

是日，前陕甘总督升允电袁世凯，清帝退位非太后本意，非奉太后懿旨，断不承认共和。

---

[1] 《民立报》1912年4月16日。上海社会科学院历史研究所编：《辛亥革命在上海史料选辑》增订版，上海人民出版社2011年版。

是日,唐绍仪、蔡元培、宋教仁自上海赴天津(唐在沪商军政人事及借款)。

是日,统一党代表孟森、黄云鹏,民社代表孙发绪、胡钧、项骧,国民公会代表陈敬第、黄群,国民协进会代表周大烈、籍忠寅,国民党代表沈彭年、张毓英,共和建设讨论会代表孙洪伊、汤化龙、林长民在上海会商合并问题。

16日,袁世凯任命陈宦为参谋次长,因黎元洪在鄂未到部,实际主持部务。

是日,袁世凯任命陈贻范为驻沪通商交涉使,温宗尧辞职。

是日,袁世凯任命张勋为镶红旗都统(张驻兖州约三四千人,仍自称署理两江总督)。

是日,袁世凯通令劝农保商。

是日,比国借款一百万两在俄京交付。

17日,袁世凯电谢美国参议院通过承认中华民国案。

是日,袁世凯任命冯元鼎为交通次长。

是日,孙中山在上海中华实业联合会讲演,勉实业界研究社会主义。当晚离上海南下。

是日,孙中山在上海接见社会党江亢虎,交谈甚久,仍申前说拟编辑社会主义讲义。

是日下午,尚贤堂中西董事会开会欢迎孙中山,到十五国之外国人与外交官以及中西绅商共200余人。该堂督办、美人李佳白与孙中山分别演说。

是日,南京赣军撤回江西。

是日,山东省临时议会成立,张映竹任议长,刘恩锡、王讷任副议长。

是日,中华进步党在上海召开选举会,谭人凤、李经羲任正、副总裁。以"破除阶级、伸张人权、扫除人道之障碍、救济终生之苦恼"为宗旨。

18日,新任俄国驻华公使库朋斯齐抵北京。

是日,孙中山在上海出席自由党欢迎会,发表演说,指出:"当此共和时代,无论政党、民党有互相监督、互相扶持之责,政府善则扶植之不善则推翻之。"

是日,苏州同盟会会员、北伐先锋团成员柳承烈、蒯际唐秘密组织"洗程会",图谋驱逐程德全,事泄,蒯遇害,北伐先锋团被解散。

是日,英、美、法、德公使向外交部抗议中比借款。

是日,荷属泗水惨杀华侨案解决。

19日,袁世凯准扬州司令徐宝山取消军政分府。

是日,袁世凯任命樊增祥为湖北民政长(未就),丁道津署山东布政使。

是日,驻奉天省城混成协第二标因反抗官长指派国民捐,是夜哗变。

是日,俄国向四国银行团要求对华借款须除去满蒙及新疆之特别利权。

是日,严复与熊纯如书,述京师大学堂所作种种改革。

民国元年日志

（1912年1月—12月）

按：信中说："校中一切规模，颇有更张。即职教各员，亦不尽仍旧贯。窃自惟念平生见当事人所为，每不满志，而加讥评，甚者或为悼惜深慨，及其事至职加，自课所行，了不异故，夫如是，他日者犹操议论，鼓唇舌，以从一世人之后，此其人真不知人道有羞恶矣。故自受事以来，亦欲痛自策励，期无负所学，不怍国民，至其他利害，诚不暇计。"并计划"将大学经、文两科合并为一，以为完全讲治旧学之区，用以保持吾国四五千载圣圣相传之纲纪彝伦道德文章于不坠，且又悟向所谓合一炉而冶之者，徒虚言耳，为之不已，其终且至于两亡。故今立斯科，窃欲尽从吾旧，而勿杂以新；且必为其真，而勿循其伪．则向者书院国子之陈规，又不可以不变，盖所祈响之难，莫有逾此者"。说"以往持此说告人，其不瞠于吾言者，独义宁陈伯子（陈三立，字伯严），故监督此科者，必得伯子而后胜其职。而为之付者，日教务提调，复意属之桐城姚叔节（名永概），得二公来，吾事庶几济，此真吾闻古先圣贤之所有待，而四百兆黄人之所托命也"。而"本校余科监督提调必用出洋毕业优等生，即管理员亦求由学校出身有经验者，无他，切戒滥竽而已"。①

20日，国务总理唐绍仪与教育总长蔡元培、农林总长宋教仁抵京。

是日，孙中山自上海抵福州，各界团体3000人在明伦堂开盛大欢迎会。孙中山发表演说，指出共和政府如国民公仆，国民可组织政党监督政府。格致书院主理美国人弼履仁演说中美友谊，并赞孙中山为"中华华盛顿"。

是日，同盟会代表张绍曾、李肇甫、熊成章、刘彦拜会袁世凯，称同盟会主张政党内阁，反对混合内阁。袁不予认同。

是日，陈其美与日商三井洋行签订借银十五万两合同，是为第一次"沪督三井借款"。

是日，天津铁血监督团曾广为被捕。

21日，中华民国国务院成立，唐绍仪主持召开第一次国务会议。

是日，袁世凯裁撤临时筹备处，在总统府设立秘书厅和军事处，以梁士诒、冯国璋分别主之。

是日，南京留守黄兴令自即日起各省驻宁军队陆续遣调回籍。

是日，蔡元培、宋教仁晤袁世凯。

是日，袁世凯任命尹昌衡为征藏总司令。

是日，南京客军开始遣散。

是日，工商次长王正廷自上海北上。

是日，命蒙藏回疆归内务部管理。

是日，山东省同盟会支部在济南成立，推蒋洗凡为会长。

---

① 《严复集》第三册，第604～605页。孙应详：《严复年谱》，福建人民出版社2014年版。

是日,俄公使库朋斯齐谒见袁世凯,谈外蒙独立问题,提出中国取消外蒙独立应先承认外蒙与俄所订一切条约皆当有效等三项条件。

22日,袁世凯颁令:蒙、藏、回疆各地方不设理藩专部,各该地方应办事宜归并内务部接管。

是日,国务院开第二次会议讨论各省军政民政分治事项。

是日,黄兴通电裁兵(第二师朱光志,第五师刘毅部已裁撤,本日第二十六师杜淮川,第十旅袁华选部亦裁)。

是日,熊希龄自上海到南京,与黄兴商遣散军队军饷事。

是日,程德全在苏州正式就任江苏都督。

是日,贵州省议会成立,举孙贻、欧阳朝相为正、副议长。

是日,湖南都督谭延闿因近日谣传有宗社党多人来湘潜谋不轨,召集各将校开军事会议,妥筹消弭办法。

23日,袁世凯通令各省限期办竣参议员选举,并促其尽早进京。

是日,袁世凯通令各省不得自为风气,各顾其私,阻挠侵越,致妨大局。

是日,直隶谘议局议长阎凤阁、参议员谷钟秀等谒袁世凯,请以王芝祥为直隶都督。

是日,前民政部职员全体辞职(新任内务总长赵秉钧与唐绍仪不和)。

是日,唐绍仪与英法美德四公使商借款事。

是日,前民政部职员全体辞职。

是日,章炳麟等在北京设立统一党本部。

24日,袁世凯特邀唐绍仪到总统府会商实施军民分治办法。决定:"一、通饬各省暂行官制一律仿照湖北办理;二、饬令该省会成立月之内即举定民政长,电请本大总统正式委任。"

是日,袁世凯任命颜惠庆为外交次长。

是日,孙中山自福州抵香港,受到各界团体的热烈欢迎,但香港当局不准其登岸,乃乘宝璧舰赴广州。

是日,同盟会在上海成立总机关部。

是日,统一党、国民协进会、国民公会、国民党决定合组为共和党。黎元洪为理事长,张謇、章太炎、伍廷芳、那彦图等4人为理事。

是日下午,上海张园召开秋瑾追悼大会,与会者以千计。

按:会场上遗像高挂,布置肃穆,气氛隆重。女界知名人物蔡汉侠主持,欧阳骏、王昌国女士诵读祭文,林宗素、徐自华分别报告秋女士生前和逝后状况,新剧家顾无为、活动家江亢虎、沙淦等相继演讲。张园主人张叔和参与追悼会并作演讲。下午六点,追悼会结束,与会者摄影留念。各大报章对张园秋瑾追悼大会的报道,再次引

177

民国元年日志

（1912 年 1 月—12 月）

发中国女子参政、女权运动的大争论。[1]

25 日，国务院通电取缔各省购运军械。黄兴随即电复国务院，表示反对。

是日，国务院内务部奉袁世凯命令，通饬各省将共和大义以白话告示。

是日，袁世凯任命喀什噶尔道袁鸿佑为新疆都督，镇迪道杨增新为布政使，原任都督袁大化，与伊犁相持，复受迪化杨增新胁制，请辞。

是日，袁世凯任命章宗祥为法制局局长。

是日，孙中山抵广州。

是日，广东都督陈炯明辞职赴香港。

是日，中国同盟会本部迁至北京。

是日，直隶实业促进会在自治研究总所举行成立会，宗旨是"研究全省实业进行方针，监督行政机关及指挥企业家的趋向。"后易名实业公会。会址在河北公园教育品制造所内。

是日，政见商榷会正式成立。

按：《政见商榷会缘起及简章》：江苏程雪楼都督以现时海内党会林立，意见多有纷歧，爰特邀约各党会中知名之士，发起政见商榷会，昨得黎副总统复电，极表赞成，电文如下：

程都督暨政见商榷会发起诸公均鉴：电悉。谬蒙奖誉，愧不敢当。所嘱列名发起，自当附骥，惟望随时赐教为幸。谨复。元洪。个。印。

程都督目下正筹划该会进行方法，不久必有所表见也。

该会简章缘起如左：原政党之设，所以斟酌国情，列为纲目，以求蒸民福祉为归，而务切于时用。故党之名虽万，推其用心则一也。事纯于公，则不以恩怨之私，妄为糅杂。是以兄弟之亲，所见不同，虽殊党可也，而未尝贼友爱；仇雠之家所见契合，虽同党可也，而未尝逞小忿。今之政党，虑有数十，既标斯名，亦洞通其恉矣。抑有进者，救国之术多端，顾因势立言，其大纲即勿能相远。中华之病在穷乏，则立言者皆曰理财；病在无武威，则立言者皆曰简兵而储将；余若兴实业、订官制，苟或背戾，将无以成其说。独制度所效法，建置有先后，斯异议蜂起。然而是非宜否，既无征验于先，当世又乏知几之哲。议者孰敢曰由我之道，必富强可以立致？亦姑尝试言尔。夫其纲不殊，其目复有讨论之地。故纠集同志，创为斯会，将萃群党之英才，欢叙于一室，如切如磋，如琢如磨。政见无不同者，合之为一；其有异者，相期互进于善。广谦冲之怀，释矜躁之气，猗欤休哉。匪直吾党群伦肾自纳于安轨，惟我民国实利赖之矣。别拟条则，录如左方：

一、本会定名为政见商榷会。

---

① 王曼隽、张伟执笔：《风华张园》，同济大学出版社 2013 年版。

一、本会暂设机关部于上海。

一、本会集各政党同志,专以互相研究政纲,期于完善为宗旨。

一、会员如有政见,可公布讨论。

一、会员皆有联络各党感情之义物(务)。

一、凡已成立各会党,由本会商请每会党推举二三人为本会会员。

一、本会即以发起人组织之,如有同志欲加入此会者,须经发起人三人以上之介绍。

一、本会经费,临时筹集。

一、本会每月开常会一次,每年开茶话恳亲会一二次。

一、国家有阳(要)政时,可开特别会。

一、开会时会员不能到者,可投意见书。

发起人:黎元洪、黄兴、唐绍仪、伍廷芳、汪兆铭、王人文、蔡元培、宋教仁、于右任、赵凤昌、熊希龄、程德全。①

按:政见商榷会成立

前由程雪楼君邀约黎副总统、唐总理、黄留守、蔡、熊、宋总长、伍秩庸、王采臣、汪精卫、赵竹君、于右任诸君,发起政见商榷会。昨日在江西路十八号该会事务所开成立会,推举黄克强君、程雪楼君为会中主任,并将会章修正,公决如下:

一、本会定名为政见商榷会。

二、本会暂设事务所于上海。

三、本会集各政党,专以商榷政见、联络感情为宗旨。

四、本会会员分三种:(一)发起人;(二)各政党各领袖;(三)各政党所推举者。

五、本会推举二人为主任,以一年为期,期满改举。

六、本会事务由主任酌派数人经理。

七、本会经费,由发起人及各政党筹集。

八、本会每月开常会一次,每年开茶话恳请会一二次。

九、国家重大事件,由主任视为必要时,可开特别会。

十、开会时会员不能到者,可委托代表或投意见书。②

26日,袁世凯任命唐继尧代贵州都督。

是日,袁世凯任命施肇基暂代财政总长(熊希龄尚未到任)。

是日,袁世凯任命徐树铮为陆军部秘书长。

是日,袁世凯任命赵倜为河北镇守使。

---

① 《民立报》1912年4月25日第七页,原题作"融和党见之一策"。

② 《民立报》1912年5月28日第十页。上海社会科学院历史研究所编:《辛亥革命在上海史料选辑》增订版,上海人民出版社2011年版。

民国元年日志

是日，袁世凯任命柏文蔚署安徽都督（代孙毓筠）。

是日，教育部长蔡元培、次长范源濂到部视事，并派员接受前清学部事务。

是日，黎元洪电请以袁克定为河南都督（时河南已推克定为都督，黎在向袁示好）。

是日，孙中山在广州军界欢迎会上演讲《军人之本分》。

是日，黑龙江库马尔口兵变。

是日，俄外相萨桑诺夫在国会宣布俄愿调停中蒙问题，但中国须不在蒙古殖民、驻兵、派官。（先求事实独立，再寻实际独立）

27日，袁世凯任命张培爵为四川民政长，准河南都督齐耀琳辞职。

是日，广东省议会推胡汉民为都督（陈炯明改任广东总绥靖处经略，龙济光副之）。

是日，新任司法总长王宠惠自上海北上。

是日，外交部复英法德美公使，允取消中比借款。

是日，孙中山在广东省议会演说《治粤方针》。下午，孙中山在广州招待粤记者，以"言论一致"为题，发表演说望报界与共和政府合作为方针。指出："报纸在专制时代，则利用其攻击，以政府非人民之政府；报纸在共和时代，则不利用攻击，以政府乃人民之政府也。""故今日报纸，必须改易其方针，人心乃能一致。"

是日，日本照会俄国要求划分内蒙古之势力范围。

是日，荷属婆罗洲华侨与当地巫人发生冲突，被警方射杀。

是日，共和党在《民立报》发布召开成立大会的通知。

按：本党系由统一党、民社、国民协进会、民国公会、国民党、国民共进会六政团组成，其党义如下：（一）保持全国统一，采取国家主义；（二）以国家权力扶持国民进步；（三）应世界大势，以平和实利立国。定期阳历5月初8日午后一时开成立大会于上海张园。凡以上各团党员，均请向该本团索取徽章，届时到会，毋任公盼。共和党临时事务所上海三马路小花园第二号。[1]

按：《共和党规约草案》

第一条　本党党义如左：一、保持全国统一，取国家主义；二、以国家权力扶持国民进步；三、应世界大势，以平和实利立国。

第二条　凡赞同本党党义、具有公民资格者，须由本党党员二人介绍，经理事长、理事认可后，得为本党党员。但在各支部、分部者，得由支部长、分部长认可。

第三条　本党设本部于国都所在地（上海、汉口、天津等处得设本部交通事务所，隶于本部），各省会及内外蒙古、青海、西藏设支部，各县设分部。本部交通事务

---

[1] 《民立报》1912年4月27日。

所由本部干事内推举一二人常川驻所,细则另订。

第四条　本党设理事长一人、理事四人,同为本党代表,并由理事长偕同理事主持党内一切事务。

第五条　本党设基金监二人,管理本党基本财产。

第六条　本党设审计员四人,检查本党财政出入。

第七条　本党设干事六十人,赞助理事长、理事办理本党一切事务;并由干事中互推三人常驻本部事务所,监理各科事务;另置事务员若干人。其分科如左:一、书记科,掌理文牍及记录事件;一、会计科,经理收支事务;一、庶务科,经理不属于他科事务。

第八条　理事长、理事及干事由本部、支部代表于常年大会中投票公举,任期一年,得连举连任。

第九条　基金监及审计员由职员会公推,但基金监除常驻本部干事外,可以他项职员兼任。

第十条　本党经费以左列各项充之:一、入党费每人一元;二、常年费每人六元(支部、分部得酌量增减之),一、六两月缴费;三、特别捐不限额数;四、所得捐本党党员有为官吏或国会议员每年薪俸二千元以上者纳所得百分之一,五千元以上者纳所得百分之二。

第十一条　本党开会分为四种:一、常年大会,由本部、支部代表及本部职员组成之,每年开会一次,日期须两月以前布告;二、本部大会,合本部职员及党员之现充国会议员者,并在本部所在地之党员组成之,每年开会一次;三、特别会,以本部职员及党员之现充议员者组成之,会期无定;四、职员会,合本部理事长、理事、干事、基金监、审计员组成之,每月开会一次。

第十二条　本党党员非通知本党在本部经理事长、理事认可,在各支部、分部经支部长、分部长认可后,不得脱离本党,未脱离前不得入他党。

第十三条　本党党员个人之行为,不得用本党名义。

第十四条　本党党员如有违背本党规约或败坏本党名誉者,由职员会多数议决,得布告除名;凡以个人行为丧失公民资格者,即消除党籍。

第十五条　本党规约如有应行增改者,由本部职员会合意提出,或三分之一以上之支部提议,经常年大会或本部大会出席党员三分之二之议决得修改之。①

按:附:共和党支部、分部条例草案

一、依规约第三条第二项、第三项设支部、分部。

二、支部隶于本部,分部隶于支部。

---

① 上海社会科学院历史研究所编:《辛亥革命在上海史料选辑》增订版,上海人民出版社 2011 年版。

三、凡支部定名为共和党某处支部，分部定名为共和党某处分部。

四、支部设支部长一人，干事若干人，均由党员选举；分部亦同。

五、支部、分部对外不得与本党有不同之主张。

六、各支部应按月将入党党员名册报告本部一次；各分部亦应按月报告支部及本部一次。

七、支部对于本部有调查报告之责，对于本部所通告事件，并应转告分部。

八、分部调查报告事件，应由支部汇送本部，并得同时报告本部。

九、支部、分部规则，由各支部、分部自定之，但不得与本党规约及本条例抵触。[①]

按：《共和党成立大会记》：5月9号，共和党成立大会会场设张园安垲第，到者千余人，秩序如下：（一）开会；（二）推举临时主席；（三）报告本党规约及支部、分部条例；（四）选举理事长、理事；（五）报告干事；（六）演说；（七）本会二时半摇铃开会，公推张季直先生主席。次主席张季直先生致开会词言：本会今日由五政团合并成立。其国民共进会一团，前由该会代表在沪集议，旋代表回京，迄未推出理事，昨代表有电来云，须暂缓合并，想系手续未清，故今日遂为五团合并之会。章太炎先生进京时，曾以合并事托骞。太炎未去之先，已议有大致；太炎去时，又承其委托，遂接议合并事宜，当以党义政纲为前提，审无违异统一党原有政纲之处，是为合并之自然元素。惟太炎先生进京后，时有电信往来，最后提出五条件解决后，合并遂定。后又与各党商量，成立大会宜开在北京。各党以时期迫促，广告久经宣布，党员现已到齐，势不能不开大会，后仍应合并到京，乃成本党之本部。由是与各团商定，先在申开会成立。以待北京各团之开会。今同成立会之事实如此。所有共和党规约，皆由各党协定，应请大会中通过。

主席指任黄君云鹏宣布规约。黄君首提规约应添一条，其文谓本党设政务研究部，由职员会公推委员组成之，委员无定额；凡党员之现任中央议员者，均为本部委员，作为第十条。系由代表团起草员添出，请并通过，中略有讨论。全体以选举事繁重，爱惜时间。因定从规约第十条既设政务研究部，由党员各以其所欲讨论之条文，具意见书送事务所，俟交政务研究[部]改正后，交职员会议决宣布。

主席再报告依秩序单选举理事长、理事。由临时干事分给选举票，举定理事长，黎元洪君得票数六百三十五，理事张謇君得票数五百七十六，章炳麟君得票数五百七十五，伍廷芳君得票数五百七十五，那彦图君得票数四百七十五，以上当选。次多数程德全、蓝天蔚、李经羲诸君。主席报告干事由各团选出五十四人，其姓名录下：林长民、汤化龙、杨廷栋、王印川、龚焕辰、刘莹泽、陆大坊、黄云鹏、孟森、叶景葵、唐文治、童学琦、邓实、汪德渊、刘成禺、时功玖、陈绍唐、项骧、胡钧、汪彭年、张伯烈、张

---

① 《民立报》1912年5月6日第十二页。

大昕、孙发绪、吴景濂、王赓、籍忠寅、李矩、陈懋鼎、刘颂虞、邵羲、范源濂、蹇念益、周大烈、长福、林志钧、沈彭年、朱寿朋、姚文枬、潘鸿鼎、叶鸿绩、张毓英、沈周、贾壶（丰）臻、张一鹏、王戈、沈钧业、黄群、李祖虞、袁毓麟、汪希、陈敬第、高凌蔚、蔡元康、王家襄。请众注意，仍指任黄君云鹏说明其故。黄君报告谓造次权宜办法之理南：（一）干事五十四人手续太繁；（二）此次系合并初成，各团各不相知，选举难以尽当，故第一次用各团分举。大会宣布之法。全体赞成。时已五时半，遂宣布散会。①

按：《共和党党员报告统一党合并情形》：统一党支、分部公鉴：启者，合并问题，已经匝月，此间一切详情，未能尽告于支部、分部诸君者，实以内部意见未能一致之故。今则内讧日剧，外患日深，非速宣布合并情由，恐愈无以释诸君之惑。谨特胪陈于后，伏维鉴察是幸。盖此次合并，系在沪各理事协议，以全权委托张理事办理。张理事与各团协议，定妥条件，签字后曾有电致北京，嘱在京各团于本月8日开成立会，沪则9日开会。彼时本党干事易、朱两人，因有私见，故捏危词，怂太炎否认前议，另提条件，以致各团不能允从，此即展期之议所由来也。初10日得沪电，已开会，理事、干事均已举定。此间本党职员及党员，多以为沪上既已合并，此间即无不合并之理。惟朱某等则受他党之运动，极力破坏。力劝太炎提出各种条件，且明与他党重要人接洽，且同太炎至他党本部，并发电到各分支部，以致南北电信两歧，各怀疑虑。职员等不得已，乃约党员会议。皆以为一面宜婉劝太炎，一面宜速与各团合并，以免后患，始有共和党筹备事务所之设。职员等窃以为我辈所以组织政党者，实为大局，非为一人。今若使一人之私图，即牺牲大局而不顾，非职员所敢出。且以时局危险而论，非有绝大之党，不能有统一之政府出，非有统一政府，不能有统一中国出。想诸君子热心爱国，必蒙赞同，故仍一力主持合并，以顾全大局。现已各团决定：设共和党事务所于顺治门内化石桥别业。遵照沪上议定条件，及共和党规约，组织本部。所有从前各团名义，现已取消，以后概用共和党名义。本部自应一照办理，并将共和党及筹备事务所所议定条件，太炎所提出条件，附陈于后，即乞察入，是幸。特此通告。

阿穆尔灵圭、唐文治、陆大坊、金还、张元奇、贺良朴、荣勋、那彦图、陆建章、郑源、熊希龄、杨廷栋、宝熙、刘莹泽、张一麟、吕铸、祺诚武、张厚璟、梁建章、梅光羲、薛大可、黄濬、敖汉贝子、治格、恩培、龚焕辰、张弧、曾述棨、许孝绶、黄农、傅良佐、丁世峄、汪荣宝、吴廷燮、魏国铨、唐浩镇、王丙坤、乌泽声、祝瀛元、冒广生、陈时利、申钟岳、田骏丰、朱德裳、贺尹东、田明善。②

---

① 《时报》1912 年 5 月 10 日。上海社会科学院历史研究所编：《辛亥革命在上海史料选辑》增订版，上海人民出版社 2011 年版。

② 《申报》1912 年 6 月 2 日第七版。上海社会科学院历史研究所编：《辛亥革命在上海史料选》增订版，上海人民出版社 2011 年版。

民国元年日志
（1912年1月—12月）

28日，袁世凯命贵州都督杨荩诚开缺来京，并将其在常德的所属部队交湖南都督整编（杨时驻军常德，拟率部回黔，逐唐继尧）。

是日，京畿军政执法处审讯铁血团监督曾广为（在天津被捕）。

是日，章炳麟到北京。

是日，孙中山在广州参加广州各界史坚如烈士纪念大会。

是日，日使伊集院回抵北京。

29日，参议院行开院礼，议长林森主礼，袁世凯演说，强调财政纪纲问题（关于参议员资格曾有争论）。

是日，孙中山在广州答香港电报公司代表问借款事，表示"倘四国（银行团）利用中国现今财政困难而阻中国之进步，则国人必将发愤自助，设法在国中募集公债，以济目前之急。"

是日，南京留守黄兴通电倡议劝募国民捐以减少外债。

是日，上海华侨联合会致电袁世凯，要求参加临时参议院。

是日，谭延闿为公告湘省特别议会解散始末通电。

按：通电曰：各省都督、各师旅长、各司长、各报馆、各团体钧鉴：湘省特别议会解散，各报宣传军队干涉，伤毙议员，皆非事实。湘省自反正之初，令各属选举议员，大县三人，小县二人，来省组织议会，定二十日会期，即行解散，定名特别议会。本非常设机关，仓猝之间，既无选举法之可循，召集会期甚迫。故各属所举议员，或由本籍推举，或由旅省诸人具呈荐举，皆不一致。嗣议员要求选举常驻议员，遂继续至今。及鄂议会发起国会，议员要求临时召集，湘省遂多异议，发起湘民研究会。不允，极端反对。同时有发起维持会，遂致冲突，群往议局，责令解散，并无军队干涉、伤毙议员之事，惟当时延闿设法调停，无知议员已经四散，补救无方。特恐传闻失实，观听易淆，为此将本末电知，务希鉴察。湘都督谭延闿。艳。[1]

30日，唐绍仪与四国银行团续议借款，要求八千五百万两，先行垫付三千五百万两。

是日，《删修新刑律与国体抵触各章条》公布。

是日，北京军界统一会宣布取消。

是日，云南都督蔡锷因藏兵进至察木多，逼近川界，是日电请袁世凯、尹昌衡、张培爵加强西藏边防。

是月，万运、沈九成、沈启涌在上海创办三友实业社，资本450万元，为当时全国最大规模毛巾制造厂。

是月，唐山工党成立，七百余人参加。8月与上海中华民国工党合并，成为该党

---

① 《申报》1912年5月1日。周秋光主编：《谭延闿集》，湖南人民出版社2013年版。

唐山支部。

是月,津浦铁路南段职工同志会在南京成立。

是月,商务印书馆的知识精英们在《教育杂志》第1期刊发《编辑共和国小学教科书的缘起》一文,向全社会阐述编辑《共和国教科书》的十四条编辑要点。

按:编辑要点是:(1)注重自由、平等之精神,守法合群之德义,以养成共和国民之人格。(2)注重表彰中华固有之国粹特色,以启发国民之爱国心。(3)注重国体政体及一切政法常识,以普及参政之能力。(4)注重汉满蒙回藏五族平等主义,以巩固统一民国之基础。(5)注重博爱主义,推及待外人爱生物等事,以扩充国民之德量。(6)注重体育及军事上之知识,以发挥尚武之精神。(7)注重国民生活上之知识技能,以养成独立自营之能力。(8)联络各科教材,以期获得教授上之统一。(9)各科教材俱先选择分配,再行编辑成书,知识完全,详略得宜。(10)各科均按照学生程度,循序渐进,绝无躐等之弊。(11)关于时令之材料,依阳历编次。(12)各书均编有详备之教授法,以期活用。(13)书中附图及五彩画,便与文字相引证,并以引起学生兴趣而启发其审美之观念。(14)初等科兼收女子材料,以便男女同校之用。①

---

① 石鸥:《百年中国教科书论》,湖南师范大学出版社2013年版。

5 月

1日，因辛亥革命而停顿的清华学堂，本日重新开学，学生返校者360人。10月，改称清华学校，监督改称校长，由唐国安任校长，周诒春为副校长。

是日，教育总长蔡元培呈大总统任命严复先生为北京大学校长。

按：蔡元培说："北京大学堂前奉大总统令，京师大学堂监督事务由严复暂行管理等因，业经该监督声报接任在案。窃惟部务甫经接收，大学堂法令尚未订定颁布。北京大学既经开办，不得不筹商目前之改革，定为暂行办法。查从前北京大学职责，有总监督，分科监督，教务提调各种名目，名称似欠适当，事权亦觉纷岐。北京大学堂今拟改为北京大学校；大学堂总监督改称为大学校校长，总理校务。分科大学监督改称为分科大学学长，分掌教务；分科大学教务提调即行裁撤；大学校校长须由教育部于分科大学学长中荐一人任之，庶几名实相符，事权划一，学校经费亦得藉以撙节，现已由本部照会该总监督任文科大学学长，应请大总统任命该学长署理北京大学校校长，其余学科除经科并入文科外，暂任其旧。俟大学法令颁布后，再令全国大学一体遵照办理，以求完善而归统一。"①

是日，参议院改选吴景濂（统一共和党）为正议长，汤化龙（共和讨论会）为副议长。

是日，袁世凯令裁并江北军政府，该处军政、民政归江苏都督管辖。召江北都督蒋雁行来京，以刘之洁为江北护军使。

是日，袁世凯明令公布《各地方调用军舰条例》。

是日，直隶都督章锡銮与法商东方汇理银行签订银10万两借款合同。

2日，袁世凯通令各地方长官禁止武力胁迫议会；如有侵扰或聚众胁迫议会者，立即酌派得力军警前往保护，并逮捕犯人，交司法衙门按律审办。

是日，总统府接西藏联豫电称，藏人与汉兵在拉萨开战，藏人死900名。

是日，唐绍仪再与四国银行团议借款，未成（银行团要求稽核用途，解散军队须由各国武官监督）。

---

① 《临时政府公报》第5号，1912年5月5日。

是日,唐绍仪及各部总长在参议院报告政见。

是日,北京全国军界统一会解散。

3日,京师大学堂改名为北京大学校,严复任校长。全校分文、法、商、农、工等科,每科各置学长一人,严复自兼文科学长,以张祥龄为法科学长,吴乃琛为商科学长,叶可楳为农科学长,胡仁源为工科学长。学生增至818人。1913年秋又增设预科。标志着我国兴办现代大学的开始。

按:京师大学堂是北京大学的前身,是当时中国的最高教育行政机关。京师大学堂具有重要的意义,并受到举国关注,但由于清廷的腐败,政府并没有对大学堂给予充分的投入。京师大学堂是中国近代史上第一所国立综合性大学,它既是全国最高学府,又是国家最高教育行政机关,统辖各省学堂。

是日,命四川都督尹昌衡速派兵赴西藏。

是日,直隶士绅再请以王芝祥为都督(京津军界反对)。

是日,安徽都督柏文蔚就职,陈独秀任秘书长。

是日,山东都督周自齐就职。

4日　国务院会议讨论财政及蒙藏边务,决定发行不兑换纸币;与俄、英公使交涉,并派张绍曾、温宗尧分赴蒙藏安抚。

是日,黎元洪电请袁世凯、参议院、国务院,请速颁各省官制。

是日,孙中山在广州演讲平均地权。

是日,江西玉山兵变。

是日,严复正式就任北京大学校校长职。

5日,统一党(张謇、程德全、章炳麟、熊希龄等)、民社(孙武、张振武、刘成禺、张伯烈、孙发绪等)、国民协进会(籍忠寅、周大烈等)、国民公会(张国维、黄群等)、国民党(潘鸿鼎、沈彭年等)举行会议,决合组为共和党。

按:共和党,1912年5月9日,立宪派为适应袁世凯急欲组织最大政党,用以对抗中国同盟会的需要而成立于上海,系以民社、统一党为基础,联合国民协进会、国民共进会、国民公会、国民党(潘鸿鼎、温宗尧等建立)组成。以两湖立宪派为核心,推黎元洪为理事长,张謇、章炳麟、伍廷芳、那彦图、程德全为理事,汤化龙、刘成禺、林长民、王印川、王揖唐、范源濂、王家襄、张伯烈、潘鸿鼎等54人为干事。其政纲标榜"保持全国统一,采取国家主义;以国家权力,扶植同民进步;应世界之大势,以平和实利立国",实质是要将全国统一到袁世凯手中。另有党规15条,支部规则9项。共和党的宣传机构,除地方性之刊物外,上游一些足以影响中央视听者,以分布于上海、天津、北京者为主,上海的《时事新报》《民声日报》《神舟日报》《大共和日报》;天津的《民兴报》《北方日报》《大公报》;北京的《中国日报》《亚细亚日报》。又北京的《国民公报》《中国报》《北京日报》《大同报》《京津日报》《民视报》《政报》等,都

民国元年日志
（1912年1月—12月）

对共和党表同情。本部先立上海，后迁北京，在上海设派驻机关，各地设支部。该党是集合旧官僚、旧立宪党人、中国同盟会中变节分子，以及袁世凯政府中的要人组成的民国以来的最大政党，被称为纯袁派、官僚政党。曾占据参议院120个席位中的40余席，该党在临时参议院中的势力，几驾中国同盟会之上。它以拥袁为己任，自命为国权党。实际属于地主买办阶级的政治势力，是为袁世凯篡权窃国而效命的御用党。该党成立后不久，原统一党首领章炳麟辞去理事之职，发表宣言，仍维持统一党独立地位，自立为共和党的别动队。1913年5月，与民主党以及从共和党自身分化出来的统一党合组为进步党。[1]

是日，黎元洪电请速与外人磋商改约问题，立即禁止鸦片进口。

是日，浙江省与礼和洋行签订借款六百万马克合同，并规定其中二百万马克为向克房伯订购军械专款。

按：礼和洋行曾是远东最著名的德资企业。1931年至1937年，国民政府曾通过礼和洋行经手，从德国订购巨额军火。

是日，孙中山在潮州旅省同乡会演讲"地方自治"。同日，孙在广州发表讲话，认为解决民生问题须从税契入手。

是日，北京大学举行开学典礼。

按：北京大学校业已开学，学生到者百余人，教员数十人。英国公使朱迩典（John N. Jordan）、总税司裴璀琳、教育总长蔡元培皆莅会。首南校长严幼陵君演说，略谓：学校规则宜趋谨严，不得过于恣肆。次由蔡鹤卿先生演说，谓：大学为研究高尚学问之地，即校内课余，仍当温习旧学。次由英、德、法三教习演说，其中以德教习演说最为激切，略谓：今日中国，已是诸君的中国，校中课程宜力求刷新，不可再蹈旧习，精神教育与形式教育，仍当兼收具备。演说毕，宾主尽欢而散。[2]

是日，浙江都督蒋尊簋与德商礼和洋行签订600万马克借款合同。

是日，同盟会湖南省支部成立，举洪荣圻为支部长，谭延闿、陈强为副支部长。

6日，孙中山在中国同志竞业社欢迎会上演讲《大众当勉为爱国国民》，同日在广东第二女子师范学院演讲"提倡女子教育"。

按：《女子教育之重要》（民国元年在广东女子师范第二校演说词）：今日广东女子师范第二校开会，欢迎兄弟到校；兄弟对于此校，极为赞成。惟有一言为诸君告：现在中华民国成立伊始，万种事业，皆由此时发起，由此时举办，凡为中华民国之人民，均有平等自由之权。今民国既已成立，国民之希望正大；然最要者为人格。我中国人民，受专制者已数千年，近二百六十余年，又受异种族专制，丧失人格久矣。今

① 蔡鸿源、徐友春主编：《民国会社党派大辞典》，黄山书社2012年版。
② 《大学校开学志闻》，《教育杂志》第4卷第4号，1912年7月。

日欲回复其人格,第一件须从教育始。中国人数四万万,此四万万之人,皆应受教育。然欲四万万人皆得受教育,必倚重师范,此师范学校所宜急办者也。而女子师范尤器重要。今君发起此校。藏得要务。因中国女子虽有二万万。惟于教育一涸。向来多不注意。故有学问者正少。处于今自应器提倡女子教育为最要之事。诺君今既成立此女子师范第二馍。生徒达百七十人将来此百欺十人。各担荷教育之事。希望固甚大也。惟必有举识。方可担任教胥。盖学生之举让。恒视教师以为进退。饮教师之责任甚大。兄弟今日惟望诺君。谨惧小心。养成国民之模范。激育乃可振典。教育既典。然后男女可以望平权。女界平权。然后养成真共和民国。但今犹军政时代。正宜上下一心,补救政府,巩固教育。凿君能竭力维持。兄弟有厚望焉。①

按:《在广东中国同志竞业社欢迎会的演说》(一九一二年五月六日):洪门所以设会之故,系复国仇,倡于二百年前,实革命之导线。惟现下汉族已复,则当改其立会之方针,将仇视鞑房政府之心,化而为助我民国政府之力。我既爱国,国亦爱之,使可以上感下孚,永享幸福,此求自立之真谛也。洪门因避鞑房查办,故将所有号召及联络处秘而不宣。今既治溥大同,为共和之国,自不必仍守秘密。可将从前规矩宣布,使人知之,此去局外猜忌之理由也。人贵自重,须知国无法则不立,如其犯法,则政府不得不以法惩治之。惟自纳于范围之中,白免此祸,此相安之理由也。人要知取舍,譬如附船舣岸,既由此达彼,即当急于登岸,以出迷津。如仍在船中,便犯水险。故今日大众,当勉为爱国之国民。②

是日,袁世凯任命周渤为山西民政长。

是日,总统府秘书长梁士诒兼任交通银行总理,陆宗舆、任凤苞为协理。

是日,署理安徽都督柏文蔚与日商三井洋行签订 25 万日元借款合同,以铜官山铁矿担保。

是日,甘肃提督马安良与陕西都督张凤翙、毅军统领赵倜议和,退出陕西乾州、醴柿;围攻凤翔之甘军张行志、崔正平亦撤退。

7 日,临时参议院议决,国会采取两院制,定名为参议院和众议院。

按:临时参议院是按照《中华民国临时政府组织大纲》组建,具有临时国会性质。

是日,财政总长熊希龄要求四国银行团议垫款六百万两。

是日,袁世凯令工商总长陈其美未到任以前,以王正廷署理。

是日,任命魏宸组为国务院秘书长,张国淦为铨叙局长,冯自由为临时稽勋局长。

---

① 陈景盘:《中国近代教育史》,人民教育出版社 1979 年版。
② 胡汉民编:《民国丛书 第二编 91 综合类 总理全集》(下册),上海书店 1990 年版。

民国元年日志

（1912年1月—12月）

是日，美使请美政府从速承认中华民国政府。

是日，新任新疆都督袁鸿祐行抵阿克苏，为总兵查春华所戕，喀什噶尔县长张秉铎等亦为哥老会所杀。

是日，孙中山在广州岭南学堂演讲《非学问无以建设》。

按：孙中山说："仆今日得贵校诸君开会欢迎，不胜欣谢！诸君在此，莘莘济济，有缘同学，今我见之，顿触少年时事。忆吾幼年，从学村塾，仅识之无。不数年得至檀香山，就傅西校，见其教法之善，远胜吾乡。故每课暇，辄与同国同学诸人，相谈衷曲，而改良祖国，拯救同群之愿，于是乎生。当时所怀，一若必使我国人人皆免苦难，皆享福乐而后快者。又数年即回祖国，就学于本城之博济医院，与贵校廖得山同学。仅一年，又转香港推[雅]利士医院凡五年，以医亦救人苦难术。然继思医术救人，所济有限，其他慈善亦然。若夫最大权力者，无如政治。政治之势力，可为大善，亦能为大恶，吾国人民之艰苦，皆不良之政治为之。若欲救国救人，非锄去此恶劣政府必不可，而革命思潮遂时时涌现于心中。惜当时附和者少，前后数年，得同心同行者不过十人。得此十人，即日日筹划，日日进行。甲午中日之役后，政学各界人人愤悉，弟等趁此潮流，遂谋举事于广州，失败后居外经营，屡蹶屡起，直至去年八月在武汉起事，不半载而大功告成。此固天之不欲绝吾中国也。然则，功既成矣，吾从前之志愿，岂遂达乎？非也，千未得一也。今日所成，只推倒一恶劣政府之障碍物而已。以后建设，万端待理。（负责）何人，则学生是也。凡国强弱，以学生程度为差。仆从前以致力革命，无暇向学读书。行医日只一两时，而事革命者实七八时，而学业遂荒。沿至于今，岁不我与。今见学生，令人健美，益见非学问无以建设也。譬诸除道，仆则披荆斩棘也，诸君则驾梁砌石者也。是诸君责任，尤重于仆也。肩责之道若何，无他，勉术学问，琢磨道德，以引进人群，愚者明之，弱者强之，苦者乐之而已。物竞争存之义，已成旧说，今则人类进化，非相匡相助，无以自存。倘诸君如有志而力行之，则仆只初志赖诸君而达，共和新国亦赖诸君而成。是则仆所厚道望于诸君者。"[①]

是日，新疆南路喀什噶尔哥老会首领边永福、魏得喜率众举事，杀新任都督袁鸿祐。嗣后，边、魏聚众成军，编为地方治安营。俄国乘机增兵喀什噶尔。

是日，驻镇江江苏陆军第十六师师长顾忠琛以宗社党人潜入该地，妄思扰乱治安，是日示谕各界人民一体知悉；并号召宗社党人输诚自首，否则国法俱在，绝不宽赦。

8日，教育部发三通令：一、请各省详报当时教育情形；二、请各省速发教育财产；三、拟于暑假前召开临时教育会议。

是日，中华民国公民急进党成立于上海。发起者为上海一部分绅士。宣称以养

---

① 据上海《民立报》1912年5月14日《孙先生演说辞》。

正除非,化私就公,拥护民权,发展民意,晓导全国人民能尽公民天职,巩固政府,造成完美共和政治为宗旨。推举沈剑侯为掌理,查十端等15人为参事,内设文牍,书记、庶务、会计各1人。

9日,共和党在上海正式成立,该党系由统一党、民社、国民协进会、国民公会、国民党(系中华帝国宪政会改组而成)、国民共进会六政团组成。黎元洪为理事长,张謇、章炳麟、那彦图、程德全、伍廷芳等为理事,汤化龙、林长民、王揖唐、刘成禺、王家襄、范源廉等为干事。

是日,因陈其美在沪,未到任,遂任命王正廷署工商总长。

是日,熊希龄拒绝六国银行团监督用款之请求。

是日,袁世凯任命锺颖为西藏办事长官。

是日,袁世凯令保护人民财产,禁止逞私谋夺。

是日,英国增兵云南片马。

是日,教育部通饬各书局,将各种教科书送部审查。

是日,孙中山在广州耶教联合会演讲《基督教徒应发扬教理同负国家责任》,主张基督教徒发扬基督之教理,同负国家之责任,使政治、宗教同达完美之目的。

10日,临时参议院讨论国旗统一案,通过以五色旗为国旗。

按:五色旗又称五族共和旗,是中华民国建国之初北洋政府的国旗,旗面按顺序为红、黄、蓝、白、黑的五色横条。红、黄、蓝、白、黑分别表示汉、满、蒙、回、藏五族共和,所选用的五色为五个民族传统上所喜爱的颜色。而此五色也是五行学说代表五方的颜色;也有说法,五色旗取自凤凰五色,同时也代表仁、义、礼、智、信五德;还有人认为,其与传统五行概念对应的5种色彩还涵盖了方位上的东西南北中。

是日,同盟会河南省支部成立,上官邦彦任支部长,王杰、周维屏任副支部长。

是日,袁世凯改任陕西经略使胡瑛为新疆青海屯垦使。

11日,袁世凯以捕人索银事迭有所闻,通令各省长官及各军队长官应遵守《临时约法》,恢复秩序,尊重人权,切实保护人民财产,实行法治,以巩固共和基础。

是日,山东省临时议会成立,张映斗任议长,刘冠三、王讷任副议长。

是日,劝告国民屏奢华,务勤俭。

是日,天津中华书局开幕,局址在北马路。

12日,袁世凯通谕私立团体不许干政。略称:"现在各省临时议会,皆依迭次法令组织,职权概有专属,舆论得所折衷。地方官厅,按法应受省议会之监督,亦惟省议会乃得直接行此法定之职权。其以私立团体对于立法、行政两机关,尽可陈请建言,以资博采,不许动辄干涉,致妨进行。"①

---

① 《民立报》1912年5月14日。

民国元年日志
（1912年1月—12月）

是日，袁世凯开去内务次长张元奇缺。

是日，南京军界同袍社成立，黄兴为社长，王芝祥为副社长。

是日，教育部开会讨论关于京内外各教育机构之振兴与合并办法。决定将京师督学局及八旗学务处合并为北京学务局；将财政、法律、银行三学堂合并为法政学堂；八旗高等学堂及八旗各学堂仍准设立，惟将"八旗"名称取消，五族皆可入学；另贵胄法政、陆军两学院即行废止，两处学生并入新立之法政及陆军学堂。

按：先生为撙节财力起见，特在教育部开会讨论关于京师内外各教育机关之振兴及合并办法：各省学校宜先收复教育上之财产，使即时开学，中央方面先将京师督学局、八旗学务处裁撤，合并为北京学务局，财政学堂、法律学堂、银行学堂等合并为法政学堂，原有之八旗高等学堂及八旗各学堂仍准继续设立，惟将八旗名目取消，五族皆可加入；其原有之贵胄法政学堂废止，学生合并法政学堂，贵胄陆军学堂废止，学生入陆军学堂。[①]

13日，袁世凯令刘心源暂行署理湖北民政长。

是日，袁世凯颁布《劝告政团学会不许干涉立法行政令》，规定"私立团体对于立法行政两机关尽可陈请建言以资博采，不许动辄干涉，致妨进行"。

是日，南京留守府及沪军都督与日商三井洋行签订借银三十五万两合同，用于南京留守府军政费。

是日，黄兴电袁世凯、国务院请裁撤南京留守职，并告遣散军队情形，并请撤销南京留守，免破国家统一之制（第一军柏文蔚，第二军徐宝山归陆军部管辖，第三军王芝祥部桂军全数遣散，第四军姚雨平部粤军遣散三千人，余回粤，第五军朱瑞部回浙）。

是日，任命伊犁都督广福为伊犁镇守使，杨缵绪为伊犁镇总兵。

是日，唐绍仪及各总长在参议院宣布政见，内务总长赵秉钧未出席。唐说明政府财政窘迫，"现虽全国统一，而农废于野，工废于肆，商贾滞于途，求有敷于政府所规划之用，茫然无所取给"。因租税、公债、金融等事，缓于济急，"故不得已，惟以输入外债，以救急需"。

是日，孙中山在广州发表《续论平均地权》。

是日，蔡元培在参议院发表《向参议院宣布政见之演说》，谈教育方针政策。

按：蔡元培在演说中说：元培于教育行政，见识甚浅，实不称总长之任；但既勉强担任，即断不敢存五日京兆之心。今将所规画之办法，为诸君陈之：

一曰教育方针。应分为二：一普通，一专门。在普通教育，务顺应时势，养成共

---

① 朱有瓛、戚名琇、钱曼倩、霍益萍编：《中国近代教育史资料汇编 教育行政机构及教育团体》，上海世纪出版股份有限公司2007年版。

和国民健全之人格。在专门教育,务养成学问神圣之风习。

二曰教育设施。应分为二:(甲)普通教育之设施:一曰普通学校,如中、小学校及中等以下之职业学校等。二曰社会教育之含有普通性质者。三曰特殊教育,如盲哑废疾者之教育。(乙)专门教育之设施:一曰专门学校,如大学及高等专门学校是。二曰派遣游学。三曰社会教育之含有专门性质者。

三曰画定中央教育行政之权限。(甲)专门教育,由教育部直辖分区规定,次第施行。(乙)普通教育,由教育部规定进行方法,责成各地方之教育行政机关执行,而由部视学监督之。(丙)私立学校,务提倡而维持之。

四曰教育经费之规定。(甲)专门教育经费,取给于国家税,或以国有财产为基本金。(乙)普通教育经费,取给于地方税,或以地方公有财产为基本金。

五曰对于京师教育界之现状。

(甲)以京师学务局为普通教育行政机关,其经费及所辖各学校经费,应暂由教育部直接筹拨。(乙)各种高等专门学校,取其内容近似者合并之,以期经费易给,而学生均免荒学。查旧学部预算直辖高等专门各学校经费,岁出约一百二十五万八千有奇,临时岁出约五十五万三千有奇,统计一百八十一万一千有奇。而农、工、商部之实业学堂、法律馆之法律学堂、度支部之财政学堂、顺天府之高等学堂等,现均归教育部管理,其费尚不在内。(丙)对于大学校图书馆等未完成者,皆渐图结束前局,而于一定期间内,为革新之起点。

六曰对于海外留学生之计划。全国高等教育,既归教育部直辖,以后派遣留学,拟归中央政府直接办理,并以直接能进外国高等专门学校及在本国高等专门学校毕业成绩最优、而更求深造者为限。

七曰对于蒙、藏、回之教育。现既合五大民族为一国,自应使五族人民均受同等之教育。除满人已习用汉文、汉语,毋庸特为计划外,至蒙古、西藏及回部习俗、语文尚多隔阂,是宜特定教育方法,以期渐归统一。(下略)①

14 日,参议院议决以五色旗为国旗(左上角加十九星为陆军旗,加青天白日为海军旗)。

是日,六国银行团在伦敦中英协会召开会议,协调立场。

15 日,袁世凯任命毕桂芳为塔尔巴哈台参赞,帕勒塔为阿尔泰办事长官。

是日,陕西省临时议会成立,杨铭源任议长。

是日,京师优级师范学堂更名为北京高等师范学校,由陈宝泉任校长。

按:优级师范学堂,中国近代设置的专门培养师资的高等学校,"优级"即"高等""高级"之意(与初级相对),优级师范学堂规定分为 4 类:(1)以中国文学、外国

---

① 载 1912 年 6 月《教育杂志》第 4 卷第 3 号。欧阳哲生编《蔡元培卷》,中国人民大学出版社 2014 年版。

民国元年日志

语为主；（2）以地理、历史为主；（3）以算学、物理学、化学为主；（4）以植物、动物、矿物、生理学为主。辨学、心理学为独立设置。是为我国真正意义上的大学教育模式的开始，代表性的学校有京师优级师范学堂、两江优级师范学堂、福建优级师范学堂等。

是日，英法德美俄日六国银行团在伦敦会商对华借款，不协。

是日，上海豆油饼行业因江苏都督增税而举行罢市。

是日（阴历三月二十九日），为广州起义周年纪念日。孙中山在广州亲率同志及粤省文武官员公祭黄花岗七十二烈士。北京、南京分别举办黄花岗纪念大会。

按：黄花岗七十二烈士是指 1911 年 4 月 27 日在中国广州起义（即黄花岗起义）中遇害后葬于广州市东北郊（现广州市越秀区）黄花岗七十二烈士墓园的革命党人。孙中山《祭黄花岗七十二烈士文》（1919 年 3 月 29 日）曰："烈士不惜涂地以膏血，以造我民国，民国未成而烈士死于民贼，民贼经烈士之创，而心战胆裂，气为之丧，锋为之折，而民国以立，是以民国之造，皆诸烈士之宏力。然而烈士之愿，欲来者心贞志坚，以振我民德，张我国权，意日如是，方慰吾烈士于九泉。"①孙中山《在桂林对滇赣粤军的演说》（1921 年 12 月 10 日）曰："诸君试观黄花岗烈士，从容就义，杀身以成其仁，当日虽为革命而牺牲，至今浩气常存，极历史上之光荣，名且不朽，然犹日为革命失败而死也。若此次革命乃必成之功业，又何惮而不为，又何死之可怕？"②孙中山《〈黄花岗烈士事略〉序》（1921 年 12 月）曰："满清末造，革命党人历艰难险巇，以坚毅不挠之精神，与民贼相搏，踬踣者屡，死事之惨，以辛亥三月二十九日围攻两广督署之役为最，吾党菁华，付之一炬，其损失可谓大矣。然是役也，碧血横飞，浩气四塞，草木为之含悲，风云因而变色，全国久蛰之人心，乃大兴奋，怨愤所积，如怒涛排壑，不可遏抑，不半载而武昌之大革命以成，则斯役之价值，直可惊天地、泣鬼神，与武昌革命之役并寿。"③孙中山《在广州中国国民党恳亲大会的演说》（1923 年 10 月 15 日）曰："我们无论做什么事，只要问心无愧，凭真理去做，就是牺牲了，还是很荣耀。像黄花岗的七十二烈士……为主义去革命，成仁取义，留名千古，至今谁人不敬仰他们呢？就是千载之后，谁人又不去纪念他们呢？他们那些人的牺牲，真是虽死犹生，死在九泉之下都是很瞑目的。古人说：'死有重于泰山，有轻于鸿毛。'盖人类牺牲的价值，有比生命还要贵重的，就是真理和名誉。七十二烈士……为真理和名誉而死，他们死后的酬报，不只是立纪念的石碑；革命成功，中国富强，全国人民都可以享幸福，那就是他们的大酬报！"④孙中山《在岭南大学黄花岗纪念会的演说》

---

① 《孙中山集外集》第 630 页。
② 《孙中山全集》第 6 卷第 34 页。
③ 《孙中山全集》第 6 卷第 50 页。
④ 《孙中山全集》第 8 卷第 286 页。

(1924年5月2日)曰:"七十二烈士为国牺牲,以死报国,所立的志气就是要死后唤醒中国全体的国民。由于他们所立的这种志气,便可以知道他们在当时想做那番事业的心思,就是要为四万万人服务。他们在专制政体之下,昏天黑地之中,存心想为四万万人服务,没有别的方法可以达到目的,想到无可如何之时,便以死来感动四万万人,为四万万人来服务。故革命事业,在七十二烈士虽然是失败,但是他们死得其所。"①

按:黄兴在南京黄花岗之役周年纪念会上的演讲(一九一二年五月十五日)曰:今日为黄花岗诸烈士在广州死义之纪念日。是役也,去年海上各报均有记载,但语焉不详。兴请为诸君一详言之。

近十年来,堂堂正正可称为革命军者,首推庚子惠州之役,次大通之役,此后一二年间,寂寂无闻。后孙中山先生由美归,而广东,而日本。乙巳年组织同盟会,苦心经营,旋有萍醴之役、钦廉之役、镇南关之役,旋有河口之役。河口一役,感动军界,以致复有安庆之役,前年正月有广东新军之役。此役败后,海外各同志更加愤激,即各军队中之同志亦非常充足,无间于南北。众论多欲利用此时机,克日起义,可收全功。是时孙中山先生由美至日本,转而抵南洋,与各同志集议。此时赴议者,东南各省多有代表,会议之地点在南洋槟榔屿。兴与赵伯先、胡汉民两先生日日商议,当时所缺者,惟饷械二项。幸南洋各志士担任筹款者极形踊跃,得十余万元,乃议决由孙中山先生赴美,购美军械,赵君与兴来内地运动。本拟去年正月即当起义于广东,后因种种事件均未办理完善,故迟迟未发。地点议定广东省,因运有机关枪四十五支在彼,又广西军队中诸同志有为之援应。至于内地之布置,长江一带,谭人凤先生任之。谭先生身体多病,此时亦冒险力疾至鄂。其时,鄂有居正、孙武及系狱之胡瑛诸先生暗中筹划;湘省则有焦达峰先生力谋进行,异常敏速;上海则今都督陈其美先生极力运动。当时交通部公举赵伯先先生主持,盖赵与兴皆驻在香港者也。而又议定:赵由闽出江西,兴出湖南,谭人凤出江西。此时北军亦有暗为援助者,东京同志则归国援助者极多。但吾辈此时起义,不能多得军械,只得购备手枪,及同志中所制炸弹。种种困难,故又行延期。然节节进行,未尝稍懈。姚雨平先生则任运动广东新军,及巡防营暨各会党,各会党亦非常服从。现海军司令胡毅生先生亦力为运动。至军事上之计划,兴与赵伯先先生任之。议定以千余人为选锋,赵率百余人,今第七师长洪承点及兴亦各率数十人。陈炯明君守备城西旗界,因旗界内有训练之兵数千人,而旗民之备有枪械者亦五六千,故不得不力谋防御。但此时又有极端之困难,则因起义之举,早为清粤督张鸣岐所侦悉,城中增设军队,防备极严。虽议决三月二十八日发动,而军械尚未运进。此时又设统筹处,兴自任之,赵伯先先生

---

① 《孙中山全集》第10卷。

民国元年日志

（1912年1月—12月）

为总指挥。事后外间传言兴为总指挥,误也。二十五晚,兴入广州城至机关部,宣告发动期。然此时又发生一极困难问题,则承运枪械之人有陈镜波者,系李准令其投身我党为侦探也,彼已将由头发船内运进之枪百余秆、子弹若干报知李准。幸我辈起事之期及另行运进枪械子弹,为渠所不知,故不疑我等即日起事。盖我等另运之枪弹,系装入油漆桶内运进者,亦有由同志诸人随身携带者。二十六日满吏防备更严,张调巡防营数营入城,驻观音山。广州城内之观音山,犹南京城中之北极阁,居高临下,极占形势,故张派兵驻此以扼我军。此日有倡议改期者,然种种机关已备,势难再延,故兄弟及少数同志坚持不可,谓改期无异解散,将来前功尽弃,殊为可惜。是晚,又议赵所率二部分多外乡人,易为满吏侦知,不如暂退驻香港。二十七日,姚雨平先生来城,然枪仍未到,赵部下已退驻香港。二十八日,张又调巡防营入城,然营中多有同志,故此时多数人又决议进行,冀有该营为之援助。而该营中同志,亦多半赞成发动迅速者。下午三时半,遂电赵部下,要其来城。当赵部退香港时,方疑我辈另有意见,故彼等甚愤激,此次得电,皆极欣然,来者颇多。是夜商议次日进行方法:兄弟任由小东营出攻督署,陈炯明诸人承认抵御警察局,姚任收复小北门枪炮局,时间则定午后五时半。二十九日上午分发枪械与各处,然是晨城门已闭,赵君率所部自港来时已不能入城。而兴遂任指挥,部下共数十人,部署一切。至下午五时二十五分,手续尚未完毕,迟二十五分钟,始率由小东营出发。先十分钟,陈炯明君派人来问,今日究竟发动与否,然来者见我等皆携弹荷枪,遂不言而去。事后始知陈因畏事之棘手,欲不发动,故派人来陈说一切。然来者并未明言,故我等并不知其不来援应,仍孤军冒险前进。

出军时,全队行走迅速,至督署门首,有卫兵数十人驻守。林时塽先生率二三人前进,用炸弹猛击,死卫兵数人,余皆逃入卫兵室内,匿不敢出,然我军此时亦死三四人。卫兵既退,兴率十余人由侧门入署,余大部分,四川喻培伦先生率之,驻门外防御。兴入署至大堂,有卫兵数人见我军至,即招手谓张在花厅,我等遂入花厅各处搜张,不获。且室内一无陈设,似久已迁移者。我军觅得床板木料等物,放火后遂出。复有卫兵一排,在大堂下用枪向我军猛击,兴立大堂柱旁,双手各持手枪还击,毙卫兵数人,余皆鼠窜,我军乃得出署。至门外见喻及所率之部皆已不在,盖当兴入署后,喻已率队往攻督练公所矣。我军行至东辕门外,时有李准之卫队与我军相遇,隔仅五十米突,卫队遂即跪击,我军林时塽君时在前列,刚欲用弹还击,而头部已中枪弹,遂倒街中。兴手指及足亦受弹伤,乃率残部十余人转行,欲往助喻君攻督练公所。至双门底,又遇巡防营一大队,距我军丈余,福建人方声洞先生猛击之,中其哨官巡兵数人,然彼见我军人少,乃向前直扑。尔时硝烟漫空,弹如雨注,方君遂中弹而仆,存者仅数人矣。兴乃避至一民房中,由板壁内放枪,毙其前进者数十人,相拒约十分钟,巡防营退去。我军复行,途遇喻君,喻以为欲攻督练公所,必先攻观音山所驻之巡兵，乃身先部下，携弹直上，至山半与巡兵激战，但部下之人多无经验，不善掷放炸弹，又见彼军势盛，遂一面竭力抵御，一面徐徐退却。巷战至十二时，我军见彼巡防营愈增，乃退至一米店，用米袋筑墙以守，各挟利枪，一发数中。遂以十余人力御巡防营四百余人，毙敌近百数。巡防营畏势不敢复来，始放火烧店而去。

　　此役之失败，至是完毕。统计百二十人中，存者无多。而所亡者皆吾党之精华。推原其故，均由兴一人之罪。盖兴当日若不坚持迅发，则陈、姚不得愆期，又何致以孤军无援，陷入重地，死我英俊如此之多。然自此役后，同志中不以挫折灰其壮气，图谋再举，弥增激厉。现上海都督陈其美先生亦来香港，谓广东虽失败，内地尚可进行。而兴一人之意见，则痛此役之失败、同志之惨亡，决意欲行个人主义，狙击张、李二凶，以报同志。而谭人凤先生及海外诸友，每邮电力阻。又以粤省防御甚严，猝难下手，乃淹留香港，日伺机会。

　　六月间，陈其美、谭人凤两先生在鄂运动，幸有端倪，派人至上海催促进行，并嘱兴筹措饷项，兴乃电致南洋、美洲各同胞，幸各地乐于捐输。至八月湖北起义二周后，各同志电兴速来鄂襄助，兴遂由港来汉。自兴离港后，狙击之事，各同志转意于凤山，卒达目的。且此举并为光复广州之导线，盖自凤山被炸后，全粤满吏皆极恐慌，李准竟令其弟来香港与诸同志联络，而广州乃兵不血刃，九星之帜已高悬于五羊城矣。是鄂省八月之起义，由广州之原动力，而广州九月之光复，又我七十二烈士之死义激而成之也。七十二烈士虽死，其价值亦无量矣。且烈士之死义，其主义更有足钦者，则以纯粹的义务心，牺牲生命，而无一毫的权利思想存于胸中。其中如林觉民先生，科学程度极其高深，当未发动之先，即寄绝命书与其夫人，又告同人云："吾辈此举，事必败，身必死，然吾辈死事之日，距光复期必不远矣。"其眼光之远大，就义之从容，有如此者！又喻君培伦最富于爱国思想，前在天津与汪精卫、黄复生诸人苦心经营，谋炸载沣，后因事机失败，炸弹为警兵搜去，不遂所志。来港后，日夜与李君荫生复制炸弹，不稍休息。此役所用之炸弹，多出其手制者。至方声洞，以如花之年，勇于赴战，当其与巡防营巷战时，身中数弹，犹以手枪毙多人。他如窦鸿书、李君荣诸君，虽系工人，然皆抛弃数百元之月俸，从事于革命事业，捐躯殉国，尤足钦佩。总之，此次死义诸烈士，皆吾党之翘楚，民国之栋梁。其品格之高尚，行谊之磊落，爱国之血诚，殉难之慷慨，兴亦不克言其万一。他日革命战史告成，必能表彰诸先烈之志事。今届周年大纪念，兴与诸君同负后死之责，当共鉴诸烈士之苦衷，竭尽心力，以图民国之进步，庶无负于死者。并愿年年此日，永永举行纪念，追思既往，劝励方来，谅亦诸君所表同情者。①

　　16 日，日本对美表示保留其在东部内蒙古权益。

---

　　①　湖南省社会科学院编：《黄兴集》，中华书局 2011 年版。

民国元年日志
（1912年1月—12月）

是日，任命陈振先为农林次长。

是日，南京各界组织国民捐总会，推孙中山为总理，黄兴为协理。

按：南京各界组织国民捐总会，推孙中山为总理，黄兴为协理。孙中山在6月1日发出通电表示接受，并要求国民捐总会以他的名义分电各省，使四方闻风响应。他又致电袁世凯及参议院："民国存亡千钧一发，前经留守发起国民捐，实为求亡之要策。南京已由六十团体组织国民捐总会，举文为总理，义不容辞。现在各省闻风响应，认捐踊跃。惟此举须由参议院采取累进法颁行一定章程，方能有效。务祈诸公竭力提倡，庶使共和基础得以巩固，民国幸甚。"[①]

17日，财政总长熊希龄与英美德法四国银行团在北京签订300万两垫款合同。合同计十四条，监视开支章程七条，由银行团于北京、上海各垫付150万两。

是日，宗社党荆州支部首领、前荆州将军连奎之子化名傅凤池潜伏汉口租界，密谋颠覆武昌军政府，被捕。是夜，傅及其同党军官20余人被处决。

是日，孙中山出席粤路公司欢迎宴会，力言挽回粤汉铁路利权，应速开收三期股本，"鄙人当发电各埠力为鼓吹"。随即拟定致各埠电文，交詹天佑拍发各处。电谓："粤汉铁路，关系民国建设前途甚大，且大利所在，并为振兴实业之首务。弟顷到商办粤路公司，提倡速收三期股款，联合湘鄂，推广进行，国利民福，望速图之。"[②]

18日，袁世凯令大理院正卿更名为大理院院长，任命许世英为院长。

是日，袁世凯任命王丕熙署理山东布政使，原任丁道津辞职照准。

是日，梁士诒、朱启钤、田步蟾、姚锡光等在北京发起成立中国实业会，以"合群策群力，振兴全国实业"为宗旨。

是日，英使朱尔典谒袁世凯，说明：一、英军入藏，二、各国借款，三、承认民国政府事。

是日，共和党参议员讨论会成立，汤化龙为会长。

是日，中国同盟会议决选派代表与袁世凯进行沟通，以消除误会。

是日，袁世凯任命杨增新为新疆都督；任命潘震为新疆布政使。

19日，袁世凯派陆军次长蒋作兵乘专车南下挽留黄兴。

是日，改大理院正卿为大理院长。

是日，西藏兵陷江孜、亚东。

是日，中国社会党绍兴支部所办《新世界》半月刊在上海创刊。

是日，直隶教育总会在河北学会处举行成立会。

20日，唐绍仪、熊希龄以参议院有不信任之意，请辞。

---

① 《孙中山全集》第2卷。
② 项星主编：《铁路之父詹天佑》，武汉大学出版社2013年版。

是日，派前新疆都督袁大化督办南疆剿抚事宜未就，即东归，当时阿克苏、焉耆、库车、轮台、喀什等地哥老会党为乱，戕官据城。

是日，参议院为借外债事召开秘密会议。

是日，孙中山离广州抵香港，对《早士蔑西报》记者谈话，主张借用外资兴办实业。

按：孙中山与《早士蔑西报》记者谈话内容抄录如下：

问：北京之时局阁下能略言之否？

答：吾之政治手续，业已完竣，故现在情形若何，吾不能相告。且自宋教仁被杀事发生以来，吾不复闻问。然吾敢谓从前已竭力为袁总统经营，吾学言袁氏最合为总统，吾不独在中国为伊经营，即在世界各方亦然。

宋教仁被杀一案，吾甚恶之。有谓北京政府与该案干连，殊属不公。然吾谓袁总统非自有干连，不过系有总理与有干连也，故袁总统定必略有所知。是以此事吾深恶之，且心殊不悦。

何时公举总统，未能逆臆。然非为宋教仁一案，则选举已久矣。或者将来不复有选举之事。

问：广东情形如何？

答：此次吾未到省，故情形如何，闻之甚少。

问：胡汉民氏现在何处？

答：胡氏现在港，并非秘密。前夕伊乘"宝璧"兵轮到港。

问：本港华人报纸刊登愤激新闻，关于胡汉民氏拨款偿还华侨一事者。

答：此尽谣言也。其实反正后，省城需银，故由香港及外埠筹借，其商人之款，经已归还，加息五分。现在胡氏预备支还外埠华侨，然只系还本，遂被反对。此事最属无理，不公之甚。据伊等自言，省城现在无银，然此非其意，其银系借与胡督者。①

21 日，袁世凯任命许世英为大理院院长。

是日，袁世凯通令劝谕军人卫国保民，"保全荣誉，巩固国基"。

按：军人以卫国保民为天职，即以服从命令为天性。古今中外，咸同此义。凡上级军官之命令，具有服从之义务，不明此理，则丧失其当然之人格，不啻戕贼其固有之天性。天怨人怒，为五洲万国所唾骂，辱莫大焉，将恃此毫无纪律之军人，以卫国保民，岂不可危可痛。自军兴以后，四民失业，播散流离，所仰赖于军人者，责任何等重大。若不能恢复秩序，除暴锄强，无论内问天良，固多悚歉，即以一身利害而论，军人同是国民，而衣食所需，又无非同胞担负，试思谁无室家、谁无子弟，被人滋扰，情何以堪？设身处地，能无痛恨。且军人不守纪律，必至牵动大局。图一时之放恣，忘

---

① 中国社科院近代史所等编：《孙中山全集》第 3 卷 1913—1916，中华书局 2011 年版。

民国元年日志
（1912年1月—12月）

国势之岌危，国之不存，身于何有？追原祸首，孰执其咎。故欲保国卫民，必先服从命令，使全国军队，如身之使臂，臂之使指，万目一的，万众一心，起国民爱敬之感情，即贻己身以无穷之福利。本大总统素以卫国保民为宗旨，而军人之能否卫国保民，即视其能否服从命令。深望我军人，以本大总统之心为心，视国民之苦乐与军人之苦乐为一体，乃能保全荣誉，巩固国基。是用三令五申，不惮谆谆告诫，各该将领，其传知此意，俾各凛遵，此命。①

22日，云南都督蔡锷电告英军再占云南片马。

是日，袁世凯派袁大化督办南疆剿抚事宜，所在省垣及南疆军队均准节制调遣，会同杨增新妥为办理。

是日，派袁克定为开滦矿务督办。

是日，应融洽满汉禁书会陈其美、王人文等之请，禁止排满及诋毁前清各项书籍。

是日，上海《民权报》主笔戴传贤（戴季陶）以抨诋袁世凯、唐绍仪、熊希龄、章炳麟，为租界巡捕房所拘。

按：《民权报》是中华民国初年资产阶级革命党人中部分激进分子创办的日报。1912年3月28日创刊于上海。以反袁世凯为宗旨，对袁世凯践踏民主、破坏约法、推行专制进行抨击，主张通过选举罢免袁世凯。宋教仁被刺案发生后，极力拥护孙中山武力讨袁的主张。讨袁的"二次革命"失败后，受到当局迫害，于1914年1月21日停刊。

是日，孙中山在香港与《南清早报》记者路威臣谈话，反驳所谓黄祸论。

是日，黄兴电袁世凯称，非裁撤军队不足以救危亡；并报告所属军官愿先解释兵柄，以为天下倡。

23日，袁世凯任命马福祥为宁夏镇总兵。

是日，中国同盟会与全国联合进行会协议合并。是日下午两会开全体职员会，筹商一切事宜，并订立合并条款12款，其中规定："自合并之日起，凡会员行动均须在同盟会总之、政纲及一切决议案范围之内。"

按：中国同盟会与全国联合进行会合并

京函：中国同盟会现与全国联合进行会合并。兹将两党合并条款录志如左：

一、今因联合进行会与同盟会宗旨、政纲相同，双方协议合并。自合并之日起，凡会员行动，均须在同盟会宗旨、政纲及一切议决案范围以内。

二、合并后，凡联合进行会会员应由同盟会换给证书。

三、合并后，由双方函知联合进行会各处支会及特派员。

---

① 中国史学会、中国社会科学院近代史研究所编，章伯锋、李宗一著：《北洋军阀1912—1928》第二卷，武汉出版社1990年版。

四、联合进行会前曾派出各处特派员,合并后,由同盟会改给委任状。

五、联合进行会现有职员,须加入数人为同盟会职员。

六、联合进行会现有职员多系实业家,可酌收入同盟会理财部内。

七、同盟会本部与支部之关系,与联合进行会略有不同,应由同盟会酌商更改。

八、联合进行会曾有捐款三万两.会员托存款二万五千两.皆仔在联合进行会职员会计寿恩宅巾。阴历正月十'口晚被兵匪抢去.业经联合会与内城总厅及内务总长交涉调查,所失属实,并允俟财政总长到京后,即可以公款名义先行设法云云。但既属合并,此项财产亦应并由同盟会收藏。

九、上列被劫财产取还之后,原系会员托存之款,计二万五千两,应仍归还会员。此外捐款三万两,亦应依联合进行会原议办理。

十、联合进行会尚有会员捐若干,已收者均已开支,未收者应照同盟会章程收用。惟目下尚欠有各款四十余元,应由双方会计交算清楚,由同盟会代出。

十一、合并后,用双方名义登报一月,俾众周知。

十二、以上各条款经双方交涉委员署名,提交评(参)议部盖印,方为有效。中国同盟会交涉委员文群、李肇甫。全国联合会进行会交涉委员李万铨、李安陆。《民立报》1912年6月4日第七页。原题作"两政党之合并"。①

是日,袁世凯告诫军人服从命令,保国卫民。

是日,黄兴电袁世凯反对政府擅借外债,主张发行不兑换卷及国民捐,以救危亡。次日将该电通电各省,请一致进行,并攻击袁世凯,陈述募集国民捐及办国民银行办法。

是日,陆军部次长蒋作宾奉袁世凯命到南京晤黄兴。

是日,孙中山自香港抵澳门。25日视察澳门镜和医院。

是日,章炳麟因不满于理事选举退出共和党。

24日,袁世凯通令禁售排满及诋毁前清各项书籍。

是日,财政总长熊希龄通电各省都督,说明财政困难及借款苦衷,略称:南京库储仅余三万,北京不及六万,"东张西借,寅食卯粮,危险之状,不敢告人";银行团300万垫款,并非正式合同,各都督如能于数日之内设法筹定,使南北军饷每月700万两有恃无恐,即可将银行团垫款借款一概谢绝。

是日,黄兴条陈国民捐办法,并劝办国民银行,反对银行团借款。

25日,袁世凯任命吴鼎昌为中国银行正监督,筹备银行开办事宜。

是日,黄兴拟定国民捐章程,电请袁世凯呈送参议院议决。

是日,任命延年为科布多参赞。

是日,袁世凯任命溥铜为乌里雅苏台将军。

---

① 上海社会科学院历史研究所编:《辛亥革命在上海史料选辑》第2版,上海人民出版社1981年版。

民国元年日志

（1912年1月—12月）

是日，福建省临时议会成立，宋渊源为议长，刘映奎、曹振懋为副议长。

是日，胡汉民通电全国，力陈大局之危，主张分权于各省。

是日，教育部颁布《审定教科书章程》。

26日，袁世凯慰留唐绍仪内阁。

是日，王芝祥到北京谒袁世凯。

是日，临时大总统袁世凯为国史馆官制草案提请参议院议决。

按：《国史馆官制草案理由》曰："民国肇建，其间先后、本末之事实，应有信史，以彰前烈，而诏方来。前南京临时政府，业已提议设立国史院在案。惟该项官制，未经拟就。现政府于此案，亦表同意，惟拟改名国史馆。兹拟订网史馆官制草案，本好恶从同之意，不使受他机关干涉，庶秉笔者，得以直书，而是非乃昭公允也。"

《国史馆官制草案》

第一条　国史馆掌纂辑民国史、历代通史，并储藏关于史之一切材料。

第二条　国史馆设职员如左。

馆长　特任

秘书　荐任

纂修　荐任

协修　荐任

主事　委任

第三条　馆长一人，掌全馆事务，直辖于大总统。

第四条　秘书一人，承馆长之命，掌理文书事务。

第五条　纂修四人．协修八人，分任编辑事宜。

第六条　主事二人，承馆长之命，掌理会计及庶务。

第七条　国史馆得设评议，作为聘任，掌评议编辑事宜。

第八条　纂修、协修，均终身任职，不受著作内之诘责。评议亦同。

第九条　国史馆荐任官，由馆长呈请大总统任命。委任官，馆长专行之。

第十条　国史馆为缮写文件及其他特别事项，得酌用雇员。

第十一条　本制自公布日施行。①

是日，俄人驱逐哈尔滨北境之中国军警。

是日，由南京回族代表人物蒋新吾、刘维霖、沙仰之、杨质卿、陈沛生、改实君、白苹洲、沙丹如、马和阶、艾峻斋、马鉴臣、陶润之、金峙生、马绍岭、伍玉田、金殿臣、袁钜桥等30人发起组织的中华民国回教联合会在南京成立。其宗旨是：团结回族，赞助共和，维护宗教，联络声气。会长金峙生，副会长沙丹如、梁义成。

是日，孙中山返回广东香山县翠亨村故乡，并出席孙氏家族欢迎恳亲大会。

---

① 中国第二历史档案馆编：《中华民国史档案资料汇编》第三辑 政治(一)，江苏古籍出版社1991年版。

27 日,财政总长熊希龄以借款事舆论指责,是日通电宣布"已上书自劾,即日辞职"。

是日,新任外长陆徵祥回国,抵天津。

是日,黄兴通电反对四国银行借款条件。

是日,袁世凯任命吴鼎昌为中国银行监督。

是日,教育部公告全国临时教育会议章程和议事规则。

是日,孙中山抵香山。

是日,中国工党天津支部在西马路宣讲所举行成立会。6 月 19 日该党被张锡銮下令禁止活动。

28 日,财政总长熊希龄请辞。

是日,唐绍仪电黄兴说明借款事。

29 日,财政总长熊希龄通电公告国民公债筹募办法。

是日,江西都督李烈钧通电反对借款。

是日,孙中山抵广州,同日电约黄兴同赴北京,调和党派及提倡国民捐。

是日,孙中山致电北京国务院,主修筑滇桂铁路,"如中央政府力不暇,乃请由滇黔桂三省都督自行筹备"。

是日,共和党本部成立于北京。

是日,黎元洪照会日本总领事,请撤离驻大冶铁矿之日军。

30 日,农林总长宋教仁向国务院会议提交关于官制、行政、裁兵、理财等大政方针,主张实行军民分治,集中军政、财政于中央政府;并提出 12 条,包括官制、行政、裁兵、财政等内容。

是日,黎元洪通电请速统一币制。

是日,《民立报》刊登《留法俭学会缘起及会约》。不久,在北京、四川等地均有预备学校的设立。

按:文曰:"今共和初立,欲造成新社会、新国民,更非留学莫济,而尤以民气民智先进之国为宜。兹由同志组织留法俭学会,以兴勤俭苦学之风,以助其事之实行也。"

是日,总统府秘书长梁士诒访参议院议长,商唐绍仪、熊希龄辞职事。

31 日,袁世凯令准黄兴辞南京留守职,所有南京留守机关候程德全到宁接收后,准即取消。任柏文蔚为江宁第一军军长,徐宝山为第二军军长。该两军及第三军之八师均归陆军部直接管辖;其余留守所属之江苏地面部队,均归程德全接收,按原计划切实裁汰。

是日,苏州先锋营谋变未成(反对袁世凯,谋二次革命)。

是日,黄兴在上海《民立报》发表《复上海政见商榷会等电》。

按:电文曰:上海政见商榷会诸公、苏州程都督均鉴:电敬悉。民国肇造,各处人

民国元年日志

（1912年1月—12月）

士多仓卒联合，竞立党派，邀集一切学识经验不相等之人合为一群，对于国家无一定政见，故党派愈觉纷歧，往往以一、二人浊见，蛊惑多人，互相排挤。有一重大问题出，专攻他党，不问是非。除排挤外，几无所谓正当之解决。窃查各国政党，皆由各个人独立自由之意见择其相同者结为一团体，平日研究，均有一定不移之方针，决非他人所可奴使。故一旦立身政府，或被选议员，全国皆知其必有何种议论，世界皆测其必行何种政策。盖其初本因政而为党，非临时以党而为政也。以党为政，其弊专横而无理，他党又必效尤而加甚，贻误国事，实非浅鲜。今日吾国正坐斯病，使长此不改，复至是非倒置，则人之借政党以立国者，吾国且将因政党而召亡，岂不可痛！程雪老有见乎此，特于沪上发起政见商榷会，盖欲借此消除党派私意，而发挥正确之政见，使政府有所适从，不至如漫漫长夜。其心甚苦，其意甚盛。前日开会，兴因事冗未到，派员代表，极为歉仄。乃谬蒙推举与雪老同为主任，实深惶愧。兴频年奔走，学殖荒落，恐难胜重任。惟勉附骥尾，相与随时研究真理，冀得实行，以保危局。尚望诸君子赐我教言，无任感荷。黄兴复。印。[1]

是日，台湾同盟会员罗福星由胡汉民陪同向孙中山请示，孙对其解救台湾的意愿和决心表示同意，并指出："台湾是中国领土，决心收复。"

是日，刘师培在广州发起组织晦鸣学社，此为中国最早宣传无政府主义之团体。

是日，厦门电煤电力有限公司成立，资本30万元。

是月，教育部通电各省申明初等教育应予改进各点。

是月，教育部任命江瀚为京师图书馆馆长。

是月，国务院议定钦天监事宜划归教育部管理，并改钦天监为中央观象台。

是月，交通部批准中华全国铁路协会立案，该会由冯元鼎、詹天佑组织发起。

是月，参议院通过禁烟法案。

---

[1]　据上海《民立报》1912年6月1日。湖南省社会科学院编《黄兴集》，中华书局2011年版。

6月

1日,孙中山允任国民捐总会总理。

是日,国务院就四川民众激烈反对借外债事,电成都尹昌衡都督、张培爵都督及重庆胡景伊镇守使,令晓谕民众释其疑窦,以遏乱萌。

是日,俄政府又借口"保护侨民",派兵入侵伊犁。旋外交部向俄使提出交涉。

按:沙俄时期,伊犁大部分土地被俄罗斯帝国侵占,现在为哈萨克斯坦境内。

是日,开平矿务公司与滦州矿业有限公司合并为开滦矿务总局。

2日,袁世凯颁布保护八旗人民私有财产。

按:袁大总统明令保障八旗人民原有私产。令曰:"据民族大同会会员刘揆一、吴景濂等呈称:民国肇造,五族一家,旗人公私财产,间被没收。现在五族共和,已无畛域之分。查关于满、蒙、回、藏待遇条件内载明,保护其原有私产。又载先筹旗人生计,我中华人民一律平等,方念八旗生计之艰难,岂有复没收其财产之理?除近来迭据京外旗人呈报私产没收,已分别饬查外,亟应再行通令声明:八旗人民私有财产,统应按照待遇条件,仍为该个人所保有;其公有财产,应由地方官及公正士绅清查经理,以备筹画八旗生计之用。倘有藉端侵害没收者,准由该本人或有关系人,按法提起诉讼,地方官吏应即分别查复发还,切实保护,以示廓然大公之至意。"①

是日,袁世凯任命王永江署奉天民政使。

是日,国务院电直隶都督张锡銮转各镇及各统领,重申军人不得干涉政治。

按:电文曰:"天津张都督转直隶各镇及各统领鉴:奉大总统令:卅及卅一两电均悉。王芝祥督直之说,各社会曾有此请,本大总统尚未核办。盖各省都督统辖文武,任免之权,应由中央主持。军人迎拒主将,本五季之弊习。草创之初,各省颇有类此之举动。现在民国统一,亟应痛除弊政,恪遵军律,服从命令,岂容再蹈前辙?该镇等所陈王芝祥不宜督直之理由,殊越军人之分际。本大总统迭经通令,不许军人干涉政治,兹阅来电,显与通令相违,殊属不合。兹特重申告诫,自令以往,凡我军人,当以奉命服从相策励,以越权干政相儆诫,恪守军人之分际,以为民国之干城。其各

---

① 辽宁省编辑委员会编:《满族社会历史调查》,辽宁人民出版社1985年版。

民国元年日志
（1912年1月—12月）

恪遵勿违等因，相应电达遵照。国务院。冬。印。"[1]

按：杨天宏认为，袁世凯是一个寸权必夺的反革命野心家，深深懂得兵权的重要性。他窃取国家政权后，要实行专制独裁的军阀统治。他就任临时大总统不久，颁布《训勉军人令》，提出"服从统一命令"，"军人对于本大总统，有服从之义务"。接着，他大叫南方军队太多，人民负担不起，"倡议裁兵"，想借此削减南方革命军，扩充和壮大自己的反革命武装。同时，他散布对南京留守府的舆论，说黄兴"拥兵自卫""势同树敌"，迫他裁军和撤销留守府。孙中山、黄兴看不清袁世凯的险恶用心，对他存在幻想。孙中山将政权交给袁世凯的同时，也竭力主张将兵权交给他，说："今幸有袁总统善于练兵，以中国之力，练兵数百万，保全我五大族领土。"因此，当袁世凯一施加压力，对驻南京军队扣饷不拨，遇到军饷匮竭，黄兴等为使"南北嫌疑尽泯"，立即对革命军进行裁撤，先后解散了十余万人。南京留守府也于1912年6月主动撤销。在黄兴等人的影响下，南方各省纷纷效尤。湖南1912年共有七个师一个团，另有巡防营，经过谭延闿与黄兴商议后，仅留下巡防营，1913年时湖南已无新式陆军。湖北原有八个师二个旅，先后裁减了五个师。江西也裁减八个团以上。到1913年讨袁战争爆发时，由革命党人控制的军队仅剩下十余万人。其中，江西有两个师、一个混成旅，江苏有四个师、两个混成旅，安徽一个师，广东有两个师、一个旅，福建、四川各有一个师。南方的航空队，后也调到北京，驻在南苑，袁世凯成立航空学校，厉汝燕等为教官。与此相反，袁世凯所控制的反革命武装，不但没有减少，反而大大膨胀起来。到1913年初，仅北洋军和直、豫、鲁三省军队，就已达二十二万一千四百余人。总数远远超过南方革命军，改变了武昌起义后南北兵力的对比情况。[2]

是日，江西景德镇兵变。

是日，湖南、江西、福建、广东大水。

是日，陆徵祥、熊希龄拒绝六国银行团借款条件，另建议减少款额，放宽条件。

是日，北京中央新闻社因刊载宗社党消息及内务总长赵秉钧营私舞弊、东北都督赵尔巽与宗社党合谋不轨事，是日被步军统领衙门将该社经理张蓴华、编辑郑翰之等12人悉行逮捕。后经于右任说项，5日获释。

是日，席正铭电告北京、武昌正副总统及全国各省都督，各省报馆揭发滇军祸黔罪行。

是日，广西印铸局编的周刊刊登《蔡锷电转贵阳统一党电请袁世凯委任唐继尧为都督》。

是日，南北市打铁业加入工党，在邑庙该业公所召开大会，到会几及千人。

---

① 中国社会科学院近代史研究所、中华民国史研究室主编：《中华民国史资料丛稿 民初政争与二次革命》上编，上海人民出版社1983年版。

② 杨天宏主编：《川大史学·中国近现代史卷》，四川大学出版社2006年版。

是日,上海《新世界》半月刊第 2 期发表朱执信(署名蛰伸)翻译的《社会主义大家马儿克之学说》,摘译了《共产党宣言》第二章中的十大措施。同期刊登施仁荣翻译的恩格斯著作《理想社会主义与实行社会主义》(即《社会主义从空想到科学的发展》),以后各期连载。

3 日,中国报界俱进会在江苏教育会召开特别大会,决议设立通讯社、广告社、新闻学校和记者俱乐部等,并就北京中央新闻社经理、主笔被捕事,致电参政院,抗议"赵秉钧以行政官擅用军队,侵害法权,破坏共和"。

是日,广东临时省议会电北京政府,斥责都督胡汉民蹂躏立法权。

是日,川督尹昌衡以打箭炉外风声日紧,西藏办事长官钟颖派员请援,令朱文玉率兵一标赴拉萨,是日出发,并令打箭炉外顾统领为后援。

是日,黄兴再次倡议不借外债,力主发行不兑换现纸,募集国民捐,以济财政困难。

按:复国务院电(1912 年 6 月 1—6 日间)

百万火急。

北京国务院鉴:三十一日电悉。发行不兑换券,已由蒋次长电复,即日照办。是专为毁约而计。此事须南北一致,断不可纷歧。乃外间喧传,中央仍一面借外款,一面发行不兑换券,群情惶惑。请即将毁约情形明白宣示全国,无任盼祷。[①]

4 日,准南京留守黄兴销职,所有军队分别归陆军部江苏都督接管。

是日,临时参议院以《临时约法》早经颁布,议决各省不得自行订定省约法。10日,国务院通电各省遵照。

是日,国务院通令禁止行政机关人员兼差。

是日,浙江公布《浙江省县自治章程议决案》。

按:第一章　总纲

第一条　本章程所称为县者,以固有行政区域为准;县之辖境,向有插花攘地不便行政者,得由县知事呈请民政司,转呈都督核办。

第二条　县自治事宜如下:(一)地方公益事务关于全县或为城镇乡所不能担任者;(二)国家行政或地方行政事务,以法律或命令委任自治职办理者。

第三条　县自治职如下:(一)县议会及参议会掌议决自治事宜;(二)县知事掌执行自治事宜。

第二章　县议会

第一节　编制及选任

第四条　县议会议员员额,以所属地方人口之总数为准,二十万以下者以二十

---

① 据上海《时报》1912 年 6 月 6 日,(《黄兴集》)。

名为定额,自此以上,每加人口二万得增设议员一名,至多以六十名为限。

第五条　议员额数分配所属各选举区,以各选举区人口之多寡为准。

第六条　县所属城镇乡选民,有选举城镇乡自治职员之权者,除下列人等外,有选举县议员之权:(一)现任本县官吏者;(二)现充本县警察者。

第七条　县所属城镇乡选民,有选举县议员之权者,除小学校教员外,得被选举为县议员。

第八条　城镇乡居民不具城镇乡地方自治章程第十五条第一项第三款资格,不得为选民者,若居本县所属城镇乡接续至三年以上,亦得选举县议员及被选举为县议员。

第九条　议员已合被选举资格者,由有选举权者选任之选举事宜,照选举章程办事;县议会议员不得同时兼任省议会议员或本县参议会参议员及城镇乡议会议员、城镇董事会职员或乡董、乡佐;父子兄弟不得同时任为议员,若同时当选者,以子避父,以弟避兄。

第十条　凡被选举为县议员者,非有下列事由之一,不能谢绝当选,亦不能于任期内告退:(一)确有疾病不能常任职务背;(二)确有他业不能常居境内者;(三)年满六十岁者;(四)连任至三次以上者;(五)其他事由特经县议会允许者。

第十一条　无前条所列事由之一而谢绝或告退者,得以议会之议决,于一年以上,三年以下,停止其选民权。

第十二条　县议会设议长一名、副议长一名,均由议员用无名单记法互选,其细则由民政司定之。

第十三条　议员及议长、副议长,均以三年为任期,任满改选。

第十四条　议员任满得连任。

第十五条　议员因事出缺至逾定额三分之一者,应即补选。

第十六条　议长因事出缺,以副议长补之,副议长因事出缺,应即补选。

第十七条　补缺各员,其任期以补足前任未满之期为限。

第十八条　县议会得设文牍、庶务等员,由议长、副议长遴选派充。

第二节　职任权限

第十九条　县议会应行议决事件如下:(一)县自治经费岁出入预算事件;(二)县自治经费岁出入决算事件;(三)县自治经费筹集方法;(四)县自治经费处理方法;(五)城镇乡议会应议决而不能议决之事件;(六)其余依据法令属于议会权限内之事件。

第二十条　议会应行议决事件,有特别事故不能议决者,得由议会委托参议会代为议决。

第二十一条　议会遇有官厅谘询事件,应胪陈所见,随时具复。

第二十二条　议会于国家行政与自治事宜有关系各件,得条陈所见,请求官厅核办。

第三节　会议

第二十三条　县议会会议每年二次,以四月、九月为会期,每会期以一个月为限,限满议未竣者,得展会十日,如有临时应议事件,得开临时会议,其会期以十日为准。

第二十四条　议会之召集及其开会、闭会、展会事宜,由议长掌之,凡召集之期距开会之期,须在十五日以外,但临时会不在此限。

第二十五条　每届会议除议会自行提案外,其由县知事交议者,须距开会五日以前通知议会,但临时发生事件不在此限。

第二十六条　会议时议长如有事故,以副议长代理,若副议长并有事故,由议员公推临时议长代理。

第二十七条　会议非有议员半数以上到会,不得开议。

第二十八条　凡议事可否,以到会议员过半数之所决为准,若可否同数,则取决于议长。

第二十九条　会议时,县知事或所派委员及参议会参议员,均得到会陈述意见,但不列议决之数。

第三十条　凡会议不禁旁听,其有下列事由,经议会议决者不在此限:(一)县知事要求禁止者;(二)议长、副议长或议员五名以上提议禁止者。

第三十一条　会议事件,有关系议长、副议长及议员本身,或其父母兄弟妻子者,该员不得与议;议长、副议长如有前项事由,照第二十六条办理,议员半数以上有前项事由因而不能议决者,得将该件委托参议会代为议决。

第三十二条　会议时议员有不守本章程及议事规则者,议长得止其发言,违者得令退出,因而紊乱议场秩序致不能会议者,议长得令暂时停议。

第三十三条　旁听人有不守规则者,议长得令其退出。

第三十四条　凡议案议决后,应由议长、副议长咨送县知事。

第三十五条　议事规则及旁听规则,由议会定之。

第三章　县参议会

第一节　编制及选任

第三十六条　县参议会以县知事为会长。

第三十七条　参议会参议员以议会议员十分之二为额,由议会于议员中互选任之;议会选举前项参议员时,应于参议员外另行互选举候补参议员如参议员之数;本条互选细则照第十二条规定。

第三十八条　议会议员改选时,参议员及候补参议员亦一律改选,参议员任满再被选者得连任。

第三十九条　参议会参议员不得同时兼任省议会议员或县议会及城镇乡议会议员、城镇董事会职员或乡董、乡佐；父予兄弟不得同时任为参议员，若同时当选者，照第九条第三项办理。

第四十条　参议员因事出缺时，以候补参议员补充，其补充之次序，以选举先后为序，同时选举则以得票多寡为序，票同则先年长者，年同则以抽签定之，若候补参议员无人或不敷补充时，应即补选。

第四十一条　补缺参议员之任期，照第十七条办理。

第四十二条　参议会得设文牍、庶务等员，由县知事派充。

第二节　职任权限

第四十三条　县参议会应办事件如下：（一）议决议会议决事件之执行方法及其次第；（二）议决议会委托本会代议事件；（三）议决县知事交本会代议会议决之事件；（四）审查现知事提交会之议案；（五）公决和解城镇乡自治权限内之争议；（六）其余依据法令属于参议会权限内之事件。

第四十四条　参议会得检查县自治经费收支账目；为前项检查时应由县知事或所派委员会同办理。

第四十五条　本章程第二十一、二十二条之规定，参议会准用之。

第三节　会议

第四十六条　县参议会每月会议一次，其有特别事由，经县知事召集或参议员半数以上之请求者，得随时开会，参议会开会期限，由县知事定之。

第四十七条　参议会会议禁止旁听。

第四十八条　会议时，非会长及参议员半数以上到会，不得议决，议决方法照第二十七条办理；决议第四十三条第三款事件时，会长不列议决之数，得举临时会长。

第四十九条　会议时，知事所派委员及议会议员，均得到会陈述意见，但不列议决之数。

第五十条　每届会议议事录，由会长及参议员署名存案。

第五十一条　本章程第三十一条第一项之规定县参议会准用之，若会员因而不及半数时，县知事得以候补参议员与本事件无关系者，照第四十条规定之次序，临时补充，仍不及半数时，得就县议员中与本事件无关系者，指定补充。

第四章　县自治行政

第一节　县知事

第五十二条　县知事为县之代表。

第五十三条　县知事应办事件如下：（一）执行县议会或参议会议决之事件；（二）提交议案于县议会或参议会；（三）管理财产及营造物；（四）监督自治委员；

（五）其余依据法令属于县知事职权内之事件。

第五十四条　县议会或参议会之议决，如县知事认为逾越权限，或违背法令时，得说明原委，于七日内将其议决事件交令复议，若仍执前议，得呈请民政司核办，若议会或参议会不服前项之处置者，得咨请省议会议决之。

第五十五条　县议会或参议会于县之收支为不适当之议决，或议决事件有碍公益者，县知事得说明原委，交议会或参议会复议；前项复议事件，若议会或参议会仍执前议，县知事得呈请民政司核办。

第五十六条　县知事遇议会不赴召集，或不能成立，或遇紧急事件不及通知议长召集议会时，得将该事件交参议会代议；议会应行议决之事件不能议决，或闭会期届尚未议决者，亦同。

第五十七条　县知事遇参议会不赴召集，或不能成立时，得将该事件呈请民政司转呈都督核准施行，参议会于应行议决之事件不能议决者，亦同。

第五十八条　前两条事件，县知事应于下次议会或参议会开会时，分别声明；议会或参议会，若以县知事办法为不当者，得呈请民政司，转呈都督核办。

第五十九条　县知事提交议案于议会时，先将议案交参议会审查，若参议会与县知事意见不同，应将其意见附列议案之后，请交议会。

第六十条　县知事得将其职权内事务之一部，委任城镇董事会、乡董、乡佐代执行之。

第二节　自治委员（略）

（自第六十一条至第六十七条，略）

第三节　薪水及公费

第六十八条　县自治委员及议会参议会文牍、庶务等员之薪水、公费，由县知事提出，议会议决之。

第六十九条　县议会议员、参议会议员，均不支薪水，但给相当之公费；前项公费数目及支给规则，经议会议决，由县知事呈请民政司核定。

第五章　县财政

（自第七十条至八十八条，略）

第六章　县自治监督

第八十九条　县自治由民政司监督之，其关于财政事件，并受财政司之监督而仍受成于都督。

第九十条　前条监督，官厅得令县知事呈报办事情形并得随时调阅公牍文件，检查收支簿册。

第九十一条　监督事项照本章程所定各条办理。

第九十二条　监督官厅如以县之预算为不适当者，得减削之。

民国元年日志
（1912年1月—12月）

第九十三条　监督官厅遇有不得已情节，得提议于省议会，以其议决而解散县议会，议会解散后，应于三个月以内改选，重行召集；前项重行召集时，其会期之长短，由县知事呈请民政司酌定。

第九十四条　凡应经监督官厅核准之事件，监督官厅得于呈请之范围内酌加改正，但不得与呈请本意相反。

第七章　文书程式

（第九十五条至九十六条，略）

第八章　附条

第九十七条　本章程施行细则，由民政司酌定，呈请都督核准。①

是日，中国报界俱进会改名为中华民国报馆俱进会。

5日，黄兴为银行借款事电责财政总长熊希龄（此为第二电）。

是日，南京留守黄兴派卫兵捕获宗社党多名，经审讯发现一"渔业统一党"，人数甚众，期以沿江、沿海一带为举事区域，并与北方宗社党人联合，谋颠覆共和政府，奉戴大清皇帝正位。审讯后枪毙11人。7日，黄兴通电湖南、湖北、江苏、安徽、上海，饬将各省区之"渔业统一党"一律解散。

按：致实业部及湘赣苏皖沪都督电（1912年6月6日）：北京实业部及湖南、江西、苏州、安徽、上海都督鉴：宁省渔业统一党，该党未经禀请贵部核准立案，总理李天麟遽行刊刻图记，组织成立，殊有不合。现在宁省拿获不法会党多名，大半皆系该党中人。已饬传该党职员姜眉仙、曹星吾、廖滨浦、高锦山等，讯饬勒令即日解散。查民国成立伊始，根基尚未稳固，该党即招集无赖流民，收买军械，种种不法，深为隐忧。乞从严取缔，以息党祸，而维治安。除分饬通电查明勒饬解散外，用特电达。如该党呈请贵部立案，务立予驳斥为盼。黄兴鱼②

是日，黎元洪转程德全、蔡锷电，请袁世凯召梁启超回国，破格录用。

是日，云南都督蔡锷电袁世凯及各省都督，请"大总统敦请梁启超回国，优予礼遇。应如何倚任之处，伏恳大总统卓夺施行"。

是日，高翁主编《真相画报》在上海创刊。该画刊共出17期，1913年3月1日停刊。

6日，山东都督周自齐致电国务院及袁世凯，申明赞同柏文蔚所提借债与国民捐同时并举主张。

是日，广东都督胡汉民汇解北京政府银一百万两，并建议将军、财两权授予各省都督，由其自行裁遣军队，整理财政。

---

① 《浙江公报》第113册至114册，民国元年六月四日、五日。浙江省社会科学院历史研究所《辛亥革命浙江史料选辑》，浙江人民出版社1981年第1版。

② 据《申报》1912年6月8日（《黄兴集》）。

是日,陆军部将前清陆军兵官学校改为陆军军官学校。

按:孙中山《陆军军官学校开学演说》曰:来宾、教员、学生诸君:今天是本学校开学的日期。我们为什么有了这个学校呢?为什么一定要开这个学校呢?诸君要知道,中国的革命有了十三年,现在得到的结果,只有民国之年号,没有民国之事实。像这样看来,中国革命十三年,一直到今天,只得到一个空名。所以中国十三年的革命完全是失败,就是到今天也还是失败。至于世界上的革命,在我们以后发生的情形是怎么样呢?六年之前,有一个邻国,和中国毗连有一万多里,跨欧亚两洲来立国,比中国还要大,在欧战之前是世界上头一个强国,当欧战期内便发生革命,他们的革命后过我们六年。这个邻国是谁呢?就是俄国。俄国革命虽然是在中国革命的六年之后,但是说到结果,他们的是彻底成功。我们拿两国的历史来比较:就对内一方面说,中国从前革命,是对外来的满洲人。满清皇帝的威权,到我们革命的时候已经是很薄弱,政治也是很腐败,当那个时候,满清的国势是世界上最衰微的国家。比较俄国对他们皇帝革命时候的情形是怎么样呢?俄皇是本国人,又是俄国的教主,在国内的威权是第一,当没有革命的时候,俄罗斯的国势是世界上最强盛的国家。像这样比较,可以说,中国是对权势很薄弱的皇帝来革命,俄国是对权势很强盛的皇帝来革命。所以就对内这一方面讲,中国革命是很容易的,俄国革命是很艰难的。就对外一方面说,俄国革命之后,所遇到的障碍是很大的;中同革命之后,丝毫没有人干涉。在革命之前,外国人虽然有瓜分中国的言论,我们也怕到革命的时候受列强的干涉;但是发生了革命之后,列强丝毫没有理会。俄同发生了革命之后,遇到外国人的障碍,不只是议论,并且实受兵力的干涉。各国军队侵进俄国境内的,有英国、法国、美国、日本和意大利以及其他各小国的军队,外国人集合全世界的力量来干涉俄国。像这样看来,我们革命,只在内对付一个很衰弱的政府;俄国革命,在内要对付一个威权很大的政府,在外还要对付全世界的列强。所以更就对外那一方面讲,中国革命也是很容易的,俄同革命也是很艰难的 为什么俄国遭了那样大的艰难,遇了那样多的敌人,还能够在六年之内,把所有的障碍都一概打消,革命是彻底的成功;我们革命的时期比较俄国要长一半,所遇的障碍又不及俄国的大,弄到至今革命还是不能成功呢?由中国和俄国革命的结果不同,推求当中原因,便是我们的一个大教训。因为知道了这个教训,所以有今天这个开学的日期。这个教训是什么呢?就是俄国发生革命的时候,虽然是一般革命党员做先锋,去同俄皇奋斗,但是革命一经成功,便马上组织革命军;后来因为有了革命军做革命党的后援,继续去奋斗,所以就是遇到了许多大障碍,还是能够在短时间之内大告成功。中国当革命之时,在广东奋斗的党员最著名的有七十二烈士,在各省舍身奋斗的党员也是不少。因为有了那些先烈的奋斗,所以武昌一经起义,便有各省响应,推倒满清,成立民国,我们的革命便有一部分的成功。但是后来没有革命军继续革命党的志愿,所以虽然

民国元年日志

有一部分的成功，到了今天，一般官僚军阀不敢明目张胆更改中华民国的正朔；至于说到民国的基础，一点都没有。这个原因，简单地说，就是由于我们的革命，只有革命党的奋斗，没有革命军的奋斗；因为没有革命军的奋斗，所以一般官僚军阀便把持民国，我们的革命便不能完全成功。我们今天要开这个学校，是有什么希望呢？就是要从今天起，把革命的事业重新来创造，要用这个学校内的学生作根本，成立革命军。诸位学生就是将来革命军的骨干。有了这种好骨干，成了革命军，我们的革命事业便可以成功。

如果没有好革命军，中国的革命永远还是要失败。所以今天在这地开这个军官学校，独一无二的希望，就是创造革命军，来挽救中国的危亡。

什么东西叫作革命军呢？诸君到这个学校来求学，要怎么样立志才可以做革命军呢？要有什么资格才叫作革命军呢？我们要知道怎么样可以做革命军，便要拿先烈做模范；要拿先烈做模范，就是要学革命党，要学革命党的奋斗。有和革命党的奋斗相同的军队，才叫作革命军。中国革命虽然有了十三年，但是所用的军队，没有一种是和革命党的奋斗相同的。我敢讲一句话，中国在这十三年之中，没有一种军队是革命军。现在在广东同我们革命党奋斗的军队，本来不少，我都不敢说他们是革命军。他们这些军队，既是来同我们革命党共事，为什么我还不叫他作革命军呢？我之所以不敢以革命军的名号加之于这些军队之上的理由，就是因为他们内部的分子过于复杂，没有经过革命的训练，没有革命的基础。什么是叫作革命的基础呢？就是要有革命先烈那一样的行为，有了那一样的行为，才叫作革命的基础。至于现在广东的这些兵士，对先烈的那些行为，还是莫名其妙。而且中国此刻是民穷财尽，一般都是谋生无路，那些人在没有得志之先，因为生计困难，受了家室之累，都是说要来革命；到了后来稍为得志，便将所服从的什么革命主义都置之九霄云外，一概不理了。所以在两年之前，竟有号称"革命同志"的陈炯明军，炮攻观音山，拆南方政府的台。从前叫作革命军，同在一个革命政府之下的军队，因为利害不同，竟会倒戈相向，做敌人所做不到的行为。因此知道不明白革命主义的军队，究竟不能除却自私自利的观念，如果和他们本身的利害相反，马上便靠不住；所以我们的革命，总是失败。我今天到此地来和诸君讲话，是要把以往的成败当作一场大梦，一概不要回顾他；要从今天起，重新来创造革命的基础，另外成立一种理想上的革命军。诸君不远千里或者数千里的道路来此校求学，既是已经明白了我们的宗旨要造成一种革命军，一定是富有这种志愿，来做革命的事业。要做革命事业，是从什么地方做起呢？就是要从自己的方寸之地做起，要把自己从前不好的思想、习惯和性质，像兽性，罪恶性和一切不仁不义的性质，都一概革除。所以诸君要在政治上革命，便先要从自己的心中革起。自己能够在心理上革命，将来在政治上的革命便有希望可以成功。如果自己不能在心理上革命，就是此刻在这样设备完全的军官学校之内研究军事学,将来还是不能成革命军,做革命军的事业。所以诸君要革命,便先要立革命的志气。此时有了革命的志气,将来便可以当革命军的将领。我们要把革命做成功,便要从今天起立一个志愿,一生一世,都不存升官发财的心理,只知道做救国救民的事业,实行三民主义和五权宪法,一心一意地来革命,才可以达到革命的目的。如果不然,就是诸君将来成立军队,打许多胜仗,得许多土地,各人都能够扩充到几万人,还是不能够叫作革命军的。……大家总要记得:革命是非常事业,不是寻常事业,非常事业绝不可与寻常的道理一概而论。现在求学的时代,能够学得多少便是多少,只要另外加以革命精神,便可以利用;如果没有革命精神,就是一生学到老,死记得满腹的学问,总是没有用处。

我们现在才到这地开办这个军官学校,北方的官僚军阀老早便办得有保定军官学校和北京陆军大学。用我们这个学校和他们的学校比较,他们学校之成立的时间很久,人数很多,器械又完全;我们这个学校所处的种种地位,都是比他们的差得远。如果专就物质一方面来比较,又照常理论,我们怎么能够改造中国呢?不过,北方的将领和兵士集合在一处,成立军队,不是为升官发财,就是为吃饭穿衣,毫没有救国救民的思想和革命的志气。……我们现在开办这个学校,就是仿效俄国。中国革命有了十三年,到今天还要办这种学校,组织革命军,可见大凡建设一个新国家,革命军是万不可少的。

诸君到这个学校来求学,又听过了我今天这一番的讲话,自然立志要做革命军。立志做革命军,先要有什么根本呢?要有高深学问做根本!有了高深学问,才有大胆量;有了大胆量,才可以做革命军。所以做革命军的根本,还是在高深学问。要造就高深学问,是用什么方法呢?造就高深学问的方法,不但是每日在讲堂之内,要学先生所教的学问,还要举一隅而三隅反,自己去推广。在讲堂之外,更须注重自修的工夫,把关于军事学和革命道理的各种书籍及一切杂志报章,都要参考研究。研究有了心得之后,一旦融会贯通,自然可以发扬革命的精神,继续先烈的志愿,舍身流血,造成中华民国的基础,使三民主义完全实现。革命大告成功,像俄国一样,我们中国才可以同世界各国并驾齐驱,中国的民族才可以永远的生存于人类。假若革命不能成功,中国便要亡,四万万人便要灭种。国亡种灭,都是诸君自身的利害,这是不能不挽救的。要挽救这种危亡,只有革命军。所以我们一定要开这个学校,要造成革命军。……有了这种理想上的革命军,我们的革命便可以大告成功,中国便可以挽救,四万万人便不至灭亡。所以革命事业,就是救国救民。我一生革命,便是担负这种责任。诸君都到这个学校内来求学,我要求诸君,便从今天起,共同担负这种责任。①

---

① 刘青顺编著:《世界著名政治家精彩演说》,太白文艺出版社 2013 年版。

民国元年日志

（1912年1月—12月）

7日，英美法德日俄银行团在巴黎会议，日俄要求对华借款，须不妨害其满蒙利益。

是日，甘肃都督黄钺宣布取消秦州军政府，甘肃统一。

是日，唐绍仪、熊希龄再度请辞。

是日，四川政务处以藏兵进逼河口，打箭炉危急，是日会议决请川督尹昌衡率兵入藏平乱。

8日，袁世凯公布国旗及海陆军旗式，五色旗为国旗，十九星旗为陆军旗，青天白日为海军旗。

是日，袁世凯派驻荷兰临时外交代表刘镜人出席海牙万国汇兑同意章程会议。

是日，袁世凯下令保护皇室宗庙陵寝。

按：保护皇室宗庙陵寝令(1912年6月8日)：按优待皇室条件第四款载，其宗庙陵寝永远奉祀，由中华民国酌设卫兵妥慎保护等语。盛京、兴京两副都统，马兰、泰宁两镇总兵，向系守护陵寝之官，在官制未经更定以前，该副都统、总兵等仍照旧日职权，督率原设各职官及兵丁等，妥慎保护，毋任弛玩。此令。中华民国元年六月初八日。大总统盖印。[1]

是日，日本陆军上尉松井清助之"蒙古勤王军"为郑家屯之巡防营统领吴俊生击败。

是日，孙中山提倡开发东沙岛。是日广东电，入股之人极为踊跃，现已入股500余万。

是日，川督尹昌衡召开西征会议，讨论征藏军事。会上尹发表演说，表示率兵前往，亲冒矢石以定边乱，恢复西藏，并计划于10日内先遣支队一二出发，别设断后军一镇。

是日，江西南浔铁路同日本东亚兴业殊式会社在上海签订第一次借日债500万元合同。

9日，孙中山在广东行辕讲"平均地权""地价抽税问题"。

按：孙中山在《中国同盟会革命方略》中阐述了"平均地权"的含义："当改良社会经济组织，核定天下地价。其现有之地价，仍属原主所有；其革命后社会改良进步之增价，则归于国家，为国民所共享。"后来孙中山又对平均地权作了解释："比方地主有地价值一千元，可定价一千，或至多二千；就算那地价将来因交通发达涨至一万，地主应得二千，已属有益无损；赢利八千，当归国家。"1912年10月12日，孙中山在上海报界公会欢迎会的演说中进一步阐述了平均地权的具体操作方法："平均地价，即厘定地价之高下，为一定准则，地主本之纳税，而国家得随时照其原价收买——

---

① 章伯锋、李宗一主编：《北洋军阀(1912—1928)》，武汉出版社1990年版。

至地价之高低,则一任民间之所报。若多报于原值,则是先负重税,且不知国家何时收买;若少报于原值,则固可减省税量,然一俟国家收买,则必受方折。如是,以此两种心理自衡,则必能报一如原值公平之价格。因这既得地价之真数,则收买时不患习间有意抬高价额之事。可因将来交通便利,于其集中繁盛之区,一一受土地为国有。则因将来市场发达,地价涨高,皆国有之利,可免为少数地棍所把持。"①

是日,袁世凯谕唐绍仪、颜惠庆等人,令清理政府所聘外人合同,尽快清退。

是日,各省联合总会在南京成立,孙中山、王芝祥任正、副会长。

10 日,国务院通电各省不得自定省临时约法。

是日,财政总长熊希龄电黄兴,对借款事有所辩白,南京留守总参谋李书城复电驳斥。

是日,外交总长陆徵祥到任。

是日,黄兴有致蔡元培、范源濂电,谈教育问题。

按:电文曰:教育部蔡总长、范次长鉴:民国教育,剪除积习,发皇新知,重编课本,实为急务。满清之世,扼于种界政体之箝束,官府愚民,书贾射利,通人鲜有著述,出版各书,不惟宗旨全非,即选材取法亦无教育之经验,以此授徒,贻害匪浅。今欲课本期于完善,必上有确实之指导,下网群才之辑述,庶免前弊。兹取斯旨,陈说数事:其一,课本提倡民间自由编辑,不限制用国定本。此其为益有三:(一)通儒硕学,均呈著述,搜集宏富。(二)政府专司审订,不必开局编纂,可省巨费。(三)得相地取材,学生增乡土之观念,易动感情。其二,普通教科材料应取实利主义,教育方针不宜泛骛。世界大势,惟适乃存。学生就学数年,欲其出世应用,当畀以人生生活必需之具。若各科内容纷繁,非取适当之材料,不足应用;非用一致之方法,不能得系统之知识。况直观教授,今世奉为正宗,苟采实利主义,悉可贯通。其三,初小学读本应用国语教授。小学废止读经,良由儿童不能领受。以古文为读本,其弊相等。国民教育原重应用,以至短之期限,期其了解《尔雅》之文辞,势必不能。况既教事物,兼授文义、文法,又与普通讲话不出一致,数层隔阂,领受实难。若用国语教授,但多识字,口所欲言,笔即能述。及义务期满,虽不再入学,亦能写通常之信札,便利实多。且练习文话,避去土音,于统一国语亦有裨益。近者编辑课本,民间稍有从事。然抉择无本,未必尽适国势。应请宣示大旨,俾有依从,实为教育前途之幸。愚见如此,敢乞采择。黄兴叩。灰。②

11 日,袁世凯申禁私种鸦片。

是日,参议院讨论行政俸给,议定国务总理月俸 2000 元,各国务员月俸

① 魏新柏选编:《孙中山著作选编》上,中华书局 2011 年版。

② 据北京《政府公报》一九一二年六月。湖南省社会科学院编:《黄兴集》,中华书局 2011 年版。

1500元。

是日，沪军都督陈其美通告收回中华银行所发军用钞票。

是日，袁世凯电蔡锷，令"取道巴塘，救藏之急"。

12日，中国回教俱进会在北京成立，马邻翼任会长，王振益、王宽任副会长。其宗旨是："联合国内回民，发扬回教教义，提高回民知识，增进回民福利。"

是日，黎元洪陈湖北军队编练计划并请派员监视密电。

13日，会审公廨再次开庭审理戴季陶案。

是日，济南驻军闹饷哗变。

是日，袁世凯任命应德闳为财政次长，由章宗元署理。

是日，陆军总长段祺瑞出席临时参议院宣布才俊方法，提出分驻各省军队，仍按前清时代原有兵数。

是日，沪军都督陈其美与日商三井洋行签订借银10万两合同。是日为第三次"沪督、三井借款"。

是日，甘肃都督赵惟熙通电，秦州临时军政府取消。

14日，袁世凯发布大总统令，以"有碍行政统一"为由，下令撤销南京留守府并免去黄兴陆军上将衔。

按：孙中山辞职、临时政府北迁后，南方革命军兵多饷少，难以维持，南京留守府便负责这部分军队的整编和遣散工作。黄兴按照袁氏意愿进行大刀阔斧裁撤军队的同时，也暗中强化革命党人在军中的实际控制力，以为日后起事做准备。滞留南方的军队原属各省，官兵成分复杂，素质良莠不齐，整天无事可做，游荡街巷，前途渺茫之感油然而生。黄兴裁兵措施因经费拮据也步履维艰，而强制解散的办法更招致退伍军人的怨恨；留守府成立不久便发生兵变，经武力镇压才得以平息，然负面影响难以挽回。袁世凯已截获"黄兴暗中积蓄力量试图东山再起"的线报，本来这位望高权重、有"第二总统"之称的黄兴南京留守就使袁氏有芒刺在背之痛，便想借机除之。留守府裁撤令发布同时，江苏都督程德全奉袁世凯之命突然采取行动，率军接管了南京留守府。黄兴措手不及，力不敌人，只得接受撤署免职的现实。[1]

是日，南京留守黄兴解职。

按：黄兴《解职通电》（1912年6月14日）曰：北京袁大总统、国务院、参议院、武昌黎副总统、各省都督、上海《民立报》鉴：自临时政府北迁，此间军队林立，亟待整理，大总统特设留守机关，以资镇慑。此时兴以将去之身，强被任命。就职以来，深恐抚绥失宜，贻误大局，夙夜祗惧，如履春冰。幸赖各军将士深明大义，诚信相孚，得免重咎。自四月至今，与署内各员极力筹备整理方法，依次实行。约计宁垣军队，现

---

① 闻立欣：《民国新闻月刊》（1911—1919），从"武昌起义"到"五四运动"，古吴轩出版社2013年版。

已裁撤者数逾三分之一,其存余各军队亦均商定办法,按期分别裁并。虽其间饷项支绌,积欠数百万,罗掘既尽,应付俱穷,而各军士兵幸尚安堵。自借债条件失败后,共念时局危迫,除一律减薪助捐外,更有自请解甲归农,减轻国家负担者。可见男儿爱国,心理所同。起义光复之人,断无拥兵自卫之举。嗣因北方言论猜忌环生,不审内容,每多臆测:以为南方存此特别机关,势同树敌。且北方来电,谓此次借款,外人亦注意南方军队。兴睹此情形,殊非国福。窃恐内讧叠起,外患丛生。又以宁垣军队整理已有端倪,地方秩序自赣军变后亦渐回复。不如将留守机关早日取消,可使南北猜疑尽泯,庶几行政统一,民国基础日趋巩固。故自去月十三日起,叠次电请大总统取消留守一职,至本月四日始奉令允许,所余军队分别归陆军部、江苏都督管辖。兹于十四日已将一切经手事件交代妥贴,此后机关概已付托后人,务望各勿猜嫌,同舟共济。惟是财政奇窘,百废待举,外款要挟,实可召亡,自救之道,不宜或缓。公等谋国深远,愿好为之。兴江海奔驰,已弥年载,行能无似,肝胆犹存,本非畏难而卸责,亦非高蹈以沽名。自此退居田里,同为国民,倘有一得之愚,仍当竭诚贡献,借尽天职,以副初衷。兹值去位,聊布区区,伏维亮察。黄兴　印①

按:黄兴《布告各界文》(1912年6月14日)曰:中华民国元年六月十四日,解职南京留守黄兴,敬告我父老子弟左右:兴自交卸陆军部事务,忝任南京留守,与诸父老子弟相处,又已逾两月。兹当解职,谊不能无一言。兴湘上鄙人也,文质无所底,然稍具世界观念。频年以来,奔走国事,幸随诸豪杰后,创造共和始基,大局粗定,差免重咎。本年四月政府北迁,大总统念南方军众留遣需时,强命兴为南京留守,受任后方,筹所以整理及一切裁撤方法。乃未六日,而赣军变作,致吾父老子弟惊恐备至,每一念及,实由兴镇抚乏术所致,且愧且痛。两月以来,实行整理裁遣之计画,除赣军投诚者首先押送回籍外,浙军则全数遣归,次遣桂军六大队,再次则粤军陆续开拔。其各军统各师长司令部深明大义自请取消者,尚络绎不绝。此外减缩军队之各种办法,迭与各军、师、旅长等会商妥协,依次进行,计已经遣散者约三分之一。因念留守一职原为暂设机关,读大总统所颁条例,有曰"南方军队整理就绪,即行裁撤"等语,是用遵例迭请取消。而诸父老子弟不以兴为不职,屡致函电款留,待兴诚厚。惟其中有与大局相关者,不能不略述之。

民军起义,实首南方各省,南北统一后议设留守,不过因时制宜。而北方物议沸腾,或疑与政府对峙,或谓机关不一易兆分离。兹幸南方各军整理已有端倪,若不及早取消,不独有碍行政统一,且使南北猜疑益深,实非民国前途之福。兼以百端待举,国库空虚。自前清以国用殚竭,重以赔款,先后借债达数十倍。今之当轴更主张大借外债,以资建设。夫借外债,诚非得已,然因窘迫仰望之故,至使外人要挟,侵失

① 据上海《民立报》1912年6月17日。

民国元年日志
（1912年1月—12月）

主权,我父老子弟应同声痛愤。当此之时,苟可以节縻费者,自当力从节省。使留守机关一日成立,即多一日费用。且此次北方借债失败,竟以南京军队为词,尤所难堪。而就近日事实上观察,此间对于各军队布置均已略定,留守一职,势同赘疣,实以取消为宜。本月四日奉大总统令,允许取消,所有军队分别归陆军部、江苏都督接管。从此付托得人,不难日臻上理。望诸父老子弟毋怖毋惑,毋以兴之去留为念。自今以往,兴归为共和国民,区区之私,诚极愉快。所歉然者,与诸父老子弟相依相处,前后凡五月,对于地方各要政,其已计划者,或议而未行,或行而未就绪,是因时与势为之,不免引为内疚耳。务望我父老子弟勤勤自治,以与都督程公共为辅助,则不惟东南半壁颂兹福利,将来大局实攸赖之。临别依依,不尽所怀,惟共谅是幸。
黄兴①

按:黄兴《布告将士文》(1912年6月14日)曰:中华民国元年六月十四日,解职南京留守黄兴,敬告我将士诸君左右:兴承乏留守,已两月矣。以棉薄之材,处嫌疑之地,夙夜祗惧。幸赖诸君子一德一心,共扶危局,既纫公谊,共缕和衷。慨自南北统一,政府北迁,曾日月重光,烽烟已靖,然战争之余,四民失业,疮痍满目,鸡犬时惊。差幸两月以来,商集于廛,士安于校,已渐苏积困,颇复旧观。此诸君子严申军纪、共维治安之功也。

主客各军,星罗棋布,方音隔阂,冲突堪虞。加以筹饷维艰,量沙无术,饥饿所迫,威令难行,卒能竭力维持,免于哗溃,此诸君子深明大义、固结军心之功也。

以债殉国则国危,以民养兵则国困。诸君子痛国权之损失,慨民力之难支,于是减薪捐俸,以济时艰,裁兵归农,以节军费。此尤忠忱贯金石、义声震遐迩者也。

兴对于我忠爱之军人,酬庸未竟,积歉方深;近日力谋所以安置之方法,规画甫定,略分两端:其一退职军官之补实也,其一退伍兵士之周恤也。军官补实之法,前已电请中央政府允准施行,一俟各军表册造齐,即可按级请补。军士周恤之法,按照道里远近,除应给饷银外,酌发川资,必使安返里间,不致流离道左。以上二者,必期实践,凡我将士,可无疑虑。

惟兴自今之后,所殷殷期望于诸君子者有三:曰爱国,曰保民,曰服从军纪。攘权夺利,逞威黩武,谓之国贼;恃众暴寡,倚强凌弱,谓之民蠹;违法蔑纪,倒行逆施,谓之乱军。有一于此,国亡无日。我赤心爱国之军人,当断不忍出此。兴虽去位,心不忘国。尚期互相劝励,永保治安,以竟全勋,而保荣誉,此则日夜祷祝于诸君子者也。

溯自起义以来,我庄严璀璨之民国,实诸君子热血所构成;我共和大同之民族,尤诸君子精神所融铸。兴也何心,敢贪天功,以为己力。值此同舟共济之际,原非束

---
① 据上海《时报》1912年6月17日。

身远引之时,惟内察国情,外观时局,猜嫌日甚,隐患方深,欲以国事为先,不得不奉身以退,此则兴所不忍与诸君子诀别,而又不敢淹留者也。

《易》曰:"其亡其亡,系于苞桑。"民国安危,争此呼吸。兴与诸君子同兹利害,何分去留?此后之关系,不在形式,而在精神;不在私情,而在公义。如兴有不忠于国、遗害于民者,愿诸君子以正义责之,兴俯首受罪以谢天下。诸君子之行动,兴苟见以为不合者,亦当勉效忠告,捐此热忱,庶几宏济艰难,共跻福利。谨效古人赠言之义,不胜临歧感别之情!敢布区区,伏维谅察,民国幸甚。黄兴谨布①

按:同盟会中的许多人,对黄兴的消极辞职,是不大满意的。民权报指出,袁世凯正在别有用心地增兵,"留守其留,此非畏难苟安之时也。"《民权报》十分感慨地批评黄兴说:"若必辞职,是所谓暮气已深,易于谋始,难与图成者。"待袁氏令下,享有声望的同盟会老将谭人凤为了挽救不利的局面,维护革命党人在江苏的实力,于6月4日致电袁世凯,要求收回成命,或改委黄留守为江苏都督。同盟会宁支部等也相继提出了同样的要求。但此时程的地位已无可动摇,他于处理苏州事件完毕之后,即赴宁接收南京军政事宜。黄兴遂于6月14日通电辞职,南京临时政府残存下来的军事指挥中枢,从此宣告结束。革命党人的军事力量,遭到削弱、肢解和分割,处于群龙无首的状态。由于革命党人的软弱,袁世凯削弱南方革命军事力量的阴谋,轻易地得逞了。②

是日,财政部要求四国银行团于本月内垫借一千九百万两,否则将向他方洽商。

是日,尹昌衡、张培爵电袁世凯及各省都督,告以尹不日将率兵入藏,兵额在一万数千人,每月军饷约30余万两,川省每月仅能担任10余万两,不敷甚巨,请袁电令各省都督量力分担。

是日,统一党暂行总理章太炎发表宣言,宣布该党脱离共和党,嗣后仍称统一党。

是日,为解决原贵州都督杨荩诚率北伐黔军自湘回黔,滇军限期自黔撤退,经黎元洪调停,鄂、湘、黔三省四方代表于湖南洪江开会,16日达成北伐黔滇军限期尽退等八项决议,各方代表共同签订《洪江条约》。旋唐继尧通电否认《洪江条约》有效,滇黔两军遂在贵州松桃、铜仁一带发生军事冲突,黔军失利,退往四川秀山,北京政府支持唐继尧,下令解散黔军。

按:《洪江会议代表报告洪江条约电》(民国元年六月十六日)

急。北京大总统、国务院、参议院、武昌副总统、长沙谭都督钧鉴:滇黔军队日久相持,彼此不免误会,均腾等奉命和解,寒、谏两日即在湘、黔交界洪江地方集议,双

---

① 据上海《民立报》1912年6月18日。(《黄兴集一》)
② 朱宗震:《革命胜利之后:民国初年政坛风云》,新华出版社2012年版。

方代表皆以急谋贵州幸福为前提,一经提议绝无执拗之处。谨将议决条件胪列如左:(一)北伐黔军一律回黔;(二)驻黔滇军限期退尽,需时若干,应请中央规定实行;(三)前滇派赴川军队,现调驻黔省,应首先将此项军队克日饬令回滇;(四)镇远、铜仁、黎平所扎滇军,应令唐都督一律调开,俾回黔黔军暂行驻扎而免冲突;(五)滇军非全数退出后,驻镇、铜、黎之黔军不得前进,致生枝节;(六)北伐黔军拟请中央简派一深明大义素有威望者为宣慰使,督率回黔,暂归节制,俟滇军退出黔境后,所有率回黔军,应由宣慰使交黔军政府遴员督率,以谋军政之统一;(七)回黔之军有无械及老弱或自愿退伍者,由统兵官带回黔境分别安置;(八)北伐黔军入黔后,两方皆宜化除意见,不得猜忌,自酿衅端。滇军及黔中各军队由黔都督担其责任,北伐黔军由宣慰使担其责任。以上各条业经公同表决,理合连名电请主持,迅赐核夺施行。贵州幸甚! 大局幸甚! 副总统代表赵均腾,湘都督代表危道丰、陈书田,黔省代表牟琳、胡为一、张绍銮、吴作棻、何瑞,北伐黔军代表刘世杰、王铮、肖健之谏。①

是日,山东济南东门外第六路防营兵团因欠饷哗变,攻入城内,围攻都督府及各衙署,焚烧房屋,抢掠铺户,第五镇统制马龙标率自带兵平息,当场击毙变兵百余名。

15日,袁世凯委王芝祥赴南京遣散军队,总理唐绍仪拒不赴署,辞职赴天津。

是日,藏兵千人侵占里塘。

是日,日本贵族旅行考察团到北京。

是日,孙中山自广州抵达香港,答记者提问,提出中国必将裁去通商口岸之租界,开放中国各地。

是日,北京优级师范学堂更名北京高等师范学校。

16日,四川西征军先遣队第一营由标长朱敦五率领自成都向西藏进发,英使向外交部质问。

是日,袁世凯命陆徵祥暂代国务总理,唐绍仪给假五日。

17日,柏文蔚任安徽都督,陈独秀任秘书长。

是日,同盟会阁员以责任内阁阁员与总理负有连带责任为由,决定提出辞职。

是日,孙中山与港商谈中外合资银行事。

是日,四国银行团以300万两垫款交中国政府以济急需。

18日,英美法德俄日六国银行团代表签订合同契约,英美法德允许对华借款,不侵犯日俄在满蒙之特殊权利。

是日,英美法德四国银行团垫借款三百万两。

是日,孙中山离香港赴沪,21日抵达。

是日,沪军都督府虞洽卿与荷兰银行签订一万两借款合同。

---

① 郝文征、冯祖贻、顾大全主编:《贵州辛亥革命资料选编》,贵州人民出版社1981年版。

是日,沪军都督陈其美禁阻上海工人成立制造工人同盟会。

是日,自由党本部自上海迁北京。

19日,陆徵祥拟定禁烟办法:先电各省实行禁种、禁吸,以杜外人口实;并照会英使自7月1日始,所有无印花之印度土药不准运华。

是日,莆田三十六乡农民为反抗反动政府勒索鸦片捐,在壶公山清净寺誓师起义,推黄濂为大元帅,并发出讨伐袁世凯檄文。

是日,驻奉天大北关外混成协第三标,因官长强派国民捐而哗变。省城400余户遭抢掠。

20日,共和党通电,谓唐绍仪蔑视职务,应由大总统遴选无党派者任为超然总理,阁员不妨碍各党协商。

是日,中国同盟会代表张耀曾、李肇甫、熊成章、刘彦晋谒袁世凯,陈述同盟会的政见,并明白表示,如仍组织混成内阁,则同盟会员不加人。袁世凯表示"超然内阁及政党内阁,余均不能赞同"。

按:当时,袁世凯虽然希望徐世昌出山,担任总理,即当他的"宰相",或者由自己直接掌握行政权力。但是这样做,集中权力的步骤失之太急,毕竟惹人耳目。眼下,他还是希望让一个中派人物来为他装潢门面,并且,他还可以用内阁的位置作钓饵,引诱一些同盟会人士上钩。因此,袁世凯向同盟会代表反复强调:"余之主义,在于得人,但问其才与不才,无论其党与不党。"他装出一副为难的样子,要求同盟会合作。同盟会代表爽快地回答说:"此次辞职之后,无论大总统任命何人组织内阁,同盟会无不力表同意,竭力维持。"再次表示忍让。①

是日,六国银行团成立。

21日,六国银行团与外交总长陆徵祥、财政总长熊希龄开议大借款条件。

是日,同盟会、共和党、统一共和党举行联合会,商内阁问题。同盟会主张用国民信仰之人为总理,共和党主张用总统所信任之人。

是日,黎元洪通电忠告党人化除畛域,扶颠救危,永固国基。

是日,工商总长陈其美、司法总长王宠惠、教育总长蔡元培分别向袁世凯呈辞。

是日,江苏都督程德全致函黄兴,力劝其速往北京联络北方军界。

22日,袁世凯与国务员会议西藏问题,议定达赖喇嘛仍为全藏教主,仍用其号,以调和藏人等四项解决方法。

是日,孙中山自广州抵上海,同《民立报》记者谈话,表示期以10年完成全国铁路事业。

是日,外交部向英使说明出兵西藏理由。

---

① 朱宗震:《革命胜利之后:民国初年政坛风云》,新华出版社2012年版。

民国元年日志
（1912 年 1 月—12 月）

是日，同盟会阁员蔡元培、王宠惠等请辞。

是日，农林总长宋教仁、署工商总长王正廷亦分别向袁世凯呈辞。

23 日，共和党在北京开本部第一次大会，到会员千余人，孙武代理主委。决定阁制应为超然总理，混合内阁；如由纯粹政党组织，本党誓不出席参议院表决。

是日，同盟会在京开全体职员会，决定第二任内阁应为纯粹政党内阁，若仍为混合内阁，本党决不加入。

是日，中国社会党与中华民国工党在上海发表联合宣言，决定切实联合，一致进行。两党事务所可自由归并。社会党党员与工业有关者，得同时为工党党员；工党党员了解且信从社会主义者，得同时为社会党党员。两党对外交涉，并力行之。

是日，朱尔典以西藏地位问题放言威胁，英国借口"护侨"派兵入藏。

是日，上海各界举行欢迎孙中山、黄兴大会。孙中山因事未出席，请黄兴代表。黄即席答词称："以今日之现象观之，非政见相争，实以党名相争，前途非常危险。"

按：《在上海各界欢迎会上的演讲》（1912 年 6 月 23 日）曰：鄙人自被推任南京留守以来，无日不以民国为忧。今日虽已推倒满清政府，而障碍之物尚多，且现在各国尚未正式承认我民国。目下最要问题，即是财政与内阁两问题。政府既拟借外债，不顾后患。但是稍有知识者无不知外债之可畏，且外国资本团即欲因此监督我财政。我国民欲图挽救之策，必先从事于国民捐。鄙人在南京时曾首先提倡，想我热心爱国之士，亦必乐为赞助。（鼓掌如雷）且南方之人热心为国者居多，我知必无人敢公然破坏此局，即有知识之北方人，亦皆赞同斯举。我人民各慷慨解囊，免致贻人口实，民国有益，亦人民福也。至内阁问题，为目下最重要者。唐氏此行虽未得究其真相，而要为他党所倾轧，故悒悒然去位无疑也。革命流血，推倒满廷，我虽不敢自夸为大功，而亦可以告无罪于天下。组织内阁，当政见洽和者方可福国家。今日之现象观之，非政见相争，实以党名相争，前途非常危险。而今后之内阁若不速为解决，我知非驴非马将继续出现。民国之危，甚于累卵。故当此未解决时，诸君当如何研究其故而图救。[①]

24 日，袁世凯通电各省，表明遵守誓言，决不帝制自为文。

按：文曰：世凯束发受书，即慕上古官天下之风，以为历代治道之隆污，固不系乎公私之两念。洎乎中岁，略识外情，自睹法美共和之良规，谓为深合"天下为公"之古训。客岁武昌起义，各省景从，遂使二千余年专制之旧邦，一跃而为共和政体。世凯以衰朽之年，躬兹盛会[举]，私愿从此退休田里，共享升平；乃荷国民委托之殷，膺兹重任。当共和宣布之日，即经通告天下，谓当永远不使君主政体再见于中国。就职之初，又复沥忱宣誓，皇天后土，实闻此言。乃近日以来，各省无识之徒捏造讹言，摇

---

① 据上海《民立报》1912 年 6 月 25 日。

惑观听,以法兰西拿破仑第一之故事妄相猜惧,其用心如何姑置不问,大抵出于误解者半,出于故意者亦半。民国成立,迄今半年,外之列强承认尚无端倪,内之各省秩序亦末回复,危机一发,稍纵即逝。世凯膺兹艰巨,自不得不力为支拄,冀挽狂澜。乃当事者虽极委曲以求全,而局外者终难开怀以相谅。殊不思世凯既负国民之委托,则天下兴亡,安能漠视;倘明知不可为而复虚与委蛇,致民国前途于不可收拾,纵人不我责而自问何以对同胞。区区此心,可质天日。但使内省不怍,亦复遑恤其他。惟当此艰难缔造之秋,岂容有彼此猜嫌之隐。用是重为宣布,苟我国民当以救国为前提,则自能见其大,万不能轻听悠悠之口,徒为扰乱之阶。若乃不逞之徒意存破坏,藉端荧惑,不顾大局,则世凯亦惟有从国民之公意,与天下共弃之! 事关大局,不敢不披沥素志,解释嫌疑。知我罪我,付之公论。特此宣告,维祈亮鉴。世凯叩。迥。印。①

是日,六国银行团以监视及管理中国借款用途计划通知财政总长熊希龄(总额为六万万两,约七千四百万磅),并声称"北京政府借款就必须无保留接受上述条件"。

是日,黎元洪电请袁世凯从速磋商借款,又电请正式发表陆徵祥为国务总理。

是日,十三世达赖喇嘛吐布丹甲错在驻印英军武装庇护下,自噶伦堡启程返藏。

是日,因吴英科辞职,任命徐正鹏为海军右司令。

25 日,袁世凯因近来有人以拿破仑第一之故事捏造讹言,通电全国辨明谣诼,重申"永远不使君主政体再见于中国";凡我国民"万不宜轻听悠悠之口,徒为扰乱之阶。若仍不逞之徒意存破坏,借端煽惑,不顾大局,则世凯亦惟有从国民之公意,与天下共弃之"。

是日,共和党再电主超然总理,混合内阁,斥坚持政党内阁者为扶植党利之私,决不承认。

是日,统一党电斥唐绍仪内阁监守自盗,结党把持,意图捣乱。

是日,黎元洪电请袁世凯以陆徵祥组织内阁。

是日,孙中山在上海对记者谈铁路计划。

是日,同盟会陕西分会改为陕西支部,举井勿幕为支部长,张凤翙为副支部长。

26 日,袁世凯公布参议院修正《国务院官制》。

按:参议院修正《国务院官制》。该官制共 12 条:

第一条　国务院以国务员组织之。

第二条　国务员为国务总理及左列各部总长:外交总长内务总长财政总长陆军

---

① 中国史学会、中国社会科学院近代史研究所编,章伯锋、李宗一著:《北洋军阀 1912—1928》第二卷,武汉出版社 1990 年版。

总长海军总长司法总长教育总长农林总长工商总长交通总长。

第三条　国务总理为国务员首领，保持行政之统一。

第四条　国务总理，于各部总长之命令，或其处分，认为有碍前条之规定者，得中止之，取决于国务会议。

第五条　国务总理，依其职权或特别委任，得发院令。

第六条　国务总理，就所管事务，对于地方长官，得发训令及指令。

第七条　国务总理，就所管事务，于地方长官之命令或其处分，认为违背法令，或逾越权限者，得停止或撤销之。

第八条　临时大总统公布法律，发布教令及其他关于国务之文书，关系各部全体者，由国务员全体副署：关系一部或数部者，由国务总理会同该部总长副署：其专属国务总理所管者，由国务总理副署。

第九条　左列事项，应经国务会议：一、法律案及教令案。二、预算案及决算案。三、预算外之支出。四、军队之编制。五、条约案。六、宣战媾和事项。七、简任官之进退。八、各部权限争议。九、依法令应国务会议事项。十、参议院咨送之人民请愿案。十一、国务总理或各部总长，认为应经国务会议事项。

第十条　国务会议事件，以国务员之同意定之，会议时，以国务总理为议长。

第十一条　国务总理临时遇有事故，呈明临时大总统，以他国务员代理；各部总长临时遇有事故亦同。

第十二条　本制自公布尔日施行。①

是日，黎元洪向德商捷诚银行借银300万两，用于湖北官钱局资金及购置采矿机械。

27日，袁世凯批准国务总理唐绍仪辞职，正式任命陆徵祥为国务总理。

按：当时，向盟会内的激烈派虽然在私下里窃议沦起二次革命来，但他们并没有行动的力量。而稳健派根本不赞成二次革命。《民立报》多次载文批评激烈派的主张，他们强调指出新生的民国所面临的种种内外困难，告诫激烈派说："二次革命者，即自杀之代名词也。"孙中山也认为："时局虽少混沈，然亦无大变动。"于是同盟会本部决心让步，退出内阁。袁世凯遂于6月27日批难唐绍仪辞职，27日正式任命陆徵祥为国务总理。在统一政府成立后，袁世凯取得了第一回合的政治斗争的胜利。②

按：唐绍仪在天津曾对梁士诒谈道："我与项城交谊，君所深知。但观察今日国家大势，统一中国，非项城莫办；而欲治理中国，非项城诚心与国民党合作不可。然三月以来，审机度势，恐将来终于事与愿违，故不如及早为计也。国家大事，我又何

---

① 李志敏主编：《话说民国》第1卷，团结出版社2007年版。

② 朱宗震：《革命胜利之后：民国初年政坛风云》，新华出版社2012年版。

能以私交徇公义哉!"袁世凯遂有准唐辞职之命;旋派梁士诒邀请参议院正、副议长吴景濂、汤化龙到府,为改组内阁事,征询其意见。袁意以陆徵祥继任总理,求其同意,并嘱其疏通各党,免致分歧。吴、汤均无反对之意。同日,袁世凯召各枢要人员,集议维持现状办法。结论如下:(一)辞职各国务员竭力挽留。(二)命陆总理、熊财政长速商借款。(三)命段陆军长、赵内务长妥劝军警勿生疑虑。(四)速将国务员名单交参议院通过。①

是日,准交通总长施肇基辞职,任命海军总长刘冠雄代理。

是日,同盟会驻沪机关部电北京本部,倡议组织完全政党内阁。"无论何党,惟须得国民多数之信用,吾党均宜赞成之"。并声明如共和党愿出组阁,同人拟代推荐黎元洪为总统。

按:先是,共和党党魁、临时副总统兼湖北都督黎元洪电袁世凯并各省都督,建议由非党人士外交总长陆徵祥出组内阁。袁世凯亦以陆氏温顺可用,于各党派超然无所属,且于前日征询过参议院正、副议长意见,遂于昨日将任命陆徵祥继任总理咨文提交参议院。本日上午,参议院召开全院特别大会,议员到者84人,同意74票,不同意10票,同意票得过半数,由参议院咨复袁世凯。袁世凯即以正式命令特任陆徵祥为国务总理。②

28日,袁世凯命梁士诒邀请参议院正、副议长吴景濂、汤化龙到府,说明拟代以陆徵祥继任总理,征求同意,并嘱其疏通各党,免致分歧。吴、汤均无反对意见。

是日,中国同盟会本部开临时全体职员会议,议决会员决不参加混合内阁,纯然居于在野党监督地位。

是日,谭延闿发布《主张临时政府成立之初不宜轻议更换总理之通电》。

按:通电曰:北京大总统、国务院、参议院、武昌黎副总统、各省都督鉴:临时政府组织成立未及数月,民国甫有初基。唐总理乃调和南北、有功民国之人,实全国所信仰,各国所注目。授任未久,并未发生误国殃民各问题。现在西藏、蒙古隐患方多,内地各省秩序亦未全复。此时政治尚在维持现状、整顿补救时代,并非秉持政纲、统一进行时代。国人同心以巩固政府为唯一之目的,有何党争之可言?且今日政党之名初树,各省党派方在萌芽,岂可轻议排击总理?试问一总理去,他总理来,不幸他总理又因事去,国事尚可问乎?且国务员由总理组织,总理去而各部总长势必随之更迭,短命内阁发生于二十世纪万死一生之民国临时政府,危险问题岂有大于此者?唐总理既养病五日,假期满后,应请大总统令其力疾回院视事,以成救国初志。至政党抱持政策,实力施行,当在现状安稳、国基略为巩固、军事稍为敉平,统一政策渐次

---

① 李志敏主编:《话说民国》第1卷,团结出版社2007年版。
② 李志敏主编:《话说民国》第1卷,团结出版社2007年版。

可以实施。此时自当消弭党见，共卫国家，临时政府即万无轻议更迭之理。诸公热心国事，凤所钦敬，心所谓危，不忍缄默。区区之愚，尚乞亮察。延闿叩。印。[1]

是日，驻湖北襄阳之第十二协统张国权拥兵独立。黎元洪派兵征讨，张逃郧阳。

是日，四川国学院正式成立，院址迁入外南赞门街国学巷（原存古学堂院址。四川国学院成立后，存古学堂并入国学院，改名为四川国学院附设国学学校），聘请当时名宿十人担任院事，其中以四川名山吴之英为院正，江苏仪征刘师培为院副，下设院员八人：浙江诸暨的楼蔡然、四川温江的曾学传、四川井研的廖平、四川新繁的曾该、四川资中的李尧勋、四川乐至的谢无量、四川天全的杨赞襄、成都大慈寺的主持释圆乘。

29日，临时参议院举行特别大会，袁世凯派梁士诒出席报告，拟任命外交总长陆徵祥为国务总理，经投票获半数以上通过。袁世凯特任陆徵祥为国务总理。

是日，袁世凯令准工商总长陈其美辞职；司法总长王宠惠、教育总长蔡元培、农林总长宋教仁、署工商总长王正廷，均予挽留。

是日，孙中山以谣传其私受笔款百万，电请袁世凯宣布该款用途。

30日，袁世凯禁止派勒国民捐。

是日，陆徵祥商请日本首相西园寺公望承认国民政府。

是日，袁世凯任命那彦图署乌里雅苏台将军兼办理图什业图、车臣两部事宜。

是日，梁士诒、叶恭绰、关庚麟、詹天佑等发起的全国铁路协会在北京成立。

按：中华全国铁路协会是民国时期影响力甚为广泛的以铁路为基础的社会团体。

是日，中国同盟会上海支部开夏季常会，黄兴代表孙中山莅会发表政见，阐述民生主义，略称："民生主义，孙先生曾屡次演说，惟外间尚未明晰。……民生主义繁博广大，而要之则平均地权。反而言之，即是土地国有。"

按：《在中国同盟会上海支部夏季常会上的演讲》（二件）（1912年6月30日）曰：本会本有特别之党纲，更当有宏大之党德。所谓特别之党纲者，即孙中山先生凤所主持之民生主义。虽此主义在他党人多未认为必要，或且视为危险，实则世界大势所趋，社会革命终不可免。而本会所主张之社会主义，又极为平和易行。盖十年前本会初成立时、即标明四大主义，其一为平均地权，乃本会与他党特异之点。其详细办法，中山先生于南京、武昌两处均有演说，凡我同志，均当知此主义之必要，力谋进行。现在欧美各国，其政党均略分两种，一为国权党，一为民权党。国权党主增重政府权力，民权党主扩张个人之自由。本会既抱持社会主义，自为民权党无疑。至政党道德，吾人尤宜以宏大之心理对待他党。现在共和党竭力诬蔑本会，如谓孙

---

[1] 《申报》1912年6月28日。周秋光主编《谭延闿集》，湖南人民出版社2013年版。

中山先生得比款一百万，又谓唐总理尽将比款送人，又谓同盟会得比款三十五万，其实皆是捏造。天下事，是非曲直，终有大明之一日，吾人尽可以大度处之，切勿与他党谩骂。况比款事，中山先生已电请财政部宣布，不久即可水落石出乎！至国务总理，已推定陆子兴，吾人亦决不反对，且当竭力维持之。惟既与本会主张之政党内阁不同，自可确守文明国在野党之态度，实行监督。故所谓党德者，即公宏大之心理对异党，断不可尤而效之，捏造谩骂也。

本会亟应举办之事凡三：一、设立政法学校，造就建设人才，区现在为当力谋建设时代；二、扩张言论机关，因本会虽不计较他党秒关报之谩骂，却不可不普及政见于国民；三、兴办调查事业，以洞翘国情，使本党所主张，不为纸上空谈。惟此三事，皆非经济不可。颈有基本金仅徐固卿君捐万元，及他项捐款两万元，而办学校等事需款正多，望诸同志协力筹议。中华民国成立已半年，而一切未能就绪，其原因在于政党未能确立。今日内阁风潮，实非好现象。如何办法，实政党一大问题。前次本会专致力于破坏事业，后革命成功，于南京大会始决议改为政党。夫政党者，以政为党，非以党为政也。本党成立与他党异。中山先生倡三大主义，其特注重者则平均地权一语。本党对于社会亦甚出力，全体一致，此乃本党之特色，可以谓之党风。本党性质与民权党无别。凡此特色，本党须发挥出来。民生主义，孙先生曾屡次演说，惟外间尚未明晰。以世界大势观之，社会革命岌岌不可终日，吾人此次革命，即根据社会革命而来。民生主义繁博广大，而要之则平均地权。反而言之，即是土地国有。土地是不能增加的，而生齿日繁，土地私有则难于供给。他人见吾党持社会主义，群相惊讶，不氪吾人于建国之初，不先固根基则难以立国。故吾党员极宜注意此点，宏其党风。而欲宏党风，须有包含一切之宏量。他党之攻吾也，虽含种种疾忌而不好之点，吾人亦当引以为戒，认彼反对者为好友，不必反报，涵养大度，培植党德，成一个最天政党，于攻击风潮中特立不移，以一特别党风造成一种党德。故吾党从前纯带一种破坏性质，以后当纯带一种建设性质。欲言建设，当得人才，欲得人才，当兴教育。故本党能从教育一方面着手是绝好方法，先在上海立一宏大学校，教育本会会员，养成法政人才，然后各地再依次增设，渐渐忍耐进行，则本党人才自裕。至现在言论机关，与我为不正之反对者可不理会。惟本党自当多设言论机关，发挥本党政见。二者之外，其最要者为设调查专部。如不加调查，则一切事情不得明了，而万物纷如乱丝。调查部之性质，是国家大事均归调查，而各地分部可任调查之责。然欲调查之完美，必先养成调查之人才。故本党宜集中学以上意志坚卓之人才，换以简单之学科，使分赴各地而得其真相，然后本党对此确切之布告，则不致谬误。今日政治中心虽在北京，而实在长江流域。故本机关部之责甚重，即可于上海办起。所得各地报告，然后报告本部，而复合本党政治上人才，研究本会政见，确定进行，布告各支部，使外间知本党政见之所在，或选善于口辩之人，分赴各地演说本党政见。然而此种种措旋，须有绝强之财力。今本党基金尚无确数，故本党一切应行之事，尚未能着手。[1]

是月，章士钊在《民立报》发表《政党组织案》一文，论述组党之要素，并力言"如欲内阁政治之有良好结果，议员当分为两党，而亦仅分为两党乃唯一之条件"。

是月，王锡蕃、刘宗国等在济南发起成立"孔道会"，以"讲明圣学，鼓励行谊，陶淑人民道德，促进社会文明"为宗旨。次年前往北京，推举康有为为会长。

是月，在阎锡山授意下，赵戴文、景定成、张瑞等山西军政要人在太原成立"宗圣会"，以"宗孔子及群圣先哲，阐明人道.扶助政教.促进人群进化，民族大同"为宗旨。出版《宗圣杂志》，成为山西省孔教运动的组织和领导力量。

---

[1]　王汝丰注译：《黄兴宋教仁朱执信诗文选》，巴蜀书社2011年版。

7 月

1 日,陆徵祥、熊希龄拒绝六国银行团借款条件,另建议减少款额,放宽条件。

是日,袁世凯令准孙毓筠辞安徽都督职,遗缺以柏文蔚继任。

是日,中国同盟会本部通电宣布政见:绝对主张政党内阁,本会会员不得自由加入陆徵祥超然内阁。

是日,孙中山复函陈其美,表示我国必须加强军备,方能避免强邻"吞食",保障国家独立。

按:孙中山曰:"英士同志惠鉴:来函备悉。中国之海军,合全国之大小战舰,不能过百只,设不幸有外侮,则中国危矣。何也? 我国之兵船,不如外国之坚利也,枪炮不如外国之精锐也,兵工厂不如外国设备齐完也。故今日中国欲富强,非厉行扩张新军备建设不可。同志谓中国国防不有相当武备建设,此中国不富强之原因,诚是也。故中国欲勤修军备,然后可保障国家独立、民族生存也。文闻袁君世凯拟向外国大借外债,以为扩张新军备建设之需,果此事实行,则中国有相当新军备建设也。如是则中国富强矣,可计日而待也。昔满清政府将扩张海军建设之费,以为建设一大娱乐园,以作私人之娱乐,吾想今日民主政府,必定努力整理新军备建设,改革中国旧军备也,而不有昔日满清政府之腐败也。现在强邻如虎,各欲吞食我国,若我国不有相当武械自卫,则我国必为虎所食也。故我国须改良武器,然后能自卫也,不为虎所食也。手此,即候近安。孙文"①

是日,陈其美等在上海组织中华国民共进会,以"交换智识,增进道德,维持国内和平,振兴各项实业"为宗旨,是日开成立大会。

是日,四川临时省议会开幕,选举骆成骧为议长,邓孝可、胡骏为副议长。

是日,江西景德镇兵变。湖南、江西、福建、广东大水。

是日,开滦矿务总局在天津成立。

2 日,蔡锷电袁世凯、国务院,提出两项任用地方官吏主张:一、自知县以上宜由任用,不宜推选;二、可用本省人,而不宜用本属人。

---

① 中国社科院近代史所等编:《孙中山全集》第 2 卷 1912,中华书局 2011 年版。

民国元年日志
（1912年1月—12月）

是日，因国民捐税过重，酿成繁昌全县罢市风潮。

3日，袁世凯令准国务院秘书长魏宸组辞职，以王广圻继任。

是日，陆军部改长江水师为水警，以原任总司令李燮和为总稽察。

是日，中华民国第一所陆军军官学校——保定陆军军官学校正式成立。

是日，汉口德人枪杀华人。

4日，安徽芜湖驻军两营因欠饷于凌晨发生兵变。

是日，新任香港总督亨利梅遇刺未中。

5日，江西都督李烈钧电告国务院，改赣省铁路公司为江西南浔铁路有限公司，并由铁路总监彭程万、名誉总监陈三立到沪与日商兴业株式会社借500万日元，以铁路机器材料作押，合约不日签押交款。

是日，四川边军击退藏兵，收复里塘。

是日，上海《民立报》主笔兼江苏都督府顾问章士钊在该报发表《政党组织案》，主张将国内现有政党（包括同盟会）一律解散，然后再一定时间内各抒己见，根据不同政见分为两党，出而竞选，得多数拥护者，管理国家。此系轰动一时之"毁党造党说"。嗣后引起争议多日始息。

是日，袁世凯任命倪嗣冲办理河南边界善后事宜。21日令准倪嗣冲辞河南布政使使职。

6日，北京国光新闻总理田桐（同盟会）纠众殴打国民公报社总理徐佛苏、主笔蓝公武（共和党）。

按：北京共和党派系的《国民公报》发表时评："中国此次革命，同盟会原无尺寸之功，革命事成，同盟会乃乘机窃势，毒我民国，其罪恶实不可以胜数。溯自南京所设假政府以迄今日，国人汹汹，道路沸腾，所欲以性命相争者，何一非同盟会所行之亡国政策欤？"同盟会派系的报人读到这则时评后，7家报社国光新闻社、民国报社、民主报社、国风日报社、民意报社、民约报社、共和日报社联名向警察厅告发《国民公报》时评是"反叛民国，破坏约法"，要求警察厅捕拿《国民公报》总理徐佛苏、编辑人蓝公武（都是梁启超派系人马）。同时，《国光新闻》经理田桐、《民主报》经理仇亮等到国民公报馆责问。双方就"假政府"一词，是真假的假，还是假设的假，发生争执。同盟会派认为是真假的假，否认民国，而国民公报社派则辩护说是假设的假，不涉及否定民国的问题。争论的过程中互相扭打。同盟会派把国民公报馆的器具捣毁，又跑到印刷该报的群化印刷局，推倒排字架，推翻铅字，踏坏机器。第二天，民国报社又因为与大自由报社连日笔战，忿忿不平，民国报经理率人将大自由报馆器具捣毁，大骂而去。同盟会员的暴烈性格，自然也引起其他派系的侧目。[1]

---

[1] 朱宗震：《真假共和》（上册），《1912中国宪政实验的台前幕后》，山西人民出版社2008年版。

7日,外交总长陆徵祥电美国国务卿诺克卿请承认民国政府,未复。

是日,教育部以经费困难,"学生之班级虽增,陶植之成绩未善,政体既变,各方对大学校成有不满之意",遂有停办大学校之议。时"校长严复具《论北京大学校不可停办说帖》,藉以挽回影响"。①

按:《论北京大学校不可停办说帖》首先回顾接办该校的大概情形:"北京大学创建十有余年,为全国最高教育机关,未尝一日停辍。去年武汉事起,学生相率散归。代谢之后,国用愈绌,几至不名一钱。此校仅图看守,亦且费无从出,前总监督劳乃宣谢病而去,本校长受任于危难之际,承袁大总统谆切相托,义难同辞,勉强接事。时与学部度支两首领再四磋磨,商请用款,迄无以应,不得已乃陈明总统,由华俄银行暂借银数万两,楮柱目前重行开学。此本校长接办以来之大概情形也。"接着陈述北京大学不可停办的理由:"查北京大学,考其程度、教法,欲与欧美各国大学相提并论,固不可同年而语? 然在其建置之初,固亦极当时之人材物力,竭蹶经营,以勉企其所薪向之鹄的,又积十余年之因仍迁嬗、糜财耗时,而后有今日之地位,为全国中比较差高之学校。今若将其尽废弃,是举十余年来国家全力所惨澹经营,一旦轻心掉之,前此所糜百十万帑金,悉同虚掷。且北京为革命后地方完全未经破坏之区,前日大学形式仍然存在,学生在校肄习历有岁年,纵不能更照旧章予以出身奖励,将持何理由而一切摧残遣散之乎? 此则停办大学之未可,一也。

"夫各国之有大学,亦无法定其程度? 取甲国之大学与乙国之大学相比观之,不能一致也;取某国内甲地之大学与乙地之大学相比观之,亦不能一致也。此固有种种之原因、种种之历史,从未有一预定之程度,必至是而独得为大学,不至是遂不得为大学者也。且程度亦何常之有? 吾欲高之,终有自高之一日;若放任而不为之所,则永无能高之时。此则停办之说之未可,二也。

"且吾国今日应有学否乎? 往者初立大学之时,言教育者即多訾议,以为我国教育方针必从普通入手,今中小学未备而先立大学,无基为墉,鲜不覆溃,则不知高等大学与普通教育双方并进,本不相妨。普通教育所以养公民之常识,高等大学所以养专门之人才。无公民则宪法难以推行,无专门则庶功无由克举。今世界文明诸国,著名大学多者数十,少者十数。吾国乃并一已成立之大学,尚且不克保存,岂不稍过;且北京者,民国之首都也。天津西沽大学又有历年,其学科阶级,凤在高等学堂之上;江浙各省及湖北武昌,亦方议建立大学。北京既称国都,反出行省之下,本末倒置,贻诮外人。此则停办大学之未可,三也。

"且国家建立大学,在宗旨与中小高等各学校不同。中小高等,皆造就学生之地;大学固以造就专门矣,而宗旨兼保存一切高尚之学术,以崇国家之文化。各国大

---

① 《北京大学校志稿》,《严复集》未收。

学如希腊、拉丁、印度之文学、哲学，此外尚有多科，皆以为文明国家所不可少之学，设立学宫、立之讲座、给予优薪、以待有志者，来学者得其师资，即使无人，而各科自为研究，探赜索隐，教思无穷，凡所以自重其国教化之价值也。日本有森泰来者，为全国中能诗之第一手，而其大学即延之以为诗学讲师。夫日本之于汉文，早已视同刍狗，于诗学乎何有？此其专为目前效用计哉，亦所以各具备大学之科，而自隆其国家之身价也。其余如吾国小学、经学及阳明心学、佛教、梵文等，无不加以特别之研究。彼国醉心欧化，而且保全中国旧学若此！今日革新方亟，旧学既处于劣败之地，势难取途人而加以强聒，顾于首都大学，似不妨略备各重要专科，以示保存之意。全国之大，必有好古敏求之士，从而为之者；即使向往无人，亦宜留此一线不绝之传，以符各国大学设科之意。至于科目，亦宜详加甄采，以备仿循，不独为造就目前学生计也，如此，则学生之人数多寡有无，皆不足以沮进行之计划。况既为全国比较差高之学校，当亦有比较相当之学生，既有造就之盛心，必不患无学者。此次开学，蒙总长莅校，有设立研究会之政见，但若依前说办理，则功效当复相同。是则为吾国保存新旧诸学起见，停办之议之未可，四也。"

还谈到不得以经费作为停办的借口问题，说："至于养校之经费，则窃以谓今之大学固当问其存宜与否？存矣，则当问其进行之计划为何如，不得以筹费之难易为解决也。""国家肇建万端，所需经费何限！区区一校所待以存立者，奚翅九牛一毛。其所以保持者甚大，所规划者至远如此，夫何惜一年二十余万金之资，而必云停废乎？此则不佞所大惑不解者也"。先生承认该校以前办理不善，但可改良，而目前急应解决的是存废问题，"大部如以鄙见为不然，则方来之事，请待高贤；若以为犹有可从，则改革之谋，请继今以进谨议"。①

又鉴于北京大学"内容缺点久为社会所洞悉，校长因之具呈《分科大学改良办法说帖》，用资补救"。② 先生认为，"自今筹议办法，约分为两大端：一、结束以前之办法；一、改良以后之进行。其结束办法最要者亦有二：一为对付以前旧有之学生；一为处置合同聘定之教习"。并提出对待学生、教习的大致方案：

"考欧美各国，凡学校改革新章之后，其校中旧有学生，仍旧照章在校肄业。此乃以法律观念办理学校之通理，所谓法律不溯既往之原则也。今为亟谋结束起见，拟缩短原定学期、择要讲授、速则于一学期内，迟则接办一年，一律赶为毕业，作为大学选科毕业生，予以选科毕业文凭，听其自由出校，以免新旧参差，教法不能一致。此结束学生之大略也。

"至于前所聘外国教习，既有合同，自不能自由辞却。其合同已将届满者，可以

---

① 原件藏北京大学档案室。
② 《北京大学校志稿》。

按约辞退;其合同未满诸员,唯斟酌功课多寡,学员人数,择其优者量予留堂;其实不合用者,只可按照合同给予三个月薪水,一律辞退。至于中国职教各员,本无预定合同,自可考其成绩,随时斟酌去留,无忧窒碍。此结束教员办法之大略也。"

其具体办法是:"暑期后招考新生,重行开校,拟此次办法概以学生程度为准。不必问其曾否在高等学校毕业,但须考验程度合格,便行收入,以免不一之弊。以前分科学生膳宿各费,概不征取,此虽社会主义,然非经常可久之道。现值经费困难,予以一律征收,以符文明国高等教育通例。至毕业后应得学位,拟在大学预科毕业者,给予博士;其他分科毕业者,给予学士。博士、学士文凭由校颁给,不由教育部,此亦文明国之通例也。

"至所聘教习,如非万不得已,总以本国人才为主。其聘请之法,则选本国学博与欧美游学生各科中卒业高等而又沉浸学问、无所外慕之人,优给薪水,俾其一面教授,一面自行研究本科。如此,则历年之后,吾国学业可期独立有进行发达之机。盖一国大学之设,非特以造就学生,即云养成师资人才,亦非挚论,盖将以为一国学业之中心点,而有裨于一切文实之进行。如此,则较之从前永远丐人余润,以重价聘请一知半解之外国教员,得失之数,不可同年而语矣。此皆惩前毖后,不可不亟改弦者。此筹备进行之大略也。"

其所拟文、法、理工、农、商诸科改良办法为:"一、文科。本校从前经文原分两科。经科只开《毛诗》《周礼》《左传》三门,文科只开中国文学、中国史学二门,今已将经科并入文科。至毕业期限,原定在明年之秋,惟从前主课教授大半依文顺释,既非提纲挈领,亦非大义微言。夫经史浩繁,如此,则届时何能卒业?窃以谓既称大学,正不必如此繁碎,今已为更择教习,改定课程。至原列补助各门,有已经授讫者,可毋庸议。其所余未完者,只史学之地理沿革,经学之中外地理较为有用。其外国语文,现习程度虽不甚高,但比较所资,亦不宜废。若缩短期限,专授主课,增加钟点,补助课除外国文及地理外,一律停授,似于学生转有实益。则今年年底毕业,似亦可以勉行。此次开校时,学生要求附讲法政,本校长以此类学生大半旧日举贡及高等毕业生,年龄已长,中文素优,平日于乡里常有坊表之望。令其略通近代法政,于民国甚有裨益,故允其请,区为兼习,不入正科。后来考试别给文凭,但若年终毕业,亦只能授以法学通论而已。此结束旧班之办法也。

"至将来更定办法,则拟分哲学、文学、历史、舆地各门。中国经学、周秦诸子、汉宋各家学说,本为纯美之哲学,而历史、舆地、文学亦必探源于经,此与经并于文办法亦合。惟既为大学文科,则东西方哲学、中外之历史、舆地、文学,理宜兼收并蓄,广纳众流,以成其大。但办颇不易,须所招学生于西方根底深厚,于中文亦无鄙夷。先训之思,如是兼治,始有所益。应俟校费充裕,觅有相宿学,徐立专门,以待来者。本校长于分科不宜停办说帖中,已发其凡,今之所议,犹此志也。此文科改良办法之大略也。

"一、法科。法科原分为政法、法律两门。政治门用英文教授,法律门用法文教授,定八学期毕业,现已届第四学期。拟将旧班结束,每门各择一二主要学科教授。如此,则本年年终可以毕业,作为法科大学选科毕业生,另行组织新班,以本国法律为主课,用国文教授。以外国法律比较为补助课,用英文及德文教授。其原因各国法律学校,无不以本国法律为主者。吾国自共和立宪以来,所有成文法虽少,然如约法及参议院法,皆现行之法律。此后参议院通过之法案,必将日增,皆学者所当购买。若外国法律与吾国前期成宪,只以藉资考镜,研究法理而已,不能作为主要科目也。其必用英德两国文者,以近时法律分两大派:一为罗马法派,德国最为发达;一为习惯法派,始于英国,美国沿之,故二国文字不可缺也。学生程度以有普通法学知识、精于中文、兼通英文或德文,能直接听讲者为合式。此法科拟定改良办法之大略也。

"一、理工科。理工科现时共有西教员七人,司仪器西人一名,中教员一名。西教员中本年合同满者,只艾克坦一人;已与声明不赓续再请,尚有高朴及贝开尔二人,亦拟辞退,惟照合同,需赠薪三月,共一千八百元,川资一千元。如此,则每门尚存西教员一人,留否俟合同满时再议。此对于教员所拟之办法也。

"旧有学生五十八人,现回校者只十八人,常告假不上课者又居强半。现拟年终一律令其毕业,但不给予学位,以示区别。其毕业生程度虽不甚高,然不乏杰出可造之才,拟在地质、化学、工木、矿冶四门中各选二三名,明春由校出资,派往德美两国。此需俟年终毕业后,另行极严之考试,择其各种普通学及已习之专门学成绩较优者,并注重语文,以便到欧美后即可插班听讲。以十人计之,每年不过二万元,而所成就较大。此对于学生所拟之办法也。

"本科图书、仪器、药品向无统一机关,凌乱已极。分科监督、提调、教习皆可率行购买,促誉啜汁,颇不乏人,大为校费之累;而购置之后,教员携归私宅者,亦复不少。现拟整顿办法约有四端:一、整理各处敞置之物品,依类陈列;二、将各实验室重行分配;三、编一大目录册;四、组织统一管理法。此对于图书、仪器、药品之办法也。

"以上三端,皆属结束极要问题。至此后组织进行,本校长等正在悉心研究。大约一、须招考新生,不论文凭资格,以学问程度合式为归;二、添聘中国教员;三、改良各实验室;四、加重语文功课,以能直接听讲,自行抄写讲义为度。此理工科所拟办法之大略也。

"一、农科。农科旧有学生现陆续到堂共有二十人,性情勤惰、学识程度皆各不同。而旧聘日本教员三员中,两员于本年十二月合同期满,一员于明年九月期满二,若欲继续开办,即当续订合同;否则有一消极办法,照本学期功课续办一学期,至年终大考一次,择其成绩较优者十余人,派送至日本游学。每人岁费 500 元,以两年为限,学生十名,加以往返川资,不过一万二干元,以视现聘日本教员三员一年薪水已费一万二干六百元者,其获益当犹钜。此法于学堂经费及有志求学者两有裨益。其余在校学生均给修业文凭,另行组织新班,招考学生,另定章程,以现在望海楼学舍计之,可容学生二百人,拟用英文教授。农林各两班,需用教员约十二名。此农科所拟改良办法之大略也。

"一、商科。商科学生照旧章三年毕业.现已过二年,似应再习一年,给予毕业文凭及应得之学位。另行组织新班改为四年毕业,前二年之课程为本科学生所应通习,后二年之课程分为四门:一、经济学门;一、财政学门;一、商学门;一、交通学门;每门包括条目十余。学生至第三年,须于四门中认定一门,以期深造。但若各科均拟本年毕业,以为结束之地,商科自不能独后,计惟有责令学长、教员择主要课程,多加钟点教授。以为选科办法而已。此商科改良办法之大略也。"①

是日,上海制造工人同盟开成立大会,到会员 800 余人,来宾 500 余人,举俞惠民为会长。

8 日,日俄订立第三次密约,划分内蒙古为势力范围,中国驻日公使得知,电告北京。

按:第三次日俄密约于 1912 年 7 月 8 日签订于彼得堡,共三条,主要划定日俄在中国内蒙古和东三省西部的势力范围,要点为:展划第一次密约分界线,从洮儿河与东经 122 度交点起,界线沿交流河和归流河至归流河与哈尔达台河分水岭,再沿黑龙江省与内蒙古边界至内、外蒙古边界末端,线南北分属日、俄势力范围。以北京经度 116 度 27 分划内蒙古为东西两部分,东部属日本势力范围,西部属俄国势力范围。这次密约使日俄进一步把侵略势力伸入内蒙古,更加严重地损害了中国主权。

按:日本政府关于开始第三次日俄密约谈判的内阁会议决议(一九一二年一月十六日)

关于延长南、北满洲分界线并在内蒙古划定两国势力范围问题,指令本野大使与俄国政府开始交涉。

帝国政府与俄国政府之间,先前已在南、北满洲划定两国势力范围,并以第一次《日俄秘密协约》附加条款定明双方分界线。但该分界线仅止于托罗河与东经一百二十二度交叉点处,尚未及于其以西地区。方今帝国势力正在逐步向其以西地区扩展,如不及早同俄国政府就上述交叉点以西地区之分界线问题预行商订,将来难保不在两国间惹起意外纷争。又,帝国政府根据第一次《日俄秘密协约》第三条之规定,虽已承认俄国在蒙古享有特殊利益,然而关于内蒙古问题则尚未缔结任何协约。

---

① 北京大学档案馆藏。孙应详:《严复年谱》,福建人民出版社 2014 年版。

民国元年日志
（1912 年 1 月—12 月）

本大臣认为，内蒙古与我国势力范围之南满洲关系至为密切，日、俄两国在适当时机就此问题签订协定，不仅对于帝国将来之发展以及永远敦睦两国邦交有利；且在当前清国因此次事变而使蒙古问题即将展现一新局面之际，日俄两国就内蒙古问题签订某种协定，实为最得机宜。基于此种考虑，日前本大臣已向本野驻俄大使发出电训，征询意见，详如附件甲号，该大使已有复电到来，陈明所见，详如附件乙号。

另一方面，关于蒙古问题，在上述电训发出后，愈益引起民间注意，俄国政府亦予数日前正式发表《公报》，详如附件丙号。俄国政府在上述《公报》中主张俄国对蒙古保有特殊关系，而其所主张之特殊关系，仿佛并不限定于蒙古范围以内。对此，帝国政府若默然放过，即有恣纵俄国不顾《日俄秘密协约》第三条之规定而将其特殊关系向蒙古全局扩张之虞。因此，本大臣认为：帝国政府有必要即时就俄国政府上述《公报》中所述"蒙古"一词之含义向该国政府提出质问，并借此机会由本野大使非正式提出关于延长南、北满洲分界线以及商订内蒙古协约问题，向俄国政府探询意向，以为将来解决此两问题打下基础，较为适宜。在提出上述问题时，俄国政府难保不如本野大使所预料，就如何根本解决满洲问题刺探我国政府有何决心。关于解决满洲问题，我国政府之方针早已确定，遇到适当时机即应适当加以解决。故可视本野大使与俄国政府交涉结果如何，如须表明我方决心，即可着该大使秘密告知俄国政府：遇有适当时机，适当解决满洲问题，帝国政府并无异议。同时向其说明：关于具体解决办法以及何时着手解决等问题，尚须慎重考虑，因此，日、俄两国政府尚待进一步仔细磋商，等等。当然，就上述延长分界线以及商定内蒙古协约问题与俄国政府开始谈判时，俄国政府究竟能否表示同意，尚难预料，但本大臣认为，纵令我方目的不能实现，亦可通过此次商谈而使俄国政府了解帝国政府之意图，从而为将来造成极有利之结果。基于上述情况，建议内阁会议做出决定：乘此次向俄国政府就其《公报》措辞提出质问之机，着本野大使根据上述旨趣就上述两项问题在最秘密中向俄国政府探索意向。

原注：此件，于望日（一月十七日）由内田外务大臣晋谒天皇启奏。[1]

是日，英、美、德、法、日、俄六国银行团代表再就善后借款问题向北京政府提出七项条件，其要旨为：指定借款用途并监督使用范围；由六国设立特别机构监督盐税；在善后借款债券未发行之前，中国不得与六国银行团之外银行借款。财政总长熊希龄仍以借款条件过苛，并遭各方反对而拒绝磋商。

是日，驻洛阳防营军因陕西民军第二镇统制张钫率军抵洛，恐遭遣散，当夜哗变，肆行抢劫。嗣经协统周符麟调兵镇压，次晚平息。

---

① 邹念之编译：《中华民国史资料丛稿·日本外交文书选译——关于辛亥革命》，中国社会科学出版社 1980 年版。

是日,江西南浔铁路总监彭程万等与日本东亚兴业株式会社社长古市公威登在上海签订南浔体露第一次借款 500 万日元合同。

是日,袁世凯令甘肃布政使彭因甲调京。

是日,上海《民立报》发表谭人凤所写之粤汉路事说帖,主张铁路国有,并列举国有政策合于世界趋势之理由七端。

9 日,袁世凯通电各政党,令互相提携,同扶大局。

按:《申戒政党勿怀挟阴私令》(1912 年 7 月 9 日)曰:民国肇造,政党勃兴,我国民政治之思想之发达已有明征,较诸从前帝政时代,人民不知参政权之宝贵者,何止一日千里。环球各国,皆恃政党与政府相须为用,但党派虽多,莫不以爱国为前提,而非参以个人之意见。我国政党方在萌芽,其发起之领袖,亦皆一时人杰,抱高尚之理想,本无丝毫利己之心,政见容有参差,心地类皆纯洁。惟徒党既盛,统系或歧,两党相持,言论不无激烈,深恐迁流所极,因个人之利害,忘国事之艰难。方今民国初兴,先期巩固,倘有动摇,则国之不存,党将焉附。无论何种政党,均宜蠲除成见,专趋于国利民福之一途。若乃怀挟阴私激成意气,习非胜是,飞短流长,藐法令若弁髦,以国家为孤注,将使灭亡之祸于共和时代而发生。揆诸经营缔造之初心,其将何以自解。兴言及此,忧从中来,凡我国民,务念阋墙御侮之忠言,懔同室操戈之大戒,折衷真理,互相提携,忍此小嫌,同扶大局。本大总统有厚望焉。此令。中华民国元年七月九日。大总统印。[①]

是日,英、法、德、美、俄、日六国公使与陆徵祥、熊希龄议大借款,不允放宽条件(交涉停顿)。

按:是日,六国公使一起直接向北京政府总理兼外交总长陆徵祥及财政总长熊希龄施加压力,声称如中国不接受六国银行团的条件,六国政府就决不会批准其国民向中国提供任何贷款。熊希龄向他们指出,当初庆亲王奕劻违背人民意愿签订湖广铁路借款,结果招致了革命;现政府如置人民意志于不顾,也将面临同样的命运。双方互不妥协,善后借款谈判陷入僵局。

是日,由蔡元培倡议,中国国家博物馆的前身"国立历史博物馆筹备处"成立,以国子监为馆址。后迁往故宫午门,对外开放,成为第一个国立公共博物馆。

是日,北京军界以《国风日报》诋袁世凯,要求更正,否则武力对待,该报即更正。

10 日,四川都督西征总司令官尹昌衡率师出征西藏,都督交胡景伊护理(约二千五百人,连前自成都出发者共五千人,尹在成都不理于众口,复受重庆方面威胁)。

是日,教育部在蔡元培主持下,于北京召开临时教育会议,重订学制,规定初小 4 年、高小 3 年、中学 4 年、大学预科 3 年、本科 3 年或 4 年。

---

① 章伯锋、李宗一:《北洋军阀(1912—1928)》第二卷,武汉出版社 1990 年版。

民国元年日志
（1912 年 1 月—12 月）

　　按：中央临时教育会议于 1912 年 7 月 10 日到 8 月 10 日在北京召开。该会目的类似于 1911 年召开的中央教育会，即：为促进教育事业的发展，加快进步，征集利用全国教育家的知识与经验，帮助政府制定有效的教育政策和学校规程，提高教育成效。为了保证会议取得最好的效果，参会人员都是一时之选，参会人资格限定为国内外师范毕业生，至少有三年以上教学工作经验，或全国知名的教育工作者。会员的分配办法如下：由 22 个行省及蒙藏地区每地推举 2 人，华侨 1 人，由教育部直辖学校教职员中选派 15 人，再由教育部请内务、财政、农林、工商、海陆军各部派出 10 人，其余则归教育部特别邀请。会议由教育总长主持。规定临时教育会议应议事项如下：学制、中央管辖与地方管辖学校的划分、蒙回藏教育、小学教员优待及其资格认定法、尊孔、国歌选定、高等教育会议组织法，共有 92 件议案提交会议议决。但是在召开的 19 次正式会议上，只有包括教育宗旨在内的比较重要的 23 项议案得到完全议决，提请教育部采纳施行。虽然与会的教育家们本身没有法律权力，经会议决的议案无强制执行的效力，但这些经过仔细辩论的意见和建议还是对国家教育政策的制定发挥了强大的影响。将这些议决的议案与闭会后教育部重建教育制度所颁布的规程法令作比较便一目了然。①

　　按：蔡元培在《全国临时教育会议开会词》中说：今日之临时教育会议，即中华民国成立以后第一次之中央教育会议。此次会议，关系甚为重大，因有此次会议，而将来之正式中央教育会议，即以此次会议为托始。且中国政体既然更新，即社会上一般思想，亦随之改革；此次教育会议，即是全国教育改革的起点。此次议决事件，如果能件件实行，固为重要关系；即使间有不能实行者，然为本会已经议决之案，将来亦必有影响。诸君有远来者，即或在近处者，亦是拨冗而来，均以此次会议关系重大之故。

　　民国教育与君主时代之教育，其不同之点何在？君主时代之教育方针，不从受教育者本体上着想，用一个人主义或用一部分人主义，利用一种方法，驱使受教育者迁就他之主义。民国教育方针，应从受教育者本体上着想，有如何能力，方能尽如何责任；受如何教育，始能具如何能力。从前瑞士教育家（沛斯泰洛齐）有言：昔之教育，使儿童受教于成人；今之教育，乃使成人受教于儿童。何谓成人受教于儿童？谓成人不敢自存成见，立于儿童之地位而体验之，以定教育之方法。民国之教育亦然。君主时代之教育，不外利己主义。君主或少数人结合之政府，以其利己主义为目的物，乃揣摩国民之利己心，以一种方法投合之，引以迁就于君主或政府之主义。如前清时代承科举余习，奖励出身，为驱诱学生之计；而其目的，在使受教育者皆富于服从心、保守心，易受政府驾驭。现在此种主义，已不合用，须立于国民之地位，而体验

---

　　① 郭秉文：《中国教育制度沿革史》，商务印书馆 2014 年版。

其在世界、在社会有何等责任,应受何种教育。

社会逃不出世界,个人逃不出社会。世界尚未大同,社会与世界之利害未能完全一致。国家为社会之最大者,对于国家之责任与对于世界之责任,未必无互相冲突之时,犹之对于家庭之责任与对于国家之责任,不能无冲突也。国家、家庭两种责任,不得兼顾,常牺牲家庭以就国家;则对于国家之责任,自以与对世界之责任无冲突者为范围,可以例而知之。至于人之恒言,辄曰权利、义务。而鄙人所言责任,似偏于义务一方面,则以鄙人对于权利、义务之观念,并非相对的。盖人类上有究竟之义务,所以克尽义务者,是谓权利;或受外界之阻力,而使不克尽其义务,是谓权利之丧失。是权利由义务而生,并非对待关系。而人类所最需要者,即在克尽其种种责任之能力,盖无可疑。由是教育家之任务,即在为受教育者养成此种能力,使能尽完全责任,亦无可疑也。

当民国成立之始,而教育家欲尽此任务,不外乎五种主义,即军国民教育、实利主义、公民道德、世界观、美育是也。五者以公民道德为中坚,盖世界观及美育皆所以完成道德,而军国民教育及实利主义,则必以道德为根本。我国人本以善营业闻于世界。侨寓海外,忍非常之困苦,以致富者常有之,是其一例。所以不免为贫国者,因人民无道德心,不能结合为大事业,以与外国相抗;又不求自立而务侥幸。故欲提倡实利主义,必先养其道德。至于军国民主义之不可以离道德,则更易见。我国从前有勇于公战、怯于私斗之语。现在军队时生事端,何尝非尚武之人由无道德心以裁制之故耳。教育者,非为已往,非为现在,而专为将来。从前言人才教育者,尚有十年树木、百年树人之说,可见教育家必有百世不迁之主义,如公民道德是。其他因时势之需要,而亦不能不采用,如实利主义及军国民主义是也。吾人会议之时,不可不注意。

又有一层,我中国人向有一弊,即是自大;及其反动,则为自弃。自大者,保守心太重,以为我中国有四千年之文化,为外国所不及,外国之法制皆不足取;及屡经战败,则转而为崇拜外人,事事以外国为标准,有欲行之事,则曰是某某国所有也。遇不敢行之事,则曰某某等国尚未行者,我国又何能行?此等几为议事者之口头禅,是由自大而变为自弃也。普通教育废止读经,大学校废经科,而以经科分入文科之哲学、史学、文学三门,是破除自大旧习之一端。

至现在我等教育规程,取法日本者甚多。此并非我等苟且,我等知日本学制本取法欧洲各国。惟欧洲各国学制,多从历史上渐演而成,不甚求其整齐划一,而又含有西洋人特别之习惯;日本则变法时所创设,取西洋各国之制而折衷之,取法于彼,尤为相宜。然日本国体与我不同,不可不兼采欧美相宜之法。即使日本及欧美各国尚未实行,而教育家正在鼓吹者,我等亦可采而行之。我等须从原理上观察,可行则行,不必有先我而为之者。例如十三个月之年历,十二音符之新乐谱,在欧美各国为

民国元年日志
（1912年1月—12月）

习惯所限,明知其善而尚未施行,我国亦不妨先取而行之。学制之中,间亦有类此者。

此刻教育部预备之议案,大约有四十余种之多。第一类,是学校系统;第二类,是各学校令及规程;第三类,教育行政之关系;第四类,学校中详细规则;第五类,大概含有社会教育性质。

其中有一大问题,是国语统一办法。现在有人提议:初等小学宜教国语,不宜教国文。既要教国语,非先统一国语不可;然而,中国语言各处不同,若限定以一地方之语言为标准,则必招各地方之反对,故必有至公平之办法。国语既一,乃可定音标。从前中央教育会虽提出此案,因关系重要,尚未解决。

此外,又有种种问题,不能单从教育界解决者。如前清学部主张中学以上由中央政府直辖;中学以下,归地方政府管辖。日昨有几位谈及,谓废府以后,中学校应归省立或县立。此等须俟地方官制颁布后,始能规定。现在只能假定一划分之方法,即如中等以上教育,取给于国家税,或以国家产业作基本金;中等以下,取给于地方税,或用地方产业作基本金。亦只能为假定之方法。

诸君此次来京,想亦有许多议案提出。其间与本部及他议员提出之问题略同者,可以合并讨论。此次临时教育会议,时期甚短,而议案至多。若讨论过于繁琐,恐耽误时间,不能尽议。盖诸君多半担任教育事务者,即使延会,恐亦不能过于延长。所以,希望诸君于议案之排列,将重要者提前开议。又每案之中,先摘出重要诸点,详细讨论;其他无关宏旨者,不妨姑略之。鄙人今日所欲言者止此。[①]

按:此为中华民国成立后第一次中央教育会议,历时一个月。会议制订了学制,为后之教育奠定了基础。学制规定:初等小学四年,为义务教育,毕业后得入高等小学三年或乙种实业学校三年;高等小学毕业后始得入中学校四年、师范学校本科四年,预科一年或甲种实业学校三年,预料一年;中学校毕业后得入大学,本科三至四年,预科三年、专门学校本科三至四年,预料一年或高等师范学校本科三年,预科一年;七岁入学,全部教育年限为18年。这个学制亦称"壬子·癸丑学制"。

11日,谭延阎发布《为呼吁各省接济中央以救借债危机通电》。

按:通电曰:北京国务院、参议院、鄂黎副总统、各省都督钧鉴:借债困难,动失国体,非筹抵制,无益外交。敝省前曾以借银行团垫款损失主权,当电解中央三十万两,稍补涓埃,非敢首先提倡。前蒙各都督同时解款以救危急,然一杯之水何救车薪?刻下银行团之要挟比前者更增多条,外交之困,言之痛心。使我果有储金以为后盾,俾舒目前之急,自不难再与交涉,更正条约。特敝省财力之艰窘至不可言.勉

---

① 载1912年9月《教育杂志》第4卷第6号。欧阳哲生编:《蔡元培卷》,中国人民大学出版社2014年版。

竭棉薄,为牺牲一部以救全体,计于日昨筹办甘新协饷十五万两,又借解理财部七十五万两,均经电汇在案。尚望殷实各省加倍宽筹,源源接济,俾免外债之险,而救应付之穷。延闿为巩同中央主权起见,敢云义先,尚希亮察。湘都督谭延闿叩　真印①

是日,交通部与柏林德华银行订立津浦铁路临时垫款合同,总额九十万零四百镑。

12 日,袁世凯正式任命黎元洪领湖北都督,谭延闿为湖南都督,孙道仁为福建都督,蒋尊簋为浙江都督,李烈钧为江西都督,尹昌衡为四川都督(以胡景伊护理),张凤翙为陕西都督,胡汉民为广东都督,陆荣廷为广西都督,蔡锷为云南都督,张培爵为四川民政长。

是日,袁世凯令各省行政长官及省议会勿胶成见,勿挟私图,开诚布公。令各省都督,地方长官,讲信修睦,继续遵从从前条约。

是日,袁世凯申诚全国,崇尚信义质直,勿蹈诡谲诈伪。

是日,袁世凯任命张培爵为四川民政长。

是日,袁世凯通令各省遵守从前与各国所订条约,勿得稍有违犯。

按:北京政府临时大总统令(1912 年 7 月 12 日)曰:方今万国并峙,所赖以保持和平者,惟在信守条约,勿相侵越。民国肇造以来,迭经宣布列国,将从前条约继续遵守。辛赖各国坦怀相与,力赞共和,民国丕基,于焉永奠。大信所在,岂容或渝?现任国内秩序,虽有回复之象,而对于列邦,尤须讲信修睦,乃可巩固邦基。安危存亡,胥视乎此。须知我国此次脱离专制,改建共和,实千载一时之会。当此破坏已终,建议伊始,前途辽远,险象方多,自今以往,正国家祸福之所由分,亦吾人功罪之所由判。凡我国人,各宜履薄临深,互相告诫,着各省都督,各地方长官,督率所属文武军民,讲究约章,切实遵守,勿得稍有违犯,致失大信于天下,而陷国家于危险之途。特此通告,其各懔遵。此令!中华民国元年七月十二日　大总统盖印　陆徵祥署名②

是日,袁世凯通令各省行政长官及省议会共体时艰,互相提挈。

是日,宋教仁在《民立报》发表致北京、上海《亚细亚日报》《北京时报》等报公开信,就报界称其自谋为总理,排斥唐绍仪出走等事辩诬,并表明本身立场:"窃谓今日党争之法只宜以政见为标准,即有人欲组织内阁,只问其政见之宜不宜,不当问其人之属于何党。鄙人无似,实不敢有此希冀,目下之计,只欲闭户读书,以预备将来,何必如是咄咄逼人耶?"

按:张耀杰认为,宋教仁的这封公开信,并没有平息化解相关的舆论宣传。10

---

① 《申报》1912 年 7 月 14 日。周秋光主编:《谭延闿集》,湖南人民出版社 2013 年版。

② 《政府公报》中华民国元年七月份,命令,七月十三日第七十四号。熊志勇、苏浩、陈涛编:《中国近现代外交史资料选辑》,世界知识出版社 2012 年版。

民国元年日志
（1912年1月—12月）

月3日,上海《申报》在《国民党竞争之暗潮》中报道说:"国民党中之旧同盟会,其人物之分系,原分为孙文、黄兴、宋教仁三派。"关于宋教仁与黄兴之间的派系斗争,该报介绍说,黄兴在北京期间,内阁总理陆徵祥告病辞职,黄兴向袁世凯推举国民党方面的沈秉堃和宋教仁出任内阁总理,袁世凯从中选择了沈秉堃。宋教仁暗中运动参议员及国民党骨干出面反对,从面引起黄兴一派人的强烈愤恨。[1]

13日,驻美代表施肇基电告外交部,美政府改订待遇华工新律,规定华工来美,概不禁制,此后在美做工华人,照别国同一待遇。

14日,袁世凯令准熊希龄、王宠惠、蔡元培、宋教仁、王正廷辞财政、司法、教育、农林、署工商总长职;任命内务总长赵秉钧代理财政总长。16日,袁世凯令教育、司法农林、工商各部部务着各该部次长暂时代理。

是日,袁世凯为拉拢同盟会组织混合内阁,拟以同盟会会员胡瑛、沈秉堃、孙毓筠分任教育、农林、工商总长。是日,同盟会开全体职员会,决定胡、沈、孙均不加入内阁,以为抵制。

是日,袁世凯令准西宁办事大臣庆恕辞职,以西宁镇总兵马福祥兼署,改称青海办事长官。

是日,蔡元培辞教育总长职,26日由范源濂继任。

按:蔡元培因反对袁世凯专权,与几位同盟会籍的总长决定随内阁总理唐绍仪一同辞职。7月2日,蔡向袁当面坚辞教育总长,袁世凯以"我代四万万人坚留总长"强留,蔡脱口而出:"元培亦对四万万人之代表而辞职。"虽经袁世凯多次慰留,但迟至7月14日,蔡元培终于获得袁世凯同意,辞去教育部总长一职。他与范源濂共事两个多月。两人在教育部共事虽短,但和衷共济推诚合作。当时著名记者黄远庸评价说:"教育部新旧杂用,分司办事,已确有规模……俨然有建设气象。蔡鹤卿君富于理想,范源濂君勤于任务。总次长实具调和性质,亦各部所未有。"[2]

按:冯友兰《我所认识的蔡孑民先生》说:"蔡先生是中国近代的大教育家,这是人们所公认的。我在'大'字上又加了一个'最'字,因为一直到现在我还没有看见第二个像蔡先生那样的大教育家。"[3]

是日,同盟会不准党员孙毓筠、胡瑛、沈秉堃入阁。

是日,北京政府免去由原西宁办事大臣转任青海办事长官的庆恕的职务,令马福祥以西宁镇总兵兼署青海办事长官。

是日,黎元洪在武昌组织东亚大同社,是日发表成立宣言,并派员赴上海设立该社的交通部。旋该社上海支部改组为大公社,举黄兴为总社长。

---

① 张耀杰:《谁谋杀了宋教仁:政坛悬案背后的党派之争》,团结出版社2012年版。
② 黄远庸:《远生遗著》上册第2卷,商务印书馆1984年版。
③ 《人民日报》1988年1月9日。

是日,陆徵祥派外交次长严惠庆与俄公使库朋斯齐磋商取消外蒙独立事,俄使提出外蒙与俄所订条约皆作有效等四项条件。

15日,袁世凯准财政总长熊希龄、司法总长王宠惠、教育总长蔡元培、农林总长宋教仁、署工商总长兼次长王正廷辞职,任命内务总长赵秉钧兼代财政总长,张新吾代理工商次长(余由各次长代理)。

是日,上海《新世界》杂志第5期译载恩格斯著作《社会主义从空想到科学的发展》,该刊译文题目为《理想社会主义与实行社会主义》。

按:文曰:唯物主义历史观从下述原理出发:生产以及随生产而来的产品交换是一切社会制度的基础;在每个历史地出现的社会中,产品分配以及和它相伴随的社会之划分为阶级或等级,是由生产什么、怎样生产以及怎样交换产品来决定的。所以,一切社会变迁和政治变革的终极原因,不应当到人们的头脑中,到人们对永恒的真理和正义的日益增进的认识中去寻找,而应当到生产方式和交换方式的变更中去寻找;不应当到有关时代的哲学中去寻找,而应当到有关时代的经济中去寻找。对现存社会制度的不合理性和不公平、对"理性化为无稽,幸福变成苦痛"的日益觉醒的认识,只是一种征兆,表示在生产方法和交换形式中已经不知不觉地发生了变化,适合于早先的经济条件的社会制度已经不再同这些变化相适应了。同时这还说明,用来消除已经发现的弊病的手段,也必然以或多或少发展了的形式存在于已经发生变化的生产关系本身中。这些手段不应当从头脑中发明出来,而应当通过头脑从生产的现成物质事实中发现出来。

那么,照此看来,现代社会主义是怎么回事呢?

现在大家几乎都承认,现存的社会制度是由现在的统治阶级即资产阶级创立的。资产阶级所固有的生产方式(从马克思以来称为资本主义生产方式),是同封建制度的地方特权、等级特权以及相互的人身束缚不相容的;资产阶级摧毁了封建制度,并且在它的废墟上建立了资产阶级的社会制度,建立了自由竞争、自由迁徙、商品占有者平等的王国,以及其他一切资产阶级的美妙东西。资本主义生产方式现在可以自由发展了。自从蒸汽和新的工具机把旧的工场手工业变成大工业以后,在资产阶级领导下造成的生产力,就以前所未闻的速度和前所未闻的规模发展起来了。但是,正如从前工场手工业以及在它影响下进一步发展了的手工业同封建的行会桎梏发生冲突一样,大工业得到比较充分的发展时就同资本主义生产方式对它的种种限制发生冲突了。新的生产力已经超过了这种生产力的资产阶级利用形式;生产力和生产方式之间的这种冲突,并不是像人的原罪和神的正义的冲突那样产生于人的头脑中,而是存在于事实中,客观地、在我们之外、甚至不依赖于引起这种冲突的那些人的意志或行动而存在着。现代社会主义不过是这种实际冲突在思想上的反映,是它在头脑中,首先是在那个直接吃到它的苦头的阶级即工人阶级的头脑中的观念上的反映。

那么,这种冲突表现在哪里呢?

在资本主义生产出现之前,即在中世纪,普遍地存在着以劳动者私人占有生产资料为基础的小生产:小农的即自由农或依附农的农业和城市的手工业。劳动资料——土地、农具、作坊、手工工具——都是个人的劳动资料,只供个人使用,因而必然是小的、简陋的、有限的。但是,正因为如此,它们也照例是属于生产者自己的。把这些分散的小的生产资料加以集中和扩大,把它们变成现代的强有力的生产杠杆,这正是资本主义生产方式及其承担者即资产阶级的历史作用。资产阶级怎样从15世纪起经过简单协作、工场手工业和大工业这三个阶段历史地实现了这种作用,马克思在《资本论》第四篇中已经作了详尽的阐述。但是,正如马克思在那里所证明的,资产阶级要是不把这些有限的生产资料从个人的生产资料变为社会化的即只能由一批人共同使用的生产资料,就不能把它们变成强大的生产力。纺纱机、机械织机和蒸汽锤代替了纺车、手工织机和手工锻锤;需要成百上千的人进行协作的工厂代替了小作坊。同生产资料一样,生产本身也从一系列的个人行动变成了一系列的社会行动,而产品也从个人的产品变成了社会的产品。现在工厂所出产的纱、布、金属制品,都是许多工人的共同产品,都必须顺次经过他们的手,然后才变为成品。他们当中没有一个人能够说:这是我做的,这是我的产品。①

是日,列宁发表《中国的民主主义与民粹主义》,批评孙中山之革命主张(是年4月1日及4月10日孙中山曾讲演社会革命)。

按:孙中山《中国革命的社会意义》一文,载《人民日报》一九五六年十一月十一日。此件即为一九一二年三月三十一日孙中山解临时总统职时,在南京同盟会会员饯别会上演说的前半部分,被译成法文,题为《中国革命的社会意义》,载于一九一二年七月十一日比利时工人党机关报——布鲁塞尔《人民报》,又被从法文译成俄文,载于一九一二年七月十五日俄国布尔什维克报纸《涅瓦明星报》第十七期。②

按:列宁说:中华民国临时大总统孙中山的一篇论文(我们是从布鲁塞尔的社会主义报纸《人民报》上转载来的使我们俄国人非常感兴趣)。

俗话说:旁观者清。孙中山是一位非常有意思的"旁观者,因为他虽然是个受过欧洲式教育的人,但显然完全不了解俄国的情形。可是这位受过欧洲式教育的人,这位已经争得了共和制度的、战斗的和胜利的中国民主派的代表,在完全离开俄国、离开俄国经验和俄国著作的情况下,向我们提出了纯粹俄国的问题。这位先进的中国民主主义者简直像一个俄国人那样发表议论。他同俄国民粹主义者十分相

---

① 摘自上海《新世界》1912年第五期。
② 王耿雄:《孙中山史事详录 1911—1913》,天津人民出版社 1986 年版。

似以致基本思想和许多说法都完全相同。旁观者清。伟大的中国民主派的纲领（孙中山的论文正是这样的纲领），迫使我们（同时也给了我们一个良好的机会）再一次根据新的世界事变来研究亚洲现代资产阶级革命？中民主主义和民粹主义的相互关系问题。这是俄国在从1905年开始的俄国革命时代面临的最重大问题之一。从中华民国临时大总统的纲领中，特别是把这个纲领同俄国、土耳其、波斯和中国革命形势的发展对照一下，就可以看出不仅俄国面临这个问题，整个亚洲也面临这个问题。俄国在许多重要方面无疑是一个亚洲国家，而且是一个最野蛮、最中世纪式、最落后可耻的亚洲国家。没有真诚的民主主义的高涨，中国人民就不可能摆脱历来的奴隶地位而求得真正的解放，只有这种高涨才能激发劳动群众，使他们创造奇迹。在孙中山纲领的每一句话中都可以看出这种高涨。

但是中国民粹主义者的这种战斗的民主主义思想体系，首先是同社会主义空想、同使中国避免走资本主义道路、即防止资本主义的愿望结合在一起的，其次是同宣传和实行激进的土地改革的计划结合在一起的。正是后面这两种政治思想倾向使民粹主义这个概念具有特殊的意义，即与民主主义的含义不同，比民主主义的含义更广泛。这两种倾向是怎样产生的？它们的意义如何？

如果没有群众革命情绪的蓬勃高涨，中国民主派不可能推翻中国的旧制度，不可能争得共和制度。这种高涨以对劳动群众生活状况的最真挚的同情和对他们的压迫者及剥削者的强烈憎恨为前提，同时又反过来产生这种同情和憎恨。先进的中国人，所有的中国人，正在经历这种高涨，从欧美吸收解放思想，但在欧美，摆在日程上的问题已经是从资产阶级下面解放出来，即实行社会主义的问题。因此必然产生中国民主派对社会主义的同情，产生他们的主观社会主义。

他们在主观上是社会主义者，因为他们反对压迫群众和剥削群众。但是中国这个落后的、半封建的农业国家的客观条件，在将近五亿人民的生活日程上，只提出了这种压迫和这种剥削的一定的历史独特形式——封建制度。农业生活方式和自然经济占统治地位是封建制度的基础；中国农民这样或那样地受土地束缚是他们受封建剥削的根源；这种剥削的政治代表就是以皇帝为政体首脑的全体封建主和各个封建主。因此，这个中国民主主义者的主观社会主义思想和纲领，事实上仅仅是"改变""不动产"的"一切法律基础"的纲领，仅仅是消灭封建剥削的纲领。孙中山的民粹主义的实质，他的进步的、战斗的、革命的资产阶级民主主义土地改革纲领以及他的所谓社会主义理论的实质就在这里。从学理上来说，这个理论是小资产阶级"社会主义者"反动分子的理论。因为认为在中国可以"防止"资本主义，认为中国既然落后就比较容易实行"社会革命"等等，都是极其反动的空想。孙中山可以说是以其独特的少女般的天真粉碎了自己反动的民粹主义理论，承认了生活迫使他承认的东西："中国正处于工业〈即资本主义〉蓬勃发展的前夜"，中国"商业〈即资本主义〉将

民国元年日志
（1912年1月—12月）

大大发展"，"五十年后我国将出现许多个上海"，即拥有几百万人口的资本主义财富和无产阶级贫困的中心。试问，孙中山有没有用自己反动的经济理论来捍卫真正反动的土地纲领呢？这是问题的全部关键所在，是最重要的一点，被截头去尾和被阉割的自由派假马克思主义往往停留在这里。没有，——问题也就在这里。中国社会关系的辩证法就在于：中国的民主主义者真挚地同情欧洲的社会主义，把它改造成为反动的理论，并根据这种"防止"资本主义的反动理论制定纯粹资本主义的、十足资本主义的土地纲领！孙中山在文章的开头谈得如此漂亮而又如此含糊的"经济革命"归结起来究竟是什么呢？就是把地租转交给国家，即以亨利·乔治式的什么单一税来实行土地国有。孙中山所提出和鼓吹的"经济革命"，决没有其他实际的东西。穷乡僻壤的地价与上海的地价的差别，是地租量上的差别。地价是资本化的地租。使"增加的"土地"价值"成为"人民财产"，也就是说把地租即土地所有权交给国家，或者说使土地国有化。在资本主义范围内实行这种改革有没有可能呢？不但有可能，而且是最纯粹、最彻底、最完善的资本主义。马克思在《哲学的贫困》中指出了这一点，在《资本论》第三卷中详尽地证明了这一点，在《剩余价值理论》中与洛贝尔图斯论战时非常清楚地发挥了这一点。土地国有能够消灭绝对地租，只保留级差地租。按照马克思的学说，土地国有就是：尽量铲除农业中的中世纪垄断和中世纪关系，使土地买卖有最大的自由，使农业有最大的可能适应市场。历史的讽刺在于：民粹主义为了"反对"农业中的"资本主义"，竟然实行能够使农业中的资本主义得到最迅速发展的土地纲领。

在亚洲一个最落后的农民国家中，是什么经济必要性使得最先进的资产阶级民主主义土地纲领能够被人接受呢？这是因为必须摧毁以各种形式表现出来的封建主义。中国愈落在欧洲和日本的后面，就愈有四分五裂和民族解体的危险。只有革命人民群众的英雄主义才能"复兴"中国，才能在政治方面建立中华民国，在土地方面实行国有化以保证资本主义最迅速的发展。[1]

16日，中国同盟会在北京举行全体职员大会，商改定名称，组织完全政党问题（统一共和党以变更同盟会名称为两党合并条件之一），统一共和党拒绝加入同盟会。

按：前因统一共和党有以变更同盟会名称为两党合并条件之一，故此次会议由代理主任干事魏宸组提议拟改定名称，组织完全政党。但多数同盟会会员认为，现在正值各党激烈竞争之时，本党若稍有动摇，恐他人利用我党改名之机而分散势力，其危险将不堪设想。为此，建议等召开大会时再行表决。[2]

---

① 选自《列宁选集》第2卷，人民出版社1972年第2版。

② 李志敏主编：《话说民国》第1卷，团结出版社2007年版。

是日,袁世凯公布法典编纂会官制。

按:法典编纂会掌编民法、商法、民事诉讼法、刑事诉讼法,并上列附属法及其余各项法典,设会长1人,由法制局局长兼任。

是日,袁世凯任命靳云鹏为陆军第五镇统制,并会办山东军务。

是日,西藏达赖喇嘛致袁世凯电称,不愿涂炭生灵,乞停战议和。

17日,袁世凯令改东三省都督赵尔巽为奉天都督,不兼辖吉林、黑龙江。

是日,湖北军官祝制六、江光国、滕亚纲图谋革命,被捕处死。

是日,中华民国铁道协会举孙中山为会长,黄兴为副会长。

是日,袁世凯准司法次长徐谦辞职,以王式通代理。

是日,袁世凯命靳云鹏为第五镇统制,并会办山东军务。

18日,袁世凯向参议院提出,陆徵祥为国务总理兼代外交总长,财政总长周自齐,司法章宗祥,教育孙毓筠,农林王人文,工商沈秉堃,交通胡惟德。

是日,国务总理陆徵祥向参议院发表演说,参议院审议新内阁六阁员。

按:《陆徵祥在参议院说明任命国务员理由词》(一九一二年七月十八日)曰:徵祥今日第一次到贵院与诸君子相见,亦第一次与诸君子直接办事,徵祥非常欣幸。徵祥二十年来一向在外,此次回来又是一番新气象。当在外洋之时,虽则有二十年,然企望本国之心一日不忘。公使三年一任之制尚未规定,所以,二十年中,回国难逢机会。然每遇中国人之在外洋者,或是贵客,或是商家,或是学生,或是劳力之苦民,无不与之周旋。因为,徵祥极喜欢本国人。在衙署时,不过一小差使而已,并无了不得。厨役一层,亦要烦自己之开单。此次回来,本国朋友非常之少,尚望诸君子以徵祥在外洋时周旋本国人来对待徵祥,则徵祥非常厚幸。二十年间,第一次回国仅三个月,在京不过两星期。第二次回国还是在前年,在本国有十一月左右。回来之时,与各界之人往来颇少,而各界人目徵祥为一奇怪之人物。而徵祥不愿吃花酒,不愿恭维官场,还有亲戚亦不接洽,谓徵祥不引用己人,不肯借钱,所以交际场中极为冷淡。此次以不愿吃花酒,不愿恭维官场,不引用己人,不肯借钱之人,居然叫他来办极大之事体,徵祥清夜自思,今日实生平最欣乐之一日。在外国时,不知有生日,因老母故世颇早,此回实可谓徵祥再生之日。

以上所说之话,不在公事之内。今且言政事。今日徵祥到院,为说明提出国务员之理由。当时,徵祥得大总统之厚意,蒙贵院诸君子之推爱,不得不勉为担任。任职之后,国务员相继辞职,与大总统商量数四,再三挽留,未能转圜。不得已,熊、蔡、宋、王四君,准其辞职。还有工商总长陈其美君,交通总长施肇基君,已经免其本官。后与大总统商议,内务部、陆军部、海军部三部总长照旧外,拟任周自齐为财政总长,章宗祥为司法总长,孙毓筠为教育总长,王人文为农林总长,沈秉堃为工商总长,胡维德为交通总长。外交总长一席,此时尚无相当之人,暂由徵祥兼任。今且说明所

民国元年日志

（1912年1月—12月）

以拟任数君之理由。周君在美国有十余年之久，外交上甚有经验，于财政上亦研究颇精。当时未往东省之先，在北京度支部对于借款问题甚为出力。将来民国之财政，必然采用外国制度，则周君之任财政总长，颇为相宜。章君是法学专家，前清时代所定之法律皆其所擘划。现在法制局所拟各种法律，颇为周详，司法制度要从根本上改良，章君当之诚可大有作为，克展其学。孙君于哲学原理研究颇深，前后为国家奔走几十余年，纯粹以觉民为宗旨，使其任教育部，甚为相宜。王君久在外省，主张民权，不肯沿用前清污吏，其所持政策，社会上颇为欢迎。使其任农林部，必能融洽舆情，为农林谋进行。沈君向在广西、贵州等处，提倡实业，不遗余力。所以，任工商部最为相宜。胡君前在外洋，熟悉外情，于合同条约，知之最精。将来交通部有订立条约等件，必能不误其事。以上数君，分任部务，皆甚相宜。尚望贵院诸君子赞成、通过，使内阁早日成立。因为有数部总长，十四日起已经不到部视事，当此存亡危急之秋，断不能使内阁一日不成立。今日提出六君子，甚望贵院诸君通过。①

是日，袁世凯公布《各部官制通则》，凡20条。

按：《各部官制通则》经南京临时参议院时期议决，于1912年3月12日议决通过。期间多有修正，到7月18日才公布。其要点包括以下四个方面：

1. 总则。规定本通则，凡外交、内务、财政、陆军、海军、司法、教育、农林、工商、交通各部均适用。

2. 总长职权。各部总长对于主管事务应负其责。事务主管不分明，牵涉二部以上时，得提出国务会议定其所主管。各部总长对于主管事务有认为重要者，得商承国务总理开国务会议。各部总长于其主管事务或特别委任范围内得发部令，或发谕令于地方官，并于必要时得停止地方官的命令处分或取消之。各部总长统辖所属职员，并分别任免。

3. 组织结构。各部设立承政厅，负责掌管机要，典守印信，编制统计，记录所属职员进退的册籍，纂辑保存并收发各项公文函件，管理本部经费及一切预算决算，稽查会计，管理官产官物及所有不属于各司事务。各部分设各司，各司分设各科，分掌事务。其中次长1人为简任，参事、秘书长、秘书、司长、科长为荐任，科员、录事为委任。此外各部依据需要设置工监、工正、工师、工手、副官、司务、编纂、主计、视察、审查等职员。工监为简任，工正、工师、副官、司务、编纂、主计、视察、审查为荐任，工手为委任。

4. 属官职权。次长辅佐总长处理部务。总长有故不能视事时，除列席国务会议副署法令及发布部令外，得代理其职。参事承总长之命掌理审议及草拟稿案事务。

---

① 中国社会科学院近代史研究所、中华民国史研究室编：《中华民国史资料丛稿·民初政争与二次革命》上编，上海人民出版社1983年版。

秘书长承总长之命总理承政厅事务。秘书承总长之命分掌承政厅事务。司长承总长之命主管一司事务,并指挥监督科长以下各职员。科长承上官之命掌理一科事务。科员承上官之命分掌科务。录事承上官之命,缮写文件经理庶务。工监、工正、工师、工手皆承上官之命掌理技术事务。副官、司务、编纂、主计、视察、审查分别掌管整理补助事务、专门事务、编纂记录事务、会计事务、视察及调查事务、审查学艺事务等。①

19日,参议院否决陆徵祥内阁之财政总长周自齐,司法总长章宗祥,教育总长孙毓筠,农林总长王人文,交通总长胡惟德,工商总长沈秉堃(共和党议员同意,同盟会、统一共和党议员反对)。

按:《参议院否决陆内阁会议速记录》(节录)(一九一二年七月十九日)

参议院第四十二次会议速记录:

七月十九日上午九时开议。

副议长汤化龙主席,议员出席者九十九人。

主席:大总统今晨来信,由秘书长报告。

秘书长宣读大总统来信。

刘彦:请将意思说明。

主席:是因昨天提出拟任命之国务员,交院征求同意。而各国务员均已具函辞职,不愿担任。如投票表示同意,恐亦难强其必就,与其同意之后难强其担任,不如暂缓时日,著人调停之后,再行交院同意。来信即是此意。

彭允彝:此函是致个人,抑系致本院者?

主席:是函致议长,但议长是全院代表,即是函致本院。

刘彦:大总统提出国务员交院同意,令国务总理至院陈述。而总理迟至十一时始来,只说均是好者,并未说出所以然。而今日大总统又来此种函件。任命国务员一事,何等重大,乃竟朝令夕更,实属不成事体。但此函系致个人私函,不能认为有效。

主席:但须声明一下,此信虽是写给议长,然封面上乃写致参议院。

俞道暄:昨日大总统提出国务员交院同意,系用正式公文,且又令总理前来陈述,视之何等郑重。今日何以复用私函打消公文,似乎不合。如实要打消,亦宜用正式公文前来,方能认为有效。

江辛:大总统之命令亦不能变更法律,今以私函来打消公文,何能有效。

李肇甫:此过不在大总统。因组织内阁是总理之完全责任,大总统不能干与,故大总统原可以私人名义函致本院。何也?照共和国通例,无论政府有何种议案之提

---

① 严泉:《民国国会与近代中国法制建设(1912—1924)》,商务印书馆2014年版。

出，总理均应负完全责任。今总理受任已久，而对于内阁之组织，至今尚未确定。前天来封公文，因未盖印而撤回，今日又任发私函前来打消，直视国务员如儿戏。似此等总理，内阁尚不能组织，其何能担任民国之大事。

主席：此当申明一下。无印公文撤回，并无其事。而今日之信，亦并非终止，不过是稍缓时日再行征求同意。

谷钟秀：继任之国务员，组织已经多时，均不能提出，交院请求同意。乃迟至昨日，始行提出，但既已提出，必其组织已妥，在政府一面已确不可移，乃今日又以私函前来打消。然则，昨日提出者，是随便写出之人，国务员而可以任便写出，任便取消，则其不以国务员为重可知。故此种私函，当然认为无效。

主席：然则现在如何？

谷钟秀：应按照本院昨日通告办理。（众赞成）

主席：然则仍然投票。

江辛：当然投票。

彭允彝：当然照昨日通告投票。（中略）

主席报告其结果如左：

财政总长周自齐：同意三十五票，不同意六十三票。

司法总长章宗祥：同意三十八票，不同意六十票。

教育总长孙毓筠：同意十一票，不同意八十七票。

农林总长王人文：同意四十一票，不同意五十七票。

工商总长沈秉堃：同意三十七票，不同意六十一票。

交通总长胡惟德：同意三十六票，不同意六十二票。①

是日，共和党通电，支持陆徵祥任总理。

是日，立宪党人张君劢、吴贯因、梁文卿等，月初以来接连函促梁启超归国。是日，梁文卿函中有云："内阁新组，无论何人为总理，皆短命者也。彼一短命，此一短命，待人视组阁为畏途，或知其难时，吾党再取而代之，易于反掌。"

7月20日，是日，美政府电示驻英、法、日、德、俄、意各国美使，立即照会各驻在国政府，鉴于目前北京政府已能有效行使职权，美国认为应按照国际法予以正式承认。

是日，北洋政府设蒙藏事务局，隶属国务总理，以加强对蒙藏地区的管理。

20日，参议院否决六总长后，共和党于19日发电指责中国同盟会及统一共和党"欲陷国家于无政府"。是日，中国同盟会通电辩正事实真相，指向共和党煽动党争，

---

① 中国社会科学院近代史研究所、中华民国史研究室主编：《中华民国史资料丛稿·民初政争与二次革命》上编，上海人民出版社1983年版。

嫁衅他人。

是日,安徽安庆兵变。

21 日,袁世凯邀参议院 77 人至总统府开茶话会,协商内阁问题,要求各议员与政府同心协力,维持大局。副议长汤化龙表示政府如能确定方针,参议院当勉予同意。

是日,北京军警为国务员否决案,召开特别会议,电话参议院。

是日,黎元洪通电,请参议院即日表决国务员,政府早日稳固。

是日,中国同盟会本部举行夏季会员大会,出席会员 500 余人。代理总干事魏宸组报告并就改组问题提请公决,多数会员仍不表同意。次改选总务、财政、政事三部主任干事,宋教仁、孙毓筠、张耀曾分别当选。

是日,统一共和党开会讨论内阁问题,议决先让共和党组阁,共和党若不同意,则由同盟会任之。

是日,共和建设讨论会通电宣布陆徵祥如去位,该党主张:一、新总理论人不论党;二、总理既定,所提各总长概予同意;三、认现在情形,议员必不可入阁。

是日,陕西都督张凤翙接陆军总长段祺瑞密电称,舒景福、王耀武勾串宗社党,于阴历五月二十八日(7 月 12 日)到陕甘活动,图谋不轨,除致电甘肃都督赵惟熙查拿外,着陕西严加查缉。次日,张派卫队将舒等四人拿获,搜出宗社党简章多件,当将四人处决。

22 日,袁世凯将参议院否决六总长情况通电各省,宣布不准陆徵祥去职,仍主组人才内阁。

是日,江西都督李烈钧通电反对中央集权。

是日,袁世凯任命朱瑞为浙江都督,蒋尊簋被免职。

是日,孙中山在上海中华民国铁道协会欢迎会上演讲"筑路与借债"问题。

按:大会主席郁大年报告开会宗旨,王伯群读欢迎词。孙中山演说有二时之久,大致谓:对于铁道协会极表同意,处今日之世界无铁道无以立国。中国地大物博,如满洲、蒙古、西藏、新疆等处,皆是殷富之区,徒以无铁道,故全国不能受其利益。如美国新旧金山,昔及亦属荒凉,自筑铁道后,一变为繁盛之区。今日民国成立,极宜注重于此,则铁道问题自当研究。即如现在外人经营蒙、藏,即须派兵抵御,因无铁道遂不能迅速而至。夫人民之对本国莫不希望其富与强,欲富强非建筑铁道不可。

但中国欲建铁道无款,故借款问题不可不研究。如清政府借款之办法,则有大害。今日中华民国借款用途,固与前清有异。借款本为营业性质,私人交涉,无关国际问题,即生大害,必须离开国际问题,成为私人交涉,方可言借债。我国十年之内,必有五十万里铁道,方能立国。现在民穷财尽,若无铁道开富源,十年后更不堪设想。数百年前中外均无铁道,故彼此无强弱之别,现在万国均有铁道,我国不能独无。要知现在所有铁道,主权多属外人,故不能不速建,以救危亡。今日之盛会,希望于十年内造成百万里铁道,以图富强之策云云。①

是日,美国询问日本对中华民国政府意见。

按:日本主从缓。

23日,袁世凯向临时参议院咨送第二次补充阁员名单,请任命周学熙、许世英、范源濂、陈振先、朱启钤、蒋作宾为财政、司法、教育、农林、交通、工商各部总长,征求同意。

是日,袁世凯令准浙江都督蒋尊簋辞职,遗缺以朱瑞继任。

24日,令各省都督各派代表三人入京以备咨询。

是日,河南都督张镇芳电,赞成7·19共和党主张,其挟持私见者当为全国共弃。

是日,北京各军界团体散发传单,斥参议院议员挟持党见,破坏大局。

是日,国务院奉袁世凯令电各省都督遴选代表三人到京,以备咨询。

是日,章炳麟自北京到汉口晤黎元洪。主张黎元洪与袁世凯合作。

25日,北京军警会议公所特别会议,请总统劝告参议院勿持私见,否则解散参议院。

按:陆徵祥在国务员被否决后,以"无组织内阁之能力",向袁世凯提出辞职。袁世凯认为这是参议院有意打击他的威信。并且觉得他已经成功地打破内阁副署对他的约束,对这个立法机构也不难制服,决心施展手段来迫使参议院就范。首先,他唆使北京军警联合会通电指责参议员只争党见,不顾国家危机,甚至叫嚷要用兵力解散参议院,用硬的一手来进行威胁。接着,又在21日邀请各党派参议员六十多人到总统府开"茶会",劝说参议员化除成见,同心协力,以挽救国家危亡,用软的一手加以笼络。22日,他将参议院否决阁员的情况通电各省,表示鉴于时局的艰危,只要有转圜的余地,他决不惜降心相从,愿意在日内再选相当人员,重新提出,以求得到参议院通过。23日,袁世凯向参议院送出新的补充阁员名单:财政周学熙、司法许世英、教育范源濂、农林陈振先、交通朱启钤、工商蒋作宾,征求参议院的同意。24日,恐吓信、匿名传单纷纷飞到参议院。其中有署名军界公启声讨吴景濂、谷钟秀、殷汝骊罪状的传单;有能取得吴、谷二人头颅者赏洋壹万元,下不署名的传单;有署名公健十人团,封送一百零三封信分给各议员,说再不牺牲党见,将以炸弹从事,等等。25日上午11时,军警会议公所开特别会议,声称参议院再不通过阁员名单,就请大总统予以解散。午后2时,姜桂题(毅军总统)、马金叙(直隶提督)、陆建章(执法处总办)、段芝贵(拱卫军翼长)、陈策(同盟会员)假安庆会馆宴请参议员、新闻记

---

① 上海《天铎报》1912年7月23日。

者及政界各员。席上,陆建章发表演说,除大谈联络感情以外,居然声称:近日种种谣言,谓军人将至议院干涉,并说敢保其必无此事,只要能查出实系军人之证据,我等自必惩办,等等。当袁世凯使用军警对参议院(主要是对参议院中的同盟会和统一共和党籍的议员)施加压力时,参议院中各个党派和院外各种政治力量,围绕陆内阁风潮也进行着尖锐的斗争。①

是日,总统府军事处函陆军部、内务部,重申禁军警干预政潮。

是日,毅军总统姜桂题、直隶都督马金叙、军政执法处总办陆建章、拱卫军翼长段芝贵与同盟会会员陈策宴请参议院议员及新闻记者,劝告各党各报蠲除党见,完成组阁。次日,北京军警界代表40余人赴国务院谒国务总理陆徵祥表示支持,要求陆千万不可去位。

是日,袁世凯公布司法部及蒙藏事务局官制。

按:蒙藏事务局设正、副总裁各一人,内设机关有总务处和民治科、边卫科、劝业科、封贵科和宗教科。总务处主管蒙藏事务局内的事务性事项。

是日,澳洲宣布新订华侨来澳章程。

26日,参议院在军警监视下屈服于袁世凯之压力,表决第二次陆徵祥内阁名单,除工商蒋作宾被否决外,财政周学熙、司法许世英、教育范源濂、农林陈振先、交通朱启钤五总长均获通过。袁世凯于当日发表五总长任命令。

是日,孙中山复函上海中华银行董事局,允任总董。

27日,参议员谷钟秀、刘彦以陆徵祥出席参议院演说,出词鄙俗,不谈政见,所提国务员名单,杂奏成章,致涉纷更,军警干涉,诿为不知,提出弹劾国务总理失职案,因不足法定人数未能开议。

是日,袁世凯令陆军、内务两部传谕禁止军警干预政治。

是日,北京军警各界公电,谓政府不定,将酿大乱。

是日,袁世凯任命章宗祥为大理院院长。

是日,河南开封暴徒闯入省议会,枪伤议员多人。

28日,广东都督胡汉民、江西都督李烈钧联合通电,反对军民分治(苏、浙、湘、闽、桂、直、鲁、晋、奉、吉、黑各省继之)。

29日,袁世凯任命姚锡光署蒙藏事务局总裁,董鸿祎为教育次长,常连为宁夏将军,赵均腾为贵州宣慰使。

是日,袁世凯公布《勋章令》及《勋章条例》。

按:中华民国开国以后,孙中山先生任临时大总统,令陆军部制订《勋章章程》,于民国元年四月一日公布,规定勋章种类为九鼎、虎罴、醒狮三种,每种各分九等,颁

---

① 胡绳武、金冲及:《辛亥革命史稿》第四卷《革命的成功与失败》,上海人民出版社1991年版。

民国元年日志
（1912年1月—12月）

给陆海军人具特殊或寻常战功者，以及一般为国尽瘁卓著功劳之人员。此后陆续公布《颁给勋章条例》《陆海军勋章令》等相关法令，订定大勋章、嘉禾勋章、白鹰勋章、文虎勋章、宝光勋章等等。民国元年七月二十九日，由陆徵祥署名、大总统盖印公布《颁布勋章条例》，规定大勋章为大总统所佩带，或特赠外国元首，嘉禾勋章分一至九等，绶制分大绶、领绶和襟绶，以颜色作区分，勋章都附勋表，颜色如绶制，给与有勋劳于国家或有功绩于学问及事业者。国民政府奠都南京后，上述勋章全部废止。

是日，山西都督阎锡山电，盼各政党牺牲党见，维持国家信用。

是日，四川都督尹昌衡率军抵打箭炉。

是日，蒙兵团攻科布多。

是日，法国表示须俟中国正式政府成立，并愿保障外人在华权利，始予承认。

是日，《民立报》发表章士钊的《毁党造党说》。

按：文章说：毁党造党乃记者著政党组织案之主张，为新闻体所困，未及终篇，今以吴稚晖先生辱寄之《政党问题》，颇涉兹点，请略说明于此，望先生更进而教之也。

记者于政党救国一语，有所致疑，非致疑于政党之为物也，乃致疑于今吾国之所谓政党也。亦非致疑于吾政党之本质也，乃致疑于吾政党之作用也。民国成立亦已半载，党派之生同其岁年，宜已略具规模矣，而成绩之能告人者安在？则殊不易言也。他国有二党，吾亦有二党，人之党分自由、保守二派，吾亦分急进、稳和二派，形式似矣，而语其实则号称急进者特攻人者不择人，骂人者不择言，狂躁无识之士多归焉。号称稳和者，特附会以抵人之隙，造谣以持人之短，阴贼险狠之士多归焉。如是而已。此虽仅写其黑暗面，而当此光明退听之时，吾言不可易也。由是国基未稳，外侮迭乘，所需聪明才力之量以奠之、御之者至无垠。而此种聪明才力悉量耗之于意见之相轧，内而朝堂，外而报纸皆同一轨以进，未之或爽，如此而兴党争，且长此不已，百民国又安足亡也。

其所以然者，则此种党争以私见而不以政纲也。

然则如之何而后可？计亦惟速造政纲而已。虽然，记者尝言之矣，政纲者与政党相依为命者也。先纲而后党，其党固，先党而后纲，其党瘵。何也党见既存，政纲或由牵强附会而立也。涉思至此，而造党之念生矣。昔柏克尝语政党之起原乃哲家澄思渺虑定国家之大计，而政家从而实施之。今言造党，乃正如柏克所言，由政家而上溯哲家，谋以后者之态度定为纲领，而后运以前者之手腕也。顾一政纲立，必有一对立之政纲，亦可见诸实行，吾之择此一方也，或生于智虑之不周，而未闻反对者充分之理解，苟聚两方而相与讨论，各无所容心，其分派之结果，容或不同。苟党义坚而党界明，其为福将来之党争，乃无涯量。涉思至此，而毁党造党之念生矣，毁党造党云者，乃今之政党悉自毁其党，相与共同讨论以求其适于己之政纲，而因就政纲而再造为党之谓也。其法则今之党人绝不自以为党人，各党出其才智者若干辈，开一政治研究会,本其哲家之态度,举国中所有政治财政种种大问题,一一彻底而研究之,为期多则一年,少亦六月,研究之结果,每一问题必有可否两面,问题愈多,可否之数愈多,最后核记果可者否者,两派互有出入,又或问题有轻重大小之不同,则舍轻而取重,略小而言大,亦即因以分为两派焉。在此政治研究会中,一以当时之政见为前提,从前之党见一丝不容扰之。新党成,而旧党之分子大相互易或竟无易者,皆不可知,而新党要纯粹建筑于政纲之上,以后所有党争悉于此争之,诉之意气,有所不屑,尤有所不暇也。且新党乃融合各党讨论分配而成,苟或有成,则近百年应兴应废之大问题,自非绝无线路可寻,必已尽情探讨,国中得此坚而且大之两壁垒,小党将无发生之必要,而亦断难有其能力。而两大政党相迭代用之利,吾乃得而享焉。以记者之愚,如当世贤豪肯发大愿,颇不以此策为绝不可能也。

记者毁党再造之说,大略如右。先生疑记者将自作党纲以与他党,或自植一党。此不然也。记者之毁党再造说,非能以党纲与人也,特示人以党纲将以何道得之而已。执吾说而询人有何种党纲,始得言党,吾说不置答也。故先生谓记者所作政党组织案,包有理想之党纲与党规,大失记者之意也,吾组织案特示政党之当如此组织,由此组织可得理想之党纲与党规而已,本案非能供人以此物也。故先生虑及为人造党纲之困难,而因断定毁党再造之扞格实多,乃记者未及说明之过也。又记者毁党再造之说,全生于政纲有无之问题,而不生于分子稳健与否之问题。又记者所言非头痛医头,脚痛医脚之谈,乃根本解决之法,绝非即党而改党,如先生所谓毁共和党造和共党,毁同盟会造盟同会之类。故先生所言,记者但服其理至而已,与本说无直接之关系也。谬妄之谈,幸先生谅而教之。①

是日,孙中山与黄兴出席铁道协会举行的正副会长就职仪式。

按:是日下午三时,孙中山、黄兴就铁道协会正副会长之职,特开大会于铁道协会。孙中山发表关于铁道政策,各种筹划甚多,拟先发行杂志,以为讨论机关。并出示特绘之铁路地图,详论建筑方针,及其利弊所在。继谓:中国欲发达铁道关于材料之供给,约须如汉阳铁厂者二百所,方可足敷用。并创办大银行为辅助云。四时半散会。②

30 日,孙中山在上海视察中华银行,并召开会议,议定中华银行改为完全商办,扩大召股,在各埠设分行。

是日,袁世凯任命施愚为法制局长。

是日,南通枭匪郑东荣等乱平。

是日,经廓尔喀驻藏代表调停,西藏地方军与钟颖部队实行停战,并商定:北京

---

① 《民立报》1912 年 7 月 29 日。

② 上海《天铎报》1912 年 7 月 30 日。

民国元年日志

（1912 年 1 月—12 月）

政府驻藏官吏仍留拉萨,驻藏兵员除少数卫队外,余均交出枪械,撤归内地。

31 日,外交部照会驻京日公使,中国政府将为明治天皇举哀 27 日。

是日,沪军都督取消,由江苏都督程德全接收。

按:程德全到上海接收,陈其美交卸。昨日袁世凯派陈出国考察工商事务,先给旅费三万元。

是日,袁世凯任命王祖同为河南布政使。

是日,烟台鲁军都督胡瑛电告实行取消。

是日,福州《群报》因"揭载当局之短",被福建都督孙道仁以"扰乱治安"罪名查封。主笔苏鉴亭被捕。

是日,以詹天佑会办粤汉铁路事宜,督办为谭人凤。

是月,直隶美术馆在天津成立,宗旨是"普及美术知识,辅助工艺进步"。

是月,福建都督孙道仁与美孚石油公司签订借款 30 万元合同,用于发放所欠军饷。

8 月

1 日,江苏浦口兵变。

按:驻浦口第一军第一师,已有三月未给饷银,颇形困苦。适该军高师长由宁领到饷银。拟为裁并第一、四两师之用。因裁并计划,尚未筹定,将饷银寄存江北第一楼旅馆,为兵士侦知,于本日晚间哗变。群至旅馆,抢劫所存饷银,并抢商店多家,由六合天长各处逃窜。经高师长商请他军沿途追缉,当捕三十余名,即时枪毙。[①]

是日,安徽滁州兵变。

按:驻滁州第一团七八两连兵士,因久不发饷,于本日晚猝然哗变。劫夺该团本部之枪械子弹,焚劫商店。经第一营三四两连竭力弹压,叛兵始携脏向西逃窜。[②]

是日,任命詹天佑会办奥汉铁路事宜。该路督办为谭人凤,詹天佑总理兼总工程师,今改任为会办。

是日,内务总长赵秉钧与伦敦《泰晤士报》记者莫理逊订立合同,莫理逊为总统之文事(政治)顾问,任期五年,岁俸英金三千磅。

是日,袁世凯任命梁赉奎为农林次长。

是日,北京中国银行总行开幕。

2 日,袁世凯公布《教育部官制》。

按:第一条　教育总长,管理教育学艺及历象事务,监督全国学校及所辖各官署。

第二条　教育部职员,除各部官制通则所定外,置职员如下:

视学　荐任

计正　荐任

技士　委任

第三条　视学十六人,承长官之命,掌学事之视察。

第四条　技正二人,技士八人,承长官之命,掌技术事务。

---

① 《东方杂志》第九卷第三号《中国大事记》,1912 年。
② 《东方杂志》第九卷第三号《中国大事记》,1912 年。

民国元年日志

（1912年1月—12月）

第五条　教育部总务厅,除各部官制通则所定外,掌事务如下:一、关于直辖学校及公立学校职员事项。二、关于教育会议事项。三、关于审查及编纂事项。四、关于学校卫生事项。五、关于学校图书馆博物馆等修建事项。六、关于教育博览会事项。

第六条　教育部置左列各司:普通教育司、专门教育司、社会教育司。

第七条　普通教育司掌事物如下:一、关于师范学校事项。二、关于中学校事项。三、关于小学校及蒙养园事项。四、关于普通实业学校事项。五、关于聋哑学校及其他残废等特种学校事项。六、关于与以上相等之各种学校事项。七、关于学龄儿童就学事项。八、关于检定教员事项、

第八条　专门教育司掌事务如下:一、关于大学校事项。二、关于高等专门学校事项。三、关于与以上相等之各种学校事项。四、关于外国留学生事项。五、关于历象事项。六、关于博士会事项。七、关于国语统一会事项。八、关于医士药剂士开业试验委员会事项。九、关于各种学术会事项。十、关于授学位事项。

第九条　社会教育司掌事务如下:一、关于厘正通俗礼仪事项。二、关于博物馆图书馆事项。三、关于动植物园等学术事项。四、关于美术馆美术展览会事项。五、关于文艺音乐演剧等事项。六、关于调查及搜索古物事项、七、关于通俗教育及讲演会事项、八、关于通俗图书馆巡行文库事项。九、关于通俗教育之编辑调查规划等事项。

第十条　教育部主事员额,至多不得逾八十人。

第十一条　教育部参事佥事主事定额,以部令定之。

第十二条　本制自公布日施行。①

3日,俄国表示须待中国政府确实建立,趋于稳固,再予承认。

是日,袁世凯任命向瑞坤为工商次长。

4日,中国邮政会在北京举行第一次会议,梁士诒为会长。

按:1912年中华民国成立,大清邮政更名为中华民国邮政,并颁布了邮政法,提出了"以法治邮"的思想,法制化管理下的中华邮政成绩显著,获得了世界的认可,在1914年3月1日,加入了万国邮政联盟,从此开始参与国际邮政事务。

5日,同盟会、统一共和党、国民公党同意合并为国民党。

是日,湖北省城武昌军队因为退伍事哗变。

是日,国务院会议决定都督暂代行政总监,待局势稍定,再行军民分治。

是日,袁世凯任命汪有龄为司法次长,徐鼐霖为黑龙江民政长。

6日,中国驻英代表刘镜人密电报告,各国在伦敦会议处分中国问题结果,暂不

①《东方杂志》第九卷第三号《中国大事记》,1912年。

承认中华民国,中国借款或购买军火须严加限制。

7 日,韩国人 8 名在北京被捕(此系应天津日领事之请,谓其谋刺日前首相桂太郎。8 月 8 日解交天津日领事)。

8 日,袁世凯公布《内务部官制》。

按:第一条　内务总长,管理地方行政选举、赈恤、救济、慈善、感化、人户、土地、警察、著作出版、土木工程、礼俗、宗教及卫生事务,监督所辖各官署及地方长官。

第二条内务部职员,除各部官制通则所定外,置职员如下:技正(荐任)、技士(委任)。

第三条技正四人,技士十人,承长官之命,掌技术事务。

第四条内务部置下列各司:民政司、职方司、警政司、土木司、礼俗司、卫生司。

第五条民政司掌事务如下:一、关于地方行政及经济事项。二、关于地方自治团体及其他公共团体之行政及经济事项。三、关于选举事项。四、关于贫民赈恤事项。五、关于雇灾救济事项。六、关于贫民习艺所、感化所、盲哑收容所、疯癫收容所之设置发止及管理事项。七、关于育婴恤嫠及其他慈善事项。八、关于国籍及户籍事项。九、关于人民移植事项。十、关于征兵及征发事项。

第六条,职方司掌事务如:一、关于行政区划事项。二、关于官地收放事项。三、关于民地调查事项。四、关于土地图志事项。

第七条　警政司掌事务如下:一、关于行政警察事项。二、关于高等警察事项。三、关于著作出版事项。

第八条　土木司掌事务如下:一、关于本部直辖土木工程事项。二、关于地方及其他公共土木工程事项。三、关于本部直辖工程经费及辅助地方工程经费之调查事项。四、关于道路桥梁之修缮及调查事项。五、关于河堤海港及其他水道工程事项。六、关于土地收用事项。

第九条　礼俗司掌事务如下:一、关于礼制事项。二、关于祀典行政事项。三、关于祠庙事项。四、关于宗教事项。五、关于褒扬节义及其他整饬风俗事项。六、关于保存古物事项。

第十条　卫生司掌事务如下:一、关于传染病地方病之防预、种痘、及其他公众卫生事项。二、关于车船检疫事项。三、关于医士药剂士业务之监查事项。四、关于药品及卖药营业之检查事项。五、关于卫生会地方卫生组合及病院事项。

第十一条　内务部主事员额,至多不得逾七十人。

第十二条　内务部参事佥事主事定额,以部令定之。

第十三条　本制自公布日施行。①

---

① 《东方杂志》第九卷第三号《中国大事记》,1912 年。

民国元年日志
（1912年1月—12月）

是日，袁世凯公布《工商部官制》。

按：第一条　工商组长，管理关于工商矿事务，监督所辖各官署。

第二条　工商部职员，除各部官制通则所定外，置职员如左：技正（荐任）、技士（委任）。

第三条　技正八人，技士十三人，承长官之命，掌技术事务。

第四条　工商部总务厅，除各部官制通则所定外，掌关于内外劝业会事务。

第五条　工商部置左列各司：工务司、商务司、矿务司。

第六条　工务司掌事物如下：一、关于工业提倡奖励事项。二、关于国有工业事项。三、关于工业团体事项。四、关于工厂监督及检查事项。五、关于工人保护保护事项。六、关于工人教育事项。七、关于工业品发明及特许事项。八、关于工业调查及试验事项。九、关于度量衡之制造检查及推行事项。十、其他关于工业一切事项。

第七条　商务司堂事务如下：一、关于商业提倡奖励事项。二、关于商业团体事项。三、关于交易所核准及监督事项。四、关于商品检查及商品陈列事项。五、关于公司核准注册及监督事项。六、关于银行保险运送及其他商业监督事项。七、关于商标登陆事项。八、关于通商贸易事项。九、关于道派驻外商务委员事项。十、关于侨商事项。十一、其他关于商业一切事项。

第八条　矿务司堂事务如下：一、关于矿业提倡奖励事项。二、关于矿权特许及撤销事项。三、关于矿区勘定事项。四、关于矿业税事项。五、关于矿业诉愿事项。六、关于矿业监督事项。七、关于矿业经营事项。八、关于矿业警察事项。九、关于矿业调查事项。十、关于地质调查事项。十一、其他关于矿业一切事宜。

第九条　工商部主事员额，至多不得逾五十人。

第十条　工商部参事佥事主事定额，以部分定之。

第十一条　本制自公布日施行。[①]

是日，袁世凯公布《农林部官制》。

按：第一条　农林总长，管理农务水利山林畜牧蚕业水产垦殖事务，监督所辖各官署。

第二条　农林部职员，除各部官制通则所定外，置职员如左：视察（荐任）、技正（荐任）、技士（委任）。

第三条　视察八人，承长官之命，掌视察事务。

第四条　技正十人，技士十五人，承长官之命，掌技术事务。

第五条　农林部总务厅，除各部官制通则所定外，掌关于农林劝业会、万国农会、并考察外国农业等事务。

---

① 《东方杂志》第九卷第三号《中国大事记》，1912年。

第六条　农林部置左列各司:农务司、垦牧司、山林司、水产司。

第七条　农务司掌事务如下:一、关于农业改良事项。二、关于蚕丝业事项。三、关于水利及耕地整理事项。四、关于茶棉糖豆诸业事项。五、关于天灾虫害之预防善后事项。六、关于农会及农业团体事项。七、关于气象事项。八、其他关于农业一切事项。

第八条　垦牧司掌事务如下:一、关于开垦移民事项。二、关于牧畜改良事项。三、关于荒地处分事项。四、关于种畜检查及兽疫事项。五、关于垦牧团体事项。六、其他关于垦牧的一切事项。

第九条　山林司掌事务如下:一、关于山林监督保护奖励事项。二、关于保安林事项。三、关于国有林事项。四、关于林业团体事项。五、关于狩猎事项。六、其他关于山林一切事项。

第十条　水产司掌事务如下:一、关于水产监理保护事项。二、关于渔业监理保护事项。三、关于公海渔业奖励事项。四、关于渔业团体事项。五、其他关于水产一切事项。

第十一条　农林部主事员额,至多不得逾七十二人。

第十二条　农林部参事佥事主事定额,以部令定之。

第十三条　本制自公开日施行。[①]

是日,袁世凯公布勋位令。

按:按此案亦未经提交参议院公决。

第一条　凡民国人民,有功劳于国家或社会者,授予勋位。

第二条　勋位分为六位如下:一、大勋位。二、勋一位。三、勋二位。四、勋三位。五、勋四位。六、勋五位。

第三条　勋位大总统以亲授式授于之。

第四条　凡授有勋位者,除依法律受一定之年金外,不得附带其他之特权。

第五条　凡授有勋位者,终身保有之,但依刑法褫夺公权之宣告时,不在此限。

第六条　凡依优待条件,保有亲王以下之世爵者,各以受有勋位谕。

第七条　前条世爵,与勋位比例之等级如左:(甲)亲王郡王贝勒贝子大勋位。(乙)公视勋一位。(丙)候视勋二位。(丁)伯视勋三位。(戊)子视勋四位。(己)男视勋五位。

第八条　本令自公布日施行。[②]

是日,袁世凯任命卢永祥为第二十镇统制,吕公望为浙江第六师师长。

---

① 《东方杂志》第九卷第三号《中国大事记》,1912 年。
② 《东方杂志》第九卷第三号《中国大事记》,1912 年。

民国元年日志

9日，黎元洪查封《大江报》，缉拿主笔何海鸣、凌大同。凌大同被扣以"言论专取无政府主义"的罪名，由黎元洪亲自下令逮捕、斩首，并将头颅挂在城门口示众。

按：《大江报》前身为《大江白话报》，于1910年12月14日创刊于汉口，是湖北革命团体创办的第二个机关报。1911年1月31日，删去"白话"二字，改称《大江报》。《大江报》改用文言文，日出两大张，以"提倡人道主义，发明种族思想，鼓吹推倒满清罪恶政府"为办报主旨。由詹大悲任主笔，何海鸣任副主笔，查光佛、梅宝玑等为编辑。革命党人居正、田桐、温楚珩、蒋翊武等人积极为之撰稿。

是日，英国表示承认中国新政府时机未至。

10日，袁世凯大总统颁布《中华民国国会组织法》。

按：《中华民国国会组织法》：

第一条　民国议会，以左列两院构成之：参议院、众议院。

第二条　参议院以左列各议员组成之：一、由各省省议会选出者每省十名。二、由蒙古选举会选出者二十七名。三、由西藏选举会选出者十名。四、由青海选举会选出者三名。五、由中央学会选出者八名。六、由华侨选举会选出者六名。

第三条　众议院以各地方人民所选举之议员组成之。

第四条　各省选出众议院议员之名额，依人口之多寡定之。每人口满八十万，选出议员一名，但人口不满八百万之省，亦得选出议员十名。人口总调查未毕以前，各省选出之员额如下：直隶四十六名，奉天十六名，吉林十名，黑龙江十名，江苏四十名，安徽二十七名，江西三十五名，浙江三十八名，福建二十四名，湖北二十六名，湖南二十七名，山东三十三名，河南三十二名，山西二十八名，山西二十一名，甘肃十四名，新疆十名，四川三十五名，广东三十名，广西十九名，云南二十二名，贵州十三名。

第五条　蒙古西藏青海选出众议院议员之名额如下：蒙古二十七名，西藏十名，青海三名。

第六条　参议院议员任期六年。

第七条　众议院议员任期三年。

第八条　两院议长副议长，各由本院议员互选之。

第九条　无论何人，不得同时为两院议员。

第十条　民国议会之开会及闭会，两院同时行之。

第十一条　民国议会之会期为四个月，但依事情之必要，得延长之。

第十二条　民国议会之议事，两院各别行之，同一议案不得同时提出于两院。

第十三条　民国议会之议定，以两院之一致成之，一院否决至议案，不得于同会期内，再行提出。

第十四条　民国宪法未定以前，临时约法所定参议院之职权，为民国议会之职权。但下列事项，两院各得专行之。一、建议。二、质问。三、插板官吏纳贿违法之请求。四、政府咨询之答复。五、人民请愿之受理。六、议员逮捕之许可。起、院内法规之制定。预算决算。须先经众议院之议决。

第十五条　两院非各有总议员过半数之出席,不得开议。

第十六条　两院之议事,以出席议员过半数之同意决之,可否同数,取决于议长。

第十七条　临时约法第十九条第十一款第十二款及第二十三条,关于出席及意决员数之规定,于两院各备用之,临时约法第二十一条之规定亦同。

第十八条　临时约法第二十五条第二十六条,关于参议院之规定,于两院议员,各备用之。

第十九条　两院议员之岁费,及其他公费,别以法律定之。

第二十条　民国宪法案之起草,由两院各于议员内选出同数之委员行之。

第二十一条　民国宪法之一定,由两院会合行之。前项会合时,以参议院议长为议长,众议院议长为副议长。非两院各有总议员三分之二以上之出席,不得开议,非出席议员四分之三以上之同意,不得议决。

第二十二条　本法自公布日施行。①

是日,袁世凯公布《参议院议员选举法》。

按:《参议院议员选举法》:

第一章　总则

第一条　参议院议员,依国会组织法第二条之规定,分别选举之。

第二条　参议院议员选举人,于本法各章定之。

第三条　凡有众议院议员被选举之资格,年满三十岁以上者,得被选举为参议院议员。华侨选举会选出之参议院议员,除前项规定外,以通晓汉语者为限。

第四条　参议院议员之选举期日,以教令定之。

第五条　选举用无记名单记投票法。

第六条　选举非有选举人总数三分之二以上到会,不得投票。

第七条　选举以得票满投票人总数三分之一者为当选,当选人不足额时,应再行投票。至足额为止。

第八条　当选人足额后,并依议员定额,选定同数之候补当选人。其当选票额,依前条之规定。凡得票满当选票额,因当选人足额不能当选者,即作为候补当选人。

第九条　当选人及候补当选人名次,以选出之先后为序。同次选出者,以得票多寡为序。票数同者,抽签定之。

第十条　当选人及候补当选人之姓名,及所得票数,由选举监督,当场榜示,同

---

① 《东方杂志》第九卷第三号《中国大事记》,1912年。

时通知各当选人。

第十一条　当选人接到前条通知后,应于二十日以内答复愿否应选,其逾期不复者,以不愿应选论。但交通不便地方,得延长十五日以内。

第十二条　当选人不愿应选时,依次以候补当选人递补之。但本法有特别规定者,不在此限。

第十三条　凡应选者为参议院议员,由选举监督给予议员证书,同时汇造名册,呈报内务部。

第十四条　议员出缺时,依第十二条之规定递补之。

第十五条　候补当选人之有效期间,至每届议员改选之日为止。

第十六条　第一届选出之参议院议员,于开会后,依下列规定,分为二十七部。每部以抽签法均分为三班,第一班满二年改选,第二班满四年改选,第三班任满改选,嗣后每二年就任满之议员改选之。各省省议会选出者每省为一部,蒙古选举会选出者为一部,西藏选举会选出者为一部,青海选举会选出者为一部,中央学会选出者为一部,华侨选举会选出者为一部。议员名额,不能三分时,以较多或较少之数,为第三班。

第十七条　议员退任,再被选者得连任。

第十八条　关于选举投票开票检票选举变更及选举诉讼,本法所未规定者,准用众议院参议院选举法之规定。

第二章　各省

第十九条　各省选出参议院议员之名额,依国会组织法第二条第一款之规定。

第二十条　选举人以各该省省议会议员充之。

第二十一条　各省选举参议院议员,该省省议会议员被选者,至多不得逾定额之半。候补当选人之选举,及每届议员之改选亦同。

第二十二条　候补当选人之递补,依名次之先后。但应选或现任之参议院议员,由省议会议员被选者,以满定额之半时。其缺额应以省议会议员之被选为候补当选人递补之。

第二十三条　选举监督,以各该省行政长官充之。选举场所,以省议会会所充之。选举时间,选举监督定之。

第三章　蒙古及青海。

第二十四条　蒙古及青海,选出参议院议员之名额,依国会组织法第二条第二款及第四款之规定。

第二十五条　蒙古及青海之选举区划及议员名额之分配如下:哲里木盟二名,卓索图盟二名,昭乌达盟二名,锡林郭勒盂二名,乌兰察布盟二名,伊克昭盟二名,土谢图汗部二名,车臣汗部二名,三音诺颜部二名,扎龙克图汗部二名,乌梁海二名,科布多及旧土扈特三名,阿拉善一名,额济纳一名,青海三名。

第二十六条　选举人以蒙古及青海选举会会员为之。

第二十七条　蒙古及青海选举会,依第二十五条规定之区划,以各该王公世爵或世职组织之。前项选举会,得依便宜联合二区以上组织之。

第二十八条　选举监督,以选举会所在地行政长官充之,但得委托相当之官吏代理。选举时间及场所,选举监督定之。

第四章　西藏

第二十九条　西藏选出参议院议员之名额,依国会组织法第二条第三款之规定。

第三十条　西藏之选举区划及议员名额之分配如下:前藏五名,后藏五名。

第三十一条　选举人以西藏选举会会员为之。

第三十二条　西藏选举会,依第三十条规定之区划,由达赖喇嘛及班禅喇嘛,会同驻藏办事长官,遴选相当人员,分别于拉隆及扎什伦布组织之。前项人员名额,各以该区应出议员名额之五倍为准。

第三十三条　选举监督,以驻藏办事长官充之,但得委托相当之官吏代理。选举时间及结果,选举监督定之。

第五章　中央学会

第三十四条　中央学会选出参议院议员之名额,依国会组织法第二条第五款之规定。

第三十五条　选举人以中央学会会员充之,但被选举人不以该会会员为限。

第三十六条　选举监督,以教育总长充之,选举时间及场所,选举监督充之。

第三十七条　中央学会之组织,别以法律定之。

第六章　华侨

第三十八条　华侨选出参议院议员之名额,依国会组织法第二条第六款之规定。

第三十九条　选举人以华侨选举会会员为之。

第四十条　华侨选举会,由华侨侨居地所设各商会,各选出选举人一名组成之。前项商会,以经本国政府人口者为限。

第四十一条　华侨选举会,设于民国政府所在地。

第四十二条　选举监督,以工商总长充之。选举时间及场所,选举监督定之。

第四十三条　华侨选举会会员,因故不能到会时,但代理人以代理人一人为限。

前项委托证书,须经本人签名,并钤该商会图记。凡选举会会员,不得为代理人。

第七章　附则

第四十四条　本法自公布日施行。[1]

是日，袁世凯公布《众议院议员选举法》。

按：《众议院议员选举法》：

第一编　总则

第一条　众议院议员，依国会组织法第四条及第五条之规定，分别选举之。

第二条　选举年限，以三年为一届。

第三条　每届选举年限，其选举日期，以教令定之，临时选举日期亦同。

第四条　凡有中华民国国籍之男子，年满二十一岁以上，于编制选举人名册以前，在选举区内居住满二年以上。具下列资格之一者，有选举众议院议员之权。一、年纳直接税二元以上者。二、有值五百元以上之不动产者。但于蒙藏青海。得就动产计算之。三、在小学校以上毕业者。四、有与小学校以上毕业相当之资格者。

第五条　凡有中华民国国籍之男子，年满二十五岁以上者，得被选举为众议院议员。于蒙藏青海，具有前项资格，并通晓汉语者，得被选举为众议院议员。

第六条　凡有下列事情之一者，不得有选举权及被选举权。一、褫夺公权。尚未复权者。二、受破产之宣告。确定后尚未撤销者。三、有精神病者。四、吸食鸦片者。五、不识文字者。

第七条　下列各人，停止其选举权及被选举权。一、现役陆海军人。及在征调期间之续备军人。二、现任行政司法官吏及巡警。三、僧道及其他宗教师。前项第二款及第三款之规定。于蒙藏青海，不适用之。

第八条　下列各人，停止其被选举权。一、小学校教员。二、各学校肆业生。

第九条　办理选举人员，于其选举区内，停止其被选举权。但监察员及蒙藏青海之办理选举人员，不在此限。

第二编　各省议员之选举

第一章　选举区划及办理选举人员

第一节　选举区划

第十条　初选举以县为选举区，各以所辖地方为境界，地方行政区划及其名称未改正以前。下列各区划，均以县论。一、府直隶厅州之直辖地方。二、厅及州。

第十一条　复选举合若干初选区为选举区，其区划别以表定之。

第十二条　行政区划之境界有变更时，选举区一并变更。但原选议员，不失其职。

第二节　办理选举人员

第十三条　各省设选举总监督，以该省行政长官充之，监督全身选举事宜。

---

[1]　《东方杂志》第九卷第三号《中国大事记》，1912 年。

第十四条 初选区设初选监督,以各该区之行政长官充之,监督初选举一切事宜。初选监督,各以本署为办理选举事务所。

第十五条 复选区设复选监督,于初选期三个月以前,由选举总监督委任,监督复选举一切事宜。复选监督驻在地,由选举总监督定之。

第十六条 初选复选,均设投票管理员、监察员、开票管理员、监察员、各若干名,由初选监督复选监督分别委任,但监察员应以本区选举人为限。

第十七条 投票管理员职务如下:一、掌投票所启闭。二、决定投票制应否收受。三、掌投票匦投票簿投票纸及选举人名册。四、保持投票所秩序。五、其他本法所定属于投票管理员职务之事项。

第十八条 开票管理员职务如下:一、掌开票所启闭。二、清算投票数目。三、检查投票纸真伪。四、决定投票之是否合法。五、保存选举票。六、保持开票所秩序。七、其他本法所定属于开票管理员职务之事项。

第十九条 投票监察员、开票监察员,各监视管理员办理投票开票事宜。

监察员如与管理员意见不同时,得呈明选举监督决定。

第二十条 凡办理选举人员,均为名誉职,但得酌给公费。

第二章 初选举

第一节 投票区

第二十一条 初选监督应按照地方情形,分划本管区域为若干投票区。

第二十二条 投票区应于初选期六十日以前,由初选监督筹定,呈报复选监督核定后,转报总监督。

第二节 选举人名册

第二十三条 初选监督应就本管区域内,分派调查委员,按照选举资格,调查合格者,造具选举人名册。调查员办事细则,由初选监督定之。

第二十四条 选举人名册,应载选举人姓名、年岁、籍贯、住址、住居年限。及下列第一款或第二款事项:一、年纳直接税之数,或不动产价格之数。二、某种学校毕业,或与某种学校毕业相当之资格。

第二十五条 选举人名册,应于初选期六十日以前,一律告成,由初选监督分别呈报复选监督及总监督。

第二十六条 初选监督应按各投票区,分造选举人名册,于初选期六十日以前,颁发各投票所,宣示公众。

第二十七条 宣示选举人名册,以五日为期。如本人以为错误遗漏,得于宣示期内,取具证凭,呈请初选监督更正。前项呈请更正,初选监督应自收呈之日起,五日以内判定之。

第二十八条 宣示期满,即为确定,不得再请更正。其由初选家督判定更正者,应更正选举人名册,补报复选监督及总监督。

第二十九条　选举人名册确定后,应分存各投票所及开票所,并由总监督呈报选举人总数于内务部。

第三节　当选人名额

第三十条　初选当选人名额,定位议员名额之五十倍,每届有复选监督,按照该复选区议员名额,用五十乘之,为该复选区内初选当选人名额,分配于各初选区。

第三十一条　初选当选人之分配,由复选监督以该复选区应出之初选当选人名额,除全区当选人总数,视得数多寡,定每选举人若干名,得选出当选人一名。再以此数分除各初选区选举人数,视得数多寡,定各该出选区应出初选当选人若干名,出选区有选举人数,不敷选出当选人一名,或敷选若干名之外,仍有零数,致当选人不足定额者,比较各初选区零数多寡,将余额依次归零数较多之区选出之。若两区以上零数相等,其余额应归何区,以抽签定之。初选当选人名额分配定后,由复选监督于初选期十日以前,榜示各初选区。

第四节　选举通告

第三十二条　初选监督应于初选期四十日以前,办法选举通告。其应载事项如下:一、初选日期。二、初选投票所及开票所地址。三、投票方法。

第五节　投票所及开票所

第三十三条　投票所、每投票区各设一处,开票所设于初选监督所在地,其地址各由初选监督定之。

第三十四条　投票所及开票所周围,得临时增派巡警,保持秩序。

第三十五条　投票所及开票所,除本所职员选举人及巡警外,他人不得进入,开票所因参观之选举人过多,不能容时,管理员得限制人数。

第三十六条　投票所及开票所,自投票及开票完毕之日起,十五日以内,一律裁撤。

第三十七条　投票所启闭,以午前八时至午后六时为率,逾限不得入内。

第三十八条　投票所及开票所办事细则,由初选监督定之。

第六节　投票纸投票簿及投票匦

第三十九条　投票纸、应由复选监督按照定式制成,于初选期三十日以前,分交初选监督,初选监督应于初选期七日以前,分交各投票所。

第四十条　初选监督应按照各投票区所属选举人,分别造具投票簿,并按照定式制成投票匦,于初选期七日以前,分交各投票所。

第四十一条　投票簿应载明选举人姓名年岁籍贯及住址。

第四十二条　投票匦除投票时外,应严加封锁。

第七节　投票开票及检票

第四十三条　投票人以列名本投票所之投票簿者为限。

第四十四条　投票人届选举期,应亲赴投票所自行投票。

第四十五条　投票人于领投票纸时,应先在投票簿所载本人姓名下签字。

第四十六条　投票人每名只领投票纸一张。

第四十七条　投票用无记名单记法,每票只书被选人一名,不得自书本人姓名。

第四十八条　投票人于投票所内,除关于投票方法,得与职员问答外,不得于他人接谈。

第四十九条　投票完毕后,投票人应即退出。

第五十条　投票人倘有冒替及其他违背法令情事,管理员及监察员得令退出。

第五十一条　管理员及监察员,应将投票始末情形,会同造具报告,连同投票匦,于投票完毕之翌日,移交开票所,并呈报初选监督。

第五十二条　初选监督自各投票匦送齐之翌日,应酌定时刻,先行宣示,届时亲临开票所,督同开票,即日宣示。

第五十三条　检票时,应将所投选举票数与投票簿对照。

第五十四条　凡选举票应作废者如下:一、写不依式者。二、夹写他事者,但记载被选人职业或住址者。三、字迹模糊,不能认识者。四、不用投票所所发票纸者。五、选出之人为选举人名册所无者。

第五十五条　开票所管理员及监察员,应将开票始末情形,会同造具报告。于开票完毕之翌日,呈送初选监督。所有选举票,应分别有效无效,一并附呈。于本届选举年限内,由初选监督保存之。

第八节　当选票额

第五十六条　初选以本区应出当选人名额,除投票人总数,将得数三分之一,为当选票额。非得票满额者,不得为初选当选人。

第五十七条　凡因不满当选票额,致无人当选,或当选人不足额时,由初选监督就得票较多者,按照所缺当选人名额。加倍开列姓名,即行榜示,于开票后第三日、在原投票所,就榜示姓名内,再行投票,至足额为止。

第五十八条　当选人名次,以选出之先后为序,同次选出者,以得票多寡为序。票数同者,抽签定之。

第五十九条　凡得票满当选票额,因当选人足额。不能当选者,即作为初选候补当选人。其名次准用前条之规定。

第九节　当选通知及证书

第六十条　当选人确定后,应即榜示。并由初选监督具名,分别通知各当选人。

第六十一条　当选人接到通知后,应于五日以内答复愿否应选,其逾期不复者,以不愿应选论。

第六十二条　凡应选者,由初选监督给予当选证书。

第六十三条　当选证书,由复选监督按照定式制成。于初选期二十日以前,分交初选监督。

第六十四条　当选证书给予后,应将当选人姓名榜示,并呈报复选监督。

第六十五条　初选当选人,受领证书后,由初选监督按照距复选投票所路程远近,酌给旅费。

第三章　复选举

第六十六条　复选举,由初选当选人齐集复选监督驻在地行之。

第六十七条　复选人名册,以初选当选人为限,依各初选区之顺序编列之,其册内应载事项。除依第二十条规定外,应载明初选当选票数。

第六十八条　复选当选人,不以初选当选人为限。

第六十九条　各复选区应出议员若干名,每届由总监督按照各该复选区选举人名册总数,以全省议员名额分配之。

第七十条　复选当选人之分配,由总监督于给复选区选举人名册报齐后,按照名册,以该省议员名额。除全省选举人总数,视得数多寡,定每选举人若干名,得选出议员一名。再以此数分除各复选区选举人数,视得数多寡,定各该复选区应出复选当选人若干名。复选区有选举人数,不敷选出议员一名,或敷选若干名之外。仍有零数,致议员不足定额者,比较各复选区零数多寡,将余额依次归零数较多之区选出之。若两区以上零数相等,其余额应归何区,以抽签定之。初选当选人名额分配定后,由总监督于初选期三十日以前,通知各复选监督。

第七十一条　复选监督,应于复选期三十日以前,颁发选举通告,其应载事项如下:一、复选日期。二、复选投票所及开票所地址。三、投票方法。四、复选当选人名额。

第七十二条　复选投票所开票所地址,及其办事细则,由复选监督定之。关于投票所开票所事项,准用第三十四条至第三十七条之规定。

第七十三条　复选投票纸投票簿及投票匦定式,与初选同。

第七十四条　复选投票开票及检票,准用第四十三条至第五十四条第一款至第四款及第五十五条之规定。

第七十五条　复选以本区应出议员名额,除投票总数,将得数之半为当选票额,非得票满额者,不得为复选当选人。

第七十六条　凡因不满当选票额,致无人当选,或当选人不足定额时,由复选监督在原投票所重行选举,至足额为止。

第七十七条　复选当选人足额后,并依该区应出议员名额,选定同数之候补当选人,其当选票额,依第七十五条之规定。凡得票满当选票额,因复选当选人足额,不能当选者,即作为候补当选人。

第七十八条 复选当选人及候补当选人之名次,准用第五十八条之规定。

第七十九条 复选当选人确定后,应即榜示,并由复选监督具名,分别通知各当选人。当选人接到通知后,应于二十日以内答复愿否应选,其逾期不复者,以不愿应选论。

第八十条 凡应选者,为众议院议员,由复选监督给与议员证书。

第八十一条 议员证书给与后,复选监督应将复选举始末情形,造具报告,连同投票簿,并有效无效之选举票,及议员名册,呈报总监督,于本届选举年限内保存之,并由总监督汇造该省议员名册,呈报内务部。议员名册,应载明议员姓名年岁籍贯及所得票数。

第四章 选举变更

第一节 选举无效

第八十二条 凡有下列各款事情,为选举无效:一、选举人名册,因舞弊牵涉全数人员,经审判确定者。二、办理选举违背法令,经审判确定者。

第八十三条 前条之规定,于初选举及复选举均适用之,初选举无效时。复选举虽经确定,一并无效。

第二节 当选无效

第八十四条 凡有下列各款事情,为当选无效:一、不愿应选。二、死亡。三、被选举资格不符,经审判确定者。四、当选票数不实,经审判确定者。

第八十五条 当选无效时,当选证书已给发者,应令缴还,并将姓名及其缘由宣示。

第八十六条 当选无效时,应以各该区候补当选人递补。

第三节 改选及补选。

第八十七条 改选于每届选举年限行之,选举无效时,应于该选举区一律改选。

第八十八条 补选于议员缺额,该选举区无候补当选人时行之。

第八十九条 关于改选及补选事项,均依本编之规定行之。

第五章 选举诉讼

第九十条 选举人确认办理选举人员有舞弊及其他违背法令行为,得自选举日起,初选于五日内,向地方审判厅起诉,复选于十日内,向高等审判厅起诉。

第九十一条 选举人确认当选人资格不符,或得票不实者,得依前条之规定起诉。

第九十二条 落选人确认所得票数应当选而未与选,或候补当选人确认名次有错误者,得依第九十条之规定起诉。

第九十三条 选举诉讼事件,应先于各种诉讼事件审判之。

第六章　罚则

第九十四条　关于选举之犯罪，依刑律处斩。

第九十五条　初选当选人，已受选举旅费，加倍罚金。

第三编　蒙古西藏青海议员之选举

第九十六条　蒙古、西藏、青海、选举区划及议员名额之分配如下：哲里木盟二名，卓索图盟二名，昭乌达盟二名，锡林郭勒盂二名，乌兰察布盟二名，伊克昭盟二名，土谢图汗部二名，车臣汗部二名，三音诺颜部二名，扎龙克图汗部二名，乌梁海二名，科布多三名，阿拉善一名，额济纳一名，前藏五名，后藏五名，青海三名。

第九十七条　选举监督，以各该选举区之行政长官充之，监督区内一切选举事宜，选举监督得酌派办理选举人员，并定其职务。

第九十八条　选举监督，应分派调查委员，按照选举资格，调查合格者，造具选举人名册，选举人名册应载事项，准用第二十四条之规定。

第九十九条　前条之调查，选举监督若认为不能偏行时，得专就其驻在地行之。

第一百条　选举监督专就其驻在地为调查时，对于驻在地以外之本管区域，应先期详列选举事由选举资格，并限定日期，令各地之行政长官，宣示公众，听选举人合格者自行呈报。各地行政长官于呈报期满时，应即查实，汇报选举监督。

第一百一条　选举家督应将前条呈报之选举人，一并列入选举人名册。

第一百二条　关于选举人名册之宣示及更正，准用第二十六条至第二十八条之规定。

第一百三条　选举监督应于选举期前，颁发选举通告，令本管各地之行政长官，宣示公众。选举通告应载事项如下：一、选举日期。二、选举投票所及开票所地址。三、投票方法。

第一百四条　投票所及开票所，设于选举监督驻在地，选举监督得依便宜分划本选举区为若干投票区，每投票区设投票所一处。

第一百五条　关于投票所及开票所事项，准用第三十四条至第三十八条之规定。

第一百六条　投票纸投票簿及投票瓯，准用第三十九条至第四十二条之规定，投票纸除汉字外，得书各该地通用文字。

第一百七条　投票开票及检票，准用第四十三条至第五十四条第一款至第四款及第五十五条之规定。

第一百八条　选举按照本区应出议员名额，以得票较多者为当选，当选不足额时，应就原投票所再行投票，至足额为止。

第一百九条　当选人足额时，以得票次多数者，为候补当选人，其名额与议员名额同。

第一百十条　当选人及候补当选人名次,准用第五十八条之规定。

第一百十一条　当选人通知及证书之给与,准用第七十九条第八十条之规定。

第一百十二条　议员证书给与后,选举监督应将选举情形详细记载,连同投票簿并有效无效之投票纸及议员名册,于本届选举年限内保存之,并造具该区议员名册,呈报内务部。议员名册,适用第八十一条第二项之规定。

第一百十三条　关于选举无效及当选无效,适用第八十二条及第八十四条至第八十六条之规定。

第一百十四条　改选及补选,适用第八十七条第八十八条之规定。关于改选及补选事项,均依本编之规定行之。

第一百十五条　选举人确认办理选举人员有舞弊及其他违背法令行为,得自选举日起,于五日内向受理诉讼之官署起诉。

第一百十六条　选举人确认当选人资格不符或票数不实者,得依前条之规定起诉。

第一百十七条　落选人确认所得票数。应当选而未与选,或候补当选人确认名次有错误者,得依第一百十五条之规定起诉。

第一百十八条　选举诉讼之审判,适用第九十三条之规定。

第一百十九条　关于选举之犯罪处斩,适用第九十四条之规定

第一百二十条　本法施行细则,以命令定之。

第一百二十一条　本法自公布日施行。①

是日,袁世凯公布《筹备国会事务局官制》。

按:第一条　筹备国会事务局,隶于内务总长,其职务如下:一、关于国会开会之筹备事项。二、关于议员选举程序事项。

第二条　筹备国会事务所,设委员长一人、总理局务、监督所属职员。

第三条　筹备国会事务局,设委员若干人,由下列各员内选派兼充之:一、内务部参事。二、法制局参事。三、蒙藏事务局参事。

第四条　筹备国会事务局,设事务员十人,掌文书会计及庶务,由委员长委任。

第五条　筹备国会事务局,为缮写文件及其他庶务,得酌用雇员。

第六条　筹备国会事务局,俟国会成立时,即行裁撤。

第七条　本法自公布日施行。②

是日,中央临时教育会闭会。

按:教育会开议一月。由教育部及议员提出之议案共九十二件。计议决者二十

---

① 《东方杂志》第九卷第三号《中国大事记》,1912年。
② 《东方杂志》第九卷第三号《中国大事记》,1912年。

三件。一、学校系统。二、祀孔子问题。三、教育宗旨。四、地方教育会议组织法。五、师范学校令。六、小学校令。七、各学校学年学期及休息日期之规定。八、学校职员分职任务规程。九、仪式规定。十、中学校令。十一、分化学校管辖。十二、学生制服。十三、中央教育会议组织法。十四、专门学校暂定计划。十五、教育会组织纲要。十六、国歌。十七、小学教员俸给规程。十八、采用注音字母。十九、实业学校令。二十、专门学校令。二十一、大学校令。二十二、学校管理规程。二十三、分化大学区。

11日，同盟会、统一共和党、国民公党、国民共进会和共和实进会五个政团集会于北京安庆会馆，就合并为国民党一事达成协议。13日发表宣言说："共和之制，国民为国主体，吾人于使人不忘其义，故颜其名曰国民党。"

是日，黎元洪副总统电致袁世凯大总统，谓前鄂军军务副司长张振武等蛊惑军士图谋不轨破坏共和，请立予正法。

12日，司法部公布《暂行新刑律施行细则》。

按：民国政府借鉴世界上文明先进国家的法制经验，清楚地认识到新刑律颁布之后，民众的接受需要一段时间。因此，在新旧法的交替之中，许多案件的审判会不清晰。因此，在颁布了新刑律之后，马上又颁布了《暂行新刑律之细则》，这将有利于司法的公正和清晰，同时也更加有利于法律的推广。

按：《暂行新刑律之细则》：

第一条　在旧刑律时，一罪先发，已经确定审判，余罪在新刑律施行后始发者，依该律第二十四条第一项规定。更定其刑。

第二条　在旧刑律时已经确定审判之案，于暂行新刑律施行后，发觉为累犯者，依该律第十九条第二十条规定，更定其刑。

第三条　在旧刑律时，一罪先发，已经确定审判，余罪在暂行新刑律施行后始发，并与累犯互合者。依该律第二十五条之例处斩。

第四条　新刑律未施行前，已经确定审判而未执行，及遣流徒案件在执行中者，按照暂行新刑律之规定，分别执行如下：一现决人犯，无论斩绞，均处绞刑。二秋后人犯，例入情实者处绞刑。三秋后人犯，情实例应声叙免勾，或改缓及例入缓决者，处无期徒刑。四秋后人犯，例应减遣者，处一等有期徒刑十二年。五秋后人犯，例应减流者，处一等有期徒刑十年。应减徒者，处三等有期徒刑三年。六永远监禁人犯，仍处无期徒刑。其监禁若干年者，按照所定年限，处有期徒刑，但不得逾十五年。七遣刑人犯，例应实发满流者，处一等有期徒刑十年；流二千五百里者，处二等有期徒刑八年；流二千里者，处二等有期徒刑六年。九遣流人犯，例不实发者，均照原定年限处有期徒刑。十徒刑人犯，按照徒役年限，处有期徒刑。十一监候待质人犯，已定罪者，无庸待质，按照所定之刑，依以上各项分别执行。其未定罪者，再行审理，宣告其罪行或放免之。十二凡改处徒刑人犯,从前受刑期日,均准算入刑期。

第五条　前条第一款第二款,应候复准文到三日内执行。其余各款,于颁布本则之公报到后七日内执行。

第六条　前条及暂行新刑律第四十条之复准,由司法部行之。

第七条　死刑案件,如犯人系孕妇或罹精神病,虽经复准,非产后满百日,或精神病愈后,不得执行。

第八条　特赦减刑或复权,由司法总长呈请于大总统,或由大总统交司法总长复议后宣告之。

第九条　无期徒刑以下各刑,除第五条所规定外,于审判确定后次日执行,但须报告于司法部。报告程式,以司法部令定之。

第十条　本则于暂行新刑律施行法颁布后废止之。①

是日,蔡锷宣布脱离统一共和党,主解散政党。

按:统一共和党与同盟回合并改组为国民党,蔡锷宣布退党,坚定而明确地提出军人"不党主义"。蔡锷本来就是学者,研究过西方现代政治,研究过国际公法,因此,他虽然身为军人,却不像一些军人那样只为军人的利益考虑,而是能够为国家政治着想,洞察军人干政的危害,提醒军人应止步于当止之处。

13日,同盟会、统一共和党、国民公党、国民共进会、共和实进会,发表国民党合并宣言。

按:《国民党宣言》:一国之政治,恒视其运用政治之中心势力以为推移。其中心势力强健而良善,其国之政治必灿然可观;其中心势力脆薄而恶劣,其国之政治必阒然无色。此消长倚伏之数,固不必论其国体之为君主共和,政体之为专制立宪,而无往不如是也。天相中国,帝制殄灭,既改国体为共和,变政体为立宪,然而共和立宪之国,其政治之中心势力,则不可不汇之于政党。

夫国家之所以成立,盖不外乎国民之合成心力。其统治国家之权力,与夫左右此统治权力之人,亦恒存乎国民合成心力之主宰而纲维之。其在君主专制国,国民合成心力趋重于一阶级、一部分,故左右统治权力者,常为阀族、为官僚。其在共和立宪国,国民合成心力普遍于全部,故左右统治权力者,常为多数之国民。诚以共和立宪国者,法律上国家之主权在国民全体,实事上统治国家之机关,均由国民之意思构成之,国民为国家之主人翁,固不得不起而负此维持国家之责,间接以维持国民自身之安宁幸福也。

惟是国民合成心力之作用,非必能使国民人人皆直接发动之者。同此圆顶方趾之类,其思想知识能力不能一一相等伦者众矣。是故有优秀特出者焉,有寻常一般

---

① 《东方杂志》第九卷第四号《中国大事记》,1912年。

者焉。而优秀特出者,视寻常一般者恒为少数。虽在共和立宪国,其直接发动其合成心力之作用,而实际左右其统治权力者,亦恒在优秀特出之少数国民。在法律上,则由此少数优秀特出者,组织为议会与政府,以代表全部之国民。在实事上,则由此少数优秀特出者集合为政党,以领导全部之国民。而法律上之议会与政府,又不过籍法力,俾其意思与行为,为正式有效之器械,其真能发纵指示为代议机关或政府之脑海者,则仍为实事上之政党也。是故政党在共和立宪国,实可谓为直接发动其合成心力作用之主体,亦可谓为实际左右其统治权力之机关。

且夫政党之为物,既非可苟焉以成,故与他种国家之他种中心势力同其趋向,非具有所谓(强健而良善)之条件,不足以达其目的。强健而良善之条件者非他,即巩固庞大之结合力,与有系统有条理真确不破之政见是也。苟具有巩固庞大之结合力,与有系统有条理真确不破之政见,壁垒既坚,旗帜亦明,自足以运用其国之政治,而贯彻国利民福之薪响。进而组织政府,则成志同道合之政党内阁(责任内阁制之国,大总统常立于超然地位,故政党不必争大总统,而只在组织内阁)。以其所信之政见,举而措之裕如。退而在野,则使他党执政,而已处于监督之地,相摩相荡,而政治乃日有向上之机。是故政党政治,虽为政治之极则,而在国民主权之国,则未有不赖之为唯一之常轨者。其所以成为政治之中心势力,实国家进化自然之理,势非如他之普通结社,可以若有若无焉者也。

今中国共和立宪之制肇兴久矣,举国喁喁望治,皆欲求所以建设新国家之术。然为问国中运用政治之中心势力,果何在乎前? 有识之士,皇然忧时,援引徒众,杂糅庞合,树帜立垒,号曰政党者亦众矣。然为问适于为运用政治之中心势力者谁乎? 纵曰庶几将有近似者焉,然又为问能合于共和立宪之原则,不以类似他种国家之他种中心势力杂乎其间,而无愧为共和立宪国运用政治之中心势力者谁乎? 质而言之,中国虽号为共和立宪,而实无有强健而良善之政党焉,为运用政治之中心势力而胜任愉快者。夫共和立宪之政治,在理未有不以政党为其中心势力,而其共和立宪犹可信者,而今乃不然,则中国虽谓为无共和立宪国之实质焉可也。嗟乎! 兴言及此,我国人其尚不知所以自反乎! 我国人之有志从事于政党者,其尚不知所以自处之道乎!

曩者吾人痛帝政之专制也,共图摧去之,以有中国同盟会。比及破坏告终,建设之事不敢放置,爰易其内蕴,进而入于政党之林。时则俊士云起,天下风动,结社集会,以谈国家事者比比焉。吾人求治之心,急切莫待,于是不谋而合,投袂而起,又有统一共和党、国民公党、国民共进会、共和实进会之组织。凡此诸党,薪响所及,无非期以利国福民,以臻于强健良善之境。然而志愿虽宏,力行匪易,分道扬镳,艰于整肃。数月以来,略有发抒而不克奏齐一之功,用树广大之风声,所谓不适于为运用政治之中心势力者,吾诸党盖亦不免居其一焉(此吾人深自引责而不能一日安者)。若不图改弦之策,为集中统一之谋,则是吾人放弃共和国民之天职,罪莫大焉。

且一国政党之兴,只宜二大对峙,不宜小群分立。方今群言淆乱,宇内云扰,吾人尤不敢不有以正之,示天下以范畴。四顾茫茫,此尤不得不以遗大图艰之业,自相诏勉者耳。爰集众议,询谋佥同。继自今,吾中国同盟会、统一共和党、国民公党、国民共进会、共和实进会,相与合并为一,舍其旧而新是谋,以从事于民国建设之事,以薪渐达于为共和立宪之政治中心势力,且以求符于政党原则,成为大群,藉以引起一国只宜二沙对峙之观念,俾其见诸实行。

共和之制,国民为国主体,吾党欲使人不忘斯义也,故颜其名曰国民党。党有宗旨,所以定众志,吾党以求完全共和立宪政治为志者也,故标其义曰巩固共和,实行平民政治。众志既定于内,不可不有所标帜于外,则党纲尚焉。故斟酌损益,义取适时,概列五事,以为揭橥:曰保持政治统一,将以建单一之国,行集权之制,使建设之事纲举而目张也。曰发展地方自治,将以练国民之能力,养共和之基础,补中央之所未逮也。曰励行种族同化,将以发达国内平等文明,收道一同风之效也。曰采用民生政策,将以施行国家社会主义,保育国民生计,以国家权力,使一国经济之发达均衡而迅速也。曰维持国际平和,将以尊重外交之信义,维持均势之现状,以专力于内治也。凡此五者,纲领略备,若夫条目,则当与时因应,不克固定。

嗟乎!时难方殷,前途正远,继自今,吾党循序以进,愚的以赴,不务虚高,不涉旁歧,孜孜以吾党之信条为期,其于所谓巩固庞大之结合力,与有系统有条理真确不破之政见,庶几可以计程跻之乎!由是而之焉,则将来运用政治之中心势力,亦庶几可以归于政党之一途,而有以副乎共和立宪之实质。世之君子,其亦乐与从事者乎!是尤吾党之人所愿为执鞭者耳。中华民国元年八月十三日。①

是日,北京政府外交部发布《关于中国在满、蒙、藏主权的五项声明》。

按:声明曰:一、满、蒙、藏为中国领土,凡关于满、蒙、藏各地之条约,未经民国承认者,不得私订,已订者亦均无效。二、满、蒙、藏各地矿产,无论何人,不得私自抵押,向各国借款。各国亦不得轻易允许遽行开采。三、民国对于满、蒙、藏各地,有自由行动之主权,各国不得干预。四、民国政府对于各国侨民力任保护,各国不得藉保护侨商之名增加军队及分派警察等事。五、蒙、藏反抗民国,为国法所不许,外人不得暗中主使一切。②

是日,公布众议院议员各省复选区表。

是日,黎元洪再电袁世凯,请将张振武、方维正法。

是日,孙中山、黄兴电同盟会海外各支部,请同志改组为国民党。

---

① 中国社科院编:《孙中山全集》,中华书局2011年版。
② 《民立报》民国元年八月十六日。程道德等编:《中华民国外交史资料选编(一)(1911—1919)》,北京大学出版社1988年版。

民国元年日志

（1912年1月—12月）

按：各支部鉴：按北京本部来电云："连日与统一共和党、国民公进会、国民公党协商合并，另行组织。彼此提出条件如下：一、定名国民党。一、宗旨巩固共和，实行平民政治。一、党纲五条，保持政治统一，发展地方自治，励行种族同化，采用民生政策，保持国际平和。一、用理事制，于其中推一人为理事长。昨日开全体职员、评议员联合会，合并条件已通过。"云云。文等以上列各条，与本会宗旨毫不相背，又得此多数政团同心协力，将吾党素所怀抱者见诸实行，此非独同人之幸，亦民国前途之福也。文等深为赞成。且同盟会成立之始，其命名本含有革命同盟会意义，共和初建，改为政党，同人提议变更名称者日益众，即此时而易之，可谓一举而两得矣。特此通电贵支部，务求统一，以便正式发表。文等屡承袁大总统遣使持函来邀，已定十七日启程北上，赐复即交北京同盟会本部为盼。孙文、黄兴。①

14日，袁世凯任命施炳协为江海关监督，王潜刚为东海关监督。

15日，安徽省城兵变。

按：皖省各军，前以改编军队，裁汰兵士，时有哗溃之谣，柏都督乃调浦口军来皖驻扎，以资镇压。讵该军第一旅第三营左队，因饷项两月未发，屡欲暴动。本日晚九时，遂尔哗变。幸该军第一二两营及该营右后两队，均未附和，而本省军队及宪兵卫队，又相率分头拦截。变兵知势不敌，遂即陆续归营，旋由军政司勒令缴械遣散。②

是日，北方女子联合会要求女子参政权。

是日，日本表示中国临时政府尚未具有国际公法所需之承认条件。

是日，黄兴与柏文蔚等发起熊成基烈士追悼会预告。

按：预告曰：烈士以皖军将校，首举义旗，为天下倡，意在联合太湖会操诸君建旗北上，直捣黄龙。事虽未成，然种族大义由是深入军心，历久弥固。曾不五稔，武汉发难，江、皖响应，卒以军人革命覆满清而建民国，则烈士提倡之功也。今烈士之兄成模由吉奉迎灵榇，不日回扬。本党同人追念先烈，哀与敬俱，拟诹时日开追悼大会于扬州。海内人士，凡钦仰烈士者，可先期惠临，或以挽联、哀章见寄。尤望本党各地支部、分部广告各界征集联文代收，尽本月二十日前转寄扬州广储门外史公祠内同盟会扬（州）分部为祷。会期准在月内，容俟择定，再行布闻，即希公鉴。

发起人：黄兴、柏文蔚、方潜、胡维栋、范光启、凌毅、辛汉、陈策，常恒芳、程芝宣、王芝祥、陈其美、洪承典、姚勇忱、郑芳荪、陈陶怡、杜潜、章梓、巴泽宪、凌昭、王正蕃、熊传第、高从道、张永正、廖传仪、孙希文、方刚、孙斐轩、肖良璞、薛子祥、赵云龙、袁家声、倪伟汉、余友丰、韩慰生、杨士香、赵正平、冷遹、黄子鸣、廖传薪、赵丹、孙万乘、毕少山、龚维鑫、黄郭、龚振鹏、张汇滔、阚钧、方树仁、任诚、毛宗芟谨启。③

---

① 中国社科院编：《孙中山全集》，中华书局2011年版。

② 《东方杂志》第九卷第四号，1912年。

③ 据上海《民立报》一九一二年八月十五日。湖南省社会科学院编：《黄兴集》，中华书局2011年版。

16 日,湖北议员孙武、杜潜、刘成禺、邓玉麟等向袁世凯面质枪杀张振武事。

是日民益商场开业,并附设织布工场,资本 1 万元,地点在南市。

是日,孙中山先生发表了《复民生国计会函》。

按:民生国计会总部诸公大鉴:手书具悉。移民就垦,增益天赋等事,其指旨甚伟。惟事关国政,应由议院与政府双方主持,仆未便以个人名义径向政府商议。贵会宗旨与此事性质甚合,祈努力鼓吹,以收倡导之功,于民国前途大有利益也。①

17 日,驻京英使为西藏事照会外交部,提出无理要求,政府据理拒绝。

按:略分四款:一、中国不得以西藏作为行省。一、西藏内政应准藏人自行办理,不得加以干涉。一、中国准派代表一人驻藏,指导藏人办理一切外交事宜。该代表准携带卫队若干,惟中国驻藏之兵,不得漫无限制。一、目下派出之远征队,应即停止。文中又为中国不应假道印度以入藏境,并要求缔结新约。(《东方杂志》第九卷第四号,1912 年)

是日,中华民国政府颁布《礼制》。

按:第一章　男子礼

第一条　男子礼为脱帽鞠躬。

第二条　庆典祀典婚礼丧礼聘问,用脱帽三鞠躬礼。

第三条　公宴公礼式及寻常庆吊交际宴会,用脱帽一鞠躬礼。

第四条　寻常相见,用脱帽礼。

第五条　军人警察有特别规定者,不适用本制。

第二章　女子礼

第六条　女子礼适用第二条第三条之规定,但不脱帽。寻常相见,用一鞠躬礼。

第七条　本制自公布日施行。②

按:盖志芳说:"这是临时政府第一次发布命令宣布废除跪拜之礼,也是中华民族两千年历史上首次废除跪拜。长久以来,祭祀之神圣,君权制的尊崇,被专制主义者代代累加,何曾这般与众人平等! 鞠躬礼的推行是平等实现的重要一步。"③

是日,袁世凯任命施愚为筹备国会事务局委员长。

18 日,藏兵攻占巴塘。

按:前藏人围占里塘巴塘,经边军将里塘克服,于是巴塘之围亦解。嗣以川军出关后,不谙地理,不服水土,而器械亦不敷用,藏人遂复猖獗。本日北京得电,知巴塘又为藏人占据。④

① 中国社科院编:《孙中山全集》,中华书局 2011 年版。

② 《东方杂志》第九卷第四号,1912 年。

③ 盖志芳:《民国礼学的历史考察》,山东师范大学 2007 年硕士学位论文。

④ 《东方杂志》第九卷第四号,1912 年。

民国元年日志

（1912年1月—12月）

是日，孙中山发表《介绍梁重良西医士的启事》。

是日，孙中山应袁世凯的邀请北上，在临行前发表《与送行者谈话》。

按：欢送孙公诸人中，登船后尚有劝孙公勿往者。大致谓：公世界伟人，历经艰阻，岂怯于民国成立之后。惟此次以有益、无益为断。观北方情形，似即行亦无大裨益。

孙公谓：无论如何不失信于袁总统，且他人皆谓袁不可靠，我则以为可靠，必欲一试吾目光。[1]

19日，袁世凯公布更正众议院议员各省复选区表。

是日，袁世凯公布《陆军官制表》。

是日，袁世凯公布《交通部官制》。

按：第一条　交通总长，管理铁路邮政电政航政，监督所辖各官署，及全国关于交通电气事业。

第二条　交通部职员，除各省官制通则所定外，置职员如下：视察 荐任；技监 荐任；技正 荐任；技士 委任。

第三条　视察四人，承长官之命，掌视察事务。

第四条　技监二人，承总长之命，管理关门技术事务，只会监督所属技术官。

第五条　技正四人，技士十人，承长官之命，掌技术事务。

第六条　交通部总务厅，除各部官制通则所定外，掌事务如下：一、关于养成交通职员事项；二、关于交通博物馆事项。

第七条　交通部置下列各司。路政司、邮政司、电政司、航政司。

第八条　路政司掌事务如下：一、关于管理国有铁路事项；二、关于监督民有铁路事项；三、关于监督陆上运输业事项。

第九条　邮政司掌事务如下：一、关于邮件事项；二、关于邮便汇兑及邮便储金事项；三、关于驿站台站事项。

第十条　电政司掌事务如下：一、关于管理电报电话及其他交通电气业事项；二、关于监督民办电话及其他交通电气业事项。

第十一条　航政司掌事务如下：一、关于管理航路及航路标识事项；二、关于监督造船船舶船员及水上运输业事项；三、其他航政事项。

第十二条　交通部主事员额，至多不得逾一百十人。

第十三条　交通部参事金事主事员额，以部令定之。

第十四条　本制自公布日施行。[2]

---

[1]　中国社科院编：《孙中山全集》，中华书局2011年版。

[2]　《东方杂志》第九卷第四号，1912年。

是日,中华民国政府颁布《蒙古待遇条例》,允诺蒙古王公原有管辖治理权,世袭爵位号,呼图克图喇嘛等封号概仍其旧,并从优支给蒙古王公世爵俸饷等,以坚其内向。

按:《蒙古待遇条例》其具体内容如下:(一)嗣后各蒙古,均不以藩属待遇,应与内地一律。中央对于蒙古行政机关,亦不用理藩、殖民、拓殖等字样;(二)各蒙古王公原有之管辖治理权,一律照旧;(三)内外蒙古汗、王公、台吉、世爵各位号,应予照旧承袭,其在本旗所享有之特权,亦照旧无异;(四)唐努乌梁海五旗、阿尔泰乌梁海七旗,系属副都统及总管治理,应就原来副都统及总管承接职任之人,改为世爵;(五)蒙古各地呼图克图、喇嘛等原有之封号,概仍其旧;(六)各蒙古之对外交涉及边防事务,自应归中央政府办理。但中央政府认为关系地方重要事情者,得随时交该地方行政机关参议,然后施行;(七)蒙古王公世爵俸饷,应从优支给;(八)察哈尔之上都牧权,牛羊群地方,除已垦设治之处,仍旧设治外,可为蒙古王公筹划生计之用;(九)蒙古通晓汉文并合法定资格者,得任用京外文武各职。①

是日,蒙兵侵袭洮南府。

按:蒙人反对共和,前曾进攻呼伦、泸滨两府。本日复遣兵侵袭洮南,并占据镇东县大赉厅(均在洮南府北)。经奉吉黑三省派兵救援,当将洮南蒙兵击退。镇东大赉,亦次第解围。②

20日,孙中山和黄兴应袁世凯一再邀请,准备北上时,袁世凯根据黎元洪的密电,捕杀了张振武与方维,京津同盟会员电阻孙、黄北上。但孙中山坚持进京,在沪同盟会员劝阻无效,为策安全,决定孙行黄止。孙中山在登上招商局平安轮后,对继续劝阻他北上的人谈话,并发表了《复社会党崇明支部地税研究会函》。

按:社会党崇明支部地税研究会诸公伟鉴:手书领悉。单税一事为社会主义进行之一端,而仆所主张照价征税之法,粤省刻已议行。倘得诸君子遥为赓和,友声相应,庆幸奚如。江亢虎先生俊才雅藻,卓荦一时,发起社会主义,深具救世之婆心。诸君子以志同道合与组织社会党支部于尊处,弘毅致远,我道为不孤矣。蒙不弃,欲招至尊处,藉演讲以广声气,厚意隆情,感深衷曲。惟鄙人近为民生实业事,朝夕杲六,绝少暇时,趋承左右之愿,恐难遽偿于月前也。我辈相知在心,当不以行迹之亲疏而异其情好,幸诸君子努力前修,弗辞劳悴,周旋正有日也。临复无任依依,诸维垂鉴不备。③

是日,国务总理陆徵祥因病请假五日,任命赵秉钧代理。

是日,蒙兵攻陷科布多。

---

① 程道德等编:《中华民国外交史资料选编(一)(1911—1919)》,北京大学出版社1988年版。
② 《东方杂志》第九卷第四号,1912年。
③ 中国社科院编:《孙中山全集》,中华书局2011年版。

民国元年日志

（1912 年 1 月—12 月）

按：库伦遣琨公率蒙兵围攻科布多，叠经开战。我军初获胜利，曾击毙蒙兵多名。嗣以蒙兵日增，而政府所派甘肃新疆阿尔泰各援兵，未能克日集齐，遂于本日失陷。[1]

是日，北通州兵变。

按：北通州驻有毅军二十余营，本日夜间藉反对剪发为名，群起哗变。纵火抢劫，城内外商店民居，被抢者十之七八人，死伤甚众。该军姜统制闻变，由京至通弹压，并由政府派遣拱卫各军前往镇抚。旋查明肇事弁兵多名，先后正法，并将各兵士分别汰留。[2]

是日，吴敬恒、蔡元培、王芝祥等发起"法律维持会"，为张振武呼冤，总统不可以紧急命令杀人。

21 日，时任临时大总统的袁世凯任命三十二名教育部佥事，其中就有周树人、许寿裳。

22 日，孙中山致书宋教仁，决舍弃政治，十年之内筑铁路二十万里。

按：民国大局，此时无论何人执政，皆不能大有设施。盖内力日竭，外患日逼，断非一时所能解决。若只从政治方面下药，必至日弄日纷，每况愈下而已。必先从根本下手，发展物力，使民生充裕，国势不摇，而政治乃能活动。弟刻欲舍政事，而专心致志于铁路之建筑，于十年之中，筑有二十万里之线，纵横于五大部之间。计划已将就绪，而资本一途，亦有成说。（弟所拟之借资办法，较之往日借资筑路条件优胜甚多：一、事权不落外人之手，二、国家不负债务，三、到期收路，不出赎资。）金所持者，只要参议院之赞同，政府之特许所即可从事。然多数同人不免以此举规模过于宏大而起惊疑者，故现尚未敢发表。拟先来北京议行，以觇人心之趋向。[3]

是日，中国社会党首领江亢虎在汉口被捕。

23 日，孙中山应袁世凯邀请自沪乘"安平轮"抵达天津，下榻利顺德饭店。

是日，谭延闿等 17 位都督发布《各省都督为遴选代表赴京备咨事致大总统、国务院电》。

按：通电曰：北京袁大总统、国务院钧鉴：前准国务院敬电："奉大总统令，各省都督遴选代表三人赴京，以备咨询而口统一。"等因。仰见大总统开诚布公，集思广益，免内外隔阂之嫌，谋行政敏活之效，伟谟亮度，钦仰同深。惟此项代表，既奉大总统特令选派熟习本省军事、民事，为各都督深所信任之人赴京咨询一切。事体重要，自与寻常派遣不同，似应明定代表在京职务，俾得承宜大总统意旨，传述都督意见，敷陈地方利弊，藉通内外之邮而确收联络之效。德全等往复讨论，详慎商确，谨拟代表

---

① 《东方杂志》第九卷第四号，1912 年。
② 《东方杂志》第九卷第四号，1912 年。
③ 中国社科院编：《孙中山全集》，中华书局 2011 年版。

权限条件四条于下:一、凡国务会议各省政务时,应先期咨询各省代表,以期接洽。二、国务会议关于某省事件,由某省代表列席旁听。如当场经国务员咨询,或事前奉有都督指令时,得出席陈述意见,但不加于表决之数。三、大总统提出法制预算案交参议院以前,应请征集各省都督之意见,由代表传达之。四、凡关各省政务之命令,如与某省有特别关系时,应先期咨询该省代表于地方情形有无窒碍。以上四条,系为疏通中央与地方之隔阂窒碍,藉求于大局有裨起见,综其大旨,均为事前之咨询及限于意见之陈述。按之事实,代表为一种意思机关,非认为法定团体,与中央政权自无抵触。商订之初,即兢兢致意于此。兹经公同拟订,佥以此项条件关系既极重要,权限亦无紊越,似易履行。应请大总统、国务院俯察所拟订为专条,俾代表有所遵循,免蹈前清选派陈述员之故习。而内外精神之团结,亦可以代表为之媒介。一俟中央照准订定,即饬所派代表各员遵照办理。至此次所派代表,经德全等商酌,务择经验阅深、道德高尚、关怀大局之人。翼昭慎益,事关中央特令,用是力求实际,未敢因仍敷衍,转负大总统殷殷求治之盛意。临电神驰. 毋任翘企。江苏都督程德全、奉天都督赵尔巽、直隶都督张锡銮、吉林都督陈昭常、山东都督周自齐、河南都督张振芳、甘肃都督赵维熙、山西都督阎锡山、广东都督胡汉民、广西都督陆荣廷、湖南都督谭延闿、安徽都督柏文蔚、福建都督孙道仁、云南都督蔡锷、贵州都督唐继尧、江西都督李烈钧、四川都督胡景伊同叩。①

24日,孙中山出席由同盟会燕支部在广东会馆举行的欢迎大会,并发表演说。继又参加官绅在劝工陈列所举行的欢迎会。14点40分乘专车赴京。

是日,开国总统孙中山抵京,临时大总统袁世凯重礼恭迎,南北两大政治领袖实现首次会晤。

按:8月19日《民权报》刊登了孙中山离港之前对送行者所说之语:"我孙文无论如何不能失信于袁总统,且他人皆谓袁总统不可靠,我则意味可靠,必欲一试吾目光!"

按:孙中山、黄兴、袁世凯、黎元洪,并称缔造共和"四巨头",但自唐绍仪内阁垮台后,袁世凯与同盟会的矛盾基本公开,就差没翻脸,因此,袁世凯欲寻找机会在北京召开一次"四巨头峰会",以取得政治主动权,于是电邀其他三位北上"共商国是"。

是日,参议院质问发生于8月7日的韩国人被捕案。

25日,孙中山在北京湖广会馆主持了国民党成立大会,并且被公推为国民党首领,中国国民党宣告成立。会议上,孙中山致辞。大会通过《国民党政见宣言》及政纲,并且推举孙中山、黄兴、宋教仁等9人为理事,阎锡山、张继、李烈钧、胡瑛、王传

---

① 《申报》1912 年 8 月 24 日。周秋光主编:《谭延闿集》,湖南人民出版社 2013 年版。

民国元年日志

（1912 年 1 月—12 月）

炯、温宗尧、陈锦涛、陈陶遗、莫永贞、褚辅成、松毓、杨增新、于右任、马君武、田桐、谭延闿、张培爵、徐谦、王善荃、姚锡光、赵炳麟、柏文蔚、沈秉堃、景耀月、虞汝钧、张琴、曾昭文、蒋翊武、陈明远、孙毓筠等 30 人为参议。国民党成立后，为国内第一大党。

按：孙中山在国民党成立大会上的演说：兄弟此次北来，于南北同胞有无穷之希望。盖共和虽说成立，而国本尚是动摇。国本动摇皆由人心不能巩固，故欲巩固国本必先巩固人心。今五党合并，兄弟切望诸君同心合态，破除党界，勿争意见，勿较前功，服从党纲，修明党德，合五党之力量气魄，以促民国之进行。是中华民国前途之无量幸福。即有他党反对，我党亦宜以和平对付，决不宜以鹬蚌之争。中国当次危急存亡之秋，只宜万众一心，和衷共济。五党合并，从此成一伟大政党，或处于行政地位，或处于监督地位，总以国利民福为前提，则我中华民国将可日进富强。故兄弟于五党合并，有无穷之希望也。再者，现时人心总以军人破坏共和为虑。据兄弟看来，此次共和既由军人赞成，则军人决无破坏共和之事。吾人苟心志坚定，以国家为前提，决可不怕军人武力干预政事。军人如主雇用之武士，以防外患者也。设家主父子不能相安，甚至杀人放火，则武士亦不忍坐视矣。故家主自能治家，然后武士自知防外患，军人固用以防外患，决不至用武力干预内政，以破坏共和。

政党均以国利民福为前提，政党彼此相待应如弟兄。要之文明各国不能仅有一政党，若仅有一政党，仍是专制政体，政治不能有进步。吾国帝皇亦有圣明之主，而吾国政治无进步者，独裁之弊也。故欲免此弊，政党之必有两党或数党互相监督，互相扶助，而后政治方有进步。故政党者虽意见之不同、行为之不同，要皆为利国福民者也。今五党合并，诸君皆当持此观念，则民国前途永无危险之象。

我同盟会素所主张者，有三主义：一民族主义，二民权主义，三民生主义。今民族、民权已达目的，惟民生问题尚待解决。北方同胞误会吾党民生主义，以为劫富济贫，扰乱社会秩序。此荒谬绝伦，公理上决无此事，富人幸勿恐怕。要知民生主义，富人极应赞助提倡之。何则？民生主义盖防止富人以其富专制毒害贫民。譬如英、奥等国，君主国也，而政治之进步与民主国无异，因君主虽有君主之位，而不能干预政治专制害民故也。民生主义即以富人虽富，不使以其富害贫人，犹之君主虽有君主之位，无君主之权以害人民也。吾国受君主专制之苦，尚未受资本家之苦。举一例来明之，美国资本家以买空卖空手段，以十万元之股票吸收人民数百万元之现金，致人民不能聊生，此即资本家以富毒害人民之法也。吾国资本家尚无，然不可不预为富人劝告，预为贫人防备。此即民生主义也。

男女平权，本同盟会之党纲。此次欲组织坚强之大政党，既据五大党之政见，以此条可置为缓图，则吾人以国家为前提，自不得不暂从多数取决。然苟能将共和巩固完全,男女只有平权之一日。否则,国基不固,男子且将为人奴隶,况女子乎?①

按:在北京召开的国民党成立大会上,党纲草案讨论稿并没有将"男女平等"条文列入,由此引起女界代表的大为不满。女界参政同盟会会长唐群英等找到宋教仁、林森,据理力争,但随后提交大会表决的正式党纲中,依然未有涉及女权问题的条款,导致女子参政同盟会诸多会员爆发集体抗议。她们找到宋、林二人质询,为何不将"男女平等""女子参政"议题列入党纲。其实,宋教仁、林森从来就认为"政治不关女人之事",但又不好明言,所以就来个沉默以对,一言不发。结果惹得唐群英心中怒火难以克制,脾气大发,竟然冲到宋教仁、林森面前,当众送给二人各一记耳光。

是日,中国最早的飞机设计师冯如在广州燕塘表演飞行时,因飞机失速下坠而殒命。

26 日,陆徵祥总理扶病晋谒孙中山,寒暄数语,陆即请示巩固民国之手续,孙中山提出见解。

按:孙中山《在北京与陆徵祥的谈话》说:"巩固民国,不外整顿内政及联络外交。能维持现状,实践约法,即为现时整顿内政之要著。至联络外交一项,最要之问题,即系承认民国。此事关系过巨,甚费手续,非得一二国单独承认,难收效果。"陆总理因请孙中山先生亲往日、美一行,俟经日、美承认,各国不待要求,自可一律办理。孙中山先生慨然允诺。并劝陆总理以国家为前提,万勿再存退志,致使国基摇动云。②

27 日,北京图书馆正式开馆接待读者。

28 日,孙中山在袁世凯欢迎宴会上演说,盼袁练兵,并振兴实业,讲求民生主义。

是日,浙江青田永嘉瑞安各属发生水灾。

是日,广西桂林省议会移并南宁。

按:广西各界以形势空驭之便利,有主张迁省南宁者。陆都督向驻南宁,任都督后,虽往来移于宁桂之间,而以驻南宁时为多。于是又多数议员,在南宁组织议会,而其余议员及桂林商民,均持反对之议。叠电政府及参议院,纷争数月。现由陆都督提议都督议会驻宁,六司驻桂,经六司赞同,是议遂决。本日桂林议会由桂林移至南宁合并会议。③

是日,交通部与英法华中铁路公司订立津浦铁路临时垫款合同,总额三十万镑。

29 日,汉口租界人力车夫全体罢工,要求减轻捐税。

---

① 中国社科院编:《孙中山全集》,中华书局 2011 年版。
② 中国社会科学院近代史研究所中华民国史研究室、中山大学历史系孙中山研究室等编:《孙中山全集》第 2 卷,中华书局 1982 年版。
③ 《东方杂志》第九卷第四号《中国大事记》,1912 年。

民国元年日志

是日,孙中山对北京记者谈筑路与练兵。

是日,袁世凯通电为黄兴辟谣。

30日,《民意报》因袁世凯以"言论激烈"为由,勾结法国驻华使节勒令其迁出法租界,被迫宣布停刊。事件发生后,舆论反映强烈。9月26日,《民意报》在华界复刊。

是日,驻英代表刘玉麟向英国克利斯浦公司借款一千万镑,以盐款羡余为担保。

是日,参议院通过查办湖北军官干涉政治案。

是日,第二十三师长黄郛通电取消师司令部。

31日,袁世凯任命章宗元为财政次长。

是日,袁世凯任命廉兴为青海办事长官。

是日,袁世凯公布《陆军部官制》。

按:第一条　陆军总长,管理陆军军政,统辖陆军军人军属,监督所辖各官署。

第二条　陆军部职员,依附表所定。

第三条　陆军部总务厅,掌事务如下:一、关于械密及陆军文库事项;二、关于典守印信事项;三、关于征发五件表报告及统计事项;四、关于各项公文函件之纂辑保存及收发事项;五、关于部内文官任用事项;六、关于部内风纪事项;七、其他不属于各司事项。

第四条　陆军部置下列各司:军衡司、军务司、军械司、军学司、军需司、军医司、军法司、军马司。

第五条　军衡司掌事务如下:一、关于陆军军官军佐及军用文官之任免转补事项;二、关于调查各兵科人员事项;三、关于考绩表兵籍战时名簿及军用文官事项;四、关于保管军官军佐军统文官及战时职员表事项;五、关于编纂年格名簿事项;六、关于赏赉叙勋记章表彰及赏给各事项;七、关于休假事项;八、关于废兵处置事项;九、关于陆军军人结婚事项;十、关于养赡事项。

第六条　军务司掌事如下:一、关于陆军建制及编制事项;二、关于整旅计划之准备执行事项;三、关于戒严及征发事项;四、关于军队配置事项;五、关于战时各项规则事项;六、关于各军队之军纪风纪事项;七、关于陆军军旗事项;八、关于陆军礼节服制徽章事项;九、关于各兵科及军乐队事项;十、关于各兵科军官军士一下人员之调用及其补充事项。十一、关于征募召集各谢兵退伍事项。十二、关于军队内务卫戍勤务及宪兵服务事项;十三、关于练兵场及射击场事项;十四、关于要塞兵备各事项;十五、关于重炮兵之设置及分配事项;十六、关于运输用心电气电信电灯轻气球飞行器事项;十七、关于水陆交通事项;十八、关于要塞建筑及其用地并要塞地带事项;十九、关于要塞司令处陆地测量部及交通各队事项。

第七条　军械司掌事务如下:一、关于军用枪炮弹药之制式筹划支给交换及检查事项;二、关于要塞备炮事项;三、关于技术审检院兵工厂军械局事项;四、关于军用器具材料之制式筹划支给交换事项;五、关于军队通信用及铁道气球飞行器用之器具材料之支给交换事项;六、关于攻城守城交通所用兵器器具材料之备办事项;七、关于各项器具材料之经理及检查事项;八、关于军火各禁令事项。

第八条　军学司掌事务如下:一、关于所辖各学校一切章程之制定及其筹办事项;二、关于拟定所辖各学校教育纲领及计划并审查各教科书事项;三、关于所辖各学校职员奖罚事项;四、关于所辖各学校学生奖罚及考试事项;五、关于留学生一切事件并选派高等专门学员事项;六、关于拟定各兵科操典及教范事项;七、关于军队教育训练改良事项;八、关于全国军队校阅及特种兵演习事项;十、关于编订军语军队符号及各军用之图籍表事项;十一、关于其他教育训练等一切事项。

第九条　军需司掌事务如下:一、关于军服之经理及检查事项;二、关于军服粮秣粮秣及马匹等给予之规定事项;三、关于平时战时粮秣粮秣之给予及准备事项;四、关于战时炊具及洗马器具事项;五、关于军服粮秣粮秣之制造购买事项;六、关于军队用具消耗品及埋葬用物料等之准备事项;七、关于军人祠宇及军用填地事项;八、关于军需运用事项;九、关于各军需官勤务事项;十、关于各军需处人员之教育考绩及补充事项;十一、关于经费出纳并预算决算一切事项;十二、关于编制整旅之预算事项;十三、关于会计稽数事项;十四、关于各军需处事项;十五、关于规定俸给及旅费一切事项;十六、关于各种给与及军需规定值审查事项;十七、关于管掌出纳之官吏等事项;十八、关于与财政官署有关系事项;二十、关于管理陆军所属官产事项;二十一、关于规定军用金钱箱柜及行李事项。

第十条　军医司掌事务如下:一、关于军医兽医各种诊疗机关事项;二、关于体格检查事项;三、关于伤病等差之诊断事项;四、关于防疫及卫生试验事项;五、关于卫生材料及蹄铁事项;六、关于战时卫生勤务各种规则事项;七、关于军医司药兽医所属各项人员之勤务教育考绩及其补充事项;八、关于卫生报告统计及调查事项;九、关于红十字会及恤兵团体事项。

第十一条　军法司掌事务如下:一、关于陆军军法事项;二、关于陆军司法官及监狱职员之考绩及其补充事项;三、关于陆军监狱事项;四、关于赦免及罪人之处置事项;五、关于高等军法会审事项。

第十二条　军马司掌事务如下:一、关于军马监及牧场之管理事项;二、关于军马之供给喂养保存及征发事项;三、关于改良马种及购买事项;四、关于蹄铁术之教育事项;五、关于军牧人员之教育考绩及其补充事项。

第十三条　科长及一等军法官员额,以各部官制通则所定金事员额为准。

第十四条　科员及二三等军法官员额,至多不得逾二百人。

第十五条　陆军部员额,除本制规定外,以部令定之。

民国元年日志

（1912年1月—12月）

第十六条　本制自公布日施行。[1]

是日，袁世凯公布《海军部官制》。

按：按：第一条　海军总长，管理海军军政，统辖海军军人军属，监督所辖各官署。

第二条　海军部职员，依附表所定。

第三条　海军部总务厅，掌事务如下：一、关于机密及海军文库事项；二、关于典守印信事项；三、关于征发五件表报告及统计事项；四、关于各项公文函件之纂辑保存及收发事项；五、关于部内文官任用事项；六、关于部内风纪事项；七、其他不属于各司事项。

第四条　海军部置下列各司：军衡司、军务司、军械司、军需司、军学司

第五条　军衡司掌事务如下：一、关于海军军官军佐及军用文官之任免转补事项；二、关于调查海军各项人员事项；三、关于考绩表兵籍战时名簿及军用文官事项；四、关于保管军官军佐军统文官及战时职员表事项；五、关于编纂年格名簿事项；六、关于赏赉叙勋记章表彰及赏给各事项；七、关于休假事项；八、关于废兵处置事项；九、关于海军军人结婚事项；十、关于关于海军军法事项；十一、关于海军司法官及海军监狱职员之考绩事项；十二、关于战时捕获审检所事项；十三、关于海军监狱事项；十四、关于赦免及在监人之处置事项。

第六条　军务司掌事如下：一、关于海军建制及编制事项；二、关于戒严事项；三、关于舰队配置事项；四、关于战时各项规则事项；五、关于各舰队军纪风纪事项；六、关于海军礼节服制徽章事项；七、关于海军军旗事项；八、关于海军航路及属于海军之运船义勇舰等航路事项；九、关于测绘江海各线路军港要港等事项；十、关于调制颁布航路图志及航路通则等事项；十一、关于领海界线事项；十二、关于万国航行通语事项；十三、关于调查沿江沿海灯塔灯杆浮桩等事项；十四、关于航海之保安及颁布航路警告灯事项；十五、关于航行应用是表测器图籍之置备分配等事项；十六、关于航路人员之考绩事项；十七、关于海军医院及海军红十字会事项；十八、关于身体检查事项；十九、关于诊断伤病之免除兵役各事项；二十、关于防疫及卫生事项；二十一、关于卫生人员之考绩事项；二十二、关于卫生报告统计及卫生船员学术研究事项。

第七条　军械司掌事务如下：一、关于沿江沿海水雷鱼雷要塞炮及各舰队枪炮配置事项；二、关于海军台垒厂坞营库桥梁码头灯塔灯杆浮桩等之建筑修理机管理事项；三、关于海军之枪炮水雷鱼雷火药子弹及其他一切军械之制式支给交换检查事项；四、关于海军所需机器用具材料之制式支给交换事项；五、关于海军通信用气

---

① 《东方杂志》第九卷第四号《中国大事记》，1912年。

球用之器具材料及其支给交换事项;六、关于各项器具材料之经理及检查事项;七、关于造船坞之设配及管理事项。八、关于舰艇之制造修理事项;九、关于舰艇之购买监察等事项;十、关于海军各军械之制造修理购买等事项;十一、关于海军各项器具材料之制造修理购买等事项;十二、关于军械人员之考绩事项。

第八条　军需司掌事务如下:一、关于军服之经理及检查事项;二、关于军服粮炭等给与之规定事项;三、关于平时战时粮炭之给予及站用粮炭之准备事项;四、关于经费出纳并预算决算一切事项;五、关于会计稽核事项;六、关于海军官地事项;七、关于军需运用事项;八、关于各军需处人员之考绩事项;九、关于规定俸给及其旅费一切事项;十、关于掌管出纳之官吏各事项;十二、关于与财政官署有关系事项。

第八条　军学司掌事务如下:一、关于所辖各学校一切章程之制定及其筹办事项;二、关于拟定所辖各学校教育纲领及计划并审查各教科书事项;三、关于所辖各学校职员奖罚事项;四、关于所辖各学校学生奖罚及考试事项;五、关于留学生一切事件并选派高等专门学员事项;六、关于联系舰队并规定联系章程事项;七、关于制定海军练营鱼雷营训练官吏等规章事项;八、关于舰队操演事项;九、关于计划训练改良事项。十、关于编辑及印刷事项;十一、关于军学人员之考绩事项;十二、关于其他教育训练等一切事项。

第十条　科长员额,以各部官制通则所定金事员额为准。

第十一条　科员员额,至多不得逾一百人。

第十二条　海军部职员员额,除本制规定外,以部令定之。

第十三条　本制自公布日施行。①

是月,袁世凯密令北洋"各军统制,一律招足十成、不准缺少一名"。辛亥革命后,北洋各军减员严重。

是月,教育部通过《采用注音字母案》,确立国字注音的基本方针。

---

① 《东方杂志》第九卷第四号《中国大事记》,1912 年。

9 月

1 日，孙中山与袁世凯进行第八次谈话，孙中山提出借款修筑铁路的计划，袁世凯反对。

是日，孙中山出席蒙藏统一政治改良会之欢迎会，发表演说。

是日，统一党召开全体大会，讨论总理章炳麟宣告脱党，并将该党员名册送交共和党之独断合并事，决定听其脱党，另外选举王揖唐、王印川、汤化龙、张弧、朱清华为总理，岑春煊等 9 人为名誉理事。

是日，海军总长刘冠雄、次长汤芗铭退出国民党。

是日，驻藏办事长官钟颖电告达赖喇嘛派使议和，提出五项条件。

2 日，教育部公布教育宗旨，注重道德教育、实利教育及军国民教育。

按：教育部于 1912 年 9 月 2 日公布教育宗旨："注重道德教育，以实利教育、军国民教育辅之，更以美感教育完成其道德。"对道德教育，蔡元培曾解释说："何谓公民道德？曰法兰西之革命也，所标揭者，曰自由、平等、亲爱。道德之要旨，尽于是矣。"对实利主义教育，蔡元培解释说："实利主义之教育，以人民生计为普通教育之中坚。其主张最力者，至以普通学术，悉寓于树艺、烹饪、裁缝及金、木、土工之中。"所以这种教育也就是智育，是指普通的知识技能训练。军国民教育，亦即军事体育教育，后来蔡元培直接称之为体育。美感教育，亦即美育，包括唱歌、图画、游戏等。蔡元培认为它对人的道德熏陶起重要作用。这是中国历史上第一个具有近代化色彩的教育宗旨。它充分考虑了教育事业本身的规律，结合了我国当时的历史环境，对初创时期民国教育的转型起了推动作用。

是日，孙中山与袁世凯进行第九次谈话，协议约黎元洪、黄兴共同发起救国社，以化解党争，共扶危局。

是日，孙中山对北京报界及铁路协会演讲铁路建设政策，主于十年内筑二十万里（9 月 11 日再对报界讲修筑全国铁路之重要）。

按：1912 年 9 月 2 日，孙中山出席北京报界欢迎会和铁道协会欢迎会时，讲述铁路建设问题，他认为"现在以国防不固，致令俄在北满及蒙古横行，日本在南满横行，英国在西藏横行，原因皆因交通不便，故今日修筑铁路实为目前唯一之急务，民国之生死存亡系于此举"。他表示今后要专心从事修筑铁路事业。①

是日,孙中山被选为国民党理事长,孙中山旋委托宋教仁代理。

3日,教育部公布《学校系统表》,是为壬子学制。

按:1912年9月3日,教育部公布《学校系统令》,按这个系统将整个教育期限定为17—18年,共分三段四级;小学一段二级,中学、大学各一段均一级。初小4年毕业,为义务教育,毕业后入高等小学校或师范学校或实业学校。中学4年,毕业后入大学或专门学校或高等师范学校。大学本科3年或4年毕业,预科3年。高等师范学校本科3年毕业,预料1年。实业学校分甲、乙两种,各3年毕业。专门学校本科3年或4年毕业,预科1年。这个学校系统称"壬子学制"。

是日,孙中山与袁世凯进行第十次谈话,孙中山主张迁都开封,袁世凯表示此事万不能行。

是日,诸宛明、陆近中、邹兴帮、汪蕉生等人在上海发起成立民生国计总会,以"维持各界生计,促进国民实业"为宗旨。

4日,袁世凯公布《省议会议员选举法》,凡七章99条。

按:《省议会议员选举法》,北京临时参议院议决,1912年9月4日由临时大总统袁世凯公布,共7章99条。规定了各省议会议员选举程序和办法。省议员选举有正常选举和临时选举两种,任期届满后重新选举称为正常选举,正常选举无效的重选和候补当选人未补尽而仍须补充的补选称为临时选举。每届选举年限,以7月1日为初选日期,8月1日为复选日期。选举人和初选举人的资格与众议员选举要求相同,但承揽省内各项工程者及工程公司的办事人停止被选举权。初选当选人应为议员名额的20倍。其余内容与《众议员议员选举法》基本相同。②《省议会议员选举法》奠定了省议会议员选举制度的基础,为民国北京政府时期省议会议员的选举提供了法律依据。

是日,湖北沙市第七镇兵变。

按:革命党方面则扬言业已获得驻扎满洲的一镇陆军的支持,驻扎江苏北部的第七镇也发生了变乱。总的说来,革命精神和反满情绪在大江以南最为强烈。革命领袖们大半是些南方人。有许多军官骨干留学日本,在那里接受共和主张。北方的空气是更为保守的。也许更重要的是北洋军忠于反革命的袁世凯,并且完全听任他的摆布。袁世凯被免职以后,北洋将领们虽然多数保住了自己的职位,但仍旧有一些人因为他们不能再像他们的首领当权时那样受到优遇而成到不满。革命爆发以

---

① 摘自《民立报》1912年9月9日。

② 刘国新:《中国政治制度辞典》,中国社会出版社1990年版。

民国元年日志
（1912年1月—12月）

后,他们除少数例外都证明是忠于袁世凯的,如果不是忠于清朝的话。①

是日,孙中山与袁世凯进行第十一次谈话,商讨财政困难和借债事宜。

是日,孙中山在北京共和党本部演讲民生主义与国家社会主义。他认为目前民族、民权已经达到,民生主义当待研究。民生主义即社会主义。

是日,国务院布告,人民如有民刑诉讼,均应遵法起诉,无论何项行政机关,均不得侵越干涉。

5日,袁世凯公布众议员选举日期(元年十二月十日初选,二年元月十日复选)。

按:临时大总统袁世凯公布第一届众议院议员选举日期令,各省及蒙藏青海众议院议员初选举定于1912年12月10日举行,复选举定于1913年1月10日举行。12月8日,公布第一届参议院议员选举日期令,蒙藏青海参议院议员选举定于1913年1月10日众议院议员复选举同时举行,各省、中央学会、华侨参议院议员选举定于2月10日举行。

是日,孙中山与袁世凯进行第十二次谈话,共商蒙古新疆问题。

是日,孙中山在北京举行茶会,招待国务员、参议院议员及各团体人士,发表演讲,欢迎外资,主张门户开放主义。

按:孙中山说:"今人多以为外交问题无从解决,其实不然。我若改变闭关主义而为开放主义,各国对于我国种种之希望,必不能再肆其无理之要求。暹逻在前清之时,视之不如高丽、安南,人口仅有五百万,且为专制政体,较之我国从前时代,殆有过之。然至今能保其独立国之资格,其领土如故,主权如故,无他,即用开放主义,使其国中矿山、铁路,皆准外人经营,不加以种种限制,因开放其小者,而获保全其大者。即如俄国之制造厂、兵工厂,皆用英美人为之。日本、意大利国其关于制造事业,亦多由英人主持。……即如主张十年修二十万里之铁路,势不能不用外资,即开放主义。我国之受害,即因凡事自己不能办,又不准外人来办。然一旦外人向我政府要求,或以其政府之名义向我政府要求,我又无力拒绝,终久仍归外人之手。如满洲铁路,全归日、俄之手,即此例也。但路权一失,主权领土必与俱尽,此大可为寒心。若因保全小事而失大事,何若保全大事而开放小事之愈也。故今日欲救外交上之困难,惟有欢迎外资,一变向来闭关自守主义,而为门户开放主义。此鄙人对于现在外交问题之意见,尚望诸君切实研究。"②

是日,孙中山出席基督教等宗教团体欢迎会,发表演说。

是日,黄兴、陈其美自上海海道北上,李书城、张孝准、何成浚等同行。

---

① 摘自中国社会院近代史研究所中华民国史组编,(美)拉尔夫·鲍威尔著,陈泽宪、陈霞飞译:《中华民国史资料丛稿》(译稿)第一辑《1895—1912年中国军事力量的兴起》,中华书局1978年版。

② 据上海《民立报》一九一二年九月十二日《孙先生迎宾馆答礼会记》。中国社科院近代史所等编:《孙中山全集》第2卷1912,中华书局2011年版。

是日,奉黑两省军会攻内蒙古科尔沁右翼前旗,败蒙兵。

6日,孙中山特至张家口,视察中国工程师詹天佑设计修筑的京张铁路。

按:京张铁路连接北京丰台,经八达岭、居庸关、沙城、宣化至河北张家口,全长约200千米,1905年9月开工修建,于1909年建成。是中国首条不使用外国资金及人员,由中国人自行完成,投入营运的铁路。詹天佑为京张铁路局总工程师(后兼任京张铁路局总办)。孙中山在视察张家口火车站时,发表演说,高度褒扬了詹天佑创造的这一为民族增光的惊世之作,并与群众合影留念。

是日,黄兴自上海赴北京,陈其美等同行。

是日,教育部公布《教育会规程》(部令第8号)(1912年9月6日)。

按:第一章　总则

第一条　教育会以研究教育事项,力图教育发达为目的。

第二条　教育会分为三种如下:甲、省教育会;乙、县教育会;丙、城镇乡教育会。

以上各教育会得互为联络,不相统辖。

第二章　会务

第三条　教育会研究事项如下:甲、关于学校教育事项;乙、关于社会教育事项;丙、关于家庭教育事项。

第四条　教育会得以研究所得建议于教育官厅。

第五条　教育会得以处理教育官厅委任事务。

第六条　教育会为讲求各项学术及开通地方风气,得分设各项研究会,或讲演讲习等会。

第七条　教育会不得干涉教育行政及教育以外之事。

第三章　会员

第八条　教育会会员资格如下:甲、现任教育职务者;乙、于教育上富有经验者;丙、有专门学识者。

第九条　教育会得设会长、副会长及其他职员。

第四章　经费

第十条　教育会会员应纳入会金及会金。

除前项外,遇必要时,得募集特别捐。

第十一条　教育会不得拨用地方公款,但经地方议会议决,由行政官厅给予之补助金,不在此限。

第五章　附则

第十二条　组织教育会,应按照本规程拟具会章,在省教育会呈由省行政长官核准立案,并由省行政长官转报教育部备查。在县及城镇乡教育会呈由县行政长官核准立案,并由县行政长官转报省行政长官备查。

第十三条　本规程自公布日施行。[①]

7 日,袁世凯授黎元洪、黄兴、段祺瑞为陆军上将,陈宦、蒋作宾为陆军中将。

是日,袁世凯任命许崇智为第十四师师长,王廷桢为禁卫军统制。

是日,湖北沙市发生兵变。

8 日,袁世凯任命冯国璋为直隶都督,仍兼禁卫军军统;张锡銮改任东三省西边巡抚使。

是日,参议院议长吴景濂发起召开北十省议员谈话会,讨论蒙古事宜,敦促政府以和平方法直接解决蒙事,严词拒绝俄人调停。

是日,国务院召开会议,就达赖喇嘛所提议和五项条件做出决定,即恢复达赖教权可照允,惟不准其干政;西藏改建行省,达赖不得干涉;川军缓进,另派兵赴藏镇抚。

9 日,袁世凯特授孙中山以筹划全国铁路全权。

按:《特授孙文筹画全国铁路全权令》(1912 年 9 月 9 日)曰:"富强之策全藉铁路,交通亟宜从速兴筑。兹特授孙文以筹画全国铁路全权,将拟筑之路先与各国商人商议借款、招股事宜,按照将来参议院议决条例,订定合同,报明政府批准。一面组织铁路总公司,以利进行。此令。中华民国元年九月初九日。"[②]

按:袁世凯颁布临时大总统令,特授孙中山"筹划全国铁路全权",规定:在借款方面,纯然输入商家资本,不涉及政治意味;权限方面,未动工之铁路归孙中山经营,已修未成之路线,其管理权限需要与交通部商定;用人方面,一切以孙中山为准,政府不加干涉;经费方面,暂由交通部每月拨款 3 万元以资开办,日后再行续筹。孙中山也具体实施了铁路计划。

是日,袁世凯任命贡桑诺尔布为蒙藏事务局总裁。

是日,袁世凯召张謇进京,商讨盐政改良办法。

10 日,黄兴在天津出席 18 团体欢迎会,发表演说。

11 日,黄兴、陈其美到达北京。下午 5 时往总统府会见袁世凯。

是日,孙中山接受袁世凯特授"筹划全国铁路全权"督办,着手铁路建设事宜。抵济南时在讲演及与各报记者的谈话中,他提出了铁路批归外国人承办,限期无偿收回,借助外资修筑铁路的主张。

是日,孙中山出席广东旅京同乡欢迎会,主张海南设省。是日与广东同乡梁士诒、陈发檀等 36 人发起撰写《琼州改设行省理由书》。

按:理由书曰:曰:"窃琼州一岛,孤悬海外,面积十万方里,人口数百万。其位置

---

① 朱有瓛、戚名琇、钱曼倩等编:《中国近代教育史资料汇编》(教育行政机构及教育团体),上海世纪出版股份有限公司 2007 年版。

② 章伯锋、李宗一:《北洋军阀(1912—1928)》第二卷,武汉出版社 1990 年版。

在北纬十八度二十二分,东瞰小吕宋,西连东京湾,南接安南,北倚雷州半岛。四面港口,星罗棋布,南有榆林、三亚之险,北有海口、铺前之固,东有清澜、博敖,西有洋浦、英潮。贸易船舶之所辐辏,商贾货物之所云集,山海物产之所鳞屯,此固海疆之要区,南方之屏障也。只以行政区划隶于广东,位为外府,政府轻视之,故居民安陋就简,因循苟且,不能应时势而发达,有形势之险而不知固守,有天然之富源而不知利用。""法国垂涎是岛,历有年所,前清时代,尝有海南岛不割让之条约。频年以来,各国政府皆注意此土,故各国学者、政治家、旅行者不绝于道,探险者纷至沓来,而吾国人昧然也。""夫以中国之大,仅有台湾及海南二大岛。甲午之役,台湾割让于日,日人经营十年之久,自铁道开设,行政、教育制度整理以来,昔者碗确之区,今变为膏腴之府,旅行台湾者,不胜今昔之感焉。夫同一物也,视管理之才不才,而地位自异。爱惜而保护之,则其势可以参天;轻视而废弃之,则朝不保夕矣。凡物既然,国家之领土,何独不然。今台湾既去,海南之势甚孤,倘一旦为外国所占领,微特该岛人民受蹂躏之祸,恐牵一发而动全身,即神州大陆亦必受其影响。"

《琼州改设行省理由书》核心的内容,是以"试为诸位先生缕析陈之"的方式,阐述琼州宜改设行省的五大理由:理由之一,在于"巩固海防,琼州宜改设行省也"。"夫琼州位置极南,为大西洋舰队所必经之路,南洋之门户也。昔日、俄战争之际,巴尔梯克舰队东来,经过该岛,吾国人所共闻而共见矣,而榆林、三亚二港正当其冲。查该港广袤,能容巨舰,可以避风,外有诸小岛环之,为天然之海军根据地,德之基尔、日之佐世保莫是过也。吾国海军诸港如旅顺、威海、胶州湾、广州湾等地,次第借租于外国,其余可为海军根据地者无几,倘再舍此而不顾,恐后患有不可胜言者。自世界大势变迁,国力之盛衰强弱,常在海而不在陆,其海上权力优胜者,其国力常占优胜。""今我国海军虽不克与列强争胜,然有海军根据地,置而不顾,甚非国家永久之大计、巩固边防之政策也,倘改为行省,则琼州之军港易于建设。其理由一也。"从军事尤其是制海权着想,从海军根据地建设着眼,琼州改为行省,是为国家永久之计、巩固边防之策,将使琼州成为国家海疆之要区、南方之屏障。

理由之二,在于"启发天然富源,琼州宜改设行省也"。"吾国天然富源之地虽多,而琼州富源尤为各地之冠。是地富于矿产,有金、银、铜、铁、铅、锡、煤炭、煤油诸矿。甘蔗、蕃茂取汁可以制糖,森林阴翳,伐木可以为舟,钓鱼之丝,鱼埕之场,胶树、蚕桑、槟榔、椰子、菠萝、龙眼、荔枝、芝麻、番薯、橄榄、茄楠、沉香、橙柑、黄皮、芭蕉诸植物,不能胜举。地广人稀,牛羊成群,牧畜之场在焉;丛林峻岭、麋鹿、猿、豺、猿、兔、狸、獭、山猪栖息其间,狩猎之区存焉。总之,琼州一岛,动、植、矿三界莫不丰富,只以交通不便,一切货财,自生产地以至于市场,其运搬之费不赀,其价不足以偿生产费用,人情乐于苟安,故任其天然物产自生自灭而不顾。加以法律行政制度未能完备,保护未周,故投资者视为畏途,是以该岛富源,至今未启发耳。今民国成立,振兴实业，诚为急务，倘不改为行省，则实业之发达无由。"这完全是着眼于琼州丰富的天然富源，强调开发琼州实业之重要性。

理由之三，说明建省之急务，在于实现民族平等发展、地方文化发达："文化政策，琼州宜改设行省也。琼州黎、汉杂处，黎居中心，汉处四围，一切言语、风俗、习惯、宗教、道德、感情、思想与汉族异。""今共和宣布，五族平等，断无有异视上古遗族之理。""且琼州居民，普通教育，尚未普及，又限于一府，故大学及诸种高等学校，不能设备。以海防要地，而人才不足以副之，甚非保卫之策。然则，欲发达该岛文化，非改设行省不为功。"

理由之四，是考虑由国内移民于海南开发，设想周详而细致。"国内移民殖民政策，琼州宜改设行省也。夫殖民、移民有二：外国殖民、移民及国内殖民、移民是也。琼州人口甚稀，而广州等处人口过剧，因生计困难，故近来移往海外者，实繁有徒。国力不振，故各国对我华侨不以同等相视，设诸种条例以苛待之，其惨状有不堪言者。夫我有地利而不自启发，流居异域，使外人牛马视而奴隶贱之，甚非得策也。同人非谓海外移民、殖民为不必要，但吾国今日状态，国内移民、殖民为尤必要。倘改琼州为行省，则人口过多之地，必源源而来，资本亦因之而流入，不久必变为富庶之区。"

理由之五，是考虑行政上的便利，就所谓"行政之便宜上，琼州宜改设行省也"，其便利之一是"琼之地理、风俗、言语与各府不同，由琼至省，必经海道千余里之遥，由省御琼，有鞭长莫及之叹。地方情形，长官不必周知，长官命令，早发不能夕至，其不便一也。"便利之二是"该岛风俗、言语、习惯与广州异，以言语、风俗、习惯不同之人民合为一省，行政区划之分配，甚不得当，不便二也。倘改为行省，则无上述之弊。"

《琼州改设行省理由书》对琼州改省三大原因、五大理由，披沥详陈，似尚嫌不够，于是再设置三大驳议，力求将改省的理由阐述得更为完整而有说服力。驳议是设置别人的悖论，再一一加以反驳。

驳议之一："琼州土地狭小，财力不足，不宜改省者一。"理由书反驳说："夫台湾一岛，其幅员与琼州相等，自日本经营之后，每年岁入数千万。倘琼州改为行省，数年经营之后，其收入必有可观，无庸疑也。且欧美诸小国，其面积不如琼州之广，人口不如琼州之多，尚自立为一国，以数百万之住民，十万方里之土地，而不能划为一省直隶中央者，断无是理。是第一之驳议，不足信也。"

驳议之二："（琼州）一改为行省，恐各省纷纷效尤，何所底止，不宜改省者二。"理由书反驳说："琼州宜改行省，既有上陈五大理由，他省之欲效尤者，无从藉口。是第二之驳议，不足信也。"

驳议之三："昔江北改省之议，不能通过，琼州与江北，何异其选，不宜改省者三。"理由书反驳说:"琼州与江北不同,查江苏面积最狭,江北改为行省,则江苏必受其影响,而琼州改省,广东不受其害,反得其益,其不同一也。琼州系海外孤岛,文明各国,其政府皆重视岛地,诚以岛地有特别视之理由在焉。美国诸岛,皆自为一州,若夫落利大、檀香山等岛,其面积不若海南,而自为一州,其故可知。而江北则非岛也,其不同二也。前清时代,张之洞督粤时,尝倡琼州改省之议,后岑春萱(煊)督粤,亦有是议。夫以前清因循苟且,尚因琼州地理重要,不能漠视,况民国成立,凡百设施,在发奋有为之时代乎?而江北则不然,其不同三也。由是观之,第三之驳议,亦不足信也。昔唐贞观五年置都督府于琼州,是改省之说,乃所以复古制,非创议也。"由是观之,《琼州改设行省理由书》,充分发挥孙中山的琼州改省思想,深刻阐述琼州改设行省的理由而充分富有远见,尤其列数巩固海防、启发天然富源、文化政策、国内移民殖民政策、行政之便宜五大理由,又列举江北改省不能通过的理由为显明之例,更以琼州为岛地而"文明各国,其政府皆重视岛地"和"美国诸岛,皆自为一州"为参照对比,对琼州改省如此用心,实有史以来所罕见。①

是日,清贝子溥伦等奉隆裕太后之命在北京金鱼胡同那桐宅第内举行欢迎孙中山、黄兴宴会。革命党人陈其美等与皇室代表约百余人出席。

是日,袁世凯任命张作霖为第二十七师师长,冯德麟为二十八师师长。

12 日,孙中山、黄兴在前清皇室世续陪同下,游览清内宫与颐和园。

是日,浙江都督朱瑞通电宣告脱离共和党籍。

13 日,贡桑诺尔尔谒见袁世凯,陈述治理蒙古政策,主张先安抚内蒙古,然后进图外蒙。

14 日,孙中山邀北京报界茶会,谈修筑铁路计划,提出借款办路和批给外人承包的修路主张。

是日,黄兴出席京师报界欢迎会,发表演说,主张中央集权,以图全国统一。

是日,黄兴访袁世凯,陈述征蒙意见,主张由中央派兵分前中后三队前往。

15 日,孙中山举行茶话会招待参议院议员,发表关于修筑铁路和实行地价税的演说。

是日,北京国民党本部开会欢迎孙中山、黄兴、贡桑诺尔布、陈其美,黄兴发表关于大政党与国家关系的演说。

按:黄兴《在北京国民党欢迎大会上的演讲》曰:鄙人前在上海接电,知五党合并为一大政党,极非常盼望。今日能与各党员相见,欢慰之情,欲言不尽。鄙人对于国民党未尽丝毫之力,蒙诸君推为理事,且感且惭。惟以民国成立之要素,端赖政党。然政党之组织,则当因乎时势。中国今日虽已成立,而各国尚未正式承认,即不能算

---

① 《海南日报》2008 年 11 月 18 日《1912 年,海南改省风云》。

完全成立。夫国家既未完全成立，则国民党亦不得为完全成立。处今日危险时代，内忧外患相逼而来，政党之责任尤为重大。凡我党员，对于民国前途，应改革者.当如何改革；当恢复者，应如何恢复？方不失为政党。日本维新不过三十年，今为世界头等国，声势震于环球者，即本于政党之力。其初，政党亦是流派纷歧，以后逐渐合并，故有今日之势力。我辈今对于民国，亦当合无数小党以成为一大政党。政党之政策，尤须规其大者远者。如日本政党政策之所定，有在百年以后者，卒能进行者，确乎政党所定之政策不错也。其政党维新何？即所谓政友会是也。中华民国今日尚未完全成立，尤当有极大之政党以维持之。国民党于此时能大加扩张，成立一极大政党，使国家日趋于巩固，是则鄙人之所最希望者也。惟有此希望，则有当注意者二事。第一，重道德心。一党有一党之道德，道德不完，则希望即不能达。权利心重、义务心即消亡于不觉。我辈今日当提倡人人除权利心，以国家为前提。党德既高，则希望可达。然党德者，又不仅本党应有之，无论何党亦当保而有之也。第二，重责任心。此后民国建设，手续甚繁，凡我党员，均应共负责任，照党纲所定次序办法，人人尽力之所能为，以巩固中国，即以巩固政党，乃不失政党之本义。因以成立之大政党，对于内政，复极力研究，以求平靖。对于国际，极力辑睦，以求平和。人人均以此责任为天职，而又保守道德，则破坏与大建设之目的以达，能享真正共和之幸福。此非独本党一党之幸，实中华民国之幸，亦实世界各国之幸。鄙人所抱持之主义如是，诸君深明之。若能对于他党极力贡献斯旨，使各党同遵一轨，是尤鄙人所希望者。①

是日，袁世凯任命谷如墉为山西民政长，原任周渤辞职。

是日，黄兴在蒙藏统一政治改良会欢迎会上发表演讲。

按：黄兴《在蒙藏统一政治改良会欢迎会上的演讲》（一九一二年九月十五日）曰：此次共和告成，自武昌起义，未及百日，即已南北统一，是五大民族同心合力构造而成。就此点看来，我五族是最亲爱的。第因久受专制，使蒙、藏诸同胞情势隔绝。今专制推翻，从此亲爱之情可以联络，兄弟固无不竭智尽力为同胞奔走。但蒙、藏政治，其如何改良进步，此中艰苦曲折，即为贵会讨论酝酿而成，是即贵会之精神也。库伦独立，考其原因，实以久受专制之毒，加以语言、文字不通，以致于中国情势不能明了。欲改良政治，宜从情意上着手，于蒙古地方设汉文学堂，于中国地方设蒙藏学堂。并宜以浅近文字，发行日报或杂志，请蒙、藏最有势力之人传播于蒙、藏地方，输入共和精神，使外交上减少无穷困难。英、俄两国日思利用蒙、藏，若蒙、藏为所利用，将来亦不许其独立，必贻后悔。不观之朝鲜乎？朝鲜本我属国，因受俄人运动，宣告独立后，以日俄战争之结果，朝鲜入于日本，以至于亡。我蒙、藏同胞万不可受

---

① 据上海《民立报》一九一二年九月二十一日。湖南省社会科学院编《黄兴集》，中华书局1981年版。

其运动也。现在五族一家,必思联合进行,使我五族同立于五色旗下,造成世界第一等国资格。此兄弟所望于蒙、藏同胞者。兄弟尤愿蒙、藏同胞注重宗教,蒙、藏喇嘛势力最大,愿我同胞以其固有之宗教,发挥而光大之,则团结之力更为稳固,而宗教上之冲突永不发生。[①]

16 日,袁世凯为孙中山举行饯别宴会,并作最后一次谈话。

是日,13 国公使谒见孙中山,对孙中山所言修筑铁路政策表示称赞。

是日,孙中山、黄兴、宋教仁等出席国民党理事会召开的茶话会,讨论对政府的态度。决定推荐赵秉钧为国务总理人选,并举黄兴向袁世凯转达上述主张。

是日,黄兴向袁世凯推荐赵秉钧为国务总理。

是日,宋教仁致书各报馆,否认国民党内讧及孙中山与黄兴冲突。

按:1912 年 9 月 16 日,宋教仁专门在《民立报》发表致北京各报馆的公开书信,想要化解的正是他所面临的"相挟相持,互生疑虑"的现实困境:"连日各报载国民党事诸多失当,甚且如《民视报》等谓孙中山先生辞理事职出于鄙人之排斥,《新纪元报》等谓孙、黄有冲突,皆不胜骇异。此次国民党之合并成立,全出于孙、黄二公之发意,鄙人等不过执行之,故党员无论新旧,对于孙、黄二公皆非常爱戴。此次选举理事,孙先生得票最多,惟孙先生此后欲脱离政界专从事于社会事业,故不欲任事,曾经辞职,已由鄙人与各理事再三挽留,始允不辞,现已推为理事长。鄙人与孙先生从事革命几及十年,何至有意见之争,且国民党新立,正赖有功高望重如孙先生者为之主持,亦何至有内讧之原因耶?至于黄克强先生与孙中山先生同为吾党泰斗,关系之亲切,天下皆知,此次北来调和南北意见,主持大计,两公无丝毫之歧异,更何至有冲突之事,如各报所云云乎。方今时事艰难,非有强大真正之政党作中流之砥柱,何能挽回危局。而强大真正之政党,尤非社会扶持,各党互相奖勉不能成立。关于政见,各党即互有不同,然总不宜猜忌离间,日望敌党之不发达。吾人改组国民党时宣言政党宜二大对峙,希望自党发达,同时并希望反对党亦发达,能至旗鼓相当而后已。诚以政党须有道德,其态度固应如是也。作此等谣言之各报,属于何党固不必辨,鄙人总深盼其守政党道德,不再事无谓之猜忌与离间,平心静气以评论国家事,扶持各党,使渐臻于健全之发达,庶几各党乃得日即稳固,从容研究。其在议院有正当之主张,不事喧嚣。其对政府有适当之监督方法,以促成强固有政策负责任之内阁。是岂非国家之大幸事乎?区区之心,乞鉴谅之!宋教仁顿首。"[②]

是日,黄兴出席旅京湖南同乡会举行的欢迎会,发表演说。

是日,袁世凯任命梁如浩为外交总长,任命刘镜人为驻俄公使。

---

① 据上海《民立报》一九一二年九月二十一日。湖南省社会科学院编《黄兴集》,中华书局 1981 年版。

② 丁中江:《北洋军阀史话》第一集,中国友谊出版公司 1992 年版。

民国元年日志
（1912年1月—12月）

是日，内务总长赵秉钧在参议院说明对西藏政策，声言不行新制，承认达赖，遵守各对英条约。

按：内务总理赵秉钧在参议院会议中说明了政府对西藏的新政策。即藏人不欲施行新制，故民国在西藏不施行新制，悉以旧制以定方针；承认达赖喇嘛归藏，复其封号；英国人在西藏之生命财产，由民国十分保护之；与英国缔结之条约，悉继续遵行之。外交总长段祺瑞在参议院秘密会议中对政府西藏政策作了进一步说明，为了避免英国干涉，不宜对藏用兵，应改采取怀柔政策，直接与达赖交涉。可见民国政府开始调整对藏政策，逐渐放弃了对藏施以武力的政策。此后，民国政府转而对川滇地方的军事行动加以限制，对西藏采取温和的安抚政策，并企图规复旧制。10月，根据蒙藏事务局的建议，民国政府正式恢复了前清削去的十三世达赖喇嘛"诚顺赞化西天大善自在佛"的名号，表示愿以和平协商的方式解决西藏问题。①

按："1912年12月21日，大总统为停战致电达赖'前因五族联合，组织新邦，业经电致贵喇嘛复还原封，仍请主持黄教在案。兹闻我藏中汉番扰乱未已，犹有激战情事，西顾岩疆，不胜恻念……前阅致贡亲王书，极知盼望和平，现已饬钟长官停战，静候中央解决。务望贵喇嘛亦转饬属下停战，以免藏番生灵重遭荼毒。所有滋事以来，汉番曲直，及善后一切事宜，另派专员前往商办，永保和平。'"②

17日，孙中山应阎锡山邀请离京赴山西游历考察。

是日，财政总长周学熙赴参议院研商国务会议所拟之善后借款大纲。

是日，张绍曾函应夔丞，介绍内务部秘书洪述祖南下相晤。

18日，孙中山自北京到太原。

按：孙中山因山西都督阎锡山派代表到京坚邀以慰晋人渴慕之忱，并为考察正太铁路及晋省矿产，视察娘子关等战后状况，联络各界发展铁路，故赴晋游览考察。当晚，孙中山与都督阎锡山进行了长谈。阎锡山讲述了辛亥太原起义的过程，孙中山则高度赞扬和肯定山西辛亥革命对于推翻满清专制政府、建立共和所起的重大作用。

是日，参议院开会继续讨论蒙藏问题，议决赞成政府所定政策，即暂不用兵，直接与蒙古活佛及西藏达赖办理。

是日，黄兴出席共和党欢迎会，发表关于实业问题的演说。同日又在社会党欢迎会上发表演说，认为我国此次革命乃是社会革命。

19日，孙中山出席山西同盟会举行的欢迎会并发表演说，认为平均地权为民生主义第一件事。

---

① 摘自《中华民国史事纪要》初稿，1913年10月14日"附录"，台北国史馆1991年版。
② 《东方杂志》第九卷，第十号《英藏交涉始末记》。

是日，袁世凯授徐宝山、王芝祥等四人为陆军中将，加上将衔；黎天才、黄郛、刘存厚、熊克武、王占元、孟恩远、曹锟、靳云鹏、张作霖等三十人为陆军中将。

是日，湖北襄阳火药局失事，死伤二百余人。

20日，袁世凯追加效忠民国、实赞共和之蒙古各札萨克王公封爵。

按：袁世凯政府还发布了《加进实赞共和之蒙古各札萨克王公封爵的命令》，凡效忠民国，实赞共和之蒙古各札萨克王公等，均属有功大局，允许各照原有封爵，加进一位。亲王无爵可进者，封其子孙一人。袁世凯运用"剿抚并施"的手段，一面命令把举兵叛乱、败逃外蒙古的乌泰革去世爵，一面又对向其表示忠从的蒙古王公予以赏赐，对蒙古王公进行笼络分化。同时对喇嘛教上层人士也给以封号赏赐。

是日，袁世凯通令讲明孝弟忠信礼义廉耻八德。

按：通令曰："前据南京留守黄兴电陈：民国肇造，年少轻躁之士，误认共和真理，以放恣为自由，以蔑伦为幸福。纲纪陵丧，流弊无穷。请讲明孝弟忠信礼义廉耻，以提倡天下，挽回薄俗等情。仁人之言，闻之感喟。本大总统深惟中华立国，以孝弟忠信礼义廉耻为人道之大经。政体虽更，民彝无改。盖共和国体，惟不以国家一姓之私产，而公诸全体之国民。至于人伦道德之原，初无歧异。古人以上思利民，朋友善道为忠，原非局于君臣之际。自余七德，虽广狭有殊，而人群大纪，包举无遗。自顷以来，人心浮动，于东西各国科学之精微，未能通晓，而醉心于物质文明，以破个人道德。缘饰哲学，比附名词，厚诬彼贤，私遂己过。抑知立国各有本末，岂能举吾国数千年之嘉言懿行，一扫而空。前述八德，百姓与能，乃妄者以为不便于己，弃如弁髦，造作莠言，误人子弟，几欲化全国人民，为不孝、不弟、不忠、不信、无礼、无义、无廉、无耻而后快。孟子有言：'去人伦，无君子。'率兽食人，人将相食。若任其自然，不为别白，则五季之荡无法纪，复见于今，必为人类所不容，环球所共弃。言念及此，忧心如焚。此为申明诰诫，须知家庭伦常，国家伦理，社会伦理，凡属文明之国，靡不殊途同归。此八德者，乃人群秩序之常，非帝王专制之规也。当此存亡绝续之际，固不必墨守旧说，拘拘于一家之言，亦岂可侵轶范围，毁冠裳而随鳞介。惟愿全国人民，恪循礼法，共济时艰。其或倡作诐词，引人入阱，国有常刑，岂能宽纵。本大总统痛时局之阽危，怵纪纲之废弛，每念今日大患，尚不在国势而在人心，苟人心有向善之机，即国本有底安之理。凡我邦人父兄子弟，敬而听之。此令。"①

是日，美国决定中国正式政府成立再予承认。

是日，国务院电西藏及科布多两办事长官，以英、俄对蒙藏已持干涉主义，决定暂不用兵。

---

① 中国史学会、中国社会科学院近代史研究所编，章伯锋、李宗一著：《北洋军阀 1912—1928》第二卷，武汉出版社 1990 年版。

民国元年日志

（1912年1月—12月）

是日，蒙藏交通公司在北京成立，选举伍廷芳为总理，王人文、温宗尧为协理。

是日，四川国学院创办《四川国学杂志》，以"发扬精深国粹"为宗旨。一生尊孔崇经的廖平成为该刊主要撰稿人，发表大量文章，神化孔子和"六经"，竭力为尊孔读经制造经学的理论根据。

21日，袁世凯设宴招待黄兴，在致辞时认为："时至今日，我国非采用共和国体不足以巩固国基。"

是日，孙中山自山西抵达石家庄。

是日，陆军部公布《陆军军官学校条例》。该条例指定校址设于保定，"保定军官学校"由此得名。

按:《陆军军官学校条例》

总纲

第一条　陆军军官学校，为造就初级军官之所，专收各兵科军官候补生，教以初级军官必修之教育。

第二条　陆军军官学校，就保定府前速成学堂校舍设立，将来应否扩充，再行斟酌情形，以部令定之。

第三条　学生之教育，分为教授及训育，教育之次数详第一表［略］，教练课目详第二表［略］，日课时限详第三表［略］。

第四条　实施学生之教育，悉依预定教育明晰办理，该表由校按照前条课目表详细拟具，呈候陆军部审定施行。

第五条　陆军军官学校，置左之职员。

校长

教育长

校副官

科长

教员

学生连长

学生排长

军需

军医

兽医

准尉上中下士及委任文官

职员之阶级、人数之一例，详第四表［略］。

第六条　学生之修学期为二年，自正月初八日起至第二年十二月二十九日止，分为两学年，各学年皆以每年正月初八日开始。

开国以来，为收容学生事实上便利起见，可以变通此条。

惟修学期仍须两年,临时如必须增减之处,另以部令定之。

第七条　学生在学时,所需被服、书籍、笔墨、纸张及必不可少之用具,皆由校中分别贷与支给。

第八条　学生一律在校住宿。

第九条　学生不得托故请求退学。

第十条　学生有犯左列事项之一者,应令退学:一、学术欠缺,无毕业之望者;二、紊乱军纪,屡犯规则者;三、品行不正,无悛改之望者;四、带有伤病,不堪修学者;五、考试落第者。

第十一条　按照前条,令学生退学者,除第一、第四、第五三项外,退学以后,须将历年学费及所领津贴、衣服、书籍、小学校、预备学校毕业证书,一律追缴清楚。

第十二条　学生有犯前条第一项或第四项、第五项者,倘查出有情节可原,则准予延长一学年,降归第二期一同修学。

第十三条　第十条、第十二条之事项发生时,由校长详述事由,申请陆军部裁夺施行。

第十四条　学生野营演习,遇有借用军队之处,应由校长先期申部转饬该师照办,藉资学生历练。

第十五条　学生每届毕业,由陆军部呈请大总统委任高等军官临校考试,并调查平日成绩,排定考列次序,及第者,呈请大总统亲临发给毕业证书。

第十六条　前项已领毕业证书之学生,概作见习军官,由部拨归原团(营)见习。

职掌

第十七条　校长直隶于陆军部,统辖全校职员综理全校一切事宜。

第十八条　教育长禀承校长,指挥各科长及教授、训育、马术各处官长,任齐一教育之责,并指挥马、辎两专科官长,整理该两科之教育。

第十九条　校副官禀承校长,经理全校一切庶务。

第二十条　各科科长,督率教授、训育、马术各科官长,厘定本科教育计划,编纂课程,精研教法,负本科完全教育之责,并有时直接教授功课。

第二十一条　各科教员,按照教育计划,编纂课程,教授功课,维持讲武堂军纪,批评作业,考验成绩,随时登记汇呈本科科长,转呈校长、教育长,以备查核。

第二十二条　马术教员长督率马术教员,任马术教育之责,兼辖马厩一切事宜,并掌管马匹之调教。

第二十三条　马术教员帮同马术教员长,分任马术教育之责,并管理马夫、马匹及一切用具。

第二十四条　马术助教,承马术教员之指示,助理一切事务。

第二十五条　教育副官帮同校副官,佐理教授、训育、马术三处一切庶务。

第二十六条　学生连长,禀承教育长、科长,督率所属学生排长,担任全连学生之训育,考查学生性行才能及一切内务之责。

第二十七条　学生排长,承学生连长指示,维持学生军纪、风纪,实行训育,并整理连中内务,兼管本科器具材料。

第二十八条　助教,承学生连长、学生排长之指示,分任操练、体操、击刺等,并帮同排长经理一切庶务。

第二十九条　军需正及军需,专司现金、物品、出纳、会计等事;二等军需正,并教授经理学。

第三十条　军需正及军医员,专司疗治、卫生等事;二等军医正,并教授卫生学。

第三十一条　兽医正及兽医,专司马匹之疗治卫生,查验蹄铁等事;兽医正并教授马学。

第三十二条　书记员,专司本校公牍文件。

经费

第三十三条　经费分额支、活支两项。凡薪水、火食、杂费等项,为额支。初开校时,由校长按章禀明陆军部批准,嗣后按季具领。凡修建房屋,增加薪水,购办器物、书籍、仪器,储备药品等项为活支。由校长随时估价,禀请陆军部核准批发(马匹、枪弹则由部发给)。

第三十四条　学校额支经费,详第五表。

第三十五条　员司薪水,分为一、二、三等,每阅两年,由校长考核成绩之优异者,禀请陆军部递升一等,以升至一等为止。

第三十六条　由军队调充之助教等员,除仍领原饷外,另由学校加给津贴,以示体恤。

第三十七条　人员支领薪饷,以每月二十五日为定期,由军需员查照定数,缮册备齐,请校长查阅。校长及各员司薪水,派会计士按员送交。学生津贴,由学生排长按名分发,均以签押盖章为据;弁兵、夫役工食,由校副官点名分发。马乾银,由军需员核明发给。发毕,将册簿送呈校长查阅。

第三十八条　物价随时消长,火食、杂费先后或有不同,兹酌定适中数目,如有应行增减之处,由校长随时禀明陆军部核夺办理。无论额支、活支,每届一学年,须将收发款目,分别额支、活支两项,缮造四柱清册,先将各项凭单、领据、发票、收条核对明晰,连同原簿,呈由校长查核签名申报陆军部核销。

附则

第三十九条　其余各项细则,由校酌量情形、拟呈陆军部核准施行。

第四十条　本条例自公布日施行。[①]

22 日,袁世凯准国务总理陆徵祥辞职。

------

①　张侠、孙宝铭、陈长河编:《北洋陆军史料(1912—1916)》,天津人民出版社 1987 年版。

是日，稽勋局派杨铨、任鸿隽、宋子文等二十五人出洋留学。

是日，黄兴出席北京铁道协会欢迎会并发表演说，主张实行孙中山的铁道政策。

是日，章士钊主编《独立周报》在上海创刊，并以笔名"秋桐"发表社论。

23 日，袁世凯任命汪各珍为司法次长（汪有龄辞）。

是日，汉冶萍煤铁矿有限公司股东代表袁思亮、杨廷栋、叶景葵将股东大会要求将该公司财产收归国有之决议递呈国务院。

24 日，武昌南湖马队举事未成。

是日，周学熙与比国电车铁道合股公司订立陇秦豫海铁路借款合同总额一千万镑。

是日，袁世凯授朱瑞、柏文蔚、徐绍桢、林述庆为陆军中将，加上将衔。

是日，陕西都督府下令拆除西安满城西、南两城墙（南城墙从钟楼东南角起，沿今天东大街南侧，经端履门、大差市到东门南边，与明城墙相接）。

是日，孙中山离开天津到唐山、开平、滦州、榆关等地考察。

是日，教育部通令各省，10 月 17 日为孔子诞生日，全国各校届时均举行纪念会。

是日，农林部公布《农会暂行规程》。

按：《农会暂行规程》

第一条　农会以图农事之改良、发达为主旨。

第二条　农会分为左之四种：全国联合农会；省农台；府县农会；市乡农会。

第三条　非依本规程设立之农会，不得采用前条各种农会之名称。

第四条　各种农会已设之处，不得更设同种之农会，但会已解散者不在此限。同种农会于同时发起组织者，得由主管官署核定所拟会章，令其会同筹办或择定其一。

第五条　各种农会均为法人。

第六条　农会会员之资格如左：一、有农业之学识者。二、有农业之经验者。三、有耕地、牧场、原野等土地者。四、经营农业者。

具有以上一资格而品行端正，年逾二十岁者，均得为会员。

凡热心资助农会经费，赞襄农会事业者，得为名誉会员。

会员入会后，均有议决权、选举权、被选举权。

第七条　市乡农会由该市乡区域内之具有会员资格者组织之，府县农会由该府县各市乡农会举代表组织之，省农会由该省各府县农会举代表组织之，全国联合农会由各省农会各举代表四人，由农林总长临时召集组织之。

市乡农会未设立之前，府县农会得由该区域内之具有会员资格者组织之。

第八条　组织府县、省农会之代表人数如下：府县农会由市乡农会每会举一人；省农会由府县农会每会举一人。

第九条　设立农会须先拟定会章，在市乡农会则举三人以上之代表，其余各农会则由组织该会之代表呈报主管官署核准。

第十条　农会成立后，该区域内有合于会员之资格者，均任其自由入会。

第十一条　会章必须载明左列之事项：一、名称。二、事业。三、事务所。四、会员入会与出会之规定。五、职员之人数、职务、权限、选举、任期及退职之规定。六、会议之规定。七、会员分担会费数目及收入之规定。八、会中一切财产之规定。九、办事及会计之规定。十、更改会章之规定。十一、解散之规定。

更改会章非呈报主管官署核准者，无效。

第十二条　农会置会长一人、副会长一人、并评议员、庶务、会计、书记、调查员。

第十三条　农会职员人数，除会长、副会长外，应由各会视事务之繁简于会章中定之，但市乡农会至多不得逾八人，县农会不得逾十六人，科农会不得逾二十四人，全国联合农会不得逾四十人。如发行杂志者，得另置编辑员若干人。

第十四条　农会之职员或代表，在市乡农会，则自会员中选举之，其余各农会，则自代表中选举之，职员亦得举为代表。

职员代表之选举法，应由各农会于会章中定之。

第十五条　会长总理全会事务，代表农会。副会长协同会长办理会务，会长有故不能到会时，得代行其职权。

评议员答复会长之咨问，监查会务执行之状况。

庶务、会计、书记、调查各员，承会长之指挥分掌会务。

第十六条　市乡农会经费由该会会员分担，其余各农会经费，由组织该会之农会分担。其不足者，呈请主管官署酌拨地方公款，或由政府给予补助金。

前项补助金俟农会法议决公布后给与之。

第十七条　农会之事业年度在会计年度未定以前，暂以自正月一日起至十二月末日止为一年度。

第十八条　农会于每年总会议决经费之预算及会费之收入法议决后，须于每年度两月前呈报主管官署核准。预算及收入法如有更改时，经议决后，亦须呈报主管官署核准。

第十九条　每年二月以前，须将上年度之经费决算、财产目录及会务之状况通知会员，并呈报主管官署。

第二十条　农会每年应将该会事务及该会区域内农业状况，编成农事报告书，分别呈送主管官署。

第二十一条　农会于农事上之改良进行事宜，得建议于主管官署。

主管官署有关于农事上之咨问，农会应答复之。

荒歉之岁，农会须调查荒歉状况，共筹救济方法早报于主管官署。

第二十二条　省农会须设立农产陈列所，搜集各种农产物品，陈列所中，以供参观。

第二十三条　府县农会须于该区域内,每月派人巡行讲演农事改良之技术。

第二十四条　农会应设冬期学校或补习学校,于冬期农闲时,招集附近农民教授农学大意。

第二十五条　主管官署认为必要时,得检查农会之状况及文牍,并发监督上必要之命令。

第二十六条　农会之议决、职员之行为,如有违背本法规程或会章及有害公益者,主管官署得依左记各项处分之:一、取销其决议之事件。二、解免其职员之职务。三、停止该会之事业。四、解散全会另行组织。

职员受主管官署之处分而解职者,五年以内不得复举为职员。

第二十七条　农会自行解散时,经议决后,须将原由呈报主管官署核准,转呈农林部备案。

第二十八条　行政区划如有更改时,农会区域亦须随其区划更改之。

农会所属之区域与他处地方合并或分隶时,主管官署得令该农会解散。

第二十九条　农会虽已解散,在清理账目期间内,仍视为有存续之效力。

第三十条　农会解散时,会长与副会长得为清理账目人。但会章另有规定者,不在此限。

第三十一条　清理账目人须酌定清理目账及处置财产之方法,呈报主管官署核准。清理目帐人有代表农会关于清理账目一切紧要事宜之权限。

第三十三条　主管官署认为必要时,得更改其清理账目与处置财产之方法及解免清理账目人之职权。

第三十三条　清理完结时,清理账目人须将该会之账簿与关于清理账目之一切重要文牍呈报主管官署。

第三十四条　凡省、县、市乡等农会设立于各省、县、市乡等处,全国联合农会则由农林总长临时指定地点。

第三十五条　农会规程施行细则由农林总长定之。

附则

第三十六条　本规程自公布日施行。

农会规程施行细则

第一条　农会规程所称为主管官署,系指农林部、地方长官、府县知事而言。

第二条　凡设立农会,除全国联合农会直接呈请农林部核准立案颁给图记外,凡省农会、府县农会、市乡农会,须将农会各代表同意之证明书附于呈请书,一并呈请主管官署核准,转呈农林部备案。

既经核准者,市乡、府县农会及省农会分别由该省主管官署颁给图记一方,文曰某(市)、(乡)、(府)、(县)、(省)农会图记。

第三条　设立农会者,既经核准后,须即议决其经费之预算及分担收入之方法,呈报主管官署核准。

第四条　农会之职员选任或更换时，该农会应即将其姓名呈报于主管官署。市乡、府县农会之会长、副会长及省农会、全国联合农会之会长、副会长，分别由主管官署发给委任状。

第五条　市乡及府县农会之设立或解散，府县知事须呈报其事由于地方长官。省农会之设立或解散，地方长官须呈报其事由于农林总长。

第六条　府县知事对于市乡及府县农会有施行农会规程第二十六条之处分者，须呈报其事由于地方长官转呈农林总长。地方长官对于省农会有施行其处分者，亦须呈报其事由于农林总长。

第七条　依农会规程第十八条所规定其旧有之农会，须将会章、经费之预算、分扣收入之方法及一切决议书，附于呈请书呈报主管官署核准，转呈农林部备案。

第八条　全国联合农会以外，凡农会有呈报农林总长之公文等件，均须经由地方长官转呈。

附则

第九条　本令自公布日施行。

《农会调查规则》

第一条　省、府县、市乡等农会每年须就该区域内之一切农事确实调查，按照表式填明报告。

第二条　市乡农会须于每年六月以前调查确实，照表填注，报告府县农会，府县农会总括该府县内之调查，编成册本，于七月以前报告省农会，省农会总括该省内之调查，编成册本，于八月以前呈报农林总长。如府县农会未设立之地方，市乡农会之调查报告省农会，市乡农会未设立之处，则责令该市乡之公吏调查报告府县农会。

第三条　农会之调查报告，除递交他农会外，须各呈一份于主管官署。

第四条　市乡农会及公吏所调查之事项如有不确实者，知事得令重复调查。

附则

第五条　本规则自公布日施行。①

25日，袁世凯与孙中山、黄兴协定内政大纲八条，并经黎元洪电复赞同，是日通电各省宣布。

按：电文曰："民国统一，寒暑一更，庶政进行，每多濡缓，欲为根本之解决，必先有确定之方针。本大总统劳心焦思，几废寝食，久欲联合各政党魁杰，捐除人我之见，商榷救济之方。适孙中山、黄克强两先生先后莅京，过从欢洽，从容讨论，殆无虚日，因协定内政大纲；质诸国院诸公，亦翕然无间。乃以电询武昌黎副总统，征其同

---

①　北洋《政府公报》1912年9月26第149号。于建嵘主编：《中国农民问题研究资料汇编》第一卷（1912—1949）（下册），中国农业出版社2007年版。

意,旋得复电,深表赞成。其大纲八条如下:一、立国取统一制度。二、主持是非善恶之真公道,以正民俗。三、暂时收束武备,先储备海陆军人才。四、开放门户,输入外资,兴办铁路矿山,建置钢铁工厂,以厚民生。五、提倡资助国民实业,先着手农林工商。六、军事、外交、财政、司法、交通,皆取中央集权主义,其余斟酌各省情形,兼采地方分权主义。七、迅速整理财政。八、竭力调和党见,维持秩序,为承认之根本。此八条者,作为共和、国民两党首领与总揽政务之大总统之协定政策可也。各国元首与各政党首领,互相提携,商定政见,本有先例。从此进行标准,如车有辙,如舟有舵,无旁挠,无中专,以阻趋于国利民福之一途,中华民国,庶有豸乎! 此令。"①

是日,袁世凯特任赵秉钧为国务总理。

按:赵秉钧于1912年9月25日任中华民国国务总理,成为袁世凯独裁统治的帮凶。他谋划暗杀了国民党代理理事长宋教仁,后东窗事发,离开国务院,到天津任直隶都督。陆徵祥内阁却很短命。两个多月后,陆徵祥即因失职遭到参议院弹劾,不得不称病辞职。8月20日,袁世凯任命赵秉钧为代理总理。赵秉钧追随袁世凯多年,深得袁氏欢心,袁极欲把他扶正。在赵秉钧代理总理期间,袁世凯故意做出物色人选、改组内阁的种种姿态,来迷惑参议院和同盟会的领导人。对袁的美意,赵秉钧心领神会。他故作姿态,表示要加入国民党,还填了一份志愿书。又借袁世凯招待孙中山和黄兴之机,想方设法取得他们的信任。赵秉钧还有意接近宋教仁。他经常跑到农事试验场,与宋教仁谈古论今,很是亲热。他讨好地对宋教仁说:"许多党派要我参加,我都不愿意,我只填写了你们的登记表。"赵的心机没有白费,终于成了国民党员,挂上了国民党的招牌。此时,赵秉钧既是袁的死党,又是国民党员,自然是国务总理的理想人选。所以当袁世凯向参议院提出任命赵秉钧为国务总理时,没有人提出反对意见。1912年9月25日,赵秉钧正式就职,成了中华民国的第三任国务总理。10月3日,赵秉钧到参议院阐述政见,声称"以维持现状为主义"。然而,不久他就把国务会议移至总统府召开,一切听命于袁世凯。自此,国务会议名存实亡,内阁变成了袁世凯独裁统治的工具。1913年初,国会选举揭晓,国民党独占优势,在参议院和众议院两院议员中,共占了392个席位。国民党代理理事长宋教仁踌躇满志,计划组织真正的政党内阁、制定民主宪法,以限制袁世觊的权力,在中国实现民主宪政。宋教仁满怀信心地离开北京,到南方各省作政治鼓动演说,针砭时弊,言辞激烈,轰动一时。袁世凯当然不允许国民党以"合法手段得政权",把他"摆在无权无位的位子"。袁世凯视宋教仁为眼中钉,授意国务总理赵秉钧谋划"毁宋"。赵秉钧也意识到再不采取行动,自己就会有丧权的危险。在袁的授意下,赵秉钧与内务部秘书洪述祖相勾结,着手筹划谋杀行动。洪述祖只是个挂名秘书,实际上是袁世凯集团的特务头目。当时他正在为筹办长江水上警察之事奔走于京、沪之间。洪

---

① 蔡东藩、许廑父:《民国演义》上,中央编译出版社2014年版。

民国元年日志
（1912年1月—12月）

述祖接受任务后,找来上海流氓、帮会头子应桂馨。辛亥革命时,应桂馨投机钻营,攀附陈其美,当上了都督府谍报科科长。南京临时政府成立后,由陈其美推荐,担任总统府庶务科长兼管孙中山的侍卫队,后因违法乱纪被撤了职,回上海重操旧业。他改组青洪帮为"国民共进会",自任会长,在长江沿岸各城市流窜活动,遭到黎元洪通缉。赵秉钧知道应桂馨怀恨孙中山等革命党人,便派洪述祖到上海,以商谈解散共进会为名,秘密收买了他,并任命其为江苏驻沪巡察长,以掩盖他的特殊身份。应桂馨在上海收买了唯钱是图的亡命徒武士英。[1]

是日,袁世凯任命陈锦涛为审计处总办。

是日,袁世凯任命四川都督尹昌衡兼任川边镇抚使。

是日,袁世凯公布各省省议员名额表

按:直隶180,奉天64,吉林40,黑龙江40,江苏160,安徽108,江西140,浙江152,福建96,湖北104,湖南108,山东132,河南128,山西112,陕西84,甘肃56,新疆40,四川140,广东120,广西76,云南88,贵州52。

是日,武昌南湖马队因反对袁世凯、黎元洪发生暴动,旋被镇压。

26日,孙中山自天津到济南访问。

是日,袁世凯任命孔庚为山西陆军第一师师长。

是日,教育部公布《全国儿童艺术展览会搜集条例》《全国儿童艺术展览会审查规则》《全国儿童艺术展览会阅览规则》,筹备举办全国儿童艺术展览会,并就作品征集、审查、观览规则事项加以规定。展览由鲁迅和陈师曾发起筹办,于1914年4月21日在京举行。

27日,湖北外交司抗议日本在汉口租界地外建筑兵营。

是日,共和建设讨论会发起,与国民协进会等六政党组成民主党。

按:民主党是1912年10月在上海合并组成的政党,并入民主党的有国民协会、共和建设讨论会、共和促进会、共和统一会、民国新政社、共和俱进会等六个党团。在这六个党团中,除了国民协会、共和建设讨论会有一定规模的政治影响外,其余四个团体均人数无多、影响至微。六党团的成员主要是立宪派,又都采取支持袁世凯、反对同盟会的政治态度,这是合并组党的基础。六党团中,共和建设讨论会是合并组党的主力。它在成立后不久就主张将反同盟会的小党派合为一大党。共和党酝酿合并时,该会也曾积极参与,但因与张謇、籍忠寅、黄远庸等人"精神不合",并且对民社"尤不敢信"而告吹。共和党成立之后,共和建设讨论会又与国民协会一起,谋求与国民公党、统一共和党合并,新党拟称国民党,并制定了巩固中央权利、维持国家统一等四项政纲。但在新党首领人选上发生争执,共和建设讨论会与国民协会以立宪派正统自居,提出以梁启超为新党总理,企图借梁的影响扩大势力,统一共和党

---

① 摘自陈娟、乔晓玲编著《总理的炎凉:北洋政府总理的最后结局》,华文出版社2006年版。

和国民公党则力持以岑春煊为总理。双方争执激烈，不能妥协，合并遂告破裂。

这次合并失败后，共和建设讨论会与国民协会又开始谋求与共和党合并。新的合并动因在于，在围绕超然内阁问题而进行的党争中，同盟会与统一共和党有联合一致的迹象，因而共和党"甚欲拿共和建设讨论会加入之，以增党势"，共和建设讨论会、国民协会因与共和党步调一致，"提携之处甚多"，也认为"对于共和党并非绝对主张不合"。反对同盟会的共同需要使它们旧议重提。共和党分外热心，甚至表示"共和党之名可改，其他条件皆可商量"。但这次合并仍未成功。合并失败的直接原因是两会坚持合并后由梁启超任协理，而共和党只同意梁任理事，双方不能一致，根本原因则在于两会中人与共和党中的立宪派之间的历史积怨未能释然。与共和党的合并计划破产后，共和建设讨论会、国民协会开始筹组独立于同盟会、共和党之外的"第三党"，定名为民主党。为适应合并、共和建设讨论会于8月14日正式改组为政党。在筹组过程中，共和促进会、共和俱进会等小团体亦先后加入。①

是日，孙中山在济南举行记者招待会，提出铁路批归外人承办，限年无偿收回之主张。

28日，袁世凯公布国庆节纪念日：规定十月十日为国庆日，一月一日和二月十二日为纪念日（南北统一）。

是日，孙中山自济南抵青岛，视察胶济铁路。

是日，教育部公布《中学校令》，就教育宗旨、办学权限、学校经费等问题分别加以规定说明。

按：第一条　中学校以完足普通教育、造成健全国民为宗旨。

第二条　专教女子之中学校称为女子中学校。

第三条　中学校定为省立，由省行政长官规定地点及校数，报告教育总长。教育总长认为必要时，得命各该省增设中学校。

第四条　省立中学校经费以省经费支给之。

第五条　各县于设立法令所定应设学校外尚有余力时，得依本令之规定，或一县或联合数县设立中学校，为县立中学校。

第六条　私人或私法人得依本令之规定设立中学校，为私立中学校。

第七条　中学校之设立、变更、废止，须经教育总长认可。

第八条　中学校修业年限定为四年。

第九条　中学校之学科目与其程度，及教科书之采用，别以规程定之。

第十条　中学校之编制及设备事项，别以规程定之。

第十一条　中学校学生入学资格，及关于转学退学事项，别以规程定之。

第十二条　中学校教员以经检定委员会认为合格者充之。

---

① 摘自李金河《中国政党政治研究1905—1949》，中央编译出版社2007年版。

第十三条　中学校校长教员之俸给,依部订规程之标准,山省行政长官定之。

第十四条　中学校征收学费额,依部订规程之标准,由校长定之;其有因特别理由免收或减收学费者,必经省行政长官许可。

私立中学校征收学费额,由设立人定之,报告于省行政长官。

第十五条　本令第四条、第十二条、第十三条之施行期,别以部令定之。

第十六条　本令自公布日施行。①

29日,袁世凯令各省严行查访、解散秘密会社,倘再组织,即逮捕惩办。

是日,国民党总务部干事于德坤自北京赴贵州筹组支部(到贵州后为贵州军务司长刘显世所杀)。

是日,教育部公布《师范教育令》。

按:第一条　师范学校以造就小学校教员为目的。

专教女子之师范学校称女子师范学校,以造就小学校教员及蒙养园保姆为目的。

高等师范学校以造就中学校、师范学校教员为目的。

女子高等师范学校以造就女子中学校、女子师范学校教员为目的。

第二条　师范学校定为省立,由省行政长官规定地点及校数,报告教育总长分别设立。

县因特别情事,依本令之规定,由省行政长官报经教育总长许可,得设立师范学校,为县立师范学校。

两县以上联合设立师范学校者,亦须依前项之规定。

私人或私法人依本令之规定,经省行政长官报告教育总长许可,得设立师范学校,为私立师范学校。

高等师范学校定为国立,由教育总长通计全国,规定地点及校数分别设立。

第三条　师范学校经费,以省经费支给之。

高等师范学校经费,以国库金支给之。

本条第一项之规定,在第二条之第二、第三、第四项不得援用。

第四条　师范学校、高等师范学校之修业年限、学科目及程度,别以规程定之。

第五条　师范学校、高等师范学校之编制及设备,别以规程定之。

第六条　师范学校、高等师范学校学生入学资格及毕业后之服务,别以规程定之。

第七条　师范学校教员,以经检定委员会认为合格者充之。

第八条　师范学校校长教员之俸给,依部订规程之标准,由省行政长官定之。

---

① 《教育杂志》第4卷第8号,1912年11月。陈学恂主编:《中国近代教育史教学参考资料》(中册),人民教育出版社1987年版。

高等师范学校校长教员之俸给,别以规程定之。

第九条 师范学校、高等师范学校学生免纳学费,并由本学校酌给校内必要费用。

依前项规定外,得收自费学生。

第十条 师范学校应设附属小学校,高等师范学校应设附属小学校、中学校。

女子师范学校于附属小学校外应设蒙养园,女子高等师范学校于附属小学校外应设附属女子中学校,并设蒙养园。

第十一条 师范学校得附设小学校教员讲习科;女子师范学校,除依前项规定外,并得附设保姆讲习科。

高等师范学校、女子高等师范学校,得设选科、专修科、研究科。

第十二条 本令第二条之第五项,第三条之第一、第二项,及第七条,第八条之施行期,别以部令定之。

第十三条 本令自公布日施行。①

是月,台湾南投人陈阿荣建立数百人抗日组织,被捕下狱。

---

① 《教育杂志》第 4 卷第 8 号,1912 年 11 月。陈学恂主编:《中国近代教育史教学参考资料》(中册),人民教育出版社 1987 年版。

10月

1日，中华民国政府参议院一读通过设立国史馆案。

按：先是本年三月间。临时政府尚在南京，胡汉民等曾建议设立国史馆，经国父（孙中山）批准并咨送参议院，嗣参议院迁北京，至本日讨论设立国史馆一案，有议员以为此乃前清旧制，民国何必袭行之。议员谷钟秀谓，该馆为编纂国家大事而设，民国无万消灭国家光荣之理，国史馆在编纂详明之国家大事记，使后人有所考识，今若废此，则中国之历史将嚣然无定论。至于前清，论者不敢秉笔直书，今乃民国，无庸畏此。于是该案通过一读，赞成者四十人，反对者二十二人。①

是日，北京大学校长严复辞职，袁世凯任命章士钊继任北京大学校长，章士钊固辞不就。

按：民国元年到五四运动时期，北大的学术纷争持续不断。"五四运动前夕的北大，一面是新思想、新文学的苗圃，一面也是旧思想、旧文学的荒园。当时不独校内与校外由斗争，校内自身也有斗争；不独先生之间有斗争，学生之间也有斗争，先生与学生之间也还是斗争。其学术派系脉络大致如下：民国元年严复任校长时期，他主张中、西各自为体，在学科上颇器重桐城派。同年严复去职，是民国初建南北矛盾，大总统与内阁矛盾，政治派别矛盾与官场倾轧的结果。"②

是日，袁世凯任命岑春煊为福建镇抚使。

是日，内务部为筹设古物保存所上呈大总统，计划于京设立古物保存所，用于放置、保存文物。

2日，袁世凯公布省议会议员第一届选举日期及《省议会议员选举法实施细则》。

是日，陆荣廷在广西南宁平塘召开军事会议，程璧光、程炳焜到会。决议粤桂出兵80个营54000人组成"援湘军"。

3日，临时大总统袁世凯向全国公布参议院决议通过的《民国服制》，该服制附

---

① 罗刚：《中华民国国父实录》，财团法人罗刚先生三民主义奖学金基金会1988年版。
② 王天根：《五四前后北大学术纷争与胡适"整理国故"缘起》，《近代史研究》2009年第2期。

有图式。

按:《民国制服》:

第一章男子礼服

第一条男子礼服,分为大礼服常礼服二种。

第二条大礼服式如第一图。料用本国丝织品,色用黑。

第三条常礼服分二种。

一 甲种式如第二图。料用本国丝织品或棉织品或麻织品,色用黑。

二 乙种褂袍式如第三图。

第四条凡遇丧礼,应服第二第三条礼服时,以左腕围以黑纱。

第五条男子礼帽,分为大礼帽常礼帽二种。

一 大礼帽式如第四图,料用本国丝织品,色用黑。

二 常礼帽式如第五图,料用本国丝织品或毛织品,色用黑。

第六条　礼靴分二种。

一 甲种式如第六图,色用黑,服大礼服及甲种常礼服时均用之。

二 乙种式如第七图,色用黑,服乙种常礼服时用之。

第七条　学生军人警察法官,及其他官吏之制服有特别规定者,不适用本制。

第八条　凡有公职者,于应服礼服时,不适用第三条第二款及第六条第二款之规定。

第二章　女子礼服

第九条　女子礼服式,如第八图,周身加以繡饰。

第十条　凡遇丧礼,应服前条礼服时,于胸际缀以黑纱结。

第三章　附则

第十一条　关于大礼服及常礼服之用料,如本图有相当之毛织品时,得适用之。

第十二条　本制子公布日施行。[①]

按:民国初期礼制变革在城镇的成效。其一,民国初期衣冠服饰变革成效最明显的第一项内容是对满清服式的否定。其二,西装成为男子的时髦服装,中山装越来越流行。其三,追新求异是民国初期女子服饰变革的基调,具有民族特色的旗袍成为最流行的服装,民初服制虽然也对女子着装做了规定,但由于女子服制所规定的款式、颜色都很保守,较男子服制而言,其影响更小。民国初期礼制变革在乡村的成效较小。剪辫放足使广大民众的思想观念受到震动,从而有利于其他礼俗变革的推行。民国新服制所规定的服装的可行性和普及性尽管受到拘限,但新服制消泯了等级观念,注入了平等精神,使服式实现了由传统的宽大松缓向现代的简短精干的

---

① 《东方杂志》1912 年 9 卷第 5 期。

民国元年日志
（1912年1月—12月）

转变,适应了工业生产的需要和生活节奏加快的进程,有利于社会向近代化的转型。服装的洋化体现了人们的趋洋趋新观念,洋化服装的流行又进而促进了趋洋趋新观念的普及。需要指出,与礼仪变革不同,服饰的变迁程度更取决于社会近代化发展的水平及其造成的社会生活条件和环境改变的程度,所以广大农村及其他一些经济相对落后地区的服饰变迁远远落后于经济发达地区和城镇。

与历代的礼制变革不同,民国初期的礼制变革更确切地说是一场划时代的礼制革命。这一时期的礼制需要更多的创造性。由于民国初期的政治制度本身并不完善,再加上政局动荡,与之配套的礼制变革也很不完善、很不彻底。如民初颁布的《服制》,由于全盘采用西式礼服和常服,不适合中国国情,因而在民间影响甚微。而1929年颁布的《服制条例》,考虑相对周详,适合国情,并有所创制,因而影响面很大,《条例》所规定之服装得以更多地被广大民众采用,尤其是中山装得到进一步的推广。①

是日,国务总理赵秉钧向参议院宣布政见,对内政策采取维持现状主义,对外政策采取平和亲睦主义。

是日,俄国前任驻华公使廓索维茨在库伦与"哲布尊丹巴政府"签订《俄库条约》。

按:《俄库条约》内容如下:

(一)俄国政府扶助蒙古保持现已成立之自治秩序,及蒙古编练之国民军,不准中国兵队入蒙古边境、与华人移殖蒙地之各权利。

(二)蒙古政府准俄国人民及俄国商务,照旧在蒙古领土内享用此约所附专条内开各权利及特种权利。其他外国人自不得在蒙古享同等于俄国人民所享之权利。

(三)如蒙古政府以为须与中国或别国订约时,无论如何所订之新约未经俄政府允许,不能违背或变更此协约及专条内各条件。

(四)此友谊协约自签押之日施行。②

是日,孙中山自青岛抵达上海。

4日,黄兴、陈英士在离开北京南下前夕,在六国饭店举行告别宴会。袁世凯在饯别宴会上表示正式国会成立,举定新总统,将效法孙中山退为国民,惟此数月内深望能取消蒙古独立,消纳军队,庶几可以安心。

按:黄兴致辞时特别公开宣布:"尝与袁总统一再熟商,请全体国务员加入国民党,袁总统极表赞成。后又商诸国务员,亦均表同情。"孙中山在上海国民党欢迎会中赞扬此举说:"今日内阁已为国民党内阁,国民党与政府之调和可谓跻于成功,嗣

---

① 丁万明:《民国初期服制变革的成效及其文化意蕴》,《社会科学论坛》2012年第3期。

② 丁中江:《北洋军阀史话一》,商务印书馆2012年版。

后国民党同志当以全力赞助政府及袁总统。"①

是日,工商部批商人王抡卿等拟办登州草辫专利有限公司请立案,李心颐等创办民国制帽有限公司请立案呈,华新纺纱股份有限公司拟在石家庄设立纱厂请立案呈。

5日,中华民国参议院按照众议院议员选举法第一百二十条制定公布蒙古西藏青海众议院议员选举施行令。

按:《蒙古西藏青海众议院议员选举施行令》

第一条 蒙古西藏青海之议员选举,除本令特有规定外,均适用众议院议员选举法施行纲则。

第二条 每届选举,由选举监督于法定关于选举事项之最初日期以前,设办理选举事务所。

第三条 各选举区之本管各地行政长官,得依前条之规定,设办理选举事务分所,但须呈报于选举监督,办理选举事务分所之办事细则,由选举监督丁之。

第四条 依众议院议员选举法施行细则第三十三条至第三十五条规定之旅费经费公费,适用国会省议会第一届选举费用补助令。

第五条 选举资格调查表、选举人名册、投票簿、投票纸及封筒投票匦、投票录、开票录、选举录及当选证书,别以表式定之。前项选举资格调查表,得由选举监督临时自定之。

第六条 投票纸依式制定时,除用汉字外,并以各该地通用文字,译印于投票纸之里。

第七条 依法颁发选举通告时,除用汉字外,并以各该地通用文字,译书于该通告之后方。

第八条 本令自公布日施行。②

是日,直隶劝业道董锡差为商人刘济堂拟组织津保轮船公司应详细查勘事照会津商会。

是日,袁世凯任命赵理泰为陆军军官学校校长。

是日,黄兴、陈其美等离开北京抵达天津,与宋教仁同访唐绍仪,商量组阁事宜。

6日,北京宣武门大选会场被三四千"公民团"团团包围,另有正式军队荷枪实弹,往来梭巡。

按:1912年10月6日,国会会议召开,准备选举中华民国正式总统。"这次总统选举颇为滑稽和耐人寻味。国民党方面,'二次革命'失败后,孙中山、黄兴等人流亡

---

① 《黄兴集》,中华书局1981年版。
② 《东方杂志》1912年9卷第5期。

民国元年日志

海外。还不到两年时间。在袁世凯的阴谋与打压下，民国的开国元勋变为'捣乱分子'，国民党方面未有合适的总统候选人。进步党虽提名黎元洪，但黎表示不参加总统选举。因此，袁世凯是最有可能当选总统的。但袁世凯对国民党心存顾虑。尽管经过袁的打压，国民党实力大不如前，依然在国会中有392个席位，势力不容小觑。正式总统选举在即，袁世凯也作了一些准备：他令梁士诒收买了近百名国会议员，成立了'公民党'，专为大选拉票。同时，他还安排了由大批军警乔装打扮的'公民团'，名为代表民意助选，实则待选举难产时，用强制手段干涉选举以达目的。"①

是日，孙中山在上海出席国民党选举大会，并发表《在上海国民党选举会上的演说》。

按：《在上海国民党选举会上的演说》（1912年10月6日）说：余今日因选举会与诸君相见，非常欣喜。兹先就在京之事，在诸君前详述之。余至北京遍访同志，悉民国成立，南北统一，其意见相同。当南北统一时，余主张举袁慰亭为总统，余平日甚慕其为人，袁前在北洋练兵，颇有成效，亦一重要人物也。南北竞争之际，固不能望其意向之一致。后南北统一，袁赞成共和，南方人多滋疑惑，然余甚信其为真心赞成。故依余之意，公举袁为总统，于民国当可取良好结果。然南北意见，未曾消融，不但国人心目中如是，即以外人眼光视之，亦恐将来有南北分离之日。余终欲调和之，以为久远计，特以北方人心尚不知其真相，南则知之最熟，一心想望共和。自余到北后，遂得见北方人心亦如南人希望共和，不过意见之表示不同，而其用心则一。

余在京与袁晤，每日一二次，或数日一次，约晤数十回，每次讨论中国时事约数小时。余知其人有定力，有定见，并非拘于旧思想，不过办事方法依旧，此亦难怪；因中国习惯，似不能离旧方法。而袁之方法虽旧，思想却新，其眼光颇大也。此次中国革命，非完全用兵力，故不能完全用新方法。若完全以兵力而得，则可完全用新方法。惟因北方未用兵力，故共和由是从新旧合组而成。此后惟有于新者，力求进步，旧者渐改革，以新思想旧手段行之方可，故余主张举袁为总统，似非谬误。而南方人甚疑之者，竟以彼野心勃勃，欲推翻共和，重建专制，此皆见袁采用旧方法故。以致每次办事每次有反对，如参议院、如政党之屡次冲突。

余与黄克强在京与袁讨论方法，黄主张立大政党。昨报政府全体阁员均入国民党，于是成立政党内阁，则黄之主张以政党调和民党，已于今日成功。此后我党同志，应同心齐力，赞助政府，俾各事可以进行。因袁无人赞助，故办事掣肘。现在袁已赞成国民党政纲，我党亦当助之为宜。今日合六党成一国民党，在未合以前，均以党见为前提，而置国家于后，殊属不宜。现在合党之功，与南北统一同。故宜以谋国

---

① 李光伟：《袁世凯是怎样当上中华民国大总统的？》，《中国党政干部论坛》2011年第10期。

家之公见为前提,不可一党之私见相争。应一心一德,以图进行。又论选举方法,应以大团结为前提,不可专顾小团体,并宜以北京为模范。上海此次选举,余甚望诸君以完全研究之手续行之。欲选举得一好结果,必先定好选举方法,然后可以成功也。①

是日,宋教仁答《民立报》记者关于内阁变局问题。

是日,袁世凯令准国务院秘书长王广圻辞职,以张国淦继任。

7 日,陈焕章、康有为、陈三立、林纾、梁鼎芬、沈曾植等在上海发起成立孔教会,陈焕章为主任干事。

按:孔教会是北洋军阀统治时期专事尊孔读经、复辟倒退的社团,1912 年 10 月 7 日成立于上海。孔教会的发起人为康有为的学生陈焕章,主要成员有劳乃宣、张勋、李佳白等人,在全国各地设有若干分会。次年 2 月发行《孔教会杂志》作为机关刊物。9 月在山东曲阜召开第一次全国孔教大会,举行大规模的祀孔典礼,陈焕章任主任干事,决定迁总会于北京,并在曲阜设立孔教总会事务所。11 月推康有为任总会会长,张勋任名誉会长。标榜"昌明孔教,救济社会",实际上投靠北洋军阀政府,反对革命。在 1917 年张勋复辟前后活跃一时。1919 年"五四运动"期间,孔教会受到沉重打击。1932 年 9 月迁到曲阜的孔教总会按国民政府的命令改为"孔教协会",遂成文化团体。②

是日,严复正式辞去北京大学校长职务。

是日,英国、法国、俄国、德国、日本、意大利、奥匈帝国、荷兰、比利时、葡萄牙、西班牙、丹麦、瑞典同时宣布承认中华民国。

是日,中华民国政府革去内蒙哲里木盟科尔沁右翼前旗扎萨克多罗扎萨克图郡王乌泰郡王世爵,任命镇国公衔鹏束克署理。

按:令曰:科尔沁右翼前旗札萨克郡王乌泰,在前清时累罹咎愆。逮民国成立,遂怀异志,反抗共和,购械增兵,情形显著。政府因念优待条件,格外宽容,饬东三省长官及盟长等,开诚抚谕,并将从前政府代还之款,准予缓免,所以体恤者不为不至。乃乌泰不知改悔,竟于八月间颁布伪示,声称独立,驱逐官员,肆掠都邑,惨杀汉民,不得已饬奉天黑龙江都督派员前往。剿抚兼施,迭据派出军队攻克该旗该地方,捣其驻府,而乌泰仍不受抚,逃往索伦山中,是其自甘暴弃,无可逭免。乌泰著革去郡王爵。至该旗下蒙众,有为乌泰所胁迫随从逃亡者,著该都督转饬各路军队,剀切招抚。但能释兵来归,其原有产业者,仍准享有,决不苛求。其原无产者,应予设法安置,俾逐其生。其余不受乌泰诱胁之该旗官兵,并著妥为抚慰保护,以示奖顺讨逆

① 《国民党大会纪事》,《中华民报》1912 年 10 月 7 日。郝盛潮编:《孙中山集外集补编》,上海人民出版社 1994 年版。

② 申铉武:《中国政党政团大观》,延边大学出版社 1988 年版。

民国元年日志

（1912年1月—12月）

禁暴安民之至意。①

8日，中华民国政府通令重申赌禁。

按：令曰：前清季年，凡百废弛，而于赌禁属森严。民国成立以来，赌风转以日炽，京师绾毂四方，尤为全国观听所系，若不重申禁令，何以整肃纪纲。著内务部通饬内外两厅，随时严密稽查，凡有犯刑律赌博各条者，应即立于惩禁。②

是日，中华民国政府通令嗣后不得追论反正以前罪状。

按：令曰：前清之季，各处官绅，止禁革命，捕戮无辜，不无过激行为，亦系职守使然。共和成立，咸与维新，自应既往不追，共相更始。迺旧日官绅，仍多疑畏匿迹，或竟托非其所，而不知大体之官吏，亦辄苛求瑕隙。于共返里之时，陷入刑网，均于民国政体及共和之真意有乖。特此通告各省行政长官，自今以往，除现在犯罪者外，自不得追论反正以前罪状，肆意诛求。其播迁流寓之人，亦宜各复乡间，以安生业。③

是日，陆徵祥按照西方国家外交部的模式锐意改组外交部。

按：陆徵祥提出一个新的外交部组织法，即《外交部官制》，提请国会批准。

《外交部官制》

第一条　外交总长，官理国际交涉，及关于居留外人并在外侨民事务，保护在外商业，监督外交官及领事官。

第二条　外交部总务厅，除各部官制通则所定外，掌事务如左：一掌管机密电本。二收藏条约及国际互换文件。三调查编纂交涉专案。四播译文书，传达语言。五公布文件。六管理本部部内官役工程，及一切杂物。

第三条　外交部置左列各司：交际司、外政司、通商司、庶政司。

第四条　交际司掌事务如左：一国书及国际礼仪事项；二关于接待外宾事项；三关于核准本国官民收受外国勋章，及驻在本国之各国外交官领事官侨民等，叙勋事务。

第五条　外政司掌事务如左：一关于地土国际交涉事项；二关于禁令裁判狱讼交犯事项；三关于外人之保护及尝恤事项；四关于本国人出籍外人入籍事项。

第六条　通商司掌事务如左：一关于开埠设领事通商行船事项；二关于保护在外侨民工商事项；三关于路矿邮电交涉事项；四关于关税外债交涉事项；五关于延聘及其他商务交涉专案事项。

第七条　庶政司掌事务如左：一关于外人传教交涉事项；二关于游历游学事项；三关于各使署领署专使及各种公会经费事项；四关于在外本国之人关系民刑法律事项；五关于各国公会赛会事项；六其余不属他司之交涉事项。

---

① 东方杂志1912年9卷第5期。
② 《临时大总统重申京师赌禁》，载《东方杂志》1912年第9卷第5号。
③ 《东方杂志》1912年9卷第5号。

第八条　外交部主事员额,至多不得逾八十人。

第九条　外交部参事佥事主事员额,以部令定之。

第十条　本制自公布日施行。①

是日,梁启超自日本返国,本日到天津。

按:1898 年,梁启超流亡日本,先后创办《清议报》《新民业报》,鼓吹立宪保皇,反对革命。辛亥革命期间,曾试图游说实行虚君立宪制。袁世凯任临时大总统后,鉴于国民党势力日益强大,希望与梁启超合作,和立宪派联手打击国民党。梁启超也希望借此机会回国。

9 日,孙中山主持召开军事会议讨论北伐讨逆护法。翌日,广州军事会议决定动员大军入湘,以谭浩明为粤桂湘军总司令。

是日,孙中山发表《致南洋同志书》。

按:《致南洋同志书》:"惟思政党天职,在恪守党纲,观察国情,以舒展国民意旨,种种应付,当刬除偏见,一以国家为前提,党德清澄,党势必日臻强盛。"②

是日,中华民国政府公布参议院议决案更正众议员各省复选区表。

是日,袁世凯颁令嘉奖帕勒塔"以有功大局,业奉大总统令进封亲王"。

是日,袁世凯授予孙中山、黎元洪大勋位,授予黄兴、唐绍仪、伍廷芳、程德全、段祺瑞、冯国璋等一勋位,孙、黄表示不受。

是日,工商部电请各省保护回籍华侨。

10 日,全国各地举行中华民国成立周年典礼。袁世凯在北京阅兵。

是日,外交部宣布澳洲待遇华侨新章。

按:《澳政府新订中国学生商人来澳章程》

一、学生凡中国学生来澳留学有限期者,均照下开各节办理。(甲)中国男女学生,凡年在十七岁以上二十四岁以下者,如在放洋之地,领有中国官所发之护照,经英领事查验无措,方为合格。所有该学生之籍贯,及留学资斧,在澳年限,所学何种课程,居住澳洲何地,均须一一填注护照内,并于护照上粘贴该学生最新之相片。经英领事查验,实系本人之相片者。(乙)凡学生持有该项护照者,于抵澳洲时,可免考读默字。无论男女学生,在澳时期有过十二个月者,必须由最近之中国领事署代为照会外务大臣,请给展限凭单,开明在澳住居年限,所给凭单,至多以十二月为限。如所请之期又满,每于十二个月底,再换凭单一次。总之,在澳之年限,不得逾六年。(丙)无论男女学生,抵澳时,即须在就近之中国领事署注册,如住址有更动,必须随时报知中国领事署,中国领事署亦随时照会澳外部。(丁)学生于抵澳后,即须开明

① 《东方杂志》1912 年 9 卷第 5 号。

② 《孙中山全集》第 2 卷,中华书局 1981 年版。

华侨二名之姓名住址，或两家体面商店之店号住址，送交外部，作为该学生担保之人，所有留学生资费，及期满回国等事，皆归其担保。政府所派学生，不在此例。如学生无亲属在澳者，须另觅妥善保人。（戊）凡遵照此次章程来澳之学生，须在公认之学校，习上定之课程。或该学生因求经验起见，为专门学家效力者，或肆习一业，为外务大臣批准者，或因贫寒，于功课外，腾时做工，为补助学费，经外务大臣批准者，均留澳肆业。（己）学生于留学期满时，即须回国，不得越外务大臣所准期限之外。

二、商人（甲）中国商人来澳游历，必须有中国官所发护照，照中应将该商人籍贯营业，以及来澳之缘由，驻澳之期限，逐一开明，并须粘有该商人相片，在放洋之埠，请英领事照验，准其居住。但以十二个月为限，若欲展长期限，必须说明理由，请外务大臣，另发展现凭单。（丁）反经准登岸之商人，须在最近之中国领署注册。该商住址，如有更动，应由领署照会澳外部。（戊）商人于满期时，即须回国，不得在澳，越外务大臣所准期限之外。①

是日，孙中山出席上海寰球中国学生会主办的武昌起义周年纪念会并发表演说。

是日，孙中山在上海英文《大陆报》发表《中国之铁路计划与民生主义》。

按：文章曰：近袁总统以全国铁路设计，筹措必需路款，并组织中央铁路公司，以督办路政之重任相属。余对于铁路建筑工程，与运用上之复杂情形，及经济方面，已加一番研究，知此事关于国家前途之发展者甚大，故敢毅然担任之。但余办理此事之地位，恐不免引起误会。须知余实未受政府之任何职位，不过受命于政府，以代办一定之事业耳。余之地位，乃与包工人相等，承揽一定之工作以完成之。政府因欲兴办一定事业，嘱余完成其事，即与对包工人之嘱托相同。余将努力以实现政府此种嘱托。为完成伟大之工作起见，自非利用外资不可。但余意以为应由投资之私人或公司，与吾铁路局直接交涉，而与中央政府不发生关系。此种纯粹商业性质之办法，可使全盘事业脱离国际的与他种的政治范围。盖建筑铁路之经费，如仍依旧例借贷而得，则外交问题即不免牵涉其间。故吾人兹愿摆脱外交上之一切纠葛也。依余之计划，即可避免此种烦恼。中央铁路公司将自行筹措借款，对于中央政府与投资人担负责任，如是则吾人与政府皆不向外国政府负责。吾人将于创办之初，划清界限，以杜绝外来之干涉。至于此种路线之应否建筑，与此种关系于全国幸福之计划，应否玉观厥成，端赖全国人民之公意，乃为此种纵贯全国的铁路系统之最后决定。若徒事无理之反对，则适足以破坏全盘之计划而已。在今后十年之内，敷设二十万里之铁路，乃为完全可能之事。经过数月审慎研究之后，余乃决定此项计划。

---

① 《东方杂志》1912年9卷第6号。

如国人能尽其应尽之责,予以赞助,则此计划必能实现。国人应知铁路之敷设,其利益实浩大而易睹,此种有效的、安稳的、敏捷的交通建设,岂但有益于商业,亦且有裨于政治前途也。今世界之大国,无一不得到此同样之教训。盖无论何处,铁路常为国家兴盛之先驱,人民幸福之源泉也。①

是日,津浦铁路济南以北泺口黄河铁桥竣工。

11 日,中华民国政府公布陆军团旗式。

按:陆军团旗,适用陆军旗,以绸为之,横长三尺,直长二尺五寸,外缘以黑丝线,缀长四寸,于右方镶白绸一长幅,宽三寸五分,长一尺八寸,上下各距其边三寸五分。上书兵种团号,由中间黄星之中点,至外周以黄星之中点,为四寸六分。各星之半径为九分二厘,旗杆图朱色,长七尺五寸,为二寸五分。以黄布作圆筒式,缀于旗傍,杆上端冠以矛形铜鐏,长五寸。(多有尺寸等数、暂以营造尺为准)②

12 日,军政府着手编制海军陆战队,以陈炯明为总司令。

是日,国务院奉大总统令,通电各省都督、民政长弭盗。

是日,孙中山在上海报界公会欢迎会上发表演说,主张实行门户开放政策,收回领事裁判权,使中国成为完全独立的国家。

13 日,中华民国政府公布更正众议员各省复选区表。

是日,汉口法租界法国警察与中国警察因争界发生冲突。

是日,中国国民党天津支部在城议事会举行成立会,选举李光恒任部长。

是日,章士钊署浙江省教育司司长职。在《独立周报》第四期发表《解散省议会权之讨论》,署名秋桐。

14 日至 16 日,孙中山在上海中国社会党本部连续 3 日发表演说《在上海中国社会党的演说》,评论社会主义学说及其派别。

按:孙中山在中国社会党总部进行演讲,在这一过程中开始着重阐述其社会主义思想。孙中山开篇即坦言:"鄙人久怀抱社会主义之人",然后介绍、批判了欧美的各种社会主义思想,在此基础上论述了关于他自己选择的社会主义及其方法,主要内容如下:"所谓社会主义者仅可区分为两派,一即集产社会主义(包括国家社会主义),一即共产主义(包括无政府社会主义)"。"夫所谓集产云者,凡生利各事业,若土地、铁路、邮便、电政、矿产物、森林皆为国有"。"共产云者,即人在社会之中,各尽所能、各取所需"。"共产主义本为社会主义之上乘。然今日一般国民道德之程度未能达至极端"。"主张集产社会主义,实为今日唯一要图"。"社会主义所主张,原推翻弱肉强食,优胜劣败之说,而以平和慈善消灭贫富之阶级于无形"。"其主张均分

① 中国社科院近代史所等编:《孙中山全集》第 2 卷 1912,中华书局 2011 年版。
② 《东方杂志》1912 年 9 卷第 6 号。

富人之财产,表面似合于均产之旨,实则一时之均,而非永久之均也"。"社会主义学者知罢工要挟绝非根本之解决"。各国的社会主义者中,激进派施行均产主义,为了避免引发招致掠夺混乱的灾祸,通过和平的方式解决贫富冲突,学习亨利·乔治以及马克思学说,主张土地和资本的公有,避免少数资本家对财富的垄断和独享,倡导平均分配。为了在中国实行社会主义,"主张土地公有……即调查地主所有之土地,使定其价、自由呈报、国家按其地价,征收地价百一之税……此后地价之增加,成为公家所有"。还要遏制私有大资本家、培育国家资本。通过这种方式,中华民国将转变为社会主义国家。主张"国家将拥有铁路、矿业、森林、船舶运输、航路之收入及人民地租、地税之完纳,府库之充"。"由此才能推动公共教育,实现教育平等,设立公众养老院、公共医院等社会福利将得到充实。"①

15日,中华民国政府公布制定《海军总司令处条例》。

按:《海军总司令处条例》

第一条　总司令应驻海军总司令处。

第二条　总司令管理所属舰队并厂陨练营医院各事宜。

第三条　总司令有派遣部下舰艇巡防江海等处之权,但须呈报海军部。

第四条　总司令应督率部下舰艇,每年操演二次,并将其成绩呈报海军部。

第五条　总司令得定部下舰队司令之旗舰,若有更换,须呈报海军部。

第六条　凡地方长官为推持地方安宁请求兵力,当年急无暇请示时,总司令得以便宜行事,一面即将情由呈报海军部。

第七条　总司令每年按定期,照翌年会计年度,将部下舰艇及所属各处拟欲执行之事,造成明细预算表,提呈海军部。

第八条　总司令于所属官佐,如有进退升降及特赏重罚之事,须呈请海军部核准施行,但练习生及准尉官以下,总司令得酌量施行。

第九条　总司令于所属官佐,遇有缺出,有派员代理之权。

第十条　总司令得制定部下舰艇及所属各处部署细则,仍须呈报海军部。

第十一条　总司令可随时巡阅部下各舰艇。并所属厂陨等处,考查成绩。

第十二条　总司令若因事故不能执行其职务时,得令舰队司令暂行代理,并呈报海军部。

第十三条　总司令处应置职员如左。

参谋三人(上中少校上尉)

副官二人(中少校上尉)

秘书三人

---

① 节选自《孙中山集外集补编》,上海人民出版社1990年版。

军衡长一人(上中少校)

军衡员一人(少校上尉)

军械长一人(上中少校)

军械员一人(少校上尉)

轮机长一人(轮机上中少校)

轮机员一人(轮机少校上尉)

军需长一人(均需大中少监)

军需员五人(军需少监一等军需官)

军医长一人(均已大中少监)

执法官一人

除前项职员外,为处理事务,得酌用技士技手军士长准尉官及相当官雇员兵役等若干人。

第十四条 参谋长承认总司令之命,掌事须如左。

一 关于港湾防御计划事项。

二 关于所辖舰艇军队调遣服役事项。

三 关于江海各处警备事项

四 关于出师准备及作战计划事项。

五 关于操演及检阅事项。

六 关于教育及训练事项。

七 关于交通及运输事项。

八 关于谍报事项。

第十五条 副官承认总司令之命,掌事项如左。

一 关于仪制礼式服制旗章事项。

二 关于接待来宾传宣命令事项。

三 关于总司令处雇员佣人事项。

四 关于总司令处庶务事项。

五 关于总司令处军纪风纪事项。

六 关于官吏秘密图书及贷与展览事项。

第十六条 秘书承认总司令之命,掌事项如左。

一 关于管理文牍事项。

二 关于收发公文及保存案卷事项。

三 关于典守印信事项。

第十七条 军衡长承认总司令之命,督同军衡员,掌事项如左。

一 关于总司令所属部下之进退任免转补等事项。

二 关于总司令所属部下之履历书记考绩等事项。

三 关于总司令所属部下之敍动襄章赏罚事项。

四 关于总司令所属部下之休假事项。

五 关于总司令所属部下定额只补充及调换等事项。

六 关于总司令所属部下之恩恤等事项。

七 关于以上各项报告及统计等事项。

第十八条　军械长承认总司令之命，督同军械员，掌事项如左。

一 关于各舰营抢炮水雷火药子弹，及其军用器械并一切附属物品之供给修理等事项。

二 关于陆上储存枪炮水雷火药子弹，及其他军用器械并一切附属物品之保管整顿等事项。

三 关于制造购买枪炮水雷火药子弹，及其他军用器械并一切附属物品之试验检查等事项。

四 关于各舰营抢炮水雷火药子弹，及其军用器械并一切附属物品之调查统计等事项。

第十九条　轮械长承认总司令之命，督同轮械员，掌事项如左。

一 关于轮机官之勤务事项。

二 关于轮机官应官之船体轮机器械事项。

三 关于轮机部之教育训练事项。

四 关于各舰艇轮机成绩之统计及报告事项。

五 关于各舰艇轮机之制造修理事项。

六 关于各舰艇轮机之检察试验事项。

七 关于出师准备时轮机部应管事项。

第二十条　军医长承认总司令之命，掌事项如左。

一 关于军医官及看护长以下之勤务事项。

二 关于军医官及看护长以下之教育训练事项。

三 关于军人之体格等事项。

四 股阿奴诊察应得恩恤之病伤事项。

五 关于传染病之预防及诊治事项。

六 关于各舰艇并陆上各署卫生事项。

七 关于海军病院事项。

八 关于平时战时治疗物品之预备事项。

第二十一条　军需长承认总司令之命，督同军需员，掌事项如左。

一 关于所管岁出岁入之预算决算事项。

二 关于所管岁出岁入之收支事项。

三 关于各舰艇及所属各处军人军属之俸饷事项。

四 关于储金及账簿之保管检查事项。

五 关于各舰艇及所属各处应用物品之购办事项。

六 关于雇佣工役及购办物品契约之订定保管事项。

七 关于煤粮被服之购办保管及供给事项。

八 关于一切物品及其账簿之检查事项。

第二十二条　执法官承认总司令之命,掌事项如左。

一 关于海军刑法海军治罪法之适用事项。

二 关于军事司法警察及捕获审查事项。

三 关于军法会议等事项。

四 关于海军监狱事项。

五 关于犯罪之审问宣告判决执行判决事项。

六 关于军事犯逮捕事项。

七 关于赦免及移送军事犯事项。

八 关于申报终结一切案件事项。

第二十三条本条例自公布日施行。①

是日,大总统制定公布《舰队司令条例》。

按:《舰队司令条例》

第一条　舰队司令,承认司令之命,指挥所属舰队。

第二条　舰队司令,应常驻总司令所指定之旗舰。

第三条　舰队司令,维持部下之纪律,监视部下之教育训练,凡颁发各舰艇之部署细则及日课等,应严督遵行。

第四条　舰队司令,对于所率舰队之安全,应负起责。

第五条　舰队司令所在地方,如有急变须用兵力而无暇请示时,得会商该地方长官,便宜行事,一面将情由呈报海军部及总司令。

第六条　凡海军信号书及舰队阵法程式,舰队司令认为应行改正者。

第七条　舰队司令,凡遇船只触礁碰撞火灾及其他海难时,应令部下舰艇,尽力救护,并将详情呈报总司令。

第八条　凡部下各员所陈之条报告等事,舰队司令应详加审查,并附以己见,转呈总司令核补。

第九条　舰队司令于所属官佐遇有缺出,得开单呈候总司令,转请海军部核查。

---

① 《东方杂志》1912 年 9 卷第 6 号。

第十条　舰队人员，除呈请长假应由总司令核准外，其请给当假者，舰队司令有可否之权。

第十一条　舰队司令与总司令同驻一处，所有调遣舰队之权，应归总司令。若数舰队司令同驻一处，归资深者调遣。

第十二条　舰队司令之幕僚如左。

参谋一人（中少校上尉）

副官二人（少校上尉）

秘书二人

轮机长一人（轮机中少校）

除前项职员外，为处理事务酌用准尉官及雇员兵役等若干人。

第十三条　参谋承舰队司令之命，掌事项如左。

一　补助舰队司令管理教育训练事项。

二　参预舰队之机密事项。

三　汇订舰队日记，并记录舰队每日之所在行动演戏及其他重要事件。

四　常与海军部总司令处并有关各处互通消息。

五　凡在舰队中所经验之事项，如人物可供海军战法之资料者，须呈请舰队司令转呈总司令。

六　参预军事会议并掌记录等事。

第十四条　副官承舰队司令之命，掌接待来宾并传宣命令等事。

第十五条　秘书承舰队司令之命，管理文牍收发公文并典守印信保存案卷事项。

第十六条　轮机长承舰队司令之命，掌事项如左。

一　当舰队出航及停泊之前，计划煤炭淡水之补充，并关于轮机必要之处理，提呈舰队司令。

二　监视舰队各轮机官以下之教育训练，及管理轮机是否合法。

三　检验各舰艇之汽机汽炉并属于轮机部主管是器械等。

四　凡关于轮机部之报告及条陈等，应详加审查，并附以己见，呈递舰队司令。

第十七条　本条例自公布日施行。①

是日，大总统制定公布《海军士兵惩罚令》。

按：《海军士兵惩罚令》

第一条　本令专为惩罚士兵以下之犯行，由各舰长营长用单独制，遂行判决执行。

---

① 《东方杂志》1912年9卷第6号。

第二条　各舰长营长惩罚士兵以下之犯行时,须在本令惩罚范围以内。

第三条　凡派遣在外之士兵,违犯本令,远离本舰本营驻所者,准由该舰长营长所委在外之长官执行惩罚,仍须随时申报该舰长营长。

第四条　除现行犯之士兵,得由舰长营长立时惩罚外,凡士兵被告为违犯本令者,应将情节先行调查,然后召集告发人及被告者,当众质讯,按照本令惩罚。

第五条　凡惩罚须按犯人之心术犯行之事实及平日之品行,衡定轻重,以能保持军纪不至再犯为处断之界限。

第六条　凡违犯本令,同时应受两罚者,从重惩罚之。

第七条　凡受加服工役暂行拘禁以及站立等罚,若被罚之士兵患病,应缓至病愈后执行。

第八条　凡判决革除紧闭降等扣饷褫夺优行章等罚,须具有判词,由该舰该营长官署名,向犯者宣读执行,并须呈报司令长官存案。

第九条　凡判决绳责,须具判词,由该舰该营长官署名,向犯者宣读执行,但至多不得过三十六下,施行时须由医官看视。

第十条　凡在惩罚期内,除革除等扣饷紧闭及褫夺优行章外,犯者确有后改凭据舰长营长得减免之。

第十一条　除战时或戒严时效力有功外。开复原等原饷。须于惩罚后满六个月。方得议叙。

第十二条　凡不出于故意之行为不为罪,但应以过失论者,得从轻惩罚之。

第十三条　凡各舰各营夫役,年龄未满十五岁者,不论犯本令内何条不为罪,但因其情节较重者,得革除之。

第十四条　凡应从科刑之法令论罪,应归军法会审判决者,不得适用此令。

第十五条　应惩罚之行为如左。

一 未经请假擅行离船离营者;

二 准假离船离营逾越假期者;

三 未奉特准擅越制定区域者;

四 奉派执役未奉允准弃工他往者;

以上四项确无逃亡犯意方在本条范围之内。

五 不依上官指挥者;

六 对于上官所委职务执行疏忽者;

七 召唤不到或点名不应者;

八 不服检查或违背礼式者;

九 勾引他人联名公禀要求者;

十 私将舰营事件登报者;

民国元年日志

（1912年1月—12月）

十一　侮慢长官者；

十二　捏报他人逮令者；

十三　明知干犯伪为狗庇者；

十四　诬诉自己受屈者；

十五　以证人作虚伪之陈述者；

十六　懒惰伪病请假者；

十七　他人擅离职役代为请假者；

十八　他人未到代为销假者；

十九　召唤他们冒名顶替者；

二十　奉派工作托人代替者；

二十一　损伤军用物品者；

二十二　虚耗存储物用品者；

二十三　处理火器疏忽者；

二十四　稽延传达事件者；

二十五　奉调遣命无故延迟者；

二十六　私用公物公款者；

二十七　失监守或指导之职务者；

二十八　看守锅炉汽表疏忽者；

二十九　值更未经他人接值先离职守者；

三十　窃取或诱骗他人财物者；

三十一　私藏贼物者；

三十二　私卖发给之军服公物者；

三十三　赌博及酗酒者；

三十四　喧哗或工作交谈者；

三十五　咀骂亵渎者；

三十六　随便唾痰者；

三十七　任意便溺者；

三十八　任意抛物舰外者；

三十九　任意坐卧者；

四十　争斗或犯各种之卑污行为者；

四十一　身体衣服不整洁者；

四十二　污损地方或物品者；

四十三　不遵定制任意服装者；

四十四 年在十八以下吃烟者；

四十五 吃烟非其时非其地者；

四十六 在船面裸体或戏谑者；

四十七 争夺饮食者；

四十八 过限定时间而不与寝退食者；

四十九 擅用他人物件者；

五十 乱掷军服吊床不收拾妥当者；

五十一 擅开他人函信包裹箱笼者

五十二 乱晒衣服者；

五十三 够积商货希图漏税者；

五十四 私存物品贩卖者；

五十五 利用职务上之地位巳图私利者；

五十六 因公擅受外人礼物者；

五十七 用火漫不经心者；

五十八 误报钟点者；

五十九 不专心守望者；

六十 值更倦睡者。

第十六条　惩罚种频如左。

一 革除；

二 禁闭兼服劳役；

三 禁闭；

四 绳责；

五 降等；

六 褫夺优行章；

七 暂停升转；

八 扣饷；

九 加工役；

十 拘留；

十一 站立；

十二 停止给假；

十三 记过；

十四 训斥。

第十七条　凡判决革除，必须士兵犯有本令重罪，且系系再犯者。

第十八者　禁闭期限,至多不得过十四日。

第十九条　凡军士技匠并曾经记功及有优行章之兵,不得施行绳责。

第二十条　凡教唆他人或共同实施犯罪之行为者,按照正犯之例处断,其为事前事后帮助者,不得判拟第十六条第一至第八之惩罚。

第二十一条　凡在营或在舰拘留,皆须在无疑卫生之处,其期限不得过二十四小时。

第二十二条　停止给假期限,不得过一个月。

第二十三条　站立不得逾四小时。

第二十四条　训斥须由舰长或营长召集士兵,当众执行。

第二十五条　各舰各营,均须置惩罚簿,以凭稽核,按季呈送本管司令,转呈总司令稽核,汇册造送海军部。

第二十六条　在甲处犯行未及惩罚转至乙处者,由甲处长官知照乙处长官惩罚之。

第二十七条　惩罚以日数计,不论时间早晚,概从宣布判词之日起,算至注销之日止。

第二十八条　在禁闭拘留停假期内,遇有逃亡或因他故未受执行者,其时期不算入惩罚期内。

第二十九条　凡犯本令所未规定之罪名者,亦由各舰各营长审讯,如可执行本令惩罚者,准适用之,其不适用者,呈请长官开军法预审。

第三十条　本令自公布日施行。①

是日,中华民国政府授奉天统领吴俊升勋五位,给奉天都督赵尔巽一等嘉禾章。

是日,国民党参议员会在北京成立,通过议员会章程,选举谷钟秀等5人为总务干事。

是日,孙中山在社会党演讲社会主义,2000余人到会听讲。

16日,中华民国参议院公布《中央行政官官俸法》。

按:《中央行政官官俸法》

第一条　特任官官俸,除别有规定外,其俸额如左:国务总理月俸一千五百元。各部部长月俸一千元。

第二条　简任官官俸,除别有规定外,其各级俸额,依附表第一表第一号。荐任官官俸,除别有规定外,其各级俸额,依附表第一表第二号。委任官官俸,除别有规定外,其各级俸额,依附表第一表第三号。同一官,因其官等不同而俸额异者,依附

---

① 《东方杂志》1912年9卷第6号。

表第二表定之。同一等之官，其奉额有数级者，由各该长官视其事务之繁简学识之短长执务之勤惰定之，并以次进之，但非执务半年，不得进一级。

第三条　简任官进至各该官最高之等，受至最高级之俸。满五年以上，确有功绩者，得给以七百元以内之年功加俸。荐任官进至各该官最高之等，受至最高级之俸，满五年以上，确有功绩者，得给以五百元以内之年功加俸。委任官进至各该官最高之等，受至最高级之俸，满五年以上，确有功绩者，得给以二百元以内之年功加俸。

第四条　休职退官及死亡时，仍给以本月之全俸。

第五条　退官者仍在续办公事清理余务时，照常给俸。休职者在休职期间中，仍给俸三分之一。

第六条　凡在官于一年之内，因病不能执务过九十日，或因私事不能执务过三十日者，须计其一年应得之俸，减其四分之一。但因公至疾及服丧者，不在此限。

第七条　关于官俸发给细则，由财政总长以部令定之。

第八条　本法自公布日施行。[①]

是日，中华民国参议院公布《中央行政官官等法》。

按:《中央行政官官等法》

第一条　第一等第二等为简任官，第三等至第五等为荐任官，第六等至第九等为委任官。

第二条　简任官属于国务院或直隶于国务总理者。其任免叙等，由国务总理呈请大总统行之。属于各部或直属于各部者，由各部总长商承国务总理呈请大总统行之。

第三条　荐任官属于国务院或直隶于国务总理者，其任免叙等，由各该长官呈由国务总理呈请大总统行之。属于各部或直隶于各部总长者，由各部总长经由国务总理呈请大总统行之。

第四条　委任官之任免叙等，由各该长官行之。

第五条　各官官等，除别有规定外，均依本法所定官等表。

第六条　初任官者之官等，须为官等表中所定各该官最低之等，升任者亦同。有简任官资格之人，任为委任官者，其初任官之官等为六等。应文官高等考试初试及第之人，任为委任官者，自七等始。转任者，如其前官之官等，高于其转官之最低等者，须从其前官之官等。已退官者，如复任时，须依前官官等，或前官官等以下之等。但任前官时，在官已逾二年者，得进前官一等。第二项第三项及第四项之规定，于秘书不适用之。

---

① 《东方杂志》1912 年 9 卷第 6 号。

第七条　各官之官等,非在官二年以上,受至各该官官等最高级之俸者,不得叙进一等。前项之规定,于秘书不适用之。

第八条　本法自公布日施行。[①]

是日,袁世凯任命何奏簇为甘肃布政使。

是日,孙中山在社会党演讲社会主义,出席者 3000 余人。

是日,清华学堂更名为清华学校。外务部任命唐国安为第一任校长。

是日,黄兴致函北京国民党本部,陈述对蒙事的意见,主张用兵。

18 日,宋教仁离京南下,宣讲政党责任内阁理念,抨击袁世凯操纵北京政府。

是日,中华民国政府派吕海寰充中国红十字会正会长,沈敦和充副会长。

是日,中华民国政府任命许宝衡为铨叙局长。

是日,袁世凯任命马良代理北京大学校长。

是日,孙中山应江西都督李烈钧之邀,离开上海赴江西视察。

是日,国民党本部开会欢迎章嘉、甘珠尔瓦两活佛,两活佛在演说中表示必设法取消外蒙独立,同享共和幸福。

19 日,中华民国大总统加封内蒙古章嘉、甘珠尔瓦两呼图克图名号——内蒙活佛章嘉。

是日,民国政府给予前任法国公使参赞等勋章。

按:"令日:据外交部呈辞,前任法国公使参赞等,在华有年,遇有交涉事宜,均能和衷商办,悉臻妥洽,实于中法邦交,良多裨益。现在均各先后满任回国,拟请给予勋章等语。马士礼著给予二等嘉禾章,裴格著给予三等嘉禾章,古和礼著给予四等嘉禾章,贝尔雅著给予五等嘉禾章。[②]

是日,孙中山先生乘坐"联鲸"号军舰由上海沿长江而行,莅临江阴考察。

20 日,保定军官学校第一期学员正式开学,陆军总长段祺瑞出席开学典礼并致训辞。

按:陆军军官学校是中国近代教育史上成立最早、规模最大的高等军事学府。

是日,中华民国女子参政同盟会本部在北京成立,唐群英被推选为本部总理。

按:唐群英在会上演说指出,女子与男子同是国民,既承担了国民的义务,就应该享受国民的权利。她坦诚地承认现在女子参政的程度确实不够,可暂且不争被选举权,但不能不争选举权,她号召女性"组织团体,坚持到底,上书参议院,要求女子的选举权。一次争不到手,二次再争,二次争不到手,三次四次以至无量数次,不达

---

① 《东方杂志》1912 年 9 卷第 6 号。

② 《东方杂志》1912 年 9 卷第 6 号。

目的是万万不能止的"。明确了女子参政请愿继续进行的近期目标就是争取选举权。

19世纪末20世纪初，首先觉悟的中国知识妇女摆脱封建专制和封建礼教的压迫和束缚，积极投身到扭转乾坤的伟大的辛亥革命运动中，为实现民主革命的胜利和争取自身的自由平等进行了英勇卓绝的斗争。她们一方面积极宣传妇女解放的理论，一方面通过学习了解西方的男女平权、妇女参政方面的学说和制度，她们开始为自身的翻身解放和建立一个男女平权的民主共和政体的新中国而斗争。

在组建的若干党会团体中，尤以女子参政同盟会影响最大。1912年4月8日，唐群英、张汉英、王昌国等人在南京联络林宗素的"女子参政同志会"及"女子后援会""女子尚武会""女子同盟会""女国民会"等女界团体，联合组成"女子参政同盟会"，成为当时最大的一个女子参政团体。该会提出十一条政纲：实行男女权力平等；实行普及女子教育；改良家庭习惯；禁止买卖奴婢；实行一夫一妻制度；禁止无故离婚；提倡女子实业；实行慈善；实行强迫放脚；改良女子装饰；禁止强迫卖娼。她们向参议院和临时大总统孙中山提出请愿书，"要求中央政府给还女子参政权"。"女子参政同盟会"是民国初年女子参政权运动风潮中最有生气的一个组织，它不仅在当时产生较广泛的影响，而且为尔后的妇女运动提供了有益的经验。①

是日，大总统公布参议院决案海军官佐士兵登记表。

是日，中华民国政府给阿穆尔灵圭勋章双俸。

是日，吉长铁路全线完工。

是日，孙中山在江苏镇江视察，并在镇江各界欢迎会上发表演说。

是日，梁启超自天津抵达北京，在出席共和党欢迎会上发表"政治上公开与政治之统一"为题的演说。

是日，章士钊在《独立周报》第五期上发表《政见商榷会之主张》，署名秋桐。

21日，中华民国政府公布参议院决案《印花税法》。

按：《印花税法》

第一条　凡财务成交所有各种契约据可用为凭证者，均须遵照本法，贴用印花，方为适法之凭证。

第二条　各种契约簿据，分为二类，税额如左。

发货票价值银圆十元以上贴印花一分。

寄存货物文契之凭据价值银圆十元以上贴印花一分。

租赁各种物件之凭据价值银圆十元以上贴印花一分。

① 党德信：《民国初年中国女子参政运动记事》，《中华儿女报刊社》2012年2月。

抵押货物字样价值银圆十元以上贴印花一分。

承种地亩字样价值银圆十元以上贴印花一分。

当票价值银圆十元以上贴印花一分。

延聘或雇用人员之契约价值银圆十元以上贴印花一分。

铺户所出各项货物凭单价值银圆十元以上贴印花二分。

预定买卖货物之单据价值银圆十元以上贴印花二分。

租赁土地房屋之字样价值银圆十元以上贴印花二分。

各项包单价值银圆十元以上贴印花二分。

银钱收据价值银圆十元以上贴印花二分。

支取银钱货物之凭单每个每年贴印花二分。

各种贸易所用之账簿每册每年贴印花二分。

第二类十一种：提货单、各项承揽字据、保险单、各项保单、存款凭单、公司股票、汇票、期票、遗产及析产字据、借款字据、铺户或公司议定合资营业之合同。

以上十一种，纸面银数十元以上未满一百元者，贴印花二分。百元以上未满五百元者，贴印花四分。五百元以上未满一千元者，贴印花一角。一千元以上未满五千元者，贴印花二角。五千元以上未满一万元者，贴印花五角。一万元以上未满五万元者，贴印花一元。五万元以上贴印花一元五角。至此为止，不再加贴。

第三条　国家所用之契约簿据，不贴印花，但有营业性质之各种官业，仍依本法贴用。

第四条　契据应贴之印花，由立契据人于授受前贴用，加盖图章或画押于印花票与纸面骑缝之间，如系合同，两造各缮一纸，依本法各贴印花盖章画押，然后交换收执。

第五条　账簿凭摺，应贴之印花，由立账簿凭摺人，于使用前，贴在开首向写年份之处，将某年字样，半写于印花票面，再依第四条规定，加盖图章或画押，每本每个，以一年为限，如过一年仍旧接写，应再贴印花，作写新立账簿凭摺。

第六条　应贴印花之契据凭摺，如不依本法贴用，或不盖章画押者，对手人须即退还，责令照章办理。若任意收受该契据及凭摺，于法庭上无合法凭证之效力。但对手人愿依本法第八条规定，补贴印花盖章画押者，不在此限。

第七条　应贴印花之账簿，如不依本法贴写盖章画押者，该账簿于法庭上无合法凭证之效力。但对手人愿依本法第八条规定，补贴印花盖章画押者，不在此限。

第八条　应贴印花之件，如不依本法贴用，或贴用时未曾盖章画押者，按照应贴数目，罚贴印花百倍，如已贴印花盖章画押，而所贴不足定数者，照应补之数，罚印花五十倍。

第九条　印花票种类如左。一赭色一分,二绿色二分,三红色一角,四紫色五角,五蓝色一元。

第十条　业经贴用之印花票,不准揭下再贴,违者照偷贴之数,罚贴印花三百倍。

第十一条　伪造或改造印花票者,按照刑律伪造纸币处罚。

第十二条　印花由财政部颁发各省,行用各地方,以奉到部发印花后三十日,为本法施行之期。京师施行本法时期,由财政部定之。①

是日,孙中山抵达南京,视察狮子山、幕府山炮台。

是日,梁启超出席北京报界欢迎会,发表《言论界之过去及将来》的演说。

是日,国民党理事张继在江西南昌出席国民党江西支部欢迎会并发表演说,阐述国民党关于地方自治、省长选举、政党内阁等主张。

是日,《俄蒙协约》签订。

按:《俄蒙协约》:民国元年九月,俄国密派前驻京公使廓索维慈,前赴外蒙,以俄历十月十一日抵库伦,迷开会议。各汗王公等皆出席,廓氏力言蒙古宜从速决定对于中俄之关系,并劝诱订立俄蒙协约。全文如下:

蒙人全体,前因欲保存蒙地历来自有之秩序,将中国兵队官吏逐出蒙境,举哲布尊丹巴呼图克图为蒙古之主,旧日蒙古与中国之关系,遂以断绝。现俄政府因此情形,并因俄国人民友谊,及须确定俄蒙商务之秩序,特遣参议官廓索维慈,与蒙古主及执政各蒙王委任之议约全权,蒙古总理大臣,万教护持主,三音诺颜汗,那木囊苏伦,内务大臣沁苏朱克图瓡王,喇嘛策凌赤蔑得,外务大臣兼汗号额尔德尼达沁亲王杭达多尔济,陆军大臣额尔德尼达赖郡王贡博苏伦,度支大臣土谢图郡王扎克都尔扎布,司法大臣额尔德尼郡王那木萨来,会同议定以下各条:

(一)俄国政府扶助蒙古,保守现已成立之自治秩序,并编练蒙古国民军。不准中国军队入蒙境,及以华人移殖蒙地。

(二)蒙古主及蒙政府,准俄国属下之人,及俄国商务,照旧在蒙古领土内,享用此约所附专条内各权利,及特种权利,其他外国人自不能在蒙古得享权利,加多于俄国人在彼得享之权利。

(三)蒙古政府如需与中国或其他外国立约时,无论如何,其所订之新约,不经俄国政府允许,不能违背,或变更此协约,及专条内各条件。

(四)此协约,自签押之日实行。

附商务专条(即协约第二条中所规定者)。

---

① 《东方杂志》1912年9卷第6号。

民国元年日志

（一）俄人可在蒙古各地自由居住移动，并经理商务，制作其他事项。或与各个人各货行及俄国蒙古中国及其他各国之公私处所，协定办理各事。

（二）俄人可将俄国蒙古中国暨其他各国出产制作各货，运出运入，免纳税捐。惟中俄合办营业及俄人伪称他人之货为自己之货者，不在此例。

（三）俄国银行可在蒙古开设分行，有与各个人各官署公司办理各种银行行为之权。

（四）俄人可用现银买卖货物，赊欠货物，或互换货物。但蒙古各王旗及官署不得私人负担借款。

（五）蒙官不得阻止蒙人华人向俄人办理商业事宜，并不得阻止其为俄国人，或俄人商店工厂之服役。

（六）俄人可在蒙古商租或购买土地，但不得为谋利之举。

（七）俄人可与蒙政府协商享用矿、林、渔业，及其他各事项。

（八）俄国可与蒙政府协商设置领事，蒙古亦可在俄国派遣蒙政府代表。

（九）俄国领事及俄国商务有关之地，设立贸易圈，专归俄领管辖。其无领事之处，则归商务公司，及社会之领袖管辖。

（十）俄国可在外蒙各地，设立邮政。但须与蒙古协商办理。

（十一）俄国驻蒙古各领事，如需转递公件，派遣信差以及别项公事需用之时，可用蒙古台站。惟一月所用马匹，不过百只，骆驼不过三十只，可勿给费。俄国领事及办理公事人员，亦可由蒙古台站行走，偿给费用。俄国属下办理私事之人，亦有享用蒙古台站之权，应偿费用，须与蒙古政府商定。

（十二）凡自蒙古城内流至俄国境内各河，及此诸河所受之河流，均准俄国人乘用自有商船往来航行，与沿岸居民贸易。

（十三）俄国人于运送货物，驱送牲只，有权由水陆各路行走。并可商允蒙古官吏由俄人自行出款建筑桥梁渡口。

（十四）俄人牲只，于行路之时，可得停息喂养。如需停息多日时，地方官并须于牲只经过路径，及有关牲只买卖地点，拨给地段，以做牧场。

（十五）俄国沿界居民，依旧可在蒙古割草渔猎。

（十六）俄国属下人等，及其所开处所，与蒙人华人往来约定办理之事，可用口定，或立字据。其立约之人，可将所立契约，送至地方官呈验。如地方官见呈验契约有窒碍之处，当从速通知俄国领事官，与领事会商，将所出误会，公同判决。今应暂行定明，凡有关于不动产事件，务当成立约据，送往蒙古该管官吏及俄国领事处呈验批准。如享用天然财赋（指矿、林业等而言）之契约，必须经蒙古政府批准方可。如遇有争议之时，无论因口定之事，或立有字据之件，可由两造推举中人平和解决。如遇不能和解时,再由会审委员会同判决,会审委员,分常设临时。俄领常设会审委员会,于俄国领事驻在地设置之。如领事或领事代表及蒙古官吏之代表,有相当阶级者组织之。临时会审委员会,于未设领事之处,酌量所出事件之紧要,始暂开之。以俄国领事代表,及被告居留,或所属蒙旗之蒙古王代表组织之。会审委员会,可招蒙人华人俄人为会审委员会之监定人。会审委员会之判决,如关于俄人,即由俄领事官从速执行。其关于蒙人华人者,则由被告所属或所居留之蒙旗蒙王执行之。

(十七)此专条自签押之日实行。俄历一九一二年十月二十一日即公举蒙古主治理二年季秋月二十四日立于库伦。①

22 日,中华民国政府改乌梁海七旗副都统总管等为世爵。

是日,北京政府内务部公布:自本年 2 月 12 日以来,北京报纸报部立案者共 89 种;北京各党、会报部立案者共 85 个。

是日,教育部公布《专门学校令》,规定专门学校以教授高等学术、养成专门人才为宗旨,按种类分为法政、医学、药学、农业、工业、商业、美术、音乐、商船、外语等。专门学校划归高等教育范畴,允许私人依法筹办。

按:第一条 专门学校以教授高等学术、养成专门人才为宗旨。

第二条 专门学校之种类为法政专门学校、医学专门学校、药学专门学校、农业专门学校、工业专门学校、商业专门学校、美术专门学校、音乐专门学校、商船专门学校、外国语专门学校等。

第三条 国立专门学校统由教育部管辖。

第四条 各地方于应设学校外,确有余款,依本令之规定改立专门学校,为公立专门学校。

第五条 凡私人或私法人筹集经费,依本令之规定设立专门学校,为私立专门学校。

第六条 公立私立专门学校之设立、变更、废止,均须呈报教育总长得其认可。

第七条 专门学校学生入学之资格,须在中学校毕业或经试验有同等学力者。

第八条 专门学校得设预科及研究科。

第九条 专门学校之修业年限、学科、科目,别以规程定之。

第十条 公立、私立专门学校教员之资格,别以规程定之。

第十一条 凡公立、私立学校不合本令所规定者,不得称为专门学校。

第十二条 本令自公布日施行。②

---

① 马鹤天著,范子烨整理:《内外蒙古考察日记·附录》,中国青年出版社 2012 年版。

② 《教育杂志》第 4 卷第 10 号.1913 年 1 月。陈学恂主编:《中国近代教育史教学参考资料》(中册),人民教育出版社 1987 年版。

民国元年日志

（1912年1月—12月）

是日，孙中山在南京出席两广同乡会、铁道协会等联合举行的欢迎会，并发表演说，主张铁道政策，采取开放门户主义。

是日，梁启超在民主党欢迎会上发表《政党成立之标准》的演说。

23日，民国政府公布参议院议决案《陆军官佐礼服制》。

按：《陆军官佐礼服制》

礼帽用蓝呢制。帽墙周围沿金线一道，由前向后，由左至右，各缀金线一道。在帽顶交成十字，线之直径，均五米厘。上等官佐于帽墙之金线下，缀平金辫三道。中等缀金辫两道，中缀银辫一道。初等缀银辫二道，中缀金辫一道。辫均宽一生的，各辫相距五米厘。帽绊亦用宽二生的平金辫制，帽章用五色五角星一座。缘以金制菊花，绕成圆形。合直径约无声的，共上加置毛制（或丝质）缨柱，高约十五生的，用白色。

陆军礼服蓝色。冬用大呢夏用宁绸（冬时亦可用）制，衣对襟，七扣，镀金色平圆式。径二生的，不用扣绊。明繫襟上，不制口袋。衣长较常服约长至八生的。

领章上等金地金花。中等金地银花，初等银地金花。（均全领一色）

肩章上等官佐用金盘金緵，中初等盘底各用本兵科颜色，中等绕以金线二道，银线一道，穗用金线三分二，银线三分一。各等均于盘边绕以银线二道，金线一道。穗用银线三分二，用金线三分一。各等均于盘上缀五角星分级，即第一级三颗，第二级二颗，第三级一颗。准尉官肩章与初等官同，惟不缀星。肩章全长约十五生的，穗长八生的。

袖章由袖底向外沿袖周三分之二，缀宽八生的五花辫一道。上等用金地金花，中等用金地银花，初等用银地金花，均与袖口齐。上等官佐于距花辫五米厘处，缀宽一生的平金线三道。中等二道，各辫相距三米厘。初等缀一道。

绔章上等缀红辫三道，中一道宽三米厘，共余二道，宽三生的，每道距三米厘。中等缀宽三生的红辫二道，相距三米厘，初等缀宽三生的红辫一道。

礼带宽五生的四，用皮制。上等官佐外边用全金织成，中等两旁用金。中间用银，各宽三分之一。初等中间用金，两边用银，亦各宽三分之一。

带牌长方形，宽四生的七，长同带宽，中间锈菊花一朵，均镀金色。

应用常礼服时，帽前不用缨柱，以示区别。其余均同。

凡服礼装时，一律短靴。

本案只规定服帽制式，其附从各件及服用规则，以部令定之。[1]

是日，民国政府公布参议院议决案《陆军制服》。

---

[1] 《东方杂志》1912年9卷第6号。

按:《陆军制服》

主要五料。步、马、炮、辎。系按国旗颜色。顺序分属,均需以下各料,则参酌拟定。

帽章用铜制,直径二生的五,分五瓣。用国旗之红黄蓝白黑五色,中心各瓣之中线均凸起,缀时红瓣向上。

军帽用茶青色,与衣料同。周围缘红丝细辫一道。军官帽墙中央,缀宽一生的五之平金辫一道。军士以下则补缀金辫。

领章长方形,外端凸出,作尖锥形。长约七生的五。(凸度在内)上等军官用金制。中初等军官均以颜色分科,并缀团号。(独立营则缀营号)兵士则于左方缀团号及营号。(营号用罗马字)独立营则于左旁缀营号,(仍用罗马字)右方缀兵士号数。(用中码)

肩章长方形,长十生的,宽三生的。上等官用金镀,中灯管两旁用金,中间用银。(其宽度各为三分之一、下同)初等官两旁用银,中间用金,以五瓣铜星分级。准尉官肩章与初等军官同,惟不缀星。军士及兵之肩章大小与军官同,军士用红色底,四围沿宽约三米厘之青边,中缀宽三米厘之金辫一道。兵丁则不缀金辫,均以五瓣星分级。(如上士缀三颗、二等兵缀一颗)官佐士兵肩章,均用直缀。

军官常服用茶青色,对襟七扣,卸平圆式,径二生的,上下各做明口袋二个。冬服于离袖口十二生的处,缀红辫线一道。外侧裤缝,缀红辫线一道。夏季衣裤不缀红辫。

官佐冬季外套用茶青色,大襟明扣二行,各用扣六颗,不用扣绊,明槃襟上,中径二生的五。其分别等级,仍用肩章。官佐外套正面左右制二斜口袋,左胁下留十八生的长口一道以便槃刀。(士兵从略)后缝下端开叉,缀三暗扣。扣用黑骨制,外套用同色料。槃于衣领之后。官佐及准尉官佐外套里前镶边,均灰色绒制。外套于里袖口十五生的处,横缀红线一道。领里用料色与外套同。士兵外套式样与官长同,惟左胁下不用挂刀长口。扣用骨制。后面下部及浪稳吊襟袖上不用红线,宜于两胁后方各缀一铜钩,以便持刀带,不挂里。(但在寒地不在此限)

陆军预备学校学生军帽服章与兵卒同,惟肩章上不缀星,不用领章。于衣领左右各缀本学校徽章一个。预备学校毕业后,入队充各兵科军官候补生。由上等兵阶级进至中士阶级。入军官学校毕业后,入各队充见习军官,进上士阶级,其兵科及肩章。俱照所属部队阶级服用。领章左缀团营号数,右缀与肩章同式之五色星,外套亦按照阶级用士兵定制,学习官佩用官长军刀。

预备学校学生徽章用铜制镀金六角星,径二生的二,于正中篆学字,军官学校及军官候补见习军官等,均用与帽章同式之五色星,径二生的二。

民国元年日志

（1912年1月—12月）

军佐各学堂，应比较正科学堂办理，惟领章仍用本科颜色。

本案只规定服帽制式，其附从各件及服用规则，以部令定之。[①]

是日，国民政府克复科布多。

是日，潮梅镇守使莫擎宇布告声讨程炳焜，与省政府脱离关系。

是日，飞艇（飞机）首次在天津展示，由俄国飞行员库茨明斯基作飞行表演。

是日，孙中山抵达安徽安庆，在欢迎会发表演说，认为要想实业发达，非用门户开放主义不可。

24日，中华民国政府教育部颁布《大学令》凡22条。是中国现代史上第一部教育行政法规。

按：《大学令》（教育部部令第十七号）

兹订定大学令二十二条，特公布之，此令。

第一条　大学以教授高深学术，养成硕学闳材，应国家需要为宗旨。

第二条　大学分为文科、理科、法科、商科、医科、农科、工科。

第三条　大学以文、理二科为主，须合于左列各款之一，方得名为大学：一、文、理二科并设者。二、文科兼法、商二科者。三、理科兼医、农、工三科或二科，一科者。

第四条　大学设预科，其学生入学资格，须在中学校毕业，或经试验有同等学力者。

第五条　大学各科学生入学资格，须在预科毕业，或经试验有同等学力者。

第六条　大学为研究学术之蕴奥，设大学院。

第七条　大学院生入院之资格，为各科毕业生，或经试验有同等学力者。

第八条　大学各科之修业年限，三年或四年。预科三年，大学院不设年限。

第九条　大学预科生修业期满，试验及格，授以毕业证书，升入本科。

第十条　大学各科学生修业期满，试验及格，授以毕业证书，得称学士。

第十一条　大学院生在院研究，有新发明之学理，或重要之著述，经大学评议会及该生所属某科之教授会认为合格者，得遵照学位令授以学位。

第十二条　大学设校长一人，总辖大学全部事务。各科设学长一人，主持一科事务。

第十三条　大学设教授、助教授。

第十四条　大学遇必要时，得延聘讲师。

第十五条　大学各科设讲座，由教授担任之。教授不足时，得使助教授或讲师担任讲座。

---

① 《东方杂志》1912年9卷第6号。

第十六条　大学设评议会,以各科学长及各科教授互选若干人为会员,大学校长可以随时齐集评议会,自为议长。

第十七条　评议会审议左列诸事项:一、各学科之设置及废止。二、讲座之种类。三、大学内部规则。四、审查大学院生成绩及请授学位者之合格与否。五、教育总长及大学校长咨询事件。

凡关于高等教育事项,评议会如有意见,得建议于教育总长。

第十八条　大学各科各设教授会,以教授为会员,学长可随时召集教授会,自为议长。

第十九条　教授会审议左列诸事项:一、学科课程。二、学生试验事项。三、审查大学院生属于该科之成绩。四、审查提出论文、请授学位者之合格与否。五、教育总长、大学校长咨询事件。

第二十条　大学预科,须附设于大学,不得独立。

第二十一条　私人或私法人亦得设立大学,除本令第六条、第十一条、第十七条第四款、第十九条第三款、第四款外,均适用之。

第二十二条　本令自公布日施行。

中华民国元年十月二十四日①

是日,孙中山抵达江西九江,在各界欢迎会发表演说,号召中国人民团结起来,向帝国主义收回治外法权。

25 日,中华民国政府公布参议院议决案更正众议院议员各省复选区表。

是日,浙江都督朱瑞联合鄂、苏、皖、直、豫、川、鲁、晋、甘、陕、奉、吉、黑、桂、黔15省都督通电参议院,反对省长民选,主张省长简任。

是日,社会党在上海举行第二次联合大会,选举江亢虎为主席,通过《中国社会党宣言》。

是日,孙中山以"大总统特授筹划全国铁路全权"的名义,来到南昌。

是日,俄国作家高尔基致函孙中山,请孙中山为其所编的《现代人》杂志撰稿。

26 日,孙中山发表《在南昌军政学联合欢迎会的演说》。

按:"今世界文明进化,尚在竞争时代,而非大同时代。处此竞争激烈之私时,人人须以爱国保种为前提,内乱不靖,赖军人以维持,外患侵凌,赖军人以御侮。是故中华民国之存亡,全视军人。军人有拥护国家之责任。"②

是日,黄兴自上海抵武昌,在平湖门各社团欢迎会及江汉大学欢迎会上分别发

---

① 载 1913 年 1 月 10 日《教育杂志》,第 4 卷第 10 号。欧阳哲生编:《蔡元培卷》,中国人民大学出版社 2014 年版。

② 《孙中山全集》第 2 卷。

民国元年日志

（1912年1月—12月）

表演说。次日在国民党湖北支部欢迎会上演讲,阐述国民党党纲。

是日,北京大学医学部(简称北医)创建。

按:其前身是国立北京医学专门学校,是中国政府教育部依靠中国自己的力量开办的第一所专门传授西方医学的国立学校。

是日,乌里雅苏台将军那彦图上书袁世凯,条陈取消外蒙独立意见,请改内蒙古为行省。

27日,日本众议院议员暨新闻记者组织视察团,抵达北京。

是日,临时稽勋局遣送张竞生、谭熙鸿、杨铨、任鸿隽、宋子文等25人赴英、法、美、德、日5国留学。

是日,在梁启超的广泛周旋下,共和建设讨论会、共和促进会、国民新政社、共和俱进会、国民协会、共和统一党6个政团合并组成民主党,推汤化龙为干事长,后推梁启超为领袖。

按:民主党称其政纲为普及政治教育、建设巩固政府、拥宪法护自由等,其实际目的在于实现组阁。

是日,孙中山出席南昌各界联合欢迎大会并发表演说,阐述人民平等自由幸福及民生主义、社会主义。

28日,中华民国政府复封西藏达赖喇嘛名号。

是日,中华民国政府派员与东蒙十旗会议于长春。

按:自外蒙库伦反抗共和,宣布独立,内蒙各旗,受其影响,颇怀疑虑。东蒙哲里木盟盟长齐公,于共和政体,极意赞同,特发起蒙旗会议,约合该盟十旗王公,集会于长春。解释共和真理,藉泯猜疑,先期通告政府,由政府派阿穆尔玲圭、暨吉林都督陈昭常、东三省宣抚使,莅会与议。本日开会于长春道署,到会者共四十人。内有各旗王公及代表十五人,并于二十九三十三十一等日继续开议,政府委员提出意见大致。[①]

（一）请各王公赴各本旗劝慰,力陈五族共和之利益。

（二）请内外蒙务于年内取消独立。

（三）如能效忠民国,或从事宣慰,蒙古早日取消独立者,由政府格外奖叙。

（四）请各王公宣告民国对于蒙古固有权利。概不剥夺。

（五）凡蒙古所借外债。均归民国担保归还。又闻政府复有议案数条。

（甲）蒙边要隘地点,许政府派兵填驻。

（乙）蒙王无论向何国借款,非经中央政府允准,不准实行。

---

① 《东方杂志》1912年9卷第6号。

（丙）取消独立，请大总统颁发特别优待蒙人条件。

（丁）蒙人不准私将产业抵押外人，以保证领土。

（戊）蒙人举办新政，准由政府许可。

（己）创办华蒙联合会，以敦感情。

（庚）组织蒙文报，以开民智。

（辛）蒙人改用五色国旗，以符国体。

（壬）蒙人应遵民国法律。

（癸）蒙人练兵所需枪械，概由各省都督代购，不准私运。

亦经开会时宣布，各旗王公对于此会，均甚行满意云。①

是日，中国国民政府公布参议院议决案《国史院官制》。

第一条　国史院掌纂辑民国史，历代通史，并储藏关于史之一切材料。

第二条　国史馆置职员如左。

馆长特任。

秘书荐任。

纂修荐任。

协修荐任。

主事委任。

第三条　馆长一人，掌全馆事务，直隶于大总统。

第四条　秘书一人，承馆长之命，掌理文书事务。

第五条　纂修四人，协修八人，分任编辑事宜。

第六条　主事二人，承馆长之命，掌会计及庶务。

第七条　国史馆荐任官，由馆长呈请大总统任命，委任官馆长专行之。

第八条　国史馆为缮写文件及其他庶务，得酌用雇员。

第九条　本制自公布日施行。②

是日，中华民国政府重申鸦片禁令。

按：令曰：鸦片之害，至为剧烈，损人神志，害人生命，耗人财产，不可纪极。而种烟之处，吸食尤易，竟至老幼男女，皆染此习。易嘉禾以蟊贼，视毒品为良剂。至谷麦日少，游惰日繁，灾祲猝构，饿莩满途，丁口减少，市井为墟。竟将召灭国灭种之祸，此必宜禁绝者也。现行刑律，于制造贩卖收藏载重者，均订有罪名专条，所以芟除害本，防遏流毒者，至为周密。自上年以来，各省秩序，多未十分还复，有司未暇注

---

① 《东方杂志》1912 年 9 卷第 6 号。

② 《东方杂志》1912 年 9 卷第 6 号。

意于此，风闻向来以此为业者，间或故态复萌，冀年厚利。外召讥议，内长贫弱。此害不去，国何由振。应再由民政各机关，严切出示，晓谕国民，力除痼习。吸者立即戒除，贩者分别停歇。尤要者，现在时令，正当从前烟苗下种之期，切宜劝令相地所宜。种植他项农产，万勿轻弃工本，植兹毒卉。如有违抗者，一经发觉，均照律治罪，绝不宽贷。官员故纵者，一并分别重轻，按律惩治，总期沈痼悉除，生机日裕，以邀共和之幸福。[①]

是日，中华民国政府任命姚锡光为口北宣抚使。

是日，中华民国政府任命言敦源署内务次长。

是日，孙中山在江西省都督李烈钧的陪同下，检阅辛亥革命以后江西新编的第一师和第二师，分步兵、炮兵、骑兵、工兵，各兵种列队。

是日，袁世凯任命张镇芳为河南都督。

是日，黄兴在汉口国民党支部欢迎会上发表演说，阐述国民党成立之由来及对民国建设事业之方针。

29 日，中华民国政府任命沈秉堃督办浦口通商事宜。

按：津浦铁道全路竣工，黄河桥梁亦将告成，故开浦口为商埠。

是日，财政部向袁世凯条陈整顿税务 6 项办法。

30 日，中华民国政府公布参议院议决案《参谋本部官制》。

按：《参谋本部官制》

第一条　参谋本部，掌管全国国防用兵事宜。

第二条　参谋总长，直隶于大总统，统辖本部及全国参谋将校，监督其教育，并管辖陆海军大学陆海测量各国驻扎武官军事交通各事宜。

第三条　参谋总长辅佐大总统运筹军务，凡关于国防用兵一切计划及命令，呈请大总统认可后，分别咨行陆海军部办理。

第四条　参谋次长辅佐参谋总长，整理一切事务。

第五条　参谋本部，共设七局，分任部务，其执掌另定之。

第六条　参谋本部，设局长高级副官科长科员局副官，平时额数以一百六十人为限。

第七条　参谋本部职员外，设调查员若干名。但平时额数，以六十人为限。

第八条　参谋本部各项职员之分配，以部令定之。

第九条　参谋本部为缮写文件及其他庶务，得酌用雇员。

第十条　本制自公布日施行，更正众议院参议员河南复选区表。

---

① 《东方杂志》1912 年 9 卷第 6 号。

第一区　原列之商邱县,改为归德府,原列之淮宁县改为陈州府,并于荣泽县下加河阴县。

第二区　原列之安阳县,改为彰德府,原列之汲县,改为卫耀府。原列之河内县,改为怀庆府。

第四区　原列之南阳县,改为南阳府。原列之汝阳县,改为汝宁府。①

是日,中华民国政府公布《众议院议员选举投票纸匦管理规则》。

是日,中华民国政府财政部咨交通部,谓财政部已委托邮政总局为印花税栗分发行所,订定《邮政总局发行印花专则》12 条。

是日,参议院通过追认伦敦 1000 万镑借款案。

是日,内政部通咨各省,保护庙产。

是日,孙中山抵达安徽芜湖,出席各界欢迎会并发表演说,指出君主专制既已推翻,凡我同胞均从奴隶跃处主人翁之地位,当各具一种爱国心,将国家一切事件,群策群力,尽心办理。

是日,梁启超在国民党人士胡瑛等举办的欢迎宴会上发表《政党作用之精神与组织之艰难》的演说。

31 日,中华民国政府财政部调查委员会将厘定的《国家税地方税法(草案)》及理由书移付理财股。

是日,工商部议定整顿矿物办法 5 则。

是日,梁启超在京为答谢各界举行茶话会并发表演说。

是日,梁启超到北京大学出席北大师生欢迎会并作讲演。

按:梁启超说:"夫大学校之目的,既在研究高深之学理,大学校之学课,又复网罗人类一切之系统智识,则大学校不仅为一国高等教育之总机关,实一国学问生命之所在,而可视之为一学问之国家者也。且学问为文明之母,幸福之源。一国之大学,即为一国文明幸福之根源,其地位之尊严,责任之重大。抑岂我人言语所能尽钦!诸君受学于此最尊严之大学,负研究学问之大任,鄙人所欲进一言为诸君勉者,亦唯祈诸君能保持大学之尊严,努力于学问事业而已。"②

是日,黄兴抵达湖南长沙,受到都督谭延闿及军警商学界数万人的热烈欢迎。

是日,长春内蒙 10 旗会议继续开会,陈昭常宣布大总统优待蒙古条件,与会各旗王公一致拥护。

是月,陕西省财政司将原由府、道征收的商税收回自办,作为地方税。

---

① 《东方杂志》1912 年 9 卷第 6 号。

② 梁启超:《人文心语录》,四川文艺出版社 1998 年版。

民国元年日志
（1912年1月—12月）

是月，财政总长周学熙向参议院报告财政施政方案。

按：周学熙陈述当时财政困难的根源："一曰紊乱，二曰枯竭"。造成财政紊乱的原因：一是财政系统不明。国家收支与地方收支未明确划分，"中央拥考核之虚名，各省操征榷之实柄，中央需款则求之各省"。二是财政不统一。各省有藩司、盐使、关道以及各种税局，均拥有征收的权力。三是新政繁兴，岁计日绌，旧有税收不足供应，于是巧立名目，苛索于民，税目税项千百种，"省与省殊，县与县异"，毫无系统。四是负担不均。农商小民苦于苛索，巨商富室竟至"无丝毫贡献"。形成财政枯竭的原因：一是信用不坚，难以利用公债调剂预算不敷。二是币制不统一，比价变动影响国库收支，使国用日绌。三是银行基础未立，无法进行金融的灵活调剂。四是产业不发达，工农业生产凋敝。为此，他提出八点理财方针：一、划分国地收支。分清中央与地方的权限和国家与地方财政的界限。二、统一税收。国家税由中央政府管理征收，将关税、盐税划归财政部管辖；在各省设国税厅直隶财政部，办理国税事宜。地方税则由地方管理征收。三、订定国家税与地方税税目，使租税系统分明。在税制上主张采用复税制，使租税普及，负担公平。对现有税制以"删繁就简"作为改良的"要策"。四、更新税制。使先进国家优良的税制推行于我国，由人民共同负担。主张采用四方的经济思想，将税收制度"集注于富力之分配"，改变过去仅对生产或消费物器征税的单一办法，建议开征印花税、所得税、遗产税。以这四项来治理财政紊乱的问题。五、筹划公债。以信用的公债"救财政之穷"。六。同意币制。实现金汇兑本位制，由国家银行发行统一的纸币。七、建立中央银行，健全银行系统，使能调剂全国金融，间接以纾国家财力。八、保护产业，与民休养生息，"使富力渐充，税源自裕"。以后四项经济政策作为间接整理财政的方法，来解决财源枯竭的问题。[①]

是月，浙江第一新剧模范团在杭州组建，上演京剧和文明戏。

---

① 程悠：《中华民国工商税收大事记》，中国财政经济出版社1994年版。

11 月

1 日,北京政府工商部召开临时工商会议,各省派代表参加,工商总长刘揆一说明开会宗旨及全国工商政策,梁启超致演说词。会上,41 个商会的代表联名发起成立中华全国商会联合会。宣布该会的宗旨是:"联合国内外商人所设之商务总分会所,协谋全国商务之发达,辅助中央商政之进行。"并决定在上海设立总事务所。

是日,国务院会议商议统一盐务办法。

按:盐税为国家重要税收之一。北京政府财政困难,又急于向银行团以盐税抵押借款,因此首先整顿盐税。是日,国务院召开会议专门研究,总统袁世凯特派秘书胡均列席,与国务院共同商定统一盐务办法七条:(一)专设盐政院,仍考成于财政部;(二)各省分设盐官,直隶盐政院;(三)永除引地名目;(四)确定新统系;(五)比较产销多寡;(六)酌定公平价格;(七)统筹划一税制。①

是日,全国开始议员选举。

按:在选举的竞争中,由于宋教仁的积极努力,国民党在两院中取得多数席位,其中众议院 596 席,国民党得 269 席,共和党得 120 席,统一党得 18 席,民主党得 16 席,跨党者得 147 席,无党派得 26 席;参议院 274 席中,国民党得 123 席,共和党得 55 席,统一党得 6 席,民主党得 8 席,跨党者得 38 席,无党派得 44 席。在国会共 870 席位中,国民党获 392 席,占总数 45% 强,而共和、统一、民主三党仅获 223 席,占总数 25% 左右,从而使国民党在国会选举中获得压倒优势的胜利。②

是日,公布《中华基督教会公理堂条例》,为香港中华基督教会公理堂全会成立而定。

是日,上海海洋大学创建。

是日,梁启超在写给长女梁思顺的家书中,针对孙中山、黄兴,表示违背事实真相的恶意诽谤和自我标榜。

是日,女子参政同盟会在武汉创办《女学日报》,社长柳绍华,日出两大张。

---

① 罗元铮:《中华民国实录:际会风云(上)》,吉林人民出版社 1997 年版。
② 白寿彝主编:《中国通史》第十一卷近代前编,上海人民出版社 2010 年版。

民国元年日志

（1912年1月—12月）

是日，湖北汉口《共和民报》扩版为日出3大张。

是日，蒋介石亲笔所撰发刊词在《军声杂志》创刊号上发表。

按：文章说："国际和平，世界大同，固我人所馨香祷祝；虽然，此特理想之谈耳！巴拿马运河开，而东西海防愈加其设备；西伯利亚铁路通，而欧亚陆防愈严其守御。各国抱殖民政策，以兵力为后盾，二十世纪以后，太平洋沿岸将成为各国驰骋角逐之场，祸在眉睫，我人必讲求保国之道。夫太平洋沿岸，其为万国竞争之焦点者，独我中华土地耳！西人有言曰：两平等之国，论公理，不论权力；两不平等之国，论权力，不论公理。是则俾斯麦所倡之铁血主义，正我国人所当奉为良师者也。我国此次之革命，名为对内，实则对外；对外问题最重要者，为军事。吾国人今日对军事所最宜注意者，一曰鼓吹尚武精神。二曰研究兵科学术。三曰详议征兵办法。四曰讨论国防计画。五曰补助军事教育。六曰调查各国军情。以上诸纲，均为军事之关键；而列强所恃以雄视世界者，其大端不外乎此。本社同仁，编辑《军声》，将欲揭破各国之阴谋，而晓音喑喑警告国人以未雨绸缪之计者，意在斯乎！"[1]

是日，杨公民在广州创办公民通讯社。编辑为杨淡庵。

是日，梁诚辞去驻德意志帝国公使外交代表职务。

是日，中华民国北京政府授予田应诏陆军少将衔。

是日，"鲁人旅哈同乡会"募捐创办哈尔滨市第一中学校，原名私立广益学校。

是日，傅良佐被任命为察哈尔副都统。

是日，黄兴应邀参观湖南烈士祠并在烈士位前致祭。

按：祭文曰：维中华民国元年十一月一日，黄兴致祭于湖南殉义者烈士位前曰：维我湘献，义烈最多，民国设立，实为先河。戊庚以来，十余年载，前死后继，求胜于败。京仅.役，血向横飞，奔走呼号，衡云为开。志士颠连，海外投窜，迄兴远逝，连为一贯。癸卯之春，辽祸方亟，乃倡义军，声同霹雳。后遭解散，备尝艰苦，湘士同归，重整旗鼓。甲辰之秋，豪侠云集，大举未成，戕我壮士。厥后诸贤，尚多惨死，爱国之心，死尤未已。去年武汉，正值危急告湘响应，最为得力。汉阳前驱，东南所瞻，我军死战，何止百千。赖兹碧血，以成民国，历史光荣，吾侪痛切。兴也无能，尚保残生，追念往事，涕泣纵横。湘沅依旧，烈士不还，唯有崇祠，万民所望。聊陈鲁酒，以表敬忱，云车风马，庶其来临。谨奠。[2]

是日，在绍兴《天觉报》创刊号出版物上首次出现鲁迅的手迹。

2日，交通部督办施肇曾与法国、比利时签订筑陇海铁路和管理陇海铁路的合同。

---

[1] 木吉雨等编译：《蒋介石秘录》上册，广西人民出版社1989年版。

[2] 《长沙日报》1912年11月2日。

是日,刘声元、邓孝可、蒲殿俊等与交通部签订国家接收川汉铁路的正式协议,川汉铁路全线(包括宜万段)全部收归国有。

是日,由袁世凯命令公布由周学熙修改的《财政部官制》,凡14条。

是日,全国六大高师之一的国立武昌高等师范学校正式开学。

是日,《自由报》的第7版登载《高等学校改办农业并合并中等农校之办法》。

是日,教育部公布《法政专门学校规程》,规定法政专门学校分为三科:一、法律科,二、政治科,三、经济科,前项政治、经济二科不分设者,得别设政治经济科。

是日,黄兴与郭人漳等十余人发起成立湖南五金矿业股份有限公司,本部设在伍家井。

按:黄兴与郭人漳等发起《湖南五金矿业股份有限公司招股广告》:

一、本公司专为采炼湖南地方金属矿产而设,名曰"湖南五金矿业股份有限公司"。

二、本公司集合股本五十万元,分作一万股,每股计银五十元。先由创办人担任二千股,其余八千股分行招足。

三、股银周年六厘行息,以股银交到之翌日起算,于每年终总结时分发息银。

四、本公司除各项开支及股息外,所获红利按照十成分配,以六成给与各股东,以一成给与公司办事人,以三成作为公积金。

五、股东缴款定于阳历本年十一月及明年二月两期缴足,每股每期应缴银二十五元。

六、股东缴第一期股银时,先由本公司发给收股证据,缴第二期股银时再行填给股票及息折。

七、本公司于第一期股银缴齐时即开股东会议,公举办事职员以及董事、查账各员。

八、本公司股银由湖南储蓄银行及湖南实业银行代收。

九、本公司详细章程请认股诸公至伍家井本公司取阅。

十、本公司创办人姓氏列左:黄兴、郭人漳、杨度、林凤游、周大椿、李燮和、范源濂、张孝准、黄尹田、秦堉芬、王燮文、梅蔚南、仇亮、黄笃谧。[①]

是日,社会党成立。

按:成立社会党的发起人沙淦,主张"纯粹社会主义",消灭阶级,破除界限,实为无政府主义,反对江亢虎的"国家社会主义",声明脱离江亢虎的中国社会党,另组织社会党,并公布《社会党缘起及约章》。该约章称:"社会党无国界,而中国社会党明明有之;社会党反对政府,而中国社会党明明不妨害之,不伦不类,非驴非马。"沙淦

---

① 《长沙日报》1912年11月2日。

民国元年日志

的社会党主张：一、消灭贫富阶级（实行共产）；二、消灭贵贱阶级（尊重个人）；三、消灭智慧阶级（教育平等）；四、破除国界；五、破除家族；六、破除宗教。该党成立不到1个月，即被袁世凯强令解散。该党曾出过一期机关刊物《良心》。1913年宋教仁案发生，沙淦提出要求"袁去职""各省暂停向中央国库解款"和"不奉行军事乱命"等强烈反袁言论。二次革命爆发，他回南通筹款时，被袁世凯政府逮捕，不久被杀害。[①]

3日，中华民国工党在南京举行全国各支部第一次联合大会，号称支部已发展到16省，"党员几达四十万"。会议选举徐企文、龙璋为正副领袖，孙中山为名誉领袖。

是日，袁世凯准奉天都督赵尔巽辞职，以张锡銮署理。

是日，孙中山函袁世凯，主各省行政长官民选。

是日，黄兴在湖南长沙国民党湖南支部欢迎会上发表演说，谈大政党之责任。

按：黄兴《大政党之责任——在国民党湘支部大会上的演讲》曰：中华民国，不数月间，由专制而造成共和，此诚吾人之幸也。欲民国现象日臻良好，非政党不为功。本党改组以来即本此意。惟政党本旨在监督政府，指导国民。又贵随时变迁，以图匡济。我国自共和告成，外人尚未承认，内部时起纷争，本党对此应有如何态度？大凡改革之后，党派蜂起，必有大党全力维持，始能一致进行。设小党互起，是非不一，精神不固，断难免扰乱之祸。所谓大政党者，必党员均有责任心，以改造为精神，以促进为目的，以爱国为前提，其党德乃日高。一党必有党纲，党员必确守不移，乃能秩序井然，进行迅疾。

本党党纲，其特别之点为民生主义，亦即国家社会主义。世界共和国家，以法、美为先河，今其社会皆嚣然不靖，是政治革命之后必须社会革命也。苟实行民生主义，则熔政治、社会于一炉而革之矣。有主张循序渐进之说者，谓政治必由专制而君主立宪，乃可共和。以今观之，不攻自破。谓政治革命不能与社会革命并行者，亦犹是也。欧美各国土地，多为富豪所据。上海、汉口亦有此象。以少数之权力，阻公益之利权，大不平等，孰过于是？民生主义之一大要素，即在削除此制，而行一种抵价税（言不论土地之大小，但视其产之丰饶以定税额）。至国制问题，有主张联邦者，谓由各分子集为一物。本党则主张统一。苟有强力之政府，以统治国家财政兵力，互相贯注，可收指臂之效。军民分治之说，当然不成问题矣。又政党贵应时而动，今之所亟宜注意者，为选举之筹备，苟党中最良分子皆选为省会国会议员，则党与国俱得良好结果。

更有进者，则湘省事务殷繁，务望本党诸君共相维系，力促进行，俾他党悉归旗下，非吞并也，魄力则然也。考我省今日要政首在铁路。湖南当京汉线未成时，每岁

---

① 罗元铮：《中华民国实录：际会风云》（上），吉林人民出版社1997年版。

出口货仅值百万，今则达四千万以上。芝麻、豆、麦、棉花为其大宗。我省矿产甲全国，谷米冠东南。若能要求谭专办将干路速成，而以各商股加设支线，不出十年，湘省富强必过他省万倍。今各处铁路如京汉、津浦、沪宁等先后成功，独我省尚付缺如。所望诸君拥护政府，竭力进行，鄙人于此有厚望焉。①

是日，全国工商大会选举李镇桐、吴鼎昌为正副会长。李镇桐5日辞职，又选举吴鼎昌为会长，胡瑞霖为副会长。

4日，《临时政府公报》公布事务局关于如何认定教会学校毕业生资格相关事项，事务局认为："外国教堂在内地所设学校，无论曾否经行政官厅立案，但查该校课程，如果与本国官立公立各小学课程相等，则该校之毕业生，自应以有小学校毕业资格论。"

是日，袁世凯授予刘冠雄为海军上将，汤芗铭为海军中将。

是日，参议院常会，财政审查会通过《8月份经费支出概算》《8月份追加改正概算》案，并将此二案交至政府。

是日，湖南圣公会召开大会欢迎亲黄兴，首先由黄瑞祥报告。

按：1912年11月4日，湖南圣公会召开大会欢迎亲黄兴，首先由黄瑞祥（字吉亭）报告，这是黄兴在会上的演说：今日承圣公会诸同胞开欢迎会，方才黄吉亭先生奖借有加，实深惭愧。兄弟今日重到长沙，对于圣公会之感情有特异之点；记十年前在此间联络同志，谋革命事业。部署初定，事为满高清政府侦悉，闭城大索，几遭不测，幸有圣公会得保残喘。是时圣公会在吉祥巷，瓦屋数椽，不似今日之宏敞。兄弟蛰居楼上者十余日，遂得从容遣解党羽，予身远扬。皆吉亭先生格外保护，化险为夷，禀上帝救世之心以救众生，推上帝爱人之旨以爱鄙人。迨事稍定，吉亭先生又护送至汉皋，保护周至，较之保护信徒尤加一等。盖欲吾侪一心改造国家，使一般人民皆享自由幸福也。今年兄弟在上海肘，吉亭先生又来远迎，可见吉亭先生以上帝爱人之心为心，有始有终。

君等须知民国成立，是由一般人民造成，非一二人所能做到。然人民能知脱离专制之痛苦，实由西欧宗教输入，而一般信徒朝朝暮暮以平等自由之学说，鼓吹不遗余力。所以吾国社会悬一平等自由之目的，宗教家实为之导线。兄弟于宗教见闻素稔，深信此次革命，宗教家为原动力。此说从前无人道及。中国人民向苦于政治专制，宗教专制。孙、袁两总统发布约法，信教自由，从此政体之魔王已去，宗教之魔力亦灭。将来民国不但五族平等，必与各国之种族平等，与各国之宗教平等，成一大同之世界。兄弟此次革命，非仅无种界，并无国界。就现在而论，地有欧、美、亚之分，

① 上海《民立报》一九一二年十一月十七日。黄兴著，文明国编《黄兴自述》，人民日报出版社2011年版。

民国元年日志
（1912年1月—12月）

种有黄、白、黑之异，兄弟的革命目的与宗教同一宏旨，必使世界上无欧、美、亚国界之可言，无黄、白、黑种界之可分，而后吾人之目的乃达。

在昔圣公会僦屋而处，室庐湫狭。今兹十载重来，规模宏大，建筑巩固，可信圣公会之发达为无穷期。兄弟对此无以报答，愿吉亭先生及诸同胞宏宣教旨，求世界之和平，不争权利，兄弟无限预祝。①

是日，湖南军警界在教育会召开大会欢迎黄兴，首先由都督谭延闿致欢迎词。

按：1912年10月4日，湖南军警界在教育会召开大会欢迎黄兴，首先由都督谭延闿致欢迎词，这是黄兴的答词：今天我们最有荣誉之军警开欢迎会，兄弟非常荣幸，非常感激。民国成立，数千年专制一旦推翻，皆赖我军警同胞之力。记得去年武昌起义，独湖南首先响应，军警两界之功不少。此光复虫中最可荣幸之事。不但为我全国国民所知，兄弟去年在汉阳时，美国领事曾送报给我看，载湖南反正情形甚详，并拍电告知本国，极言湖南反正之文明。所以兄弟说，不但为我国国民所知，即为外人亦狠崇拜。

现民国虽立，保护之责全在军人。军人之主义在对外，其天职在为国防。须思陆军如何而后能使国力发达，不受外人欺侮，是全在军界之能不负其天职耳。至警界，以保护内地治安为天职，尤为切要，不比前清军警，全是防汉。现在军民分治，尚非最要。因光复后秩序未复，警察之力未充，有时就不得不借助军队。故军警两机关须能同时发达。苟警界能与军队同一进步，即分治亦甚易事。此全在自己能认定职务，为学问上之研究而已。

又民国初建，各省未能统一，兵数之多，不下百万。至统一后，大家知国中财政支绌，所以愿退伍者甚多。此时我南方秩序业已恢复，湘中军士有功不居，全数退伍，此其爱国心热，不但湖南同胞钦佩，即于全国亦极有影响，真是为军界模范。

至以后建设军队，亦不必求急效，须筹稳健的建设，渐渐加多。盖大陆之固，当以军队为主体。俄国有常备兵一百二十余万，德、法六十余万，日本二十余万，与俄交战时不过十余万。然是时，俄兵几如清之绿营，日本则皆系征兵，素以武士道为大和魂，其国民一入军籍，如以生命卖与国家，故能制胜。

民国以后征兵，常备约须百余万，或三年退伍，或二年，尚不能定。假如二年一退伍，十年当得四、五百万，而国力不可限量矣。我国土地、人民、物产皆极丰富，非军队不可保。故军人责任最大，大家要能负责。又军人精神、脑力比人尤强，此精神、脑力再加学问，则军人之天职可完全无缺。兄弟在南京陆军部及留守任时，最提倡青年军士求学。学成则无论何事可办。以军事学而论，此次战争尚无甚进步，将来必有学问方可制胜。譬如前此仅有轮船，此时已有空中飞艇，将来必有空中战争

---

① 《长沙日报》1912年11月6日。

之一日。故军人不是穿军服,戴军帽,挂挥指刀就行了,尤宜以研究军事学为保障民国要着。

现今天军警两界,精神充足,且皆青年。有此资格,研求学问,为国保障,发挥湖南人特性,使留一光荣历史。兄弟希望无量。

至此次退伍同胞,大家要仰体谭部督德意,尽维持责任。退伍办清后,将来必从征兵制办起,方能完全。

警界宜求高等教育,负地方法律上及人民卫生上责任极大,宜于军事学特别研究。盖警界必知法律,人民生命财产方有所托。湖中光复后,秩序全仗警察维持,尤望力求进步,使成一法治国家。(拍掌)

兄弟在革命前狠与两界亲切。至革命时,汉阳大失败,湘中子弟甚多,兄弟因没学问,不能担负,抱歉良深。故尤望军警同胞.求学,以维持民国。区区微忱,尚希鉴察。(大拍掌)①

5 日,袁世凯政府与沙俄签订《中俄声明文件》,追认《俄蒙协约》及其附件,"承认外蒙古的自治权"。

按:《中俄声明文件》曰:自民国元年十一月二日报载俄派廓索维慈赴库伦议约后,我国外交总长梁如浩,即于七日照会俄使库朋斯齐,提出抗议谓:"蒙古为中国领土,现虽地方不靖,万无与各外国订条约之资格。兹特正式声明,无论贵国与蒙古订何种条款,中国政府概不承认"云云。翌日,俄使面交《俄蒙协约》全文,亦经外部驳覆,乃俄国态度至为强硬。厥后梁辞职,陆徵祥继任,与俄使迭次交涉,截至民国二年五月,议定条文六款,为参议院所否决。陆愤而辞职,以故中俄交涉,遂告停顿。然大势所趋,殊难延宕。盖库伦独立,俄既进兵于前,《俄蒙协约》告成,外蒙更有恃而无恐,若不从速解决,则外蒙终贻我以北顾之忧。故陆辞而孙宝琦任外长后,即与俄使重申前议,要求仍就原议六款协商。俄使以时过境迁,不允重议旧款,经与再三磋商,另提条款会议,经十次之讨论,始议定声明文件五款,及附件四款如下:

关于中俄两国对待外蒙古之关系,业经大俄帝国政府提出大纲,以为根据,并经大中华民国政府认可,兹两国政府商订如下:(一)俄国承认中国在外蒙古之宗主权。(二)中国承认外蒙古之自治权。(三)中国承认外蒙古人享有自行办理自治外蒙古之内政,并整理本境一切工商事宜之专权,中国允许不干涉以上各节,是以不将军队派驻外蒙古及安置文武官员,且不办殖民之举。惟中国可任命大员,偕同应用属员,暨护卫队驻扎库伦。此外中国政府亦可酌派专员,驻扎外蒙古地方。保护中国人民利益,但地点仍按照本文件第五款商订。俄国一方面提任除各领事署护卫队外,不于外蒙古驻扎兵队,不干涉此境之各项内政,并不在该境有殖民之举动。(四)中国

---

① 《长沙日报》1912 年 11 月 5 日。

声明承认俄国调处,按照以上各款大纲,以及一九一二年十月二十一日俄蒙商务专条,明定中国与外蒙古之关系。(五)凡关系俄国及中国在外蒙古之利益,暨各该处因现势发生之各问题,均应另行商订。大中华民国二年十一月五日即西历一千九百十三年十一月五日立于北京。

附声明另件:

大中华民国外交总长孙为照会事,照得本日签字关于外蒙古问题之声明文件,本总长奉有本国委任,以政府名义,向贵公使声明各款如下:(一)俄国承认外蒙古土地为中国领土之一部分。(二)凡关于外蒙古政府,土地交涉事宜,中国政府允与俄国政府协商。外蒙古亦得参与其事。(三)正文第五款所载,随后商订事宜,当由三方面酌定地点,派委代表接洽。(四)外蒙古自治区域,应以前清驻扎库伦办事大臣,乌里雅苏台将军,及科布多参赞大臣,所管辖之境为限。惟现在因无详细地图,而各该处行政区域,又未划清界限,是以确定外蒙古疆域,及科布多阿尔泰划界之处,应按照声明文件第五款所载,日后商订。以上四款,相应照请贵公使查照,须至照会者。大中华民国二年十一月五日。①

按:《中俄蒙协约》:自中俄声明文件互换以后,至民国三年九月八日,中俄及外蒙三方各派代表会议于恰克图。正式会议凡四十八次,往来会晤谈判亦不下四十次。初时争执最烈者,为我方要求外蒙取消独立,帝号,及年号,以及三方对于宗主权与自治权解释之分歧。继后争执最烈者,为铁路、邮电问题,税则问题,以及内外蒙交界不殖民问题,历时九阅月。至民国四年六月七日,始签订此约。

大中华民国大总统大俄罗斯帝国大皇帝外蒙古博克多哲布尊丹巴呼图克图汗,诚愿将外蒙古因现势发生之各问题,公同协商解决。各派全权专使如下:

大中华民国大总统特派都统衔毕桂芳,少卿衔上大夫驻墨西哥特命全权公使陈录。大俄罗斯帝国大皇帝特派驻蒙古外交官兼总领事正参赞官亚历山大密勒尔。外蒙古博克多哲布尊丹巴呼图克图汗,特派司法副长额尔德尼卓囊贝子,希尔宁远木定,财务长土谢图亲王察克都尔扎布,为全权专使。备专使将所奉全权文凭,互相校阅,俱属妥协,议定各款如下:

(一)外蒙古承认民国二年十一月五日中俄声明文件及另件。

(二)外蒙古承认中国宗主权。中国、俄国承认外蒙古自治,为中国领土之一部分。

(三)自治外蒙无权与各外国订立政治及土地关系之国际条约。凡关系外蒙古政治及土地问题,中国政府担任按照民国二年十一月五日中俄声明另件第二条办理。

---

① 马鹤天著,范子烨整理:《内外蒙古考察日记》,中国青年出版社2012年版。

（四）外蒙古博克多哲布尊丹巴呼图克图汗名号,受大中华民国大总统册封,外蒙古公事文件,上用民国年历,并得兼用蒙古干支纪念。

（五）按照民国二年十一月五日中俄声明文件第二及第三两条,中国、俄国承认外蒙自治官府有办理一切内政。并与各外国关于自治外蒙工商事宜国际条约,及协约之专权。

（六）按照声明文件第三条,中国、俄国担任不干涉外蒙古现有自治内政之制度。

（七）中俄声明文件第三条所规定,中国驻库伦大员之卫队,其数目不过二百名。该大员之佐理专员,分驻乌里雅苏台、科布多及蒙古恰克图各处。每处卫队,不得过五十名。如与外蒙古自治官府同意,在外蒙古他处添设自佐理专员时,每处卫队不得过五十名。

（八）俄国政府遣派在驻库伦代表之领事,卫队不得过一百五十名。其在外蒙他处已设或将来与外蒙古自治官府同意添设俄国领事署或副领事署时,每处卫队不得过五十名。

（九）凡遇有典礼及正式聚会,中国驻库伦大员,应列最高地位。如遇必要时该大员有独见外蒙博克多哲布尊丹巴呼图克图之权。俄国代表,亦得享此独见之权。

（十）中国驻库伦大员及本协约第七条所指在外蒙各地方之佐理专员。得总监视外蒙自治官府,及其属吏之行为。使之不违犯中国宗主权,及中国暨其人民在自治外蒙之各种利益。

（十一）自治外蒙区域,按照民国二年十一月五日中俄声明另件第四条,以前库伦办事大臣,乌里雅苏台将军,科布多参赞大臣,所管辖之境为限。其与中国界线,以喀尔喀四盟,及科布多所属,东与呼伦贝尔,南与内蒙,西南与新疆省,西与阿尔泰接界之各旗为限。中国与自治外蒙之正式划界,应另用中俄两国及自治外蒙之代表,会同办理,并在本协约签字后二年以内,开始会勘。

（十二）中国商民运货入自治外蒙,无论何种出产,不设关税。但须按照自治外蒙人民所纳自治外蒙已设及将来添设之各项内地货捐,一律交纳。自治外蒙商民运入中国内地各种土货,亦应按照中国商民,一律交纳已设及将来添设之各项货捐。但洋货之由自治外蒙运入中国内地者,应按照光绪七年陆路通商条约所定之关税交纳(即运入内地者按税则交一子税即正税之半)。

（十三）在自治外蒙之中国属民,民刑诉讼事件,均由中国驻库大臣,或驻自治外蒙各地之佐理专员,审理判断。

（十四）自治外蒙人民,与在该处之中国属民,民刑诉讼事件,均由中国驻库大员及驻自治外蒙各地之佐理专员,或其所派代表,会同蒙古官吏审理判断。如中国属民为被告者,或加害人,而自治外蒙人民为原告者,或被害人,则在中国驻库大员,及驻自治外蒙各地之佐理专员处,会同审理判断。如自治外蒙人民为被告者,或加害人，而中国属民为原告者，或被害人，亦照以上会同办法，在蒙古衙门审理判断。犯罪者，各按自己法律治罪，两造有权各举仲裁和平解决争议之事。

（十五）自治外蒙人民，与在该处之俄国属民，民刑诉讼事件，均照一九一二年十月二十一日俄蒙商务专条第十六条所载章程，审理判断。

（十六）所有自治外蒙中俄人民，民刑诉讼事件，照以下审理判断：如俄人为原告，或被告人，而华人为被告者，或加害人，俄国领事或亲往，或由其所派代表会审，与中国驻库大员，或其代表，或驻自治外蒙各地之佐理专员，有同等权利。俄国领事或其所派代表，在法庭审询原告者，及俄国证见人，其被害者及中国证见人，经由中国驻库大员或其代表，或驻自治外蒙各地之佐理专员，间接审询。俄国领事或其代表，审查证据追求偿债保证，如认为必要时，得请鉴定人证明两造事实之真伪。并与中国驻库大员，或其代表，或驻自治外蒙各地之佐理专员，会同拟定，及签押判决词。中国官吏有执行判决之义务。如俄人为被告，或加害人，而华人为原告，或被害人，中国驻库大员，及驻自治外蒙各地之佐理专员，或亲往，或由其所派代表，亦可在俄国领事署观审，俄国官吏有执行判决之义务。

（十七）因恰克图库伦张家口电线之一段，经过自治外蒙境内。故议定将该段电线，作为外蒙自治官府之完全产业。凡关于在内外蒙交界，设立中俄派员管理之转电局，详细办法，并递电收费章程，及分派进款等问题。另由中国俄国及自治外蒙所派代表组织之特别专门委员会商定。

（十八）中国在库伦及蒙古恰克图之邮政机关，仍旧保存。

（十九）外蒙自治官府，给予中国驻库大员及驻乌里雅苏台、科布多、蒙古恰克图之佐理专员，暨其属员人等必要之驻所，作为中国政府之完全产业。并为该大员等之卫队，在其驻所附近处，给予必要之地段。

（二十）中国驻库大员，及驻自治外蒙各地之佐理专员，暨其属员人等，使用外蒙台站时，可适用一九一二年十月二十一号俄蒙商务专条第十一条之规定办理。

（二十一）民国二年十一月五日中俄声明文件声明另件，及一九一二年十月二十一号俄蒙商务专条，应继续有效。

（二十二）本约用中俄蒙法四文缮各三份，于签字日发生效力。四文校对无讹。将来文字解释，以法文为准。大中华民国四年六月七日，俄历一九一五年五月二十五日订于恰克图。①

是日，袁世凯为冯国璋与省议会冲突事，电斥省议会不得干预用人行政。

是日，黄兴在湖南政界欢迎会上发表演说，谈教育、实业和市政建设问题。

按：黄兴《在湖南政界欢迎会上的演讲》曰：今日辱承诸君欢迎，不胜感谢。鄙人

---

① 马鹤天著，范子烨整理：《内外蒙古考察日记·附录》，中国青年出版社2012年版。

奔走革命，十载于兹，艰险备尝，于政治未遑研究，但愿以在海外所见所闻及所怀抱者，与诸君一研究之。

夫共和政治求达于完全，其进行方法甚多，但吾人夙所主张者则民生政策，即国家社会政策是也。鄙人在本党开会时曾畅言之。大凡政治革命告成，而后社会革命在所难免。采用此策，自可永享清平幸福。欧美各邦治国大政，每为大资本家所左右，如美国脱辣斯之专横，社会不平，孰大于是？革命风潮随之而起。吾人谋国，必为百年长久之计。我国近虽无此现象，要当预为之防。以我国之地大物博，若能采取地价增差税，富强自可立至。况国家社会主义，为立国二十世纪者所莫能外。德之实行此策，英之于殖民地注意及此，其明征也。生当今世，侵略主义难望和平，须求大同主义，与列强盟好，然后可以图存，亦大势之无可如何者。不宁惟是，人民贫富不甚悬殊，国家财力日渐充足，普及教育可得言矣。夫欲谋国家之发展，莫先于教育，自宜竭全力运筹，而以国家资财充其经费。查儿童自数岁入幼稚园即离家庭，而教养于保姆。一方面使子侄繁多者不感教育费之痛苦，可以经营他事，一方面养成人民独立合群之性质，法至善也。

学以专而精，以久而成，增长年限亦其要点，如日本强迫教育之改四年为六年，其明征也。国际竞争最后解决于武力，中学而上，令学兵学二年，俾军事教育普及全国，则不待养兵而全国皆兵矣。总之，教育为当今之急务，无论公私，在所必设。诸君各有子弟，各须衣食，若以衣食之费输之公家，使之代吾教养成独立合群性质，利莫大焉。吾湘教育素称完备，扩而充之，是所望于诸君。

外此交通实业，亦宜急谋进行。查湖南铁路仅成百里，现有谭督办主持，全路告成，谅亦不远。惟支线如常辰、衡永等路，均宜同时并举。其经费则宜以从前房租、米捐等股充之。至湖南矿产素号繁富，平江金矿，常宁锑矿，其尤著者。特货弃于开采者资本有限，未获胜利耳。现锑矿咸为德商所垄断，公私俱受其害，自宜厚集商本，合力进行，以收后效。至工业不发达之故，多由湘人性喜从军，不屑为此。退伍以后回里者，多谋生无术，甚为可虑。宜设立大工场，强游民入场学习技艺三年，而后即可自营生业，而工业发达矣。以言商业，湘本山国，视闽、粤诸省之出洋经商，每年收入税数十万者，诚有愧色。然他日铁路告成，握各省交通枢纽，商务繁兴，可操左券。惟拆毁城垣，改良街道，辟北门为新埠，不容缓耳。又商业与工业相表里，宜于南门外迁去义冢，建造工场。而修天桥联水陆洲、岳麓山以为市场，则长沙驾港、沪而上之，亦意中事。以云农林，湖南产米甲东南，所谓湖南丰，天下足也。近因洞庭淤塞，水患频闻，为积极之说者，谓宜多发帑藏，广募夫役以疏浚之。不知现在财政困难，力万不逮，不若于受水害最甚之处，易稻以麦，新生之淤，不准再耕。且择水道淤塞太甚者，少为疏浚，以通水路便舟行，或易为力。至于林业，辰州一带，尚有可观，外此则童山汇口。今宜于沿湘两岸，择选土宜，广为种植，俾山林日有起色，而水患可少减矣。以上数瑞,鄙人对于湖南所极愿进行者。惟离湘日久,情形类多膈膜,愿诸君有以教之。[①]

6日,六国银行团大借款复开议。

按:在1912年3月北洋政府与美、英、德、法四国银行团商议善后大借款后,至6月初,四国银行团添入日本的横滨正金银行和俄国的华俄道胜银行;6月20日六国银行团正式成立,并以六国银行团名义向中国提出善后大借款必须以监督中国财政为必要条件;次日,财政总长熊希龄等人表示六国借款条件太苛刻拒绝接受;7月14日袁世凯批准熊希龄等人辞职;8月善后大借款谈判中止;9月到11月底新任财政总长周学熙重与六国银行团商议借款条件;到了1913年3月3日六国驻京公使团通知北京政府,重申向六国银行团借款必须以六国监督中国财政为条件。3月19日美国政府表示,六国银行团以监督中国财政为条件实为不妥,宣布美国退出六国银行团;5月2日美国正式承认中华民国政府。由于美国脱团,银行团只有五国,所以善后大借款的名称也被称为"五国借款"。

是日,北洋政府颁布第一个公文程式条例。

按:1912年11月6日,袁世凯政府公布了新的《公文程式令》,将公文名称改为令、布告、状、咨、公函、呈、批等七种,并详细规定了每种公文的具体用法。这一公文程式令除将公函正式列为公文外,与南京临时政府颁布的公文名称基本一致。《公文程式条例》中规定:"行政各官署无隶属关系者之往复文书,以公函行之。"(徐绍敏《北洋政府档案立法概述》)这个《公文程式令》,是对之前《颁发公文程式咨各部文》的延续,但也作了修改和补充。

按:《临时大总统公布公文程式令》(1912年11月6日)

第一条 法律以大总统令公布之。

前项大总统令,须纪明经参议院之议决,由大总统盖印,国务总理记入年月日副署之,或与其他同务员或主管国务员副署之。

第二条 教令以大总统令公布之。

前项大总统令,由大总统盖印,国务总理记入年月日副署之,或与其他国务员或主管国务员副署之。

第三条 国际条约之发布音,以大总统令公布之。

前项大总统令,须记明经参议院之同意及批准之年月日,由大总统署名盖印,国务总理记入年月日与主管国务员副署之。

第四条 预算以大总统令公布之。

---

① 据上海《民立报》一九一二年十一月十九、二十日。湖南省社会科学院编:《黄兴集》,中华书局1981年版。

前项大总统令须记明经参议院之议决,由大总统盖印,国务总理记入年月日与主管国务员副署之。

第五条 特任官、简任官、荐任官之任免,以大总统令公布之。

前项大总统令,由大总统盖印,国务总理记入年月日副署之,或与主管国务员副署之。

第六条 院令由国务院总理记入年月日署名盖印。

第七条 部令由各部总长记入年月日署名盖印。

第八条 事实之宣示及就特定事项对于一般人民命其行为或不行为之文书,以布告公布之。

大总统布告由大总统盖印,国务总理记入年月日副署之,或与主管国务员副署之。

行政各官署之布告,由该官署长官记入年月日署名盖印。

第九条 第一条至第八条之公文书,须于政府公报公布之。

第十条 特任官、简任官之任命状,由大总统署名盖印,国务总理记入年月日副署之,或与主管国务员副署之。荐任官之任命状,由大总统盖印,国务总理或主管国务员记入年月日副署之。委任官之任命状由各该官署长官记入年月日署名盖印。

第十一条 大总统对于官吏及上级官对于下级官有所差委,以委任令行之。有所指挥,以训令行之。其因呈请而有所指挥者,以指令行之。

第八条第二项及第三项之规定,于委任令、训令,指令准用之。

第十二条 行政各官署对于特定人民,就特定事项,命其行为或不行为者,以处分令行之。

第十三条 参议院与大总统或国务员之往复文书,以咨行之。

第十四条 行政各官署无隶属关系者之往复文书,以公函行之,

第十五条 左列各款文书,以呈行之。一、人民对于大总统及行政各官署之陈请。二、官署或官吏对于大总统之陈请或报告。三、下级官署对于上级官署或官吏对于长官之陈请或报告。

第十六条 行政各官署对于人民之呈,分别准驳之文书,以批行之。

第十七条 第十一条至第十六条之文书,得于政府公报公布之。

第十八条 本令所揭各项令状,各依年月日先后编号,每一年更易一次,自第一号起至何号止,于政府公报公布之。

第十九条 公文书程式依附表所定。

第二十条 本令自公布日施行。①

---

① 中国第二历史档案馆编:《民国时期文书工作和档案工作资料选编》,档案出版社1987年版。

民国元年日志
（1912年1月—12月）

是日，袁世凯通令各省切实保护回籍商民。

是日，李长泰署理大名镇。

是日，驻湘黔军回黔，滇军拒之于松桃、铜仁。

是日，《民立报》发表《驳诋毁孙中山者》一文。

按：近日，上海共和党的《时事新报》《神州报》《民声报》等重新刊登1909年保皇党机关报所刊陶成章所作《孙文罪状》一文，欲藉臆造之词进行诬陷。是日，《民立报》刊载"南洋归客"所撰《驳诋毁孙中山者》一文，历举事实，驳斥陶文纯系诬妄构饰，并揭露重新刊载之用心，以维公正而正视听。[1]

按：1909年9月，陶成章等发布《七省同盟会员意见书》（又称《南洋革命党人宣布孙文罪状传单》），指出："窃念我同盟会初成立之际，彼固无一分功庸，而我同志贸贸焉直推举之以为总理，不过听其大言，一则以为两广洪门尽属其支配，一则以为南洋各埠多有彼之机关，华侨推崇，巨款可集，天大梦想，如此而已。……弟等一片公心，尽力为之揄扬，承认其为大统领，凡内地革命之事业，均以归之彼一人，以为收拾人心之具。于是彼之名誉乃骤起，彼又借我留学生之革命党，推戴之名目，《民报》之鼓吹，南洋之西洋各报馆，于是亦逐渐有纪其事、称其名者。"然后列举孙中山三大"罪状"，十四件事实：

第一大"罪状"是"残贼同志"，共有五件事：一是河口起事，孙中山在槟榔屿报销了30万，在新加坡则说是8万，"盖因地制宜而说谎话"，河口同志为法国人不容，来到新加坡，当地同志责问何姓的镇南关粮台，既有8万军饷，何故退兵。何很愤怒，因为压根就没有这笔款，他们在河口自筹了2万，还被胡汉民取走5千。从河口、镇南关、钦州、廉州亡命到新加坡的同志相约签名、公布此事，共有200多人签名。曾参与孙中山在惠州发动起义的曾直卿虽然也是反对孙中山之人，但"恐碍于团体名誉，为反对党及官府所见笑"，劝止他们。孙中山得到消息，嘱人到英国华民政务司告密，"目为在埠抢劫之强徒，凡八人，欲掩执之，幸有告者，乃始得免，而逃避香港（类此者尚多）"。二是河口、镇南关退出的同志到新加坡后身无分文，欲卖身作猪仔，新加坡的同志与孙中山商量，共同设法，孙说："听之可也，不必管他。"新加坡同志不忍心，筹款替他们赎身。孙中山却"借此招呼同志之名目，向各埠筹款，名之曰善后事宜"。三是广西参将梁秀清因故投身革命党，孙中山常利用他，设法愚弄，梁愤怒，得罪了孙中山。当他到新加坡，孙中山"密嘱其党某某某欲毒之以灭口，事为某某某兄所知，密以告梁，乃得不死（类此者尚多）"。四是潮州志士许君秋本是资本家，倾家革命，黄冈起义他得到孙中山给的三千元经费，孙却对同志称是七八万。许因为经费不足，自行向暹罗筹款，孙中山"恶之，尽力诋毁"，甚至向革命举报

---

[1] 罗元铮：《中华民国实录：际会风云》（上），吉林人民出版社1997年版。

许家窝藏窃贼,许等正好外出才得免。五是凡反对孙中山的人,他都诬为"反对党,或曰保皇党,或曰侦探",对陶成章就是。

第二大"罪状"是"蒙蔽同志",共列举了三项事实:一是南洋《中兴报》实际上只是孙中山"一人之机关而已",对于《民报》说是筹款困难,对《中兴报》则"集款至于再而至于三",目的要使南洋华侨看不到他掌握不了的报纸。二是日本东京是同盟会总部所在,自1908年以来孙中山在南洋创立支部,通知南洋各地凡是有来自东京或内地筹款、游历的,都以支部长的介绍信为凭,否则不准招待。向他们要介绍信,"多不肯,或依违其词"。三是安南同志有倾家资助革命,将家产抵押到银行的,而河口的军饷却并无保障,事后孙中山又以弥补安南同志的名义,向各埠筹款,"或称尚缺五万,或称尚缺三万,或称尚缺二万,或称尚缺万余,其所以多寡不一之故,亦是因地制宜之道使然也"。实际上"筹款者自筹款,而倾家者自倾家,何尝有一毫之补助"。

第三大"罪状"是"败坏全体名誉",其中列举四事为证:一是不顾全体名誉,污蔑至于不可名状,孙中山说到离日之前接受一万四千元赠款,被东京党人得知,大起攻击,"夫各为同志,则各有权利义务,乃不期东京一二同志,分财则讲平等,而义务则责我一人当之,办事也,筹款也,惟我是问。而我于自行筹款之外,又要筹款以顾各地之同志,东京以许多人不能顾一《民报》,我力稍不及顾,则为众谤的矣",这有孙中山的亲笔书信。二是新加坡有资本家陈某愿出资二千支持革命党,中山与陈素无关系,他与居中联系的人约定取得此款二八分,他得一千六,对方四百,款到之后,此人全数交给孙中山,未说分利之事。此后其人自往暹罗运动,孙中山竟写信给有关人说此人是"棍骗"。三是1908年9月孙中山在南洋成立支部,凡入会的都要收会底金三元,主盟人分给半元,介绍人分半元,"以分利之举诱人"。四是借内地革命军名目发行军债票,还有保护票,在南洋各地发行,有多至数百金一张,也有五六元一张,发售之时有八九折的,也有六七折、五六折的,代派发行的人也有分利。①

7日,外交部照会俄使,声明蒙古为中国领土,无权与他国订约。

按:《俄蒙协约》签订后,沙俄政府马上向北洋军阀政府施加压力,妄图迫使袁世凯承认《俄蒙协约》。11月7日,中国驻俄公使刘镜人代表中国政府就《俄蒙协约》一事抗议俄国干涉中国内政。另外,中国政府还向沙俄政府提出抗议:"蒙古为中国领土,现虽地方不靖,万无与各外国订约之资格。兹特正式声明,无论贵国与蒙古签订何种条款,中国政府概不承认。"于是中俄又派代表在北京进行谈判。但是,俄方代表依然强词夺理,并威胁中国政府,如果不承认《俄蒙协约》,俄国将正式承认外蒙古"独立"。经过半年之久的谈判,双方于1913年5月20日,签订了关于蒙古问题

---

① 冯自由:《革命逸史》初集,中华书局1982年版。

的协约。中国政府承认了沙俄在外蒙古的特权；但是，协约中规定的"蒙古为中国不可分割的一部分"，沙俄却不接受。7月13日，沙俄政府照会中国政府终止中俄所订的协约。至此中俄的初次交涉中断。①

是日，共和党湖南支部开会欢迎黄兴，首先谭延闿代表共和党致欢迎词。

按：1912年11月7日共和党湖南支部开会欢迎黄兴，首先谭延闿代表共和党致欢迎词。这是黄兴的答词：民国成立以来，其维持现状，巩固民国，惟政党之作用是赖。当前清时代，政党无由发生，如资政院、谘议局亦思以多数人之政见改良政治，无如不能实行。在民国成立后，贵党与国民党及其他之党继续发生，各共谋政治上之进行，巩固民国之基础，成为幸事。现在研求政治，不患党多，然必各党均以国利民福为前提，持政见不持党见，乃为民国之福。

今人民政治知识方在萌芽，为党员者每与不同党之人争意见，起冲突，若不共戴天，虽至扰乱大局亦所不惜者。所谓兄弟阋墙，不顾外侮，诚可叹也。故以党见面分争者，必专自顾其私，而置国家于不顾。愿国民引为大戒，牺牲私见，服从公理，服从多数人之政见，则纷争自免，政党之发达可期，民国之稳固可必矣。但现今建设之事纷繁，已不免有人才缺乏之慨。使政党太多，人才分布于各党，将来实行政党内阁，一党在朝，他党在野，人才之不足用，深可虑及。今各党之党纲与其政见大致相同，但使党员认定党纲，则无论何党，其精神所注，数党与一党无异，则何如萃全国之人才，合为一党，以共同救济今日之危局也。在列国之窥测我国，以为各省对于中央之主张，各党对于政府之主张均不统一，内讧不已，国自不国，故不肯为正式之承认。然而南北统一，以数十日而成，实为列国所不及料，吾人有此莫大之天幸，即不当再有人事上之纷争。故以欧美各法治国言之，必应有两党并立；而以民国现在之时势言之，断不可以两党争持之故，致将国事搁置而不问，而欲消灭此种党见之争持，自非合并为一大政党不可。日本变法以来，党派极多，其后并为政友会，一致进行，故在今日之强。故兄弟希望吾民国者亦在是。但此非并吞他党之问题，实欲集合多数人才，同心合力，以巩固民国。若必不能集合多数党为一党，则无论何党，其号召党员当以道德学问相结合，不当以势力权利为结合。对于他党尤当以道德学问相切磨、相辅助，不当以势力权利相夸耀、相凌铄，此兄弟所最希望者也。②

8日，俄公使库朋斯齐以《俄蒙协约》通告外交部，声称如果中国予以拒绝，俄国将在外蒙古采取单独行动。

是日，交通部向国务院提出创设8所无线电站计划。

是日，孙中山自上海抵杭州。

---

① 李国栋：《民国时期的民族问题与民国政府的民族政策研究》，民族出版社2007年版。
② 《长沙日报》1912年11月8日。

9 日,袁世凯颁布《临时大总统解散秘密结会布告》,严令各省"都督民政长分别解散,及按法惩办"。

按:1912 年 11 月 9 日,袁世凯布告允准改组秘密结社:"前因各项秘密结社多有妨害秩序危机国家情事,业令各都督、各民政长分别解散及按法惩办在案。近闻各省秘密结社之风仍未稍戢,名目繁多、宗旨全无。……凡以前秘密结会,如能知悔,自首解散者,均准不究既往。其有愿改组社会者,但能不背法律,不扰公安,自应在保护之列。"这也就是说,北京政府力图解散秘密结社,但是允许秘密结社改组为公开合法的结社,并由政府进行管理控制。①

是日,郑正秋在上海创办《图画剧报》,日出 8 开 2 版,单面印刷。

是日,孙中山致电袁世凯,建议速行迁都、设立中西合股银行、立即开始筹划铁路。

10 日,中俄代表在北京召开关于蒙古问题的谈判。俄方代表库朋斯齐要求中国承认《俄蒙协约》,中方代表陆徵祥坚持要俄国"承认中国政府在蒙古之主权","蒙古为中国之一部分"。

是日,总统府召开秘密会议,决定西藏善后办法。

按:1912 年 11 月 10 日,总统府召开秘密会议,拟定西藏善后办法四条:一、达赖投诚后,关于藏事,均应和平办理;二、川督尹昌衡暂驻打箭炉,该部队改作警察,布置里塘一带,保护治安;三、各省援军限一月内撤回本省;四、另派宣慰使入藏宣布共和旨趣。②

是日,国务院召开特别会议,通过划一币制手续。

按:划一币制手续,计分三种:一、维持银圆法,限制墨西哥银圆进口。二、疏通铜圆法,各省不准再铸,并严防私铸,铜圆充斥之处,由国家运往缺乏地方。三、杜绝纸币法:各省军用纸币,设法收回,不准再发。各国通行纸币与各国银行交涉,令酌量收回。③

是日,陆军部会同参谋部拟定《暂行军律》4 条,颁行各省,嗣后军队有结党持兵暴动者照此律处断。

是日,农林部决定农林进行办法 6 条。

是日,中国佛教总会会长、天童方丈八指头陀寄禅大师在北京逝世。

11 日,内阁总理赵秉钧及外交财政总长联衔致书六国银行团,声明不向其他方面商洽借款。

是日,内务部公布《更正众议院议员甘肃省复选区表》。

---

① 中国二十世纪通鉴编辑委员会编著:《中国二十世纪通鉴》第一册,北京线装书局 2002 年版。
② 罗元铮:《中华民国实录·际会风云》(上),吉林人民出版社 1997 年版。
③ 罗元铮:《中华民国实录·际会风云(上)》,吉林人民出版社 1997 年版。

民国元年日志
（1912年1月—12月）

是日，外交总长梁如浩亲至俄使馆，要求取消《俄蒙协约》。俄公使声称协约已经签字公布，不能取消。梁如浩交涉失败，深受舆论攻击，遂辞职走天津，将部务交次长颜惠庆。

是日，黄兴在长沙报界欢迎会上发表演说。

12日，内务部奉大总统令通咨各省都督严行查禁鸦片。

是日，谭延闿与黄兴等发起《洞庭制革股份有限公司招股广告》。

按：广告曰：吾人平生所持之主义维何？一曰民族，二曰民权，三曰民生。今汉族兴，共和建，前两主义之目的已达。兹所急起而代谋者，非所谓民生乎？然持极端主义者骤欲讲均财产之高谊，铲托拉斯之淫威。窃谓借此发抒理论，取快一时，未为不可。若按之事实，其相去奚啻天壤。我国工商两者幼稚已极，即合群力奖劝而提挈之，可决其后大总统三十年不至有托拉斯之发见。倘革不大，多数无恒产之人日与言均产，是非率天下之人皆游手好闲、饥饿以死不止。呜呼！讲民生者顾如是耶？近顷民国之秀，皆乞生活于政治一方面，议者颇讥士夫权利之竞争，不亚于满清末季之昏浊。吾谓官俸既定以后，公仆之义大明，向之乞生活于此途者，必渐渐舍此而他适。且嗣兹以往，民国之负担日重，富者惕于坐食，贫者不敢偷惰，非工非商，又将焉往？同人有见于此，故先以工业唤起世人，故有此公司之设。其制革者，以革之用途广，不学之工从宽亦可收容，非有见于制革之必可获利而始设此公司也。同人之大愿，惟希冀洞庭以内月发起无数公司，洞庭以外日发起无数公司。则所以为民生计者，其庶几乎？海内同志或不弃予。

发起人：谭延闿、黄兴、刘揆一、王芝祥、沈云堃、蔡锷、陈方度、程子楷、程潜、张其锽、张孝准、王隆中、赵上达、唐蟒、童锡良、赵恒惕、胡学伸、陈俊初、黄恺元、聂磊、金岳祁、何陶、邓希禹、柳鹑火、柳骋农、黄牧、王延祉、杨运丙、胡典武、李醒汉、赵冕、梅馨。[1]

13日，袁世凯下令戒禁"纯粹社会党"。

按：沙淦等人发起的"纯粹社会党"刚成立1个月，袁世凯即于1912年11月13日根据侦探团的报告，以该党主张"实行共产，铲除强权，必致劫掠煽乱。解除夫妇名义，必致天伦伤化。至预备世界大革命，则意在破坏现在之秩序，为万国之公敌"为由，饬令警察总长分饬地方巡警官吏，按法律严行戒禁，"以遏乱萌"。[2]

是日，袁世凯正式批准川汉铁路收归国有。

按：川汉铁路为长江中枢至西南部一大干线。1911年，因收回国有问题，激化矛盾，形成保路运动，推动了革命发展。然而事实上此路建筑仍有诸多问题。人民

---

① 《长沙日报》1912年11月12日。周秋光主编：《谭延闿集》，湖南人民出版社2013年版。

② 中国第二历史档案馆编：《中国无政府主义和中国社会党》，江苏人民出版社1981年版。

借此事件推翻了专制政权,但该路建筑工程之困难徒恃民力短期难以完成。民国成立后,1912 年 5 月,川中人士特开会议,将川路请归国有,公举程德全、赵熙、刘声元、熊成章、李肇甫等 5 人为代表,与交通部多次开议;交通部亦从政治需要与财力负担上认为,铁路干线应由国家经营,双方遂形成合约 7 条,举凡路线之规定、存款之提收、债欠之偿还、公款之摊息以及清理倒欠,取换债票等事,做出明确规定。本月 11 日,交通部将该合约经国务会议公决后呈报总统。袁世凯遂于是日准予照办。①

是日,外交部为《俄蒙协约》向俄公使提出第二次抗议书,同时照会各国公使,声明绝对不承认《俄蒙协约》。

是日,黎元洪与各省都督联合致电袁世凯,主张集合全国军队克期征蒙。

是日,国民党、统一党、共和党、民主党召开联席会议,讨论蒙事,主张用兵。

是日,工商大会为《俄蒙协约》事议决上书袁世凯,主张用兵,战费由全国工商界设法募集。

是日,山西王锡三、金子通因谋第二次革命,被阎锡山枪决。

是日,教育部公布《工业专门学校规程》。

按:第一条　工业专门学校以养成工业专门人才为宗旨。

第二条　工业专门学校本科之修业年限为三年。

第三条　工业专门学校得设置预科,修业年限为一年。

第四条　工业专门学校得为本科毕业生设研究科,其年限为一年以上。

第五条　工业专门学校分为十三科。一、土木科,二、机械科,三、造船科,四、电气机械科,五、建筑科,六、机织科,七、应用化学科,八、采矿冶金科,九、电气化学科,十、染色科,十一、窑业科,十二、酿造科,十三、图案科。

土木科之科目:一、数学,二、物理,三、外国语,四、应用力学,五、水力学,六、机械工学大意,七、测量学,八、建筑材料学,九、地质学,十、铁道学,十一、道路学,十二、石工学,十三、桥梁学,十四、河海工学,十五、铁筋混合土构造法,十六、卫生工学,十七、房屋构造学,十八、施工法,十九、电气工学大意,二十、工业经济,二十一、工厂管理法,二十二、工业簿记,二十三、计划及制图,二十四、测量实习,二十五、实习。

机械科之科目:一、数学,二、物理,三、外国语,四、应用力学,五、水力学,六、应用化学大意,七、机械制造法,八、机械学,九、发动机关,十、机关车学,十一、船用机关学,十二、冶铁学,十三、制造用机械,十四、电气工学大意,十五、工业经济,十六、工厂管理法,十七、工厂建筑法,十八、工业簿记,十九、计划及制图,二十、实习。

造船科之科目:一、数学,二、物理,三、外国语,四、应用力学,五、水力学,六、机

---

①　罗元铮:《中华民国实录:际会风云(上)》,吉林人民出版社 1997 年版。

械制造法，七、发动机关，八、造船学，九、造船施工法，十、船用机关学，十一、冶铁学，十二、船坞海港建筑法，十三、电气工学大意，十四、工业经济，十五、工厂管理法，十六、工厂建筑法，十七、工业簿记，十八、计划及制图，十九、实习。

电气机械科之科目：一、数学，二、物理，三、外国语，四、应用力学，五、水力学，六、应用化学大意，七、机械制造法，八、机械学，九、发动机关，十、电气及磁器学，十一、电报及电话学，十二、电灯电车及电力传送法，十三、发电机电动机及变压器，十四、工业经济，十五、工厂管理法，十六、工厂建筑法，十七、工业簿记，十八、计划及制图，十九、电气及磁气实验，二十、实习。

建筑科之科目：一、数学，二、物理，三、外国语，四、应用力学，五、水力学，六、机械工学大意，七、测量学及实习，八、建筑材料学，九、地质学，十、建筑史，十一、建筑学，十二、铁筋混合土构造法，十三、石工学，十四、中国建筑史，十五、施工法，十六、装饰法，十七、图画法，十八、电气工学大意，十九、工业经济，二十、工厂管理法，二十一、工业簿记，二十二、计划及制图，二十三、实习。

机织科之科目：一、数学，二、物理，三、化学，四、外国语，五、应用力学，六、应用化学大意，七、机械工学大意，八、机织及意匠，九、织物整理，十、漂染法，十一、纺绩法，十二、机织用机械，十三、绘画法，十四、电气工学大意，十五、工业经济，十六、工厂管理法，十七、工厂建筑法，十八、工业簿记，十九、计划及制图，二十、实习。

应用化学科之科目：一、数学，二、物理，三、化学，四、外国语，五、矿物学，六、冶金学，七、机械工学大意，八、物理化学，九、应用化学，十、化学制造用机械，十一、燃料及筑炉法，十二、电气化学，十三、电气工学大意，十四、工业经济，十五、工厂管理法，十六、工厂建筑法，十七、工业簿记，十八、化学分析及实验，十九、工业分析及实验，二十、计划及制图，二十一、实习。

采矿冶金科之科目：一、数学，二、物理，三、化学，四、外国语，五、机械工学大意，六、矿物学，七、地质学，八、测量及矿山测量，九、采矿学，十、选矿学，十一、冶金学，十二、冶铁学，十三、试金术，十四、矿山机械学，十五、电气工学大意，十六、工业经济，十七、工厂管理法，十八、工厂建筑法，十九、工业簿记，二十、化学分析及实验，二十一、吹管分析及实验，二十二、计划及制图，二十三、实习。

电气化学科之科目：一、数学，二、物理，三、化学，四、外国语，五、矿物学，六、冶金学，七、机械工学大意，八、物理化学，九、电气及磁气学，十、电气化学，十一、电气工学，十二、应用化学，十三、燃料及筑炉法，十四、工业经济，十五、工厂管理法，十六、工厂建筑法，十七、工业簿记，十八、化学分析及实验，十九、工业分析及实验，二十、计划及制图，二十一、实习。

染色科之科目：一、数学，二、物理，三、化学，四、外国语，五、机械工学大意，六、应用化学，七、色素化学，八、染色学，九、染色制造法，十、织物原物及组织，十一、燃料及筑炉法,十二、绘画法,十三、电气工学大意,十四、工业经济,十五、工厂管理法,十六、工厂建筑法,十七、工业簿记,十八、化学分析及实验,十九、工业分析及实验,二十、计划及制图,二十一、实习。

窑业科之科目:一、数学,二、物理,三、化学,四、外国语,五、机械工学大意,六、地质及矿物学,七、冶金学,八、陶瓷品制造法,九、赛门德制造法,十、窑业用机械,十一、筑窑计划,十二、燃料及筑炉法,十三、图画及图案,十四、电气工学大意,十五、工业经济,十六、工厂管理法,十七、工厂建筑法,十八、工业簿记,十九、化学分析及实验,二十、工业分析及实验,二十一、计划及制图,二十二、实习。

酿造科之科目:一、数学,二、物理,三、化学,四、外国语,五、机械工学大意,六、应用化学,七、应用农艺学,八、特别有机化学,九、酿造学,十、酿造用机械,十一、细菌学,十二、显微镜使用法,十三、燃料及筑炉法,十四、电气工学大意,十五、工业经济,十六、工厂管理法,十七、工厂建筑法,十八、工业簿记,十九、化学分析及实验,二十、工业分析及实验,二十一、实习。

图案科之科目:一、数学,二、物理,三、化学,四、外国语,五、博物学,六、配景法,七、美术学,八、美术工艺史,九、制版化学,十、美术解剖学,十一、摄影学,十二、图案法,十三、图画法,十四、雕塑法,十五、建筑装饰法,十六、工业经济,十七、工厂管理法,十八、工厂建筑法,十九、工业簿记,二十、实习。

第六条　以上各学科,由校长酌量设置,呈报教育总长认可。

第七条　工业专门学校各科目授业时间,由校长订定,呈报教育总长。

第八条　工业专门学校,应就各科设备各项实验室、实习场及各项图书、器械、标本、模型等。

第九条　凡公立、私立工业专门学校,除遵照专门学校令及公立、私立专门学校规程外,概依本规定办理。

第十条　本规程由公布日施行。①

14 日,袁世凯召集赵秉钧、段祺瑞、陆徵祥及各省代表商议对蒙事宜。

是日,袁世凯令准外交总长梁如浩辞职。

是日,袁世凯电复孙中山,请说日本赞助共和,并以私人名义探试日政府意向。

是日,教育部公布《公立私立专门学校规程》,凡 16 条。

按:1912 年 11 月公布的《公私立专门学校规程》以及其他专门学校规程了专门学校的管理制度。专门学校的宗旨是"教授高等学术,养成专门人才"。专门学校按种类可以分为医学、农业、工业、商业等专门学校,专门学校按性质分为国立、公立、

---

① 《教育法令选》(上)。朱有瓛主编:《中国近代学制史料》第三辑(上册),华东师范大学出版社 1990 年版。

私立三种。法令对专门学校的师资、设备、内部管理等方面也做出了明确的规定，在师资方面规定须是在外国或中国的专门学校毕业，或有精深的著作经中央学会评定者，可任公、私立专门学校的教员。又如设备，在教室方面，规定必须有普通教室及各种特别教室，事务室、实验室、图书室、药品室等。此外，在相继颁布的工业、农业、医学、药学、商船、外国语、商业等专门学校规程中，更对各类专门学校的培养目标、修业年限、分科、课程等作了相应的规定，使之成为管理上的依据。如工业专门学校培养工业专门人才为宗旨，本科修课年限为三年，预科为一年，可分为土木、机械、造船、电器机械、应用化学等十三科。专门学校招收对象是中学毕业生或有同等学力者，在培养专门技术人才方面，专门学校起着重要的作用。[1]

按：教育部公布公立私立专门学校规程共十六条，主要规定无论开办公立还是私立专门学校，均须经教育总长认可，而申报认可必须上报：一、目的；二、名称；三、位置；四、学则；五、学生定额；六、地基房舍之所有者及其平面图；七、经费及维持之方法；八、开校年月等。其中，私立学校在申报时，还须上报代表人之履历并要求代表人对该校负完全责任。对于专门学校教员资格，则规定：一、在外国大学毕业者；二、在国立大学或经教育部认可之私立大学毕业者；三、在外国或中国专门学校毕业者；四、有精深之著述，经中央学会评定者。其在专门学校任教员一年以上者，得充校长。此外，还对校舍、学则、应备各种表簿及应制定制度等均作了明确规定。[2]

是日，六国银行团代表与财政总长周学熙晤谈，坚持须由克利斯浦声明8月30日借款合同无效。

是日，杨度电黄兴，仍以取消政党内阁制为加入国民党条件。

是日，孙中山在上海设立中国铁路总公司。

是日，黄兴赴萍乡、安源、湘潭等地调查矿务。

是日，陕西西安发生兵变。

15日，陆徵祥被袁世凯任命为外交总长。

是日，袁世凯任命施肇曾督办陇秦豫海铁路事宜。

是日，蒙古王公联合会通告，不承认库伦伪政府与外国所订条约。

是日，教育部与比商华比银行签订4项借款合同。

按：教育部与比商华比银行签订4项借款合同。第一项40万法郎，用于北京大学建筑校舍；第二项25000英镑，交该部驻英代表，用于支付留英学生经费；第三项150100法郎，交该部驻比代表，用于支付留比学生经费；第四项5万英镑，交该部欧洲游学经费清理员，用于接济留英、法、比三国学生经费。[3]

---

① 舒新城：《中国近代教育史资料》，1961年版第650至659页。
② 罗元铮：《中华民国实录·际会风云》（上），吉林人民出版社1997年版。
③ 罗元铮：《中华民国实录·际会风云》（上），吉林人民出版社1997年版。

是日,国民党本部讨论对待《俄蒙协约》问题,对俄主张外交解决,以军备为后盾。

16 日,孙中山电袁世凯,中日联盟有望,俄蒙之约万不可承认。

是日,孙中山致电参议院,要求参议院协助政府否认《俄蒙协约》。

是日,袁世凯为《俄蒙协约》事致电黎元洪提出对策,是日黎元洪复电同意用兵入蒙。

是日,袁世凯任命张锡銮为奉天都督。

是日,津浦铁路黄河大桥告成。

是日,张元奇被袁世凯任命为福建民政长。

17 日,袁世凯与各国务员会议决定直接电达库伦活佛为最后之忠告,劝其取消独立,不从决以武力解决。

是日,袁世凯密令各省暂缓实行原定遣散军队办法,并责成各该统兵大将认真训练,听候中央调遣。

是日,袁世凯指令蒙藏事务局准予创办蒙藏回白话官报。

是日,东西扎鲁特科尔沁各旗攻占热河开鲁县。

18 日,袁世凯公布《国籍法》,凡五章 22 条。

按:1912 年 11 月 18 日《中华民国国籍》正式颁布,其是对《大清国籍条例》的直接继承和发展,包括继续坚持血统主义原则,继续坚持对出籍的严格限制规定,同时也受到了出生地主义原则的影响——"出生于中国地,父母均无可考或均无国籍者"。

按:11 月 18 日袁世凯公布《修正国籍法》总统袁世凯依据约法第三十条公布参议院议决之国籍法。该法共分五章二十二条。其中,第一章固有国籍,规定属中华民国国籍者,须为:一、生时父为中国人者。二、生于父死后,其父死时为中国人者。三、生于中国地,父无可考,或无国籍,其母为中国人者。四、生于中国地,父母均无可考,或均无国籍者。第二章国籍之取得,规定:外国人取得中国国籍,须具备:一、为中国人妻者。二、父为中国人,经其父认知者。三、父无可考,或未认知,母为中国人,经其母认知者。四、归化者。此外,对外国人取得中国国籍还作出了一系列具体规定:对取得中国国籍的外国人在中国政、军界任职亦作出明确限制。第三章国籍之丧失。第四章国籍之回复。①

按:《中华民国国籍法》(中华民国元年十一月十八日法律第四十号,修正中华民国三年十一月三十日法律第六十一号)

第一章　固有国籍

第一条　左列各人属中华民国国籍:一、生时父为中国人者。二、生于父死后,

---

① 罗元铮:《中华民国实录·际会风云》(上),吉林人民出版社 1997 年版。

其父死时为中国人者。三、生于中国地,父无可考或无国籍,其母为中国人者。四、生于中国地,父母均无可考或均无国籍者。

第二章　国籍之取得

第二条　外国人有左列各款情事之一者,取得中华民国国籍:一、为中国人妻者。二、父为中国人,经其父认知者。三、父无可考或未认知,母为中国人,经其母认知者。四、为中国人之养子者。五、归化者。

第三条　外国人因认知取得中华民国国籍者,须具备左列各款条件:一、依其本国法尚未成年。二、非外国人之妻。

第四条　外国人或无国籍人经内务部许可得归化:一、连续五年以上在中国有住所者。二、年满二十岁以上,依中国法及本国法为有能力者。三、品行端正者。四、有相当之财产或艺能,足以自立者。五、本无国籍或因取得中华民国国籍即丧失本国国籍。

无国籍人归化时,前项第二款之条件专依中国法定之。

第五条　外国人之妻随同其夫不得归化。

第六条　左列各款外国人现于中国有住所者,虽不具备第四条第二项第一款条件亦得归化:一、父或母曾为中国人者。二、妻曾为中国人者。三、生于中国地者。四、继续十年以上在中国有住所者。

前项第一款至第三款之外国人非继续三年以上在中国有居所者,不得归化。但第三款之外国人,其父或母生于中国地者不在此限。

第七条　外国人现于中国有住所,其父或母为中国人者,虽不具备第四条第二项第一款第二款第四款条件亦得归化。

第八条　内务部为前项归化之许可须经大总统核准。

第九条　归化须于政府公报公布之,归化非公布后不得对抗善意之第三人。

第十条　归化人之妻及依其本国法未成年之子应随同取得中华民国国籍。但妻或未成年之子本国法有反对之规定者不在此限。

前项但书规定不能随同取得中华民国国籍之归化人妻,虽不具备第四条第二项各款条件亦得归化。

第十一条　归化人及随同取得中华民国国籍者之子不得为左列各款公职:一、大总统副总统。二、国务卿及各部部长。三、立法院议员及地方自治职员。四、最高法院长。五、平政院长。六、审计院长。七、全权大使公使。八、陆海军将官。九、各省巡按使。

前项限制除第一款外,依第八条归化者自取得国籍日起五年以后、其他自取得国籍日起十年以后,内务部得呈请大总统核准解除之。

第三章　国籍之丧失

第十二条　中国人有左列各款情事之一者丧失中国国籍：一、为外国人妻取得其夫之国籍者。二、父为外国人经其父认知者。三、父无可考或未认知，母为外国人经其母认知者。四、依自愿归化外国，取得外国国籍者。五、无中国政府许可为外国官吏或受中国政府辞职之命令仍不从者。

依前项第二款第三款丧失国籍者，以年满二十岁以上，依中国法有能力并经内务部许可者为限。

第十三条　依前条第一项第四款之规定须经内务部无左列各款情事者始丧失国籍：一、届服兵役年龄未免除服兵役义务，尚未服兵役者。二、现服兵役者。三、现在中国文武官职、立法院议员或地方自治职员者。

第十四条　中国人虽有第十二条第一项各款情形之一，并无前条各款情事，若有左列各款情事之一者，仍不丧失国籍。一、为刑事嫌疑人或被告人。二、受刑事宣告执行未终结者。三、为民事被告人者。四、受强制执行处分未终结者。五、受破产之宣告未复权者。六、有滞纳租税或受滞纳租税处分未终结者。

第十五条　丧失国籍人之妻及未成年子若随同取得国籍时丧失中华民国国籍。

第十六条　中国人丧失国籍者丧失非中国人不能享有之权利。

丧失国籍人在丧失国籍前已享有前项权利者若丧失国籍后一年以内不让与中国人时归属于国库。

第四章　国籍之回复

第十七条　中国人因婚姻丧失国籍者，婚姻关系消灭后如于中国有住所，具备第四条第二项第三款至第五款条件时，经内务部许可得回复中华民国国籍，但归化人及随同取得国籍者不在此限。

前款规定依第十五条规定丧失国籍之子具备第四条第二项第二款者准用之。

第十九条　回复国籍自回复国籍日起三年以内不得为第十一条第一项各款公职。

前项限制内务部得呈请大总统解除之。

第五章　附则

第二十一条　本法施行规则以教令定之。

第二十二条　本法自公布日施行。①

按：《国籍法施行细则》（二年十一月三日教令三十八号修正，四年二月十二日教令第四号）

第一条　修正国籍法施行前依国籍法及其施行规则之规定应具禀或愿书保证书而并未遵行或虽遵行而并未核准者均照修正国籍法及本规则之规定办理。

---

① 周南京主编：《境外华人国籍问题讨论辑》，香港社会科学出版社有限公司 2005 年版。

第二条　依前国籍法及施行规则之规定业经禀请归化丧失国籍或回复国籍至修正国籍法施行之日尚未核准者,内务部得就原禀许可之。

第三条　依修正国籍法第二条第一款至第四款之规定取得中华民国国籍者,应由本人或夫或父具禀于居住地方之该管官署。

第四条　依修正国籍法第一条第五款之规定而取得中华民国国籍者,应由本人出具左列书件禀由寄居地地方官,详经该管长官咨请内务部核办。

（一）愿书;（二）保证书

前项第二款书件以有寄居地方公民二人以上保证为限。

第五条　依修正国籍法第十七条第十八条第十九条之规定而恢复中华民国国籍者,准用本规则第三条第四条之规定。

第六条　依修正国籍法之规定须经内务部许可者由内务部给予许可执照,自公布政府公报之日起始生效力。

第七条　凡取得中华民国国籍后,查与修正国籍法之规定不合者应将已给之许可执照撤消并于政府公报公布之。

第八条　依修正国籍法之规定而丧失中华民国国籍者须禀由现住地方之该管官署转报内务部经其许可。

第九条　凡已经许可丧失中华民国国籍者,若查有修正国籍法第十四条所列各款情事之一时,应撤消其许可。

第十条　修正国籍法施行前中国人已入外国国籍并未依前国籍法及其施行规则禀明者,限于修正国籍法施行之日起六个月内遵照第八条规定办理。

如于前项规定内仍未禀明者由该管官署查明转请内务部宣告丧失中华民国国籍。

第十一条　修正国籍法施行前及施行后,中国人已经入外国国籍仍为中华民国公职者,由所属机关查明撤消其公职。

第十二条　本规则所列之禀、愿书、保证书并执照须依另定程式。

第十三条　本规则自公布日施行。

书类程式:第一书式　禀式（略）;第二书式　愿书式（略）;第三书式　保证书式（略）;第四书式　许可执照式（略）。[1]

是日,袁世凯召集军事代表会议。

按:会议决定:（一）统兵上级军官佐领,均由总统任命。（二）练兵及师旅数目,分大小省规定,大省4师,小省3师为限。边禁省份不在此例。（三）用兵不敷时,招募续备兵补充。（四）军服、械饷、辎重,工程、幕营等件,悉遵中央规定,如向外洋订

---

① 周南京主编:《境外华人国籍问题讨论辑》,香港社会科学出版社有限公司2005年版。

购炮械,须中央认可。(五)驻京军队及各省防营统改成陆军编制。(六)实行征兵,目兵夫役之服装、食米,照禁卫军规定。①

是日,俄国政府开会讨论对华方针,议决 8 条,其中要求中国政府以大戈壁为中俄两国之分界点;废弃中国在俄蒙边界驻扎军队之权利;添派军队分驻库伦、乌里雅苏台等处。

19 日,外交总长陆徵祥与俄使交涉《俄蒙协约》问题。

按:陆徵祥赴俄国使馆与之进行谈判,俄国公使答称:此事关系重大,现尚未奉到本国命令,未便开议。陆总长云:刻呈准大总统,拟在外交部设"俄蒙协约"交涉处,并草拟办法四条:(一)确定中俄交涉专员须负担全权责任;(二)请各国派代表旁听;(三)每日会议 1 次,自午前 10 时至 12 时止,惟至多会议 30 次即须解决;(四)专研究协约内容及如何解决,不涉军事,以免有碍军权。请转电贵政府,俟得同意,即当实行,期早解决,不伤中俄感情。②

是日,救蒙联合会代表徐绍桢等 5 人谒赵秉钧,要求政府将对俄蒙交涉大势即日宣布,俾国民有所协助。赵秉钧向该代表说明俄蒙问题由来及政府所取之决绝方针。

是日,应德闳被袁世凯任命为江苏民政长。

是日,宗社党在奉天勾结安东巡防右路七营兵卒进行兵变。他们"抢掠大清银行东三省官银分号即各大商店,并分攻署衙,当被警兵击退。

20 日,袁世凯派杨士琦查办招商局改组办法。

按:11 月 20 日,袁世凯特派杨士琦查办招商局改组事宜。招商局自本年 7 月股东大会建议改组,但董事会至今未将改组情况正式呈报交通部,而各股东、各团体、党派等多发电表示反对。交通部以部中无法人文报可凭,虚实是非,不能悬断,因而请大总统派员将招商局改组办法,现在股东是否同意,以及新公司有无洋股,分别次第,确切彻查,以凭核夺。袁世凯遂有是令。③

是日,徐州至开封间陇海路段开始现场选线勘测。

是日,孙中山在上海接见日本南满铁道会社副总裁国泽新兵卫。

是日,法国公使康德往晤俄公使库朋斯齐,要求俄方和平解决《俄蒙协约》,先将该约取消,再另行开议。

21 日,袁世凯及各国务员出席总统府召开的征库军事会议,提出征库大军统一之计划与行军条例,以及进兵路线等事项。

是日,袁世凯以哲里木盟长郭尔罗斯前旗贝子衔镇国公齐默特色木丕勒,维持

---

① 罗元铮:《中华民国实录:际会风云》(上),吉林人民出版社 1997 年版。
② 罗元铮:《中华民国实录:际会风云》(上),吉林人民出版社 1997 年版。
③ 罗元铮:《中华民国实录:际会风云》(上),吉林人民出版社 1997 年版。

东蒙大局,明令晋封贝勒。

是日,16 国公使在英使馆召开会议,议决各国驻屯军由北京至大沽并奉天沿线要隘及京汉各通都大邑皆派兵分驻等 4 项决定。

是日,日本政府开会讨论对华政策,议定如果中国政府对俄让步,日本即要求限制南满之中国兵额与废弃中国在日满边界筑造炮台权利。

是日,黄兴乘车抵达萍乡车站,受到萍乡各界的欢迎。

按:黄兴于 11 月 21 日上午 9 时乘车抵达萍乡车站,受到萍乡各界的欢迎。大会由知事汤兆玛、国民党赣支部长周泽南等主持。首先由汤兆玛致欢迎词,这是黄兴的答词。《在萍乡各界欢迎会上的演说》(1912 年 11 月 21 日):今日承政、学、商各同胞、各政党开会欢迎,毋任感谢! 兼秩序非常整齐,尤足钦佩。民国成立,国民即为主人翁。在专制时,人民无责任。在民国时,则人民责任甚大也。现在内政、外交均颇困难。然欲战胜外交,当先整饬内政。内政为外交之根本。内政既理,不患外交之困难也。内政从何着手,则我国自古以农立国。今观萍乡森林异常繁荣,为东南各地之冠,是农业发达也。又工业如安源之煤,上竺岭之铁,矿脉均富,可为莫大之富源。二十世纪来,为煤铁世界,而萍乡独为煤铁渊薮。将来益事扩充,开发宝库,此´

责任望同胞共负之。且欲发达实业,须为全体谋公益,不可为个人谋私利。合全国之力,办全国之矿,资本既厚,成绩自佳。从前开矿多用土法,千数丈后即被水淹,开平煤矿虽改用机器,资本尚不充足。安源煤亦须再求发达。铁矿采取,尤非绝大资本不能收效。萍乡有此特产,宜合全国资本家为之。凡办一矿,附近同胞均可沾其利益。即稍有损失,仍不失为利益,因资本家无论损益,总有益于劳动界也。

惟兴实业,须先研究实业之学问,故学校尚焉。既有普通知识,再游学外国,则实业界无不发达矣。异日交通便利,则更汉口、广东输送灵捷。从富字做到强字,皆同胞之任。此内政之宜注意者也。但共和民国民气发扬过甚,自由平等几为口头禅,不知民国须为法治国。既称法治,则所谓自由当自由于法律之中。兄弟自勉,并望同胞勉之,成为最新国民。①

是日,奉化兵变被拿获的变兵及宗社党数人被立即正法。

22 日,事务局呈请内务总长与大总统,以部令或总统令方式颁布《众议院议员选举开票规则》。

按:1912 年 3 月 8 日,南京临时参议院通过《中华民国临时约法》,并于 3 月 11 日公布实施。《中华民国临时约法》第五十三条规定:“本约法施行后限十个月内,由临时大总统召集国会。其国会之组织及选举法由参议院定之。”1912 年 5 月 7 日,

---

① 《长沙日报》1912 年 11 月 28—29 日。

北京临时参议院议决国会采用两院制。1912年8月10日,临时参议院制定的《中华民国国会组织法》《参议院议员选举法》《众议院议员选举法》《筹备国会事务局官制》公布。此后又分别公布了两院议员选举法施行细则。参、众两院议员选举规则不同,借鉴了西方国会的选举规则,取参议院代表各地方及界别政治势力、众议院代表人民之意。照此行事,则参议院应有许多资深政治家,众议院应来自民众。但实际上这种区分并未实现。后来选出的议员,主要包括政治活动家、自由职业者、原清朝官吏等。参议员:由各省议会和蒙古选举会、西藏选举会、青海选举会、华侨选举会、中央学会选举产生。其名额为:22行省,由各省议会选出,每省10名;蒙古选举会、西藏选举会、青海选举会,分别选出27名、10名、3名;另由中央学会(拟成立的一个官办知识分子团体,直属教育部,但该会后来未能成立)选出8名;华侨选举会选出6名。按法定名额,则参议员共有274人。众议员:由各地方人民选举产生。名额依各地区人口多寡定之。每80万人口选众议员一人,然每省至少有众议员10人,人口不足800万的小省份亦照选。唯蒙古、西藏、青海则参众议员人数相等。22个省中以直隶人口最多,有众议员46人。人口最少的省份如新疆、吉林、黑龙江,各选众议员10人。其他各省多寡不等。按法定名额,全国共有众议员596人。

故按法定名额,全国参、众两院合计共有议员841人。其中,参议员274人,众议员596人。此次国会议员选举为有限制选举,其限制包括性别、财产及文化程度等方面。众议员的选举人必须为:一、男子;二、年满21岁;三、在选举区内住满2年以上。此外,还必须满足下列条件之一:一、年纳直接税2元以上;二、有值500元以上之不动产者;三、有小学以上毕业或相当之资格者。这种对选举人条件的规定,剥夺了妇女及穷人的选举权,而且拥有流动资产而无不动产的部分小商人也难以获得选举权。参议员主要由地方议会议员选出,而地方议会议员的资格也有限制。1912年9月4日公布的《省议会议员选举法》第4条规定,当选省议会议员者必须为年满25岁以上的男子,第54条规定,省议员被选举人必须为列入"选举人名册"者,第3条规定:列入"选举人名册"者必须满足下列条件之一"在本选举区内住满2年以上;年纳直接税2元以上或有值500元以上之不动产;有小学毕业或相当之文化程度。"因此,有资格参加国会两院议员选举的选举人极少。1912年12月众议员选举举行时,中国全国人口估计有40680多万人,但参加投票者仅4293.3992万人,占总人口的10.5%。①

是日,教育部公布《医学专门学校规程令》。

按:《医学专门学校规程》

第一条　医学专门学校以养成医学专门人才为宗旨。

---

① 徐矛:《中华民国政治制度史》,上海人民出版社1992年版。

第二条 医学专门学校本科之修业年限为四年。

第三条 医学专门学校得设置预科,修业年限为一年。

第四条 医学专门学校得为本科毕业生设研究科,其年限为一年以上。

第五条 医学专门学校之学科如下:一、德语,二、化学,三、物理学,四、系统解剖学,五、局部解剖学,六、组织学,七、胎生学,八、生理学,九、医化学,十、卫生学,十一、微生物学,十二、病理学,十三、病理解剖学,十四、药物学,十五、诊断学,十六、内科学,十七、外科学,十八、矫形学,十九、眼科学,二十、耳鼻咽喉科学,二十一、妇科学,二十二、产科学,二十三、儿科学,二十四、皮肤病学,二十五、花柳病学,二十六、精神病学,二十七、裁判医学,二十八、理化实习,二十九、解剖学实习,三十、组织学实习,三十一、生理学实习,三十二、医化学实习,三十三、病理(解剖、组织)实习,三十四、卫生学实习,三十五、微生物学实习,三十六、药物标本实习,三十七、内科学(实习临床讲义),三十八、外科学(实习临床讲义),三十九、绷带学实习,四十、眼科学(实习临床讲义),四十一、耳鼻咽喉科学(实习临床讲义),四十二、妇科学(实习临床讲义),四十三、产科模型实习,四十四、儿科学(实习临床讲义),四十五、皮肤病学(实习临床讲义),四十六、花柳病学(实习临床讲义),四十七、精神病学(实习临床讲义),四十八、裁判医学实习。

第六条 医学专门学校各科目授业时间,由校长订定,呈报教育总长。

第七条 医学专门学校应设备各项实习室及应用图书、器械、标本等。

第八条 医学专门学校得应时势之需要,遵用药学专门学校之规程,设立药学部,称为医药专门学校。

第九条 凡公立、私立医学专门学校,除遵照专门学校令及公立私立专门学校规程外,概依本规程办理。①

是日,北京医学专科学校校长汤尔和上书教育部,要求提出法案准予实行解剖。

是日,黄兴致电杨度,论国民党主张政觉内阁之真义。

是日,陆军部制订《取缔军火章程》四则,通电奉、吉、黑、直、晋、秦、陇、新各省都督与镇边使遵照。

是日,陆军部拟定派往保护全蒙各将校地点,并请任王天纵统外蒙全军,张锡銮统内蒙全军。

是日,王人文被袁世凯任命为四川宣抚使。

是日,孟恩远被袁世凯任命为吉林护军使。

是日,袁世凯任命胡惟德为驻法、日(日斯巴尼亚,即西班牙)、葡国公使,魏宸组为驻荷国公使。

---

① 朱有瓛主编:《中国近代学制史料》第三辑(上册),华东师范大学出版社1990年版。

23 日,袁世凯令国务院将公布之《优待蒙、回、藏各条件》《待遇蒙古条例》等命令,译成各体全璧文字,刊刻发各旗各城,榜示晓喻,以释群疑。

是日,袁世凯约见法国驻华公使康悌。

是日,蒙古王公联合会发布通告表示不承认《俄蒙协约》。

按:蒙古王公联合会也于 1912 年 11 月 23 日发布通告,表示蒙古各部"均经赞成共和,协同汉满回藏人民,共建新国";声明库伦活佛哲布尊丹巴"妄称独立,伪立政府,……蒙古全体,并未承认。……该伪政府如有与外国协商订约等事,无论何项事件,何项条约,自应一律无效"。①

是日,陆徵祥拜宴各国公使,俄使未至。

是日,四川军界全体会议议决派遣刘存厚第四师出发征蒙。

是日,蒙藏事务局总裁贡桑诺尔布宴请外国新闻记者,发表谈话,反对《俄蒙协约》。

是日,刘海粟在上海创办中国图画学院(上海中国美术专科学校前身),自任校长。

按:是为中国第一所美术学校。

24 日,国务院会议讨论袁世凯交议之临时蒙政会案,议决由内政部、外交部、陆军部、财政部、交通部、参谋部等部及蒙藏局、总统府顾问、秘书处、军事处共同组织。

是日,东京中国留学生三千人为蒙事开会。

是日,上海南市小木作工人举行同盟罢工。

25 日,国民、共和、民主统十四党代表为蒙事谒袁世凯。

是日,外交总长陆徵祥与驻京俄国公使就《俄蒙协约》举行第一次正式谈判。日本、法国、美国公使也参加。谈判没有结果。

是日,北京政府为"俄库事件"召开军事会议。总统府秘书长梁士诒主持会议,段祺瑞等参加,会议主张和平解决,并做出八项解决办法。

是日,孙中山在上海中国铁路总公司宴请商、学、报、实业界团体上发表演说,希望各界赞助铁路事业。

26 日,袁世凯下令各省都督、民政长,凡有倡言革命,敢为国民公敌者,按法严办。

按:8 月初,上海《民立报》上发表了一条湖北的消息:武昌南湖炮队发动倒黎运动,遭到镇压。这条消息来自湖北通讯社的电讯,黎元洪于 5 日即以"电报造谣,摇惑人心"的罪名,逮捕湖北通讯社负责人冉剑虹,并准备立即"正法",但遭到上海各报的抗议,还好,仅判处两年监禁。不久,复刊才两个月的《大江报》遭到了更严重的

---

① 王光祈译:《库伦条约之始末》,中华书局 1930 年版。

打击。原因是主笔何海鸣揭露湖北军政界的腐败情形。同时，章太炎正提出共和亡国的谬论，到武汉请黎元洪主张取消约法，为此，《大江报》发表了《恶政府之现状》一文进行了尖锐的抨击。8 月 8 日，黎元洪派参谋带了士兵执令箭一支，写明将何海鸣就地正法，前往大江报社查封，逮捕社中工作人员 3 人，何海鸣正好不在社内，闻讯逃往上海。第二天，黎元洪通电全国，指控《大江报》专取无政府主义，为图谋不轨之机关，要求各地将《大江报》主笔何海鸣、凌大同一体严缉，就地正法。

这"就地正法"四个字，暴露了黎元洪和他手下的幕僚完全没有共和国的法制观念和司法独立的精神，遭到上海各报的痛斥。黎元洪被上海报人给上了一课，后来，这封电报收入《黎副总统政书》时，改为"严缉法办"。名词改了，就地正法的思想并没有改。

《大江报》被封后，《民心报》上蔡寄鸥发表《哀大江报》一文，斥黎元洪"不过一庸常人耳，英雄不出，遂令竖子成名"。黎读报大怒，将蔡传到都督府，要严加惩办。幸好蒋翊武等随同前去，再三解释，才得以放出，《民心报》也只好停刊了。接着，8 月 15 日深夜，《震旦民报》创办人张振武在北京被突然捕杀，没有经过司法审判就就地正法了，激起了政界的又一波大风潮。湖北言论自由的空间，大大地被压缩了。

当然，由同盟会执政的省区，也不是吃素的。1912 年 4 月，广东代理都督陈炯明逮捕枪毙了《佗城报》记者陈听香，指控的罪名是伪造揭帖，捣乱军心，依附叛军，鼓众煽乱，没有经过审判即以军法执行。结果，引起了省议会议员的反对，一方面要弹劾他，一方面向中央和各界通报。省议会议员唐恩溥指出："报馆为言论机关，议会为人民代表，均有维持社会之天职，若动以军法钳制人口，则今日可以枪毙记者，明日可枪毙代议士。"当时，同盟会在广东的地位巩固，省议会无可奈何。广东的情况和湖北的情况大体是一样的，只不过湖北人造的是黎元洪的反，而广东人造的是陈炯明的反，党派不同。造反的成分也主要是军队与会党。湖北造反的人称二次革命、三次革命，广东造反的人也叫二次革命。后来，胡汉民回到广东，回任都督，仍然面临陈炯明所处的局面，前清广东陆军小学堂总办黄士龙和参加过革命的会党领袖王和顺，一直在二次革命的名义下，反对同盟会都督，并受到袁世凯的笼络。于是，1912 年 11 月间，胡汉民要求袁世凯发布命令："现在国本已定，如有倡言革命者，政府定予严办，俾奸人知所敛迹。"袁世凯乘机发布训令："凡有倡言革命，敢为国民公敌者，查有实据，即行按法严惩。"袁世凯没有说就地正法，也没有说军法从事，但"言论自由"当然是没有的了。至 8 月间，《广南报》于 13 日刊登短评，其中有"若吾粤官厅之行为，以侵害人民自由为威严，以破坏约法为尊贵"等重话。结果，15 日警察署以"莠言乱政"为由，勒令停刊。福建的情况要更复杂一点。福建都督孙道仁系前清驻闽的第十镇统制，反正后参加革命。而政务院长、警务总监彭寿松则是福建革命的主要领导人，但缺乏政治知识，独断专行，在 5 月间先后封禁《民听报》《民心报》《帝民报》《兴化报》。《民听报》主笔蒋筠、《民心报》经理黄家成被彭派人刺杀。至 8 月间,《群报》又被封,主笔苏郁文被拘捕,并以军棍殴打。福建都督孙道仁也于7 日发表通电,指控《群报》捏造安溪叛乱(也号称二次革命)、官兵失败的消息,该报平日登载的消息、评论,大抵是挑动省界、府界矛盾的荒谬言论,专挑当局的毛病,让无知的平民藐视政府,实在是造成近来各处土匪暴乱的原因。原来,福建各地语言不通,省城人一贯看不起外府人,这《群报》就是外府人的报纸,维护外府人的声誉和利益的。孙的通电看来也是在彭的要求下发的。彭寿松虽属于同盟会,但他的胡作非为与当地的同盟会组织也发生矛盾。由于福建政局纷乱,10 月间袁世凯派岑春煊率军舰去福建查办,彭寿松被迫离开了福州。①

是日,袁世凯颁布告诫军人训令六事,训条十款。

按:袁世凯以北洋新军作为其纵横清末政坛的资本,以军为本的原则他是牢牢把握不放的。为此,在民初袁世凯窃取了民国临时大总统职位后,即打出了统一的旗号,提出要统一军令,统一政令,统一制度,统一民国等主张。其中最根本的就是统一军令,集中军权。因而袁连续发表《告诫军人训令》《布告军界文》等,要军队对袁世凯只有服从之义务,要服从统一命令,以服从命令为军人者第一之要义。规定军人不得私组政团,不准干预政治,否则即严加取缔。在统一的口号之下,他要革命党人把军权交出来,不准在军队中发展革命党,同时他又在积极扩充自己的军队。由于革命党人的退让,民国初年革命军队大量被遣散,而北洋军队则有极大的扩充。这正导致了后来袁世凯对革命党人的严厉镇压。在枪杆子里面出政权的问题认识上,袁世凯比革命党人要看重得多,这是袁世凯能够比较容易地镇压"二次革命"的重要原因之一。②

是日,令各省都督、民政长不得率行向省议会提案。

是日,令各省都督、民政长澄叙官才,并统一察吏政权。

是日,改各省府厅州县官名一律称为知事。

是日,袁世凯公布《兴华汇业银行则例》。

是日,江苏浦镇商民捣毁厘金局,并罢市。

是日,中美成立清华学堂,留美学生借款二十万元。

是日,哈尔滨市公议会决定市内各街道、房屋挂街道牌、门牌号,公布《编制房屋及地段新牌号章程》。

27 日,财政总长周学熙与六国银行团正式会议大借款。

是日,袁世凯命蒙藏事务局及将军都督等,对蒙回藏王公官民宣布公诚,力矫前

---

① 朱宗震:《真假共和:1912 中国宪政实验的台前幕后》,山西人民出版社 2008 年版。

② 何布峰:《中华民国军事史》,人民出版社 1994 年版。

民国元年日志

（1912年1月—12月）

此凌慢隔阂之习。

是日，谭人凤被袁世凯任命为长江巡阅使。

是日，安徽蚌埠、临淮关商民捣毁厘金局。

是日，外交部颁布《外交部收发文件办理规则》。

按：《外交部收发文件办理规则》（1912年11月27日）：

一、收掌处每收到文件，不得拆封，只须将该件封面编号书明何处来文，即送至秘书处，由秘书拆阅，阅后如关秘密，即书明密件字样，应归何司，知照收掌处登簿。文件仍存秘书处，随时呈于次长。如寻常事件，即交还收掌处，摘由登簿。

二、各司发文，由各司自行分别摘由登簿，封固后连由交总务厅分别登簿发出，总务厅不再编总号。

三、收掌处、电报处不得随意任人进出，如有人擅动公件，该值日员应当场拦阻，并报知总次长查究，勿得隐徇。

四、每日密件，收文由次长交于各厅司长后，再由各厅司分交各科办理，督率各科，谨守秘密，由各厅司长担负责任。[1]

是日，外交部颁布《外交部（附档案房）职掌》。

是日，财政部提出整理赋税办法。

按：赋税办法共七条：（一）各省地方官经收田赋，拟用三联单法，实征实解，并酌定盈虚比较，以为知事考成。（二）责成地方官调查土地价值，详分等第，以定税率。（三）房税定为地方税，城乡一律担负。（四）常关厘捐亦采用三联单法，实征实解。（五）消费税如烟酒两项加重，饬各省详查报部，为加税准则。（六）契纸、当帖、牙帖，由部刊印，发交各省，民间须用时，备价请领，税率暂从轻征，以免隐漏。（七）析家契纸，由部定式颁发。[2]

28日，黄兴被袁世凯任命督办汉粤川铁路事宜。

是日，国务院奉大总统令，通令各省都督，此项征蒙筹备军事，全在都督通盘筹划，相机进行，如有自由组织决死队或征蒙团勒捐财械、妨碍军略者，一律严行查禁。

是日，梁启超入京，袁世凯给以最高礼遇，命梁入住贤良寺，北京各界纷纷邀请梁演说。

29日，教育部公布《中央学会法》。

按：1912年11月29日袁世凯签署颁布《中央学会法》，中央学会是全国性学术团体，直接隶属于教育总长，以研究学术、增进文化为目的，涵盖了自然科学和人文社会科学。从学术定位上看，中央学会应该是取法法兰西学士院、美国国家科学院、

---

① 《政府公报》1912年11月30日。中国第二历史档案馆编：《民国时期文书工作和档案工作资料选编》，档案出版社1987年版。

② 罗元铮：《中华民国实录：际会风云（上）》，吉林人民出版社1997年版。

日本帝国学士院的规制,并上接唐宋元明清以来最高学术机构翰林院的传统,下开民国中央研究院、党国中国科学院的先河。

《中央学会法》第一条可以看出,中央学会是教育部直属的学术机构。其主要任务是进行科学研究,推进学术和文化发展,性质类似于近代国家的科学研究院。但《中央学会法》的第十六条又规定,只对学会会长、副会长及各部部长酌给公费,普通会员则分文皆没。也就是说,学会会员仅是兼职。并非专职研究人员,这又与民间普通学术团体类似。

《中央学会法》却规定:会员由具备国内外大学、高等专门学校三年以上毕业者,或者有专门著述经中央学会评定资格者互选,满五十票以上当选;外国人对于中国学术有特殊贡献者可以推荐为名誉会员。也就是说,大学毕业生就有资格当选为会员。尽管民国初年大学生还是凤毛麟角,远不像今天这般俯拾皆是,但每年也有近千人。一个以研究学术为己任的高层次研究学会只要求大学毕业生即可入会。《中央学会法》所定会员资格未免有些失之过宽。

按:《中央学会章则》(1912 年 11 月—1913 年 3 月)

(1)《中央学会法》(1912 年 11 月 29 日)(法律第八号)

第一条 中央学会直隶于教育总长,以研究学术,增进文化为目的。第二条中央学会会员无定额,由具左列资格之一者互选之:一、在内国、外国大学或高等专门学校三年以上毕业者。二、有专门著述,经中央学会评定者。前项互选,以得满五十票以上者为当选。互选细则以教育部令定之。第三条 外国人对于民国学术之发达有特别功绩者,得由中央学会推为名誉会员。第四条 中央学会会员任期三年,任满改选,但得连举连任。第五条 中央学会依学术之种类分为若干部,会员各依其专攻学科分属之。分部方法,以中央学会会章定之。第六条 中央学会设会长一人,副会长一人,由中央学会会员互选之。第七条 中央学会各部各设部长一人,由各部会员互选之。第八条 会长总理会务,会长有事故时副会长代理之。第九条部长辅助会长,分理部务。第十条 中央学会随时开会讨论关于学术及文化各事项。第十一条 中央学会得募集关于学术之论文及材料。第十二条 中央学会经教育总长之认可,得与外国各学术团体联合研究。第十三条 中央学会关于学术及文化事项,得陈述意见于教育总长。第十四条 中央学会每年应将会内事项作成报告书,呈报教育总长并宣布之。第十五条 中央学会会员得随时就其专攻之学科提出论文,经中央学会认可宣布之。第十六条 中央学会会长、副会长及各部长得酌给公费。第十七条 中央学会会章由中央学会定之。第十八条 本法自公布日施行。中华民国元年十一月二十九日。

(2)《中央学会互选细则》(1913 年 3 月 17 日)(教育部部令第十四号):

第一条 中央学会会员之互选,由中央及各省举行之。第二条 互选日期由教育总长规定于一个月以前布告之。第三条　在内国、外国大学或高等专门学校三年以上毕业者,应于互选日期布告后二十日以内,呈验毕业证书。具有前项资格居住北京者,可将毕业证书送教育部审查;居住各省者,送该省教育司审查,合格者得列入中央或各省互选人名册。第四条　凡有高深著述经中央学会评定者,由中央学会会长于互选日期布告后十日以内汇送教育部列入互选人名册。前项规定在第一届互选时不适用之。第五条　互选用记名投票法。第六条　投票纸在京由教育部发给,在各省由教育司发给。第七条　中央及各省均于互选之次日开票,并须通知该地之投票者二人以上莅场监察。第八条　左列各款之投票均作为无效:1.选举人姓名不在互选人名册内者。2.不用发给之投票纸者。3.不依式填写者。4.污损投票纸者。5.字迹不明者。第九条　各省选出之人,无论票数多寡,应由教育司于互选之次日将姓名及得票之数电告教育总长,并将投票纸呈送教育部。第十条　凡得票满五十票以上者为当选。前项票额得汇集于中央及各省投票之数计算之。第十一条　凡当选者由教育总长给与当选证书。第十二条　各省互选办事规则,由教育司定之。第十三条　本细则启公布日施行。①

30日,举行参议员预选。

是日,陆徵祥与俄使谈判外蒙问题。

是日,袁世凯令嗣后借款事宜,由财政总长周学熙一手经理。

是日,张镇芳因会剿豫匪有功,嘉奖毅军军统姜桂题,授右路统领赵倜为中将,中路统领宝德全为少将。

是日,云南都督蔡锷电告,英人在片马增兵并进窥野人山,英兵在滇缅交界龙川口各地越界测量,请政府与英使严重交涉。

是日,谭延闿发布《各学校改用阳历布告》。

按:布告曰:"陆军上将衔湖南都督谭为出示晓谕事:照得民国改用阳历,久已通行在案。查习惯相沿,骤难尽革,而各学校学期与年假之期限有阴历之旧习,不免扞隔难通。兹教育司征集学界全体会议表决,确用阳历办理。合亟出示通行晓谕,为此示仰军民人等一体知悉恪遵。大总统颁布命令行用阳历以阴历十一月二十四日为民国二年正月元日。所有各学校年假一律查照向章于阳历十二月放假。其他一切风俗习惯上,新年应有典礼,均从阳历举行,毋得故违致生歧异而淆视听。无违。切切此示。"②

是月,教育部订定小学校教则及课程表。

按:教育部订定小学校教则

---

① 《中华民国史档案资料汇编·文化》,江苏古籍出版1991年版。

② 《长沙日报》1912年11月30日。周秋光主编:《谭延闿集》,湖南人民出版社2013年版。

第一条　小学校应遵《小学校令》第一条之宗旨教育儿童。

凡与国民道德相关事项,无论何种科目,均应注意指示。

智识技能,宜择生活上所必需者教授之,务令反复熟习,应用自如。

儿童身体,宜期其发达健全;凡所教授,必适合儿童身心发达之程度。

对于男女诸生,应注意其特性及将来生活,施以适当之教育。

各科目教授之目的方法,务使正确,并宜互相联络以资补助。

第二条　修身要旨在涵养儿童之德性,导以实践。

初等小学校,宜就孝悌、亲爱、信实、义勇、恭敬、勤俭、清洁诸德,择其切近易行者授之;渐及于对社会对国家之责任,以激发进取之志气,养成爱群爱国之精神。

高等小学校宜就前项扩充之。

对于女生尤须注意于贞淑之德,并使知自立之道。

教授修身,宜以嘉言懿行及谚辞等指导儿童,使知戒勉,兼演习礼仪;又宜授以民国法制大意,俾具有国家观念。

第三条　国文要旨,在使儿童学习普通语言文字,养成发表思想之能力;兼以启发其智德。

初等小学校首宜正其发音,使知简单文字之读法、书法、作法,渐授以日用文章,并使练习语言。

高等小学校,首宜依前项教授渐及普通文之读法、书法、作法,并使练习语言。

读本文章,宜取平易切用可为模范者,其材料就修身、历史、地理、理科及共他生活必需事项择其富有趣味者用之。

女子所用读本宜加入家事要项。

国文读法,宜就读本及他科目已授事项,或儿童日常闻见与处世所必需者,令记述之,其行文务求简易明了。

书法所用字体,为楷书及行书。

教授国文,务求意义明了,并使默写短句短文,或就成句改作,俾读法书法作法联络一致,以资熟习。

凡语言文字,在教授他科目时亦宜注意练习。

遇书写文字,务使端正,不宜潦草。

第四条　算术要旨,在使儿童熟习日常之计算,增长生活必需之知识,兼使思虑精确。

初等小学校首宜授十数以内之数法、书法及加减乘除,渐及于百数以内,更进至通常之加减乘除,并授小数之读法、书法及其简易之加减乘除,兼授本国度量衡币制之要略。

高等小学校首宜就前项扩充之,渐进授以整数、小数、诸等数、分数、百分数、比例，并得酌授日用簿记之要略。

算术宜用笔算及珠算。

教授算术，务令解释精审，运算纯熟，又宜说明运算之方法理由；在初等小学校，尤宜令熟习心算。

算术问题宜择他科目已授事项，或参酌地方情形切于日用者用之。

第五条　本国历史要旨，在使儿童知国体之大要，兼养成国民之志操。

本国历史宜略授黄帝开国之功绩，历代伟人之言行，亚东文化之渊源，民国之建设，与近百年来中外之关系。

教授本国历史，宜用图画、标本、地图等物，使儿童想见当时之实况，尤宜与修身所授事项联络。

第六条　地理要旨，在使儿童略知地球表面及人类生活之状态，本国国势之大要，以养成爱国之精神。

地理首宜授本国之地势、气候、区划、都会、物产、交通，以及地球之形状运动等，进授各洲地志之梗概，并重要各国之都会物产等，兼授本国政治经济上之状态，及对于外国所处之地位。教授地理，务须实地观察，示以地图、标本、影片、地球仪等物，使具有确实之知识，尤宜与历史理科所授事项联络，并使儿童填注暗射地图及习绘地图。

第七条　理科要旨，在使儿童略知天然物及自然现象，领悟其中相互关系及对于人生之关系，兼使练习观察，养成爱自然之心。

理科宜授习见之植物、动物、矿物及自然现象，使知重要之名称、形状、效用、发育及其相互关系，与对于人生之关系；进授物理化学上之重要现象、元素与化合物之性质，简易器械之构造作用，人身生理卫生之大要。

理科务授以适切于农工、水产、家计等事项，在教授动植物时，尤宜使知该物制造品之制法及其效用。教授理科务须实地观察，或示以标本模型图画等，并施简易实验。

第八条　手工要旨，在使儿童制作简易物品，养成勤劳之习惯。

初等小学校，宜授纸豆、纽结、黏土、麦秆等简易细工。

高等小学校首宜依前项教授，渐进授以竹木金属等细工。

教授手工，宜说明材料之品类、性质及工具之用法，其材料取适用于本地者。

第九条　图画要旨，在使儿童观察物体，具摹写之技能，兼以养其美感。

初等小学校首宜授以单形，渐及简单形体，并使临摹实物或范本。

高等小学校，首宜依前项教授，渐及诸种形体，并得酌授简易几何画。

教授图画，宜就他科目已授之物体及儿童所常见者，令摹写之，并养其清洁缜密之习惯。

第十条　唱歌要旨,在使儿童唱平易歌曲,以涵养美感,陶冶德性。

初等小学校宜授平易之单音唱歌。

高等小学校首宜依前项教授,渐增其程度,并得酌授简易之复音唱歌。

歌词乐谱宜平易雅正,使儿童心情活泼优美。

第十一条　农业要旨,在使儿童知农事之大要,养成勤勉利用之习惯。

视地方情形,授以农事或水产,或二者并授。

农事宜就土壤、水利、肥料、农具、耕耘、栽培及蚕桑畜牧等,择与本土相宜而为儿童所易解者授之。

水产宜就渔捞、养殖、制造等,择与本土相宜者授之。

教授农业,须与地理、理科所授事项联络,并就本土农业实地指示,使其知识确实。

第十二条　缝纫要旨,在使儿童习熟通常衣服之缝法、裁法,兼养成节俭利用之习惯。

初等小学校首宜授运针法,继授简易之缝法、补缀法。

高等小学校首宜依前项教授,继渐及通常衣服之缝法、裁法、补缀法。

视地方情形得兼授西式裁法、缝法及洗濯法。

缝纫材料,宜取常用之物,在教授时宜说明工具之用法、材料之品质及衣服之保存法、洗濯法。

第十三条　体操要旨,在使儿童身体各部平均发育,强健体质,活泼精神,兼养成守规律、尚协同之习惯。

初等小学校首宜授适宜之游戏,渐加普通体操。

高等小学校宜授普通体操,仍时令游戏,男生加授兵式体操。

视地方情形,得在体操教授时间或时间以外,授适宜之户外运动或游泳。

第十四条　商业要旨,在使儿童知商事之大要,养成勤勉信实之习惯。

商业宜就贸易、金融、运输、保险及其他商业要项,择与本土有关系,为儿童所易解者授之。

教授商业,须与国文、算术、地理、理科所授事项联络,兼授简易之商用簿记。

第十五条　英语要旨,在使儿童略解浅易之语言文字,以供处世之用。

英语首宜授发音及单词短句,进授浅近文章之读法、书法、作法、语法。

英语读本宜取纯正而有趣味者,其程度宜与儿童知识相称。

教授英语宜以实用为主,并注意于发音,以正确之国文译释之。

第十六条　教授各科时,常宜指示本国固有之特色,启发儿童之爱国心、自觉心,并引起其审美观念。

第十七条　初等小学校各学年教授程度,及每周教授时数,依第一表(略),缺手

389

民国元年日志
（1912 年 1 月—12 月）

工、图画、唱歌、缝纫之一科目或数科目者，其每周教授时数，可分加于他科目，并可减少总计时数一小时或二小时。

前项分加于他科目时数，在国文、算术，每科每周以一小时为限。

第十八条　高等小学校各学年教授程度，及每周教授时数，依第二表（略），加授商业者，可减去农业一科。

加授英语或别种外国语者，每周得减少他科目三小时，为其教授时数。

缺手工、唱歌、农业之一科目或数科目者，每周教授时数，可分加于他科目，并可减少总时数一小时或二小时。

前项分加干他科目时数，在国文、算术、英语，每科每周以二小时为限。

农业改为商业时，可授以商事之大要。

英语视地方情形，亦得自第二学年始。①

是月，福建镇抚使岑春炫与英商乾记洋行签订借款 200 万元合同。以福建抄埕、石坞等 5 地常关税收及全省茶税为担保，用于归还台湾银行借款及发放欠饷。

是月，北京《政法浅说报》出至第 34 期停刊。

是月，黄远生、蓝公武在北京创办《少年中国》周刊。编辑刘星一。8 开 8 页。不久停刊。

是月，陆军学会在北京创办《军事月报》。会长魏宗翰，编辑处长刘光。月刊。

是月，北京《民誓杂志》创刊。编辑黄藻。月刊。

是月，徐树铮在北京创办《平报》，主编臧荫松。

是月，西北协进会在北京创办《西北杂志》，月刊。

是月，《中国学报》被创办。编辑郑沅、王式通。月刊，大 32 开，每期 200 页左右。

是月，上海《小说时报》出至第 33 期停刊。另出增刊一期。

是月，国民党粤支部在广州创办《民谊》月刊。编辑陈耿夫。

是月，张伯祥在成都创办《人权报》。"二次革命"失败后停刊。

是月，汉口俄商经营的顺丰、新泰、阜昌等砖茶厂工人举行同盟罢工，反对《俄蒙协约》。

---

① 《教育杂志》第四卷第十号，1913 年 1 月。舒新城编：《中国近代教育史资料》第 2 卷，人民教育出版社 1981 年版。

12 月

1 日,中央司法会议在北京开会,至 12 月 5 日闭会。司法总长许世英致开幕词,提出会议主要讨论领事裁判权、司法之统一、司法之改良三个议题。

是日,改海军左右司令为第一、第二舰队司令,分以蓝建枢、徐振鹏任之。

是日,梁启超主办之《庸言》报(半月刊)在天津出版,至民国三年六月停刊。梁启超在《庸言》第 1 卷第 1 号发表《庸言》文章。

按:1912 年 12 月,梁启超等人在天津创办了《庸言》,由天津庸言报馆编辑出版,北京正蒙印书局印刷发行。梁启超担任主笔,吴贯因担任协助主编。主要撰稿人除梁启超和吴贯因外,还有在当时颇具影响的严复、林纾、夏曾佑、陈家麟、丁世峰、周善培、蓝公武、麦孟华、黄为基等人。栏目编排设五大块,分别是"建言""译述""艺林""特载""杂录"。"建言"栏所刊内容全是针对当时政治和社会的通论、专论、杂论、讲演等文稿;"译述"的内容包含世界名著、外论、杂译等;"艺林"刊登史料、艺谈、文苑、说部、文录、随笔等;"特载"有国闻、外纪、摭言等;"杂录"则是刊发一些法令和时事日志方面的文字。创办人梁启超在第 1 卷第 1 号刊首刊发了《梁启超启事》,启事共六条:"一、启超所为文署姓名,文中辞义直接全负责人;二、本报撰述诸君指文,皆经启超校阅,负附带之责任;三、对于各种问题撰述诸君各自由发表意见,或互有异同,或与启超有异同,原不为病,故一号中或并载两方队之说,或前后号互相辩难,著者各负责任;四、启超除本报外,与一切日报丛报皆无直接关系,故对于他报之主义言论毫不负责任;五、启超独立发表意见,虽最敬爱之师友,其言论行事启超一切不负连带责任;六、启超现在对于国中各团体尚无深切关系,无论何体之言论行事,启超皆不负责任。"而在《庸言》一文中,梁启超说:"庸之义有三:一训常言其无奇也;一训恒言其不易也;一训用言其适应也。"梁启超同时又论道:"天下事物皆有原理原则,其原理之体常不易,其用之演为原则也,则常以适应于外界为职志。"此文可以看作是《庸言》杂志的发刊词。主笔梁启超是典型的改良主义者,也是当时改良运动倡导者之一。因此,《庸言》自始至终都贯穿有梁启超对政治和社会的改良思想,"建言"栏目文章的内容思想虽有偏激和狭隘成分,但也有不少积极的因素。《庸言》在当时的报刊界和社会群众中有一定的影响力。

民国元年日志

（1912年1月—12月）

2日,教育部公布《读音统一会章程》和《中学校令施行规则》。

按:《读音统一会章程》

第一条　教育部据官制第八条第七项筹议国语统一之进行方法,特开读音统一会。

第二条　读音统一会由教育部主持,于民国二年二月十五日开设于教育部,会期预计历两三月。

第三条　会员之组织如左:一、教育部延聘员无定额。二、各地代表员各省二人,由行政长官选派;蒙藏各一人,由在京蒙藏机关选派;华侨一人,由华侨联合会选派。

第四条　会员之资格如左:一、精通音韵;二、深通小学;三,通一种或二种以上之外国文字;四、谙多处方言。合右列四种资格之一者,均得充本会会员。

第五条　本会职务如左:一、审定一切字音为法定国音;二、将所有国音均析为至单至纯之音素,核定所有音素总数;三、采定字母。每一音素均以一字母表之。

第六条　行政长官选派代表,宜就本省之合格人员选派,亦得就本省人员之侨居京津等处者就近指派。

第七条　聘员川资、旅费由部酌量支给。代表员川资旅费各由原派机关酌量支给。

第八条　会议各项细则俟开会时订定。

中华民国元年十二月二日,教育总长范源廉[1]

3日,袁世凯任命陈炯明为广东护军使,龙济光为广东护军副使,广东总绥靖处裁撤。

是日,袁世凯明令豁免民国成立之日起各省地方官吏因公亏累之款项。

是日,孙中山发出"救亡策"通电,倡议以"钱币革命"和"练兵千万"来对抗沙俄。

是日,蒙藏交通公司以库事日急,呈请政府修筑张家口至库伦轻便铁路。

是日,盛宣怀的汉冶萍公司督办职务被黎元洪撤销,孙武接任。

4日,孙中山在上海出席实业银行、信成银行欢迎南洋华侨会并发表演说,主张发行债票,输入外资,举借外债。

是日,中华民国光复纪念邮票发行,首次以孙中山像为邮票图案。

是日,袁世凯任命庄蕴宽督办浦口商埠事宜。

是日,海军总司令黄钟瑛卒。

5日,陆徵祥与法国公使康德谈《俄蒙协约》事,康德提出先取消《俄蒙协约》,然

---

① 中国第二历史档案馆编:《中华民国史档案资料汇编》第3辑教育,江苏古籍出版社1991年版。

后由中俄两政府派全权专使另行订立中俄外蒙新约。

是日,孙中山派王正廷、徐谦北上向袁世凯面陈铁道总公司条例事宜。

是日,全国工商大会闭幕,通过议决案 30 起,送部参考案 25 起。

是日,任萧耀南为陆军第三师参谋长。

6 日,袁世凯公布《陆海军勋章令》《陆海军奖章令》《陆海军叙勋条例》。

是日,芜湖驻军以欠饷哗变,商店停业,交通断绝。

7 日,陆徵祥向俄使提出外蒙问题草案五条。

是日,俄公使库朋斯齐谒袁世凯,面递俄国第一次正式通牒,内称《俄蒙协约》乃划清俄国对于内政自主之蒙古政府权利及俄人在蒙古之商权,若中国政府承认此约本旨,俄政府决不阻挠中蒙结约。

是日,北京市民为抵制《俄蒙协约》,连日持票往华俄银行提取现金达百余万元之多。天津、上海、香港、烟台也呈挤兑之风。

8 日,袁世凯公布《参议院议员选举实行细则》《参议院议员第一届选举日期令》。

是日,北洋政府公布划一现行各省地方行政官厅组织令。

是日,袁世凯授萨镇冰为海军上将,沉寿堃、程璧光为海军中将。

是日,谭延闿与黄兴等致大总统等电陈筹办中央银行之策。

按:通电曰:北京袁大总统、黎副总统、国务院、参议院、各政党、各省都督钧鉴:窃近年国民生计日艰,国家财政日窘,有岌岌不可终日之势。其故实由我国金融机关未能整理。挽救之法,若涉迂远,必迫不及待。再四思维,惟有赶办中央银行,利用推行币制机会,吸收现资,扩充保证准备范围。财政借可整理,实业立可振兴。不过三年,必足与列国之财政、经济取同一之趋势。方法至顺至稳,效果至大至速。前奉大总统歌日电令,知已筹划及此,用特电陈概略,伏乞察鉴。

一、筹银三千万元,以作中央银行资本,官商各占股若干。

二、决用金汇兑本位制

三、发行新纸币,暂用最严限之比例准备法。

四、中央银行每周报告银行情况,以昭信用。

五、预备多额纸币及辅币,并相当之银法货,以便吸收现货。

六、利用新旧币兑换机会,吸收现货,以便纸币之保证准备,克与现货准备相和,而保证准备范围即得借此扩充,以承受政府公债及其他证券票据,为振兴实业、整理财政之余地。

七、本国现货不足时,暂借外资以为准备。

八、币制推行划一后,确定保证准备制限额。

九、实行借换方法,以消除旧外债之各种弊害。

民国元年日志
（1912年1月—12月）

右列方法，依兴管见所及，似只有利而无弊，谨分别陈述于后。

第一，行之至便。甲、国民以现货存入中央银行，持银行纸币使用，仍一钱得一钱之用，于国民无损。乙、纸币流通便利，人民乐于使用。丙、吸收现货，利用新旧币兑换机会，不俟强迫。丁、银行周报确实，足坚中外人之信用。

第二，行之至稳。甲、纵令兑收现货目的不达，中央银行只有囤积纸币之微损。乙、纵令极端失败，兑入现货仍悉被兑出，不过保证准备额内所发出之纸币成为有抵押之不兑换纸币。丙、纵令因外人干涉财政，愤将外债立时退还，不过银行现货准备因之减少，保证准备因之增加，无他虑也。

第三，效果至大。甲、假令全国现货仅得吸收四万万元，依最严限之法定比例，得发生证券资本至二万万元以上振兴实业。乙、借入现货，依严限之法定比例，每一万元得一万五千元之用。丙、有抵制外债严酷条件之能力。丁、可铲除以后之特约借款，并从此得陆续偿还以前一切特约借款。

第四，效果至速。观筹办年程表自明。第一年上半期：甲、筹定中央银行；乙、筹定币制；丙、筹铸辅币及银行法货，限两年内有相当之适用额；丁、筹用新纸币至十万万元以上，限本年完毕。

第一年下半期：甲、开始兑换新旧货币；乙、开始领受借款；丙、筹办公债即实业；丁、筹定各省地方公债办法，以收回各省旧纸币。

第二年上半期：甲、续印新纸币至相当之适用额；乙、继续兑换新旧货币；丙、收回各省旧纸币，限本年告竣。

第二年下半期：甲、禁止杂纸币；乙、新旧货币兑换期间终了；丙、确定保证准备限制额。

第三年：甲、推展上列各事之进行期间以本年为限；乙、开始筹办以后实行借换方法。

按财政计划事业纷繁，匪仅上所陈述为止。然整理金融机关实为整理财政之入手方法，故缕陈概略。是否可采，敬乞赐复。如有另须说明之处，当派员前来接洽。黄兴、谭延闿。齐。[1]

是日，湖南长沙各政团召开"征库联合大会"，选举谭人凤为总理，黄钺、龙璋分任军务、筹饷协理。

是日，国民党上海分部召开成立大会，选举王一亭为正部长，沈缦云、朱葆三为副部长。

9日，英使朱尔典以安庆查禁私运鸦片，有违约章，向外部抗议，要求赔偿英商损失。

---

[1] 《长沙日报》1912年12月12日。周秋光主编：《谭延闿集》，湖南人民出版社2013年版。

是日,孙中山在杭州讲民生主义大纲。

是日,13 省都督联名电请政府以联合美国为民国外交方针。

10 日,全国举行众议员初选。

是日,国务院召开会议,讨论孙中山的"救亡策",因分歧过大而未有结果。

是日,孙中山在杭州共和、民主两党浙江支部欢迎会上发表演说,以为政党竞争应以党德为前提。

是日,教育部公布《师范学校规程》,凡86条。

按:第一章　教养学生之要旨

第一条　师范学校宜遵师范教育令之本旨,注意下列事项以教养学生。

一、健全之精神宿于健全之身体,故宜使学生谨于摄生,勤于体育。

二、陶冶情性、锻炼意志,为充任教员者之要务,故宜使学生富于美感,勇于德行。

三、爱国家、尊法宪,为充任教员者之要务,故宜使学生明建国之本原,践国民之职分。

四、独立博爱为充任教员者之要务,故宜使学生尊品格而重自治,爱人道而尚大公。

五、国民教育趋重实际,宜使学生明现今之大势,察社会之情状,实事求是,为生利之人而勿为分利之人。

六、世界观与人生观为精神教育之本,故宜使学生究心哲理而具高尚之志趣。

七、教授时常宜注意于教授法,务使学生于受业之际,悟施教之方。

八、教授上一切资料,务切于学生将来之实用,以克副高等小学校令暨国民学校令并其施行规则之旨趣。

九、为学之道,不宜专恃教授,务使学生锐意研究,养成自动之能力。

第二章　豫科及本科

第一节　学科及程度

第二条　本科分为第一部、第二部,但第二部视地方情形可以不设。

第三条　豫科为欲入本科第一部者施必需之教育。

第四条　豫科修业年限为一年。

本科第一部修业年限为四年。

本科第二部修业年限为一年。

第五条　豫科之学科目为修身、读经、国文、习字、外国语、数学、图画、乐歌、体操。女子师范学校加课缝纫。

第六条　本科第一部之学科目为修身、读经、教育、国文、习字、外国语、历史、地理、数学、博物、物理、化学、法制经济、图画、手工、农业、乐歌、体操。

民国元年日志
（1912年1月—12月）

前项科目外，得加课商业；其兼课商业、农业者，令学生选习之。

视地方情形得缺农业。

第七条　女子师范学校本科第一部之学科目为修身、读经、教育、国文、习字、历史、地理、数学、博物、物理、化学、法制经济、图画手工、家事、园艺、缝纫、乐歌、体操。

视地方情形得加外国语为随意科。

家事园艺科之园艺得缺之。

第八条　修身要旨，在养成道德上之思想情操，勉以躬行实践，具为师表之品格，并解悟高等小学校及国民学校修身教授法。

修身首宜采取嘉言懿行，就学生平日行为，指示道德要领，渐及对国家社会家族之责务，兼授伦理学大要及教授法与演习礼仪法。

第九条　讲经要旨，在讲明吾国古先圣哲相传人伦道德之要，尤宜注意于家庭社会国家之关系，以期本经常之道，适应时世之需。

讲经宜先就《论语》《孟子》全文中之合于儿童心理，及其学年程度，简明诠释；次即节取《礼记》中之《曲礼》《少仪》《内则》《大学》《儒行》《檀弓》等篇，《春秋·左氏传》中之大事纪载，撮要讲解；并宜研究高等小学校及国民学校读经教授法；不得沿袭旧日强为注入之习。女子师范学校《春秋·左传》可略。

第十条　教育要旨在授以教育上之普通知识，尤当详于高等小学校及国民学校教育之旨趣方法，习其技能，并修养教育家之精神。

教育首宜授以心理学、伦理学之要略，进授教育理论、哲学发凡、教授法、保育法、近世教育史、教育制度、学校管理法、学校卫生及教育实习。

教育实习时，除各科教授外，凡关于管理等事项均应随时指导。

第十一条　国文要旨，在通解普通语言文字，能自由发表思想，兼涵养文学之兴趣，以启发智德；并解悟高等小学校及国民学校国文教授法。

国文首宜授以近世文，渐及于近古文，并文字源流、文法要略及文学史之大概，使熟练语言，作实用简易之文，兼课教授法。

第十二条　习字要旨，在练习书写、具端正敏捷之能力，并解悟高等小学校及国民学校习字教授法。

习字宜授以端正姿势及执笔运笔之法，习楷书、行书及草书；并练习记录与黑板写法，兼课教授法。

第十三条　外国语要旨，在习得普通外国语文以增进智识，并解悟高等小学校外国语教授法。

外国语首宜授以发音、拼字，渐及简易文章之读法、书法、译解、默写，进授普通文章及文法要略、会话、作文，兼课教授法。

第十四条　历史要旨，在知历史上重要事迹，明于人群之进化、社会之变迁、邦国之盛衰,尤宜注意于政治之因革,与国家建立之本,并解悟高等小学校历史教授法。

历史分本国历史、外国历史,本国历史宜授以历代政治、文化递演之现象,与其重要事迹;外国历史宜授以世界大势之变迁,著名诸国之兴亡,人文之发展,及与本国有关系之事迹,兼课教授法。

第十五条 地理要旨,在知地球之形状、运动及地球表面与人类生活之状态,本国外国之国势,并解悟高等小学校地理教授法。

地理宜授以世界地理之概要,本国地理及有重要关系之外国地理,并略授地文学、人文地理,兼课教授法。

第十六条 数学要旨,在明数量之关系,熟习计算,兼使思虑精确,并解悟高等小学校及国民学校算术教授法。

数学宜授以算术、代数、几何、簿记要略及教授法。

第十七条 博物要旨,在习得天然物之知识,领会其中相互关系及对于人生之关系,并解悟高等小学校理科教授法。

博物宜授以重要植物、矿物及标本之采集制作法,人身生理卫生之大要,并教授法与教授时必需之实验。

第十八条 物理化学要旨,在习得自然现象之知识,领会共中法则及对于人生之关系,并解悟高等小学校理科教授法。

物理化学宜授以重要现象及定律,并器械之构造作用,元素化合物之性质,并教授法与教授时必需之实验。

第十九条 珐制经济要旨,在养成公民观念及生活上必需之知识。

法制经济宜授以现行法规及经济之大要。

第二十条 图画要旨,在详审物体能自由绘图,练习意匠,涵养美感,并解悟高等小学校及国民学校图画教授怯。

图画以写生画为主,兼授临画、想象画、图案、用器画及美术史之大要,并练习黑板画,兼课教授法。

前项美术史得暂缺之。

第二十一条 手工要旨,在具物体正确之观念,制作简易物品,以养成工作之趣味,勤劳之习惯,并解悟高等小学校及国民学校手工教授法。

手工宜授以天然物之模造及日用器具各种细工,并示以材料之性质,工具之保存法,兼课教授法。

女子师范学校手工,应兼授编物、刺绣、摘棉、造花等。

第二十二条 农业要旨,在习得农业之知识技能,以养成农作之趣味,勤劳之习惯,并解悟高等小学校农业教授法。

农业宜授以土壤、水利、肥料、农具、耕耘、栽培及蚕桑、畜牧、森林、农产制造、农业经济等事，并教授法。

视地方情形可加授水产。

第二十三条　家事园艺要旨，在习得理家及治圃之知识，养成勤俭整洁之习惯。

家事园艺宜授以衣食住及侍病、育儿、经理家产、家计簿记及栽培莳养等事，兼实习烹饪。

第二十四条　缝纫要旨，在习得缝纫之知识技能，养成节俭利用之习惯，并解悟高等小学校缝纫教授法。

缝纫宜授以普通衣服之缝法、裁法、补缀法及教授法。

第二十五条　乐歌要旨，在习得音乐之知识技能，以涵养德性及美感，并解悟高等小学校唱歌教授法。

乐歌宜先授单音、次授复音及乐器用法并教授法。

第二十六条　体操要旨在使身体各部平均发育，强健体质，活泼精神，兼养成守规律尚协同之习惯，并解悟高等小学校及国民学校体操教授法。

体操宜授以普通体操、游戏及兵式体操，并教授法。女子师范学校免课兵式体操。

第二十七条　商业要旨，在习得商业之知识，并解悟高等小学校商业教授法。

商业宜授以商事要项、商业簿记、商业算术、商业地理及本地重要之商品并教授法。

第二十八条　豫科及本科第一部各学科目、每周教授时数，师范学校依第一表（略），女子师范学校依第二表（略），但遇不得已时，校长得通计各科历年教授时数，就各学年变通增减，每周至少须满三十小时，至多不得过三十六小时。

在本科第四学年，得于第三学期酌减他项科目，增加实习时数，并得将本学年功课提前于第一、第二学期匀配教授完毕，即以第三学期专为实习之用。

第二十九条　本科第二部学科目为修身、读经、教育、国文、数学、博物、物理、化学、图画、手工、农业、乐歌、体操。

第三十条　女子师范学校本科第二部学科目，为修身、教育、国文、数学、博物、物理、化学、图画、手工、缝纫、乐歌、体操。

第三十一条　修身依第八条教以道德要领，并演习礼仪法及教授法。

第三十二条　讲经依第九条以《论语》《孟子》为主，兼课高等小学校及国民学校读经教授法。

第三十三条　教育依第十条，兼课历史地理教授法。

第三十四条　国文依第十一条，以近世文为主，又令熟练语言，作实用简易之文，兼课教授法。

第三十五条　数学依第十六条,授算术及簿记要略,兼课教授法。

第三十六条　博物依第十七条,就天然物补习已得之知识,并授标本采集、制作法及教授法,与教授时必须之实验。

第三十七条　物理化学依第十八条就自然现象补习已得之知识,兼课教授法与教授时必须之实验。

第三十八条　图画依第二十条补习已得之知识技能,并练习黑板画,兼课教授法。

第三十九条　缝纫依第二十四条补习已得之知识技能,兼课教授法。

第四十条　手工、农业、乐歌、体操依第二十一、第二十二、第二十五、第二十六条,兼课教授法。

第四十一条　本科第二部各学科目、每周教授时数,师范学校依第一表(略),女子师范学校依第二表(略),但遇不得已时,得依第二十八条所规定,变通增减其时数。

第四十二条　师范学校教科用图书,由校长就教育部审定图书内择用之。

第二节　学年、学期、休业日、教授日数及典礼日

第四十三条　学年、学期及休业日,别以规程定之。

第四十四条　每学年教授日数,须在二百二十日以上;但因第四十三条情事特别休业者不在此限。试验及修学旅行,不计入前项教授日数中。

第四十五条　遇有传染病、非常灾变及其他特别情事,得临时休业,但须详由省行政长官报告教育总长。

第四十六条　典礼日之仪式,依仪式规程行之。

第三节　编制

第四十七条　师范学校学生之定额,须在四百人以下。

学级应以同学年之学生编制之。

一学级之学生数须在四十人以下。

第四十八条　修身、缝纫、乐歌、体操,得合异学年或异学级之学生同时教授。

外国语、法制经济、农业或商业,亦得合异学级学生同时教授,但其人数不得超过前条第三项之制限。

第四节　入学退学及惩戒

第四十九条　豫科及本科入学之资格,须身体健全、品行端正,并具有下列各项学力之一者:

在高等小学校毕业,或年在十四岁以上与有同等学力者得入豫科。

在豫科毕业,或年在十五岁以上与有同等学力者,得入本科第一部。

在中学校毕业,或年在十七岁以上与有同等学力者,得入本科第二部。

第五十条　凡志愿入学者，须由县行政长官保送，并由妥实之保证人具保证书送校长试验收录；其在高等小学校毕业者，并呈验毕业证书。

前项试验科目，在高等小学校毕业生试国文、算术二科，非由高等小学校毕业者试国文、算术、历史、地理、理科等，以高等小学校毕业程度为标准。

入学后须试习四个月以内。

第五十一条　学生有缺额时，得以资格相当者补之，但须施行入学试验，并试习四个月以内。

前项规定，以豫科及本科第一学年为限。

第五十二条　本科生修毕四学年课程、试验合格者，应授以毕业证书。

第五十三条　学生犯下列各款之一，校长得命其退学：一、身体羸弱难望成就者；二、成绩过劣者；三、性质不良、不宜于教职者。

第五十四条　学生不得任意退学，但因特别事故、经校长许可者，不在此限。

第五十五条　校长认为教育上不得已时，得儆戒学生。

第五节　学费

第五十六条　公费生免纳学费，并由本学校给膳宿费。

前项费额，由校长豫算详请省行政长官核定之。

各地方得酌量情形，减给前项费额之半数。

第五十七条　师范学校得收自费生，其人数、费额，由省行政长官核定之。

第五十八条　学生因第五十三条及第五十四条事故退学或自行告退，在公费者应令偿还学费及给予各费，在自费者应令偿还学费；但得酌量情形免其一部或全免之。

前项偿还学费之数，以中学校学费为标准。

第六节　服务

第五十九条　本科毕业生应在本省高等小学校及国民学校服务，其期限自受毕业证书之日起算：

第一部公费生七年，半费生五年，自费生三年；第二部生二年。

女子师范学校本科毕业生应行服务之期限：公费生五年，半费生四年，自费生三年；第二部生二年。

第六十条　本科毕业生有因特别情事经省行政长官认可者，亦得就职于他省或华侨所居地，但以教育事业为限。

第六十一条　在服务期限内，欲入高等师范学校更求深造者，省行政长官得允许之。

在前项学校修业时，得展缓其服务期限。如毕业时该校有应尽义务而其年限相当者，得免除本校之义务。

第六十二条　本科毕业生有特别情事不能服务者,省行政长官得酌量减免之。

第六十三条　本科毕业生在服务期限中有下列各款之一,在公费者应令偿还学费及给予各费,在自费者应令偿还学费,但得酌量情形免其一部或全免之。

一、无正当事由而不尽第五十九条第六十条之义务者;

二、因惩戒免职者;

三、依高等小学校令及国民学校令之规定,其许可状已失效力或受褫夺者;

四、依前条情事免服务者。

前项偿还学费之数,依第五十八条第二项。

第三章　讲习科

第六十四条　讲习科为既得高等小学校或国民学校教员许可状更求讲习者设之。

遇特别情形亦可为欲任国民学校教员者设讲习科。

欲养成手工、农业等专科正教员时,亦得设讲习科。

第六十五条　前条第二项讲习科,分为副教员讲习科、正教员讲习科。

副教员讲习科入学之资格,须身体健全、品行端正、在高等小学校毕业或与有同等学力者。讲习期一年以上。

正教员讲习科入学之资格,须身体健全,品行端正,有初等小学校副教员许可状或与有同等学力者,讲习期二年以上。

第六十六条　蒙养园保姆讲习科,为欲任保姆者设之。

第六十七条　讲习科之规程;由省行政长官定之。

第四章　附属高等小学校与国民举校及附属蒙养园

第六十八条　师范学校,应设附属高等小学校及国民学校。女子师范学校,并应设附属蒙养园。

地方长官,得酌量情形于一定期限内,以公立高等小学校及国民学校代附属小学校,或以公立私立之蒙养园代附属蒙养园。

第六十九条　附属国民学校,应并设单级编制之学级,二学年以上合编之复式学级及一学年编制之单式学级.

附属高等小学校,应编制相当之学级,不适用前项规定。

第七十条　附属高等小学校及国民学校,应行二部教授,但视地方情形,得暂缺之。

第七十一条　附属高等小学校及国民学校教员,须有正教员之许可状。

第七十二条　附属高等小学校及国民学校之学费,应以征收学费规程为标准,附属蒙养园之保育费,由校长酌定。

第五章　设备

第七十三条　师范学校校地，须具有相当之面积，并须于道德及卫生上均无妨害。

设农业科者，须有农事实习场，女子师范学校，须有艺圃。

第七十四条　师范学校，应设学校园，但视地方情形得暂缺之。

第七十五条　校舍宜朴雅坚固，并与教授管理卫生适合。

第七十六条　师范学校，应备各室如下：一、普通教室；二、博物、物理、化学、图画等特别教室，博物、物理、化学之特别教室，得便宜兼用；三、礼堂；四、图画室、器械标本室；五、事务室、教员预备室、学生休息所、自修室、寝室、学监室、浴室、疗养室、及其他必要诸室。

第七十七条　体操场分屋内屋外二处。

屋内体操场，视地方情形得暂缺之。

第七十八条　校具须备图书器械标本模型及其他用品。

第七十九条　师范学校应设下列各表簿：一、关于师范学校教育之法令；二、学被日记簿；三、学则、课程表、教科用图书分配表，校医诊察表；四、职员名簿、履历簿、考勤簿、担任学科及时间表；五、学生学籍簿、出席簿、谁假簿、身体检查表、操行考查簿；六、试验问题簿、学业成绩表、实习教授评案；七、资产簿、器物簿、消耗品簿、银钱出纳簿、经费之预算决算簿、图书器械标本模型等簿；八、往来文件簿。

第八十条　师范学校学则，应规定之事项如下：一、学科课程，教授时数；二、修业毕业事项；三、学年学期及休业日；四、学生入学退学及惩戒事项，五、学费及其他杂费事项；六、管理学生事项；七、寄宿舍事项；八、讲习科事项；九、附属小学校及附属蒙养园事项；十、共他必要事项。

第八十一条　视地方情形，得设校长教员学监等住宅。

第八十二条　校地如须变迁，应由省行政长官核定，报告致育总长。

第六章　职员

第八十三条　省立师范学校校长，由省行政长官任用，教员由校长任用，但须呈报省行政长官。

县立师范学校校长，由县行政长官，呈请省行政长官任用，教员由校长任用，但须呈由县行政长官转报省行政长官。

私立师范学校校长教员，由设立人任用，但须呈报省行政长官。

第八十四条　凡四学级之学校，应有教员十人以上，如学级增多，则每增一学级，平均应加一人半以上。

第七章　设立变更及废止

第八十五条　设立师范学校，依师范教育令呈请教育总长认可时，应开具事项如下：一、名称；二、位置；三、学则；四、学生定额，其有附属蒙养园者，并开具幼儿之定额;五、学级之编制,其有附属蒙养园者,并开具幼儿之级数;六、开校年月;七、经费;八、校长教员之姓名及履历。

前项第二款位置,应加具图说,列载校地面积地质校舍及各场所区域面积,并附近状况饮用水性质。

第八十六条　师范学校变更或废止,须经省行政长官认可;并转报教育总长。

第八十七条　师范学校报告教育总长时,在省立者,由省行政长官报告,在县立或私立者,由县行政长官呈由省行政长官报告。

第八章　附则

第八十八条　本规程自公布日施行。①

是日,江西都督李烈钧在南昌发动兵变。

是日,吴敬恒致书袁世凯,辞勋位。

11 日,袁世凯任命王闿运为国史院院长。

是日,袁世凯任命李鼎新为海军总司令。

是日,陆徵祥与俄公使库朋斯齐举行《俄蒙协约》第二次谈判,未有结果。

是日,袁世凯布告各省都督、民政长,通饬所属认真保护归国侨民。

12 日,司法部通令法官不得加入政党,凡未入党者不得挂名党籍,已经入党者须即宣告脱党。

是日,袁世凯任命徐鼎康为吉林民政使(原任韩国钧辞职)。

是日,乌兰察布盟反正,该盟之茂明安旗及乌喇特旗均同时取消独立。

是日,工商部颁布《奖励工艺品暂行章程》。

按:辛亥元年成立的工商部鉴于"民国新立,实业待兴,非实行保护政策,无以收提倡之功,非订立特许专法,无以为保护之具"。同时,又顾及中外商务交涉与国内法制进程,遂先行拟订《奖励工艺品暂行章程》16 条(即《暂行工艺品奖章》),对实业产品和发明创造"分别等差,酌予相当利益,庶于变通之中,略寓保护之意"。本章程后由法制局修正后经国务院呈临时大总统交参议院议决后于 1912 年 12 月公布,次年 2 月施行。该项章程规定对进行工艺品改良或发明的工厂或个人,酌情予以"营业上"或"名誉上"之奖励。营业上之奖励,即准予五年专利,名誉上之奖励则为给予褒状。1923 年时,农商部对该项章程进行了重新修订,更名为《暂行工艺品奖励章程》。②《奖励工艺品暂行章程》是现代中国专利法的雏形。

13 日,筹边使章炳麟到吉林省城。

按:筹边使即筹划边境的事务。

---

① 舒新城编:《中国近代教育史资料》第 2 卷,人民教育出版社 1981 年版。

② 李良玉、吴修申主编:《倪嗣冲与北洋军阀》,黄山书社 2012 年版。

民国元年日志
（1912年1月—12月）

是日，国务院决定招商局改组问题准由该局董事会与新公司接洽办理。

14日，俄公使库朋斯齐向我外交部提出续开中俄交涉六项条件，要求中国政府24小时内答复，否则即作为默认。

15日，袁世凯布告国会议员非一党派一地方所得而私，初覆选时不得违法竞争。

是日，袁世凯颁布《戒严法》，凡17条。

按：1912年12月15日，北京政府颁布戒严法，共17条。规定：遇有战争或其他非常事变，对于全国或一地方须用兵备警戒，大总统得依本法宣告戒严。戒严的地域分为警备、接战地域。战争之际，要塞、海军港、船受包围或攻击时可临时宣布戒严。遇有非常事变须戒严时，应呈请大总统发布。另规定了戒严地域内地方行政及司法事务及其管辖权，与军事有关系的民事及刑事案件，无法院或与其管辖法院交通断绝时，虽与军事无关系的民事及刑事案件的管辖事宜。在戒严地域内，司令官有权执行一些事件，但因其执行所生的损害，不得请求赔偿。引起戒严的事情终止时，应立即宣告戒严解除。戒严宣告解除后即失其效力。本法自公布日施行。[①]

是日，袁世凯派张振勋前往南洋调查商务，联合侨商筹办内地开埠事宜。

是日，袁世凯令准保定陆军军官学校校长赵理泰辞职，以蒋百里为校长。

是日，国务院会议议决承认俄公使所提修改《俄蒙协约》条件之第三条，取消该约以库伦舆论多数为转移。

是日，华法联进会在北京召开成立大会，赵秉钧、法国公使康德出席大会并发表演说。

16日，袁世凯公布《修正众议院议员选举日期令》《修正省议会议员第一届选举日期令》。

是日，冯自由为会长的华侨联合会在北京成立，"以一方面对于政府欲补助其建设，一方面对于华侨谋未来之幸福"为宗旨。宣布政纲为谋求联合统一广大在外侨胞；尊重华侨之权利；促进政府确定将来对华侨之政策；实行殖民政府，谋求保护海外移民，着重收回权利，发展海外贸易。

是日，袁世凯任命汪瑞闿为江西民政长（李烈钧拒之），尹昌龄为四川内务司司长。

是日，袁世凯授荫昌、姜桂题、冯国璋为陆军上将。

是日，袁世凯任命蒋方震为军官学校校长。

是日，黄兴自长沙赴汉口，就任汉粤川铁路督办新职。

是日，册封达赖专使马吉祥、姚宝来自北京出发。

17日，袁世凯据新土尔扈特盟长亲王密西克栋回鲁布等电称蒙部同戴共和，于

---

① 李志敏主编：《话说民国》第1卷，团结出版社2007年版。

库伦独立始终并未赞成,是日颁令由阿尔泰办事长官传令嘉奖。

是日,直隶都督冯国璋,河南都督张镇芳,赞成由各省派员组织宪法起草委员会(江苏都督程德全曾通电,主各省先行设会起草宪法,以为国会讨论张本。赞成者颇多,黎元洪等不以为然)。

是日,黄兴自长沙赴汉口就任汉粤川铁路督办。

18 日,英、法、德、美、日、奥、意等 7 国公使邀请俄国公使调停中俄库伦交涉案,俄公使坚持不设官、驻兵、屯垦三原则,必中国均许始能开议。

是日,袁世凯任命周学熙为税务处督办,孙宝琦为会办。

是日,袁世凯派张锡銮为奉天西边宣抚使,温宗尧、王人文为西藏宣抚使。

是日,教育部为贯彻教育宗旨,通令所属重视体育,提倡运动。

19 日,临时大总统袁世凯明令颁布《国史馆官制》,并于当日施行。

是日,黄炎培被任命为江苏教育司司长。

20 日,陆徵祥会晤俄公使库朋斯齐,指出俄所提六项条件若不修改,则永无谈判之地步。

是日,国务院会议通过孙中山所提《中国铁路总公司条例》。

是日,留法俭学会预备学校第一班学生经西伯利亚于本日抵法,尽入法国中学校预备学校。

是日,香港破获日人伪造广东纸币。

是日,天津县举行众议院初选投票,24 日结束。10 万人参加选举,61 人当选。翌年 1 月 20 日,天津、河间两府众议院议员复选在沧州举行。

是日,廖仲恺被任命为广东财政司司长。

21 日,袁世凯致电四川护理都督胡景伊转达赖喇嘛,已饬钟颖停战,静候中央解决,希望达赖亦转饬所属停战。

是日,川军第一师师长周俊、二师师长彭光烈、三师师长孙兆鸾、四师师长刘厚存、五师师长熊克武联名致电袁世凯和国务院,决备两师待命出发征蒙。

是日,六国银行团议决如 8 月 30 日合同取消,中国与银行团借款合同签订,可于下月垫款二百万镑。借款总额二千五百万镑。

22 日,袁世凯任命熊希龄为热河都统,段芝贵为察哈尔都统,溥伦为镶红旗满洲都统。

是日,袁世凯改粤汉铁路会办为汉粤川铁路会办,以詹天佑任之。

是日,孙中山在上海出席机器公会成立大会,并发表演说,认为机器可以灌输文明,可以强国,希望以聪明才力发明机器,庶几驾乎各国之上。

是日,临时大总统袁世凯为中国铁路总公司条例草案提请参议院议决。

按:临时大总统为咨行事:据国务院呈称:前奉大总统发下中国铁路总公司条例

草案一件,当交交通部详细核定。现经国务会议公同议决,应请按照约法,提交参议院议决施行。等因。相应将中国铁路总公司条例草案,咨行贵院公同议决可也。此咨

参议院

附《中国铁路总公司条例草案》一件

赵秉钧　中华民国元年十二月二十二日

《中国铁路总公司条例草案》

第一条　铁路总公司系按照中华民国元年九月初八日大总统令组织。除政府所办已成未成及经签押,或载在草约成案上订归政府办理之路属交通部直接办理外,总公司得指定各省及边地各干线,协商政府经认为必要修筑者,铁路总公司得按照本条例各节全权承办。

第二条　铁路总公司除依法律享有普通公司权利外,兼有左列各款之权:一、协定第一条所指各路线之权。二、承办第一条所指各路募借华洋股本馈款之权。三、行使管理第一条所指各路之权。四、兼办附属于第一条所指各路所必要之事业之权。五、关于承办第一条所指各路因建筑所必要领用官地及收买民地之权。

第三条　不属于第一条所指各线,如政府或原办之公司愿授与总公司承办时,总公司得有权承办。

不属于第一条所指各线,得由他公司按照政府定章承办,但不得与总公司所办路线之利益有所妨碍。

第四条　铁路总公司所办各路,应预定建筑年限,报明政府立案。如逾期不能举办,或政府认为国防军事之必要须提前建筑,经指定年限,令总公司照限办理。而总公司不依限办理时,政府得另行筹办。

第五条　铁路总公司所办之路,政府应尽保护及辅助之责。

第六条　关于承办铁路年限,及政府收回办法等项,铁路总公司应遵照政府对于普通商办公司之规定办理。至现在及将来关于铁路及其附属事业之一切法令,除本条例特别规定外,铁路总公司均应一律遵守。

第七条　铁路总公司所办各路借款、招股,不论华洋股款,均应遵照国家法律办理,即同享国家法律保护之利益,其所拟借款合同及招股章程,应报明政府批准施行。

铁路总公司之权利,不论分属何人,政府只认与总公司直接。

第八条　政府对于铁路总公司所办各路认为有军事必要情形时,应行收为军用或行使优先权及寻常运载兵警、军需、移民、赈灾、通邮等事,应行减收或免收车价者,悉照普通商办铁路公司之规定,一律办理。

第九条　铁路总公司所办各路及其附属事业,应尽先购用本国自制之材料。

第十条　铁路总公司所办各路各种价率,应随时报明政府立案。其一切运价之最高、最低限度,政府得限制之。

第十一条　铁路总公司不得将全部移让于他公司。如移让一部分之权利时,须先经政府许可。

第十二条　铁路总公司得依据本条例规定各项章程,但应报明政府立案。

第十三条　本条例之全文或一节,如有重大窒碍时,得由总公司或政府提议,经国会议决修改之。

第十四条　本条例自公布之日施行。①

是日,浙路杭甬线举行开车典礼。

23日,外交部答复8月17日英使要求,声明不改西藏为行省,拒另订新约。

是日,袁世凯下令裁撤仓场衙门及外省转运各局所并转运漕粮各官吏。

是日,袁世凯任命孙多森管理中国银行事宜。

是日,袁世凯任命刘若曾为直隶布政使,顾琢塘为安徽军政司司长。

是日,中国政府代表周学熙与英国克利司浦公司代表巴纳斯在北京签订取消1912年五厘金镑借款(1000万镑)合同。

是日,浙江宁波至慈溪铁路通车。

是日,教育部批准孔教会立案。

24日,外交部开会,通过中英鸦片、中英西藏、中英片马、中俄库伦四项交涉决议案。

是日,法国公使康德邀请英、意、奥三国公使在美使署讨论《俄蒙协约》调停最后办法,商定否认库伦有订约资格;俄如不承认,即分别电各该国政府联合讨论办法。

是日,袁世凯任命张广建为顺天府尹。

是日,镇嵩军统领刘镇华部分统柴云陞等部擒巨匪李永魁于河南嵩县。

25日,川边镇抚使尹昌衡电告川边肃清。

是日,袁世凯任命广东护军使陈炯明兼广东陆军军长。

是日,申令严行禁烟。

是日,袁世凯通令行用中国银行兑换券。

是日,谭延闿发布《湖南选派东西洋留学生办法公告》。

按:公告曰:"案照湖南选派东西洋留学生,前经本都督令行该司榜示汇送。旋据贺寅午、袁家元等呈请取消。复经本都督剀切批示,明定办法:除起义有功奔走国事、烈士子孙、留学高材三项外,暂行缓送,核实办理,各在案。此次口送各生,本为妙选材贤,储为国用,甄录所及,初无成心。然人才甚多,名额有限。即以上开三项

① 中国第二历史档案馆编:《中华民国史档案资料汇编 第三辑 政治(一)》,江苏古籍出版社1991年版。

资格而论,湘省历年运动革命以及去年光复青年学子实居多数,概行选送,势所不能。即烈裔之堪造就,留学之负资望正不乏人,亦难遍及。本都督再三审慎,特就前令榜示各生详加考核,择其合于上项资格者共一百十三人。分别注明籍贯、履历,定为咨送西洋四十五人,咨送东洋六十八人。令行该司传集填注愿书,早日遣送。此次仍有遗漏,候调查确实,再行随时补送。至前次榜示诸生,除此次令开各名外,尚有一百六十二人皆程度夙优,自当汇送。惟各校承学之士,学级相等者尚属众多,概令向隅,不足服众。查十月二十四日该司呈文,本定有考验办法,一律预试,以定甲乙,再行分别咨送。庶使报功优贤之意与求才尚学之心并行不悖,以昭大公而孚舆论。"①

26日,袁世凯任命何燏时署北京大学校长。

是日,袁世凯任命仇鳌为湖南民政司司长。

27日,章士钊辞北京大学校长职,由何燏时继任。

是日,赵秉钧与周学熙在参议院报告大借款草约。参议院通过六国银行团2500万镑借款条件。

是日,孙中山电梁士诒,请向财政部设法拨借五万两交国民党本部收用。

是日,天津商务总会创设。

28日,外交部拒绝德国公使所提出山东地方权益之无理要求。

29日,袁世凯令准北京大学校长章士钊辞职。

是日,袁世凯任命王广圻为驻比利时国公使。

是曰,大借款合同原定今日签字,以故未果。

30日,袁世凯任命张瑞玑署山西民政长。

是日,袁世凯任命张锡元为河南第一师师长。

是日,山西河东观察使张士秀宣布独立。

31日,孙中山应江苏都督程德全之邀,离开上海赴南京。

是日,袁世凯任命魏怀为福建教育司司长。

是年,《大共和报》《中华教育界》《越铎日报》《新浙江潮》《汇报》《风俗改良报》《共和急进报》《临时政府公报》《法曹杂志》《安徽船》《临时公报》《越社丛刊》《农友会报》《湖南交通报》《云南政治公报》《社会世界》《社会党月刊》《社会日报》《国民公报》《共和言论报》《山西实业报》《女权》《中华周刊》《江苏司法汇报》《通俗教育研究录》《云南教育杂志》《古学汇刊》《湖南实业杂志》《湖南教育杂志》《真相画报》《惜阴周刊》《直隶实业杂志》《中国同盟会杂志》《实业公报》《经济杂志》《宝山共和

---

① 《申报》1912年12月25日。周秋光主编:《谭延闿集》,湖南人民出版社2013年版。

杂志》《军学杂志》《新世界》《湖南司法旬报》《生活杂志》《农林公报》《海军杂志》
《黑龙江实业月报》《文艺俱乐部》《新纪元星期报》《四川国学杂志·国学荟编》《独
立周报》《西蜀新闻》《铁道》《民国经济杂志》《女子白话旬报》《湖北教育会报》《国
学丛选》《军事杂志》《铁路协会月刊》《佛学丛报》《中国学报》《军事月报》《民谊》
《民誓杂志》《神州女报》《西北杂志》《生计》《庸言》《亚东丛报》《盐政杂志》《女铎
报》《星期杂志》《文艺杂志》《京师学务局一览》《铁路协会会报》《圣教杂志》《北京
新报》《大自由报》《数学杂志》《九澧共和报》《女铎》《奉天公报》《汇学杂志》《教育
杂志》《天籁季刊》《佛学月报》《军声》《中国文学研究汇编》《山西公报》《湖北教育
厅公报》《大陆报(英文)》《民国西报(英文)》《亚东新闻》《中央新闻》《中国日报》
《长沙日报》《寰一报》《福建民报》《群报》《天职报》《华国报》《指南报》《公言报》
《良知报》《党魂报》《新闻迅报》《民听报》《实报》《国权报》《京津时报》《国华报》
《大自由报》《大共和日报》《闽侯晚刊》《上海日日新闻》《白话晚报》《旭日报》《江南
教育杂志》《湖北教育杂志》《吉林教育杂志》《测量界》《南京医学报》《工业世界》
《交通旬报》《中华矿业同志会会志》《山东实业公报》《湖北农林会报》《东三省公
报》《满洲日报(英文)》《实业杂志》等报刊创刊。

是年出版的主要著作有:

梁漱溟著《印度哲学概论》由上海商务印书馆刊行,有自序。

刘仲容著《实用理则学》由四川成都拔提书店、黄埔出版社刊行。

按:是书作者将形式逻辑、辩证逻辑(包括黑格尔辩证法与唯物辩证法)、唯生论
辩证法混在一起构成理则学。全书分绪论、静的理则学、动的理则学等8篇。

[德]奥伊肯(原题倭铿)著,郑次川译《现代思想与伦理问题》由上海公民书局
刊行。

按:是书讲述现代思想与传统伦理的矛盾与解决的方法。全书分现代之伦理问
题,伦理的原理,伦理的原理之辩护,伦理的原理之发展,道德与宗教之关系,道德之
现状共6章。

[德]泡尔生著,蔡元培译《论理学原理》由上海商务印书馆刊行。

[英]穆勒著,严复译《穆勒名学》(1-3册)由上海商务印书馆刊行。

蒋智由著《蒋著修身书》由著者刊行。

鲍芳洲编《催眠学讲义录》(上下册)由上海中国精神研究会出版。

蒋维乔编《心理学讲义》由上海商务印书馆刊行。

彭世芳编《(中华)心理学教科书》由上海中华书局刊行。

诚静怡编译《新约读范》由上海广学会刊行。

金陵神学院编《金陵神学录》由上海商务印书馆刊行。

民国元年日志

（1912年1月—12月）

李问渔著《圣体记》由上海土山湾印书馆刊行。

William Muirhead 编《圣书纲目》由上海广学会刊行。

陆安德著《善生福终正路》由上海土山湾印书馆刊行。

末铎译《修规益要》上卷由香港纳匝肋静院刊行。

欧阳弁元著《东方救世军军歌》（第2编）刊行。

青州神道学堂著《耶稣实录讲义》由撰者刊行。

[意]艾儒略著，明守璞译《耶稣行实》由河涧胜世堂刊行。

上海时兆报馆编《启示录句解》由上海编者刊行。

上海时兆月报馆编《人本来之性质人将来之结局》由上海编者刊行。

[美]脱埃海伦著，丁罗米译《赖麦培》由上海广学会刊行。

[美]湛罗弼著，亦镜述《中国今日的需要》由中华浸会书局刊行。

[英]节丽春译，高献筏述（女大善士）《伊利赛伯传》由上海广学会刊行。

戴尔第著，凌云译《方言教理详解》由上海土山湾印书馆刊行。

类斯田删定《遵主圣范》由北京救世堂刊行。

P. Vercruydse 著《周年默想》（全4册）由上海土山湾印书馆刊行。

S·Stall 著，李荣春译《小讲台》由上海广学会刊行。

《安老会记》由上海土山湾印书馆刊行。

《勤领圣体说》由河间盛世堂刊行。

《圣味增爵德行圣训》由北京救世堂刊行。

《圣味增爵行实》由北京救世堂刊行。

《中国致命真福传略》由上海土山湾印书馆刊行。

《周年默想》（上册）刊行。

陈敬第编《政治学》由上海丙午社刊行。

按：是书根据小野冢喜平次口授的讲义，并参考其《政治学大纲》《帝国大学讲义》等书编辑而成。

《日本政治考察论述》由江苏南京钟山学社刊行，有著者序。

[日]小野冢喜平次著，林觉民译《各国近时政况》由上海商务印书馆刊行。

胡一编辑《各国女子参政权运动史》由上海模范书局刊行。

程德全编撰《政见商榷会宣言书》由上海商务印书馆刊行。

陈嘉言编著《杞忧刍言》由编者刊行。有著者绪言。

共和党本部编《共和党第一次报告》由编者刊行。

贺廷桂撰辑《刍宫余录》刊行，有庞鸿书序言，撰辑者小引。

时事新报馆编《时事新报选粹》由编者刊行。

许家惺著《模范警察学》由上海群学社图书发行所刊行。

戴天仇著《天仇文集》由上海民权报发行部刊行。

潘敬著《文明者何》由著者刊行。

[日]田中隆吉著,赵南柔译《控诉日本军阀的罪恶》刊行。

毕厚编《日本议会纪事本末》由个人刊行,有编者序及例言。

唐在礼、唐在章著《蒙古风云录》由江西南昌著者刊行。

[英]莫安仁译,许家惺述《英国立宪鉴》由上海广学会编译处刊行。

华南圭译述《法国公民教育》由上海商务印书馆刊行。

李佐庭编《经济学》第 1 集第六册由上海丙午社刊行。

按:是书分绪论、纯正经济学泛论、价值成立论、价值之变动、价值之消灭等 5 卷,讲述经济发展史、经济学的定义及生产、交换、分配等问题。

中华全国铁路协会编辑部编《中华全国铁路协会第一次报告》由中华全国铁路协会事务所刊行。

华鹏飞编《中华商业尺牍》由上海中华书局刊行。

[俄]柴索维著,李垣译《太平洋商战史》由北京新智囊刊行。

按:是书分为殖民地与倾销场、太平洋沿岸之商业、东南亚之销货场、各国欲开放门户的政策,以及日、英、法、德、俄在太平洋之竞争等 12 章。

[法]德孚斐尔著,王鸿猷译《泉币通论》由著者刊行。

王俊臣著《最新银行学指南》由上海商务印书馆刊行。

卫聚贤著《古钱年号索引》由广西桂林中央银行经济研究室刊行。

[日]平山周著《中国秘密社会史》由上海商务印书馆刊行。

吴稚晖著《改装必读》由上海文明书局刊行。

胡愿深编《法学通论表解总论》由上海科学书局刊行。

胡愿深编《法学通论表解各论前后编》由上海科学书局刊行。

汪庚年编《法学汇编》由北京京师法学编辑社出版。

按:共 20 册,据清律编成,有的系综合法学名家及外国法律编述。封面书名为《汪辑京师法律学堂笔记》。

徐德源著《中国历代法制考》由天津北洋大学刊行。

上海自由社编《中华民国临时政府新法令》由上海自由社刊行。

参议院编《中华民国临时约法》由江苏南京参议院刊行。

启新合记书局编辑《中华民国暂行法典》由江苏南京启新合记书局刊行。

阳羡编《共和政体组织法》由上海中国图书公司刊行。

熊范舆编《行政法总论》由上海丙午社出版。

外交部统计科编《外交部法令汇编》由北京编者刊行。

商务印书馆编《世界共和国政要》由上海商务印书馆刊行。

民国元年日志

（1912年1月—12月）

金季译《法国宪法释义》由上海商务印书馆刊行。

[法]裴德埒弥著，张其域、项方译《法国行政法》由上海商务印书馆刊行。

[英]甘格士编著，胡贻穀译《泰西民法志》由上海商务印书馆刊行。

熊元翰编《商法总则》由北京安徽法学社刊行。

张嘉森译《国际立法条约集》由上海神州大学刊行。

[英]丕理师著，罗衡升译《西方战史》由上海广学会刊行。

汉武社校订《野外勤务书》由上海汉武社刊行。

浙江督练公所教练处编译《步队指挥顾问》由江苏陆军干部学校刊行。

胡愿深编《经济原论表解》由上海科学书局刊行。

过耀根等译《财政渊鉴》（上下册）由上海共和党刊行。

共和建设讨论会编《财政问题商榷书次编》由上海编者刊行。

周棠编《中国财政论纲》由上海政治经济学社国民图书集成公司刊行。

[日]工藤忠义著，李犹龙译《各国预算制度论》由上海群益书社刊行。

[法]德孚斐尔著，王鸿猷译《泉币通论》由著者刊行。

王俊臣著《最新银行学指南》由上海商务印书馆刊行。

卫聚贤著《古钱年号索引》由广西桂林中央银行经济研究室刊行。

[明]沈周绘，邓秋牧集印《沈石田山水册》由上海神州国光社刊行。

[明]唐寅绘，邓秋牧集印《唐六如桐庵图卷》由上海神州国光社刊行。

[清]王翠绘，邓秋牧集印《王石谷仿唐宋元明清山水册》由上海神州国光社刊行。

[清]钱杜绘，邓秋牧集印《钱叔美燕园八景册》由上海神州国光社刊行。

沈心工编《学校唱歌全集》刊行，有黄炎培序。

商务印书馆编《（中华民国）教育新法令》（第1册）由上海商务印书馆刊行。

教育部总务厅文书科编《教育部令》（第5册）由北京编者刊行。

《民国元年中央教育会议决案》由上海中华书局刊行。

教育杂志社编《临时教育会议议决案审查报告》（教育杂志第四卷临时增刊）由上海商务印书馆刊行。

秦同培编撰《共和国教科书新国文教授法》（1）由上海商务印书馆刊行。

彭世芳编《中华心理学教科书》由上海中华书局刊行。

袁希洛编《教育行政数日谈》刊行。

直隶学务公所编《直隶教育统计图表》（宣统二年份）由编者刊行。

华亭县教育会编《华亭县教育会第一届报告》由甘肃华亭编者刊行。

江苏都督府编《江苏教育令》由上海商务印书馆刊行。

江苏省编《江苏第一次省教育行政会议汇录》由编者刊行。

江苏教育总会编《江苏教育总会元年五、六月份报告》由编者刊行

周公才、袁福伦著《吴江县教育状况》由江苏无锡锡成印刷公司刊行。

周公才编《参观江苏学校笔记》(初编)由上海商务印书馆刊行。

贾丰臻编《美国初等教育最新之状况》由上海商务印书馆刊行。

耶稣教监理公会编《中西学校章程》由上海编者刊行。

王朝阳著《日本师范教育考察记》刊行。

费吴生订定《中国青年会半夜学堂辛亥简章》由上海中国青年会半夜学堂刊行。

日本通俗教育研究会著,伍达译《通俗教育事业设施法》由上海通俗教育研究会刊行。

徐福生译《体育之理论及实际》由上海商务印书馆刊行。

陆尔奎等编《新字典》由上海商务印书馆刊行。

按:此书为单字字典。收字一万多个,以《康熙字典》中普通常用字为主,并收现代科学新字,僻字附后。凡二字以上的词语,非与意义有关者,概不收录。按部首检字。所谓"新字典"是指继《康熙字典》之后,第一部收有现代科学新字的字典。书前有蔡元培等人序。书末附:中外度量衡币表、中国历代纪元表,以及检字、勘误、补编等。另有线装本,分订6册。

张文龄著《传音快字初阶》(南音上卷、北音下卷)由广东广州百忍堂刊行。

艮思氏编著《辞徽》由著者刊行。

戴克敦编《国文典》由上海商务印书馆刊行。

周越然编《英音引钥》由上海国华书局刊行。

张在新编《汉英辞典》由上海商务印书馆刊行。

叶鸿绩编著《最新实用演讲术》由上海国华书局刊行。

温宗尧编《英文文法易解》(上下册)由上海商务印书馆刊行。

商务印书馆编译所编辑《(华英对照)革命文牍摘要》由上海商务印书馆刊行。

刘崇袟编《(最新)华英启蒙集》由上海商务印书馆刊行。

陈家瑞编辑《英汉双解辞典》由上海群益书社刊行。

《(华文本)华德进阶》由山东青岛德华印书社刊行。

[日]冈野英太郎著,王蕃青、贾树模译《演说学》由保定直隶教育图书局刊行。

按:此书内容包括演说学原始、演说法、演说之三大派别、演说学之解剖等。后附实例图解。

[美]W. Irving 著,李犹龙译注《三美姬》(第5编)由上海群益书社刊行。

[波兰]柴门合原著,[英]乌克那校订,林振翰编译《世界语》由上海科学会编译部刊行。

林纾著《畏庐诗存》(上下两卷)刊行。

民国元年日志
（1912年1月—12月）

[英]威利孙著，林纾、力树萱译《情窝》2卷成。

[英]测次希洛著，林纾、陈家麟译《残蝉曳声录》1卷，并作序。

[英]哈葛德著，林纾、陈家麟译《古鬼遗金记》1卷发表在《庸言》第1卷。

[英]C. Kingsley著，Ma Shao－liang译《西方搜神记》由上海光学会刊行。

[英]盖婆赛著，陈家麟译《白头少年》由上海商务印书馆刊行。

[美]加撒林克罗著，甘永龙译《车中语》由上海商务印书馆刊行。

陈鸿璧译《捕鬼奇案》由译者刊行。

张采田撰《史微》由五屏守垒刊行。

华鹏飞编《清史》由上海中华书局刊行。

时事新报馆编《中国革命史》由上海时事新报馆刊行。

按：是书集中记述了从1911年4月黄花岗起义至同年武昌起义取得胜利这段
历史。

上海自由社编《中国革命记》（第23册）由上海编者刊行。

郭孝成著《中国革命纪事本末》（一二、三、编合订）由上海商务印书馆刊行。

黄觉时编《辛亥首义缘起实录》由普昌号刊行。

胡石庵著《革命实见记》（第1册）由湖北武昌大汉报社刊行。

朱通孺著《五十日见闻录》由北京通报社刊行。

寿臣选辑《辛亥革命始末记》由河北保定五族民报社刊行。

时事新报馆编《时事新报国庆纪念册》由上海时事新报馆刊行。

天笑生编《中华民国大事记》（1－4册）由上海有正书局刊行。

庚恩赐著《云南北伐军援黔纪事》刊行。

鹅湖仙人编（最新）《革命军名人尺牍》（上下卷）由雨叠轩书局刊行。

观渡庐人著（伍廷芳）编《共和关键录》由上海著易堂书局刊行。

按：是书实际上是第一次南北议和的会议记录和文件汇编，为研究辛亥革命和
南北议和的重要的历史资料。

中国公论西报编《一千九百十二年中国历史插画伍拾弍幅》由编者刊行。

国事新闻社编《北京兵变始末记》由北京国事新闻社刊行。

时事新报馆编《革命文牍类编》由时事新报馆、自由出版社刊行。

[日]濑川秀雄著，章起渭编译《西洋通史》由上海商务印书馆刊行。

[英]麦开柏著，吴敬恒译《荒古原人史》由上海文明书局刊行。

按：是书以编年史方式简要叙述清王朝自建立到灭亡的全部历史史实。

汤用彬著《新谈往》由国维报馆刊行。

陈国权译、邓宗禹校勘《英国政府刊布中国革命蓝皮书》（第1编）由青山解堂
刊行。

商务印书馆编译所编《葡萄牙革命史》由上海商务印书馆刊行。

傅运森编《东西洋史讲义》由上海商务印书馆刊行。

上海自由社编辑《革命党小传》（第1－6册）由上海编者刊行。

商务印书馆编译所编《共和人物》由上海商务印书馆刊行。

黄魂编《诸烈士血书》由上海神州广文社刊行。

何瑞瑶著《人物小志》由重庆新生图书文具公司刊行。

天啸生著《黄花岗福建十杰纪实》刊行。

谢洪赉编，胡贻榖增订《后进楷模》由上海青年协会书报部刊行。

Thomas Carlyle 著，Do－races Clint 译《世界英雄论略》由上海广学会刊行。

赵家缙、张声智选注《名人传记》由广西桂林文化供应社刊行。

宋成志、章乃焕编《世界名人生活故事及其他》由浙江中国新文艺社刊行。

鲁迅等著，富容华编《学生时代》由重庆昆仑出版社刊行。

张其昀著《中华历代大教育家史略》由重庆钟山书局刊行。

甘永龙编译《伦敦遇难记》由上海商务印书馆刊行。

朱德裳著《造时势之英雄刘揆一》由上海商务印书馆刊行。

［伪］南京特别市政府宣传处编《我们的领袖汪主席》由编者刊行。

三民主义青年团中央团部编《民族英雄史话》卷下由编者刊行。

梁乙真著《民族英雄百人传》（上下卷）由重庆青年出版社刊行。

张雪岩、刘龄九编《田家读者自传》由四川成都田家社刊行。

马精武编辑《鞠躬尽瘁的诸葛亮》由上海民众书店刊行。

朱杰勤著《诸葛亮》由空军军官学校刊行。

赵启人编《王安石大政治家》由上海民众书店刊行。

余嘉锡著《王雱不慧有心疾辩》刊行。

蒋君章著《明代平倭三杰》由重庆独立出版社刊行。

张匡编《史可法为国牺牲》由上海民众书店刊行。

蒯楚生编撰《张振武》由上海新民书社刊行。

徐子龄编《革命领袖孙中山》由上海民众书店刊行。

吴锡泽著，邵岩元校对《国父纪念周》由重庆独立出版社刊行。

罗香林著《国父家世源流考》由上海商务印书馆刊行。

中报社编《苦学与奋斗》（周佛海先生自传之两章）由编者刊行。

冯先恕著《疑年录释疑》由北平辅仁大学辅仁学志社刊行。

布拉哥叶瓦著，许之桢译《季米特洛夫传》由山西辽县华北书店刊行。

［英］梅益盛译，许默斋笔述《巴赖德》由上海广学会刊行。

［英］勒舍尔著，张味久译《格兰斯顿》由上海广学会刊行。

民国元年日志
（1912年1月—12月）

［美］励德厚译，魏延弼笔述《林肯》由上海广学会刊行。

［美］卜舫济口述，陈宝琪译《哈密登》由上海广学会刊行。

铮铮编著《国际时人传》由上海激流社刊行。

［英］节丽春译《女大善士伊利赛伯传》由上海广学会刊行。

宗陶译《意大利首相墨索里尼自杀》由吉林长春广益书店刊行。

陈一山笔述，曹卓人删润《美国宗教家劳遮威廉传》由上海广学会刊行。

林万里编《华盛顿》由上海商务印书馆刊行。

［美］沐尔赐著，曹卓人笔述《美国第二总统亚但氏约翰传》由上海广学会刊行。

吴金鼎等著《云南苍耳境考古报告》由国立中央博物院筹备处刊行。

李旭旦著《近代人生地理学之发达及其在我国之展望》刊行。

石章如著《晋绥纪行》由重庆独立出版社刊行。

蒙藏委员会调查室编《宁属洛苏调查报告》由重庆编者刊行。

严德一著《新疆与印度间之交通路线》由国立中央大学理科研究所地理学部刊行。

商务印书馆编译所编《中国旅行指南》由编者刊行。

郑励俭编著《四川新地志》由重庆正中书局刊行。

周俊元编《陪都要览》由重庆自力出版社刊行。

章志云编绘《最新上海里弄图》由上海万国地图社刊行。

亚新地学社编《江苏全省分图》由湖北武昌编者刊行。

卢彤著《中华民国历史四裔战争形势图说附论》由江苏南京同伦学社刊行。

苏甲荣编《最近远东大地图》由日新舆地学社刊行。

范扬编述《农家副业》由上海新学会社刊行。

［日］佐佐木祐太郎编《中等肥料教科书》刊行。

［日］今村猛雄著，叶与仁译《蔬菜栽培学》由上海新学会社刊行。

［日］猪股德吉郎著，盛国成译《实验罐藏食物制造法》由上海新学会社刊行。

上海洋商商务总会编《译一千九百十二年办理浚浦局暂行章程》由编者刊行。

余宾王著《数学问答》由上海土山湾慈母堂印书馆刊行。

［美］温德华士著，张彝译《温氏高中几何学》由上海商务印书馆刊行。

［英］率德辅著，傅继伯译《几何》（上册）由华英书局刊行。

［日］上野清著，张延华译《几何学讲义——平面部》由上海商务印书馆刊行。

潘序伦编《立体几何学表解》由科学书局刊行。

［德］劳恩司坦著，马君武译《实用力学》由上海科学会编译部刊行。

［日］池田清著，史浩然译《化学讲义》由上海群益书社刊行。

钟观光编《化学讲义》由上海商务印书馆刊行。

[日]山田董著,谢祜生译《定性分析化学》由上海群益书社刊行。

教育部观象台编《中华民国元年历书》由编者刊行。

寿孝天编《百八十年阴阳历对照表》由上海商务印书馆刊行。

高似兰著《哈氏体功学》由博医会刊行。

丁福保著《瘠虫战争记》由医学书局刊行。

[英]卡达著,楚惟善译《卡恺两氏外科便览》由中国博医会刊行。

章太炎著《国故论衡》由大共和日报馆刊行。

张嘉森等编《梁任公先生演说集》(第 1 辑)由正蒙印书局刊行。

天笑生编《新社会(共和国宣讲书)》(第 1 集)由上海商务印书馆刊行。

天笑生编《新社会(共和国宣讲书)》(第 2 集)由上海商务印书馆刊行。

容闳(1828—1912)卒。闳字达萌,号纯甫,广东香山人。1841 年就读于澳门和香港马礼逊学校。1847 年随校长布朗赴美国学习,1854 年获耶鲁大学文学学士学位。回国后,先后在广州美国公使馆、香港高等审判厅、上海海关、英商宝顺公司任职。1863 年受曾国藩之命,筹建江南制造局,并赴美国购买机器。1870 年倡议派幼童前往泰西肄业之计划,获其好友丁日昌之赞成,并且得到曾国藩、李鸿章的支持,成立"驻洋肄业局"。遂与陈兰彬同任留学事务所监督。1873 年在家乡建容氏甄贤学校。1896 年建议设立铁路学堂。1912 年病逝于美国。著有《西学东渐记》等。

按:陈汉才说:"(容闳)一生经历非常丰富多彩,在中国和世界近代历史大舞台上,扮演过五种历史角色,即留学教育事业上的创始人角色,中国近代化的先驱者角色,'永恒热爱'祖国的爱国者角色,在追求真理上的不断革新、不断前进的与时俱进角色,人生处境际遇上的边际人角色。容闳一生扮演过这五种角色,或说这五种角色兼而有之。但最本质、最主要的角色是第一个留学教育创始者的角色。因为容闳一生的根本目标相理想在留学教育,一生主要活动在留学教育,主要业绩在留学教育,主要贡献在留学教育,其在国内外主要影响也在留学教育。因此,留学教育创始者的角色是他最具本质属性、最有标志性和代表性的角色,这是容闳之所以是容闳、容闳不同于近现代其他历史人物最本质的区别。"①

柯逢时(1844—1912)卒。逢时字懋修,号钦臣,一号逊庵,湖北武昌人。1883 年进士,选庶吉士,授翰林院编修。升任江西布政使、贵州巡抚、广西巡抚,迁户部侍郎,湖北商办铁路公司名誉总理。辛亥革命前,授浙江巡抚,未赴任。辛亥革命后,组织武昌保安社,自任社长。生平喜著书、刻书,尤嗜藏书。官余搜罗古籍善本极多。曾在江西主纂有《湖北通志》《武昌县志》《应山县志》。殷应庚、殷方钺合编有

---

① 陈汉才:《容闳评传》,广东高等教育出版社 2008 年版。

民国元年日志

（1912年1月—12月）

《鄂城柯尚书年谱》2卷。刻印书籍有《武昌医学馆丛书》8种96卷。

吴鲁（1845—1912）卒。鲁字肃堂，号且园，晚号老迟，又号白华庵主，福建晋江人。1890年中进士，改官翰林院修撰。次年督安徽学政。后历任国史馆纂修、教习等。1906年赴日本考察学制，继奉署吉林提学使。1908年调学部丞参，充图书馆总校。著有《百哀诗》2卷、《国恤恭纪》1卷、《蒙学初编》2卷、《读王文成经济集书后》6卷、《兵学经学史学讲义》6卷等。

李邦（1847—1912）卒。邦号梯云，上海人。从事教学40余年，参与江苏第一图书馆之创设。著有《〈周易〉述补》《〈切韵〉启蒙》《东莱博议集评》。李味青编有《先考梯云府君年谱稿》1卷。

八指头陀（1852—1912）卒。八指头陀名敬安，俗名黄读山，别号八指头陀，湖南湘潭人。18岁投湘阴县法华寺出家，拜东林和尚为师。同年冬到南岳祝圣寺，从贤楷律师受具足戒。19岁赴衡阳岐山仁瑞寺学禅五年。后离开湖南，远游浙江各名山大寺，遍参禅林耆宿。1886年参与王闿运集诸名士在长沙开福寺创设的碧湖诗社。从三十八岁起至五十一岁，先后担任过湖南衡阳大罗汉寺，南岳上封寺、大善寺，宁乡沩山密印寺，湘阴神鼎山资圣寺，长沙上林寺的住持。1902年到宁波天童寺任住持。辛亥革命时，联合江苏、浙江的有志之士，在上海组织中华佛教总会，以期统一僧界，被推选为会长。著有《八指头陀诗集》《白梅集》等。

饶芝祥（1861—1912）卒。芝祥字符九，号占斋，江西南城县人。1885年贡生，旋中举人，1889年考授内阁中书。1894年成进士，选授编修。1902年赴汴充顺天乡试同考官，翌年典试湖北，因奔祖母丧未赴任。在家乡主建昌府中学堂讲席，兴办实业，创立厚生种植公司。1908年被召回京，擢御史，补辽沈道，又转任四川道监察御史。参与清廷"预备立宪"事宜。1911年四川爆发保路风潮，上疏请撤总督赵尔丰，但未被采纳，后调任贵州铜仁知府。著有《占斋诗文集》。

丘逢甲（1864—1912）卒。逢甲又名秉渊，字仙根，又字吉甫，号蛰仙、仲阏，又号仓海，别署海东遗民、南武山人，广东镇平人。1887年中举人，1889年中进士，授任工部主事。1908年加入同盟会，辛亥革命胜利后任南京临时政府参议员等职。丘琼编有《仓海先生丘公逢甲年谱》一卷；郑喜夫编有《民国丘仓海先生逢甲年谱》；李树政编有《丘逢甲行年简谱》；丘铸昌编有《丘逢甲生平大事年表》；徐博东、黄志萍编有《丘逢甲生平大事简表》。

按：徐博东、黄志平说：丘逢甲是清末一位著名的爱国志士，也是一位进步的教育活动家。"他认为'欲强中国，必以兴起人才为先'，早年在台即努力从事桑梓教育，抗日保台事败后，更认识到只有唤醒民众、广开民智、振奋民气，才能挽救国难。为此，他不避时忌、不畏艰难、冲破重重阻力，矢志改革封建教育，锐意新学，积极传播西方民主思潮，介绍自然科学知识，引导青年关心国家民族前途命运，勇敢地和腐朽没落的封建旧文化进行了不调和的斗争。他特别重视师范教育,认为这是广开学校、兴起人才的基础工作,并通过多种形式办学、劝学、不务虚名,重在实效,踏踏实实地为国家民族培养了一批有用人才。……丘逢甲又是我国近代一位杰出的爱国诗人。他丰富的诗歌创作,洋溢着爱国主义的思想激情,内容健康清新,诗风悲壮深沉,震撼了当时沉闷的诗坛,显示了近代'诗界革命'的实绩。"①

钟昌祚(1871—1912)卒。昌祚一名元黄,字山玉,贵州开阳人。1896 年入贵阳经世学堂,继入武备学堂,毕业后充靖边营哨官。1907 年返贵阳,与张百麟、黄泽霖等组织"自治学社",被推为社长。后又创办公立法政学堂,任堂长,发行《自治学社杂志》和《西南日报》,任社长。1911 年夏赴北京参加全国报界联合会。11 月 4 日贵州光复后被推为都督府代表,至南京,又被推为贵州会议员。1912 年初到云南,拟阻止唐继尧滇军入黔。3 月返抵安顺,被宪政党人杀害。作有《致滇都督蔡锷书》《钟谱家训题辞》《辛亥五月黔楚道中》等。

白毓昆(1868—1912)卒。毓昆字雅雨,江苏南通人。早年入江阴南菁书院。1899 年 5 月入上海南洋公学师范院学习,并任外院教习。后来先后在上海澄衷学校、天津北洋女子师范学堂、北洋法政学堂等校任教。1909 年 9 月 27 日联合张相文等人创办中国地学会,负责编辑出版《地学杂志》。1911 年 10 月为响应辛亥革命,组织天津红十字会、共和会,参与创建北方革命协会。1912 年 1 月 5 日起义失败,被清政府通永镇总兵王怀庆俘获;7 日被杀害于通州古冶。1912 年 9 月被国民政府追认为陆军上将。

于德坤(1875—1912)卒。德坤字业乾,又字静方,行七,贵州贵筑人。1901 年中举,后入京,广交维新人士,接受新思想。1903 年东赴日本求学,专功法政。后加入同盟会,为监察员、评议员。1909 年从日本返回国内,在东北从事教育工作。1912 年任中华民国南京临时政府参事,同时任国民党总部干事,与胡德明一起受派为国民党贵州支部特派员,回省筹组国民党贵州省党部,途中被杀害。

王以成(1877—1912)卒。以成字第九,山东海阳人。21 岁考入登州文会馆,后入青岛工部局学习绘图。1903 年东渡日本求学,学习土木工程。由丁惟汾介绍加入中国同盟会。1908 年学成归国,任津浦铁路工程师。1910 年任《国风日报》编辑。因抨击时政,报馆被查封,遂投笔从戎。武昌起义爆发后,奔走于天津、济南、青岛、安丘、乐陵、寿光、临沂等地,联络王长庆、王永福、邓天乙等数十人,组成民军,欲光复胶东诸县。1912 年 2 月 1 日民军首领王长庆、王以成等率数百人由安丘挺进诸城,后占领诸城,组织军政府。2 月 10 日,清兵反攻县城,终因寡不敌众,被俘殉难。著有《论铁路工程》《论铁路测量》等。

---

① 《丘逢甲传·结束语》,九州出版社 1996 年版。

民国元年日志
（1912年1月—12月）

张振武(1877—1912)原名纯锦,号尧鑫,字春山、春三,更名竹山,湖北罗田人。早年毕业于本县高等学堂,后入湖北省师范学校,受业师时象晋影响,萌发反清革命思想。甲午战争后,变卖家产自费留学日本早稻田大学,攻读法律政治,并入体育会,习战阵攻守诸法。1905年助徐锡麟举义受牵累而避走日本长崎。1905年加入同盟会。1907年毕业回国,于武昌黄鹤楼街小学任教,其间因宣传反清革命几乎被捕。1909年又参加共进会并负责财务。1911年成为武昌起义首义者之一,被尊为共和元勋,和孙武、蒋翊武并称辛亥三武。深为黎元洪所惧,乃电请袁世凯畀以官职,调离湖北,两度未就,黎设计诳之入京,复密电袁将其捕杀。1912年8月16日凌晨1时,张在京遇害。

陶成章(1878—1912)卒。成章字焕卿,号陶耳山人,浙江会稽陶堰人。光复会创立者之一。少有志向,以排满反清为己任,曾两次赴京刺杀慈禧太后未果,后只身东渡日本学习陆军。回国后,积极参与革命活动,破衣敝屣奔走革命,"四至杭州而不归",奔走于浙、闽、皖各地联络革命志士。民国创立后,他力辞接任浙督,积极准备北伐,设北伐筹饷局、光复军司令部,任总司令。1912年1月14日凌晨,被受陈其美指使的蒋介石、王竹卿暗杀于上海广慈医院。著有《中国民族权利消长史》《浙案纪略》等。

按:樊光《辛亥革命光复会领袖陶成章传》说:"陶成章先生才力过人,坚苦卓绝,革命数十年,以身报国,置家不顾,敝衣恶食,绝不厌倦,对人则谦和诚实,信义相孚,其肩负巨任,胆识过人,当时革命党中人才,实无出其右者。"[1]

彭家珍(1888—1912)卒,辛亥革命烈士。字席儒,四川金堂人。年轻时即受文天祥、黄宗羲等人的思想影响,具有强烈的民族主义观念。1906年毕业于四川武备学堂,后赴日本考察军事,又入四川高等军事研究所。1911年秋任天津兵站司令部副官,加入同盟会,任同盟会京、津、保支部军事部长。武昌起义后,以良弼为首的满洲贵族组织宗社党,誓与人民为敌,顽抗到底。为扫清革命障碍,于1912年1月26日暗藏炸弹,炸死良弼。

聂耳(—1935)、叶紫(—1939)、穆时英(—1940)、朱生豪(—1944)、余清潭(—1961)、覃子豪(—1963)、钱笑呆(—1964)、邓拓(—1966)、周小舟(—1966)、叶盛章(—1966)、欧阳凡海(—1970)、霍应人(—1971)、汤由础(—1971)、谢仲墨(—1973)、袁世昌(—1975)、孙多慈(—1975)、何其芳(—1977)、穆中南(—1978)、孙宗慰(—1979)、楼邦彦(—1979)、崔嵬(—1979)、杨讷维(—1982)、黄葆芳(—1982)、王栻(—1983)、张其光(—1984)、鲁思(—1984)、郑季翘(—1984)、余钟志(—1984)、陈公亮(—1984)、费骅(—1984)、叶洛(—1985)、马璧(—1985)、范若愚(—

---

[1] 汤志钧编:《陶成章集》下编附录,中华书局2014年版。

1985）、柳璋（—1986）、姜椿芳（—1987）、马思聪（—1987）、冯星伯（—1987）、石西民（—1987）、黎澍（—1988）、柴子英（—1989）、戚叔玉（—1990）、冯绳武（—1991）、杨家骆（—1991）、叶隐谷（—1991）、胡乔木（—1992）、曹慕樊（—1993）、靖正恭（—1995）、徐盈（—1996）、王洛宾（—1996）、孔罗荪（—1996）、端木蕻良（—1996）、王利器（—1998）、葛介屏（—1999）、金克木（—2000）、关山月（—2000）、史念海（—2001）、陈大羽（—2001）、梁思达（—2001）、刘寅初（—2002）、王辛笛（—2004）、启功（—2005）、徐复（—2006）、陈振汉（—2008）、钱伟长（—2010）、力群（—2012）、王承绪（—2013）生。

参考文献

赵尔巽主编：《清史稿》，中华书局1977年版。

中国第一历史档案馆编：《清代档案史料丛编》第八辑，中华书局1982年版。

韩信夫、姜克夫主编：《中华民国史大事记》，中华书局2011年版。

罗元铮：《中华民国实录》，吉林人民出版社1997年版。

胡绳武、金冲及：《辛亥革命史稿》，上海人民出版社1991年版。

孙彩霞、李学通、卞修跃编：《辛亥革命资料选编》第四卷《南京临时政府与民初政局》下册，社会科学文献出版社2012年版。

周康燮主编：《中国近代史资料汇编·辛亥革命资料汇编》第五册，大东图书公司1980年版。

上海社会科学院历史研究所编：《辛亥革命在上海史料选辑》第2版，上海人民出版社1981年版。

湖北省政协文史委编：《湖北军政府文献资料汇编》，武汉大学出版社1986年版。

汪林茂主编：《浙江辛亥革命史料集》第7卷《辛亥浙江光复》，浙江古籍出版社2013年版。

浙江省社会科学院历史研究所编：《辛亥革命浙江史料选辑》，浙江人民出版社1981年第1版。

郝文征、冯祖贻、顾大全主编：《贵州辛亥革命资料选编》，贵州人民出版社1981年版。

夏新华、胡旭晟整理：《近代中国宪政历程：史料荟萃》，中国政法大学出版社2004年第1版。

上海社会科学院历史研究所编：《辛亥革命在上海史料选辑》增订版，上海人民出版社2011年版。

刘星楠：《辛亥各省代表会日志》，《辛亥革命回忆录》第六集，湖北人民出版社1957年版。

中国人民政治协商会议上海市委员会文史资料工作委员会编：《辛亥革命七十周年——文史资料纪念专辑》，上海人民出版社1981年版。

张宪文主编:《中华民国史纲》,河南人民出版社1985年版。

邱远猷、张希坡:《中华民国开国法制史:辛亥革命法律制度研究》,首都师范大学出版社1997年第1版。

拉尔夫·鲍威尔著,陈泽宪、陈霞飞译《中华民国史资料丛稿》(译稿)第一辑,中华书局1978年版。

中国第二历史档案馆编:《民国时期文书工作和档案工作资料选编》,档案出版社1987年版。

中国第二历史档案馆编:《中华民国史档案资料汇编·文化》,江苏古籍出版1991年版。

中国第二历史档案馆编:《中华民国史档案资料汇编》第3辑 教育,江苏古籍出版社1991年版。

邹念之编译:《中华民国史资料丛稿·日本外交文书选译——关于辛亥革命》,中国社会科学出版社1980年版。

熊志勇、苏浩、陈涛编:《中国近现代外交史资料选辑》,世界知识出版社2012年版。

中国人民大学法律系法制史教研室编:《中国近代法制史资料选编》第1分册,1980年第1版

中华全国妇女联合会妇女运动历史研究室编:《中国妇女运动历史资料1840—1918》,中国妇女出版社1991年版。

张耀杰:《谁谋杀了宋教仁:政坛悬案背后的党派之争》,团结出版社2012年版。

胡汉民编:《民国丛书 第二编91 综合类 总理全集(下册)》,上海书店1990年版。

何布峰:《中国民国军事史》,人民出版社1994年版。

李国栋:《民国时期的民族问题与民国政府的民族政策研究》,民族出版社2007年版。

章伯锋、李宗一:《北洋军阀1912—1928》第二卷,武汉出版社1990年版。

方庆秋:《民国党派社团档案史料丛稿》,档案出版社1994年版。

杨天宏主编:《川大史学·中国近现代史卷》,四川大学出版社2006年版。

中华文化通志编委会编:《中华文化通志》,上海人民出版社2010年版。

毛注青编:《黄兴年谱长编》,中华书局1991年版。

陈奇:《刘师培年谱长编》,贵州人民出版社2007年版。

王世儒:《蔡元培先生年谱》上册,北京大学出版社1998年版。

公孙訇:《冯国璋年谱》,河北人民出版社1987年版。

张菊香、张铁荣:《周作人年谱》,南开大学出版社1985年版。

孙应详:《严复年谱》,福建人民出版社2014年版。

民国元年日志

（1912年1月—12月）

姚奠中、董国炎：《章太炎学术年谱》，山西古籍出版社 1996 年版。

沈建中编：《西湖名人墓葬》，杭州出版社 2005 年版。

列宁：《列宁选集》第 2 卷，人民出版社 1972 年 10 月第 2 版

中国社科院近代史所等编：《孙中山全集》第 2 卷，中华书局 2011 年版。

郝盛潮编：《孙中山集外集补编》，上海人民出版社 1994 年版。

湖南省社会科学院编：《黄兴集》，中华书局 2011 年版。

黄兴著，文明国编：《黄兴自述》上，深圳报业集团出版社 2011 年版。

王汝丰注译：《黄兴宋教仁朱执信诗文选》，巴蜀书社 2011 年版。

欧阳哲生编：《蔡元培卷》，中国人民大学出版社 2014 年版。

高平叔、王世儒编注：《蔡元培书信集》上，浙江教育出版社 2000 年版。

周秋光主编：《谭延闿集》，湖南人民出版社 2013 年版。

汤志钧编：《陶成章集》，中华书局 2014 年版。

叶圣陶：《叶圣陶集》第 19 卷，江苏教育出版社 2004 年版。

陆费逵：《陆费逵文选》，中华书局 2011 年版。

黄远庸：《远生遗著》，商务印书馆 1984 年版。

徐博东、黄志平：《丘逢甲传》，九州出版社 1996 年版。

陈汉才：《容闳评传》，广东高等教育出版社 2008 年版。

姜德铭主编，钱玄同：《随感录》，中国戏剧出版社 2001 年版。

蒋卫荣：《档案法的理论与实践》，上海世界图书出版公司 2013 年版。

张耀杰：《民国红粉》，新星出版社 2014 年版。

山西省地方志办公室编：《山西民初散记》，山西人民出版社 2014 年版。

王曼隽、张伟执笔：《风华张园》，同济大学出版社 2013 年版。

石鸥：《百年中国教科书论》，湖南师范大学出版社 2013 年版。

李志敏主编：《话说民国》第 1 卷，团结出版社 2007 年版。

李良玉、吴修申主编：《倪嗣冲与北洋军阀》，黄山书社 2012 年版。

闻立欣：《民国新闻月刊》(1911—1919)，古吴轩出版社 2013 年版。

朱宗震：《革命胜利之后：民国初年政坛风云》，新华出版社 2012 年版。

王耿雄：《孙中山史事详录 1911—1913》，天津人民出版社 1986 年版。

罗刚：《中华民国国父实录》，财团法人罗刚先生三民主义奖学金基金会 1988 年版。

黄进华编：《袁世凯权谋 36 计》，中国长安出版社 2004 年版。

木吉雨等编译：《蒋介石秘录》上册，广西人民出版社 1989 年版。

辽宁省编辑委员会编：《满族社会历史调查》，辽宁人民出版社 1985 年版。

吴宏岐：《西安历史地理研究》，西安地图出版社 2006 年版。

建嵘主编：《中国农民问题研究资料汇编》第一卷(1912—1949)(下册)，中国农

业出版社 2007 年版。

陈娟、乔晓玲编:《总理的炎凉:北洋政府总理的最后结局》,华文出版社 2006 年版。

李金河:《中国政党政治研究 1905—1949》,中央编译出版社 2007 年版。

皮明庥等:《武汉历史举要》,武汉工业大学出版社 1988 年版。

郭秉文:《中国教育制度沿革史》,商务印书馆 2014 年版。

朱有献(加王字旁)、戚名琇、钱曼倩等编:《中国近代教育史资料汇编》(教育行政机构及教育团体),上海世纪出版股份有限公司 2007 年版。

陈学恂主编:《中国近代教育史教学参考资料》(中册),人民教育出版社 1987 年版。

朱有瓛主编:《中国近代学制史料》第三辑(上册),华东师范大学出版社 1990 年版。

舒新城编:《中国近代教育史资料·第 2 卷》,人民教育出版社 1981 年版。

陈景盘:《中国近代教育史》,人民教育出版社 1979 年版。

璩鑫圭、唐良炎编:《学制演变》,上海教育出版社 2007 年版。

贾兴权、唐伽编:《科教文化卷 百年中国大事要览》,党建读物出版社 2002 年版。

马鹤天著,范子烨整理:《内外蒙古考察日记·附录》,中国青年出版社 2012 年版。

程悠:《中华民国工商税收大事记》,中国财政经济出版社 1994 年版。

陈洁:《民国戏曲史年谱(1912—1949)》,文化艺术出版社 2010 年版。

白寿彝主编:《中国通史》第十一卷,上海人民出版社 2010 年版。

中国二十世纪通鉴编辑委员会编:《中国二十世纪通鉴》第一册,北京线装书局 2002 年版。

冯自由:《革命逸史》初集,中华书局 1982 年版。

周南京主编:《境外华人国籍问题讨论辑》,香港社会科学出版社有限公司 2005 年版。

徐矛:《中华民国政治制度史》,上海人民出版社 1992 年版。

王光祈译:《库伦条约之始末》,中华书局 1930 年版。

朱宗震:《真假共和:1912 中国宪政实验的台前幕后》,山西人民出版社 2008 年版。

中国第二历史档案馆编:《中国无政府主义和中国社会党》,江苏人民出版社 1981 年版。

上海市档案馆:《辛亥革命期间上海公共租界工部局警务报告》二,《历史档案》1981 年第 4 期。

民国元年日志

林家有：《辛亥革命与中国教育的近代化》，《中山大学学报》2001年第6期。

谢俊美：《上海南北和议与辛亥革命》，《学术月刊》2001年第9期。

张宪文：《辛亥革命若干问题的再认识》，《复旦学报》2002年第2期。

李英铨、马翠兰：《论辛亥革命中的梁士诒》，《广西梧州师范高等专科学校学报》2006年第2期。

王天根：《五四前后北大学术纷争与胡适"整理国故"缘起》，《近代史研究》2009年第2期。

李光伟：《袁世凯是怎样当上中华民国大总统的?》，《中国党政干部论坛》2011年第10期。

喻永庆：《中华教育界与民国时期教育改革》，华中师范大学2011年博士学位论文。

党德信：《民国初年中国女子参政运动记事》，《中华儿女报刊社》2012年2月

丁万明：《民国初期服制变革的成效及其文化意蕴》，《社会科学论坛》2012年第3期。

尚小明：《论袁世凯策划民元"北京兵变说"之不能成立》，《史学集刊》2013年第1期。

王晓华：《孙中山的定都主张》，《社会科学辑刊》1988年第3期。

沈毅：《革命党人南北和谈原因新探》，《辽宁大学学报》1988年第6期。

杜昭：《孙中山与海南建省》，《暨南学报》1990年第4期。

张国福：《关于中华民国临时约法制定的问题》，《北京大学学报》1991年第3期。

田子渝：《孙中山与北伐》，《湖北大学学报》1997年第5期。

何一民：《孙中山与中国早期铁路建设》，《四川大学学报》（哲社版）1998年第2期。

音正权：《中华民国临时约法的主要缺陷》，《政法论坛》2000年第6期。

蒋婷薇：《民国元年的妇女参政运动》，《江海学刊》2001年第4期。

曾业英：《民国初年的政党政治》，《文史知识》2001年第9期。

彭毓花：《中华民国临时约法的宪法原则》，《云南民族学院学报》2002年第2期。

朱从兵：《铁路建设与民生主义——民元孙中山铁路建设思想新探》，《学术论坛》2002年第5期。

韩华：《民初孔教会与国教运动》，四川大学2003年博士学位论文。

归东：《试评临时约法的历史地位及其影响》，《贵州社会科学》2003年第3期。

王明德：《略论民国元年的南北建都之争》，《湖北行政学院学报》2003 年第 3 期。

叶利军：《民初女子参政运动刍议》，《求索》2004 年第 2 期。

葛世涛：《民初女子参政失败的原因及历史启示》，《沧桑》2005 年第 5 期。

刘景泉：《民初共和政体模式刍论》，《天津社会科学》2005 年第 5 期。

刘秋阳：《论民社与民国初年的中国政局》，《学术论坛》2005 年第 7 期。

杨军：《伍廷芳与辛亥南北议和》，《广州大学学报》2005 年第 10 期。

王炜：《民国初年制宪思想研究》，山东大学硕士学位论文 2006 年。

涂怀京等：《民国元年教育立法探微》，《阿坝师范高等专科学校学报》2006 年第 1 期。

高毅：《孙中山三民主义评论》，《淮南师范学院学报》2006 年第 6 期。

陈建辉：《民国元年和十八年"国服"制度之研究》，《美术观察》206 年第 11 期。

干春松：《康有为、陈焕章与孔教会》，《兰州大学学报》2008 年第 2 期。

苏全有等：《民国元年孙中山的铁路设计与宣传》，《郑州航空工业管理学院学报》2008 年第 6 期。

田丹：《民初临时参议院研究》，湘潭大学 2008 年硕士学位论文。

魏云：《民初女子参政失败原因考察》，《湖南科技学院学报》2009 年第 3 期。

李嘉：《民国元年兵变研究》，湘潭大学 2009 年硕士学位论文。

胡先雷：《民国初年国民党与进步党"两党提携"与民宪党的成立研究》，《太原师范学院学报》2010 年第 2 期。

赵金康：《孙中山宣传三民主义的思想》，《广东社会科学》2010 年第 5 期。

朱从兵：《民国元年孙中山铁路建设的思想逻辑》，《合肥师范学院学报》2011 年第 2 期。

杨昂：《清帝逊位诏书在中华民族统一上的法律意义》，《环球法律评论》2011 年第 5 期。

郑学勤等：《孙中山与民国元年的教育改革》，《学术论坛》2011 年第 6 期。

季剑青：《民国元年的建都之争》，《北京观察》2011 年第 9 期。

陈明：《集权与分权：民国元年的军民分治之争》，《学术研究》2011 年第 9 期。

支振锋：《民族团结与国家统一的法律确认——辛亥革命中的清帝逊位诏书》，《理论视野》2011 年第 10 期。

刘岭峰等：《梁士诒与清帝逊位》，《佛山科学技术学院学报》2012 年第 2 期。

杨晓萌：《从民国暂行报律风波论新闻的绝对自由》，《今传媒》2012 年第 2 期。

谭泽明：《民元时期主流报刊的党派性辨析》，《河池学院学报》2012 年第 3 期。

民国元年日志
（1912 年 1 月—12 月）

沈桥林:《〈中华民国临时约法〉之宪政经验述略》,《政法论丛》2013 年第 1 期。

沈洁:《"家""国"与"满""汉"——再论清帝逊位和 1912 年大妥协》,《华东师范大学学报》2014 年第 3 期。

高丽金:《浅议中国近代史上的五次北伐》,《济南职业学院学报》2015 年第 1 期。

戴鞍钢:《一九一二年定都之争》,《团结报》2016 年 4 月 28 日。